教 育 学

魏 青 主编

西南交通大学出版社
·成都·

图书在版编目（CIP）数据

教育学 / 魏青主编. — 成都：西南交通大学出版社，2014.8
ISBN 978-7-5643-3399-7

Ⅰ. ①教… Ⅱ. ①魏… Ⅲ. ①教育学－高等学校－教材 Ⅳ. ①G40

中国版本图书馆 CIP 数据核字（2014）第 198345 号

教 育 学

魏 青 主编

责任编辑	祁素玲
封面设计	何东琳设计工作室
出版发行	西南交通大学出版社
	（四川省成都市金牛区交大路 146 号）
发行部电话	028-87600564　028-87600533
邮政编码	610031
网　　　址	http://www.xnjdcbs.com
印　　　刷	成都中铁二局永经堂印务有限责任公司
成品尺寸	185 mm×260 mm
印　　　张	26.5
字　　　数	659 千字
版　　　次	2014 年 8 月第 1 版
印　　　次	2014 年 8 月第 1 次
书　　　号	ISBN 978-7-5643-3399-7
定　　　价	47.00 元

图书如有印装质量问题　本社负责退换
版权所有　盗版必究　举报电话：028-87600562

前　言

教育学是教育专业最基本的学科，是各学历层次教育专业学生的必修课程。随着近年教育改革的深入，教育学的学科理念和体系都在发生着明显的变化，出现了由注重理论研究向关注实践与运用发展的趋势，我们越来越清晰地感觉到学生对教育理论知识的渴求，但同时也体会到学生在课程学习结束后，仍不知如何去面对学生、面对教育教学问题的尴尬。由于对学科发展信息了解甚少，他们在接触到教改方面的问题时往往表现为束手无策，于是，对教育学的学习充满了失望与抱怨。本书考虑了教育学自身应具有的相对完整的学科体系，在遵守学科的逻辑顺序的基础上，力求将一些前沿的知识信息纳入进来，并收集了一些典型的有思考和借鉴价值的教育事例，增强可读性。本书增加了基础教育课程改革的新内容；针对以往教材及教学中的薄弱环节，专门对教学目标进行了较为细致的探讨，并把它与新课程改革中的新课标联系起来，帮助学生把握教改动态；教学策略中引入了一些相关研究的新成果；教育评价更务求操作性的体现；结合中小学对科研的要求，在科研方法一章提供了较为详尽的科研观念与具体操作方法。同时，每一章都有足够量的、题型多样的题库，帮助学生检查学习质量，强化学习效果，把握完整的教育学学科体系。总之，我们力求突出教育学理论与实践的结合，帮助学生学懂教育学，学会教育。

本书共分十二章，苟萍（成都大学）、赵雪（四川理工学院）编写第一章，刘华锦（成都大学）编写第二章，蒲红霞（川北幼儿师范高等专科学校）编写第三章，魏青（成都大学）编写第四章，苟萍编写第五章，魏青、杨思帆（重庆师范大学）编写第六章，魏青、李群（四川理工学院）编写第七章，彭明芳（四川理工学院）、魏青、张翼（四川理工学院）编写第八章，李红（成都大学）、张姝（四川师范大学）编写第九章，谢华（四川理工学院）、李红（成都大学）编写第十章，苟萍、刘广林（四川理工学院）编写第十一章，方红（成都大学）编写第十二章。本书既可以作为教育专业本专科学生的教材，也适合在职教育工作者阅读，还可作为申请教师资格教育理论考试的参考书。

本书在编写和出版过程中，得到了成都大学各级领导和西南交通大学出版社的大力支持，参阅了大量国内外专家的研究成果，在此一并表示衷心的感谢！

由于编者的水平和视野所限，书中难免有不完善和争议之处，期盼各位同行、专家指正。

编　者

2014 年 4 月

目 录

第一章 教育与教育学 …………………………………………………………… 1
第一节 教育的本质 …………………………………………………… 1
第二节 教育学的研究对象 …………………………………………… 9
第三节 教育学的产生与发展 ………………………………………… 10
第四节 学习教育学的意义和方法 …………………………………… 14
思考与练习 …………………………………………………………… 17

第二章 教育功能 ………………………………………………………………… 21
第一节 教育功能概述 ………………………………………………… 21
第二节 教育的社会发展功能 ………………………………………… 23
第三节 教育的个体发展功能 ………………………………………… 34
思考与练习 …………………………………………………………… 43

第三章 教育目的 ………………………………………………………………… 46
第一节 教育目的概述 ………………………………………………… 46
第二节 确立教育目的的依据 ………………………………………… 51
第三节 我国的教育目的 ……………………………………………… 54
第四节 全面发展教育的组成部分 …………………………………… 61
思考与练习 …………………………………………………………… 72

第四章 教师与学生 ……………………………………………………………… 80
第一节 教　师 ………………………………………………………… 80
第二节 学　生 ………………………………………………………… 95
第三节 师生关系 ……………………………………………………… 99
附录 教师专业标准 …………………………………………………… 103
思考与练习 …………………………………………………………… 113

第五章 德育理论与实践 ………………………………………………………… 119
第一节 德育概述 ……………………………………………………… 119
第二节 德育过程的基本规律 ………………………………………… 123
第三节 德育原则 ……………………………………………………… 127
第四节 德育的途径与方法 …………………………………………… 132
第五节 班级德育工作 ………………………………………………… 138
附录一 教育部关于印发《中小学班主任工作规定》的通知 ……… 147
附录二 教育部基础教育一司负责人就《中小学班主任工作规定》答记者问 ……… 148

思考与练习 152

第六章 教学的基本理论 160
第一节 教学概述 160
第二节 教学过程 164
第三节 教学目标 170
第四节 教学原则 176
思考与练习 183

第七章 课程 190
第一节 课程概述 190
第二节 课程的类型 194
第三节 我国中小学课程 198
第四节 课程的实施与评价 203
第五节 我国基础教育课程改革 209
思考与练习 212

第八章 教学策略 219
第一节 教学策略概述 219
第二节 教学准备策略 225
第三节 课堂教学策略 230
第四节 课堂管理策略 242
思考与练习 247

第九章 中小学教育科学研究 253
第一节 教育科学研究概述 253
第二节 中小学教育科研的步骤 257
第三节 中小学常用教育科研方法 262
思考与练习 268

第十章 学校管理 271
第一节 学校管理概述 271
第二节 学校管理目标与过程 275
第三节 学校管理原则和方法 282
思考与练习 289

第十一章 教育评价 294
第一节 教育评价概述 294
第二节 教育评价方案的设计 298
第三节 教育评价的实施 305
思考与练习 311

第十二章 计算机辅助教学 ································ 316
第一节 计算机辅助教学概述 ···················· 316
第二节 多媒体课件 ······································ 322
第三节 多媒体课件开发的基本步骤 ·········· 324
第四节 多媒体课件的素材制作 ·················· 327
第五节 网络教育资源的利用 ······················ 336
第六节 多媒体课件开发工具简介 ·············· 342
第七节 微格教学系统功能及其使用 ·········· 347
思考与练习 ·· 349

参考答案 ·· 354
参考文献 ·· 415

第一章 教育与教育学

本章要点：
- 教育的含义、本质、构成要素、产生以及发展的阶段；
- 教育学的含义、研究对象、产生以及发展的阶段；
- 学习教育学的意义和方法。

在我们生存的大千世界中，存在着各种不同性质的现象与活动，其中有的是无生命的，有的是有生命的，有的是社会的。教育属于有生命世界的活动。教育作为一种社会现象，它随着人类的产生而产生，也随着人类的发展而发展。罗素说："教育是通向新世纪的钥匙。"可见教育的重要性是不言而喻的。研究教育和教育学对于提高国家的教育质量、提高国民素质有着重要的作用。

第一节 教育的本质

作为社会活动的教育，有着自身悠久的发展历史，有着复杂、多样的内在结构，还有着与社会其他各种社会活动以及由这些活动组成的社会总体的多方面、多层次、多性质的相互作用。

一、教育的基本含义

教育是什么？古今中外的教育家、思想家、政治家、学者从各种角度都做过回答：有的从教育价值的角度，有的从教育目的的角度，有的从教育内容与方法的角度，有的从教育本质的角度。由于时代不同、角度不同以及各人所代表的阶级、所取的价值观和思想方法不同，这些回答就各不相同。我国汉代许慎在《说文解字》中注道："教，上所施，下所效也"，"育，养子使作善也"。把这两字结合起来就成"教育"一词，可以理解为上对下、成人对儿童的一种影响。在古希腊语中，"教育"一词与"教仆"一词相关，"教仆"是对专门带领贵族儿童的奴隶的称呼。英文中的 education 源于拉丁语的 educare。拉丁语中的"e"有"出"之意，"ducare"有"引"之意，educare 本意是"引出、导出"。西方语言中的"教育"的含义为对人施行引导。19 世纪中叶有影响的英国哲学家和社会学家斯宾塞认为教育是为美好生活作准备；而 20 世纪初的美国哲学家、民主教育家杜威却认为教育不是生活的准备，它本身就是生活；有些教育家强调教育的目的是人格的培养，有些教育学家却认为，人格的培养是家庭和教会的事，教育应该着力于智慧的训练；即使到了现在，也很难找到完全相同的定义。综观近百位著名教育家有关"教育是什么"的论述，发现有一个共同的基础，那就是都把教育看作是一种"活动"。但只确定教育是一种社会活动，还不足以完全确定教育的性质与范围。那么是什么把教育活动与其他社会活动区别开来的呢？我们需要给教育更充分的内涵。美利坚百科全书"教育"条中写道："从最广泛的意义来说，教育就是个人获得知识或见解的过程，就是个人的观点或技艺得到提高的过程。"

通观对教育的各种解释，我们可以做以下几点理解[①]：

（1）教育是一种社会现象。教育产生于社会生活的需要，是社会继承和延续、人类生存和发展必不可少的手段。它伴随着人类的产生与发展，是同人类社会共始终的。

（2）教育是人类社会特有的现象。有些动物在养护幼小动物上虽然与人类抚养子女有些类似的地方，但是它们是一种本能活动，是由遗传获得的简单的定型行为，是无意识的。教育之所以是人类所特有，是因为教育是凭借语言文字的物质外壳传递经验的形式，不致因个体的死亡而消失，是只有人才具有的有意识的活动。教育起源于生产劳动这种人类社会所特有的实践之中。

（3）教育是培养人的活动。这是教育区别于其他事物的根本特征。而它的具体过程就是：一部分人以某种特定的影响作用于另一部分人的身心，使社会能够更好地延续和发展。《中国大百科全书（教育卷）》（1988）认为："教育是培养人的一种社会活动，它同社会的发展、人的发展有着密切的联系。从广义上说，凡是增进人们的知识和技能、影响人们的思想品德的活动都是教育。狭义的教育，主要指学校教育，其含义是教育者根据一定社会（或阶级）的要求，有目的、有计划、有组织地对受教育者的身心施加影响，把他们培养成为一定社会（或阶级）所需要的人的活动。"

小栏目 1-1
教育定义的方式

美国分析教育哲学家谢弗勒在《教育的语言》一书中探讨了三种定义的方式，即"规定性定义""描述性定义"和"纲领性定义"。所谓规定性定义，即作者自己所创制的定义，其内涵在作者的某种话语情境中始终是同一的。也就是说，不管其他人是如何定义某个词的，我就是这么定义的，并且我将始终在我定义的意义上来使用这个词。所谓描述性定义，是指对被定义对象的适当描述或对如何使用定义对象的适当说明。所谓纲领性定义，是一种有关定义对象应该是什么的界定。谢弗勒有关定义方式的区分为我们研究纷繁多样的教育定义提供了一个逻辑的视角。但事实上，任何一种"教育"的定义往往同时具备"规定性""描述性"和"纲领性"，凸现了"教育"定义的复杂性、多样性和歧异性。

[资料来源] 瞿葆奎主编：《教育学文集·教育与教育学》，人民教育出版社1993年版，第31-37页。

二、教育的基本要素及各要素之间的关系

通过上述分析，我们了解到，教育是培养人的活动。这种活动是一个多因素多层次的系统，从成分上分析，含有目的、内容、制度、方法等；从层次上分析，有学前教育、初等教育、中等教育、高等教育等。但要对教育活动加以本质认识，还必须具体分析它的基本要素。

（一）教育的基本要素

要素是指构成活动必不可少的、最基本的因素，但它并不包括所涉及的所有的因素。构

[①] 傅道春编著：《教育学——情境与原理》，教育科学出版社1999年版，第12页。

成教育活动的基本要素是：教育者、受教育者以及教育影响。

1. 教育者

凡是在教育活动中承担教的责任（包括直接承担者和间接承担者）和施加教育影响的人都是教育者。教育者是教育活动中"教"的主体。从广义教育来看，教育者包括各级教育管理人员、校外教育机构的工作人员、家长、长辈，等等，甚至包括受教育者自己（教育自己时承担了教育者的任务）。而狭义教育中的教育者，主要指具有一定资格的专职教师和相对固定的兼职教师，他们从教育目的出发，确定"教什么""怎么教"，从而自觉地促进受教育者的发展。

2. 受教育者

在教育活动中承担学习责任和接受教育的人都是受教育者。在广义教育中，几乎任何人都可能成为受教育者，只要他是因缺少什么而向他人学习。在狭义教育即学校教育中，受教育者是获得入学资格的相对固定的对象——学生。在教育活动中，相对于教育者，受教育者处于被领导、被控制和受教育的地位。但只有受教育者把外在的教育内容和活动方式内化为自己的智慧、才能、思想、观点和品质等，才能真正达到教育的目的，所以受教育者是"学"的主体。

3. 教育影响

教育影响是置于教育者与受教育者之间的一切"中介"的总和。它包括作用于受教育者的影响以及运用这种影响的活动方式和方法。它是实现教育目的的工具、媒介和方法。在人的生长发展中，对人能够发生作用的客观影响有千千万万，但是在教育过程中的教育影响却具有其特殊性，教育影响是经过教育者的选择和安排的，而学校则是有组织、有计划地管理和调节影响作用的环境。任何一种社会影响都要经过选择和加工才能转化为教育影响。教育影响往往具有较高的社会价值和教育价值，以其在促进人的发展中能够产生最优效果和最高效率为选择和加工的准则。

教育影响是构成教育结构的一个独立因素，它具有自身独立的运动规律。例如以教科书、参考书等形态出现的教育影响，是总体教育者的影响，并不是个别教育者的产物，它不仅不因个别教育者的特性而转移，反而可以在一定程度上摆脱某一特定时代、特定地域教育者的限制。教育影响虽是教育者所使用的手段，但它往往能够产生教育者所不曾企及和预计的作用。它可以通过受教育者的活动而"自我增殖"，或者改变作用的性质和方向。

（二）教育要素之间的关系

教育者、受教育者、教育影响三者在教育活动中的相互联系表现为：教育者按一定的目的要求去改变受教育者，教育者与受教育者之间发生相互作用；教育者和受教育者之间的作用与联系是以一定的教育影响为中介的；三者之间联系和作用的结果是受教育者发生符合教育目的的变化。

1. 教育者和受教育者之间的相互作用

教育者与受教育者之间的联系首先表现在作为"教"的主体的教育者作用于"学"的主体受教育者，是教育者按照一定的目的要求去改变教育对象，促使受教育者的身心发生某种变化。

在教育过程中，教育者表现为一种有目的的作用，而受教育者则表现为一种自发的、随机的选择。但教育者的目的不是盲目的，它不仅反映了一定的社会需要，也反映了对对象的一定认识，换句话说，教育者不仅按照社会需要去改变教育对象，也依据自己对教育对象的认识，按照教育对象发展的规律去改变他们。此外，在对受教育者发生作用的过程中，教育者不仅要建立起对教育对象的能动关系，还要建立起对自身的自觉认识。教育者不仅要认识教育对象，还要认识自己，认识自己同教育对象的关系；不仅要利用这种关系来调节自己的教育活动，而且还要以这种建立在自觉认识基础上的关系为中介，作用于受教育者。

在教育过程中，教育者与受教育者的关系不仅表现为教育者对受教育者的作用，也表现为受教育者对教育者的能动作用。教育者的任何活动都要受到教育对象的属性和规律性的限制，教育对象以自身的属性和规律性规定着教育者的活动性质和方式。更重要的是，受教育者是具有主观能动性的人，有自身的意识和意志，因此，受教育者不仅以自身的发展规律影响着教育者的活动，而且还以自身的意志、意识作用于教育者，教育者的目的活动受到教育对象自身的目的活动的制约。从一定意义上来讲，在教育过程中并不存在绝对的主体。

2. 教育者与受教育者之间的关系是以一定教育影响为中介

教育者与受教育者之间的关系结构的特点是：教育者对受教育者的作用是以教育影响为中介的。教育者只有通过教育影响才能把自己的目的意志和转化的知识信息传递给受教育者。换句话说，在教育过程中，教育者通过对教育影响的直接掌握、控制和调节来间接地控制和调节受教育者的发展。在教育者有目的的活动中，教育影响和受教育者各自按照自身的特性相互作用，发生所需要的某种变化。教育影响是教育者主观目的性和受教育者客观发展规律的结合。只有这样，教育影响才能成为中介，接引教育者和受教育者的关系，使受教育者在完全服从客观规律的前提下，按照教育者所规定的方向发生变化。

3. 教育者作用于受教育者的结果是受教育者的身心发生预期的变化

一方面，这种变化虽是教育者自觉的意志活动的结果，却又是符合教育对象客观发展规律的。因为受教育者是教育者选择和使用教育影响的依据。清代的顾嗣协曾说过："骏马能历险，耕田不如牛。坚车能载重，渡河不如舟。舍长以就短，智者难为谋。生材贵适用，慎勿多苛求。"人的身心发展的必然性和规律性是教育过程中受教育者发生一切变化的基础。这种变化绝不是教育者自由意志的产物。只有发动受教育者的主观能动性，才能使受教育者向预期的方向发展。

另一方面，在教育过程中，受教育者的变化是在教育者目的的支配下进行的，是在教育者活动的干预下实现的。受教育者总是按照一定社会的价值标准方向发生变化，通过教育活动，受教育者成为一定教育目的的体现者。

可见，教育者、受教育者和教育影响三者相互影响、相互作用，教学过程就是在教育者、受教育者、教育影响三者的相互作用中运动和发展起来的。我们在认识教育时，除了考虑构成要素外，还要注意它们之间的关系，只有把相关部分连接起来，才能看到每个因素的整体功能。

小栏目 1-2

1975 年，德国学者戴夫根据世界各国对于终身教育的探讨，将终身教育理论概括为 20 条，这成为 20 世纪 70 年代终身教育理论建设的重要里程碑。这 20 条终身教育理论具体如下：

(1) "终身教育"这个概念是以"生活""终身""教育"三个基本术语为基本的。这些术语的含义和对它们的解释基本上决定了终身教育的范围和含义。

(2) 教育并非在正规学校教育结束时便告结束，它是一个终身的过程。

(3) 终身教育不限于成人教育，它包括所有阶段的教育（学前、初等、中等及其他教育阶段)。

(4) 终身教育既包括正规教育，也包括非正规教育。
(5) 家庭在终身教育过程的初期起着决定性的作用。
(6) 社会在终身教育体系中也起着重要作用，这种作用从儿童与之接触时就开始了。
(7) 中小学、大学和培训中心之类的教育机构固然是重要的，但它们不过是终身教育机构的一种。它们不再享有教育的垄断权，也不再能够脱离其他社会教育机构而独立存在。
(8) 终身教育从纵的方面寻求教育的连续性和一贯性。
(9) 终身教育从横的方面寻求教育的整合。
(10) 终身教育与英才教育相反，它具有普遍性，主张教育的民主化。
(11) 终身教育的特征是：在学习的内容、手段、技术和时间方面，既有灵活性，又有多样性。
(12) 终身教育对教育进行深入探讨，它促进人们适应新的变化，自行变更学习内容和学习技术。
(13) 终身教育为受教育者提供各种可供选择的教育方式和方法。
(14) 终身教育有两个领域，即普通教育与专业教育。这两者不是孤立的，而是相互联系、互相作用的。
(15) 终身教育有助于提高个人或社会的适应能力和革新能力。
(16) 终身教育发挥矫正的效能，克服现行教育制度的缺点。
(17) 终身教育的最终目标是维持、改善生活的质量。
(18) 实施终身教育的三个主要前提条件是：提供适当机会、增进学习动机、提高学习能力。
(19) 终身教育是把所有教育加以组织化的一种原则。
(20) 在付诸实施方面，终身教育提供一切教育的全部体系。

三、教育的产生与发展

（一）教育的产生

从猿到人、从自然到社会的演变过程也是教育逐渐产生的过程。恩格斯说过："劳动创造了人本身。"这是从人的形成过程来说的，是劳动把人和动物区分开来。劳动形成了人和社会，从而也成为人类生存和社会延续发展的必不可少的条件。在与大自然进行斗争的活动中，逐渐形成了一定的技能、技巧，积累了一定的生产经验。在人们的相互交往中，形成了一些风俗习惯、行为准则，如尊敬长者、崇拜图腾等，积累了一定的社会生活经验。这些集体创造的无论是物质的还是精神的财富，都需要保存、传递、积累，这样才能使物质生产活动顺利进行，使人们的正常生活与交往得以维持。而作为保存、传递、积累经验的手段，主要是劳动中创造的工具和语言，这就形成了教育活动得以进行的条件。

由此可知，教育是在劳动基础上，在人、社会的形成过程中产生的，教育的产生离不开人和社会的形成。

（二）教育的发展

1. 自然形态的教育

自然形态的教育即原始社会的教育。人类社会从原始群发展到氏族公社的漫长历史时代，称为原始社会。在原始社会里，生产力水平十分低下，人们的劳动只能维持最低限度的生活，没有剩余产品，生产资料是原始公社公有，人人劳动，共同享受，没有剥削，没有阶级，同时，也没有体力劳动和脑力劳动之分。

由于生产力水平低下，教育还没有从社会生活劳动中分化为专门的事业，没有专门的教育机构和专职的教育人员，它是在生产劳动过程和人们日常生活中进行的，是与生产劳动紧密结合的。所以，原始社会的教育特点主要表现为以下三个方面：

第一，无阶级性。所有的儿童和青年都同样地享受教育的权利，而仅在教育内容、要求上有性别和年龄差异。

第二，贫乏性。原始社会的教育内容非常简单，大都是简单的生产知识、劳动技能、宗教观念、行为规范等；教育方法也很单调，主要是在劳动和生活中的口传身授。

第三，非独立性。原始社会的教育是融合在社会生产和生活之中的，没有成为独立的社会活动领域。

2. 古代学校教育

古代教育包括奴隶社会和封建社会的教育。当人类使用金属手工工具（青铜器和铁器）进行生产时，人类社会逐渐进入了古代文明的奴隶社会和封建社会。这两种社会的学校教育，虽然目的、内容、制度和组织规模等方面有所不同，但存在很多相似点，我们把它们统称为古代学校教育。

（1）奴隶社会的教育。随着生产力的发展和剩余产品的出现，由一部分人专门管理生产、掌管国事、从事科学文化活动便成为可能，社会出现了脑力劳动和体力劳动的分工。这种分工，一方面推动了生产，产生了文字，出现了科学艺术的萌芽，另一方面也促进了奴隶制的形成。正是由于剩余产品和科学文化的发展，为专门从事教育的工作人员和专门的教育机构的出现，提供了物质基础和前提条件。因此，在奴隶社会里，有了专门从事教育工作的教师，也有了与生产劳动相脱离的学校教育。但是，此时的学校教育被奴隶主阶级所占有，奴隶只不过是会说话的工具，毫无人身自由，奴隶的子弟除了在繁重的体力劳动中学习生产经验和接受奴隶主阶级的道德教化外，无权进入学校。教育从此沦为阶级统治的工具，有了阶级性。

我国的夏、商和西周是奴隶社会。根据《礼记》等书记载，在夏朝已有名叫"庠""序""校"的施教机构，到了殷商和西周，又有了"学""瞽宗""辟雍"等学校的设立。但"学在官府"，此时因"惟官有书，惟官有器"，导致"惟官有学，而民无学"的状况，奴隶的子弟无权问津。学校教育的内容主要是"六艺"，即礼、乐、射、御、书、数。教育的目的是让奴隶主阶级的子弟学习礼仪等治人之术，而同时又鄙视体力劳动，轻视学习稼穑百工之艺，基本上与生产劳动相脱离。

西方奴隶社会的教育以雅典和斯巴达为代表。

雅典是一个商业、手工业、航海业发达的城邦国家，实施民主政治。雅典奴隶主的子弟，从 7 岁到 18 岁，可以到文法学校、弦琴学校和体操学校进行学习，他们既受到体操和军事训练，又受到读、写、算、音乐、文学、政治和哲学方面的教育，以便具有从事商业和政治活动的能力。培养和谐发展的人是雅典教育的显著特点。

斯巴达的教育措施与雅典有所不同，斯巴达是一个寡头贵族专政的国家。由于地理和土地状况，斯巴达发展成为古希腊最大的农业国，9 000 户奴隶主统治着 25 万余奴隶，残酷的剥削和压迫引起奴隶的频繁的暴动。斯巴达的奴隶主为了维持他们的统治，特别重视军事镇压。因此，斯巴达教育的唯一目的就是培养体格强壮的武士。奴隶主的男孩子从7岁到20岁，都在国家教育场所（兵营）接受军事体操训练，学习内容主要是"赛跑、跳跃、角力、掷铁饼、投标枪"，称为"五项竞技"。

（2）封建社会的教育。由于铁制农具的普遍使用，畜力用于耕作，社会上出现了新的生产关系和新的阶级——地主和农民，封建社会代替了奴隶社会。在封建社会里，农业生产力比奴隶社会大大提高，社会的财富和人类的经验也日益增多，因而封建社会的学校教育较之奴隶社会的学校教育，在规模上逐渐扩大，在类型上逐渐增多，在内容上也日益丰富。但由于封建社会的生产仍是手工操作的小生产，生产劳动者的培养不需要通过学校教育，因而封建社会的学校教育仍然没有培养生产工作者的任务，基本上也是与生产劳动相脱离的。

封建社会的教育被占有生产资料的地主阶级所垄断，具有鲜明的阶级性。在我国封建社会，学校大致分为官学和私学两种。官学具有鲜明的等级性，如在我国唐朝的官学中，中央政府一级有六馆。六馆共分四级，每一级的入学资格都有严格规定，其区分的标志主要是祖、父辈官品的高低。属第一级的国子学只收文武三品以上官员的子孙。第二级太学收的是五品以上官员的子孙。第三级称四门学，以七品以上官员的子弟为招收对象。而八品及八品以下官员的子弟只能入书学、律学、算学等属第四级的三个馆。此外，还有专门为皇亲国戚的子弟设立的崇文馆和弘文馆。更能说明问题的是，在教学内容方面，前三级的三个馆并无明显区别，主要是儒家经典著作"四书""五经"。可见，级的区分只是以入学者家族在皇室中的地位为准，而非因学习要求有程度的高低。农民和手工业者子弟基本是通过父子、师徒相传的形式在生产过程中传授和学习生产技能及知识。统治者在重视学校教育的同时，还先后建立了一套选士制度。汉代的察举取士、魏晋南北朝的九品中正制、隋唐以后的科举制度等，表面上看来是要读书人通过平等竞争以达到"学而优则仕"的目的，但实际上仍是被豪门贵族垄断的以维护特权政治为宗旨的考试制度。并且由于"束修"的限制，贫困的劳动人民子弟是很难入学的。

在西方的封建社会里，宗教成了封建制度的精神支柱和统治人民的工具，僧侣垄断了文化和学校教育，科学成了宗教的奴仆。在封建统治内部形成了僧侣封建主和世俗封建主两个阶层，因而出现了两种类型的教育：教会学校和骑士学校。教会学校主要是培养对上帝虔诚、服从教权和政权、进行宗教活动的教士，其教育的内容是经过宗教加工过的"七艺"（文法、修辞、辩证法、算术、几何、天文、音乐）。[①]在世俗的统治者中，最高层的皇室子弟有专门为他们开设的宫廷学校。皇室之外的贵族子弟接受的是骑士教育。骑士是培养保护封建主利益的武夫，其学习内容除了通俗的教义外，很少习文，而以武士七艺为主（骑马、游泳、投枪、击剑、打猎、弈棋、吟诗）。因此，当时骑士的文化水平不能与僧侣相比，文盲甚多，有的甚至连自己的名字也不会写。可见，这两种教育基本上都是脱离生产劳动的，都是为了维护封建统治。而劳动人民的子弟除了能进入教会的教区学校，接受宗教教育，学习简单的读、写、算外，是无权进入其他教会学校和享受宫廷教育的。

由上所述，我们可以看出，与人的发展和社会发展相适应，教育也产生了一次大的飞跃，主要表现为以下四个方面：

第一，教育具有了自身的独立活动领域。

[①] 叶澜著：《教育概论》，人民教育出版社1991年版，第54页。

第二，教育内容丰富充实起来了，学校教育规模、种类相对扩大与增多。

第三，教育具有了阶级性、等级性。

第四，体力劳动与脑力劳动的分离与对立是社会进步的表现，教育的第一次分化，古代学校的出现，是古代文明的重要标志。

3. 现代教育

12、13 世纪，资本主义生产在欧洲一些工商业较发达的地区萌芽，并迅速发展起来。自 18 世纪后半叶到 19 世纪前半叶，英国、法国等资本主义国家先后进行了工业革命。工业革命不仅标志着资本主义机器大工业生产代替了资本主义手工业生产，而且促进了现代教育的产生，使学校教育具有了新的形态。与古代教育相比，现代教育表现出下列特点：现代的学校与生产劳动有着密切的联系，越来越紧密结合；自然科学的教育内容大为增加；学校教育的任务，不仅是培养政治上所需要的人才，而且还担负着培养生产工作者的任务；学校教育不再为少数剥削阶级所垄断，而是逐渐走向大众化，具有民主性，初等教育、中等教育逐渐普及，成人教育日趋发展；夸美纽斯创立的班级授课制大大提高了教育效率，成为现代教学的基本组织形式；科学的教学方法和现代化的教学手段越来越被广泛地采用；学校教育不再受围墙的限制，走向多种形式办学，并与社会发生密切联系，逐渐成为一个开放系统。

总结上述教育的发展过程，我们可以得出这样的结论：教育是培养人的社会活动，随着社会发展，教育不断出现新的情况，增添新的内容，表现出新的形式。教育发展本身就是社会发展的一个缩影。教育发展与社会发展、人的发展密切相连。

小栏目 1-3

世界教育取得的成就及其面临的问题

第二次世界大战以后，特别是 20 世纪 60 年代以来，世界各国的教育取得了巨大发展：初等教育方面，发展中国家入学儿童从 1960 年的 21 700 万人增加到 1990 年的 50 530 万人；6~11 岁儿童的入学率从 1960 年的 48% 提高到 80 年代末的 77.8%。成人扫盲教育方面，全世界文盲比例从 1950 年的 44% 降至 1990 年的 26.5%。发展中国家只用了 20 年的时间（1970—1990），非文盲成年人数就增加了 2.5 倍，文盲率从 54.7% 降至 34.9%。但正如《世界全民教育宣言》所指出的，我们不容忽视这样的事实：

(1) 1 亿多儿童，其中包括至少 6 000 万女童，未能接受初等学校教育；

(2) 9.6 亿多成人文盲，其中三分之二是妇女；

(3) 功能性文盲，已成为所有国家的严重问题；

(4) 全世界三分之一以上的成人，未能学习能改进其生活质量并帮助他们适应社会和文化变化的文字知识及新技能和新技术；

(5) 1 亿多儿童和不计其数的成人，未能完成基础教育计划；

(6) 更多的人虽能满足上学的要求，但并未掌握基本的知识和技能。

同时，世界面临许多问题：不断加重的债务负担、经济停滞下降的威胁、人口的迅速增长、国家之间及各国内部日益扩大的经济差距、战争、侵占、内乱、暴力犯罪、本可预防的无数儿童的夭亡，以及普遍的环境退化。这一系列问题限制了为满足基本学习需要所作的努力，而相当一部分人基础教育的缺乏，又阻碍了社会全力有目的地解决这些问题。

第二节 教育学的研究对象

一、教育学及其研究对象

任何工作都有它的规律。要想把工作干好,就必须按照它的规律办事,只有这样才能提高办事效率,达到目标。教育工作也是如此。要想把教育工作干好,就必须按照教育活动的规律来办事。只凭主观臆想,盲目地蛮干,不但不能提高教育质量,还有可能降低教育质量。所以,为了更好地了解教育活动,更好地指导教育实践,教育学便应运而生。

教育学就是研究教育现象和教育问题,揭示教育规律的科学。它是教育科学体系中的一门基础学科,主要探讨教育的一般原理,如教育的本质、目的、制度、内容、方法、管理,等等。

教育是有意识、有目的地培养人的一种社会活动,它广泛存在于人类的社会活动当中。我们要进行有效的教育工作,就必须研究教育现象,分析教育问题,揭示教育规律,按照教育规律来开展教育活动。而所谓规律,指的是不以人的意志为转移的客观事物内在的本质性的联系及其发展变化的必然趋势。教育规律是教育内部诸要素之间、教育与其他事物之间的本质联系以及教育发展变化的必然趋势。例如,在人类历史上,各个阶段的教育都有所不同,但各个阶段的教育都受到当时的社会经济政治制度和生产力的影响,这则是一个具有普遍性的规律。而在教育工作中,教与学,传授知识与发展能力,智育与德育,小学、中学、大学各个教育阶段之间,都存在着内在的本质性的联系,即存在着规律。我们可以看出,教育规律有一般规律与特殊规律之分。教育的一般规律存在于一切活动当中,并贯穿于全部教育发展过程当中,如教育适应与促进社会发展的规律、教育适应与受教育者身心发展的规律等。教育的特殊规律存在于教育过程之中,如教与学的关系、教师与学生的关系、传授知识与发展能力的关系等。而教育学的任务,就是依照教育的逻辑层次,去揭示教育的各种规律,并在揭示教育规律的基础上,阐明教育工作的原则、方法和组织形式等问题,为教育工作者提供理论上和方法上的依据,从而有效地进行教育工作。

教育规律是客观的,它不同于教育方针、政策。教育方针、政策是人们依据对教育规律的认识,按一定社会发展条件和任务确定的,具有主观性。它们只能反映教育规律,不能代替教育规律。作为一种正确的教育方针政策,它是依据科学的教育理论和当时的现实状况与需要制定出来的,反映了教育的客观规律。但由于受条件和认识水平的限制,教育方针、政策不可能完全符合教育规律,因此必须通过研究和立法保证教育方针、政策能正确反映教育的规律。

同时,教育学也不等同于教育经验汇编。教育经验汇编多为教育实践经验的汇集,它们还只是表面的、局部的、个别的具体经验,尚未揭示出教育规律。当然,教育学不能离开教育实践经验,教育的实践经验是发展教育学的源泉。经验之中有规律,我们应当重视教育实践经验,将其提高到理论高度,从中总结出教育规律,以丰富和发展教育学。

既然教育学是揭示教育规律的科学,所以,通过对教育学的学习,我们可以了解教育的规律,树立正确的教育观点,掌握一定的教育理论的知识和科学的教育方法,从而提高工作的自觉性,避免工作中的盲目性,增加对教育工作的兴趣。

教育是一种社会现象,它随着社会的发展而发展。在不同的历史阶段中,教育具有共性,又具有不同的性质和特点。在不同的社会里,由于教育学所研究的教育实际不同,研究者的立场、观点和方法不同,对教育的认识不同,因而有着不同的教育学。

二、教育科学

教育科学是所有有关教育的知识体系的总称,是由若干有关研究教育问题的学科构成的系统。

教育是培养人的社会活动,而培养人又是一个极其复杂的过程,涉及人文科学、社会科学、自然科学、系统科学等许多学科领域。随着教育的发展和科学的进步,人们对教育的认识不断深化和完善起来。教育学这门科学也逐步从孕育、形成进而发展成综合、分化和现代化的态势,产生了许多综合性、交叉性的学科,如教育哲学、教育心理学、教育社会学等;分化出许多分支学科,如学前教育学、高等教育学等;出现了一些体现教育现代化的新兴学科,如教育未来学、教育决策学、教育信息论等,从而形成了拥有众多层次和几十个分支的庞大的教育科学体系。

教育学是教育科学这一大系统中的子系统,是教育科学系统当中最基础的部分,在整个教育科学中处于中心地位。它一方面从教育科学的其他分支中汲取营养以丰富自己的理论体系,另一方面又对教育科学的其他分支起一定的指导作用。

本书主要是以中小学教育为对象,研究中小学教育问题,如德育实践、班主任工作、课堂设计,等等,目的是指导未来的中小学教师更好地从事教育教学工作,促进中小学教育健康发展。

第三节 教育学的产生与发展

作为一门学科,教育学是在总结教育实践经验的过程中逐渐形成的,并不断地发展和成熟起来。其间经历了四个大的历史阶段。

一、教育学的萌芽阶段

哲学是古代的包罗万象之学,后来的各门社会科学都是从中分化出来的,教育学也不例外。在人类历史上,最初和相当长的一段历史时期内并不存在独立的教育学。自从人类进入奴隶社会以后,在一些政治家和思想家的庞大哲学体系中,包含了一些对教育的论述和观点,但多是和他们其他方面的思想(如社会政治、伦理道德、人性善恶、治学态度等)交织在一起的。如中国古代的孔子、孟子、荀子,西方古代的柏拉图、亚里士多德、昆体良等人,他们在阐述各种社会现象的同时也阐述了教育现象,在提出其哲学、政治观点的同时也提出了一些教育观点。这种情况表明,当时人们对社会现象的认识和对自然现象的认识一样,还处在一种笼统的整体认识阶段,教育学当然也不可能从哲学体系中分化出来,形成一门独立的学科。

孔子是中国古代最伟大的教育家和教育思想家,以他为代表的儒家文化对中国文化教育的发展产生了极其深刻的影响。孔子的思想集中体现在他的言论记录《论语》中。《论语》是孔子弟子对孔子与其弟子相互问答的记录,对孔子的教育思想有很具体的记载。孔子从探讨人的本性入手,认为人的先天本性相差不大,个性的差异主要是后天形成的,如"性相近,习相远也",所以他很注重后天的教育工作,主张"有教无类";他承认差异,主张因材施教,同时也很重视教学方法,对此有诸多精辟见解,如"不愤不启,不悱不发"的启发教学,"学而不思则罔,思而不学则殆"的学思结合,"学而时习之"的学习结合,"君子耻其言而过其行"的学行结合,"其身正,不令而行,其身不正,虽令不从"的以身作则以及因材施教等。这些教育思想对后世的教育都有很大的影响。我国的《学记》是世界上最早的教育文献,写作年代大约在战国末年,传说是孟子的学生乐正克所作,它比西方最早的教育著作还早300多年。全书虽然只有1 229字,却对教育的作用和目的、教学原则和方法、教师的作用和条件,等等,都作了概括性的描述。如"教学相长""及时而教""不陵节而施""长善而救失""道而弗牵、强而弗抑、开而弗达""禁于未发"等,都在一定程度上达到了对教育规律性的认识,至今仍有指导意义。

在西方,要追溯教育学的思想来源,毫无疑问,首先需要提到的是古希腊的哲学家苏格拉底和柏拉图。苏格拉底与孔子一样,一生述而不作,但他以启发为核心的"产婆术"对后世教学产生了很大的影响。此外,柏拉图的《理想国》,昆体良的《雄辩术原理》,都是欧洲古代教育思想的代表作。柏拉图在《理想国》中,总结了当时的雅典和斯巴达的教育经验,提出了一个比较系统的教育制度,规定了不同阶级的人的不同的教育内容。亚里士多德是最早提出教育要适应儿童的年龄阶段,进行德智体多方面和谐发展教育的思想家。昆体良的《雄辩术原理》更是比较系统地论述了有关儿童教育的问题,被称为世界上第一本研究教学法的书。

尽管如此,无论是中国还是外国,古代思想家、教育家的教育主张都还仅仅停留在经验的描述上,缺乏独立的科学命题和理论范畴,没有形成完整的体系,只是他们的哲学思想或政治思想的组成部分,没有分化出来成为一门独立的学科。

二、教育学的独立形态阶段

一般认为,1632年,著名的捷克教育家夸美纽斯(1592—1670)出版《大教学论》,是教育学成为一门独立学科的标志。《大教学论》是近代最早的一部系统论述教育问题的专著,夸美纽斯本人则被誉为教育史上的"哥白尼"。夸美纽斯号召把一切事物教给一切人,提出统一学校制度,主张采用班级授课制以提高教育教学效率,扩大学校学科的门类和内容,普及初等教育。他从适应自然秩序的原则和感觉论出发,提出一系列教学原则,如直观性原则、系统性原则、循序渐进原则等。

18、19世纪,西方还产生了诸多教育名著,如英国洛克(Locke)的《教育漫话》(1693年),法国卢梭(Rousseau)的《爱弥儿》(1762年),瑞士裴斯泰洛齐(Pestalozzi)的《林哈德与葛笃德》(1780—1790),德国赫尔巴特(Herbart)的《普通教育学》(1806年),福禄培尔(Froebel)的《人的教育》(1826年),第斯多惠(Diesterweg)的《德国教师指南》(1835年),英国斯宾塞(Spencer)的《教育论》(1861年),俄国乌申斯基(Ushinsky)的《人是教育的对象》(1864年),美国杜威(Deweg)的《民本主义与教育》(1916年)等。这些著作的出现,标志着教育学已成为独立的学科。

其中,赫尔巴特(1776—1841)的《普通教育学》是最早以教育学命名的专著,因此也成了教育学成为独立学科的代表作。在该书中,不仅包括了管理、教学和训练等几个部分,较全面地论述了教育中德、智、体各育的一些根本问题,体系比较完整,而且从其理论基础来看,还包括了心理学和伦理学,基础较为殷实,并以心理学为基础,论述了教学过程及其方法等问题。教育学作为一门学科在大学里讲授，最早始于德国哲学家康德。他于 1776 年在德国柯尼斯堡大学的哲学讲座中讲授了教育学。继康德之后，对教育学作出最大贡献的便是赫尔巴特。他是继康德开设教育学讲座之后，最早系统讲授教育学这门学科的。因此，西方把赫尔巴特的《普通教育学》看作是系统的教育学专著，把赫尔巴特的教育思想视为"传统教育派"的代表。

教育学在这一阶段的发展特点是已从哲学中分离出来，形成了独立的体系。此间出现的一系列教育论著，都有自己比较完整的理论体系，从现象描述转向运用心理学和伦理学等基础进行论证，对教育学的发展作出了重大贡献。但是，总的来看，这些论著所体现的理论和论证方法，不是依靠与自然现象相类比，便是采用思辨式的演绎和推理，未能运用科学的实验方法来研究教育问题。

三、教育学发展的多样化阶段

19 世纪 50 年代到 20 世纪 40 年代，是教育学发展的多样化阶段，许多新兴学科的研究方法推动了教育学研究的发展，社会学、心理学研究方法被广泛应用于教育，出现了许多新的教育理论。

英国实证主义哲学家、教育家斯宾塞（Spencer）在《教育论》中主张用实证方法研究教育，认为一切社会科学的任务不在于揭示世界本质，而在于描述和记录自然过程与社会过程的表面现象和关系，研究这些现象和关系应该以感觉经验为依据。他的这种观点反映了当时资本主义大工业生产对教育的要求，具有明显的功利主义倾向。

20 世纪初，欧美盛行用实验、统计和比较方法研究教育问题。1901 年，梅伊曼（Meumann）首先提出了"实验教育学"概念，认为概念化的教育学往往与教育实际抵触，为防止根据理论和偶然的经验下结论，必须采用实验方法研究儿童的学习和生活。1903 年，拉伊（Lay）出版《实验教育学》，完成了对"实验教育学"的系统论述。拉伊用生物学作为实验教育学的理论基础，认为任何生物首先都是按照感受—整理—表达的方式活动，其次通过加工整理信息获得事物印象，形成知觉，最后付诸行动。用实验方法研究教育无疑是教育研究的进步，但将学生的发展等同于生物过程则显然是错误的。

美国实用主义哲学家、教育家杜威在 1916 年出版的《民主主义与教育》中认为，"教育即生活"，"教育即生长"，"学校即社会"，"做中学"，提倡儿童中心、经验中心、活动中心，反对赫尔巴特的教师中心、教材中心、课堂中心。他的教育思想被西方教育家称为"新教育"思想、"进步主义教育"思想。从此，教育史上便出现了传统教育派和现代教育派之分歧。

苏联教育家凯洛夫是社会主义教育学的典型代表。1939 年，他的《教育学》一书出版。他试图用马列主义观点和方法论述教育现象和问题，建立社会主义教育学。书中继承了赫尔巴特的教育思想，重视系统知识的传授，强调课堂教学和教师的主导作用，但忽视学生的主体性和能力发展。

这一阶段，西方出现了许多新的教育理论，教育学也在争论中提高了科学水平。许多教育家的教育思想自成体系，从而推动了教育学的发展。

四、教育学发展的深化阶段

20 世纪 50 年代，科学技术的发展加速了学科分化与融合，出现了许多新兴学科群。系论、控制论、信息论的出现为教育研究提供了一个崭新的方法论基础，进一步提高了教育学的科学化水平。一些教育家和他们的理论引起了世界各国教育界的普遍重视。

布卢姆（Bloom），美国当代著名教育家、心理学家。1956年，他出版了《教育目标分类学》（第一分册：认知领域）。1971年出版了《学生学习的形成性和终结性评价分册》，在美国和其他许多国家受到重视。他1986年应邀到我国华东师范大学讲学。布卢姆把教育目标定为认知、情感和动作技能三大类，每类目标又分成不同的层次，排列成由低到高的阶梯，如在认知领域分为知识、理解、应用、分析、综合、评价由低向高递进的六个层次。布卢姆的教育目标分类可以帮助教师更加细致地去确定教学的目的和任务，为人们观察教育过程、分析教育活动和进行教育评价提供了一个基本的框架。

布鲁纳（Bruner），美国心理学家、教育家。1963年，他出版了《教育过程》一书，提出了"结构教学论"。在教学内容方面，他强调要让学生掌握每门学科的"基本结构"，即让学生掌握每门学科的基本概念和基本原理；在教学方法方面，倡导"发现法"，培养学生的科学探索精神、科学兴趣和创造能力。这些主张在各国的教学改革中普遍受到重视。

赞可夫，苏联心理学家、教育家。他自1957年起进行了长达18年的教学改革实验，反映其研究成果的著作是1975年出版的《教学与发展》，提出了适应时代要求的"发展教学论"。理论核心是"以最好的教学效果来达到学生最理想的发展水平"；强调学生的一般发展与特殊发展的结合，尤其把学生的"一般发展"作为教学的出发点和归宿。他认为"一般发展"指"儿童心理的一般发展"，即"不仅发展学生的智力，而且发展情感、意志品质、性格和集体主义思想"。在形成自己教学与发展的主导思想后，提出了体现这一思想的五条全新的教学原则，即高难度、高速度、理论知识起指导作用、使学生理解学习过程、使全班学生包括"差生"都得到发展的原则。赞可夫的教学与发展的理论受到世界各国教育界的高度重视，尤其在社会主义国家教育学科化的进程中作出了新的贡献。

苏霍姆林斯基，苏联杰出的教育理论家与实践家，其教育思想的核心内容是全面发展的教育理论。他认为"全面"与"和谐"是儿童个性发展不可缺少的两个方面。作为全面发展的教育应使"智育、体育、德育、劳动教育和审美教育呈现为一个统一的完整的过程"。所谓和谐教育，"就是如何把人的活动的两种职能配合起来，使两者得到平衡；一种职能就是认识和理解客观世界，另一种就是人的自我表现，自己内在本质的表现"。他的教育理论反映在他的40多部教育专著、100多篇论文、1 200多篇童话和短篇小说中。这些成果被译成29种文字发行。他的论著被誉为"活的教育学"和"学校生活的百科全书"。介绍到我国的主要有《给教师的建议》《把整个心灵献给孩子》等。

另外，瑞士教育家皮亚杰在《教育科学与儿童心理学》中提出了儿童智力发展阶段与教学关系的理论，还提出了当代需要培养具有实践能力和创新精神的人才的思想；德国教育家根舍因首创"范例方式教学理论"，等等。

这些教育理论和思想在一定程度上反映了新的历史条件下教育的某些特点和规律，在世界各国教育界都产生了较大的影响。

相比之下，我国教育理论却发展缓慢，到20世纪初才陆续编译了一些教育学著作，如1901年王国维翻译日本立花铣三郎的《教育学》，孟宪承编写的《教育概论》，吴俊升编写的《教育哲学》，1930年杨贤江出版的我国第一本用马克思列宁主义观点编写的《新教育大纲》。20世纪80年代，我国教育理论界开始出现繁荣局面，但也以介绍国外教育理论为主，属于自己的理论很少。90年代，一些教育家立足于国内教育的研究取得了一定成果。

社会的发展、文化的交流和人的主体性不断得到重视，使世界逐渐呈现出多元化的格局，而社会结构多元化，生活方式多样化、思想观念多样化，让教育学的发展也呈多元化的新格局。随着社会的发展，教育学作为一门学科也在不断的发展之中，以适应社会与教育的发展需要。

第四节 学习教育学的意义和方法

一、学习教育学的意义

教师所从事的职业要求教师必须具备区别于其他职业的特殊素质，即教育素质。教育学是培养合格教师所不可缺少的，也是其他课程所不能替代的教育专业课程。学习教育学，可以帮助我们提高教育理论水平和思想水平，树立正确的教育思想，特别是在形成一定的教育理念，掌握从事教育教学工作的基础知识和基本技能等方面具有十分重要的意义。

（一）有助于树立正确的教育思想

教育思想是指一定阶级或阶层的人们在一定历史时期，对教育所持的根本看法。通过对教育学的学习，我们可以对教育的一般性问题有一个总体的把握，提高对教育的功能和价值的认识，特别是对教育在社会发展中的功能和价值的认识，掌握教育的基本规律，进而形成科学的教育观，增强忠诚于教育事业的社会责任感，树立为教育事业而努力奋斗的信念。

（二）有助于培养教师的专业性格

教师的专业性格通常是以师德也就是教师职业道德来表征的，而师德实际上就是对教师在教育教学工作中的态度和行为的要求，例如，忠诚党的教育事业，献身教育——这是教师对教育事业的态度；热爱学生，诲人不倦——这是对学生的态度；团结协作，共同育人——这是对教师集体的合作态度；以身作则，为人师表——这是对自身严格要求的态度。教师专业性格的形成在教师专业化发展中有着不可低估的决定性作用。通过学习教育学，在学习与实践中培养自己的专业情意，形成从事教育工作的专业性格，将对个人的教师专业发展大有助益。

（三）有助于提高教育教学效果

教育理论是对教育实践经验的高度概括和科学总结，因此它能指导教育教学实践，提高教育教学效果。教育既是一门科学，又是一门艺术，是科学性和艺术性的统一。科学给人以知识真理，给人以思想指导；艺术可增强感染力与魅力，增强教育效果。学习教育学，能帮助我们更加明确地认识和理解教育教学工作的规律，并掌握教育方法、教育技能技巧，提高教育教学工作的水平和能力。这样，就可以少走弯路，增强自觉性、预见性，取得预期的教学效果，全面提高教育质量。

（四）有助于指导教育教学改革

由于时代的发展，在教育实践上出现了许多从未有过的新情况，新问题，这就需要进行改革。要改革，必须具有坚实的教育理论基础，才能使改革沿着正确的方向健康发展。学习教育学，有助于推动学校教育改革；教育理论来自实践，又反过来指导实践。只有学习了教育理论，才可能将自己在教育工作中积累的经验加以理论化、系统化，并上升到规律，加以认识，从而更好地使理论回到实践中去指导实践。因此，学习教育学，有助于推动教师的教育科学研究。

二、学习教育学的方法

（一）联系教育实际学习教育学

我们是社会主义国家，各门学科都要以马克思主义思想为指导，尤其是人文学科更要这样，要坚持用马克思主义观点来分析、研究教育问题。同时也不应排斥运用其他各种科学的思想和方法论来指导我们的学习。但这些都要根据我国的国情来灵活掌握、具体运用。

教育学是一门实践性很强的理论学科，在学习时，必须联系实际才能融会贯通。要通过教育观察、见习、参观、访问和调查，以及自己受教育经历的回顾等来配合理论知识的学习，用思维和联想把理论和实践紧密结合起来，这样也有利于将来将理论知识用于教育实践。

（二）懂得批判性地借鉴各类研究成果

必须科学地总结、吸收古今中外有用的先进的教育经验和理论并为我所用。因为教育是人类共有的社会现象，有很多值得相互学习的共同的东西。有不少古代的东西今天仍然有用，也有不少外国的东西值得我们学习。

（三）多学科结合学习教育学

要学好教育学，还必须学习哲学、社会学、伦理学、美学、心理学、生理卫生学、人口学等与人的发展有关的学科。这些都是教育学的理论基础，是学习和掌握教育理论的知识前提。另外，还应该多看一些人物传记，了解一个人是怎样成长的，是如何取得成功的。这有助于我们对教育学的理解，有益于对学生的培养。

小栏目 1-4

拆表的故事

陶行知先生有着深厚的教育理论素养，并能在教育实践中处处发挥作用。

有一天，一位朋友的夫人来看陶行知先生。陶先生热情地让她坐下，又倒了一杯茶给她，问道："怎么不带儿子一起来玩？"

这位夫人有点气呼呼地说："别提了，一提就叫我生气。今天我把他结结实实打了一顿。"

陶先生惊异地问："这是为什么？你儿子很聪明，蛮可爱的哩！"

朋友的夫人取出一个纸包，里面被拆得乱七八糟的一块手表。这表成色还很新，镀金的表壳打开了，玻璃破碎，连秒针也掉了下来。她生气地说："陶先生，这表是才买的，竟被我儿子拆成这样，您说可气不可气！他才七八岁，就敢拆表，将来大了恐怕连房子都敢拆呢！所以我打了他一顿。"

陶先生听了笑笑说："坏了，恐怕中国的爱迪生被你枪毙了！"

夫人有点愕然:"为什么呢?难道我这样做不对吗?"

陶先生摇摇头。

夫人又接着问:"陶先生,您是大教育家,您说对这样的孩子该怎么办呢?"

陶先生把拆坏的表拿过来,对夫人说:"走,我们上你家去,见见这个小'爱迪生'。"

到了朋友家里,陶先生见到那个孩子正蹲在院子的大树下,聚精会神地看蚂蚁搬家。夫人一见又来了气,正要骂他,陶先生立即劝住了。

陶先生把孩子搀起来,搂在怀里,笑嘻嘻地问:"你为什么要把妈妈的新表拆开来呢?能告诉我吗?"

孩子怯生生地望了妈妈一眼,低声说:"我听见表里的嘀嗒嘀嗒的声音,想拆开看看是什么东西在响。我错了,不该把手表拆坏,惹妈妈生气。"

陶先生说:"想拆开看看是什么东西在响,这没有错。但你要跟大人说一声,不能自作主张。来,你跟我一起到钟表店去好吗?"

孩子又望望妈妈,说:"去店里干什么?"

陶先生说:"去看师傅修表啊,看他怎么拆,又怎么修,怎么装配,你不喜欢吗?"

孩子高兴得跳起来:"我去!我去!"

陶先生拿着那只坏表,带着孩子一起到了一家钟表店。修表师傅看了看坏表,说要一元六角修理费。

陶先生说:"价钱依你,但我带着孩子看你修,让他长长知识。"师傅同意了。

陶行知和孩子站在旁边,满怀兴趣地看师傅修表。看他怎样拆开,把零件一个个浸在药水里;又看他加油后,把一个个零件装配起来。从头到尾,整整看了一个多小时。全部装好后,师傅上了发条,表重新发出清晰的嘀嗒声。孩子高兴地欢叫起来:"响了,响了,表修好了!"

陶先生临走又花一元钱买了一只旧钟,送给孩子带回去拆装。孩子连声说:"谢谢伯伯!谢谢伯伯!伯伯真好!"

陶先生把孩子送到家后,孩子立即跳呀蹦地跟妈妈说:"妈妈,伯伯买了一只钟,让我学习拆装呢!"

那位朋友的夫人不解地问:"还让他拆啊?"

陶行知笑笑说:"你不是问我对这样的孩子该怎么办吗?我的办法说是,把孩子和表一起送到钟表铺,请钟表师傅修理。这样修表铺成了课堂,修表匠成了先生,令郎成了速成学生,修理费成了学费,你的孩子好奇心就可得到满足,或者他还可以学会修理呢。"

陶先生停顿了一下,接着说:"孩子拆表是因为好奇心,孩子的好奇心其实就是一种求知欲,原是有出息的表现。你打了他,不是把他的求知欲打掉了吗?与其不分青皂地打一顿,不如引导他去把事情做好,培养他的兴趣。中国对于小孩子一直是不许动手,动手就要打手心,往往因此摧残了儿童的创造力。我们应该学习爱迪生的母亲,那么理解、宽容孩子,那么善于鼓励孩子去动手动脑,这样,更多的'爱迪生'们就不会被打跑、赶走了。"

夫人听了恍然大悟,她不好意思地笑了一下,诚恳地说:"陶先生,您说得对,太谢谢您了,我今后一定照您的办法去做。"

[资料来源] 百度文库 http://wenku.baidu.com/view/0ee64523dd36a32d73758159.html。

思考与练习

一、名词解释

1. 教育　2. 教育学　3. 教育科学　4. 教育影响　5. 教育规律

二、填空题

1. 我国汉代许慎在《说文解字》中注道:"教,上所施,下所效也","育,____";在古希腊语中:"教育"一词与"____"一词相关,"____"是对专门带领贵族儿童的奴隶的称呼。

2. 教育产生于社会生活的____,是社会继承和延续、人类生存和发展必不可少的手段,它也是一种培养人的____,它同社会发展、人的发展有着密切的联系。

3. 教育之所以是人类所特有,是因为教育是凭借____的物质外壳传递经验的形式,不致因个体的死亡而消失,是一种人才具有的有意识的活动,教育起源于____这种人类社会所特有的实践之中。

4. 从广义上说,凡是增进人们的____、影响人们的思想品德的活动都是教育。狭义的教育,主要指____,其含义是教育者根据一定社会(或阶级)的要求,有目的、有计划、有组织地对受教育者的____施加影响,把他们培养成为一定社会(或阶级)所需要的人的活动。

5. 终身教育与英才教育相反,它具有____,主张教育的民主化;终身教育有两个领域,即____与____,这两者不是孤立的,而是相互联系、互相作用的;终身教育的最终目标是维持、改善生活的____;实施终身教育的3个主要前提条件是:提供适当机会、增进学习动机、____。

6. ____、____和____是构成狭义教育的基本要素。

7. 狭义教育中的教育者,主要指具有一定____的专职教师和相对固定的兼职教师,他们从教育目的出发,确定"教什么""怎么教";受教育者是获得入学____的相对固定的对象,即学生。

8. 教育影响是置于教育者与受教育者之间的一切"____"的总和。它包括作用于受教育者的影响以及运用这种影响的活动方式和方法,往往具有较高的____和教育价值,以其在促进人的发展中能够产生最优效果和最高效率为加工和选择的准则。

9. 教育者与受教育者之间的联系首先表现在作为"教"的主体的____作用于"学"的主体的____,是教育者按照一定的目的要求去改变教育对象,促使受教育者的身心发生某种变化。

10. 教育者作用于受教育者的结果是受教育者的____发生预期的变化,只有发动受教育者的____,才能使受教育者向预期的方向发展。

11. 奴隶社会和封建社会的教育,虽然在目的、内容、制度和组织规模等方面有所不同,但存在很多相似点,因此,我们把它们统称为____教育。

12. 在我国奴隶社会,学校教育的内容主要是"____",即礼、乐、____、御、____、数。

13. 培养____的人是雅典教育的显著特点;斯巴达的教育措施与雅典有所不同,学习内容主要是"赛跑、跳跃、角力、掷铁饼、投标枪",称之为"____"。

14. 封建社会的教育被占有生产资料的地主阶级所垄断,具有鲜明的____。在我国封建社会,学校大致分为____和私学两种;在西方的封建社会里,____成了封建制度的精神支柱和统治人民的工具,在封建统治内部形成了僧侣封建主和世俗封建主两个阶层,因而出现了两种类型的教育:____学校和骑士学校。

15. 工业革命促使____的产生,使学校教育具有了新的形态。

16. 教育学是研究____、____和揭示____的科学,是人类社会和____发展到一定历史阶段的产物；教育科学是所有有关教育的____的总称，是由若干有关研究教育问题的____的系统。

17. 教育学一方面从教育科学的其他分支中吸取营养以丰富自己的____体系，另一方面又对教育科学的其他分支起一定的____作用。

18. 教育学是教育科学这一大系统中的____，是教育科学系统当中的____的部分，在整个教育科学中处于____地位。

19. 教育学不等同于教育经验汇编。教育经验汇编多为教育实践经验的汇集，它们还只是表面的、局部的、个别的具体经验，尚未揭示出____。

20. 教育学的产生和发展经历了四个阶段，即____、____、____和____。

21. 人类历史上第一部专门论述教育问题的著作是____，它比西方教育史上最早的教育专著____要早300多年，而且内容更系统、更丰富。

22. 近代最早的一部教育学著作是____，它的问世，奠定了近代资产阶级教育学的基础。

23. 德国教育家____的____一书的出版，标志着教育学已开始成为一门独立的科学，他被视为"____"的代表。

24. 实用主义教育的创始人是____，其代表作是____，他被视为"____"的代表。

25. 英国实证主义哲学家、教育家斯宾塞（Spencer）在《教育论》中主张用____方法研究教育；苏联教育家____是社会主义教育学的典型代表。1939年，他的《教育学》一书出版。他试图用____观点和方法论述教育现象和问题，建立社会主义教育学。

26. 美国当代著名教育家、心理学家布卢姆的____分类，可以帮助教师更加细致地去确定教学的目的和任务，为人们观察教育过程、分析教育活动和进行教育评价，提供了一个基本的框架。

27. 1963年，美国的教育心理学家布鲁纳发表了____一书，提出了"结构教学论"。在教学内容方面，他强调要让学生掌握每门学科的"____"，即让学生掌握每门学科的基本概念和基本原理；在教学方法方面，倡导"____"，培养学生的科学探索精神、科学兴趣和创造能力。

28. 1975年，苏联教育家赞可夫出版了他的____一书。在书中他全面阐述了其实验教学论体系。他强调教学应走在学生发展的前面，促进学生的____。

29. 学习教育学要坚持____的原则。

30. 通过实验调查而来的数据，也需要有____的方法来加以处理，为此必须掌握各种教育统计的方法。

三、选择题（将正确答案的序号填在括号里）

1. 中国最早的一部教育专著是（　　）。
① 《论语》　　　　② 《大学》
③ 《学记》　　　　④ 《师说》

2. 教育学作为一门独立的科学形成于（　　）。
① 原始社会　　　　② 奴隶社会
③ 封建社会　　　　④ 欧洲文艺复兴后

3. 教育是年轻一代成长和社会延续与发展不可缺少的条件，为一切社会所必需，与人类社会共始终。从这个意义上说，教育具有（　　）。
① 生物性　　　　② 永恒性
③ 历史性　　　　④ 阶级性

4. 教育者是教育过程中的基本要素之一，其基本特征是（　　）。

① 主体性、示范性和目的性　② 主体性、目的性和社会性
③ 主体性、个体性和社会性　④ 主体性、示范性和主动性
5. 社会发展的需要和人自身具有的（　　）乃是人成为教育对象的根本原因和条件。
① 生物性和社会性　② 生物性和阶级性
③ 历史性和阶级性　④ 受教性和可教性
6. 近代资产阶级教育学的奠基人是（　　）。
① 夸美纽斯　② 赫尔巴特
③ 杜威　④ 斯宾塞
7. 1623年哲学家（　　）首次在科学分类中将教育学作为一门独立的学科划分出来，从此标志着教育学在科学体系中有了自己独立的学科地位。
① 培根　② 罗素
③ 黑格尔　④ 康德
8. 《教育漫话》的作者是（　　）。
① 法国的卢梭　② 瑞士的裴斯泰洛齐
③ 英国的洛克　④ 德国的福禄培尔
9. 1963年，（　　）出版了《教育过程》一书，提出了"结构教学论"。
① 布卢姆　② 布鲁纳
③ 赞可夫　④ 苏霍姆林斯基
10. 学习教育学应遵循（　　）。
① 直观性原则　② 循序渐进原则
③ 理论联系实际的原则　④ 巩固性原则
11. 对新中国的教育工作和教育学的发展产生过广泛深刻影响的教科书是（　　）。
① 赫尔巴特的《普通教育学》　② 凯洛夫主编的《教育学》
③ 杨贤江的《新教育大纲》　④ 拉伊的《实验教育学》

四、判断题（正确的在括号内打"＋"，错误的打"－"）

1. 教育是一种与人类社会同生存、共始终、同发展的永恒的社会现象。（　　）
2. 教育学与教育是同时产生的。（　　）
3. 我国的教育学主要以我们党的教育方针政策为研究对象。（　　）
4. 广义教育与狭义教育之分是有没有教师。（　　）
5. 教育学的发展对教育科学其他分支学科的发展起着一定的指导作用，而教育科学其他分支学科的研究又可以反过来充实教育学的内容。（　　）
6. 凡是有意识地增进人们的知识和技能，影响人们的思想品德的活动都是教育。（　　）
7. 自从人类进入原始社会以后，在一些政治家和思想家的庞大哲学体系中，包含了一些对教育的论述和观点。（　　）
8. 教育学在科学分类中没有独立地位的历史状态，一直延续到17世纪才宣告结束。（　　）
9. 布卢姆（Bloom），美国当代著名教育家、心理学家，1956年出版了《教育过程》。（　　）
10. 教育既是一门科学，又是一门艺术，是科学性和艺术性的统一。（　　）
11. 学习了教育理论，才可能将自己在教育工作中积累的经验加以理论化、系统化，并上升到规律，加以认识，从而更好地使理论回到实践中去指导实践。（　　）

12. 观察可以在整个教育过程中进行，但只能观察一次。（　　）

13. 现在国内外的教育科学研究都不重视教育实验。（　　）

14. 调查法和观察法不同，它不是直接对某种教育现象的观察，而是通过其他有关材料间接了解所要研究的问题。（　　）

15. 同学生个别谈话是一种研究学生的好方法，在进行这种谈话前须调查了解谈话对象的心理环境，谈话时要站在同志的地位，态度要诚恳。（　　）

五、填表题

教育学的产生和发展大致经历了四个阶段，试按要求填写。

阶　段	名　称	特　点	代表作
第一阶段			
第二阶段			
第三阶段			
第四阶段			

六、辨析题

1. 只有教师才是教育者，其他人都不可能成为教育者。
2. 教育方针、政策完全可以正确反映教育规律。

七、简答题

1. 学校教育的特点是什么？
2. 现代教育的特点是什么
3. 师范生为什么要学好教育学？
4. 怎样才能学好教育学？

八、实例分析

1. 有同学说："我们是未来的人民教师，将来的主要任务是教书育人。古今中外没有专门学过教育学而一样做好了教书育人工作的教师大有人在。因此学不学教育学无所谓。"

2. 这是一位教师的日记，她写道：今天我上数学课，点了一排6个学生到黑板上做练习，5个学生高高兴兴地上去了，唯有一个叫王明的学生静静地坐在那儿，无动于衷。

"你怎么啦，不舒服吗？"我问，回答我的是摇头。

"老师，他不会。""老师，他是个笨蛋。""老师，以前老师不许他回答问题！"……

王明的眼睛里映射出来的是自卑与恐惧，更有愤怒。

"王明，上去试试。"我鼓励他。

又是一些同学的议论声。

"这道题不难，王明，你能够做出来的。"我的再次鼓励最终使王明走向了讲台。同学们还在议论，我听了，十分生气，大声说："我的眼里没有笨蛋。"

王明做对了，我叫大家给予王明鼓励性的掌声，王明的眼泪悄悄地流出来了。

结合本章所学的教育理论，进行分析。

第二章 教育功能

本章要点：
- 教育功能的含义和分类；
- 教育对社会发展的正向与负向功能；
- 教育对个体发展的正向与负向功能；
- 个体身心发展规律；
- 影响个体的身心发展的主要因素。

教育功能是教育学的一个基本理论问题，主要回答教育能够"做什么"的问题。

本章中，教育功能侧重于教育活动对个体发展和社会发展的影响和作用。这种影响和作用，既可能是正向的、促进性的，也可能是负向的、阻碍性的；既可能是与人们对教育活动的预期结果相一致的，也可能是与人们的预期不一致的。本章重点分析了教育对个体和社会发展的正向功能。教育对个体发展的正向功能主要表现为促进个体的社会化和个性化；教育对社会的正向功能主要表现为促进社会政治、经济、文化、人口的发展。此外，本章还从陈旧落后的教育方式对学生身心的伤害、标准化教学和刚性管理对学生个性的抹杀等方面，论述了教育对个体发展的负向功能和对社会发展的负向功能。

第一节 教育功能概述

教育功能是教育学研究的一个重要范畴。当代教育的改革与发展，在某种意义上是以变革、拓展乃至更好地发挥教育功能为目的的。

一、教育功能的含义

教育功能这一范畴的含义是十分广泛的，教育活动所引起的各种变化，带来的各种结果和影响都可以称为教育功能，不仅包括对教育系统内部各方面的影响，而且包括对外部其他系统的影响，既包括直接影响，又包括间接影响。由于功能在语义学上属于中性词，因此，教育功能既可以指对人和人类社会发展有益的结果与作用，也可以包括对人和人类社会不利甚至有害的后果与影响。[1]因此，在通常意义上，教育功能指的是教育活动和系统对社会发展与个体发展所产生的各种影响和作用。它往往指教育活动已经产生或者将会产生的结果，尤其是指教育活动所引起的变化、产生的作用。教育功能不仅具有客观性和必然性，而且还具有方向性和多方面性。

教育功能不同于教育价值、教育目的。教育价值和教育目的是人们对"好"教育的一种期待，它反映了人们认为的"教育应该干什么"，而教育功能是一种实效，它反映了"应该干

---
[1] 刘家访：《教育学》，四川大学出版社2002年版，第14页。

什么"的教育价值在教育实践中"实际干了什么"。所以，教育价值是教育的"应然"表现，教育功能是教育的"实然"表现，它是教育价值在教育实际中所释放出来的实际效果。

二、教育功能的分类

对教育功能类型的划分，可以从多个角度着手。

（一）个体功能与社会功能

这是从教育作用的对象角度进行分类的。教育作为一个独立的系统，是一种培养人的活动。促进人的全面发展是教育目的和价值的追求，这种理想追求在教育实践中运行的实际表现，构成教育的个体功能。教育的个体功能，是指教育对个体人的生存与发展的作用。它是由教育活动的内部结构决定的，如师资水平、课程的设置及内容的新旧、教育物质手段的现代化水平及其运用，都构成影响个体发展方向及其水平的重要因素。当然，教育的运行无法离开外部条件。外部环境也成为影响个体发展的重要因素，如当代社会的和平、稳定与繁荣，为个体的发展提供了有利的时机，教育就能促进个体的发展；相反，在社会动荡不安时期，如十年"文化大革命"对教育的破坏，使人的发展处在极其不利的影响中，甚至阻碍人的发展，耽误了一代人。教育的个体功能是在教育活动内部发生的，所以也称为教育的本体功能或教育的固有功能。

教育作为社会结构的子系统，通过培养人进而影响社会的存在和发展，这构成了教育的社会功能。所谓社会功能，是指教育对于维系社会运行、促进社会变革与发展的作用。严格地说，它不是教育自身的功能，而是教育培养的人参与社会生活而发生的功能，也称教育的工具功能。教育对社会的作用不是无限的，而要受社会结构、社会发展规律和社会性质所制约。教育在不同的社会表现出的社会功能重点不同、方向不同。如在古代社会，教育的社会功能主要是政治功能，维护统治阶级的既有利益；在现代社会，教育社会功能的重点转向经济功能，通过"科教兴国"促进社会的繁荣和发展，成为教育社会功能的基本方向。

（二）显性功能和隐性功能

这是从教育作用的呈现形式进行分类的。显性和隐性是默顿分析的一个维度。默顿指出，显性功能是主观目标与客观结果相符合的情况；而隐性功能与显性功能相对，指这种结果既非事先筹划，亦未被察觉。可见，显性功能是有目的实现的功能，而隐性功能是主观愿望之外的意外结果。

按照默顿这一思想，教育功能可分为显性和隐性。显性教育功能是依照教育目的，教育在实际运行中所出现的与之相符合的结果。如促进人的全面和谐发展、促进社会的进步，就是显性教育功能的表现。隐性教育功能是伴随显性教育功能所出现的非预期的功能，如教育复制了现有的社会关系，再现了社会的不平等，学校照管儿童，等等，都是隐性功能的表现。显性与隐性的区分是相对的，一旦隐性的潜在功能被有意识地开发、利用，就转变成了显性教育功能。

（三）筛选功能与协调功能

这是从教育作用的客观性能进行分类的。教育的筛选功能自古而然，进入近代社会以后这种功能更为突出。从社会方面看,个人获得某种社会地位的过程,在很大程度上是一种竞争和选拔的过程,而教育则同这种竞争和选拔过程密切相关。在现代社会中,一个人从学校毕业后从事何种社会职业主要凭借他的学历和所学的专业,这无疑是依赖于教育。即使他不是凭学历而是凭实际本领获得某种社会职业,也是与他所接受的实际教育分不开的。层级分明的教育制度和机构实质上一直在默默而又顽强地履行筛选职责。学校教育的层层筛选形成人的受教育水平(或学历)的差异,同时也由此造成人的社会分层和社会职业的不同。教育的筛选功能又是与其所具有的协调功能相结合的。教育的协调功能主要有两方面的含义:一是它在发挥筛选功能的同时又依赖于自身的力量使这种筛选成为社会的需要,没有这种筛选,社会发展反而是混沌不协调,甚至是不可思议的;二是在客观上形成人的发展差异的同时又在通过教育尽量缩小人与人之间的发展差异。在这种意义上,教育始终起着调节器的作用。

(四)正功能与负功能

这是从教育功能作用的性质划分的。亦有人称之为积极功能与消极功能。前者是针对教育作用产生的积极的良好的效果而言,后者是针对教育作用产生的消极的不良的后果而言。这一对概念是美国社会学家默顿(R. K. Meton)在20世纪50年代末最早提出来的。

将教育功能从正、负两个方面加以划分无疑是对教育功能理论的新的拓展,这为人们看待教育功能提供了新的视角。[①]无论从历史还是从现实来看,教育功能客观上并不仅仅是正面的、积极的。教育自然会对社会发展产生明显的积极效应,起着巨大的促进作用,但也在某一时候某一局部起着抑制甚至阻碍社会发展的作用。即使对于每一具体的教育来说,其对某方面发展起着明显的促进作用,但也可能对社会其他方面产生一些消极作用。例如传承式教育,使文化得到了传承,却扼杀了创新精神。对教育功能作相反相成的划分,有利于提醒或引导人们更科学客观地对待教育的发展与改革。

第二节 教育的社会发展功能

从系统论的观点来看,社会是一个庞大的复杂的系统,在这个大系统内部,包含着若干子系统,各子系统之间又存在着十分密切的关系。具体地说,在社会这个大系统中,包含着政治、经济、人口、文化等众多的子系统,教育也是其中的子系统之一。作为子系统之一的教育系统,与社会大系统中的政治、经济、人口、文化等子系统之间存在着千丝万缕的联系。教育作为人类的一种特有的社会现象与社会活动,它的发展本身是社会发展的一个重要方面或重要标志,同时又推动社会的变革与进步。社会发展虽然制约着教育发展,但教育发展对社会发展具有强烈的反作用。下面我们从经济、政治、人口、文化等方面分析教育促进社会发展的功能及它们对教育的制约作用。

一、教育的政治功能

(一)教育的政治功能

教育并不是消极被动地接受政治的制约,它作为一种能动的社会因素,也能对政治产生

---

① 全国十二所重点师范大学联合编写:《教育学基础》,教育科学出版社2004年版,第31页。

巨大的影响。在不同的社会和不同的历史时期,教育表现出不同的政治功能,它既可为维护和巩固某一政治制度服务,也可为推翻某一旧的政治制度、建立新的政治制度服务。教育具有什么样的政治功能,是由教育的社会性质决定的。在一般情况下,教育表现出下列政治功能:

1. 教育具有维护社会政治稳定的作用

(1) 教育具有促进个体政治社会化的作用

个体的政治社会化是指个体逐渐掌握和了解一定政治体系如政治制度、政党组织、权力机构等所倡导和认可的政治规范、政治行为方式,也即个体通过各种途径,如家庭、大众传媒等,不断学习和获得有关的政治知识、政治价值观念、政治规范,从而形成适应和拥护一定政治体系的政治态度、政治情感、政治信念和政治行为方式的过程。当然,对政治体系的适应并不排除对既有政治体系的怀疑和批判,作为个体政治社会化的一项重要内容,是使个体具有一定的政治批判能力,对政治弊端、政治腐败、政治黑暗等具有敏锐的观察力和深刻的批判能力。

为促进个体政治社会化,各国统治阶级都十分重视通过学校教育"教化"民众。早在先秦时代,管子就说过:"得人之道,莫如利之,利之之道,莫如教之以政。"即主张通过教育,让年青一代把服从君主的观念扎根于思想之中。在现代社会,有目的、有计划、有组织地促进年青一代政治社会化的发展,更是学校教育的重要任务。为此,在现代各国的学校的课程设置中,都十分重视通过政治课、品德课、公民课等的开设,对学生的政治思想、政治立场、政治态度、政治行为习惯等施加影响,同时将一定的政治价值观念渗透在其他各科教学中。此外,还积极引导学生参加一定的校内外政治活动,在活动与交往中强化和调整他们的政治思想观念,促进其政治社会化的发展。

(2) 教育具有培养各种政治人才的作用

任何一个社会政治秩序的稳定,除了全体国民的政治社会化之外,还需要一批专门的政治人才。学校教育则具有培养国家所需要的政治人才、管理人才的责任。我国古代的学校教育就是典型的"养仕"教育,向学生传授的大多是"修己治人之道",不仅形成他们一定的政治思想意识,而且还向他们传授社会长期积累下来的"为官之道",所以古代学校教育实质是官吏养成所。现代社会由于科学技术向包括领导和管理部门在内的社会各个领域全面渗透,国家对政治人才、管理人才的要求更高了,在一些资本主义国家出现了"专家政治"的倾向。许多国家为了适应这种变化,设立了专门培养国家管理人才的学校、专业。据统计,美国现有 600 所大学设有管理学院或系科,还把中央和地方所属党校都纳入统一的干部教育体系之中。①对执政党而言,提高党员的文化素质和政治觉悟,也是提高执政党的执政水平,使党制定的方针、政策得以贯彻的重要保证。社会越向前发展,对国家管理人员各方面素质的要求越高,通过教育选拔、培养政治人才、管理人才就显得越重要。

小栏目 2-1

据统计,英国从 1900 年到 1979 年,先后担任内阁大臣以上职务的共有 1 499 人,其中 1 033 人具备大学学历,占总人数的 69%,在这批人中,毕业于牛津大学的占 66.3%。在美国,从 1789 年到 1953 年,约有 67% 的高级政治领导人(包括总统、副总统、众议院议长、内阁成员、

---

① 南京师范大学教育系编:《教育学》,人民教育出版社 1984 年版,第 56 页。

最高法院法官）具备大学学历，其中，绝大多数毕业于东部的名牌大学，如哈佛大学、耶鲁大学、普林斯顿大学等。在日本，1937年，在高级文职官员中，有1 007人即73.6%是东京大学的毕业生，其中有46.5%毕业于东京大学法律系。在土耳其，任命高级行政机构职务（如总督、副总督）的先决条件是上过大学，在高级文职官僚中，有99%是安卡拉大学政治学院和法律学院的毕业生。

[资料来源] [美]卡扎米亚斯：《教育的传统与变革》，福建师范大学教育系，等译，北京文化教育出版社，1981年版，第217-230页。

2. 教育具有促进社会政治变革的作用

（1）教育的普及化、民主化与社会政治变革相辅相成。教育的普及化、民主化是社会政治变革的重要标志，也是推动社会政治变革的重要力量。教育的普及化、民主化表明社会政治的平等与开放，这是因为教育的普及化和民主化，就是要求国家必须从政治或法律上保证全体社会成员不论其社会地位、种族、性别等因素，都有机会不受限制地受到教育。同时，教育的普及化、民主化本身蕴藏着一种变革社会、促进社会发展的力量，这种力量也已在现代社会政治领域中得以展现。国际社会已经把消除教育中的不平等现象、实现教育民主化作为解决社会不平等现象的重要手段。

（2）教育通过传播先进的思想、弘扬优良的道德促进社会政治的变革。教育通过传播科学真理，弘扬优良道德，形成正确的舆论，倡导进步的政治观念，促进社会的变革和发展。教育通过筛选、净化政治思想、伦理道德、价值观念、行为规范，弘扬社会政治、思想、道德领域中的积极因素，抵制、消除消极的因素，从而为推动社会政治的发展与进步服务。

（3）教育可以促进社会政治民主化。政治民主化是现代社会政治发展的必然趋势。这依赖于教育的推动。民主意识、观念的养成，非教育不能达到。民主意识又与科学意识紧密相关。缺乏科学知识素养也就无法提高民主素养。所以国家教育事业的发展和全体国民科学文化水平的不断提高是实现社会政治民主化的重要前提与保证。

（二）社会政治对教育的制约和影响

教育取决于生活条件，归根结底受社会生产制约，这是社会通过生产力发展决定教育的作用方式之一。社会政治制度对教育的决定作用是多方面的，概括地说，主要表现在：

1. 社会政治决定着教育的目的和内容

教育的根本任务是培养人。但在一定社会中，培养什么样的人，具有什么样的政治方向和思想意识，为谁服务，这是由一定社会的政治经济决定的。教育目的是一个社会的政治制度对教育所提出的主观要求的集中体现，它直接反映着统治阶级的利益和需要，因而在政治经济制度不同的社会里便有着不同的教育目的。社会中占统治地位的阶级，为了确保教育能够培养出他们所需要的人才，总是利用他们掌握的国家机器直接控制教育，为教育确定人才培养的规格标准，选择教育内容，提出道德要求等，使教育为特定的社会关系服务。

社会政治对教育权利和机会的决定主要表现在两个方面：对教育领导权的决定、对受教育权的决定。在一个社会里，要哪些人受教育，达到什么程度，受什么样的教育，教育的结果如何，这都是由社会关系中占统治地位的社会力量决定的。

在社会政治决定着教育目的的同时，必然决定着教育的内容。这是因为，教育内容是达成教育目的的基本条件和手段，教育目的必须借助于向受教育者传递一定的教育内容才能实现。正是基于这样的原因，任何时代、任何国家的政府，都非常重视对教育内容的选择，从古代帝王的"钦定"教材，到现代社会的教科书审查制度，无不体现了统治阶级对教育内容的重视。虽然学校所教授的知识内容的数量和深浅程度并不完全取决于统治者的意志，但是，选择什么内容，排除什么内容，却是可以由统治阶级决定的。

从教育史来看，在阶级社会里，统治阶级总是基于自身利益，尤其是巩固自身统治地位的考虑，积极地利用学校教育，向年轻一代灌输和传播他们的政治思想观念，把本阶级的思想意识、价值规范等强加到学校的教育内容当中，或者采取比较隐蔽的方式，将其引入学校的课程和教材之中，对年轻一代的成长和发展施加影响，使其形成他们所期望的政治观念、政治立场、政治态度和政治行为习惯等。例如，在我国奴隶社会的周朝，重在传授"六艺"。在封建社会，重在传授儒家经典"四书"和"五经"。在资本主义社会，重在传授"自由、民主、平等、博爱、人权"。在当今社会，各个国家的政府也同样十分重视对学校教育内容的选择与控制。例如，在教材的编写上，很多国家都实行严格的教科书审查制度，有些国家则直接由中央政府的教育主管部门掌握教科书的编审权，并明确规定学校只能使用全国统一编写的教材。

2. 社会政治决定着教育结构和教育的管理体制

社会政治决定着教育结构。教育结构即教育的构成。教育的构成有两个维度：一是级别，即层次、程度；二是类别，即类型、种类。教育结构的复杂多样，归根结底是由生产力结构、就业结构、生产部门结构的复杂多样决定的。但生产部门所需要的人才规格层次和类型则首先是由国家权力机关直接决定，是由总的教育规划战略决定的。社会权力机构根据生产第一线对不同层次、不同类别人才的需要，确定各级各类学校的规模、比例、招生数量、专业设置，等等，以求教育发展与生产发展的需要，尽可能在级与级、类与类上保持适当的比例关系。

不仅如此，社会政治还决定着教育的管理体制。当今各国形形色色的教育管理体制包括三种类型，即中央集权型、地方分权型以及介于这两者之间或兼具两者特征的"中间型"（亦称"混合型"）。法国、俄罗斯等国的教育管理体制属于典型的中央集权型，美国、加拿大等国的教育管理体制属于典型的地方分权型，英国和日本则是"中间型"或"混合型"的标本。各国教育管理体制的明显差异，虽是多种因素综合作用的结果，但直接造成这种差异的原因则是各国政治体制的不同。只要对各个国家的政治体制进行对照就会发现，不同类型的教育管理体制是与该国政治制度的结构形式直接对应的。没有任何一个在政治制度的结构形式上采用中央集权制的国家，在教育管理体制上却采用地方分权制。同样，也没有任何一个在政治制度的结构形式上采用地方分权制的国家，在教育管理体制上却采用中央集权制。由此看来，社会政治对教育结构和教育的管理体制有重大影响作用。

二、教育的经济功能

（一）教育的经济功能

教育的经济功能在现代社会得以加强。现代物质生产的发展，尤其是现代科学技术的发展，有力地推进现代教育的发展与变革，而现代教育的发展与变革又强烈地反作用于现代物质生产的进一步发展，这是一种良性循环。关于教育的经济功能，主要应立足于现代教育对现代经济发展所发挥的作用进行分析。

1. 教育能提高劳动者的素质，促进经济发展

（1）教育是劳动力再生产的重要手段。在构成生产力的诸要素中，劳动者是最重要、最为活跃的决定性要素，这是因为只有通过劳动者才能制造和使用劳动工具等劳动资料作用于劳动对象，创造出使用价值。当一个人尚未掌握生产知识和劳动技能时，还只是未来的可能的劳动者，只有掌握了一定的生产知识和劳动技能，具有劳动能力时，才能成为现实的劳动者。现代经济发展所要求的劳动者已不是未受过教育和培训的人，而是接受过一定程度的教育，掌握了一定现代科学技术、现代生产知识和技能的劳动者。

（2）教育能提高劳动力的质量，改变劳动力的形态，使其创造更高的经济价值。教育可以提高体力劳动者的智力水平，把不熟练的劳动力训练为熟练的劳动力；也可以把简单劳动力、一般劳动力，通过教育成为复杂的和专门的劳动力。由于复杂劳动是多倍的简单劳动，因此，从事复杂劳动与从事简单劳动的劳动力相比，所创造的社会经济价值是不同的。劳动力的劳动复杂程度和熟练程度越高，社会给他的劳动报酬即工资待遇也会相应地提高。

（3）教育能够提高劳动者的劳动效率。在现代社会，教育的作用伴随生产发展和经济增长的作用日益明显和重要，这是因为现代生产和经济的发展，主要依靠提高劳动生产率，而劳动生产率的提高在很大程度上依靠劳动者科学文化知识和生产技术水平的提高。联合国教科文组织的调查表明，劳动者的劳动生产率与其受教育程度密切相关；受过小学教育劳动者的生产率要比文盲高 43%，受过中等教育的要比文盲高 108%，受过高等教育的要比文盲高 300%。[1]

（4）教育通过陶冶劳动者的思想和道德，增强主人翁意识，从而提高他们的劳动积极性、主动性和创造精神；教育也可以提高劳动者的职业道德水平，进而降低原材料和能源的损耗，降低协调管理的费用。

小栏目 2-2

人力资本

所谓人力资本，其经济属性是什么？它为何对解释经济增长关系至关重要？我对这些问题曾做如下的回答：人们需要有益的技能和知识，这是显而易见的，但是人们却不完全知道技能和知识是一种资本，这种资本实质来说是一种计划投资的产物；这种投资在西方社会按着一种比传统的（非人力）投资大得多的速度增长，而且这种增长恰好是该经济体系中最为突出的特点。……如果根据一种把人力资本、物力资本都包括进去的全面的资本概念去考虑问题，并认为所有资本都由投资的方式产生的，那么这种想法既颇有裨益又妥帖正当。长期以来，人们就抱着一种顽固的偏见，认为资本只包括物资设备、建筑物和物资库存等。这种偏见在很大程度上成为政府贬低人力资本投资，提高物力资本投资的固执态度的原因。

[资料来源] 舒尔茨：《高等教育的经济价值——国际展望》，《教育的经济价值》中译本，吉林人民出版社1996年版，第117-309页。

2. 可以促进社会产业结构和职业结构向合理化方向发展

教育在发展过程中受产业结构、劳动技术结构和区域经济结构的制约和影响，同时又通过培养各级各类人才、提高劳动者的素质、促进劳动者的流动，实现对产业结构的积极适应

---

[1] 彭坤明：《知识经济与教育》，南京师范大学出版社1998年版，第186页。

和改善。劳动者的流动可以是纵向的,也可以是横向的。劳动者的纵向流动是指在社会生产的不同技术层面中由低向高流动,涉及社会的就业结构、技术结构;横向流动是指在社会产业部门中的流动,涉及社会的产业结构、职业结构。教育不仅能根据社会产业结构、职业结构的变化调整自身的结构,而且能主动调整自身的层次结构、类型结构和专业结构来促进社会产业结构、职业结构向合理化的方向发展。

3. 教育是科学技术再生产的重要手段

(1) 教育能实现科学技术的再生产。科学技术的发展具有很大的继承性和连续性。传递、积累和借鉴前人的科学研究成果,是科学技术发展的前提条件。因为任何科学技术,都不是某一个历史时代的产物,而是人类社会整个历史发展过程的结晶,是一个不断传递、积累、发展和再生产的过程。在这一过程中,教育发挥着重要的作用。

(2) 教育实现的科学知识再生产是一种扩大的再生产,可以使原本为少数人所掌握的、所拥有的科学知识为更多的人所掌握,并不断扩大其传播范围。这种科学知识的再生产可以提高整个社会的科学知识水平,进而为更先进的科学技术的普及和提高、新技术力量的补充与发展提供广泛的基础,也由此直接推动了经济、生产力的发展。

(3) 教育所进行的科学知识再生产也是一种高效率的再生产。学校教育的目的性、计划性和组织性,能使这种科学技术的再生产具有高效、高质、大规模的特点。教育把人类长期所保存积累的科学知识、生产技术,进行有目的地选择、提炼、加工、概括并传递,在传递过程中,又有科学的传递方法和手段,因此效率比较高。

(二) 社会生产力对教育的制约和影响

1. 社会生产力的发展状况制约着一个社会的教育目的

教育是培养人的过程,至于培养什么样的人,这首先是由政治经济决定的。但由于一定的政治经济总是建立在一定的生产力发展水平之上的,所以在确定培养人的规格和内容时就必然受到生产力发展水平的影响。学校教育目的必须反映生产力的要求,受生产力发展的制约,这是一个普遍规律。

2. 生产力发展状况影响着教学内容和学科的设置

生产力的发展必然引起科学知识的不断积累和发展。这既为学校教学内容的丰富和更新、为学科设置的调整提供了可能的客观条件;同时,生产力的发展又要求教育培养出来的人能够适应当时生产力发展的状况,能够具有生产上所需的知识和技术,这又对教学内容的选择和改革及学科设置提出了必要的主观要求。从教育的发展历史看,由于时代不同,科学技术发展水平不同,各个时代使用的生产工具不同,生产力发展对人才规格的要求不同,学校的课程门类、课程结构、课程内容也各不相同。教学内容的发展历程证明,学校的课程,特别是自然科学方面的内容是直接受制于生产力发展的。没有生产力和科学技术的进步就不能有教学内容的补充和更新。

3. 生产力发展制约着教育事业发展的规模速度和教育结构的改变

任何社会办教育都必须以一定的人力、物力、财力为基础,必须以现实生产力发展水平所能提供的物质条件为前提。马克思早就指出:"教育一般说来取决于生活条件。"教育发展的事实证明必然如此。这是因为一个国家能拿出多少钱来办教育,能招收多少人入学学习,尤其是入高校学习,普及教育到什么年限、程度,培养多少初、中、高各级人才,这并不取决于人的主观愿望,而是取决于生产力发展的需要和生产力发展提供的可能。当社会的生产力发展水平还很低,社会大多数人还要整日为必需的生活资料而从事繁重的体力劳动,花去很多劳动时间尚不能提供剩余时,就不可能饿着肚子去受教育。这样,教育事业发展的规模就必然受到限制。而且,社会剩余劳动的多寡直接制约着一个国家在教育经费方面的支付能力,即制约着教育经费在国民总收入中所占比例的大小。教育经费的多少直接影响校舍设备、师资条件等办教育所需的一切物质来源。所以说,确定教育事业的发展规模和速度必须适应当时社会生产力的发展状况。这种适应不仅是说发展规模必须首先考虑生产力发展水平所能提供的物质条件和可能,同时,还要考虑生产力发展对教育提出的需要。

4. 生产力发展影响着教学方法、教学设备和教学组织形式的改革

学校的教学方法、教学形式、教学设备也是生产力和科学技术发展程度的反映。古代落后的小农经济和手工业生产低下的生产力水平,决定了当时的学校只能依靠单一枯燥的口头讲授方法、粉笔加黑板的教学设备、个别施教或集体施教的教学形式去进行知识经验的传授。因此,教师注入灌输和学生呆读死记是不得已而为之的必然之事。工业革命后,生产力和科学技术的发展,大面积的班级授课取代了师傅带徒弟式的个别施教;生动的直观教学、演示实验、参观实习等教育方法开始进入教学领域,辅助教师的口头讲授,改变了以往注入式教学枯燥单调的状况;电影电视、录音录像、人造卫星、电子计算机等先进的教学设备,使传统的粉笔加黑板获得新的生机,大大增强了教学效果,提高了学生的学习兴趣。然而,所有上述这些变化,都与物质生产的发展和科学技术的进步分不开。可以说,没有现代科学技术的发展,就不会有多种形式的远距离教育,就不会有各种现代化的教学手段,教学要走出课堂,跨越千山万岭的时空阻隔,进入到每一个村落也是不可能的。

三、教育的人口功能

(一)教育的人口功能

教育以人口为对象。教育在控制人口数量、提高人口素质、调整人口结构、促进人口流动等方面发挥着重要作用。

1. 教育有利于人口的控制

教育是控制人口增长的手段之一。教育通过影响社会风气、提高人口受教育程度等影响人口出生率,进而实现对人口数量的控制。

国内外许多研究表明,不同受教育程度的人有着不同的生育观:受教育水平较低的群体或个人倾向于不加节制特别是高数量的生育;受教育水平较高的群体或个人倾向于有所节制的比较合理的生育。这是因为,首先,文化素质高的人拥有较为丰富的精神生活。其次,文化素质较高的人拥有较强的理性力量。这种理性力量能够使他们自觉抵制旧的生育观,自觉接受国家的人口政策和节制生育的知识。再次,文化素质高的女性容易获得就业机会,而就业客观上要求她们少生少育。最后,学校教育在提高人口文化素质的同时,推迟了人口的初婚年龄,从而控制了生育率。

2. 教育有利于人口素质的提高

影响人口质量的因素有很多,既有来自上一代人的遗传素质,也有其所处的社会环境和生活条件。教育是提高人口质量的基本手段。一方面,教育是以培养人为目的的社会实践活

动。它能够有目的、有计划、有组织、有系统地向青年一代传授科学文化知识和劳动技能，发展智力和体力，培养思想品德的活动，从而提高人的整体素质。另一方面，教育在一定程度上可以对人的遗传素质的改善、社会环境和人们生活观念的改变有所作用。遗传学、优生学等方面的宣传和教育能够提高人们对优生优育的认识，获得相关的知识和能力，为其后代创造更好的发展条件。

3. 教育有利于人口结构的调整

教育可以调整人口的职业结构。主要表现在：教育提高就业人口中的文化、技术水平，从而为提高社会生产的科学技术水平和改变社会经济结构服务。1990年7月，我国通过对30个省、自治区、直辖市 64 724 万在业人口的调查显示，各类专业技术人员、国家机关、党群组织、企事业单位负责人、商业工作人员等的比重较 1982 年都有所上升，其中各类专业人员所占比重为 5.31%。[①]但是与发达国家相比，仍然还存在一定差距，这一比例只相当于美法的 1/3。

另外，教育可以通过影响人的生育观、人口的出生率、死亡率等来调整人口性别结构和年龄结构。

4. 教育有利于人口迁移

人口迁移是指人口在空间位置上的移动。相关研究表明，受教育程度与人口迁移成正相关。这是因为：一是受过较好教育的人不易受本土观念的束缚，他们更想到最适合发挥自己才能的地方去工作。二是迁入城市大多是以资本密集型和知识密集型产业，或是第二、第三、第四产业为经济主体的城市，这就决定了迁入这些城市的人员必然是具有一定专业技术水平的人。三是教育本身就实现着人口的迁移。现代教育，特别是现代高等教育如同一个人才集散地，它把各地区的人才聚集起来，加以培养，然后根据社会发展的需要、学习者的志愿和特长，再把他们输送出去，从而实现人才的跨区域流动。

（二）人口状况对教育发展的影响和制约

人口是指生活在一定社会、一定地区，具有一定数量、质量和结构的人的主体。马克思主义认为，人口"是一个具有许多规定和关系的丰富的群体"。人口是人类社会存在和发展的基础。人口既有量的特征，又有质的差异，人口增长速度的快慢、数量的多寡、质量的优劣都同教育有着密切的关系。

1. 人口数量影响教育规模

社会的人口数量是不断变化的，其变化的速度可用增长率来表示。在一般情况下，对人口增长起主要影响的是人口自然增长率。人口自然增长率对教育的影响主要表现为：影响教育发展规模，进而影响教育结构和教育质量。

2. 人口结构影响教育结构

人口结构对教育的影响表现在三个方面：① 人口年龄构成制约各级教育发展规模与进程。② 人口就业结构制约学校教育结构。③ 人口地域分布制约学校布局。因此，人口状况对教育的发展有着多方面的制约和影响。认真研究人口规律，贯彻控制人口数量、提高人口素质的基本国策，不仅是人口学的重要内容，也是综合考虑教育发展的重要因素，必须引起教育学

---

① 柳海民：《教育原理》，东北师范大学出版社2000年版，第184页。

者们的充分注意。

3. 人口质量影响教育质量

人口质量对教育质量的影响表现为间接和直接两个方面[①]：直接影响是指入学者已有的水平对教育质量的总影响；间接的影响是指年长一代的人口质量影响新生一代的人口质量，从而影响以新生一代为对象的学校的教育质量。众所周知，年长一代对新生一代的影响是多方面的。从身体素质的角度看，这种影响一方面通过遗传来实现，另一方面通过对新生一代的养育过程实现。教育对象先天性的缺陷、遗传疾病会给教育带来一系列特殊问题，优生是保证新生一代遗传素质良好的重要条件。而孩子出生后的科学养育，则是保证新生一代身体健康成长的重要条件。这两方面的实现，不仅与父母的身体素质有关，也与父母的精神素质相关。只有具有一定文化水平的父母，才会重视优生和养育儿童的科学问题，才可能掌握和运用这方面的知识。

四、教育的文化功能

（一）教育的文化功能

教育的文化功能是教育的社会功能的另一表现。教育作为社会文化的一个重要组成部分，必须受到社会文化的制约。社会文化构成教育生长的土壤和条件，教育唯有适应社会文化环境方能生存与发展。然而，教育在受制于社会文化的同时，又反作用于社会文化。教育具有传递文化、传播文化、选择文化以及创造和更新文化等功能。

1. 传递文化的功能

文化传递是文化的世代相接，是文化在时间上的延续。由于文化具有独立于人的生物肌体之外的特点，因此，人类文化的所有成分不可能通过遗传的方式获得，而只能通过传递的方式继续并发展下去。教育是传递文化最主要的手段。传递文化是教育的基本职能，也是文化内在的要求。

文化作为一种抽象的概念，它的存在必须依赖于一定载体，特别是离不开人这个活的载体。没有物质载体的文化是不存在的，没有活的人，文化最多不过是死文化。文化的传递是通过一代代人实现的，文化不能进行自我传递或自我繁殖。一种文化虽然可以通过象征符号和物品的载体独立于人之外，但只有把这种文化转移到人这一活的载体上，使之成为人类社会生产和社会生活的重要内容和手段，这种文化在现实中才能显示出它的存在价值。

教育的基本职能是通过教育者和受教育者的共同活动实现文化的传递。教育者首先将人类积累的文化，包括个人的知识经验，经过选择、加工，变为教育语言、文字等形式，然后由教育者在与受教育者的共同活动中，由浅入深、由易到难地将这些文化形式，用受教育者易于接受的方式逐步变为受教育者个人知识经验的一部分，使受教育者成为一个活的文化载体，并且具有接受、理解、掌握、享有已有文化的能力，具有在实践中使用文化的能力以及不断再生和创造出新文化的能力，因此教育在一开始就成为传递社会文化的最重要的手段。

2. 传播文化的功能

文化传播要得以实现，必须具备两个条件：第一，文化的共享性。文化的传播必须建立在人们对文化的认同和理解基础上。无论是语言文字或其他形式的文化，只有人们对其能够

[①] 柳海民著：《教育原理》，东北师范大学出版社2001年版，第155页。

相互认同和理解，文化传播才能进行。见之于文字的文化无法在文盲之间传播，对不懂英语、不了解美国文化背景的人，向他传播美国文化是非常困难的。第二，必须具有一种文化传播的心理动力。要使文化传播发生，还必须有效地形成人们对不同文化浓厚的兴趣和强烈的学习愿望。教育能使这两个条件较好地实现。教育过程本身就是一种传播文化的过程，而这种文化传播过程由于它独具的特点，较利于形成文化的共享。这是因为教育传播文化是通过教育者这一活动的媒体实现的。其他文化圈的文化，往往首先需要通过教育者的加工，转化成为可以理解、掌握的文化，才能进行传播，而受教育者在这个过程中可以逐渐形成对其他文化理解和认同的能力，如掌握其他民族语言、文化背景的能力等。更重要的是，在对不同文化的理解和认同中，人们不仅接受了各种文化，而且产生了强烈的学习多种文化的欲望、要求和社会行为。

3. 选择文化的功能

教育对文化的选择不仅关系到文化自身的发展与进步，更重要的是它将极大地影响到社会的发展与进步。学校教育在本质上就是一种文化价值的引导工作。它撷取文化的精华编成教材，提供适应社会发展变化需要的观念、态度、知识与技能，并通过教育评价手段进一步保证和强化这种选择的方向性。有选择地进行文化的传递和传播，是教育的文化功能的一个重要方面。没有对文化的选择，教育就不成其为教育。特别是作为专门教育机构的学校，更是如此。对文化的选择贯穿了教育的始终。

教育对文化的选择具有如下特点：① 教育所选择的文化一般都是反映一定社会的价值取向的文化。② 教育所选择的的文化通常具有一定的教育价值。

实现教育的选择文化功能的主要途径为：① 通过培养目标的确定来选择文化。② 通过对教育内容的确定来选择文化。③ 通过教师选择文化。④ 通过校园文化的选择来实现。

4. 创造和更新文化的功能

教育通过选择、传递、传播的方式，显示了对文化发展的巨大影响。这是根植于原有文化。文化的每一个进步和发展自始至终都离不开文化的创造和更新。从文化的选择、传递、传播来看，选择文化、传递文化、传播文化过程中包含着文化的创造，也就是说它不是只对原有文化进行简单的复制。就文化的传递而言，"文化本身是复杂的，学习文化的过程也是复杂的，从某种意义上看，每一代人对他们自己的文化，都有一个重新发现和理解的过程，每一代人不仅学习自己的文化，而且重新建构自己的文化"。[①]同样，文化的传播也不是文化的简单混合。文化的传输，不像倒水，从一个容器倒进另一个容器，而是通过人们之间的互动或相互作用进行的，它包含许多新的文化元素的产生。

随着社会发展和文化的多样化，文化间相互碰撞、相互吸收已成为文化的普遍现象。一种文化如果仅仅依赖原有的东西，不努力更新自己，提高自身的创新能力，那么，它就将被世界文化发展的潮流湮没。基于文化发展的要求，教育所具有的创造和更新文化的功能，正变得日益突出和重要。

（二）社会文化对教育的制约和影响

1. 文化类型影响教育目标

社会文化类型不同，教育目标也不同。任何社会的培养目标都是社会统治阶级人才利益

---

① [美]辛格尔顿：《应用人类学》，湖北人民出版社1984年版，第82页。

的集中体现,是统治阶级主观意志的产物。人的意志和决断决定于人的需要和价值取向,所以,教育目标中的主观成分越多,受文化的影响也就越大。历史上,社会文化类型不同,教育目标便不相同。中国古代社会的主流文化是以儒学为核心的伦理型文化,反映在人才培养上则强调教育的目的是"在明明德,在亲民,在止于至善",通过修己正人,达到"明人伦"的目的。西方文化则是一种知识型文化,故主张"知识就是力量",注重通过知识学习达到对真理的认识。

2. 文化本体影响教育内容

文化传统影响教育内容构成。文化传统典型地反映了民族文化特定的内涵。不同的国家和民族创造了不同的文化传统,文化传统又反过来塑造了不同的教育。例如,各民族都把本民族语言作为教育内容中必不可少的部分,这充分反映了一个民族对其语言的固守和钟爱。中国古代社会长期重农抑商、追求仕途的文化传统,导致教育内容以社会典章制度为主,很少有自然科学和生产知识。英国一向崇尚人文精神,即使在今天,古典人文课程仍占有相当大的比例。

3. 文化观念影响人的教育观念和思想

文化观念指人们在长期的社会实践中逐步形成的对自然、社会和人本身的认识和信念,包括哲学观、自然观、社会观等。教育观念和思想则是存在于每个教育者或其他人头脑中的对教育的看法,它表现为具体的人才观、育才观、教学观、教师观、学生观、质量观和方法观等,它的形成直接受到文化观念的制约。

4. 文化传统影响着教育方法和思想导向

文化传统影响着学校教育方法。在中国的传统文化里,把读书和求教看成是获得知识、增长才能的最佳途径。所谓"书读千遍,其义自见""听君一席话,胜读十年书",就是对读书和聆听先生教诲的具体写照。这种文化传统反映到教育上,学校便把教师的系统讲授看成是获得知识的最佳途径,把读书视为获得真知的唯一源泉,故而倡导"多教多得、少教少得、不教不得"。教师讲、学生听的灌输注入也成为学校教学的主体形式,人的知识的获得和才能的成长有着多种来源和途径,教学除讲授以外,还有讨论、练习、参观、实践等多个途径,才能除知识以外,更离不开智力、技能、技巧、思想美德、审美情趣、身体素质,等等。

小栏目 2-3

学校内容背后的影响因素

有计划的教育,在教室中是由教师使用教科书之类的教材展开的。但我们不能忽略的一点是,借助这种教育所传授的,不仅仅是清清楚楚的体系化了的知识与技术本身。学校和教室这个场所自身,是受不太为人们所注意的固有的"范型"和"价值"所支配的。更具体地说,教师在教学过程中的教态和提问,教师对儿童的反应所作出的表情和发言,或者教师对于儿童的服饰的遣词之类的生活态度的注意等,所有这一切,都对儿童的人格的形成,具有重大影响。

[资料来源] [日]筑波大学教育学研究会编,钟启泉译:《现代教育学基础》,上海教育出版社1986年版,第97-98页。

五、教育对社会发展的负向功能

教育可以促进社会的发展，但未必都是这样。早有学者指出："教育这个社会的有力工具，如果只用于保守固有文化，固足阻碍社会进步；如果不顾当前事实的需要，硬用这个工具灌输不能实现的幻想，也足以增加社会的混乱。"这时教育对社会发展就表现出负向功能。教育对社会发展的负向功能，是教育活动或教育系统出现的偏移和失调状态，即教育内部和外部的异常条件使教育正向功能的实现受到严重阻碍，结果派生出来多种偏离行为，产生许多期望之外的不良功能。

教育的社会负向功能，有些是整体的，有些是局部的，这取决于社会的性质。当社会的发展处于负向时，教育总体上发挥的是负向功能；当社会处于正向时，由于教育系统和社会其他子系统关系失调，致使教育出现局部的负向功能。由于教育是一个复杂的、开放的系统，教育负向功能是不可避免的，但只要正确认识并遵循教育规律，合理安排教育活动，协调教育与社会的关系，就可以最大限度地减少负向功能。

第三节 教育的个体发展功能

教育是培养人的社会活动。教育对社会产生的作用，归根到底要看教育能否促进人的发展。教育必须适应并促进人的发展，这是教育的一条基本规律。

一、个体发展的含义

所谓个体发展，是指个体从出生到生命终结，其身心诸方面所发生的一切变化，它是个体的潜在素质变成现实特征的过程。这个变化既有连续的、渐进的量的变化，又有飞跃的质的改变。教育所关心和要促进的是向积极方面变化的过程。

个体发展在内容上包括身体和心理两个方面，前者指机体各种组织系统正常发育及其机能的增长。机体的正常发育有利于各种组织系统机能的增长，而各种组织机能的增长又有助于机体的健全发育。后者指人的心理过程和个性心理的发展，包括认知、情感、意志和各种高级社会性的发展。个体的身体发展与心理发展是不可分割的。教育就是通过其独特的形式和丰富的内容，促进个体身心和谐全面地发展。

二、个体身心发展规律

一个人从出生到成人，其身心发展是有规律的，主要表现在以下几方面。

（一）个体发展的顺序性和阶段性

人的发展总是连续地由低水平向高水平发展，具有一定的顺序性。身体的发展是由头部到下肢和由中心向边缘进行的。都是先会爬，然后才能站，进而能走；先牙牙学语后自由说话的。心理的发展也遵循一定的顺序性。例如记忆的发展总是由机械识记到意义识记，思维由具体形象思维到抽象逻辑思维，情感则由喜、怒、哀、乐等一般情绪到道德感、理智感、美感等高级情感。

人的身心发展又具有阶段性。前后相邻的阶段，有规律地联系着。每一个发展阶段都是前一阶段的继续，又是后一阶段的准备。每一发展阶段都要经历一定的时间，发展主要表现为量的变化，经过一段时间的发展，就由量变到质变，从而使发展进入一个新的阶段。每一阶段中形成的一般的、典型的、本质的生理、心理发展特征，就是身心发展的年龄特征。按照儿童心理发展矛盾运动的特点和主导活动的变化，一般把儿童从出生到发展基本成熟，分为六个相互连续又相互区别的阶段：乳儿期，0～1岁；婴儿期，1～3岁；幼儿期，3～6岁；童年期，6～12岁；少年期，12～15岁；青年初期，15～18岁。

个体发展的顺序性要求我们在教育上循序渐进，反对拔苗助长；个体发展的阶段性告诉我们，应在不同阶段提出不同要求，反对教育成人化。

小栏目2-4

让孩子生活在"童年"里

教育家苏霍姆林斯基小时候住在一间杂货铺附近，每天能看到大人们将一种东西交给杂货铺老板，然后换回自己需要的物品。于是有一天，他将一把石子递给老板"买"糖，杂货店老板迟疑片刻后收下石子，把糖"卖"给他。回忆起这件事，苏霍姆林斯基感慨地说："这个老板的善良和对儿童的理解影响了我的一生。"

无独有偶，在美国一个跳蚤市场里也曾发生过这样一件事情。人们正在拍卖一辆越野自行车，一位十多岁的小男孩第一个举起标牌，叫价25美元。拍卖师惊奇地问："这种自行车在商场里最少也要卖300美元，你怎么就叫25美元呢？"男孩说："我只有25美元，这是我用课余时间打工挣来的，我一直梦想有一辆这样的自行车。"听完孩子的话，全场再也没有人出价。最后在全场的欢呼声中，男孩得到他梦寐以求的自行车。

两个孩子的行为看似幼稚，但为什么能被人容忍呢？也许，美国教育家杜威的一席话能对我们有所启发："给孩子一个幼稚的环境，要从儿童现实的角度，而不是从儿童未来的角度去考虑他们的生活。童年是特殊的生命阶段，生活就是成长，所以一个人在一个阶段的生活，和他在另一个阶段的生活都是同样真实、同样积极的。"

[资料来源] 张卫华：《让孩子生活在"童年"里》，载《人民教育》，2006年第9期。

（二）个体发展的差异性

人与人在发展上存在着差异性，表现为人的发展在各年龄阶段既具有共同的生理特征和心理特征，又存在个别差异。年龄阶段特点是相对的，它会随着发展而发生一些变化，具有时代的痕迹。对每个人来说，差异则是绝对的。个体差异具有多种层次，从群体角度看，首先表现为男女性别的差异，它不仅是自然性的差异，还包括由性别带来的社会地位、角色、交往群体的区别。其次，个别差异表现在身心构成方面。苏霍姆林斯基曾举过例子：让所有的10岁儿童都去完成一项体力劳动，譬如提水，完全有可能出现这样的差异：一个小孩提5桶水就精疲力竭，而另一个却一口气提了20桶水。因此，处于同一年龄阶段的个体的发展水平或优劣势是不一样的。

从与教育教学联系更为紧密的认知方面来看，个体之间主要表现为认知发展、认知方式和智力方面的差异。具体有：①认知发展的个别差异。这种差异突出地表现在人的思维方式和水平方面。②认知方式的个别差异。青少年学生间认知方式的差异主要表现在场独立型与场依存型、冲动型与沉思型、辐合型与发散型等方面。③智力方面的个别差异。

上述个别差异性在人的发展中是一种普遍存在的现象，正是这种差异性要求我们因材施教，反对教育"一锅煮""一刀切"。

（三）个体发展的稳定性与可变性

个体发展的稳定性是指在一定社会和教育条件下，人的身心发展的顺序、阶段，每个阶段的变化过程和速度，以及各年龄阶段的特征，大致是相同的。可变性是指在不同的社会和教育条件下，人的发展水平和速度会发生某些变化。例如，20世纪60年代和90年代出生的儿童，其身心发展的指标就有差异；我国城市和边远地区儿童身心发展的水平和速度也不尽相同。

个体发展的稳定性，要求教育应从实际出发，反对主观任意提高或降低教育要求；个体发展的可变性告诉我们，要充分利用学生发展的潜在可能性，以加速采取有效措施，促进学生的发展，反对迁就学生现有水平。

（四）个体发展的不均衡性

人的身心发展不是匀速前进的，各个部位各种功能的发展是不平衡的，表现在两个方面：一是同一方面的发展在不同年龄阶段是不均衡的。大脑的发展有两个显著的加速期，一个在五六岁时，另一个在十三四岁时，智力的发展在4周岁前就已达到成人智力水平的一半，4岁后至十二三岁呈等加速前进趋势，之后则呈负加速前进趋势。二是不同方面的发展在同一年龄阶段是不均衡的，表现为某一方面的发展较快，已达到较高的发展水平，趋于成熟，而有些方面发展较慢，发展的水平较低，如感觉、知觉等认识过程在出生后很快就达到比较发达水平，而思维在两岁左右才真正发展起来，到学前期末仍处于比较低级的逻辑思维的萌芽阶段。

个体发展的不均衡性要求我们必须了解个体的身心发展规律，抓住关键期，不失时机地采取有效的教育，反对教育平行推进，以促使其得到更好的发展。

三、影响个体身心发展的主要因素

个体是如何实现发展的？影响个体发展的基本因素有哪些？这是教育学一直思考的问题。现代教育学将影响个体发展的因素归结为四个方面，即遗传、环境、教育和主观能动性。[①]这四方面的因素相互联系，交织在一起，共同作用于个体的发展。

1. 遗传是个体发展的物质前提

遗传是指人从上代继承下来的生理解剖上的特点，如机体的构造、形态、感官和神经系统特点等。这些遗传的生理解剖特点，也叫遗传素质。它是既定的，又是潜在的。它是个体发展的必要的物质前提。虽然遗传素质对个体的身心发展具有一定的影响，但并不起决定作用。因为遗传素质仅仅为个体的发展提供了可能性，这种可能性必须在一定的环境和教育的影响下才能实现。必须正确认识遗传素质在人的发展中的作用。美国心理学家桑代克说："人的智慧80%决定于基因，17%决定于训练，3%决定于偶然。"霍尔宣称："一两的遗传胜过一吨的教育。"这两种说法都是片面夸大遗传素质作用的遗传决定论。

---

① 漆新贵等：《教育学》，四川大学出版社1997年版，第52页。

小栏目 2-5

遗传决定论

将遗传的作用片面夸大，把遗传看作是人的发展的决定因素，这就是遗传决定论的观点。遗传决定论的代表人物是英国的优生学的创始人高尔顿。他认为，个体的发展以及个性品质的形成早在生殖细胞的基因中就决定了，发展只是这些内在因素的自然展开，环境仅起一个引发的作用。他通过对大量的社会名流的家谱进行考察，发现社会名流家庭的后代成为名流的比率大大超过普通家庭，于是得出结论：人的能力和成才与否是由遗传决定的。

[资料来源] 冯建军：《现代教育学基础》，南京师范大学出版社 2004 年版，第 190-191 页。

2. 环境是个体发展不可缺少的客观条件

一切生物的生存和发展都离不开环境。环境是指存在于人们周围并能给予一定影响的客观世界，包括自然环境和社会环境两个方面。自然环境，如阳光、空气、水土等，是人生存的基本条件，对人的发展具有不可忽视的影响。自然环境的恶化和污染，不仅影响了人类的发展，也威胁着人类的生存。社会环境包括所处国家的政治经济制度、经济发展水平、民族文化传统、科学教育水平以及家庭、邻里、亲戚、朋友、学校、娱乐场所、劳动场地、风俗习惯以及经过人们改造的自然等。社会环境构成了对人的发展具有重要意义的社会生活条件。人的身体发育、成长，与社会生活条件有着直接的联系。社会生活条件好，人的身体发育成长就快一些、好一些，反之，则慢。比如狼孩虽具有人的先天遗传素质，但由于童年时失去了人类的社会生活条件，遗传素质所提供的发展可能性得不到实现，身心发展受到了很大的抑制，当他们回归人类社会时，既不会人的语言、思维和劳动，也没有人的感情和兴趣，甚至直立行走都困难。相反地，南京一个仅有微弱听力、曾经是全聋哑的 8 岁小女孩，由于后天家庭所提供的良好环境和教育，加上本人的刻苦努力，不仅没有致残，而且在小学两次跳级，用 15 天的时间学完一年的英语课程，能一口气准确地背出圆周率小数点后 1 000 位数字，创造了人类战胜自我的奇迹。[①]这说明，环境有可能在一定程度上增强、削弱或者控制遗传因素的作用，决定人的发展水平、速度、方向和个别差异。

小栏目 2-6

环境决定论

环境决定论认为，人和动物的全部行为可以分为刺激和反应，思维和情绪也不例外，有什么样的刺激就有什么样的反应，刺激决定反应，环境决定行为，把人看作是环境的消极、被动的适应者。行为主义心理学创始人华生是环境决定论的代表人物，他说："给我一打健全的婴儿和我可以用以培养他们的特殊世界，我就可以保证随机选出任何一个，不问他们的才能、倾向、本领和他父母的职业及种族如何，我都可以把他们训练成我所选定的任何类型的特殊人物，如医生、律师、艺术家、商人甚至乞丐、小偷。"

[资料来源] 冯建军：《现代教育学基础》，南京师范大学出版社 2004 年版，第 194-195 页。

3. 教育在个体发展中起主导作用

教育的主导作用体现在：① 教育是一项有目的、有计划的培养人的社会活动。教育，特

---

① 参阅《报刊文摘》，1991 年 12 月 31 日第 3 版。

别是学校教育，能把一些不良因素排除在学校之外，尽可能多地给学生以正面的教育，使其朝着一定的思想政治方向发展，培养积极向上的思想品德。②教育对人的影响比较全面和系统，并能自觉利用环境的影响，使教育工作向既定的方向展开。③学校有专门的教师来负责。学校实施教育的人员都是经过专门培训的教师，他们有着专业的教育策略、明确的教育目的和对学生积极负责的态度，能够自觉有效地促进学生按照一定的方向发展。

> **小栏目 2-7**
>
> **教育万能论**
>
> 　　这是 18 世纪法国启蒙思想家、唯物主义哲学家爱尔维修（1715—1771）在《论人的理智能力和教育》中提出的论点。他认为，人的才智差别是因为人所处的环境和后天的机遇以及所受的教育不同所造成的，甚至认为"可以创造天才"。他认为人是环境和教育的产物。人的性格和才智取决于社会环境和政治制度，改造人必须改造环境。他还强调，改变社会环境只需从立法和教育着手。好的立法和教育即可使个人利益和集体利益趋于一致；而立法和教育的好坏，又取决于立法者和教育者。他错误地把少数教育者看成是生而知之的"天才人物"，把教育的功能夸大到极端，因而主张教育万能论。
>
> [资料来源] 刘茂才主编：《人才学辞典》，四川省社会科学院出版社1987年版，第281页。

4. 个体的主观能动性对个体发展起决定性作用

人自身具备的多种发展可能和环境、教育中具备的、为个体发展所必须的条件，都只是为个体发展提供了多种可能。这种可能是潜在的，它不会自动地转化为现实。个体发展从潜在的多种可能状态向现实发展的转化，必须通过个体发挥他的主观能动作用，自觉地能动地接受环境、教育的积极影响，回避或抵制其消极影响，从而实现人的身心各方面的和谐、充分的发展。

个体的主观能动性是通过人的各种不同性质、不同水平的活动表现出来的。人的活动包括生理活动、心理活动和社会实践活动。生理活动是人的心理活动和社会实践活动的前提，生理活动的正常与否直接影响着人的身心发展。心理活动使人们获得对世界和自己的认识，形成各种心理活动的能力和个性。社会实践活动是人作为社会成员所从事的各种活动，它是人的心理活动产生的基础和源泉。人的生理活动和心理活动渗透在一切社会实践活动中，人的一切社会实践活动又受到生理、心理活动的"支持"和影响。随着社会实践活动的范围不断扩大，内容不断丰富和深化，人的自我意识的增强和知识经验的增加，人的身心发展水平也就不断提高。所以，从个体发展的各种可能变为现实这一意义上来说，个体的主观能动性是个体发展的决定性因素。

四、教育的个体发展功能

一个人生活在社会上，他既是社会的人，又是个体的人。前者表现为人具有社会性，它追求个体的共同性；后者表现为人具有个性，它追求个体的独特性。社会性和个性相互对立而又矛盾统一，人是社会性和个性的双重统一体。个体发展从本质上说是一个包含着两个矛盾方向的变化，而又重新系统化的过程。方向之一是社会化，方向之二是个性化。教育就是通过个体的社会化和个体的个性化，促使一个生物体的自然人成为一个生活在现实社会中的具体的人。因此，教育的个体发展功能表现为促进个体社会化的功能和促进个体个性化的功能。

（一）教育促进个体社会化的功能

人在婴儿时，还是一个软弱无能的生物体，依靠后天的学习逐渐地成为一个能有效地参与社会生活的主体。个体从自然生物体到社会活动主体的变化，就是通过个体社会化过程来实现的。个体的社会化是个体学习所在社会的生活方式，将社会所期望的价值观、行为规范内化，获得社会生活必需的知识、技能，以适应社会需要的过程。人生活在社会上，不可能孤立存在，社会化是其生存和参与正常社会生活的必要途径。"狼孩"和在被隔离情况下长大的孩子一样，因为脱离人的生活环境，尽管有健全的躯体，却不能有人的思维、意识、行为方式，这充分说明了社会化是人之为人的根本。对人类社会而言，社会化使人能够在社会学和生物学意义上进行繁殖，从而确保它世代延续下去。

影响社会化的因素包括家庭、学校、同伴群体、大众传媒、职业组织、社区，等等。不同的年龄阶段，社会化的主导因素不同。幼儿阶段以家庭为主，青少年阶段以学校为主，成年阶段以职业组织为主。学校是青少年社会化的主要场所，学校对青少年的社会化是通过有目的、有计划、有组织的教育完成的。

小栏目 2-8

学校社会化职能的特点

1．从家庭的眷恋中解放出来。学校教育是儿童在家庭中获得社会化的基础上实施的。儿童在家庭里记忆语词、认识权威、发展亲情，达到某种程度的自律，然后才能上学。归属于学校这一集团后，使儿童从家庭的骨肉亲情的眷恋关系中摆脱出来。在教师的指导下，通过和同伴的集体生活，儿童将发展更高的自律性行为。

2．普遍性成就。首先，儿童在学校接受以追求成就为中心的社会化。在家庭中，儿童与他的成就没有关系，作为一个儿童受到亲人的爱护。儿童在以游戏为中心的同伴群体的关系中虽然也体验过成就，但不同的是，学校中的成就是成人社会承认、并且必须在成人社会中起作用的。其次，学校的社会化带有普遍性。正如各门学科的学习所典型的表明的那样，它的成就具有打下科学和学问基础的普遍性意义。

3．走向职业集团的社会化。学校的社会化担负着向职业集团过渡的桥梁作用的职能。

[资料来源] [日]筑波大学教育学研究会编，钟启泉译：《现代教育学基础》，上海教育出版社1986年版，第109-110页。

学校是个体社会化的场所，教育是个体社会化的途径，教育在促进个体社会化中的功能主要表现在以下方面：

1．教育促进个体思想意识的社会化

人的行为是一种有意识的行为，思想意识成为支配人行为的内在力量。意识虽然为个人所具有，但它不是个体思维的产物，而是社会的产物，个体意识必须反映并符合社会的规范和要求。所以，个体的思想意识实质上是社会价值规范在个体头脑中的反映。

教育代表一定社会的要求，传播社会中主流文化的思想道德和价值观念，受这种文化思想道德和价值观念的影响，学生就很容易形成与社会环境要求相一致的思想意识，从而认可并自觉地维持现存社会的种种关系。而且,由于教育所传播的文化价值观念的系统性和深刻性,教育活动组织的计划性和严密性,教育形式的活泼性和多样性,学生易于接受这种价值观念,并形成完整的思想观念体系。教育促使个体思想意识的社会化特别表现为个体的政治化。个体的政治化的目的在于促使个人成为一名合格的公民,使之效力于本社会制度,个体学会接受和采用现时的社会政治制度规范,有相应的态度和行为。学校则通过教材内容和教师来实现这一过程。除此之外,家庭、同等群体、大众传播媒介也都是个体在社会化过程中的重要因素。

2. 教育促进个体行为的社会化

行为社会化是人们按照通行的社会行为规范模塑自身行为的过程。规范的行为模式是从小灌输和培养的。人刚出生时对社会规范一无所知,只有经过长期的社会化过程才能逐渐地学会,并使之内化为行为准则。如爱祖国、爱人民、爱劳动、爱科学、爱社会主义的基本道德;爱岗敬业、诚实守信、办事公道、服务群众、奉献社会的职业道德;尊老爱幼、男女平等、夫妻和睦、勤俭持家、邻里团结的家庭美德;爱国守法、明礼诚信、团结友爱、勤俭自强、敬业奉献的公民道德,等等。教育正是通过这些社会规范的传递,使人们认识社会规范的意义和内容,认识到应该做什么,不应该做什么,并形成行为习惯,以保持自己行为与社会秩序的协调一致性。在日常生活中,教育还具有生活的指导功能,它授予人在社会生活中必需的知识技能,如处理人际关系的技能,帮助人们学会协调理想与现实之间的冲突,使人们首先学会生活,适应生活。

3. 教育促进个体职业身份的社会化

职业是社会化的集中体现,社会职业分化是社会发展的必须要求,也是社会发展的重要标志。人生活在社会中,要以一定的职业为生,这就决定了为就业和生活做准备的教育,必须能够促进个体的职业化。对职业技术教育、高等教育和成人教育而言,培养人的职业角色意识、技能是其核心要求。基础教育作为一种全面的素质教育,也负有职业指导和职业定向的重要职责,要指导学生根据自己的兴趣、爱好和能力,结合国家的需要,确定理想,并帮助他们实现职业理想。教育不仅仅是促进人的职业社会化的重要手段,也是促进个体身份社会化的重要手段。个体的身份是指个体在整个社会结构中的地位,身份社会化与职业社会化有相联系的一面,人所从事的职业与人在社会中所处的地位(即人的身份)往往相一致。在这种意义上,个体的身份社会化是以接受相关的教育与训练为前提的。但个体在社会结构中所处的地位或所具有的身份与所从事的职业也并非完全统一。身份是一种更具广泛性的概念。在现代社会中,个体的非职业性身份与地位也是与其所具备的教育素养分不开的,所以,教育对促进个体身份的社会化也起着至关重要的作用。

4. 教育促进性别角色社会化

性别角色的发展是人们依据自己的"性"特征获得特定文化中的性别角色特征的过程,是人的社会化过程中一个十分重要并延续终身的内容。性别角色社会化是个体形成社会对不同性别的期望、规范和与之相符的行为的过程。男女的差别不仅表现为不同的生理特征,还表现为不同的社会特征,如不同的发式、装束、职业以及其他许多与文化有关的活动和特征等。由于性别不同,社会对其期待也不同,因而出现了思维方式与行为方式的差异。这种差异与生理特征没有必然联系,不是天生的,而是性别角色社会化的结果。家庭对性别角色社会化的影响是通过性别期待与认同以及模仿的机制实现的。婴儿自出生起,双亲已按其不同的性别加以培养教育，例如玩具、说话方式、行为表现等方面。同时婴儿的性别认同也是不一样的：女婴模仿母亲，男婴模仿父亲。进入学校过后，学校和社会从更多方面强化了男女两性的角色差异。例如学校和教师在升学期待、课余生活、体育锻炼项目等方面对不同性别的学生有不同的要求；教材也表现出不同的性别期待。

（二）教育促进个体个性化的功能

社会是由人组成的，社会的发展与人的发展密不可分，即人的发展只有在个性发展的基础上去促使人的社会化，个性发展是人的发展的基础。个性是个体在实践活动中形成的独特性，它是个体个性化的结果。个性化是一个尊重差异性的求异过程，它反映的不是对社会的适应，而是在继承基础上的发展、变革和创造，因而个性化的核心是个体在社会实践活动中促进自主性、独特性和创造性的形成。

1. 教育促进人的主体意识的形成和主体能力的发展

主体意识和主体能力是人的主体性表现。人的主体意识可以看成是人对自我的主观能动性的认识；主体能力是主体认识、改造外部对象世界的能力。主体意识是主体性的观念表现，主体能力是主体性的外在表征。无论是主体意识的形成，还是主体能力的获得，都要通过教育。因为人的生物体是自然界中最无能的，[①]人要成为认识和实践的主体，必须通过接受教育，形成道德观念，增进知识、能力而达到能动地适应客观世界并变革客观世界的目的。因此，对个体而言，教育的过程是一个不断提升自我的过程，是激发并张扬人的主体意识的过程。人的主体意识还突出地表现为人的创造意识，教育对于人的个性化的功能也突出地表现在它能培养个体的创造意识，从而焕发个体的创造性服务。

2. 教育促进个体差异的充分发展，形成人的独特性

个体的独特性表现在人的个性心理上，诸如兴趣、爱好、理想、信念、世界观、能力、气质、性格等。人的遗传素质蕴涵着个体的差异性，如气质类型的差异、智能优势的差异等，但人的个体差异性的发展和个体独特性的形成更多地取决于后天的因素，其中突出地取决于教育的作用。教育虽然按照社会的要求作用于个体的发展，但社会化本身也包含着对人的个体特征的充分发展的需求。因此，教育应该尊重个体的差异，因材施教，帮助不同的学生充分开发其内在潜力，形成自己的优势区域和特长。教育作为有目的的活动，可以根据学生的不同心理发展特征，选择适合他的发展道路，设计适合他的教育。

3. 教育开发人的创造性，促进个体价值的实现

创造性是人的个性的核心品质，是个性的自主性、独特性的综合体现。它是个体在创造活动中所表现出的自主、独特、与众不同的心理倾向。创造活动是人生产新颖、独特、有社会价值的产品的活动。人们在创造活动中所表现出来的创造性不仅是个体独特的自我意识的体现，同时也符合社会价值的要求，具有社会性。因此，创造性是自我性和社会性的连接，它虽是个人才能的最高体现，但这种才能的发挥要受到社会的制约，要以对社会的贡献来衡量。

五、教育对个体发展的负向功能

固然，教育对人的身心发展有着极大的促进作用，甚至可以说在人的发展中起"主导作

[①] 弗洛姆著：《为自己的人》，生活·读书·新知三联书店1988年版，第55页。

用",但是,教育在许多方面取得重大进展的同时也出现了大量的病理现象,而这些病理现象的产生与存在很大程度上限制了作为个体的未来生存与发展空间。教育主导作用的发挥是有条件的,并非所有的教育都能发挥正向的促进作用。①

小栏目 2-9

标准化的语文教学

有一次,女儿的语文作业出了两处错误。这两处的题目是这样的:"题目要求,根据句子意思写成语。"一道题是"思想一致,共同努力",女儿填了"齐心协力",老师判错。老师的标准答案是"同心协力"。另一道题是"刻画描摹得非常逼真",女儿填"栩栩如生",老师又判错。老师的标准答案是"惟妙惟肖"。真可怕,不知曾几何时,具有丰富词汇的中国语言,竟变得比数学还精确。这种情况在教学中可以说是随处可见。如"看图写话"。图上画的是:一个小朋友在金黄色的麦田里捉蝴蝶。老师的答案是"小朋友捉蝴蝶",若有同学的答案是"庄稼丰收了",老师就判错。语文教学中,全国数以万计的老师在教同一篇课文、一样的段落大意、一样的中心思想,这一思想,不是每个教师的思想,也不是每个学生的思想,而是编写教参的人的思想。语文教学如此僵化和教条,语言和文学的"神"怎么能存在呢!

[资料来源] 邹静之:《审视中学语文教育:女儿的作业》,汕头大学出版社1999年版。

在应试教育下,为了追求高分数,特别强调标准化教学,让学生死记硬背,致使学生不能在德、智、体、美、劳等方面得到全面和谐的发展,同时也束缚了人的想象力和创造性,成为扼杀创新精神的最大凶手。由此看来,现存教育由于某种异化而阻碍了学生的全面发展和个性潜能的充分实现。具体表现在:第一,教育活动中的体罚和变相体罚对受教育者的身心造成伤害。尽管各国的法律、法规明确禁止体罚或变相体罚学生,可在强调教育法制建设的今天,体罚或变相体罚现象却屡见不鲜,这不仅对学生身体造成伤害,还使学生产生自卑、怯弱心理,激化师生矛盾,使学生厌学,埋下并衍生其他社会问题。第二,过于强调科学世界的教育,忽视生活世界的教育,造成精神家园的荒芜。当今社会,由于对科学理性的盲目崇拜,我们过于追求知识教育,忽略了人作为人的基本生活态度教育,忽略了关于如何正确认识、处理个体与自然、个体与他人、个体与集体之间关系的教育。信仰危机、道德沦落、信任危机、漠视生命、价值缺失等成为现代化进程中的社会问题,也是教育绝对不能忽视的问题。第三,应试教育、标准化的教育教学和刚性的管理无视甚至抹杀学生的个性。应试教育是偏离了受教育者和社会发展的实际需要,以选拔少数人升学为目的,以考试为主要手段,压抑学生创造性和个性发展的淘汰式教育。标准化考试,忽视了学生的个别差异性,束缚了学生的想象力和创造性;统一的校服、刚性的管理制度、预设的"标准化学生"抹杀了学生的个性。"规训"的存在,导致教育的异化、人的"去人化"。"从儿童进入学校开始,教育的规训就以权利的眼睛监视儿童的一言一行,就以一种考试的技术算度儿童的现实和未来,就用一种势利的身份诱惑刺激着儿童的野心,就用一种奖惩的技术培养着虚伪的道德。这样的规训结构中,一个人除了努力迎合形塑得到教育所承诺的'好处'之外,就是被教育者的利益彻底抛弃,再别无选择。"②

---

① 全国十二所重点师范大学联合编写:《教育学基础》,教育科学出版社2004年版,第37页。
② 金生鈜:《"规训化"教育与儿童的权利》,载《教育研究与实验》,2002年第4期,第11页。

针对上面提及的教育的负向功能，不能回避，应认真分析原因，本着"以人为本"的教育理念，把学生看作具体的、能动的人，尊重他们的人格和生命，以积极的目光期待他们、赏识他们，并采取积极措施去克服和矫正，这是尤为关键的。

思考与练习

一、名词解释

1. 教育功能 2. 教育的个体功能 3. 教育的社会功能 4. 个体发展 5. 个体社会化

二、填空题

1. 教育功能既可以指对人和人类社会发展_____结果和作用，也可以包括对人和人类社会_____的后果和影响。教育功能不仅具有_____和_____，而且还具有_____和_____。

2. 以教育作用的对象为标准，可以把教育功能分为_____与_____；以_____为标准，可以把教育功能分为显性功能与隐性功能；以教育作用的客观性能为标准，可以把教育功能分为_____与_____；以教育功能作用的性质为标准，可以把教育功能分为_____与_____。

3. 教育对社会发展产生明显的_____，起着巨大的促进作用，但也在某一时候某一局部起着_____社会发展的作用。

4. 教育是_____的过程，至于培养什么样的人，这首先是由决定的。

5. 社会政治决定着_____。结构即教育的构成。教育的构成有两个维度：一是_____，即层次、程度；二是_____，即类型、种类。

6. 社会政治经济制度决定着教育的_____权和_____权。

7. 教育是控制人口_____和改变人口_____的手段之一。教育还可以使人口结构趋向_____。

8. 教育在_____于社会文化的同时，又_____于社会文化。教育具有_____文化、_____文化、_____文化以及_____等功能。

9. 教育对社会发展的负向功能，是教育活动或教育系统出现的_____和_____状态，结果派生出来多种_____，产生许多期望之外的不良功能。

10. 影响人的身心发展的基本因素有_____、_____、_____和_____。

11. 在不同的社会生活和教育条件下，同一年龄阶段的青少年身心发展水平是有_____的，这就是人的发展的_____特点。

12. 个体从出生到成人，其身心发展大致可分为_____、_____、_____、_____、_____、_____六个阶段。

13. _____是指在一定社会和教育条件下，人的身心发展的顺序、阶段，每个阶段的_____，以及各年龄阶段的特征，大致是相同的。

14. 个体个性化的核心是_____、_____和_____的形成。

15. 教育就是通过_____和_____，促使一个生物体的自然人成为一个生活在现实社会中的具体的人。

三、选择题

1. 教育的正功能和负功能这一对概念是（　　　　）在20世纪50年代末最早提出来的。
①美国社会学家默顿　　　　　②英国教育家洛克
③美国教育学家杜威　　　　　④苏联教育家凯洛夫

2. 马克思早就指出:"教育一般说来取决于（　　）。"
①科技发展水平　　　　　　②生活条件
③文化水平　　　　　　　　④政治制度

3. 教育经费的多少直接影响（　　）等办教育所需的一切物质来源。
①校舍设备、师资条件　　　②课程设置
③教育目的　　　　　　　　④教育性质

4. 社会政治经济制度决定着教育的（　　）。
①课程类型和课程内容　　　②教育权和教育速度
③教育手段和教育组织形式　④教育权和受教育权

5. 全体国民受教育程度与人口出生率成（　　）。
①反比　　　　　　　　　　②正比
③没关系　　　　　　　　　④抛物线关系

6. 传承文化的过程也是（　　）的过程。
①掌握文化　　　　　　　　②文化传播
③文化更新　　　　　　　　④批判文化

7. 在教育工作中,我们要坚持"一把钥匙开一把锁",这是遵循了人的发展的（　　）。
①阶段性　　　　　　　　　②不平衡性
③顺序性　　　　　　　　　④个别差异性

8. 对人的身心发展起主导作用的是（　　）。
①遗传　　　　　　　　　　②环境
③教育　　　　　　　　　　④个体的主观能动性

9. "蓬生麻中,不扶而直;白沙在涅,与之俱黑"反映了（　　）对人的发展有重要的影响。
①教育　　　　　　　　　　②环境
③遗传　　　　　　　　　　④主观努力

10. 教育者要在儿童身心发展的关键期施以相应的教育,这是因为人的发展具有（　　）。
①顺序性和阶段性　　　　　②不均衡性
③稳定性和可变性　　　　　④个别差异性

四、判断题（正确的在括号内打"+",错误的打"-"）

1. 教育的功能客观上并不仅仅是正面的、积极的,也在某一时候对某一局部的社会发展起着抑制甚至阻碍的作用。（　　）

2. 教育对科学知识技术的再生产是一种扩大再生产。（　　）

3. 国民受教育程度与一个国家的政治民主程度没有多大的关系,文化传统才是制约政治民主程度的关键因素。（　　）

4. 不同社会关系条件下的教育有着不同的教育内容,尤其是社会科学方面的内容。（　　）

5. 一些人口学家的研究表明,人口的平均文化程度越高,人口出生率就越高,使得人口的文化程度与出生率之间形成了一对不可调和的矛盾。（　　）

6. 教育的负向功能是完全可以避免的。（　　）

7. 个体的发展是个体与客观事物的相互作用中，通过各种活动而实现的身心不断变化的过程。（　　）

8. 遗传素质是既定的，所以，高智商的父母一定会有高智商的下一代。（　　）

9. 个体身份社会化与职业社会化是同一个概念。（　　）

10. 个体个性化是一个尊重差异性的求异过程。（　　）

11. 创造性是人的个性的核心品质，是个性的自主性、独特性的综合体现。（　　）

12. 个别差异性在人的发展中并不是一种普遍存在的现象。（　　）

13. 人的身心发展是匀速前进的，各个部位各种功能的发展是不平衡的。（　　）

14. 教育对人的身心发展有着极大的促进作用，甚至可以说在人的发展中起"主导作用"。（　　）

15. 个体的独特性表现在人的个性心理上，诸如兴趣、爱好、理想、信念、世界观、能力、气质、性格等。（　　）

五、辨析题

1. 教育的个体功能与社会功能是无关的。
2. 教育的经济功能表现在教育可以直接创造物质财富。
3. 教育可以促进政治变革。
4. 有人说："在同一间教室的学生，接受同一教师同一的教育，为什么发展不一样？就是因为他的遗传素质不同。"

六、简答题

1. 教育的经济功能是什么？
2. 教育的文化功能是什么？
3. 影响个体发展的因素有哪些？
4. 教育对促进个体个性化功能表现在哪些方面？

七、论述题

1. 联系我国改革开放的社会发展实际，分析为什么要把教育放在优先发展的战略地位？
2. 在教育过程中，教育应怎样适应个体身心发展的规律，并促进其发展？

八、实例分析

1. "孟母三迁"的故事讲的是：孟子小时候，他的家靠近坟地，孟子模仿别人哭死人；后来，孟母把家搬到了集市旁边，他又模仿小商贩做生意；孟母看到这种情形很不满意，又把家搬到了学宫附近，于是，孟子就专心学习祭祀、礼仪了。

2. 一个大型调研报告的结束语是"当一个教师面对着一群小学一年级的学生时，从他们的心理准备状态来看，你实际上面对的是一群3~9岁的孩子"，为什么？

第三章 教育目的

本章要点：
- 教育目的的概念、层次、功能、类型；
- 教育目的的确立依据，教育目的确立的基本价值取向；
- 我国教育目的的历史发展和精神实质，素质教育的实施；
- 我国教育目的的各个组成部分的含义、意义、任务、内容和实施途径。

教育目的，既是一切教育活动的出发点，又是一切教育活动的归宿。一切的教育活动都是围绕着教育目的的实现而展开的。因此，教育目的在教育活动中居主导地位，是制定各级各类学校教育目标和教育制度、确定教育内容、选择教育方法、评价教育效果的依据。

第一节 教育目的概述

一、教育目的的概念与教育方针

（一）教育目的的概念

教育是一种有目的、有计划地培养人的社会活动，有广义和狭义之分。教育目的的概念和教育的定义一样，也具有广义与狭义之别：广义的教育目的是指人们对受教育者的期望，即人们期望受教育者接受教育后身心各方面产生怎样的发展结果，或发生怎样的积极变化。狭义的教育目的是指一个国家对教育活动结果规定出的总要求，是国家为培养人才而确定的质量规格和标准。教育学中使用的教育目的的概念，一般都是狭义的概念。

总之，教育目的是指社会对教育所要培养的人的质量规格的设想或规定，即解决把受教育者培养成什么样的人的问题。教育目的反映了社会对教育的总要求，它是人们在观念上、思想上对教育活动结果的设计。

一般来讲，教育目的由两部分组成：一是就教育所培养的人的身心素质做出规定，即指明受教育者在知识、智力、品德、审美、体质诸方面应获得什么样的发展，以便受教育者形成某种个性结构。二是就教育所要培养出的人的社会价值做出规定，即指明这种人符合什么社会需要或为什么阶级服务。其中，关于受教育者身心素质的规定是教育目的结构中的核心成分。

（二）教育目的与教育方针

教育目的与教育方针既有联系又有所不同。从联系上看，它们在对教育的社会性质的规定上具有内在一致性，都会有"为谁培养人"的规定性，都是一定社会各级各类教育在其性质和方向上不得违背的根本指导原则。教育目的是教育方针的重要组成部分，教育目的的确立及其内容必须符合教育方针的规定。有的时候，教育方针一身二任，既是方针，又是目的。

从区别上看，第一，在层次上表现为教育方针是一个国家教育发展和人才培养的最高行动指针，是目的体系中的最高层次，唯一层次，即一定时期一个国家（特别中央集权制国家）只能有一个教育方针；教育目的则是不同层次的教育关于人才培养规格与标准的具体规定，是目的体系中的下位层次，是可分层的，如高等教育目的、中等教育目的、基础教育目的等。第二，在具体内涵上表现为方针是从最宏观、最根本的方面规定了一个国家教育性质和教育方向、人才发展的内容和质量要求以及实现方针要求的途径，如我国现行的教育方针"教育必须为社会主义现代化建设服务"是对教育性质和方向的规定，"使受教育者在德、智、体、美等方面全面发展，成为社会主义事业的建设者和接班人"是内容和质量要求，"教育必须与生产劳动和社会实践相结合"则是实现教育的途径；教育目的则是在方针的规定下或依据方针而对某一层次所要培养的人才规格做出的具体规定，它往往有着不同层次不同类别教育的具体性和特殊性。

在教育实践中，要清楚地认识和把握二者的联系和区别，不能认为二者都是教育所要遵循的指导原则和依据而将其等同或互相代替，也不能因为二者的区别而在考虑教育性质和方向问题时将其分割开来。在我国，党和国家的教育方针中始终体现着国家的教育目的，因此，在很多场合我们可以通过教育方针来分析教育目的。

二、教育目的的层次结构

教育目的是各级各类学校必须遵循的总要求，但它不能代替各级各类学校对所培养人的特殊要求。学校还有各自的具体培养目标，这就决定了教育目的的层次性。其层次可以由图3-1表示。

$$\text{学校教育的目的}\begin{cases}\text{教育目的（国家的或思想家理想中的）}\\\text{培养目标（各级各类学校的）}\\\text{教学目标（教学的）}\end{cases}$$

图 3-1　教育目的的层次

培养目标有广义和狭义之分。广义的培养目标即教育目的，从整个社会来讲，受教育者身心应具备什么样的品质，既是全社会的培养目标，又是这个社会的教育目的。狭义的培养目标即学校的培养目标（当然，更狭义的培养目标是指某专业的），它是教育目的在某些教育机构的具体化。一个社会对受教育者有一个总要求，这个总要求落实到各级各类学校，所培养的人的具体规格标准各不相同，这种在具体教育机构得到具体化的教育目的，就是培养目标。所以，教育目的是培养各级合格人才的总要求或共同标准，培养目标是不同类型、层次的学校或专业培养人才的具体质量规格。教育目的直接反映的是教育方针的有关思想和规定，间接反映的是一定时代社会生产和政治经济对人才的共同要求。培养目标则在宏观上体现教育目的对人才的共同质量要求，微观上体现各类别、各专业的不同培养任务以及社会用人市场的专业需要。

教育目的与培养目标之间既有联系又有区别，彼此是一般和特殊、抽象与具体的关系。首先，教育目的是各级各类学校确立培养目标的依据。其次，培养目标是教育目的的具体化。教育目的与培养目标在时间性、区域性、概括性等方面存在显著差异。教育目的是一个国家在一个很长的历史阶段内要达到的教育总目标，由国家以法律的形式规定，或以政策的形式规定,是对所有教育者提出的,它一旦提出,便具有相对稳定性。培养目标则具有阶段性、层次性、灵活性等特点。培养目标由特定的社会领域和特定的社会层次的需要所决定,也因受教育者所处的学校级别而变化,因而培养目标是针对特定的对象提出来的。各级各类学校的教育对象有各自不同的特点,制定培养目标时必须研究学校学生的特点。

与教育目的和培养目标相比,教学目标是更为特殊、具体的指标。教学目标是教育者在教育教学过程中,在完成某一阶段(如一节课、一个单元或一个学期)工作时,希望受教育者达到的要求或产生的变化。学校培养人是长期、复杂而又细致的工作。学校实现教育目的和培养目标不是一蹴而就的事,对学生的培养要靠日积月累。这就要求学校以及教师应将教育目的具体化,明确在某一时段内,教一门学科或组织一项活动时,希望学生在认知、情感、行动和身体诸方面达到的具体目标,这就是教学目标。

教学目标与教育目的及培养目标之间的关系是具体与抽象的关系。教育目的和培养目标可以理解为教育意志,它们依靠一系列实现教学目标的行动来落实。

小栏目 3-1

现代人的特征

关于人的现代化的研究,美国学者英格尔斯的研究最有影响。英格尔斯试图超越东西方文化的差异和社会制度的差异,找出一般性的现代人的基本素质,在研究对象上选取了一些发展中国家为样本,即阿根廷、智利、以色列、尼日利亚、巴基斯坦和印度 6 个国家。经过大量的调查研究,他在《人的现代化》一书中提出了现代人的 12 个特征:① 准备和乐于接受他未经历过的新的生活经验、新的思想观念和新的行为方式;② 准备接受社会的改革变化;③ 思路广阔、头脑开放,尊重并愿意考虑各方面的不同看法和意见;④ 注意现在与未来,守时惜时;⑤ 具有强烈的个人效能感,对人和社会的能力充满信心,办事讲究效率;⑥ 能规划自己的现在和未来;⑦ 寻求新知识和尊重知识;⑧ 信赖人类的理性力量和理性支配下的社会,信赖他人;⑨ 重视专门技术,有愿意根据技术水平高低领取不同报酬的心理基础;⑩ 乐于让自己和他的后代选择离开传统所尊敬的职业,敢于对教育的内容和传统智慧进行挑战;⑪ 相互了解,尊重和自尊;⑫ 了解生产过程。据此,英格尔斯认为,现代人的特征不是单一的,而是一个特征组,它反映了人的现代性具有普遍意义。

[资料来源] 蒲蕊主编:《教育学原理》,武汉大学出版社 2010 年版,第 120 页。

三、教育目的的功能

教育目的的确立不仅是一个国家人才利益的意志体现,更为重要的是它可以规范教育活动的全过程,使教育活动更加合乎教育的规律性和社会的需要性。教育目的是教育活动的出发点和归宿,其层次的多样性使它具有多方面的功能。

(一)导向功能

教育目的规定了教育活动所要培养的人才质量和规格,实际上就规定了教育活动的最大方向。教育活动是一个系统工程。一方面,它表现为教育制度的建立、教育规划的确定以及教育活动内容、形式及教育方法的选择;另一方面,它又必须是各个年龄阶段教育的合成,是学校、家庭和社会教育的合成，无论在空间和时间上，都必须朝向教育目的指明的方向。具体体现：一是对教育的社会性质的导向作用，即对教育"为谁培养人"具体明确的规定。二是对人的培养的导向作用。教育依据这样的规定，既避免了人的盲目发展，又规范了人的发展要求，使其培养的人与预定方向相一致，产生社会所需要的新品质。三是对课程选择和课程建设的导向作用。教育目的对选择什么样、何种水平的教育内容，对内容如何进行取舍具有决定作用。四是对教师教学的导向作用。教育除了要求培养学生能力和素质外，还要求教学必须具有教育性，必须关注学生情感、态度和价值观的导向，使教师知道所要教的最重要的是什么。正因为具有目的导向功能，教育活动才有所依循，才能避免在社会性质和发展方向上的失误，以确保教育的社会性质和人才培养的社会倾向性。

（二）调控功能

一定的教育目的，是一定社会根据自身和人的发展需要对教育活动进行调节、控制的一种重要手段，以便达到其自身发展的目的。教育目的对教育活动的调控主要借助以下方式来进行：一是通过价值的方式来进行调控。这一点主要体现在对教育价值取向的把握上。教育的产生和发展既是社会的需要，也受社会所制约，社会在利用教育来满足自身或人的发展需要时，无不赋予它特有的价值取向。因此，教育目的总是带有一定价值观实现的要求，并成为衡量教育价值意义的内在根据，进而调控实际教育活动，使其对"价值不可违背"。二是通过标准的方式来进行调控。教育目的总是含有"培养什么样的人"的标准要求，这些标准对实际教育活动的影响是多方面的，是教育活动"培养什么样的人"的基本依据，使教育者根据这样的标准调节和控制自身对教育内容或教学方式的选择等。三是通过目标的方式来进行调控。一种教育目的的实现会使它自身衍生出系列的短期、中期或长期的目标，正是这样一些目标铺开了教育目的可以实现的操作路线，具体调节和控制教育的各种活动。教育目的对教育活动的调控既包括教育者教育观念、教育行为的调节，也包括对受教育者的调控。对受教育者的调控一方面体现为对学生的外部调控，表现为教育者对学生不符合教育目的的行为总是予以引导和纠正，把学生的发展纳入到预定的方向中去；另一方面体现为学生的自我控制，表现为学生把合乎教育目的的发展作为努力的方向，主动发展和规划自己。总之，教育目的含有的各种内在规定性，对整个教育过程具有很强的调控努力。

（三）评价功能

教育目的不仅是教育活动应遵循的根本指导原则，也是检查评价教育活动的重要依据。一种能够实现的教育目的，总是会有多层次的系列目标，这使得它对教育活动不仅具有宏观的衡量标准，而且具有微观的衡量标准。依据这些标准，能够对教育活动的方向和质量等做出判断，评价教育活动的得与失：一是对价值变异的判断和评价。教育行为必然具有一定的价值取向，但社会中个人、群体、社会各层次之间存在利益、需要、目的等方面的矛盾与冲突，这使得教育活动的进行，总是面临着多种多样的教育价值观和教育目的的影响和干扰，容易导致实践中教育活动的方向模糊不清，甚至使其被赋予了另外的价值取向。对于这种情况，如果不坚持用所确立的教育价值观的要求去衡量，就不能认识到教育活动价值的变异，也难以使其得到有力的纠正。二是对教育效果的评价。教育目的中的层次目标，不仅指出了教育活动的途径，同时也是评价具体教育活动效果的直接依据。运用这样的标准来评价具体的教育活动过程，可判断出过程的得失、质量的高低、目标达成的程度等。要确保教育目的的实现，就应该注意依据教育目的不断分析评价教育过程的发展状况和结果，适时做出恰当判断。只有注意发挥教育目的对教育活动的评价功能，才能更好地从根本上把握教育活动的进程。

教育目的的以上功能，是相互联系、综合体现的，每种功能的作用，都不是单一表现出来的。导向功能是伴随评价功能和调节功能而发挥作用，没有评价和调节功能，导向功能难以发挥更大的作用；而调控功能的发挥又需要以导向功能和评价功能为依据；评价功能也离不开导向功能。在现实教育中，我们应该全面、深刻理解教育目的的诸功能及相互关系，并充分发挥这些功能的作用。

四、教育目的的类型

在人类社会的发展中，教育目的不仅因其社会发展各历史时期的不同在性质和内容上有所不同，而且在类型上也有所不同。从其作用的特点看，有价值性和功用性之分；从其要求的特点看，有终极性和发展性之分；从被实际所重视的程度看，有正式决策和非正式决策之分。

（一）价值性教育目的和功用性教育目的

价值性教育目的，是指具有价值判断意义的教育目的，即含有一定价值观实现要求的教育目的，表示人才培养所具有的某种价值取向。这类教育目的解决的是培养具有怎样社会情感和个性情操的人。

功用性教育目的，是指具有实践操作意义的教育目的，在教育实践中以能力、技能技巧等方面的具体要求呈现出来。这类教育目的解决的是人在各种活动中的实际能力和作用效能的开发与提升，发展和增强人在各种活动中的行为的有用性和功效性。

（二）终极性教育目的和发展性教育目的

终极性教育目的，也称理想的教育目的，是指具有终极结果的教育目的，表示各种教育及其活动在人的培养上最终要实现的结果，它蕴涵着人的发展要求具有"完人"的性质。

发展性教育目的，也称现实的教育目的，是指具有连续性的教育目的，表示教育及其活动在发展的不同阶段所要实现的各种结果，表明对人培养的不同时期、不同阶段前后具有衔接性的各种要求。

（三）正式决策的教育目的和非正式决策的教育目的

正式决策的教育目的，是指社会一定权力机构确定并要求所属各级各类教育都必须遵循的教育目的。它一般是由国家（或一定地区）作为主体提出，其决策的过程要经过一定的组织程序，常常体现在国家或地区重要的教育文件或有关的法令之中。

非正式决策的教育目的，指蕴涵在教育思想、教育理论中的教育目的，它不是被社会一定权力机构正式确立而存在的，而是借助一定的理论主张和社会根基而存在的。

对于教育者来说，区分不同类型的教育目的，核心的问题不是类型本身，而是必须意识到，在教育实践活动中要有效实现教育目的，就必须考虑不同教育类型的存在，在重视价值性教育目的、终极性教育目的和正式决策的教育目的的同时，也要关注功用性教育目的、发展性教育目的和非正式决策的教育目的，尽可能地对不同的教育目的进行统筹安排。

第二节 确立教育目的的依据

一、教育目的确立中的基本价值取向

确立教育目的不能不涉及教育目的的价值取向问题。因为对教育目的的确立，人们总是从各自的利益和需要出发，在选择和取舍中体现不同的价值追求。

教育目的的价值取向，即对教育目的的价值进行选择时所具有的倾向性。对教育活动的价值选择，历来有不同的见解和主张。教育目的的价值取向问题是教育理论中最为复杂、最为重要的领域。不同的教育价值取向在很大程度上规定着教育活动的目的，引导着教育活动设计和选择的方向。关于教育目的的价值取向问题历来争论不休，纷繁复杂。如果对教育史上关于教育目的的价值取向的不同主张做一个分析的话，其基本价值取向可概括为两大派：个人本位的价值取向（个人本位论）与社会本位的价值取向（社会本位论）。

（一）个人本位的价值取向

个人本位的价值取向曾在 18 世纪和 19 世纪上半叶广泛盛行于西方世界，它有三个主要观点：第一，教育目的是根据个人的发展需要而制定的；第二，个人价值高于社会价值，社会价值只是表现在它有助于个人发展；第三，人生来就具有健全的本能，教育目的就在于促使本能不受影响的发展。

个人本位的价值取向主要反映在自然主义和人文主义的教育思想中，其主要代表人物有法国哲学家卢梭、瑞士教育家裴斯泰洛齐、德国教育家福禄培尔、美国的马斯诺、法国的萨特。

个人本位的价值取向，虽然都把人作为确立教育目的的基本依据，把人的价值看得高于社会的价值，但在历史的发展过程中，其表现也不尽相同。一是在不同的历史发展时期，各种个人本位的价值取向背景和针对性有所不同。二是在对待人与社会的关系上，个人本位的价值取向虽都视人的价值高于社会价值，但在其态度上，具有对立与非对立之分，具有激进和非激进之别。

个人本位的价值取向把人视为教育目的的根本，它在历史发展中的每一次变化都具有不同程度的变革性，或面对社会，或面对自身，在人类历史的进程中不乏有进步意义的变革，特别是文艺复兴以后，它宣扬人的个性自由，对于打破宗教神学和封建专制制度对人的思想的禁锢和人身的束缚，促进人的解放，使教育回归人间，起到了重大的历史作用，在人的自由和个性解放、提升人的价值和地位等方面具有深远的历史意义，其积极作用不可否认。但也应看到它的不足之处，如在变革社会和教育的探讨过程中，不免带有历史唯心主义的色彩和过激的观念意识。激进的个人本位者脱离社会来思考人的发展，在提出教育目的的时候，无视个人发展的社会需要，甚至把个人发展的需要与社会发展的需求对立起来，把教育的个人目的看成不可调和的。这种倾向极易在现实中导致个性、自由和个人主义的绝对化。因此，个人本位的价值取向在社会发展中带有明显的片面性。

（二）社会本位价值取向

社会本位的价值取向与上述个人本位的价值取向相反，它把满足社会需要视为教育的根

本价值。它也有三个主要观点：第一，个人的一切发展有赖于社会；第二，教育除社会目的外，无其他目的；第三，教育结果只能以社会效率加以衡量，教育的结果主要看对社会贡献了什么，培养的人对社会起了什么作用。教育目的是使每个人获得社会生活必需的本领，有参与社会生活，判断是非标准的能力，并参与政治机构。社会本位的价值取向的主要代表人物有法国实证主义哲学家孔德（1798—1857）、社会学家涂尔干（1858—1917），德国的纳托普（1854—1924）、凯兴斯泰勒。

社会本位的价值取向重视教育的社会价值，强调从社会出发，满足社会的需要，具有一定的合理性，但这种理论又过分强调人对社会的依赖，把教育的社会目的绝对化、唯一化，甚至认为"个人不可能成为教育的目的"或者只有"人类"，而没有个人。这种极端的主张完全割裂了人与社会的关系，完全否定了教育目的受个人兴趣、爱好等需要制约的可能性，极易导致教育只见社会不见个人，单纯把人当成社会的工具，而不是把人作为社会主体来培养，造成个性发展的严重束缚和压抑。因此，这种理论同样是肤浅和片面的。

无论是个人本位的价值取向还是社会本位的价值取向，都是解决社会需要与人的自身发展的关系问题，它们两者都具有片面性。我们认为，社会需要与人的自身发展是辩证统一的，一方面，教育总是按社会的需要来培养人，人的自身发展离不开社会的需要；另一方面，社会是由个体的人组成的，社会需要并不排斥个人自身各方面的发展。因此，制定教育目的应反映出社会需要和个体发展之间的辩证统一关系。

二、教育目的确立的基本依据

教育目的属于意识的范畴，它的形式是主观的，但内容是客观的。这是由于人提出教育的目的有其现实的社会根源。在中外教育史上，不同历史时期、不同社会、不同国家的教育目的都是各不相同的。马克思主义认为，教育目的像人们头脑中其他主观意图或目的一样，都有其客观的原因。从根本上说，是由生产力和生产关系决定的，是来自客观现实的。

另外，教育又是发现人的价值、形成人的价值的最重要、最直接的手段，教育的对象就是具体的人。因此，在提出教育目的时还必须考虑人的因素，马克思主义的理论指导以及社会的进步，使得我们今天对人的认识达到了前所未有的高度。我们应该充分认识到人的完善发展对于社会发展的意义。

因此，教育目的是由人制定的，体现着人的主观意志，但在确立教育目的时，我们既要考虑社会需要，又要考虑人的身心发展需要。

（一）教育目的的确立要符合社会政治经济的需要

教育目的属于社会意识形态范畴，与社会政治经济有着直接的制约关系。教育目的是随着社会政治经济制度的发展变化而发展变化的。教育目的是统治阶级人才标准的集中体现，一个社会需要什么样的人，具有什么样的政治倾向和思想意识，需要哪些类型与规格的劳动力，都集中地反映在所制定的教育目的上。在阶级社会中，统治阶级的教育目的又首先表现为要符合统治阶级或执政党的利益和需要。在我国古代奴隶社会及其向封建社会过渡的时期，教育目的是统治阶级实施"德治"和"仁政"的工具，使受教育者修己以治人。历代封建王朝的统治者都采用"明人伦"的教育目的，维护封建制度。资本主义社会反对封建专制和等级观念，追求"民主、平等"，使教育走向现代化。现代教育目的突显个性发展，倡导教育的民主与公平。但是，在资本主义社会，这种追求民主、公平的教育目的只是形式上的，在教育中所渗透的伦理精神亦明显地体现为教育要为培养心甘情愿的为资本主义发展奉献终身的人服务。我国社会主义的教育目的必然要求培养社会主义事业的建设者和接班人。由此看来，有什么样的社会政治经济，便会有什么性质的教育目的。不同社会、不同阶级、不同政党的人才标准不同，教育目的便会有所不同。从规律的角度说，一个社会办教育以培养本阶级需要的各种人才，这是一件理所当然的事情。一个占统治地位的政治集团确立一个违反本阶级需要的教育目的，这种反常规的事恐怕在任何一个社会都是不存在的。

（二）教育目的的确立要反映生产力和科学技术发展对人才的需求

教育目的的确立直接受制于政治统治集团的主观意志，但从根本上看，则必须反映客观生产力和科学技术发展的实际需要，这是生产关系必须适应生产力发展的基本原理在教育目的上的具体体现。生产力是由物的因素（劳动资料、劳动对象）和人的因素（劳动者）组成。人的因素不仅是生产力的必要因素，而且是诸因素中最重要、最活跃的能动因素。劳动者的劳动力是由体力、智力、劳动经验和技术熟练程度等因素共同构成的。一定的生产力总是要根据自己的发展水平，对劳动者的培养提出自己的要求。同时，生产力水平的高低直接决定了社会能够提供给教育的物质条件以及个人受教育时间的多寡，从而也就从根本上决定了社会成员发展的可能性。不同社会、不同时代，生产力和科学技术发展水平不同，对人才规格、类型和标准的需要不同，教育目的的具体内容便有所不同。在原始社会，教育只是将狩猎、捕鱼、采集等人类生存需要的劳动经验和部落的伦理传统传递给下一代。古代社会，学校教育为统治阶级所把持，生产力水平较低，学校教育同生产劳动是分离的，学校只培养统治方面的人才，而不是培养劳动者。大工业生产兴起后，现代化生产本身要求生产工人接受一定程度的教育，以适应大工业生产的需要。这时的教育目的开始扩大，即不仅要培养统治人才，也要培养能为资本家创造财富和利润的能干工人。因此，资本主义的教育目的实质上是：一方面把资产阶级的子女培养成统治管理人才，另一方面把劳动人民的子女培养成恭顺能干的奴仆。在中国，教育目的的具体内容在表述上几经变化，但贯穿教育目的中的主导思想是始终如一的，即"教育必须为社会主义现代化建设服务，培养社会主义事业的建设者和接班人"。当今，新的经济形式和信息化已经成为社会的重要特征，社会生产、管理越来越走向科学化、知识化、信息化和智能化，对劳动者的质量规格提出了前所未有的要求。目前很多国家根据这种要求来重新确定教育目的，以培养能够适应21世纪社会发展的人才。

（三）教育目的的确立要符合受教育者身心发展的需要

教育目的含有对人的素质的要求，这种要求不仅要依据社会现实及其发展来确定，也要依据人的身心发展和需要来确定。

从人的身心发展特点来看，它是确定各级各类学校教育目的（或目标）不可忽视的重要依据。如果不考虑这一点，就会导致实际教育活动脱离学生的身心发展水平，难以有效地促进学生的发展。因为人在不同的年龄阶段，身心发展的特点和水平有所不同。在教育目的转化为各级各类教育的培养目标时，就必须以此为依据，这样才能使实际教育活动对学生的要求符合学生身心发展的特点和水平，具有针对性，而不至于过低或过高、过轻或过难。心理学的研究早已揭示，人的身心发展具有阶段性和顺序性、稳定性和可变性、不平衡性和差异性等特点。这是各级各类教育确立教育目的（或目标）时，应予以很好把握的基本前提。依据这些特点，才能将各级各类教育目的（或目标）从低到高整合为一个循序渐进、相互联系、相互衔接的有机序列，为不同教育阶段实际教育活动的开展提供合适的指导。这样的目标不仅具有实际可行性，而且也能对学生的身心发展起到强有力的推动作用。

从人的需要来说，人的发展需要是教育目的确立不可忽视的重要因素之一。人的发展具有各方面的需要，包括物质的和精神的、现实的和未来的、生存的和发展的等。这些需要不只是产生于"自我生长"的过程，也与个人在"生长"过程中对社会发展变化要求的意识密切相关。人对社会发展变化要求的认识，会使社会要求转化为自我发展的需要，使其围绕社会要求来设计、建构自我发展的素质。人这种需要的满足常常包括对教育的要求，这是确立教育目的（或目标）时必须予以考虑。如果不考虑人的发展需要，就不能唤起受教育者在教育活动中的主动性和自觉性，就不能很好地培养造就具有积极主动精神和富有创造性的社会主体。事实上，任何社会的教育目的对人所要求具备的素质、所预期形成的素质结构，不仅体现着社会规定性，而且也总是不同程度地体现对人的生理、心理、智慧才能、人格品行及生活能力、技能等方面理想化发展的追求。人是社会的主体，正视人的主体性需要、满足人的主体性需要的教育目的，才更有利于人的价值的提升和人的本质力量的增强，才能对培养人的实际教育赋予根本的活动宗旨或活动追求。

总之，教育目的的确立，既要把握时代，把握社会，还要与教育对象的需要相吻合。

小栏目 3-2

两种教育目的的比较

《中华人民共和国教育法》对教育目的的解释是："教育必须为社会主义现代化建设服务，必须与生产劳动相结合，培养德、智、体等方面全面发展的社会主义事业的建设者和接班人。"

教育大师怀特海在《教育的目的》一书中指出：学生是有血有肉的人，教育的目的是为了激发和引导他们的自我发展之路。

第三节 我国的教育目的

新中国成立以来，我国教育开始了历史性转变，被赋予鲜明的社会主义性质和要求，反映社会主义性质和要求的教育目的，对社会主义人才培养及教育发展发挥着根本的指导作用。

一、我国教育目的的历史回顾

1949年12月，新中国诞生不久，教育部在北京召开第一次全国教育工作会议，确定了全国教育工作的总方针："中华人民共和国的教育是新民主主义的教育，它的主要任务是提高人民文化水平，培养国家建设人才，肃清封建的、买办的、法西斯的思想，发展为人民服务的思想。这种新教育是民族的、科学的、大众的教育，其方法是理论与实际一致，其目的是为人民服务，首先为工农兵服务，为当前的革命斗争与建设服务。"这个方针后来被称为新民主主义文化教育方针。

1957年，毛泽东在国务院会议中指出："我们的教育方针，应使受教育者在德育、智育、体育几方面都得到发展，成为有社会主义觉悟的有文化的劳动者。"

1978年，我国的教育目的在人大会议通过的宪法中被表述为："我国的教育方针是教育必须为无产阶级政治服务，教育必须同生产劳动相结合，使受教育者在德育、智育、体育几方面都得到发展，成为有社会主义觉悟的有文化的劳动者。"

1981年《关于建国以来党的若干历史问题的决议》对教育目的表述为："坚持德、智、体全面发展、又红又专、知识分子和工人农民相结合、脑力劳动和体力劳动相结合的教育方针。"在同年五届人大政府工作报告中指出的教育目的是："使受教育者在德育、智育、体育几方面都得到发展，成为有社会主义觉悟的有文化的劳动者和又红又专的人才，坚持脑力劳动和体力劳动相结合，知识分子和工人农民相结合。"

1982年，第五届全国人民代表大会通过的《中华人民共和国宪法》规定的教育目的是："国家培养青年、少年、儿童在品德、智力、体质等方面全面发展。"这是在中国当代历史上教育目的第一次以法律形式呈现出来。

1985年，中共中央《关于教育体制改革的决定》提出的教育目的是："教育要为90年代至下世纪初叶我国经济和社会发展培养新的能够坚持社会主义方向的各级各类人才。"明确指出："所有这些人才，都应该有理想、有道德、有文化、有纪律，热爱社会主义祖国和社会主义事业，具有为国家富强和人民富裕而艰苦奋斗的献身精神，都应该不断追求新知，具有实事求是、独立思考、勇于创造的科学精神。"人们把《决定》中的这段话概括为"四有、两热爱、两精神"。

1986年，第六届全国人民代表大会第四次会议通过的《中华人民共和国义务教育法》规定的教育目的是："义务教育必须贯彻国家的教育方针，努力提高教育质量，使儿童、少年在品德、智力、体质等方面全面发展，为提高全民族素质，培养有理想、有道德、有文化、有纪律的社会主义建设人才奠定基础。"在这里，首次把提高全民族素质纳入教育目的。

1990年，《中共中央关于制定国民经济和社会发展十年规划和"八五"计划的建议》中提出了我国新时期的教育方针，其中规定的教育目的是"教育必须为社会主义现代化建设服务，必须与生产劳动相结合，培养德、智、体全面发展的建设者和接班人"。

1993年，《中国教育改革和发展纲要》提出："教育改革和发展的根本目的是提高民族素质，多出人才，出好人才，各级各类学校要认真贯彻'教育必须为社会主义现代化建设服务，必须与生产劳动相结合，培养德、智、体全面发展的建设者和接班人'的方针，努力使教育质量在90年代上一个新台阶。"

1995年，《中华人民共和国教育法》中提出的教育目的是："教育必须为社会主义现代化建设服务，必须与生产劳动相结合，培养德、智、体等方面全面发展的社会主义事业的建设者和接班人。"

1999年6月，《中共中央国务院关于深化教育改革全面推进素质教育的决定》把教育目的表述为："以培养学生的创新精神和实践能力为重点，造就有理想、有道德、有文化、有纪律的德、智、体等方面全面发展的社会主义建设者和接班人。"

2001年6月，《国务院关于基础教育改革与发展的决定》明确提出："要高举邓小平理论伟大旗帜，以邓小平同志'教育要面向现代化，面向世界，面向未来'和江泽民同志'三个代表'重要思想为指导，坚持教育必须为社会主义现代化建设服务，为人民服务，必须与生产劳动和社会实践相结合，培养德智体美等方面全面发展的社会主义事业的建设者和接班人。"

2002年11月，中国共产党第十六次全国代表大会报告《全面建设小康社会，开创中国特色社会主义事业新局面》把教育目的表述为："坚持教育为社会主义现代化建设服务，为人民服务，与生产劳动和社会实践相结合，培养德智体美全面发展的社会主义建设者和接班人。"

2010年，《国家中长期教育改革和发展规划纲要（2010—2020）》提出我国的教育目的："全面贯彻党的教育方针，坚持教育为社会主义现代化建设服务，为人民服务，与生产劳动和社会实践相结合，培养德智体美全面发展的社会主义建设者和接班人。"这为我国教育事业的未来指明了方向。

二、我国教育目的的精神实质

（一）以马克思主义关于人的全面发展学说为理论基础

我国教育蕴含着全面发展的要求，这一点与马克思主义关于人的全面发展学说有着密切的联系。马克思主义关于人的全面发展学说是我国教育目的的理论基础。

1. 马克思主义关于人的全面发展学说的基本思想

马克思主义关于人的全面发展学说是马克思主义教育思想的重要组成部分，它的基本思想是：人的发展是与社会生产发展相一致的；旧式劳动分工造成了人的片面发展，大工业机器生产要求人的全面发展，并为人的全面发展提供了物质基础；实现人的全面发展的根本途径是教育同生产劳动相结合。

2. 马克思主义关于人的全面发展的含义

综观马克思主义对人的全面发展含义的各种表述，可见人的全面发展有着丰富的内涵：

（1）指人的生产物质生活本身的劳动能力的全面发展。这种劳动能力的全面发展，既表现为人的体力和智力的全面发展，又表现为人的才能和志趣的全面发展。"个人生产力的全面的、普遍的发展"，"是各方面都有能力的人，即通晓整个生产系统的人"，正如马克思所说的"全面发展的个人……也就是用能够适应极其不同的劳动需求并且在交替变换的职能中……使自己先天的和后天的各种能力得到自由发展的个人"。

（2）指人的才能的全面发展。正如马克思、恩格斯所说的"每一个人都无可争辩地有权全面发展自己的才能"，"任何人的职责、使命、任务就是全面地发展自己的一切能力"。

（3）指人自身的全面发展。它意味着"人以一种全面的方式，也就是说，作为一个完整的人，占有自己的全面的本质"，"均匀地发展全部的特性"。

（4）指人的自由发展。包括"全部才能的自由发展"，"各种能力得到自由发展"，"个人独创的和自由的发展"，"个性的比较高度的发展"，等等。

（二）我国教育目的的基本精神

1. 坚持教育目的的社会主义方向，是我国教育目的的根本特点

教育目的的这个规定，明确了我国教育的社会主义方向，也指出了我国社会主义教育培养出来的人的社会地位和社会价值。新中国成立以来，无论我国社会怎样发展变化，无论我国发展的各个时期工作重点有什么不同，我国教育目的所规定的社会主义性质却始终没有变。坚持教育目的的社会主义方向，就必须坚持党对教育的领导，坚持教育为社会主义现代化建设服务，培养有社会主义觉悟的有文化的建设者和接班人。正是由于我国教育目的所具有的

对教育社会性质的规定性,才在根本上保证了我国教育发展的社会主义方向,指引着教育为社会主义事业的全面发展进步培养造就各方面的人才。

2. 受教育者德、智、体、美等方面全面发展,是社会主义教育的质量标准

社会主义的教育目的是培养全面发展的新型劳动者。我们历来主张培养的人才必须德才兼备,既要有崇高的理想、道德和革命人生观,又要有丰富的科学文化知识和技术。同时,要有健康的体魄,进步高尚的审美兴趣,表现美、创造美的能力以及正确的劳动观点和生产劳动技能。

我国教育目的首先指出了人的素质的基本构成,即德、智、体、美四方面。德是指个人对待生活和工作,对待与社会、集体、他人、自然等的关系时所应具有的价值观念、行为品德、道德追求、人格修养、人生信念等,是对人生观、世界观、道德观、政治观及其行为品质的总称。智是指人在生活、事业中,在认识自然、社会并作用于自然和社会中所具有的学识、才能、智慧等。体是指人在各种活动中所应具有的身体活动机能、能量、体质和体力等。美是指审美和创造美的能力。这几方面相互联系、相互作用是人生存和发展以及在现代化建设中不可缺少的基本素质。其次是要使受教育者的四方面全面发展。德、智、体是人的素质构成的主体,德、智、体全面发展既是社会对人的素质的基本要求,也是人自身整体发展的内在需要。因此,我国的教育目的一直强调德、智、体的统一发展。但一个完整的社会人的素质构成除德、智、体以外,还有美的素质和劳动技术素质的发展。这样有利于个人在物质生活领域和精神生活领域发挥展现创造性才能,更好地实现自己的理想和价值,使人生存与发展充满内在活力。

3. 以提高全民族素质为宗旨

我国教育目的不仅包含对人的全面发展的要求,而且还含有对整个民族素质全面提高的要求。提高全民族的素质,是我国当今社会发展赋予教育的根本宗旨,是我国当代教育的重要使命。提高全民族的素质,促进经济建设和社会发展,也是我国教育目的所蕴涵的一个重要方面。

4. 为社会主义事业培养人才

"科教兴国"和"四个现代化"都需要各级各类的专门人才与之适应,因此,为社会主义事业培养人才是我国改革开放以来教育目的所体现的基本要求。这种要求与培养社会主义事业的劳动者、建设者和接班人是内在一致的。从实际来看,各级各类人才都是劳动者;从社会主义制度的延续来看,各级各类人才都是社会主义事业的接班人;从社会主义政治经济、文化科技、生产生活等方面的发展需要来看,各级各类人才都是社会主义事业的建设者。总之,我国教育目的所要求培养的人才,都是服务于社会主义的"劳动者""建设者""接班人"。

三、全面推进素质教育

自1993年2月《中国教育改革和发展纲要》提出"中小学要由'应试教育'转向全面提高国民素质的轨道,面向全体学生,全面提高学生的思想道德、文化科学、劳动技能和身体、心理素质,促进学生生动活泼地发展,办出各自的特色"的号召以来,将"应试教育"转向"素质教育",已多次写进教育的政策文件,成为广大教育工作者的自觉语言。特别是1999年6月中共中央国务院做出了《关于深化教育改革全面推进素质教育的决定》,"素质教育"进一步被确定为我国教育改革和发展的长远方针。

> **小栏目 3-3**
>
> **知识转型与个人发展**
>
> 在后现代教育时期，个人的发展应该着重追求以知识的鉴赏力、判断力与批判力为标志的"内在发展"，而非以追求知识的记忆、掌握、理解与应用为标志的"外在发展"。这是因为，既然所有的知识都是具有"文化性""境域性"和"价值性"的，既然所有的知识在传播过程中都具有权力实践的性质，那么教授和学习所有的知识都不能毫无批判地进行，否则就可能受到种种知识的霸权的控制，从而失去认识和行为的独立性和自主性，从思想上和行动上陷入一种被奴役的境地。在知识网络化的今天，面对多如牛毛的知识、信息和强大的宣传力量，个体就更加需要培养起码的知识鉴赏力和判断力，应该能够识别许多知识传播的权利诉求，从而能够保持理智、清醒和自主的生活。
>
> [资料来源] 石中英著：《知识转型与教育改革》，教育科学出版社 2001 年版，第 162 页。

（一）素质教育的提出

作为一种新的教育观念、教育思想，"素质教育"出现在当代并非偶然。在一定程度上，它是人类社会发展到今天对学校教育提出的一种更高的要求，是对原有教育的一种否定或革新，也是当代教育对当代社会出现的一些新质所做出的一种主动顺应。

首先，素质教育是我国广大教育者和教育决策部门针对和解决我国现实教育中存在的问题而提出来的。在我们原有的教育中存在着许多缺陷，这些缺陷已使我们的教育不能发挥出最佳的功能，不能与整个社会的发展相吻合。因此，原有的教育需要变革。"素质教育"是与"应试教育""传统教育"相对应的概念，那么"应试教育"究竟是一种什么样的教育？

"应试教育"在我国由来已久。我国封建社会的科举制度，是从隋朝到清朝末年各封建王朝通过设科考试选拔官吏的一种制度，因是分科取士，所以叫科举。它深刻地影响着我国民族文化教育。在当代，科举制作为一种制度已不复存在，但其价值取向却深刻影响了现代人的教育观念，"十年寒窗"换来"金榜题名"。因此，应试教育在一段时期成为我国教育的主导思想。在过去长期的计划经济体制下，经济成分单一，国有以外的其他经济成分很不发达，劳动就业的指标十分有限，就业门路相当狭窄。青少年能够应付考试、能够升学就意味着能够就业。由于城乡差别、工农差别的存在，农村青少年发奋读书挤"独木桥"，希望通过高考跳出"农门"，"知识改变命运"。就干部制度而言，在干部的选择和使用上，一度出现"唯学历"的倾向，片面理解干部专业化就是学历化，忽视品德、才能、工作能力和工作实绩，因此很多人盲目追求学历，想方设法通过考试大关。由此，人们在观念上只重视智育，忽视思想、道德、意志、情操及劳动等基本素质的培养；在教育过程中只重视书本知识的掌握，忽视思维的开发，忽视社会实践锻炼，忽视实际操作能力的训练；在教育评价方面衡量一所学校的教育质量往往只看其升学率，评价一个学生优差也是看其考试分数。教育质量评估上的误区势必导致学校领导、教师、学生、家长把全部精力用在应付考试上。

"应试教育"给我国青少年的身心发展以及经济与社会发展造成了诸多不良影响。其弊端与危害相当严重。体现在以下方面：

（1）不利于全面提高学生的素质。"应试教育"只能使学生学到一些死的知识，促进了学生的片面发展，而不能在德、智、体、美等方面得到全面和谐的发展。

(2) 不利于教育面向全体学生。面向全体学生是社会主义教育的一条重要原则。应试教育只重视少数升学有望的尖子学生，忽视对大多数学生的培养，挫伤了大多数学生的积极性。这就改变了我国基础教育的性质和任务，严重影响了我国九年制义务教育的实施。

(3) 不利于教育管理人员和教师素质的提高。"应试教育"迫使大多数校长、教师把主要精力和时间用在如何对付各种考试上，他们没有时间去学习政治理论、教育科学理论和业务知识，不能进行教改实验和总结教改经验，进而影响了教育改革的深化和教育质量的提高。

(4) 不利于教育面向社会主义现代化建设。应试教育只是关注学生考试成绩、关心学生升学率，结果使大部分未能升学的中学毕业生很难适应两个文明建设的需要。

其次，素质教育是在迎接知识经济时代的挑战、参与国际竞争，更好地进行社会主义现代化建设的背景下提出来的。

1996年，联合国教科文组织"国际21世纪教育委员会"向联合国提交了一份题为《教育——财富蕴藏其中》的报告，这份报告首次提出了21世纪教育的"四个支柱"：学会认知、学会做事、学会共同生活、学会生存。报告中指出："在一般情况下，正规教育仅仅是或主要是针对学会认知，较少针对学会做事。而另外两种学习往往带有很大的随意性，有时也被看作是前两种学习的一种自然而然的延伸。"该委员会认为："为了迎接下一个世纪的挑战，必须给教育确定新的目标，必须改变人们对教育作用的看法。扩大了的教育新概念应该使每一个人都能发现、发挥和加强自己的创造潜力，也有助于挖掘出隐藏在我们每个人身上的财富。这意味着要充分地重视教育的作用，不再把教育单纯看作是一种手段，是达到某些目的的必经之路。"在这种情况下，需要重新立足于教育与现代社会的多元化关系来考察教育内在的使命，需要从现代人所需具备的基本素质角度来理解教育的目的，从而使教育所培养出来的人能真正融于我们这个日趋多元化的世界。于是，"素质教育"这一新的教育思想应运而生。

(二) 素质教育的内涵

1. 素质的概念

素质原是生理学概念，是指个体先天解剖生理特点，主要指神经系统、脑的特点以及感觉器官和运动器官的特点。现在，素质这一术语在教育领域广泛使用，认为它是在先天的、与生俱来的、不学而能的禀赋基础上，在后天环境、教育和个人努力的条件下形成并发展起来的身体和心理方面相对稳定而巩固的特性。

人的素质可以根据不同标准分类。按素质内容分类，可以分为思想道德素质、科学文化素质、身体素质、审美素质、劳动技术素质。按素质发展层次则可分为自然生理素质、心理素质和社会文化素质三个层次。自然生理素质包括生理形态、生理机能、运动能力、适应能力等，是素质结构中的物质层面。自然生理素质的发展要求实施身体素质教育。心理素质包括知识才能品质、情绪与情感品质、意志性格品质、个性心理品质，它是人的生理组织结构（主要是人脑）的特殊机能。心理素质的发展要求实施心理素质教育。社会文化素质包括科学素养、道德素养、审美素养等。它是人的素质的重要内容，是人的本质的集中表现。社会文化素质的发展要求施行社会文化素质教育。

2. 素质教育的概念与内涵

所谓素质教育，顾名思义，就是培养、提高学生素质的教育，简要地说，就是以培养人的多方面和谐素质为目的的一种教育理论和实践模式。

全体性、全面性和发展性是素质教育的本质特点，也被称为"三大要义"。全体性是指教育要面向不同类型、不同层次的全体学生，使每个学生都受到应有的良好教育，使他们的潜能得到尽可能的开发，每个人得到尽可能的发展；全面性要求中小学教育要全面地实施素质教育，促使青少年德智体美劳全面发展，使受教育者具有全面的价值观、理想和奋斗方式，成为全面合格、多方面发展而又有个性特长的人；发展性指教育要生动活泼，富有启迪性，能够促使学生各方面健康发展，为学生将来的发展奠定思想品德、科学文化、身体心理的坚实基础。

素质教育的内涵应包括以下几点：

第一，教育内容的基础性：强调个体基本素质的培养，从而为自学、自我教育、终身教育、进入高一级学校打下基础。基础教育的"基础"不仅是知识、技术、能力的基础，更是人生的基础、做人的基础、精神的基础。

第二，教育空间的开放性：不仅限于课堂。

第三，教育目标的全面性：幼儿教育、中小学教育、职业教育、成人教育、高等教育都要实施；倡导在教育中使每个形式都得到比较充分的全面发展。

第四，教育机制的主体内化性与发展性：充分唤起学生的主体意识，发展主体精神，促进学生生动、活泼地成长发展；发展性是指重视接受性的学习，更重视独立的、创造性性格的养成；关心他们当下的学习成绩和发展水平，更关心他们未来的学习能力和发展的可能性。

第五，教育价值的多元性：不仅帮助学生适应社会，为社会的发展服务，也强调完善自身；激活、唤醒人的心灵，教育的根本目的是使心灵的和谐达到完善的境地。真正的教育并不是把外在于人的知识灌输到心灵中去，而是以知识的陶冶与智慧的激发来照料人的心魄，这样的教育是为了给心灵寻找安顿之所、意义之乡，而不是用各种知识技能粗糙地塞满人心。

（三）素质教育实施的策略

全面提高学生素质，变"应试教育"为素质教育，要从以下几方面着手：

（1）端正教育思想，转变教育观念。"只能选择适合学生的教育，不能选择适合教育的学生"；转变学生观，认识到学生是教育的主体。从传授知识、培养能力为重心转向教育学生做人、做文明人。

（2）加强教育改革——从教学方法、教学组织形式等方面进行改革。变苦学为乐学、被动学为主动学。愉快教育。

（3）改革课程设置——由偏重数、理、化等自然科学转向重视人文社会科学。以学科课程为中心向多种类型的课程相结合。

（4）改革考试制度，实现教育评价体系的科学化。一是全面评价，二是使用多方面评价标准和多种评价方法。最终目标是以评价促发展。

（5）提高校长、教师素质。

素质教育是一项复杂的系统工程，不是一蹴而就、一朝一夕就能实现的，而且实际的情况要复杂得多。许多情况下，素质教育的实施不过是在原来的模式上增加了特长教育而已，在学生沉重的书包上又加上了沉重的手风琴、电子琴、画笔画夹。有的地方，学校开始减轻学生负担，可家长不同意。素质教育要真正减轻学生负担，但在许多时候它反而成为增添负担的旗号。这就需要社会、家庭、学校各方面密切配合，需要各级党政干部端正教育思想，对教育转轨进行正确领导和有力支持。

第四节 全面发展教育的组成部分

全面发展教育是以培养人的素质为目的的教育的整体概括，是对人的整体素质培养的教育活动的总称。为实现我国的教育目的，提高全民族的素质，必须对受教育者实施全面发展的教育。我国当前全面发展教育的组成部分包括德育、智育、体育、美育和劳动技术，各育的划分是相对独立的，是为了学习与研究的方便。

德、智、体、美、劳五个方面的教育，都是学校教育所不可缺少的组成部分，它们既相对独立，又互相联系，共同完成全面培养人才的任务。各育都是一种相对独立的因素，各具不同的作用、地位，担负着不同的任务，都是学校教育的有机组成部分，因此不能互相替代，互相等同，它们是缺一不可的；五育互相联系，共同构成完整的学校教育体系；五育必须统一在一个人身上，它们之间具有一种不可分割的结构上的联系，各育互相渗透，互相包含，互相制约，互相促进。教育者必须树立全面发展的教育观，用全面发展的教育观教育学生，指导学生和评价学生。

一、德 育

有关德育的讲解，详见第五章。

二、智 育

（一）智育的含义

智育是指教育者有目的、有计划地向学生传授系统的知识技能，发展能力，培养创新精神和实践能力的教育。

智育与教学的关系错综复杂。以往，人们经常把智育和教学联系在一起。认为两者是等同的，智育就是教学，教学就是发展才能和智力。但这样的观念其实是在混淆概念，因为二者是根本不同的。智育是全面发展教育的组成部分，它同德育、体育、美育、劳动教育等并列构成全面教育的整体，而教学是实施全面教育的基本途径，它与课外活动和社会实践活动等一起构成教育途径的整体。二者完成的任务也不能等同。智育侧重于知识的传授、技能的培养和智力的开发；而教学的任务是为了实施全面教育，其中除了完成智育的任务之外，还要完成其他各育的任务，是实施德、智、体、美、劳五育的重要途径，德、智、体、美、劳五个部分在教学中是不能被截然分开的。

（二）智育的意义

1. 智育在社会文明进化中起着不可缺少的和越来越重要的作用

社会文明包括物质文明和精神文明。人类改造自然界的物质生产成果就是物质文明；人类精神生产和精神生活发展和改造的成果，就是精神文明。二者都包含了人类对客观世界的认识成果，体现了人类的知识、智力和思想水平。而人类的知识、智力和思想水平正是通过智育才获得的。因此，没有智育，社会的生产，无论是物质生产还是精神生产都不能延续和发展，也谈不上人类自身的发展。从这个意义上讲，智育是社会文明进步必不可少的条件。

当前,生产力的飞速发展和现代科学技术的日益进步,对人类的知识和智力水平提出了越来越高的要求。可以预言,随着社会进步,智育将在人类社会文明建设中起越来越重要的作用。

2. 智育在全面发展教育中占十分重要的地位

在实施全面发展教育过程中,智育可以为其他各育提供科学文化知识基础和智力基础,可以促进其他各育的发展。以智育和德育的关系来说,文化科学知识的提高特别有助于思想觉悟的提高。对学生进行思想品德教育,靠真理,靠说服,更离不开智育。马克思主义世界观以及崇高的无产阶级信念、理想都是植根于科学基础之上的。如列宁所说:"马克思主义就是共产主义从全部人类知识中产生出来的典范。""只有用人类创造的全部知识财富来丰富自己的头脑,才能成为共产主义者。"所以,没有智育,德育就达不到应有的效果。进行体育、美育、劳动教育也是如此,需要有智育的支持。尤其是只有使学生学习、掌握有关各育的科学知识以及一定的技能,才能确保各育的顺利实施。

小栏目 3-4

真正的学习是培养自己在没有路牌的地方也能走路的能力

1984年5月2日,美籍华人物理学家李政道教授访问了中国科技大学。李教授在和少年班的同学们座谈的时候说:"考试只是考一个人的记忆力,考的是运算技巧。这并不是学习的重点,学习的重点是培养能力。"

"学习的重点是培养能力。"座谈会活跃起来。

李教授问:"你们谁是上海来的学生?"

"我是。"一个少年大学生答。

"你对上海的马路熟悉吗?"

"差不多都熟悉。"

"那好,我再找一个从来没去过上海的同学。"李教授一边说,一边指着另外一个少年大学生:"好。比如你,没去过上海。现在我给你一张上海地图,告诉你,明天考试的内容是画上海地图,要求标出全部主要街道的名称。"然后,李教授又回头对那位上海同学说:"不过,并不告诉你。第二天,叫你们俩来画地图。你们大家说,他们俩哪一个地图画得好一些?"

同学们不约而同地指着那位没去过上海的同学,齐声说:"当然是他画得好一些。"

"大家说得对!"李教授很兴奋,接着说:"他虽然没去过上海,但是他可以连街道名称都标得准确无误。不过再过一天。如果把他们俩都带到上海市中心,并且假定上海市的所有路牌都拿掉了。你们说,他们俩哪一个能从上海市中心走出来。"

同学们都笑了,答案是显然的。

李教授说:"我们搞科学研究,就是在没有路牌的地方走路。只有多走,才能熟悉。你地图虽然可以记得很牢固,考试可得100分,但是你走不出来啊。所以,真正的学习是培养自己在没有路牌的地方可以走的能力,最后能走出来。这才是学习的最本质的东西。"

(三)智育的任务

1. 向学生传授系统的科学文化基础知识和培养基本技能技巧

知识是人类从事社会实践积累起来的经验概括与总结,它是后人从事社会实践的精神武器。人类文明的发展，社会的延续，要求把这一精神武器传授给下一代，使后一代在前人认识的基础上更好地改造客观世界。因此，要通过智育向青少年传授系统的科学文化基础知识。学生掌握知识是为了应用，只有善于把知识运用于实际，才能有效地发挥知识的作用。这就要求在向学生传授科学文化基础知识的同时，必须培养他们具有一定的技能技巧。技能是学生运用所学知识去解决一些实际问题的能力，如在数理化教学中，学生运用所学知识去解决有关问题或从事有关实验操作；在史地教学中，学生运用已获得的知识去评价历史人物和事件，或去测量地形、鉴别土壤；在语文教学中，运用语言文学知识去阅读作品、分析评价作品、从事写作，等等。技能通过反复练习和实践，达到十分熟练的程度就发展成技巧，如运算技巧、书写技巧、实验操作技巧、绘画技巧、运动技巧，等等。

2. 发展学生的智力

智力是指保证人们有效地进行认识活动的那些比较稳定的心理特征的综合，它包括观察力、想象力、思维力、记忆力、注意力等因素，其中思维能力是决定性的因素。就是这些智力因素之间的互相结合，构成每个人的智力水平。智力水平的高低反映人与人之间智力的差异。

人们常说"某人聪明，记性好"，是人们从记忆力的角度理解智力；说"某人料事如神"，是从思维能力的角度理解智力。但这仅仅反映智力的一个方面，而不是全部。

为什么要开发学生的智力？

开发学生的智力，不仅是当代社会发展对培养人才提出的要求，而且也有极大的客观可能性。人类大脑资源潜力，为开发智力提供了雄厚的物质基础。据生理学的最新研究证明，人的大脑大约有 140 亿个神经元，这些神经元远远没有被充分开发利用。有的科学家估算，在人的一生中，每小时大约有 1 000 个神经元失去作用，以活到 100 岁计算，大约损失 9 亿个神经元，仅占全部神经元的 1/15，还有 14/15 的神经元未发挥作用。联合国教科文组织的研究人员也说，人的大脑功能只发挥了 5%，还有 95% 没有发挥出来。这就为开发学生智力提供了生理上的物质基础。

开发学生智力是近年来知识更新加快引起的需要。近 30 年来，科学技术的发展突飞猛进，科学上的新发现和技术上的新发明新工艺不断涌现。据有关资料统计，近 10 年来科学技术的新发现、新发明，就比 2 000 年来发现和发明的总和还要多，而且以后每隔 7～10 年，人类知识的总量就要翻一番。其中某些学科的知识，3 年或不到 3 年就要翻一番。可是目前学生在学校里学习的都是相对稳定的知识，这与社会生产日新月异的变化之间的距离势必越来越大。青少年一代在未来的生活、工作和学习中将会遇到许多见所未见、闻所未闻的新知识、新技术和新问题。故此，只掌握现成的知识和技能已经远远不够了。为了适应今后科学技术飞速发展和培养人才的要求，就应重视智力开发，以便能更好地解决未来工作中不断出现的新问题。

开发学生的智力是近 30 多年来世界教育改革的新动向，值得引起我们重视。从 20 世纪 50 年代后期起，西方国家进行了一系列的教育改革，其特点是改进教材和教法，以促进学生智力发展，又在发展学生智力的基础上，提高掌握知识、技能的质量和效果。比如，苏联赞科夫提出的"新的教学论体系"，主导思想就是致力于学生智力等方面的发展。赞科夫认为，只有在发展上取得成绩，才能从根本上提高质量。美国布鲁纳也强调发展学生智力，他提出的"基本结构理论"，倡导的"发现法"的教学，目的在于激发学生智慧，促进学习"迁移"，达到举一反三、闻一知十、触类旁通的效果。

长期以来的教学实践也反复证明了开发学生智力的重要性。有人在分析学生学习情况时指出，在小学、初中阶段，学习成绩很突出的学生，进入高中尤其上了大学后，一部分人学习落后了。出现这种分化的重要原因，是学生间的智力发展出现了差异。因此，知识记得多，并不等于智力其他因素发展得好，只有智力因素全面发展的学生，才是打好了获得更多知识的良好基础。长期以来，学生负担过重，所学知识刻板，死记硬背，题海战术，花了很大精力，质量提高却不明显，这与智力是否得到发展关系极大。教师在教学中如果经常注意发展学生的智力，就可以提高学生掌握知识的质量，也可以使学生的负担由重向轻转化。

总之，开发学生的智力，除发展观察力、记忆力、思维力、想象力等因素外，还应重视发展学生的操作能力。

三、体　育

（一）体育的含义

体育是授予学生体育卫生的知识和技能，使学生增强体质，发展机体素质和运动能力，养成良好的卫生、保健习惯的教育。

（二）体育的意义

1. 促进学生身体健康发展，增强学生体质

体育可以促进学生身体健康发展，增强学生体质，具体表现在以下几个方面：

（1）提高大脑神经系统的功能，促进脑力和智力的发展。通过体育，可以提高大脑皮层细胞活动的强度、平衡性、灵活性以及分析综合能力，使整个大脑神经系统的功能得到加强，改善神经系统对各器官的调节作用。

（2）促进人体形态的正常发育和身体各部器官的功能。体育活动时，毛细血管腔加大，血管开放数量增多，肌肉纤维变粗，对肌肉和骨骼的生长能起良好的促进作用。进而促进人体形态的正常发育。经常体育锻炼，可以使神经系统、呼吸系统、消化系统等各部组织器官健全发展，并提高其功能。

（3）提高机体适应环境的能力。体育活动能充分利用阳光、空气、水和其他自然条件，使得神经系统调节身体各有关器官的作用加强，从而提高人体适应环境的能力，使体质增强。

2. 体育是促进学生全面发展不可缺少的重要条件

体育既可为德育、智育、美育、劳动教育提供物质基础，又与其他各育密切相关，促进其发展。体育中有极丰富的思想品德教育因素；通过体育增强体质，特别是大脑神经的功能加强，记忆力、思维力等相应增强，就可促使学生智力发展；体育与美育密切联系，健与美，历来一致；体育训练和各种运动，可以促进学生劳动技能的训练。

3. 青少年一代的身体健康水平，关系到整个国家、民族的强弱盛衰

青少年一代是国家的未来，是"四个现代化"建设的生力军。他们身体的强弱，发育是否健全，不仅关系到当前的学习和生活，而且关系到祖国社会主义的前途。目前，我国在校青少年有两亿之多，搞好学校体育，使他们健康成长，对于从根本上提高整个中华民族的健康水平，增强我国人民体质关系极大。

（三）体育的任务

1. 增强学生体质

这是学校体育的根本任务。具体包括：

（1）促使学生正常发育和身体各器官机能发展。

（2）全面发展学生身体素质（速度、灵敏、力量、耐力、柔韧等）和人体基本活动能力。（走、跑、跳、投、攀登）。

（3）提高适应环境的能力。

2. 向学生传授体育和卫生的基础知识和基本技能

通过体育教学，使学生掌握体育和卫生的基础知识和基本技能，逐步使学生学会用科学的方法锻炼身体，养成自觉锻炼身体的习惯。

3. 通过体育，对学生进行思想品德教育

结合体育教学特点，培养学生热爱祖国、热爱集体、遵守纪律、勇敢顽强、努力进取、朝气蓬勃的革命精神，树立胜不骄、败不馁、尊重裁判、服从组织等优良品德和作风。

4. 培养运动员

体育还承担了培养运动员的重要任务，要向国家输送优秀体育运动员，促进我国体育运动技术水平的提高。

（四）体育的内容

1. 田径运动

田径是古老的体育项目，内容丰富多样，大多是以人们日常生活中的走、跑、跳、掷等自然动作为基础构成的，是各项运动的基础，是学校体育的主要内容。

经常从事田径运动，可以发展速度、耐力、灵敏、力量和柔韧等身体素质，增强内脏器官的机能，有助于锻炼勇敢顽强、坚忍不拔、藐视困难、吃苦耐劳的坚强意志和优秀品质。

2. 体　操

体操是群众性体育运动之一，是中小学体育的主要内容。

体操种类较多，内容丰富。大致可分为基本体操、竞技体操、实用体操和团体操四大类。近年来，又兴起了一种新的体操项目——艺术体操。

体操的动作丰富多样，有简有繁，适合于不同年龄和不同健康状况的学生。

经常从事体操运动，能促进学生全面发展，增强腰肢腹部肌肉的力量，促进学生四肢、躯干的肌肉、关节、韧带的发展；训练平衡器官，提高身体控制能力，并能培养学生勇敢、果断、机智的意志品质，养成遵守纪律、互相帮助、集体一致行动的良好习惯。

3. 球　类

球类活动是青少年普遍喜爱的一种体育活动。球类的项目很多，常见的有篮球、排球、足球、乒乓球、羽毛球、手球等，它是一项综合性的体育活动。球类活动竞赛性强，常在激烈的对抗中进行，而且变化较多，对人体锻炼作用较大，对于促进身体的协调发展和人体机能的增强以及积极主动、机智灵敏、集体合作等优良品质的培养有重要作用。

4. 游　戏

游戏是青少年喜爱的一种集体体育活动。它内容丰富，生动活泼，简单易行，寓教于乐并具有一定的思想性和竞赛性。游戏也是综合运用各种基本活动能力的运动。通过各种游戏，可以进行身体素质和各种基本能力的发展。它还有助于发展青少年的机智、敏捷、判断能力和创造能力。

5．武　术

武术是我国宝贵的文化遗产，是一项具有民族风格的体育项目。武术一般分拳术、器械和对练三大类。武术不受时间、场地、季节、性别和年龄的限制，在学校里较易开展。经常参加武术运动能够提高身体素质，增强身体的灵活性，培养学生刻苦耐劳、勇敢、顽强、机智等意志品质和民族自豪感。

6．游　泳

游泳是利用不同温度的水等自然因素对学生进行全面锻炼的体育运动，是水浴、日光浴、空气浴相结合的一种全身运动。经常游泳对人的肌肉、骨骼、内脏器官以及身体素质的发展都有重要作用。充分利用江河湖海开展群众性游泳活动，可以培养学生不怕风险、勇敢顽强和沉着的意志品质。

7．军事体育

军事体育是指具有军事性质的体育项目，如队列、投弹、刺杀、障碍跑、跳伞、滑翔、摩托车驾驶、航空航海模型、无线电等。这种体育，不仅可以增强学生体质，锻炼坚强的意志，又可以学到军事知识和技能，增强国防意识。

（五）体育的组织形式

1．体育课

体育课是教学计划规定的一门必修课，是学校体育的基本组织形式。

2．早操、课间操

这是学校作息制度中规定的体育活动形式，是保证学生经常锻炼身体的重要措施，每个学生必须参加。

3．课外体育锻炼

课外体育锻炼是巩固和扩大体育课的效果，使学生得到全面发展的经常性锻炼，是完成体育任务不可缺少的组织形式。

4．运动队训练

学校运动队训练是在学校体育广泛开展的基础上，根据自愿原则，吸收部分体育基础较好的学生进行系统训练的一种形式。它的主要任务是进行专项训练，增强体质，提高运动技术水平，培养体育运动积极分子，在普及基础上推动学校体育的提高。

运动竞赛是推动学校群众性体育活动进一步发展，检验体育运动水平的重要方式，也是交流体育运动经验，促进学生锻炼，提高运动技术水平的有效形式。

学校体育的各种组织形式要配合运用，使课内课外密切结合，普及与提高兼顾，推动学校体育广泛地开展，完成学校体育的任务。

四、美　育

（一）美育的含义

美育是通过现实生活和艺术中的美来打动学生的感情，使他们在心灵深处受到感染或感化，从而培养他们具有正确的审美观念和感受美、鉴赏美、创造美的能力的教育，即审美教育，简称美育。

美育一词是德国启蒙时期的剧作家、美学家席勒在其《美学书简》中首次提出使用的。他认为美育就是审美教育，也称美感教育，是通过人们对美的形象的观察培养对美的情感，纯洁心灵，以达到人的全面、自由、和谐的发展。

美育一词提出虽晚，但美育思想早已存在。如古希腊哲学家柏拉图和亚里士多德认为，艺术教育具有强烈的力量，能够渗透人的心灵，使人心灵净化，使性格变得高尚、尊贵、优雅。18世纪的卢梭和裴斯泰洛齐都提出过"回到自然"，主张让儿童在大自然中感受各种美，培养他们对美的事物的兴趣和爱好，使他们的自然素质不至于被腐蚀，并主张把"工艺和艺术方面的教育"提到与"道德方面"和"智育方面"相等的地位，要求学校和教师注意培养儿童的工艺和艺术方面的能力，提高艺术修养。

我国孔子把"乐"列为当时教育内容的重要部分。他认为乐可以陶冶人的心性，又是表达思想、交流感情的工具。《论语》中说："兴于诗，立于礼，成于乐。"把乐看作是兴国治邦的重要措施。荀子说："乐者，治人之盛也"，它使人"耳目聪明，血气和平，移风易俗，天下皆宁"。他认为文艺具有"美政、美人、美俗"的重要意义。

在中国近代史上，从清末兴办学堂以来，美育曾两次被列为学校教育的组成部分。第一次是在1912年，当时的教育总长蔡元培一改清朝的教育宗旨，废除了忠君尊孔内容，增加美育，将体、智、德、美四育并列。他说："这四育一样重要，不可放松一项"，"文化进步的国民，既要实现科学教育，尤要普及美术教育"，"以美育代宗教"。美育第二次被列为学校教育的组成部分是在新中国成立初期。提法是德、智、体、美、综合技术教育五育并列。但由于种种原因，并未认真系统地加以实施，后又将美育取消，致使美育中断多年。现在，必须旗帜鲜明地提倡美育，宣传美育，实施美育。

（二）美育的意义

1. 美育在我国社会主义精神文明建设中的意义

社会越发展，物质文明越丰富，精神文明程度越高，美育对社会发展就会显示出愈益广泛的作用和深远的影响。在今天的世界，缺乏审美教育的受教育者，是不完全的人，是畸形的人。一个人有没有高尚的审美情趣和鉴赏能力，在一定程度上标志着这个人的文化素养和健全程度，决定着他能否为捍卫美、创造美而奋斗。同样，一个国家、一个民族审美水平的高低，也是这个国家和民族精神文明程度高低的标志之一。

从历史上看，也是如此。凡是历史上倒退或停滞时期，精神文明都遭到摧残。同样，也都反对美育。如欧洲中世纪和我国十年"文化大革命"时期即是如此。相反，一切进步或思想解放的时代，精神文明蓬勃发展，同时，大声疾呼美育，提倡美育。如欧洲启蒙运动和我国的"五四"运动都是这样。这充分说明，美育与精神文明是同步的。

美育可以加强和促进我国社会主义精神文明建设。社会主义精神文明建设包括文化建设和思想建设两个方面。加强美育，使人的审美能力提高，审美修养丰富，这既可促进文化建设和思想建设，又可锦上添花。行为讲文明，就包括了行为美；行事讲文明，就包括了心灵美；说话讲文明，就包括了语言美。行为美、心灵美、语言美的提倡和普及显然可以加强和促进我国社会主义精神文明建设。

2. 美育对促进学生全面发展的意义

在学校教育中,正确地实施美育,可以促使教育目的的实现,促使学生德智体全面发展。

(1) 美育对德育的促进作用。

美育可以促使学生共产主义道德品质的形成,它对于培养学生高尚的道德情操,陶冶他们的心灵,树立正确的世界观具有特殊的功效。无论艺术美和现实美,都具有这种功效。

这是因为用各种艺术美和其他美的事物教育学生,会深刻地影响他们的思想感情和行为,使他们受到感染和陶冶,提高他们的思想觉悟。特别是优秀的艺术作品,它所反映的事物不是客观现实的简单再现,而是经过艺术加工后而形成的,它更具有典型性,更集中地反映了事物的本质,体现一定的思想意识和精神面貌,这样的艺术美具有巨大的教育力量,在人们面前可以展现出美好的生活图景,召唤人们斗争,打开通往未来的道路,从而使学生受到共产主义精神的教育,形成高尚的思想品质和行为。例如《钢铁是怎样炼成的》中保尔的形象,《红岩》中江姐、许云峰的形象,就曾激励起千万个青少年为共产主义奋斗的勇气和信念。

不仅艺术美能促使学生形成良好的思想品德、科学的世界观,现实美同样对人的思想品德的形成起重要作用。社会生活、社会事物的美对人品德形成的作用是毋庸置疑的,像现实生活中美的行为、美的语言、美的心灵,本身就反映了一个人良好的思想品德。即使是被人们认为毫无功利关系的自然美,同样能起到陶冶性情,提高思想境界的功效。

自然界是审美教育的大课堂。自然美千姿百态,给人的感染和熏陶是多方面的。壮美使人振奋,秀美使人灵俊,幽美使人静穆深远。"天苍苍,野茫茫,风吹草低见牛羊"的千里草原,使人心胸开阔,豪迈宽广;汹涌澎湃、奔腾不息的黄河、长江,巍然屹立的泰山,雄伟的长城,使人意气风发,心旷神怡。这种种自然美,难道不能开阔人们的视野,激发人们热爱生活、热爱祖国的深厚感情吗?

(2) 美育对智育的促进作用。

美育能促进学生智力发展,扩大和加深学生对客观现实的认识。

人们认识世界,可以采用科学方法,也可以采用艺术方法。美育就是采用艺术方式认识世界的方法,它具有具体性、形象性、可感性的特点,因而它反映现实生活生动鲜明,富于理想和激情,一旦深入脑海,往往显得深刻而持久。恩格斯在谈到法国作家巴尔扎克时曾说过:"他在《人间喜剧》里,给我们提供了一部法国'社会',特别是巴黎'上流社会'的卓越的现实主义历史……我从这里……所学到的东西,也要比从当时所有职业的历史学家、经济学家、统计学家那里学到的全部东西还要多。"这些都充分说明美育在认识世界方面的作用。不仅如此,在美育过程中,学生不断受着具体、生动的艺术形象的感染、熏陶,无疑会开阔他们的视野,发挥他们的想象力和创造力,训练思维,增长智慧,发展智力。在学校教育中,通过美育可以极大地调动学生学习兴趣,便于使学生认识和掌握事物的内在规律。如在数学中通过公式、运算方程式所具有的对称、均衡等形式美的特点,启发学生认识和掌握运算规律;通过阅读文艺作品、美术写生、记观察日记以及参观游览,培养学生观察力、想象力和思维力,引导学生辨别事物的异同,发现特征,掌握变化,提高对于新鲜事物的热情和敏感,从而引导他们掌握客观事物的规律,提高驾驭客观变化的能力,进而运用到各科学习中,提高学习效率。

(3) 美育对体育的促进作用。

体育本身就是健与美有机结合的教育,含有美育的因素。它要求在机体活动中各部位动作协调、优美雅观、富有节奏感。实施美育，可以激发学生对体育活动的兴趣，在体育活动中能够运用对美的感受能力更好地掌握技术要领，促使学生体态健康匀称地发展。

美育可以调剂学生的精神状态，转换神经兴奋中心，使学生情绪饱满，心情舒畅，增进身心健康。这就是美育的怡情健身作用。

总之，美育是全面发展教育的重要组成部分，无论对促进社会主义精神文明建设，还是对于促进学生德智体全面发展，都具有十分重要的意义。美育和德育、智育、体育等都有密切联系，但又不能和它们等同，不能相互替代。美育有它特定的任务，这个任务只能通过美育去完成。

多年来，美育没有引起足够的重视，造成了一些不应有的损失。尤其在十年动乱中，美育被扣上资产阶级和修正主义的帽子，致使谈美有罪，谈美色变。一些青少年因为没有正确审美观的指导，美丑不分，追求资本主义社会没落颓废的思想情调，把怪诞当时髦，将粗野当豪放，将玩世不恭和放荡视为通达和有风度，等等。造成这种情况固然有多方面的原因，但不重视美育，取消美育是很重要的原因之一。实践证明，必须把美育放到应有的地位。

（三）美育的任务

1. 培养学生正确的审美观点，使他们具有感受美、理解美、鉴赏美的知识和能力

正确的审美观是感受、理解、鉴赏美的基础。正确的、先进的、高尚的审美观总是和社会发展进步相一致，是进取的、丰富的、创造的，可以使人精神焕发，积极向上；而错误的、落后的、低级的审美观违背社会发展规律，是保守的、贫乏的，使人消极颓废，意志消沉。

在培养正确审美观的同时，还应给学生传授一些有关审美的知识，进而培养他们具有相应的感受美、理解美、鉴别和评价美的能力。

2. 培养学生表现美和创造美的能力

在这方面，培养学生艺术活动的技能，发展艺术创作能力占有重要地位。要使学生具有初步的绘画、唱歌、舞蹈、诗歌朗诵和文艺创作等基本技能，并能运用这些艺术形式创造性地表现美。此外，还要教育学生能够美化环境，整理内务，使他们能在生活中体现美。

3. 培养学生的心灵美和行为美

使学生对美好的事物和现象由衷地感到欢欣鼓舞，愉快满意；对于丑恶的事物和现象，感到厌恶憎恨；使学生思想健康，情趣高尚；在行为上要举止文明，仪表端庄，待人接物彬彬有礼，谦逊大方，养成文明行为习惯。

（四）美育的内容

美育的具体内容包括：艺术美的教育、自然美的教育、社会生活美的教育。

1. 艺术美的教育

艺术美的教育是美育的主体部分。依据美学原理，可以将艺术分为表演艺术、造型艺术、语言艺术和综合艺术。

2. 自然美的教育

辽阔的原野、巍峨的山岳、葱郁的森林、碧绿的湖水、奔腾的江河、浩瀚的海洋、蔚蓝的天空、灿烂的阳光、皎洁的月色等各有其美的特色。欣赏大自然的美不仅可以增强学生的审美能力，还可以帮助学生开阔视野，增长知识，陶冶情操。

3. 社会美的教育

"美是生活",这是俄国民主主义者车尔尼夫斯基的一句名言。在人们的社会生活中包含着大量的审美因素,例如,生活环境、饮食起居、穿着打扮、待人接物、娱乐休闲等,都在一定意义上反映了人的审美观念和艺术修养。这些方面都可以给学生以美的感受,启迪他们去思考社会,体念人生,为创造美好的社会生活贡献自己的才智。

因此,在社会美的教育中,学校要充分利用现实社会生活中美的因素,让学生亲自感受和鉴别社会生活中的美与丑,去体验劳动生活和劳动人民朴素的美好情感,体验社会主义建设和社会生活的美,进而陶冶他们的情感,提高他们感受美、理解美和创造美的能力。

(五)美育的实施途径

1. 通过各科教学和课外文艺活动实施美育

在各科教学中均有着极为丰富的美育因素,要充分发掘并加以运用。比如教材内容的科学美;新观点、新成就的创造美;音乐教学中音乐的旋律美、节奏美;美术教学中的线条美、色彩美、构图美;体育教学中人体美、队列美,等等。要十分重视体、音、美的教学,转变所谓"小三门"的错误观念。课外文艺活动比课堂教学的天地更广阔,更富于灵活性,而且形式多样,能满足不同水平、不同兴趣特长学生的需求。

2. 通过大自然实施美育

大自然是美育取之不尽的源泉。可采取旅行、郊游、远足、露营等形式,并和绘画、摄影、诗文创作等形式结合起来。

3. 通过日常生活实施美育

教师应在日常生活中引导学生按美的要求待人接物,安排生活,包括美化校园、美化自身等。

五、劳动技术教育

(一)劳动技术教育的含义

劳动技术教育是向学生传授现代生产劳动知识和生产技能,培养学生正确的劳动观点,养成良好的劳动习惯的教育。劳动技术教育包括劳动教育和生产技术教育两方面,二者之间的有机联系是:劳动教育中应重视生产技术知识和技能的掌握,生产技术教育中应重视劳动观念和劳动习惯的培养。加强劳动技术教育已成为世界各国教育发展的一个趋势。

(二)劳动技术教育的意义

1. 劳动技术教育是促进学生全面发展不可缺少的教育组成部分

(1)劳动技术教育能促进学生优良品德的发展。劳动技术教育培养学生热爱劳动,树立正确的劳动观点、态度,养成良好的劳动习惯和艰苦朴素的作风。这些品德的培养,必须通过劳动实践。

(2)劳动技术教育有助于学生掌握知识、形成技能,并使智力得到发展。劳动实践中,学生手脑并用,把直接经验与间接经验结合起来,可以激发学生的想象和思维,有利于智力发展。在劳动中,学生接触到生产实践中的各种问题,能促进他们对科学技术的研究,激发他们创造才能的发展。至于生产实习等劳动,对培养学生的技能技巧是十分有益的。

(3) 劳动技术教育可以促使学生增强体质。学生参加适度的生产劳动,能使肌肉、骨骼得到锻炼,促进新陈代谢,增进神经系统、血液循环系统、呼吸系统、消化系统的功能,提高抵御疾病的能力,增强体质。

2. 劳动技术教育有利于完成升学和就业双重任务,适应社会主义现代化建设的需要

普通中学教育是基础教育,它承担着为高一级学校培养合格新生和为社会输送劳动后备力量的双重任务。根据我国当前高等教育发展的需要和可能,绝大多数的中学生都是社会主义各条战线的劳动后备力量,而通过劳动技术教育,获得一定的劳动知识和劳动技巧,就为学生以后就业打好了基础。否则,没有任何劳动准备和训练,必将给我国建设事业带来不应有的损失。

(三)劳动技术教育的任务

1. 培养学生的劳动观点,养成正确的劳动态度和习惯

要使学生认识到劳动是社会存在的基础,是人类得以生存和发展的基本条件。如果没有劳动,人类社会将不会有任何物质财富和精神财富。建设高度文明、高度民主的国家要靠亿万人民的辛勤劳动。要使学生认识并由衷地感到,劳动光荣,不劳动可耻,从而使学生热爱劳动,热爱劳动人民。要教育学生正确地对待各行各业的劳动,特别是服务行业的劳动和农业劳动。劳动教育就是要教育学生树立自觉认真、勤勤恳恳、任劳任怨的劳动态度和勇于创新的精神。

同时,还要教育学生增强集体观念,培养他们自觉遵守纪律、爱护公共财物、珍惜劳动成果、勤劳俭朴、艰苦奋斗等优良品质。

2. 教育学生初步掌握一些基本生产知识和劳动技能

在这个问题上,我们应立足现实,放眼未来。学校应努力创造条件,实现教育与现代化生产劳动的结合,使学生掌握现代生产的知识和技能,以培养与现代化要求相适应的各种人才。但是我们也要看到,当前我国大量存在着小生产的生产方式,学生毕业走上社会后还要参加一些简单的技术劳动和体力劳动,因此,劳动教育中还不能完全抛弃手工劳动和体力劳动,要教给学生这方面的劳动知识和技能。

(四)劳动技术教育的内容

1. 现代工业和手工工艺生产劳动的知识和技术

现代工业的技术性劳动是现代生产的基础。只有使学生掌握基础知识和基本技能,在未来的工作实践中才有较强的适应性。

手工工艺劳动可以使学生初步熟悉各种工具和材料的性能,掌握基本技能,为从事复杂的生产劳动做好准备。

2. 农、副业生产劳动的知识和技术

农、副业生产劳动的内容很多,要求中学生学习最一般的科学基础知识和技术,如农作物栽培、动物饲养等。

3. 服务性劳动的知识和技能

服务性劳动分为自我服务劳动、家务劳动以及社会公益劳动。社会公益劳动是一种直接服务于社会公益事业的、不计报酬的劳动,也称为义务劳动。

中学生必须具有自我服务劳动的能力,自己的事情自己做,培养自己日常生活必需的劳动技能、独立生活能力和勤劳整洁的习惯。也应提倡中学生做一些力所能及的家务劳动。

应特别重视组织学生参加社会公益劳动,如整修校园、植树绿化、清扫街道、学雷锋活动等各种社会服务劳动,这些有利于学生形成全心全意为人民服务的思想。

（五）劳动技术教育的实施途径

可以通过以下途径实施劳动技术教育:

（1）通过校办工厂（或车间）和农场（或实验园地）的劳动进行劳动技术教育。校办工厂和农场是学生进行生产劳动的基地,学生来此劳动有利于教学和生产劳动的密切结合,便于开展科学实验,在劳动技术教育中丰富和扩大学生的知识范围,有利于进行职业教育。但要注意将劳动教育和思想教育相结合,防止单纯劳动观点。

（2）通过参加校外的工厂、农场或农村的劳动进行劳动技术教育。这条途径更有利于学生深入社会实际,广泛地接触工人、农民、工程技术人员、生产管理干部等,通过言传身教等较直接的方式学到有关生产知识和技术。

（3）通过服务性劳动,尤其是社会公益劳动进行劳动技术教育。

思考与练习

一、名词解释

1. 教育目的 2. 培养目标 3. 人的全面发展 4. 素质教育 5. 智育
6. 体育 7. 美育 8. 劳动技术教育

二、填空题

1. 教育目的的确立不仅是一个国家_____的意志体现,更为重要的是它可以规范_____的全过程,使教育活动更加合乎教育的_____和社会的_____。

2. 教育目的既是教育活动的_____,又是教育活动的_____。

3. 教育目的大体上由_____、_____和_____三个层次构成。

4. 教育目的的功能是_____、_____和_____。

5. 教育目的存在不同的类型。从其作用的特点看,有_____和_____之分;从其要求的特点看,有_____和_____之分;从被实际所重视的程度看,有_____和_____之分。

6. 教育目的除受社会发展的制约外,还应当适应个体_____的特点和要求。

7. 人的全面发展是针对人的_____问题提出来的。

8. 马克思主义认为,人的片面发展是由_____和社会劳动的_____所决定的;_____生产要求人全面发展;_____社会才能使人的全面发展得以真正地实现。

9. 马克思主义关于_____是我国教育目的的理论基础。

10. 教育目的的基本价值取向可将其概括为两大派:_____与_____。

11. 人的劳动能力的全面发展,既表现为人的_____和_____的全面发展,又表现为人的_____和_____的全面发展。

12. "个人本位论"曾在____世纪和____世纪上半叶广泛盛行于西方世界,其主要代表人物有法国哲学家_____、瑞士教育家_____和德国教育家_____。

13. "社会本位论"的主要代表人物有法国的_____、德国的_____、法国的_____等。

14. 教育目的的确立直接受制于_____的主观意志,但从根本上看,则必须反映客观_____和_____发展的实际需要。

15. 教育是发展个体人的_____,并通过培养人来实现为_____服务的目的。

16. 教育目的的确立要符合_____程度,要符合_____变化,要符合不同类别的教育对象的_____。

17. _____年,第五届全国人民代表大会通过的《中华人民共和国宪法》规定的教育目的是:"国家培养青年、少年、儿童在_____、_____、_____等方面全面发展。"

18. 1995年,《_____》提出的教育目的是:"教育必须为社会主义_____服务,必须与_____相结合,培养_____、_____、_____等方面全面发展的社会主义事业的_____和_____。"

19. _____年____月,中共中央《关于教育体制改革的决定》强调教育要面向_____,面向世界,面向_____。所培养的人才应该有_____、有_____、有_____、有_____,热爱社会主义祖国和社会主义事业。

20. 2010年,《国家中长期教育改革和发展规划纲要(2010—2020)》提出我国的教育目的:"全面贯彻党的教育方针,_____,为人民服务,与生产劳动和社会实践相结合,_____。"

21. 素质教育的三大要义是_____、_____、_____。

22. 我国当前全面发展教育的组成部分包括_____、_____、_____、_____和_____。

23. 智力是指保证人们有效地进行_____的那些比较稳定的_____,它包括_____、_____、_____、_____等因素,其中_____是决定性的因素。

24. 体育包括_____和_____。体育的内容包括_____、_____、_____、_____、_____和_____。

25. 游戏是青少年喜爱的一种_____活动,它有助于发展青少年的机智、敏捷、_____和_____。

26. 运动竞赛是推动_____进一步发展,检验_____的重要方式,也是交流体育运动经验,促进学生锻炼,提高_____的有效形式。

27. 美育的任务是培养学生正确的审美观点,使他们具有_____、_____、_____的知识和能力;培养学生_____和_____的能力;培养学生的心灵美和行为美。

28. 在中国近代史上,美育曾两次被列为学校教育的组成部分。第一次是在____年,当时的教育总长_____一改清朝的教育宗旨,废除了_____内容,增加美育,将_____四育并列。美育第二次被列为学校教育的组成部分是在_____初期。提法是德、智、体、美、_____五育并列。

29. 劳动技术教育能促进学生_____的发展;可以促使学生_____;有助于学生掌握知识、_____,并使_____得到发展。

30. 教育目的结构中的核心成分是_____。

三、选择题（将正确答案的序号填在括号内）

1. 教育目的是教育理论和实践的（　　）问题。
①根本性　　　　　　　　②一般理论
③一般　　　　　　　　　④价值

2. （　　）关于人的全面发展学说是制定我国社会主义教育目的的理论依据。
①欧文　　　　　　　　　②毛泽东
③马克思主义　　　　　　④列宁

3. 制约教育目的的客观因素是（　　）。
①政治经济制度和生产力发展的水平　　②社会发展的要求和人的发展的要求
③一定社会的政治经济制度　　　　　　④一定社会的生产力发展的水平

4. （　　）使人片面发展。
①生产劳动过程　　　　　②封建主义
③私有制和旧式劳动分工　④工场手工业生产

5. 大工业机器生产是以（　　）在生产领域中的运用为基础的。
①自然实验　　　　　　　②机器
③科学技术　　　　　　　④工艺学

6. 在（　　）社会，人的全面发展才能真正实现。
①现代　　　　　　　　　②社会主义
③资本主义　　　　　　　④共产主义

7. 教育目的是对教育要培养的人的（　　）的规定。
①总的任务　　　　　　　②总的质量规格
③总的方向　　　　　　　④总的措施

8. 教育要培养为社会主义现代化建设服务的人才，这反映了教育目的的（　　）。
①社会性　　　　　　　　②阶段性
③主观性　　　　　　　　④未来性

9. 个人本位论的代表人物是（　　）。
①孔德　　　　　　　　　②赫尔巴特
③卢梭　　　　　　　　　④夸美纽斯

10. 社会本位论的代表人物是（　　）。
①孔德　　　　　　　　　②裴斯泰洛齐
③福禄培尔　　　　　　　④夸美纽斯

11. "教育必须为社会主义现代化建设服务，必须与生产劳动相结合，培养德、智、体等方面全面发展的社会主义事业的建设者和接班人"，是（　　）中提出来的。
①1995年《中华人民共和国教育法》　②1993年《中国教育改革和发展纲要》
③1982年《中华人民共和国宪法》　　④1981年《关于建国以来党的若干历史问题的决议》

12. "坚持教育为社会主义现代化建设服务，为人民服务，与生产劳动和社会实践相结合，培养德智体美全面发展的社会主义建设者和接班人"，是（　　）中提出来的。
①2001年《国务院关于基础教育改革与发展的决定》
②1986年《中华人民共和国义务教育法》

③1993年《中国教育改革和发展纲要》
④2002年《全面建设小康社会，开创中国特色社会主义事业新局面》

13. 基础教育中的"双基"教学是指（　　）。
①基本智力和基本能力　　②基础知识和基本技能
③基础知识和基本智力　　④基础品德和基础知识

14. （　　）不属于智力的范畴。
①思维力　　②语言表达能力
③注意力　　④想象力

15. 体育的根本任务是（　　）。
①传授体育和卫生的基础知识和基本技能　　②对学生进行思想品德教育
③增强学生体质　　④向国家输送优秀体育运动员

16. "美育"一词最早使用于（　　）。
①夸美纽斯的《大教学论》　　②杜威的《民主主义与教育》
③洛克的《教育漫话》　　④席勒的《美学书简》

17. "教育必须为社会主义现代化建设服务，必须与生产劳动相结合，培养德、智、体等方面全面发展的社会主义事业的建设者和接班人"，是（　　）中对教育方针的表述。
①《中华人民共和国教育法》　　②《中国教育改革和发展纲要》
③《中共中央关于教育体制改革的决定》　　④《中华人民共和国宪法》

18. 在教育目的问题上，法国涂尔干的主张体现了（　　）。
①社会本位论思想　　②个人本位论思想
③社会效益论思想　　④教育无目的论思想

19. 下列观点正确的是（　　）。
①智育就是教学　　②创造性思维即发散思维
③人的全面发展即平均发展　　④智育是实现人全面发展的主要途径之一

20. 马克思主义认为，造就全面发展的人的唯一方法是（　　）。
①教育与生产劳动相结合　　②加强现代科学教育
③开展素质教育　　④加强现代人文教育

21. 全面发展教育的重要组成部分包括（　　）。
①教育、智育、体育、美育和劳动技术教育
②思想政治教育、智育、体育、美育和劳动技术教育
③德育、智育、体育、美育和劳动技术教育
④道德教育、智育、体育、美育和劳动技术教育

22. 中国当代历史上第一个以法律形式规定的教育目的是（　　）中的教育目的。
①1958年《关于教育工作的指示》
②《关于正确处理人民内部矛盾的问题》
③1982年《中华人民共和国宪法》
④1995年《中华人民共和国教育法》

23. 在现代社会中，各个不同政治制度的国家，其教育目的的制定首先适应它的（　　）。
①政治制度　　②科技水平

③经济基础　　　　　　　　④文化传统

24. 反映一个国家或地区教育工作总要求的是（　　）
①教育途径　　　　　　　　②教育内容
③教育目的　　　　　　　　④教育方针

25. 将个体发展所依赖的社会条件无限夸大，认为个人的发展完全取决于社会的是（　　）。
①神学教育目的论　　　　　②个人本位教育目的论
③教育无目的论　　　　　　④社会本位教育目的论

26. 学生通过体育活动能够获得愉悦的情感体验，这说明体育具有（　　）。
①思想性　　　　　　　　　②技能性
③娱乐性　　　　　　　　　④竞技性

27. 教育的根本问题是（　　）。
①政治方向问题　　　　　　②发展生产力问题
③培养什么样的人的问题　　④提高教育质量问题

28. 教育的根本目的是（　　）。
①发展生产力　　　　　　　②巩固社会制度
③促进人的身心发展　　　　④提高人的科学人文素养

29. 一切教育活动的出发点和归宿是（　　）。
①教育方案　　　　　　　　②教育内容
③教育原则　　　　　　　　④教育目的

30. 提出"教育无目的"理论的是美国教育家（　　）。
①杜威　　　　　　　　　　②洛克
③斯宾塞　　　　　　　　　④康德

31. 制定我国教育目的的指导思想和理论基础是（　　）。
①社会本位价值取向　　　　②个人本位价值取向
③马克思主义的人的全面发展学说　　④"三个代表"

32. 教育目的是检查教师教育、教学质量的重要依据和评判标准，这最能说明的是教育目的具有（　　）。
①教育评价功能　　　　　　②控制教育方向的作用
③指导和支配教育活动的作用　　④端正教育思想的功能

33. 马克思主义认为，人的全面发展最根本的是指（　　）。
①德、智、体、美、劳全面发展　　②劳动能力的全面发展
③有社会主义觉悟有文化的劳动者　　④既能从事体力劳动又能从事脑力劳动

34. 教育方针的核心内容是（　　）。
①教育大纲　　　　　　　　②教育目标
③培养目标　　　　　　　　④教育目的

35. 在教育目的问题上，法国教育家卢梭的主张体现了教育目的的（　　）。
①社会效益论思想　　　　　②教育无目的论思想
③社会本位论思想　　　　　④个人本位论思想

36. 社会对学校教育培养造就人才个体的质量规格或素质标准要求的总设想、总规定，是

( )。
①教育目的　　　　　②教育方针
③教育目标　　　　　④培养目标

37. 马克思主义认为，人的全面发展只有在（　　）才能真正实现。
①资本主义社会初期　　②社会主义社会
③共产主义社会　　　　④资本主义社会高速发展时期

四、判断题（正确的在括号内打"＋"，错误的打"－"）

1. 智育就是教学。（　　）
2. 教育目的通常是由人提出的，所以，它仅是个人主观意志的反映。（　　）
3. 教育目的的确立及其内容必须符合教育方针的规定。有的时候，教育方针一身二任，既是方针，又是目的。（　　）
4. 全面发展就是指人的各方面平均得到发展。（　　）
5. 我国教育有统一的教育目的。因此，各级各类学校培养人才的具体要求也应该是一致的。（　　）
6. 关于人的全面发展的思想早在马克思主义产生之前就有人提出过。（　　）
7. 制定我国社会主义教育目的的理论依据是马克思主义关于人的全面发展学说。（　　）
8. 马克思主义关于人的全面发展学说指出，社会主义社会才能使人的全面发展真正得以实现。（　　）
9. 衡量一所学校的教育质量好坏就是看它的升学率情况。（　　）
10. 终极性教育目的蕴涵着人的发展要求具有"完人"的性质。（　　）
11. 非正式决策的教育目的是借助一定的理论主张和社会根基而存在的。（　　）
12. 人的自由发展是指个性的比较高度的发展。（　　）
13. 劳动能力的全面发展，是指人的体力和智力的全面发展。（　　）
14. 个人价值高于社会价值，社会价值只是表现在它有助于个人发展。（　　）
15. 制定教育目的应反映出社会需要和个体发展之间的辩证统一关系。（　　）
16. 人的全面发展与全面发展教育是同一概念。（　　）
17. 教育目的在不同时期的表述不同，其精神实质就有所不同。因此，教育目的具有相当大的不稳定性。（　　）
18. 正是由于我国教育目的所具有的对教育社会性质的规定性，才在根本上保证了我国教育发展的社会主义方向。（　　）
19. 在我国教育目的所要求培养的人才中，"建设者"是服务于社会主义的劳动者，"接班人"则不是劳动者。（　　）
20. 智育就是发展学生的智力的教育。（　　）
21. 智力与能力是两个不同的概念，但是两者密切联系。（　　）
22. 体育包括学校体育和心理卫生保健。（　　）
23. 体育包括田径运动和球类运动。（　　）
24. 一个国家、一个民族审美水平的高低，是这个国家和民族精神文明程度高低的标志之一。（　　）
25. 美育可以极大地调动学生的学习兴趣，便于使学生认识和掌握事物的内在规律。

( )
26. 美育对体育没有明显的影响。( )
27. 美育是通过艺术作品来实现的。( )
28. 劳动技术教育可以促使学生增强体质。( )
29. 劳动技术教育的核心任务是教会学生各种生产劳动的技能，为学生谋生打下基础，因此，要注重劳动技术教育的成本意识和经济价值。( )
30. 劳动技术教育是促进学生全面发展不可缺少的教育组成部分。因此，任何学校都不应该随意删减劳动技术教育课。( )
31. 特长教育就是素质教育。( )
32. 素质教育强调学生的全面素质，所以反对使用考试方法。( )

五、列举题

1. 列出教育目的对于实际教育过程具有的功能。
2. 列出确定教育目的的客观依据。
3. 列出智育的任务。
4. 列出体育的任务和内容。
5. 列出美育的任务。
6. 列出劳动技术教育的任务和内容。
7. 列出学校教育目的的层次结构。
8. 列出"应试教育"的弊端与危害。

六、辨析题（先做出判断，再简要说明理由）

1. 教育目的既从现实出发，又超越现实而指向未来。
2. 在实现教育目的的过程中，"五育"是各自独立的，具有不可替代的作用。所以，它们之间是毫无联系的。
3. 教育目的应体现人的个体价值的实现。
4. 教育目的的确立与社会生产力和科学技术的发展没有直接关系。
5. 俗话说"一俊遮百丑"，学生只要学习好就行了。
6. 体育就是锻炼身体。
7. 智育的目的就是提高学生的学习成绩。
8. 美育在学校教育中实施的主要形式就是音乐、美术以及艺术方面的特长爱好培养。
9. 劳动技术教育的主要目的是培养学生正确的劳动态度和劳动观念，掌握一定的劳动技能。

七、简答题

1. 教育目的与教育方针的关系是什么？
2. 什么是教育目的？它有何功能？
3. 马克思主义关于人的全面发展的基本含义是什么？该学说的基本观点有哪些要点？
4. 个人本位论和社会本位论的基本观点有哪些？
5. 我国社会主义的教育目的是什么？它的精神实质是什么？
6. 素质教育的内涵是什么？
7. 实施素质教育的策略有哪些？
8. 为什么要开发学生的智力？

9. 体育的组织形式有哪些？
10. 美育的实施途径是什么？
11. 劳动技术教育的意义是什么？
12. 劳动技术教育的实施途径有哪些？

八、论述题
1. 现实教育中为什么会形成片面追求升学率的错误倾向？如何纠正这一现象？
2. 美育在人的全面发展中的作用是什么？
3. 怎样正确理解五育的关系？

九、实例分析
1. 周老师上小学六年级语文公开课时，要求学生以"周末"为话题练习说话。李洪站起来说："其实一到周末，老师总布置很多作业，我们的周末很累。"李磊说"我不喜欢周末，周末比平时更累。"钟小洋说："只要能被选上重点中学，牺牲一点周末算什么。"钟小洋的发言得到了老师的夸奖，周老师语重心长地说："要想度周末，等上了大学以后。"请谈谈你的感想。

2. 有一所小学，从一年级就开始抓分数，把学生的考分作为评定三好学生的唯一标准，把各科平均分数作为评定各科教师教学质量的全部依据。学校里不开设体育、音乐、美术课，也很少进行思想品德教育，几乎所有的时间都上语文、数学课。在这种情况下，学生体质普遍下降，近视率很高，学生不知五线谱为何物，更没有画过什么儿童画。虽然有少数学生的语文成绩好，但多数学生成绩平平，没有学习的兴趣和信心，更谈不上有什么业余爱好。请分析这所小学的做法。

3. 2004 年，《中国教师》杂志对儿童的生存状态进行了调查。调查发现：833 名从小学一年级到高中三年级的学生中，有 47% 的学生认为自己的生活不快乐。主要表现是：受考试折磨、没有自由、压抑、紧张、忙碌。其中，学习压力过大和考试是学生认为童年不快乐的主要原因，而且，学生的年龄越大越觉得自己不快乐。请结合案例，运用教育目的有关理论对之进行分析解读。

4. 成都市教育局《关于进一步规范基础教育办学行为有关问题的通知》规定："坚持义务教育阶段公办学校就近免试入学，任何公办、民办和各类进行办学体制改革的小学、初中不得以考试的方式择优选拔新生，也不得以小学阶段各类学科竞赛（如小学数学奥赛等）成绩作为录取新生的依据。"
问题：你对成都市教育局的规定有什么看法？请从全面发展的教育目的出发对奥赛进行评价。

5. 当代有一位教育专家兼作家这样叹息中国的教育："要想使中国的每一个孩子都有一个好前程，现在中国父母唯一要做的恰恰不再是帮助学校把他们的考分再提高一些，而是保护好自己孩子的天赋别再受学校的侵害吧！"
问题：这段话引起了你怎样的思考？请你从教育的根本目的出发对中国当前的教育进行反思。

第四章 教师与学生

本章要点：
- 教师的地位、作用与劳动的特点；
- 合格教师的基本素养、教师角色的内涵；
- 教师心理健康的问题与心理健康的自我维护；
- 学生在教育过程中的地位与正确的学生观；
- 师生关系的基本观念与表现形式。

教师和学生是学校教育中最为活跃的因素，只有深刻地认识教师和学生的特点、地位和作用，明确教师应具备的基本素养，才能树立起正确的"学生观"，在教育活动中建立起科学而和谐的师生关系，从而提高教育的效率。

第一节 教 师

教师是受一定社会的委托，以学校为工作场所，以对学生的身心施加一定影响为其专门职责的教育工作者。教师是人类文明的传递者，自从有了学校教育，就有了教师。在奴隶社会的商代，在甲古文中就已出现了"师"字样，至周朝，有了专职的官员"师氏"，并有大师、小师之分。实际上，就教师工作而言，远在奴隶社会就已出现了。可以说教师是人类社会中不可缺少的最古老的职业之一。

教师是一种具有特殊社会意义的职业角色。教师劳动虽不直接创造社会物质财富，但在人类文化的传播与个体的成长过程中起着特殊的作用，教师正是通过传播、发展人类文化以及培养各种人才来推动社会发展的。一个国家的文明，一个社会的进步，直接依赖于全民素质的提高，全民素质的提高又直接依赖于教育质量的提高，而教育质量的优劣则取决于教师素质的高低。因此，教师在人类社会发展进程中的作用是无法取代的，教师理应受到人们的尊重和社会的重视。

一、教师的地位和作用

（一）教师在社会发展中的地位和作用

1. 教师是人类文化的继承者和传播者，在社会的延续和发展中起着桥梁和纽带的作用

人类社会长期以来所积累的社会精神财富，之所以能够世代相传、保存并发展下去，主要是依靠教师。教师通过自己的劳动，将人类社会所积累的文化科学技术知识、文学艺术以及社会道德、规范、思想观念等继承下来加以总结、拓展并传授给青年一代，使他们能够在较短的时间内继承和掌握人类长期积累起来的知识宝库中的精华，使他们能够较快地适应社

会实践活动，延续社会的发展，并在此基础上进行改革创新，推动社会向更高的文明发展，从而建立起社会发展的良性循环。如果没有教师的这种劳动，人类积累起来的精神财富无法代代相传，青年一代必须事事直接实践，从头做起，代代重复，社会的发展就会延缓甚至中断。因此，教师是连接过去、现在和未来的"中介人"，是人类社会发展过程中一个关键的环节，只有环环相扣，人类社会才能延续和发展。

随着人类对自然、社会和人自身的认识越深刻，社会生产力越发达，科学技术和社会文明越进步，教师的这种作用就显得越重要。

2. 教师是社会劳动能力的生产者

教师一般不直接参加物质生产劳动，但教师可以通过培养人，提高劳动者的素质，把潜在的生产力变成直接的、现实的生产力，对社会发展起着非常重要的作用。

社会生产力中最重要的因素是掌握生产工具的劳动者。每个人出生后都是一个可能的劳动力，而一个可能的劳动力向现实的劳动力转化必须以知识的掌握、技能的形成为条件。正如马克思所说，"要改变一般的人的本性，使它获得一定劳动部门的技能和技巧，成为发达的和专门的劳动力，就要有一定的教育或训练"[①]。因此，现实的劳动力的培养和造就，是教育的结果，是教师劳动的结果。教师是社会劳动能力的生产者。

3. 教师是人类灵魂的工程师

教师不仅向学生传授知识，培养并发展他们的能力，而且还塑造着学生的精神面貌，帮助学生形成良好的思想品德、健康的心理及健全的人格，促进学生健康成长。教师掌握教育人、塑造人的科学，懂得教育理论，有丰富的实践经验，能够按照教育规律，有目的、有计划地向学生施教，并通过自己的思想情感、智慧和高尚的人格去熏陶感染学生，塑造出学生美好的心灵。

（二）教师在教育过程中的地位和作用

1. 在教育过程中教师处于教育者、领导者和组织者的地位

教师是术业有专攻，闻道在先的人，肩负着教书育人的使命。教师严格按照教育目的、教育内容、教学计划、教学大纲等的要求，精心地加工、处理教育内容，灵活地选择教育方法，严密地组织教育过程，指导学生进行系统的学习，使其朝着与社会要求相统一的方向发展。从这个意义上讲，教师在教育过程中始终处于教育者、领导者和组织者的地位。

2. 教师在教育过程中起着主导作用

在教育这一劳动实践中，教师处于劳动者的主体地位决定了他对劳动对象学生所起的主导作用。教师对学生的学习方向、内容和方法起着决定的作用，并且从教育促进学生身心发展的过程来看，教师在知与不知的矛盾中属于矛盾的主导方面。这些都表明，教师在教育过程中的主导作用是必然的。教师的主导作用主要表现在教师对教育对象的调节、控制和改造与教师对教育影响的调节、控制和改造两个方面。

不可否认，学生是具有主动性的，但这与教师的主导作用并不矛盾。恰恰相反，教师主导作用的发挥，其最终目的正是为了更充分地调动学生的主动性，教师主导作用正确的、完全的实现，其结果必然是学生主动性的充分发挥。因为离开了学生的主动性，教师的主导作

[①]《马克思恩格斯全集》第23卷（《资本论》第1卷），第195页。

用就失去了它的对象、主要内涵和归宿，所以不能将教师的主导作用与学生的主动性对立起来，而应将它们辩证地统一在教育过程中。

当然，教师在教育过程中的主导作用也不是无条件的，它必须受教师自身条件和一些客观条件的制约。因此，对教师的主导作用决不能孤立地认识；主导作用既是必然的，又是有条件的，必须创造各种主客观条件才能使教师的主导作用得以充分发挥。

（三）教师的历史地位

教育家夸美纽斯（J. A. Comenius，1592—1670）认为教师是太阳底下最崇高、最优越的职业。他曾说过："我们对于国家的贡献，哪里还有比教导青年和教育青年更好、更伟大的呢？"[①]古往今来，许多有识之士对教师的崇高地位都给予了很高的评价。

从某种意义上讲，我国有尊师的传统。史书《孟子·梁惠王下》记载："天降下民，作之君，作之师。"这里把师和君并列起来。《荀子·礼论》记载："天地者，生之本也；先祖者，类之本也；君师者，治之本也。无天地，恶生？无先祖，恶出？无君师，恶治？"这里不仅把君师合为一体，更把教师和天地先祖摆在同等重要的地位。后来，读书人家便把"天、地、君、亲、师"并刻在牌位上，供奉于厅堂中。在读书人看来，事师如事父，弟子平时见师，肃然敬立如见大宾。《吕氏春秋·孟夏记》记载："古之圣贤，未有不尊师者也。"荀子还将尊师与国家的兴亡联系在一起，在《荀子·大略》中言道："国将兴，必贵师而重傅；贵师而重傅，则法度存。国家衰，必贱师而轻傅；贱师而轻傅，则人有快，人有快则法度坏。"可见，在历史上，教师在许多人的心目中有很高的地位。

但是，从总的历史来看，在剥削阶级统治的社会里，教师的地位还是很低的。在中国封建社会中，受尊敬的教师主要是指那些饱学多识、才气纵横的大儒，即所谓天子之师和一代宗师或是亦官亦师的教师，而非所有的教师。我国封建社会中，还有重经师贬蒙师的偏见，认为蒙师不过是能识文断句的教书匠，才疏学浅，算不得真正能够传道、解惑的教师，根本不受尊重。"家有三斗粮，不当孩子王"便是对这种状况的真实写照。在国外，初等学校的教师社会地位更是低下。在古希腊文中，"教师"一词由"教仆"演化而来，教仆是奴隶中一部分专门侍候和陪伴贵族、奴隶主子女上学的人，教仆也向儿童传授知识，然而身份依然是奴隶。在罗马帝国，初等学校的教师大多是为谋生而从教的被释奴隶，自由民不屑担任这种工作。在旧中国，教师的政治、经济和社会地位都很低。清朝名画家郑板桥曾就被奴役、压迫的教师境遇写过一首打油诗："教师本来是下流，傍人门户度春秋；半饥半饱清闲客，无枷无锁自在囚；课繁弟子偏懒惰，功少东家结冤仇。"它深刻地反映了中国封建社会广大教师在精神上和物质生活上的痛苦。在国民党反动统治时期，广大教师更是在恐惧、被歧视和贫困的生活中苦度岁月。列宁在揭露沙皇俄国虐待教师的情形时说："他们只能领到少得可怜的一点钱，国民教师在没有生火的、几乎不能居住的小房子里受冻挨饿。任何一个地方下级警官、农村黑帮分子或甘心做暗探和特务的人，都可以陷害国民教师，至于来自官僚的各种挑剔和迫害就更不用谈了。"[②]所以，不少人都把教师的职业当作"文人末路"。

在社会主义制度下，教师是工人阶级的一部分，是国家的主人，教师的社会地位有了显著提高。列宁曾经说过："不提高人民教师的地位，就谈不上任何文化，既谈不上无产阶级文

---

① 夸美纽斯著，傅任敢译：《大教学论》，人民教育出版社1979年版，第4页。
② 《列宁全集》第19卷，人民出版社1959年版，第128页。

化，甚至也谈不上资产阶级文化。"①列宁还指出："应当把我国人民教师提高到从未有过的、在资产阶级社会里没有也不可能有的崇高地位。……而最最重要的是提高他们的物质生活条件。"②新中国成立后，党和政府对提高教师的政治地位、社会地位、经济地位采取了一系列措施。虽然教师的地位曾遭到过严重的冲击，但从总体上来看，党和政府是重视和尊重教师的。特别是十一届三中全会以来，安定团结的政治局面的形成和巩固，经济体制、科技体制和教育体制的全面改革，党和政府对教育工作的高度重视，为我国教师地位的提高和教师作用的充分发挥，创造了我国历史上从未有过的良好条件。尊重知识，尊重人才，重视教育，敬重教师，越来越成为全社会的共识。1985年，第六届全国人大常委会第九次会议审议通过了关于建立"教师节"的议案；1993年10月31日，第八届全国人大常委会第四次会议审议通过了《中华人民共和国教师法》，并在教师的物质待遇方面实行了一定的倾斜政策，使教师的政治地位、社会地位、经济地位都得到了提高和改善。尊师重教的良好风尚正在我国兴起，教师正在成为最值得羡慕的职业之一。

二、教师劳动的特点

教师所从事的劳动是一种复杂的脑力劳动。教师劳动的目的是培养德、智、体等几方面全面发展的学生；教师劳动的对象是人，劳动产品也是人；教师劳动手段主要是通过知识的传递、情感的感染和行为的引导；教师劳动的过程自始至终都是人与人相互作用的过程；教师的劳动成果一般不能直接物化为生产资料或生活资料；教师劳动的价值是通过对学生的培养来实现的。正是因为教师劳动的这些特殊性，决定了教师劳动具有自己的特点。

1. 教师劳动的复杂性

教师劳动的复杂性，首先表现在教师劳动对象的复杂性。教师劳动的对象是具有主动性的人，在教育劳动中，不仅有教师的能动因素介入，而且还有学生的能动因素的介入。由于学生只有在他自身有目的、有意识的活动中，才能获得发展，这就要求教师在教育过程中，在促使学生发生有目的的变化时，要先把他的目的对象化为学生自身目的的形式，形成学生有目的的活动。只有当教师有目的的活动与学生的有目的的活动发生规律性联系时，教师才能实现其教育目的。而在其他许多劳动形式中并不存在这种促使劳动对象产生有目的的主动活动过程，这就体现了教师劳动的复杂性。同时，教师劳动对象在其自身的活动中又是不断发生变化的，学生的身心发展在不同时期有着不同的年龄特征和个性差异，即使是同龄学生也存在着个体差异性。况且，作为一种主动体，学生的活动范围也总是超出教师影响所及的范围，学生的成长过程受着学校、家庭、社会等多方面环境的影响，导致教师在劳动中常常遇到许多变动着的不可控制的因素。教师需要顾及这些因素，在其劳动中及时做出动态的调节，因材施教，并且教师劳动对象的主动性也决定了其在教育劳动中反作用的特点。如果说教师作为一种主体在影响着学生，那么学生作为一种客体也随时以其思想、感情、态度等影响甚至改造着教师和教师的劳动，教师必须随时做出针对性的调整。因此，教师劳动是一种极其复杂而艰巨的精神劳动。

其次，教师劳动的内容具有复杂性。教师的任务不单是向学生传授知识、培养技能、发

---

① 《列宁选集》第4卷，人民出版社1972年第2版，第677页。
② 《列宁选集》第4卷，人民出版社1972年第2版，第678页。

展智力，还要对学生进行思想政治教育，培养学生良好的思想品德，关心学生的身心健康，使学生在德、智、体等几方面得到和谐的发展，使学生既能够符合社会生产力的发展提出的要求，又能够适应复杂的社会关系。教师的劳动虽有分工，但任何一位教师都负有使学生全面发展的任务，况且这几方面又是相互联系、相互依存、错综复杂地交织在一起的。这就要求教师从学生的特点着手，将全面发展的各因素有机地渗透到教育教学活动中，促进学生的全面发展，这也反映出教师劳动的复杂性。

最后，教师劳动的过程具有复杂性。教师劳动的过程是一个运用智力的过程。在这一过程中，教师要把人类的总体认识转化为学生的个体认识，把社会道德规范转化为学生个体的思想品德和行为习惯。要实现这一转化过程，既需要教师有渊博的学识，更需要有较高的教育艺术，使教师既能把握教育影响自身独立运动的规律，又能认识、掌握教育对象的属性和规律，这是一个非常复杂的过程。

2. 教师劳动的创造性

教师劳动不仅是一种艰苦的脑力劳动，也是一种充满艺术创造的过程。教师劳动对象的特殊性和教育情境的复杂性决定了教师劳动的创造性。这种创造性并不是对未知领域的探索和发现，而在于创造性地运用教育、教学规律，在复杂多变的教育情景中塑造发展中的人。

教师劳动的创造性，首先表现在对教育内容的创造性加工上。教师要把几千年积累下来的人类文化组织成为学生可接受的知识体系，并用通俗易懂、生动形象的语言教给学生；要通过周密细致、循序渐进的训练计划来发展学生的智力；要用马克思主义真理紧密结合学生的思想实际，用青少年容易接受的方式循循善诱地来教育学生。这就要求教师选择合乎教育目的、符合学生身心发展规律的教育内容，并在教育过程中不断地对教育内容进行创造性地改组或改造，融入自己的智能、情感和思想观点，使教育内容"活起来"，易为学生接受。这一过程就是一个艺术加工过程，一个创造性的劳动过程。

其次，教师劳动的创造性表现在教育方式和方法的灵活性上。教育工作有规律可循，但无死框框可套。教育条件不可能毫无差异地重复出现，同时，教育对象也不同，即使同一个对象，在不同条件下，也不可能停留在同一水平、同一身心状态上。这种变化着的教育条件、教育对象、教育内容，要求教师随时根据变化了的情境，及时寻找适宜的途径，灵活机动地采取不同的教育方式和方法，创造性地完成教育活动。因此，在教师劳动中没有固定不变的程序和模式，机械照搬别人的或自己以往的经验，通常是不能达到目的的。教师只有靠自己独立的思考、积极的探索和勇于创新的精神，才能产生良好的教育效果。

3. 教师劳动的示范性

"师者，人之模范。"[①]教师劳动的重要特点就在于教师主要是用自己的思想、学识和言行，通过示范的方式去直接影响劳动对象。在这一过程中，教师的道德品行和知识才能不仅是学生学习的内容，也是学生学习的直接榜样。这是因为教师在引导学生认识周围世界的时候，他自己也作为周围世界中一个极重要的成分出现在学生面前，参与到学生的认识过程中。由于学生具有向师性和模仿性的特点，教师的思想品格、言谈举止，自觉或不自觉地直接影响着他们，成为他们学习和模仿的榜样。教师的示范作用不仅对学生起着耳濡目染、潜移默化的作用，而且直接证明了教师言教的真实性。正因为如此，历来的教育家都非常重视教师

---

① 杨雄《法言·学行》。

本人的品质和教师的榜样作用。孔子曾提出"以身作则"的见解,韩愈也提出"以身立教"的主张。俄国教育家乌申斯基指出:"在教育中,一切都应当以教育者的人格为基础,因为教育的力量仅仅来自人的个性这个活的源泉。任何规章制度和纲领,任何人为设置的机构,不管它设想得多么巧妙也罢,都不能取代教育事业的个性……没有教育者对受教育者的直接影响,就不可能有深入性格的真正教育。"①苏联著名教育家苏霍姆林斯基说:"我们工作的对象是正在形成中的个性的最细腻的精神生活领域,即智慧、感情、信念、自我意识。这些领域也只能用同样的东西即智慧、感情、意志、信念、自我意识去施加影响。"②

由于教师劳动具有示范性的特点,因而教师应特别注重自身素质的培养与提高。

4. 教师劳动的长周期性

由于人的成长和发展需要一个过程,要经历较长的周期才能完成,这就决定了教师劳动周期长、见效慢的特点。

"十年树木,百年树人",正说明了教师劳动的长周期性。学生知识水平的提高,能力的发展和思想品德的形成,是一个循序渐进的过程。从人才培养的周期来看,从小学到中学毕业要12年,到大学毕业要十五六年,培养高级人才则要花20年的时间;而且学生是有独立思想、独立个性、独立活动的能动个体,不会消极被动地接受来自教师的各种教育影响,这就需要教师不断探索学生思想成长和心理发展的规律,坚持不懈地将教育影响内化到学生的心理场中,促使学生全面发展。这是一项长期而艰巨的工作。

此外,教师劳动的成果也不是短期可以见效的。教师的教育影响在当时一般是显露不出来的,它往往反映在学生对高一级学校的适应中,体现在学生德、智、体的成长上。至于教师劳动的社会效果,则需要通过教育对象的劳动和工作成果来加以表现,这是一个更加长期也是更为复杂的过程。

三、教师的权利和义务

《中华人民共和国教师法》对教师的权利和义务作了明确的规定。

(一)教师的权利

教师的权利是指教师依法行使的权力和享受的利益。教师除了享有国家宪法规定的公民的一般权利外,还应享有以下基本权利:

(1)进行教育教学活动,开展教育教学改革和实验;

(2)从事科学研究、学术交流,参加专业的学术团体,在学术活动中充分发表意见;

(3)指导学生的学习和发展,评定学生的品行和学业成绩;

(4)按时获取工资报酬,享受国家规定的福利待遇以及寒暑假期的带薪休假;

(5)对学校管理工作和教育行政部门的工作提出意见和建议,通过教职工代表大会或者其他形式,参与学校的民主管理;

(6)参加进修或者其他方式的培训。

---

① 转引自苏霍姆林斯基《给教师的一百条建议》,天津人民出版社1981年版,第159页。
② 转引自苏霍姆林斯基《给教师的一百条建议》,天津人民出版社1981年版,第4页。

（二）教师的义务

教师的义务是指教师依法必须履行的责任。教师除了必须承担国家宪法规定的公民的一般义务外，还必须履行以下基本职责：

（1）遵守宪法、法律和职业道德，为人师表；

（2）贯彻国家的教育方针，遵守规章制度，执行学校的教学计划，履行教师聘约，完成教育教学工作任务；

（3）对学生进行宪法所确定的基本原则的教育和爱国主义、民族团结的教育，法制教育以及思想品德、文化、科学技术教育，组织、带领学生开展有益的社会活动；

（4）关心、爱护全体学生，尊重学生人格，促进学生在品德、智力、体质等方面全面发展；

（5）制止有害于学生的行为或者其他侵犯学生合法权益的行为，批评和抵制有害于学生健康成长的现象；

（6）不断提高思想政治觉悟和教育教学业务水平。

四、教师的素养

从教师的作用和教师劳动的特点，可以看出教师劳动的重要性、艰巨性和严肃性。这就要求教师必须努力提高自身素养，才能完成社会和历史赋予的重任。教师的素养主要包括教师的职业道德素养和业务素养两方面。

（一）教师的职业道德素养

教师的职业道德是教师在教育活动中必须履行的行为规范和道德准则，简称师德。它是在教师职业活动范围内，调节教师与学生、教师与教师集体、教师与学生家长、教师与社会相互关系的行为准则，是教师实施教育的前提，也是教师自我完善的动力。教师职业的特殊性要求教师具备高尚的职业道德。教师的职业道德主要包括教师对待教育事业、对待学生、对待教师集体和对待自己的道德四个方面。

1. 忠诚于人民的教育事业，献身教育

忠诚于人民的教育事业，献身教育，是每一个教师必须具备的最基本的职业道德，是搞好教育工作的基本前提。

教师劳动的特点，决定了教师所从事的是一项十分辛苦的工作。教师要通过自己的劳动把人的无限发展的可能性转化为现实性，他所需要支付的社会必要劳动量几乎是无法估量的，他往往要超越社会规定的工作日的界限，倾注其全部心血，而他的劳动支付和劳动报偿往往是难以相等的。因此，对于教师与教育劳动的关系，以及教师在教育劳动中的行为，仅仅依靠经济手段、立法措施、行政规定来调节，是难以完全保证教育效果的。只有每个教师都把忠诚于人民的教育事业，献身教育作为自己崇高的、不可动摇的道德信念，不怕辛苦，不计得失，敬业乐业，矢志不移，才能够对教育事业产生真挚的、深沉的、持久的热爱和强烈的责任感，把自己的身心投入到育人的实践之中。只有这样，教育事业才能够得到根本的保障。

2. 热爱学生，诲人不倦

热爱学生，诲人不倦，是教师职业道德的核心，是忠诚于人民教育事业的具体表现，也是衡量教师道德水准的标尺，是教师的神圣职责。

教师对学生的爱，是一种巨大的教育力量，也是一种重要的教育手段，更是教师开启学

生心灵的钥匙，是师生沟通的桥梁。教师对学生的爱能激起学生对教师的亲近、感激和仰慕的心理感受，使师生的心理关系更加亲近和谐，教育过程因此变得自然、轻松、流畅，教育影响更易为学生接受，教育效果更接近既定目标。正如《学记》中所说："亲其师而信其道。"所以，教师只有热爱学生，才能教育好学生，才能最大限度地发挥教育的作用。

教师对学生的爱应是一种"教育爱"，它表现为教师全面关心学生，了解学生，尊重学生，信任学生，并且严格要求学生，循循善诱，诲人不倦。同时，教师的爱应属于每一个学生，它不以教师个人的好恶，也不以学生品德、学习、相貌等状况的优劣为转移。教师应爱所有的学生，尤其是那些在品行或学习方面有问题的"后进生"。只有这样，才能够在师生间营造起一种教育爱的氛围，使教师的爱转化成学生积极向上的精神动力。

作为一个教师，最大的过错，莫过于对学生没有爱；最大的悲哀，莫过于失去学生对自己的爱。教师只有付出自己的爱才能赢得学生的爱，使学生乐意接受教师，愿意接受教师的教育。因为"孩子们所喜欢的是那种本人就喜欢孩子，离开孩子就不行，而且感到跟孩子们交往是一种幸福和快乐的人"[①]。

小栏目 4-1

教师忌语 40 条

1. 我要是你早就不活了！
2. 你真笨，你真傻！
3. 看见你我就烦！
4. 谁教你谁倒霉！
5. 回家让你妈带你查查，是不是弱智！
6. 你这孩子无可救药！
7. 坐下，你真笨！不知道，干嘛举手，总是耽误大家的时间！
8. 您的孩子没法教，领走吧！
9. 你是吃饱了混天黑，吃嘛嘛香，干嘛嘛不行，你真没救了！
10. 闭嘴！我不想听你说！
11. 讨厌，不要脸！
12. 你是最差的一个！
13. 你长眼睛干什么用的呀！
14. 你有病呀！
15. 低能！
16. 住嘴！不要再说了！
17. 一边待着去！
18. 我看你这辈子算是完了！
19. 简直是木桩子多俩耳朵！
20. 你有没有良心？
21. 现在的学生一拨不如一拨！
22. 讲了多少遍还是不会，真是个榆木疙瘩！
23. 死鱼不张嘴！
24. 明天让家长写一份保证书，再犯错误，干脆别上学！
25. 老师就是老师，老师说什么都是对的，你不听就不成！不听你可以不来！
26. 再不改，就请你家长来！
27. 看你不长记性！
28. 不懂人话！
29. 真笨，不是学习的料！
30. 你给我出去！
31. 缺心少肺！
32. 你给我站起来！
33. 缺心眼儿！
34. 不争气的东西！
35. 你真傻，去检查一下智商！
36. 跟头猪似的，怎么那么懒！
37. 你简直就是个白痴！
38. 一边站着去，想通了再找我！
39. 你别在我们班里混，哪儿凉快哪儿待着去！
40. 谁再不给我好好学，就请你家长来！

---

① 苏霍姆林斯基：《帕夫雷什中学》，赵玮等译，教育科学出版社 1983 年版。

3. 团结协作，共同育人

教育活动是一项系统工程，它不可能由个别教师来完成，它必须由各门学科和发挥各种不同职能的教师来共同承担，表现出教师劳动的集体性。因此，处理好教师与教师之间、教师与教师集体之间的关系是教育过程的需要。

教师的劳动是精神劳动，具有显著的个体性，教师备课、上课、批改作业、辅导等都是在个别劳动的情况下进行的。虽然教师也要适当地进行集体学习、集体备课、集体阅卷、批改作业等集体劳动，但也是在个人钻研、独立思考的基础上进行的，其效果如何，也依赖于教师个人的脑力劳动。即使是在同一教材、同一教学大纲指导下，仍然表现出各个教师在教育上的不同风格和特色，很难用整齐划一的模式去限定教师在教育过程中的行为和成绩的评价。因此，教育过程要求教师之间互相尊重，互相学习，以形成良好的教师集体，充分发挥集体的教育力量，把教师劳动的集体性与个别性有机地统一在教育过程中，形成强大的教育合力，共同育人。

在处理教师之间关系方面，应遵循的道德原则是：亲密团结，互相协作，相互支持，相互尊重。

4. 以身作则，为人师表

以身作则，为人师表，是教师职业道德的主要特征。教师劳动的示范性特点，决定了教师要在思想品德、学识才能、言语谈吐、生活作风和举止风度诸方面"以身立教"，为学生做出表率。孔子最早提倡以身作则。他指出："其身正，不令而行。其身不正，虽令不从。"[①] 苏联教育家苏霍姆林斯基也认为，教师成为学生道德上的指路人，并不在于他时时刻刻都在讲大道理，而在于他对人的态度，能为人表率，在于他本人有很高的道德水平。以身作则，为人师表，既是教师形成威信的必要条件，又是搞好教育工作的保证。教师只有自己具备了良好的道德修养，才能有力地说服学生，感染学生，使学生从信服教师的人品到相信教师所传授的学习内容，对教师心悦诚服。因此，教师对学生的"言教"固然重要，但"身教"更能产生不可估量的教育效果。

（二）教师的业务素养

教师的业务素养是指教师在从事教育教学业务活动中，全面完成育人任务所必须具备的知识能力结构及其发展状况，主要是指教师的智能结构。智能结构是教师素养的核心内容。教师合理的智能结构是教师充分发挥教育作用，完成教育任务必不可少的基本条件。教师的智能结构包括知识结构和能力结构两个方面。这两个方面既相互联系又相互区别。

1. 教师良好的智能结构

（1）精深的专业知识。

科学知识的分门别类及学校分科教学形式的建立，使得教师的知识也逐步专门化。教师精通某一方面的专业知识，成了教师进行教育活动的起码条件。

教师的专业知识一般具有全面性、系统性、基础性、理论性的特点。"精"要求教师全面、系统、准确无误地掌握所教学科知识的基本结构和各部分知识的内在联系，做到举一反三，触类旁通。"深"则要求教师掌握学科的发展动向和最新研究成果，做到教一知十，甚至教一

[①]《论语·子路》。

知千。因此，教师所掌握的知识必须远远超出教学大纲的要求，只有这样，教师才能全面地理解教育目标和教学大纲，准确地把握教材的重点、难点和关键，灵活地、创造性地处理教材，使教学深入浅出，自然、流畅。

孟子曰："资之源，则取之左右逢其源。"教师只有掌握了精深的专业知识，教学才能得心应手。游刃有余，才能把所教学科的知识教活教好，学生才能学得主动、扎实。

（2）广博的文化知识。

随着科学的发展，科学知识一方面高度分化（知识的专门化），另一方面又高度综合（知识的一体化）。对教师的知识做出某一专业领域的限定是合理的、必要的，但由于各门学科知识都不是孤立地存在着，它们之间是相互渗透、相互关联的，数理化之间、文史地之间、社会科学和自然科学之间的联系日趋密切。任何一个教师，他对学生所发生的影响决不限于某一专业领域。青年学生求知欲旺盛，好奇心强，兴趣广泛，思想活跃，上至天文，下至地理，从远古到未来，从宏观到微观，无所不想知。他们常常向教师提出一些料想不到的问题，有时甚至超出了教师的知识领域。如果教师没有广博的文化知识，是不能满足学生的学习要求的。因此，一名合格教师，在具有一定专业方向、学科方向的知识的前提下，还应拥有广博的基础文化，努力做到既有专长，又广泛涉猎；既精通一门学科，又研究相邻学科。只有这样，教师的学科教学才能更加充实，更具吸引力，取得更好的教学效果，从而满足学生的求知欲，促进学生全面发展。

（3）宽厚的教育科学知识。

教育工作是十分复杂的社会实践活动，有其特殊的规律。只有了解教育的客观规律，熟悉学生的心理特点，讲究科学的教育方法，掌握塑造学生心灵的艺术，才能获得良好的教育效果。因此，无论从事哪一门学科教学的教师，都应精通学科教学理论，掌握教育学、心理学、教学法的知识，这是取得最优化教学效果的基本前提。

现代教师不应只是教书匠，而应成为掌握教育科学知识的专家。教师应善于用教育科学理论知识指导自己的教育实践，并在教育实践中把教育科学理论知识转变成教育教学的实际能力，以增强教育的科学性，避免盲目性。

2. 教师良好的能力结构

教师的能力是其完成教育任务，保证教育工作的条理性、系统性的重要条件，是教师出色地完成教育任务，提高教育效率的关键。教师的能力结构主要包括以下几个方面：

（1）对各种影响进行教育加工的能力。

学校是一个开放系统，学生受到来自各方面的影响，这些影响是多元化的，其中，有积极的，也有消极的；有教育性的，也有非教育性的。学生能否有选择性地主动接受良好的影响，取决于教师对各种影响进行提炼加工和处理的能力。教师对各种影响进行教育加工的能力，首先表现在对各种影响的价值判断上。只有基于正确的价值判断，才能选择最具教育价值的影响，对学生产生积极的作用。其次，表现为对有教育价值的影响进行改组，并使之心理化。通过这一过程，一方面使这些教育影响既符合它本身的逻辑结构，又与学生的心理结构在方向和水平上一致或相适应，以利于学生消化和吸收；另一方面，重组后的教育影响能促进学生做好接受影响的心理准备，并激发学生的主动活动。

（2）对教育影响进行传导的能力。

经过加工处理的教育影响，要通过一定的中介和载体传授给学生，语言就是教师用以传导教育影响的最重要的工具。教师的语言表达能力直接关系到教育、教学工作的成败。

教师的语言表达应具有科学性、逻辑性、形象性、启发性和大众性。具体表现为语言准确明晰，声音洪亮，吐字清楚，发音规范，语言流畅，语速适中，概念表达准确，简洁练达，层次分明，生动活泼，幽默形象，通俗易懂，富有趣味和感染力。教师所使用的语言大多是口头语言，但为表达准确，还必须将口头语言与书面语言结合起来，交替使用。此外，为了使教师的语言表达富有成效，教师还要善于把语言交往手段与非语言交往手段结合起来，用以加强语言表达的感染力，还应根据学生的年龄特点选择恰当的语言表达方式。英国教育心理学家恰尔德（D. Child）认为教师的讲授和口头语言表达应"运用简洁而规范的描述，要点指示明确；根据学生年龄特点与知识水平，运用易于接受且适合的语言；不用含混不清或拼凑的语言；多用简练、富于吸引力的新闻报道式语言；恰当地运用比喻与隐喻；保持语言的流畅性和不间断性；讲授应早进入主题；讲授重点应要言不烦；增强语言效果，发音应注意抑扬顿挫；利用副语言，辅以动作表情"[①]。

教师良好的语言表达能力并非生而有之，也非朝夕可得。要形成独特的语言风格，需要长期不懈的训练。

（3）教育机智。

教育机智是教师在教育活动中表现出来的对新的、意外的情况正确而迅速地做出判断，并付诸行动以解决问题的能力。教育机智的形成有赖于教师全面了解学生的能力、丰富的教育经验、高超的教育技巧、良好的意志品质和自我控制能力。一个教师如果没有形成良好的教育机智，在突然出现的新问题或意外情况面前，就会显得紧张不安、束手无策或贸然行事，造成不良后果。

教育机智要求教师在瞬息之间能正确地估计情势，对错综复杂的事情做出清醒的分析，判断问题的症结，选择行动的措施，及时地调节和消除矛盾，以最小的代价取得最佳的教学效果。这就要求教师要善于引导，敏于应变，恰于分寸，适可而止；做到坚持原则与因时因材施教相结合，控制事态与教育学生相结合，个别教育与全面教育相结合，"冷处理"与事后热情教育相结合。

小栏目 4-2

一位教师对学生取笑的处理

随着一阵清脆的上课铃声，缪老师精神抖擞地迈进教室。今年，他又接了一个新班。面对这40多个陌生的面孔，看到这些熟悉的神色——孩子们总是以种种期待而又疑虑、好奇而又狡黠的神气来观察新老师的，老师开始了他的开场白："同学们，我姓缪——"他正准备转身板书"缪"时，突然不知从哪个座位上发出一声模仿猫咪的叫声："喵——"于是理所当然地引出了哄堂大笑。面对调皮学生的这个不大不小的玩笑，缪老师微笑着说："同学们别忙着先夸我'妙'，从今天起我们一起来学习，到时候再请你们给我作评价，到底妙不妙。"学生们安静了，担心"暴风雨将要来临"的惊恐也消失了。自然，这开场白是成功的。第一堂课，在亲切、平和的气氛中顺利进行。

学生听到"缪"，忽又联想到猫咪叫，脱口而出一声"喵"，这恐怕是个并非恶意但是不

---

① [英]D. 恰尔德著：《教师心理学》，蔡笑岳等译，科技文献出版社1990年版，第75-76页。

适时的玩笑。如何处置这种意想不到的"事件",可能会出现这样四种情况:

A. 脸气得刷白,眼一瞪,桌一拍,拂袖而去,跑到校长或班主任面前大光其火:"这个班我是无法教了!"

B. 板着脸,竖起眉,威严地说:"刚才是谁学的猫叫?站起来!……"

C. 平静得如同没有发生任何事一样,等学生笑声煞住,他便冷冷地、平缓地开始他的讲课。当然,学生们不知他葫芦里卖的什么药,观察他、猜测他,心理怎么也平静不下来。

D. 如缪老师那样,恰到好处地处理了这个"突发事件"。

[资料来源] 刘永增等主编:《捕捉最佳教育时机》,辽宁师范大学出版社1995年版。

(4) 组织管理能力。

教师是教育过程的组织者、领导者和教育者,担负着对学生进行组织、领导、监督和调节的责任。为保证教育工作有序地进行,教师必须具备多方面的组织管理能力,将学生学习的能动性调动起来,共同完成教育任务。

教师的组织管理能力主要包括:确定班级目标和计划的能力、组织能力、思想教育能力以及协调学校、社会、家庭各方面教育力量的能力。

(5) 自我调控能力。

教育是一个开放系统,社会的发展和变化直接或间接地影响着教育系统,引起教育内部各种结构的变化,并不断地对教师的思想修养、智能结构提出新的要求。教师要适应这种新的要求,就必须主动按照社会需要来充实和发展自己,不断更新自己的知识结构,提高自己的思想品德修养。

在教育过程中,教师应注重学生的反馈信息,并据此及时调整自己的教育计划和程序,以实现教育过程的最优化。

总之,教师素养是一个整体的概念,它是教师各种素质的集合体,它的内涵是十分丰富的,除要求教师具备高尚的职业道德、合理的知识结构、良好的能力素质外,还要求教师具有良好的心理素质、身体素质、外在素质以及将这些素质有机结合在一起的能力。教师素养的形成需要经历一个不断积累、反复实践、逐步提高的过程,既不能急于求成,也不能消极等待。

五、教师的角色与角色冲突

角色是指处于一定地位的个体,依据社会对他提出的要求,借助于自己的主观能力适应社会环境所表现出的行为模式,即个体在群体及社会中由于所占据的社会地位而显示的态度与行为模式的总和。

教师的角色是:① 知识的传授者;② 父母代理人;③ 课堂纪律管理员;④ 学生的榜样;⑤ 心理健康的教育者;⑥ 学生的朋友与知己;⑦ 学者和学习者;⑧ 人际关系的艺术家。[①]教师角色大致可分为两类,一类是教学的、教育的与行政的角色;另一类是自我定向的角色,包括帮助者、学习者、学者、父母形象、寻求权利与安全者等角色。其中,教学的、教育的与行政的角色具体如下:① 教学角色,即成为学生学习的发动者、组织者与评定者,通过教学传授科学文化知识,发展学生心智;② 教育角色,即通过言传身教对学生进行思想道德教

[①] 张大均:《教学心理学》,西南师范大学出版社,1997年版。

育，提高思想觉悟，培养良好品德；③ 行政角色，包括课堂管理员与办事员。

当个人不能同时满足对其有意义的多种角色期望而履行不同的角色时所出现的矛盾，即角色冲突。在现实生活中，处于一定社会的个体通常都不是扮演一个角色，而是要同时扮演好几个角色。这是由社会地位的特点与社会生活的多元化决定的。教师是一个社会期望非常高的职业，当他们受时间、精力及自身价值倾向制约，不能同时满足外在社会不同的角色期望而履行不同角色，而这些角色又都对其具有意义，不履行任何角色都会出现消极后果的时候，就会出现角色冲突。角色冲突的产生以及个体体验到的角色冲突强度，通常取决于角色期望的性质与个体的角色扮演能力。冲突导致角色紧张，角色紧张有害于个体的身心健康，更危及教育教学工作的质量。

角色冲突的形式有：① 角色间冲突。这是由角色紧张造成的，当同一个人拥有两种以上不能协调的甚至相互竞争的身份时，则容易发生角色冲突。② 角色内冲突。主要表现在两个方面：一是不同群体对同一角色持有相互矛盾的期待，使其角色行为发生矛盾，引起角色冲突；二是角色行为的主体对规定的角色行为有不同的理解，甚至持有相反的意见，但还必须履行的时候，在角色内部会发生剧烈的冲突。例如，校长和学生期望教师管理的态度不同，学生家长与教育行政部门对教师的期望也有差异，这时候就容易造成角色冲突。③ 角色混淆。指个人无法获得明确清晰的角色期望或因角色期望无法一致而产生的混乱。例如，一个新教师还没有准确地获得教师角色的期望或自己期望的教师角色与外在期望不一致时就会产生角色混淆，造成职业的困惑与茫然。④ 角色与人格冲突。由于人格需要不能与要求相协调，无法实践角色职责时，人格特征便成了角色冲突来源。

Wilson 提出了教师角色冲突可能具有以下六种类型：① 教师角色弥散性质造成的冲突。角色责任的弥散性或模糊性是一些角色扮演者感到冲突和紧张的根源。教师角色的责任具有弥散性，即教师在引导学生的兴趣、行为、态度和价值观等广泛的责任范围里，很难证明已经取得了什么成绩……因为没有明确的界线，角色扮演者不知道在什么时候才算"完成了工作"；也就是"教师个人希望看到自己角色扮演的成果需要与他的角色扮演中许多成果的'无形性'之间的矛盾"。② 教师角色定势的冲突。由于当代社会里人人对教师应做什么和怎样做都有自己的看法，这些对教师角色的不同期望使教师难以应付，教师就成为关于应当怎样扮演教师的各种角色期望的焦点。③ 学校机构的特征造成的冲突。由于教师感到机构的安排和社会中人们对待他们的一般方式与他们所渴望的职业地位和自我形象不一致，以及较大的教育单位里的官僚主义与非个人化的气氛，可能会加剧教师的某种冲突。④ 教学中角色责任与个人事业方向造成的冲突。处理自我利益与他人利益这个问题是人们遇到的最基本的角色冲突情景。教师一方面要求持续固定，另一方面要求寻求机会发展，因而造成角色冲突。⑤ 不同价值造成的冲突。由于不同的文化背景与急剧的社会变革，教师产生角色冲突的可能性很大。教师是社会的成员，他和别人一样，受到要取得进展的压力。⑥ 角色的边缘地位造成的冲突。大多数角色扮演者可能会感到，他们的活动对于他们成为其一员的机构来说是重要的，而且顺理成章地处于中心地位。当他们感到在同事或管理部门来看，他们仅仅处于一种无关痛痒的边缘地位时，就会构成发生冲突的情景，主要表现为教师担任不同学科所体验的不同满意度。

由于教师角色责任的弥散性、社会对教师角色期望的多重性、教师角色行为的复杂性与教师角色承受外在压力的脆弱性等因素，人们普遍认为教师职业是角色冲突的一种典型情境。

教师角色冲突的广泛性及造成后果的严重性，要求每一个教师都必须正确对待角色冲突，尽快适应角色。这需要社会、学校和教师个人共同努力。社会方面：要求在社会上树立正确的教师观，通过相应的社会改革为教师角色活动提供必要条件和创造良好的外部大环境，充分理解、合理评价、切实尊重教师角色活动，增加教师角色行为的光荣感，提高教师的经济待遇和社会地位。学校方面：学校要抓好内部的管理体制改革，加强科学管理与人文关怀，充分调动教师工作的积极性，加强教师的角色教育，调整教师的角色任务，协调教师的角色关系，消除教师的角色紧张，营造一个和谐适宜的学校氛围。个人方面：准确认知教师角色与相应的角色要求，学习角色规范，保证自我角色认知、对他人角色的认知、对角色期待的认知三者的和谐，摆正职业立场，建立适度的成就动机，促使自身专业化成长与发展，同时加强角色知觉水平，努力做到自身、他人与自然、社会的和谐，促进自我完善与发展。

六、教师的心理健康

一直以来，我们似乎形成这样一种思维定式：对学生而言，教师是全能的，教师不仅能"传道、授业、解惑"，还能促进学生身心健康发展。而对教师自身生理和心理是否"健康"，却很少问及，甚至教师自己对此问题也十分漠然。其实，教师也是人，而且正在成为心理健康的高危人群，教师的心理疾病所引发的后果，要比其他行业的人可怕得多，因为教师所面对的是学生，教师心理健康除了影响自身的成长、成就、幸福外，对学生的影响更是全方位、深刻而长远的，某种程度上，教师的人格、心理健康水准比他的专业知识水平更重要。因为教师的心理健康通过长期潜移默化的作用对学生产生影响，许多情况下，教师的心理健康水平会直接决定学生的心理健康水平，影响学生的学习态度和生活态度，影响学生人生观、价值观的形成，影响学生的人际关系，影响学生的学业成绩，对学生的一生成长、成材产生重大影响。

教师的心理健康标准是：① 积极乐观的人生态度；② 智力正常，胜任教学工作；③ 人格健全，情绪稳定；④ 面对现实，适应性强；⑤ 和谐的人际关系；⑥ 较强的活动能力；⑦ 良好的自我调节能力；⑧ 热爱生活、热爱事业；⑨ 有上进心、进取心、同情心、宽容心、忍耐心。

各种调查资料显示：教师的心理健康问题已成为一个不容忽视的客观存在，对教师本体的人文关怀、提高教师的心理健康水平已日益受到人们的关注。

教师心理健康的问题主要表现在以下四个方面：

（1）职业倦怠，身心疲劳。职业倦怠是指对工作提不起兴趣，对职业充满了厌倦情绪，工作绩效明显降低，身体疲惫。教师中较为普遍地存在着不同程度的职业倦怠，工作缺乏热情，对学生丧失爱心，提不起精神，工作效率降低，对自己的满意程度偏低，厌倦与同行交往，沉默寡言，出现身心疲劳的不健康或亚健康状态。

小栏目 4-3

教师职业倦怠

职业倦怠是指对工作提不起兴趣，对职业充满了厌倦情绪，工作绩效明显降低，身体疲惫。Maslach 认为职业倦怠是由三个维度构成的一种心理状态，即情绪衰竭、去个性化和成就感降低。其中情绪衰竭是职业倦怠的核心成分，指感到情绪情感处于极度疲劳状态。如果这种疲劳的情绪状态长期持续下去，个体就会感受到一些负面的情绪，并对工作对象表现出消极、冷漠的行为，就是去个性化。成就感降低是指在工作中效能感的降低以及对自己消极评价倾向的增长。关于职业倦怠的表述存在着很多差异，但具有五个方面的共同特征：① 存在典型的疲劳症状；② 发生各种各样的非典型的身体症状；③ 倦怠症状是与工作相关的；④ 症状出现在没有精神病理学原因的"正常人"身上；⑤ 由于负性的工作态度和行为，导致个体有效性和工作绩效下降。

教师是职业倦怠的高发人群。据中国人力资源开发网发布的《中国工作倦怠指数调查报告》显示，在 15 个行业的倦怠指数调查中，教师的倦怠程度仅低于公务员和物流从业人员，居第三位。这种情况正如美国教育协会（NEA）主席迈克古瑞指出的，"教师职业倦怠这一新的疾病正在折磨着教育业"，并预言，"如果不能及时纠正，就会达到流行的程度"。"教师职业倦怠是教师不能顺利应对工作压力时的一种极端反应，是教师在长期压力体验下所产生的情绪、态度和行为的衰竭状态，典型症状是工作满意度低、工作热情和兴趣的丧失以及情感的疏离和冷漠。"

教师职业倦怠与年龄和教龄因素、角色定位因素、人格因素、社会支持因素、个人成就感因素等直接相关。

（2）情绪不稳定甚至失控，产生行为偏差。由于社会压力和工作压力，致使教师产生烦躁、忧郁、紧张、焦虑、偏执的情绪，没有得到恰当的宣泄，可能出现令人不可思议的行为偏差，如花样百出地体罚学生甚至致残致死，责骂差生家长，不可理喻地大发雷霆，等等。

（3）人际交往障碍，适应不良。教师的角色与角色所赋予的权利，可能使教师形成自我中心，不能正确地对待自己和别人，心胸狭隘，目光短浅，忽视平等互助这样的基本交往原则，喜欢自吹自擂、装腔作势、盛气凌人、自私自利，很少考虑对方的需要，则容易造成与学生和同行教师的心理不相融，导致师生、师师关系紧张，形成精神上、心理上的巨大压力和难以化解心理矛盾，产生强烈的无助感，缺乏安全感与归属感，敏感、猜疑、暴躁、失眠、逃避，久而久之，形成恶性循环而严重影响身心健康。

（4）人格障碍与人格缺陷，处理问题的方式异常。教师人格问题一般属于人格缺陷。教师的常见人格缺陷有自卑、抑郁、孤僻、敌对、多疑、焦虑等表现方式。人格障碍与人格缺陷容易导致教师用极端的方式去处理工作和生活中的问题，造成异常的行为方式，令学生与同行无法认同与接受，例如，固执己见、小题大做、情绪化、强迫学生接受自己的观点、偏见、拒绝交流，等等，自己也因此而产生诸多的烦恼，导致心理失衡。

教师的心理健康是一个极其复杂的动态过程，包括许多相对独立的特质，受着多方面因素的影响，也存在着许多个体差异。造成教师心理健康问题的原因主要有：社会期望过高、榜样与普通人的角色冲突、劳动强度与自我价值感的冲突、职业认同感产生高原反应、学校管理中的激励因素与人文关怀缺乏、教育评价体系不健全、信息源的多元化与教师的知识和技能老化的矛盾、缺乏完善的家庭、社会教育支持系统等。

教师既承受着外在期望的压力，又面对内在的角色冲突；既要面对学生，更要面对家庭和社会；既要承担教书育人的重担，又要面对自我提高的压力；既要完成学校的常规工作，又要应付不断变化的教育教学改革。教师负担之重，压力之大，是可想而知的。因此，教师的心理健康教育是一个系统工程，需要得到教育主管部门、学校、教师个人及全社会的关注。影响教师心理健康的因素是多种多样的，但各种外因都必须通过内因才能起作用，因此，教师必须具备心理健康自我维护的能力。教师可以从以下几方面进行自我调节：① 建立理性的社会认知与自我认知，了解自我、悦纳自我；② 学习人际交往的基本技巧，善于与人沟通与交往；③ 了解自己的情绪，学会合理地宣泄与控制自己的情绪；④ 用科学、人性的态度对待学生的各类问题；⑤ 学会心理减压；⑥ 直面挫折，培养良好的挫折耐力；⑦ 及时诊断与改善亚健康状态。

七、教师素质培养与提高的途径

教师素质的高低关系到教育事业的成败和民族素质的高低，提高教师素质是发展教育的关键。从我国目前的师资状况来看，教师数量少，总体质量较低，分布不均衡，队伍不够稳定，供需矛盾较突出，远远不能满足教育发展的需要，教师素质亟待提高。教师素质的培养与提高有两个主要的途径：职前教育和职后培训。

（一）重视与发展教师的职前教育

师范教育主要承担教师的职前培训任务，它包括中等师范教育和高等师范教育。师范教育是教育的"母机"，是国家培养教师、提高教师素质的基本途径。要发展师范教育，就必须采取切实有效的政策性措施，鼓励和吸引大批优秀学生报考师范院校；同时，加强师范教育的改革，明确师范教育的发展目标，完善办学机制，改善办学条件，充分体现师范特色，以增强师范教育的吸引力，提高办学质量，为社会输送合格的教师。

（二）加强职后培训

职后培训的形式主要有脱产进修、在职学习和交流提高三种形式。脱产进修是一种比较理想的培训方式，但由于师资紧缺及经费问题，在中小学教师中难以广泛实施；在职学习形式多样，灵活方便，函授、广播电视辅导、自考辅导、各种讲座和报告等是职后培训的主要形式；交流提高则是由学校或社会提供的自培和交流机会，针对性强，是一个取长补短、共同提高的有效途径。

此外，教师还应不断地进行自我完善，主动加强学习，丰富知识，培养能力，重视教育反馈，加强自我调节，以提高自身素养。

第二节 学 生

在教育过程中，教师起主导作用，是教育工作成败的关键因素。进一步而言，教师的教育效果不仅仅取决于其自身素质的优劣，更取决于教师的"学生观"。因此，学生在教育过程中究竟居于什么样的地位，发挥着怎样的作用，就成了每个教师顺利完成教育任务所必须深刻认识的重要问题。

一、学生的本质属性

（一）学生是完整的独立的人

人是自然属性和社会属性的统一体，每个人都需要实现生理和心理的和谐发展。但就以人为对象的许多社会实践领域来看,他们面对的都往往只是人的某一方面,如医生所面对的主要是人的生理方面,艺术家所面对的主要是人的精神方面,而教育所面对的人——学生,却是一个完整的人。在整个教育过程中,既要考虑到学生的生物特性,更要考虑到他们的社会特性。教育不仅要促进学生的认识、情感和行为习惯等精神因素的发展,也要促进人的生理因素的发展;不仅要培养学生具有推动社会发展的知识、能力等精神力量,同时还要使他们具备相应的身体等物质基础。教育要实现人的全面发展。因此,教师所面对的学生必须也必然是一个完整的人。同时,学生又是独立的人,有着独立的生理和心理系统,独立的思想意识,独立的思考能力,独立的情感、兴趣,独立的人格和独立的生活、学习方式。这种独立性和独立意识会随着身心的成熟而越来越突出地表现出来,因此,教师应尊重学生的独立性。

（二）学生是具有主观能动性的人

教育过程中的学生是有意识的人,他们在教育过程中的一切行为,他们是否接受教育影响以及接受影响的程度,都要受到他们自己意识的支配,学生对教育影响具有主动性和选择性。对学生来说,来自教师的外部影响不会自动地转化为学生的意识,它必须以学生自身的主动活动为中介;学生不会被动地接受教育者的塑造,而总是通过自己的主观努力,主动地、创造性地参与到教育活动中,将教育影响转化为自身发展的内部动力,实现教育目标。

（三）学生是发展中的人

学生在生理和心理方面的发展都还未达到成熟水平,社会化还在进行过程之中。学生具有与成人不同的身心特点,不能用成人的标准来要求学生,更不能将学生看作是"小大人",应充分了解和照顾他们在生理和心理发展方面的特殊性。正因为学生的身心都还处在变化发展之中,可塑性大,在他们身上就潜藏着各方面发展的极大可能性,也存在着对缺点和错误的较大的矫正的可能性,教育得法就可以使他们的身心获得最佳的发展。另外,由于学生各方面的发展都不够成熟,他们还具有获得成人教育和关怀的需要,教师应以培养的观点去对待学生,引导和帮助学生向社会需要的方向发展。

二、教育史上不同的学生观

如何看待学生在教育过程中的地位和作用,历来存在着两种不同的观点,即"学生中心论"和"教师中心论"。

（一）学生中心论

"学生中心论"以卢梭、杜威为代表。持这种观点的人,把学生看成一种自变数,是能够完全决定整个教育过程和教育结果的主体;强调学生内因的作用而否定或贬低外因的作用;认为学生具有一种内在的动力,不凭借外力帮助,就能形成和谐的社会行为。他们十分强调学生的态度、期望、情感和需要等"动机系统""内部机制",谋求一种最大限度允许学生做出个人选择的教育环境,而教师的任务只是刺激学生去学习,学生才是教育过程的中心。杜威提出了"儿童中心论",认为儿童的发展是一种主动的过程,教师的作用只在于引导学生的兴趣;儿童只能在个体经验中获得发展,取得他们所需的知识;教育不应由教师直接来进行,而只在于使学生亲身去获得某种生活的训练。他要求教育从儿童的兴趣和实际经验出发,儿童被称作"太阳",教育过程应该围绕着它旋转,如同星球在太阳周围旋转一样。因此,杜威认为教育过程的主导人物不是教师,而是学生。他主张教师在教学中只应充任"看守者"和"助手",他不应该站在学生面前的讲台上,而应站在学生背后。

（二）教师中心论

"教师中心论"的代表人物是赫尔巴特。持这种观点的人,把学生完全视作一个因变数,认为学生在教育过程中是一种完全消极被动接受外界影响的客体,教师可随意地依据自己的目的向学生施加各种影响,控制学生的发展方向。教师只要通过包括他的奖赏、惩罚在内的外部刺激就可以控制学生的学习。这种观点强调教师的权威的意志作用。把教育过程看成教师对学生严格要求和强行灌输的过程。他认为儿童在没有通过系统的学习获得一定范围的观念以前,还不具有意识,儿童的成长完全由教师负责;不允许儿童的意志和意识有任何表现。为此,他十分强调教师的权威,要求树立教师的不容争议的威信。并断言"在教育的其他任何职能中,学生是直接在教师的心目中,作为教师必须在他身上工作的人,学生对教师必须保持一种被动状态"[①]。他认为学生的心智成长完全仰信于教师对教学形式、阶段和方法的刻意求工和定式指导。

"学生中心论"夸大了学生在教育过程中的能动作用,而"教师中心论"过分强调了教师的作用,低估了学生的作用,两种观点均有失偏颇。关于师生双方在教育过程中地位、作用及相互关系等问题,近年来出现了许多不同的观点:主导主体论,教育过程中教师是主导;双主体论,教师与学生都是教育过程中的主体;过程主体论,在教的过程中教师是主体,在学的过程中学生是主体;阶段主体论,在学生成长的不同阶段或教育活动的不同环节,主体的承担者会有所变化。

三、学生在教育过程中的地位和作用

教师劳动的特点和学生的本质属性决定了学生在教育过程中既不是一个被动的因变数,也不是一个单纯的自变数,学生在教育过程中有着双重地位。一方面,学生是教育的客体;另一方面,学生又是学习和发展的主体。

（一）学生是教育的客体

在教育过程中,学生首先是以受教育者的身份出现的,而且始终是教师的教育对象。教师的任务是根据教育目的,按照一定的教育计划对学生施加有目的、有计划、有组织的影响,促进学生的全面发展;学生的任务则是在教师的指导下,主动接受教育影响,逐步实现自身的发展和完善。在这一过程中,教师起着主导作用,处于领导者、组织者和教育者的主体地位,相对而言,学生则处于被领导和受教育者的客体地位。如果否认或颠倒这种主客体关系,实际上就是把教育过程跟学生自发的学习和发展过程相混同,其实质是从根本上否定教育,否定教育过程中施教与受教这一特定的关系。因此,学生是教育的客体,是由教育的本质属性所决定的。

学生作为教育的客体,有其自身的特点,首先,学生具有依赖性。学生是发展中的人,身心发展的不成熟决定了他们必然会将在家庭中对父母生活和感情上的依赖,迁移到在学校

[①] 张焕庭:《西方资产阶级教育论著选》,人民教育出版社1979年版,第204页。

对教师在学习和感情上的依赖，年龄越小这一特点就越突出。其次，学生具有可塑性。学生处在身心发展的关键时期，由于各方面发展尚未定型，容易受到外界影响而发生变化，在这一时期，教师对学生的影响可谓是最主要的也是最权威的。教师可抓住这一特点，多渠道地给学生施以积极的影响，按照教育期望去塑造学生。最后，学生具有向师性。学生对教师有着特殊的信任与尊敬，在学生眼里，教师一般都具有某种权威性，学生自觉或不自觉地模仿和学习教师，主动地亲近教师，虚心地求教于教师。这些促进了教师主导作用的发挥，更体现了学生在教育过程中的客体地位。

（二）学生是学习和发展的主体

教育过程是由教育者的施教与受教育者的受教活动构成的矛盾统一体，两方面相互影响、相互促进。在这一过程中，学生既作为客体接受教育影响，但同时又作为主体主动地参与到教育过程中，成为学习和发展的主体。因为学生是具有主观能动性的人，他们在接受教育影响的过程中，总要经历一个主动的选择、评价、同化和反应的过程，而不是一个机械的反应过程，即"作用→同化→反应"模式，并非"作用→反应"模式。因此，教师只能启发学生活动，而不能代替他们活动。即使教师有非常渊博的知识，但如果他不懂得如何调动学生学习的主动性和自觉性，他永远无法获得教育的成功。此外，学生是发展中的人，教育可以使他们形成自我意识、自我发展和自我教育的能力。学生在受教育的过程中，不断地将客观形式的外部影响化为主观形式的认识、情感、动机、态度等。这种内部因素的变化和发展，能够使学生的主观能动性得到更大的发展，逐步形成自我教育的能力而主动地促进自身的发展，成为教育过程中的主体。学生作为教育过程中的主体，其主观能动性主要表现在三个方面：首先，是学生的自觉性。学生的学习活动是有目的、有计划、有组织的，在这一过程中，不可避免地会遇到外在或内在的干扰，学生能够在教师的帮助下，自觉地排除各种干扰因素，调动一切有利于达到学习目的的积极因素，自觉地参与学习。其次，是学生的独立性。这是学生的本质属性的一个重要方面。学生的独立性的核心是独立的思维能力。学生的学习活动是在教师指导下进行的，但学习活动的真正实现必须通过学生独立的思维活动来完成，所以学生是学习的主人。最后，是学生的创造性。学生正处在好奇心强、求知欲旺盛的阶段，他们想象力丰富而奇特，创造的动机和愿望十分强烈，在学习和促进自身发展的各种活动中，表现出明显的创造意识和创造能力，高度体现了学生的主观能动性。

学生主体作用的发挥是有条件的。教师必须为学生创设条件，开辟自主的环境，树立、强化学生的主体意识，增强其主体能力，同时，建立融洽的师生关系，才能使学生充分发挥主体作用。

学生的双重地位是对教育过程中学生的地位和作用的客观而辩证的概括，教师只有认识了这一点，才能正确地处理好教师的主导作用与学生的主动性、教与学之间的关系，对自己和学生进行正确"定位"，最大限度地发挥师生双方的积极性，取得最佳的教育效果。

四、学生集体

（一）学生集体既是教育对象，又是教育主体

学校分班教育和班级授课的组织形式，决定了在教育过程中，教师所面对的教育对象不仅是作为个体的学生，更是作为集体的学生。可以说，教师在大部分时间和多数情况下，不

是面向学生个体而是面向学生集体进行工作的。学生个体和集体都是教育的对象,但学生集体并不等于学生个体的简单相加,应是学生个体的有机结合。人的心理活动在集体条件下和个人条件下所遵循的规律是不同的,人在集体条件下会产生出个体活动过程中所没有的模仿、暗示、顺从等心理机制。因此,教师既要掌握学生个体发展的规律,也要掌握学生集体发展的规律,以及掌握学生集体中学生个体发展规律,对学生集体施加有效的教育影响。

学生集体不仅是教育的对象,也是教育的主体。学生在学校教育中不仅接受老师的影响,而且在很大程度上还要受到他所在的集体的影响。学生集体不仅作为一种自发的影响源潜移默化地影响学生个体,而且还可以成为一种良好的教育环境和强大的教育力量,去塑造和培养人。学生集体对学生个体的教育影响是直接而又现实的,学生接受起来往往比较容易。所以,教师应重视学生集体的组织与培养,发挥学生集体的教育功能。

(二)学生集体的教育功能

恩格斯说:"个人只有在集体中,才能获得全面发展其才能的手段。"[①]学生集体是一种教育力量,在学生的身心发展中发挥着不可低估的教育功能。当代国外的教育心理学家和社会心理学家对学生集体的作用进行了广泛而深入的探讨。他们认为学生集体是个人需要的场所,它为学生提供使自己社会化的机会;学生集体还具有社会比较功能,能促使学生在与其他学生的比较中对自己做出及时的改进。这对我们认识学生集体的教育功能是有参考价值的。

1. 学生集体可以加速个体的认识过程,发展学生的智力

实践证明,在完成很多的任务时,处在集体条件下比处在个体条件下效率高。在教育教学活动中,我们也不难看到,学生在集体条件下,由于受到学习内容和共同参加学习的其他成员两个方面的影响,思维非常活跃,学生之间相互激励,相互帮助,共同完成学习任务。在这种情况下,学生集体可以加速学生个体的认识活动,促进其智力发展。

2. 学生集体在发展学生思想品德和促进学生个体的社会化过程中起着重要的作用

学生集体是教育者有目的地培养和组织起来的,有共同的奋斗目标、正确的集体舆论、优良的道德风尚和班风。它必然会对学生个体产生深刻的道德影响,可以帮助学生形成正确的道德观念和高尚的道德情感;为学生提供道德实践的机会,磨炼其道德意志,督促其形成良好的道德行为习惯。

学生集体不可避免地在一定程度上反映所属社会的经济状况和政治、哲学、美学、道德等上层建筑和意识形态。学生则可以通过学生集体与社会发生联系,在集体中掌握社会的精神文明,获得社会经验,从而促进个体的社会化。

第三节 师生关系

一、师生关系的含义及作用

(一)师生关系的含义

师生关系是教师与学生在教育过程中,为完成一定的教育任务,以"传道、授业、解惑"

---

① 《马克思恩格斯全集》第3卷,第84页。

为中介而形成的一种特殊的社会关系。师生关系是人与人之间的关系在教育领域中最基本、最重要的反映，是社会关系的一个组成部分。师生关系受社会关系的制约，不同的社会制度，就会产生不同性质的师生关系。师生关系是表现在教育过程中，围绕着实现一定的教育目标而产生的，因此它又受教育规律的制约。

良好、协调的师生关系是有效地进行教育、教学活动，完成教育任务的必要条件和重要保证。

（二）师生关系的作用

1. 教育作用

师生关系本身就蕴含着教育力量。师生间的互敬互爱，体现了社会主义的伦理道德和人与人之间的平等关系。在这种关系中，无论教师，还是学生，都会从中学会尊重，尊重他人和自尊自爱，同时也体会到受他人尊重的愉快感受，这必将为师生带来积极的教育影响。

2. 激励作用

和谐的师生关系的建立，可以使师生从中得到激励，使教师感到自身存在的价值，从而增强工作的责任感、荣誉感，坚定其献身教育事业的信念；使学生感到师爱的温暖，感受到教师的殷切期望，并将其转化为奋发向上的动力。

3. 调控作用

师生关系对教育、教学及学校管理等方面具有调控的功能。融洽的师生关系将使学生乐于接受教师的教育、教学、管理的方式和内容，使教育过程顺利进行。相反，师生关系的障碍也必定会给教育过程带来极大的阻碍，影响教育的效果。因此，师生关系直接或间接地调控着教育的运转。

二、师生关系的表现形式

师生关系的表现形式是复杂多样的。师生之间有工作关系、人际关系、道德关系、组织关系、心理关系以及正式关系和非正式关系。下面介绍几种主要的表现形式。

（一）道德关系

师生之间的道德关系是指在教育过程中，师生双方都应履行的道德义务关系。师生关系中渗透着广泛的道德内容，师生交往存在着广阔的道德生活领域。师生双方在履行道德义务的过程中，建立起稳固的道德关系。师生之间的道德关系能发挥重要的教育职能，有助于学生从师生交往中逐渐理解和掌握一般的道德关系，掌握道德内容，并将其转化为自己的思想品德的学习动力，从而推动教育工作的顺利进行。在师生的道德关系中，教师发挥着主导作用。

社会主义制度下，师生的道德关系是建立在民主与平等的基础上的，尊师爱生是其生动、准确的概括，是我国师生道德关系的主要特征。它既体现了社会主义制度下全体公民在经济、政治、法律和人格上互相平等的新型的社会关系，又反映了教育过程中师生之间相互促进、共同提高的客观规律。爱生是尊师的前提条件，尊师常是爱生的结果，尊师与爱生是一个相互反馈的过程。

在师生道德关系中，教师的道德观、信念、情感、意志、行为起着决定性的作用。这就要求教师有良好的教育素养，用自身优秀的道德品质、渊博的知识才能以及高尚的人格特征去感染、教育学生，使尊师成为学生的自觉行为。

（二）心理关系

师生之间的心理关系是以认识因素和情感因素为基础，贯穿于师生交往全过程的师生之间的心理交往与交流。它包括师生之间的认知关系和情感关系。

1. 认知关系

认知是心理过程的基础和开端，一切心理关系的建立都是以认知关系的建立为前提的。师生间认知关系的建立遵循认知过程的一般规律。首先，要经历从感性到理性，从现象到本质的过程。只有通过交往才能避免以现象代替本质而造成的认知错位。因此，教师应掌握交往的艺术，善于倾听学生的意见，关注学生的学习和进步，及时肯定和称赞学生在各方面取得的成绩，为师生认知关系的建立奠定基础。其次，师生的认知过程中有较多的情感因素的参与。师生间彼此的好恶态度，影响着彼此的认知活动。教师应防止以情代理的现象。再者，师生认知还受到他们自身的人生观、价值观的影响。教师应不断加强自身修养，防止形成对学生的偏见和成见。最后，师生的认知具有相互反馈的特点。教师对学生正确的认知和评价，可以赢得学生的肯定和理解，形成师生关系的良性循环；反之，则会形成师生关系的恶性循环。

师生间积极肯定的认知关系可以形成良好的教育氛围和教育合力，有助于提高教育的效率。

2. 情感关系

师生之间的情感关系具有它本身固有的特征，具体表现在教师对学生的情感和学生对教师的情感的特征上。教师对学生的情感是以教师对学生的全面了解和认识为基础的，具有社会性、普遍性和稳定性等特征。教师对学生情感的高度发展是对学生的热爱。学生对教师的情感，在不同的年龄阶段有不同的内容和表现形式，需要在实际交往中形成和发展，同时，要以教师对他们所表示的积极情感为前提。学生对教师情感的高度发展是对教师的信赖。

师生之间良好的情感关系可以产生积极的教育作用。教师对学生积极的情感可以调控学生和教师自身的行为，教师对学生的热爱既能使学生更加自尊、自爱、自信，又能调动学生学习的积极性，提高学习的效率。心理学研究表明，教师对学生的爱具有迁移作用，皮革马利翁效应就是最好的例证。学生对教师的积极情感能够赋予教师的教导以特殊的魅力，使学生乐于受教，同时，产生与教师交往的愿望和行动，并在交往中获得教益。因此，建立良好的情感关系，有利于师生正常的心理关系的形成，有利于教育目标的顺利完成。

（三）正式关系和非正式关系

正式关系是指在学校组织中，以教育目的、教育手段、教学计划、教学大纲等为中介，为完成一定的教育任务而产生的教师与学生之间的关系。在正式关系中，师生在学校的地位、任务以及义务和权利都是由学校规定的。师生间的正式关系是学校教育中最为基本的关系，是学校实现教育任务的保证。这种关系一般不以教师和学生的态度为转移。正式关系的建立取决于教师的教育水平，所以师生间能否建立协调的正式关系，受教师的知识结构、教育技能、思想品德和人格力量等的制约。非正式关系是指发生在正式关系以外的，师生间出于思想、感情、业余爱好及某些共同需要，自然形成的一种师生关系。师生之间的非正式关系是对正式关系的补充与发展。非正式关系没有规章制度的约束，师生双方都是自愿而主动的。而且在非正式关系中，教师与学生个体可以进行经常性的面对面的交往，减少了其他因素的干扰,加速了师生之间的认知,增强了师生之间的相互吸引和相互影响。这种非正式关系可以迁移到正式关系中,对良好的正式关系的形成起着催化剂的作用。因此,师生之间非正式关系往往可以起到正式关系所不能及的作用,是师生关系中不可缺少的一种形式。在正式关系与非正式关系中,教师应将正式关系放在首位。

小栏目 4-4

我国中小学存在的师生关系类型

类型	师生相互态度	师生感情关系	师生课堂合作状态	效果
对立型	教师简单粗暴,学生畏服	学生情绪不愉快,师生相互疏远、紧张、对立	教师不允许学生有不同意见,往往以教师的主张、决定为准,学生主动性、积极性受到压抑,独立思维受阻	师生交往呈明显单向型,易发生冲突,教学效果极差
依赖型	教师以领导者自居,学生采取服从态度	师生之间感情平稳,无冲突	教师包揽一切活动,学生跟着教师设计的路子走,明显缺乏学习的主动性、创造性	从知识的掌握看,有一定的教学效果,但学生独立思考、独立解决问题的能力差
自由放任型	教师对学生没有严格要求,放松指导责任,学生对学习采取自由态度	课堂气氛淡漠	教师让学生自主学习,学生各行其是,教师能够解答学生的问题,但不能给予及时的正确指导,不认真检查学习效果	教学效果明显下降
民主型	教师对学生严格要求,热情、和蔼、公正,尊重学生,发扬教学民主;学生尊敬教师,接受指导,主动自觉进行学习	情绪热烈、和谐,课堂气氛活跃	师生之间呈现积极的双向交流,学生积极思考,提出问题、各抒己见,教师认真引导	教学效果良好

三、师生关系的建立和发展

师生关系的建立和发展,取决于师生双方的共同努力。但由于教师在教育过程中的特殊地位,决定了在师生关系的建立中,教师起着主导作用。总结本章关于教师劳动的特点、教师素养、学生在教育过程中的地位和作用以及各种形式的师生关系的特点等相关理论,对教师提出以下要求:

(1)树立正确的学生观,热爱学生,尊重学生,理解学生。

（2）树立为学生服务的观点，对学生全面负责。
（3）发扬民主，善于倾听学生的意见，发挥学生集体的教育功能。
（4）善于控制自己的情绪，坚持耐心教育，正确处理师生之间的矛盾。
（5）以身作则，为人师表，严于律己，平等待人。

附录 教师专业标准

2012年2月10日，教育部下发《关于印发〈幼儿园教师专业标准（试行）〉〈小学教师专业标准（试行）〉和〈中学教师专业标准（试行）〉》的通知。上述标准是国家对幼儿园、小学和中学合格教师专业素质的基本要求，是教师实施教育教学行为的基本规范，是引领教师专业发展的基本准则，是教师培养、准入、培训、考核等工作的重要依据。

幼儿园教师专业标准（试行）

为促进幼儿园教师专业发展，建设高素质幼儿园教师队伍，根据《中华人民共和国教师法》，特制定《幼儿园教师专业标准（试行）》（以下简称《专业标准》）。

幼儿园教师是履行幼儿园教育教学工作职责的专业人员，需要经过严格的培养与培训，具有良好的职业道德，掌握系统的专业知识和专业技能。《专业标准》是国家对合格幼儿园教师专业素质的基本要求，是幼儿园教师实施保教行为的基本规范，是引领幼儿园教师专业发展的基本准则，是幼儿园教师培养、准入、培训、考核等工作的重要依据。

一、基本理念

（一）师德为先

热爱学前教育事业，具有职业理想，践行社会主义核心价值体系，履行教师职业道德规范，依法执教。关爱幼儿，尊重幼儿人格，富有爱心、责任心、耐心和细心；为人师表，教书育人，自尊自律，做幼儿健康成长的启蒙者和引路人。

（二）幼儿为本

尊重幼儿权益，以幼儿为主体，充分调动和发挥幼儿的主动性；遵循幼儿身心发展特点和保教活动规律，提供适合的教育，保障幼儿快乐健康成长。

（三）能力为重

把学前教育理论与保教实践相结合，突出保教实践能力；研究幼儿，遵循幼儿成长规律，提升保教工作专业化水平；坚持实践、反思、再实践、再反思，不断提高专业能力。

（四）终身学习

学习先进学前教育理论，了解国内外学前教育改革与发展的经验和做法；优化知识结构，提高文化素养；具有终身学习与持续发展的意识和能力，做终身学习的典范。

二、基本内容

维度	领域	基本要求
专业理念与师德	（一）职业理解与认识	1. 贯彻党和国家教育方针政策，遵守教育法律法规。 2. 理解幼儿保教工作的意义，热爱学前教育事业，具有职业理想和敬业精神。 3. 认同幼儿园教师的专业性和独特性，注重自身专业发展。 4. 具有良好职业道德修养，为人师表。 5. 具有团队合作精神，积极开展协作与交流。
	（二）对幼儿的态度与行为	6. 关爱幼儿，重视幼儿身心健康，将保护幼儿生命安全放在首位。 7. 尊重幼儿人格，维护幼儿合法权益，平等对待每一位幼儿。不讽刺、挖苦、歧视幼儿，不体罚或变相体罚幼儿。 8. 信任幼儿，尊重个体差异，主动了解和满足有益于幼儿身心发展的不同需求。 9. 重视生活对幼儿健康成长的重要价值，积极创造条件，让幼儿拥有快乐的幼儿园生活。
	（三）幼儿保育和教育的态度与行为	10. 注重保教结合，培育幼儿良好的意志品质，帮助幼儿养成良好的行为习惯。 11. 注重保护幼儿的好奇心，培养幼儿的想象力，发掘幼儿的兴趣爱好。 12. 重视环境和游戏对幼儿发展的独特作用，创设富有教育意义的环境氛围，将游戏作为幼儿的主要活动。 13. 重视丰富幼儿多方面的直接经验，将探索、交往等实践活动作为幼儿最重要的学习方式。 14. 重视自身日常态度言行对幼儿发展的重要影响与作用。 15. 重视幼儿园、家庭和社区的合作，综合利用各种资源。
	（四）个人修养与行为	16. 富有爱心、责任心、耐心和细心。 17. 乐观向上、热情开朗，有亲和力。 18. 善于自我调节情绪，保持平和心态。 19. 勤于学习，不断进取。 20. 衣着整洁得体，语言规范健康，举止文明礼貌。
专业知识	（五）幼儿发展知识	21. 了解关于幼儿生存、发展和保护的有关法律法规及政策规定。 22. 掌握不同年龄幼儿身心发展特点、规律和促进幼儿全面发展的策略与方法。 23. 了解幼儿在发展水平、速度与优势领域等方面的个体差异，掌握对应的策略与方法。 24. 了解幼儿发展中容易出现的问题与适宜的对策。 25. 了解有特殊需要幼儿的身心发展特点及教育策略与方法。

续表

维度	领域	基本要求
专业知识	（六）幼儿保育和教育知识	26. 熟悉幼儿园教育的目标、任务、内容、要求和基本原则。 27. 掌握幼儿园各领域教育的学科特点与基本知识。 28. 掌握幼儿园环境创设、一日生活安排、游戏与教育活动、保育和班级管理的知识与方法。 29. 熟知幼儿园的安全应急预案，掌握意外事故和危险情况下幼儿安全防护与救助的基本方法。 30. 掌握观察、谈话、记录等了解幼儿的基本方法和教育心理学的基本原理和方法。 31. 了解0~3岁婴幼儿保教和幼小衔接的有关知识与基本方法。
	（七）通识性知识	32. 具有一定的自然科学和人文社会科学知识。 33. 了解中国教育基本情况。 34. 具有相应的艺术欣赏与表现知识。 35. 具有一定的现代信息技术知识。
专业能力	（八）环境的创设与利用	36. 建立良好的师幼关系，帮助幼儿建立良好的同伴关系，让幼儿感到温暖和愉悦。 37. 建立班级秩序与规则，营造良好的班级氛围，让幼儿感受到安全、舒适。 38. 创设有助于促进幼儿成长、学习、游戏的教育环境。 39. 合理利用资源，为幼儿提供和制作适合的玩教具和学习材料，引发和支持幼儿的主动活动。
	（九）一日生活的组织与保育	40. 合理安排和组织一日生活的各个环节，将教育灵活地渗透到一日生活中。 41. 科学照料幼儿日常生活，指导和协助保育员做好班级常规保育和卫生工作。 42. 充分利用各种教育契机，对幼儿进行随机教育。 43. 有效保护幼儿，及时处理幼儿的常见事故，危险情况优先救护幼儿。
	（十）游戏活动的支持与引导	44. 提供符合幼儿兴趣需要、年龄特点和发展目标的游戏条件。 45. 充分利用与合理设计游戏活动空间，提供丰富、适宜的游戏材料，支持、引发和促进幼儿的游戏。 46. 鼓励幼儿自主选择游戏内容、伙伴和材料，支持幼儿主动地、创造性地开展游戏，充分体验游戏的快乐和满足。 47. 引导幼儿在游戏活动中获得身体、认知、语言和社会性等多方面的发展。

续表

维度	领域	基本要求
专业能力	（十一）教育活动的计划与实施	48. 制定阶段性的教育活动计划和具体活动方案。 49. 在教育活动中观察幼儿，根据幼儿的表现和需要，调整活动，给予适宜的指导。 50. 在教育活动的设计和实施中体现趣味性、综合性和生活化，灵活运用各种组织形式和适宜的教育方式。 51. 提供更多的操作探索、交流合作、表达表现的机会，支持和促进幼儿主动学习。
	（十二）激励与评价	52. 关注幼儿日常表现，及时发现和赏识每个幼儿的点滴进步，注重激发和保护幼儿的积极性、自信心。 53. 有效运用观察、谈话、家园联系、作品分析等多种方法，客观地、全面地了解和评价幼儿。 54. 有效运用评价结果，指导下一步教育活动的开展。
	（十三）沟通与合作	55. 使用符合幼儿年龄特点的语言进行保教工作。 56. 善于倾听，和蔼可亲，与幼儿进行有效沟通。 57. 与同事合作交流，分享经验和资源，共同发展。 58. 与家长进行有效沟通合作，共同促进幼儿发展。 59. 协助幼儿园与社区建立合作互助的良好关系。
	（十四）反思与发展	60. 主动收集分析相关信息，不断进行反思，改进保教工作。 61. 针对保教工作中的现实需要与问题，进行探索和研究。 62. 制定专业发展规划，积极参加专业培训，不断提高自身专业素质。

三、实施建议

（一）各级教育行政部门要将《专业标准》作为幼儿园教师队伍建设的基本依据。根据学前教育改革发展的需要，充分发挥《专业标准》引领和导向作用，深化教师教育改革，建立教师教育质量保障体系，不断提高幼儿园教师培养培训质量。制定幼儿园教师准入标准，严把幼儿园教师入口关；制定幼儿园教师聘任（聘用）、考核、退出等管理制度，保障教师合法权益，形成科学有效的幼儿园教师队伍管理和督导机制。

（二）开展幼儿园教师教育的院校要将《专业标准》作为幼儿园教师培养培训的主要依据。重视幼儿园教师职业特点，加强学前教育学科和专业建设。完善幼儿园教师培养培训方案，科学设置教师教育课程，改革教育教学方式；重视幼儿园教师职业道德教育，重视社会实践和教育实习；加强从事幼儿园教师教育的师资队伍建设，建立科学的质量评价制度。

（三）幼儿园要将《专业标准》作为教师管理的重要依据。制定幼儿园教师专业发展规划，注重教师职业理想与职业道德教育，增强教师育人的责任感与使命感；开展园本研修，促进教师专业发展；完善教师岗位职责和考核评价制度，健全幼儿园教师绩效管理机制。

（四）幼儿园教师要将《专业标准》作为自身专业发展的基本依据。制定自我专业发展规划，爱岗敬业，增强专业发展自觉性；大胆开展保教实践，不断创新；积极进行自我评价，主动参加教师培训和自主研修，逐步提升专业发展水平。

小学教师专业标准（试行）

为促进小学教师专业发展，建设高素质小学教师队伍，根据《中华人民共和国教师法》和《中华人民共和国义务教育法》，特制定《小学教师专业标准（试行）》（以下简称《专业标准》）。

小学教师是履行小学教育教学工作职责的专业人员，需要经过严格的培养与培训，具有良好的职业道德，掌握系统的专业知识和专业技能。《专业标准》是国家对合格小学教师专业素质的基本要求，是小学教师实施教育教学行为的基本规范，是引领小学教师专业发展的基本准则，是小学教师培养、准入、培训、考核等工作的重要依据。

一、基本理念

（一）师德为先

热爱小学教育事业，具有职业理想，践行社会主义核心价值体系，履行教师职业道德规范，依法执教。关爱小学生，尊重小学生人格，富有爱心、责任心、耐心和细心；为人师表，教书育人，自尊自律，做小学生健康成长的指导者和引路人。

（二）学生为本

尊重小学生权益，以小学生为主体，充分调动和发挥小学生的主动性；遵循小学生身心发展特点和教育教学规律，提供适合的教育，促进小学生生动活泼学习、健康快乐成长。

（三）能力为重

把学科知识、教育理论与教育实践有机结合，突出教书育人实践能力；研究小学生，遵循小学生成长规律，提升教育教学专业化水平；坚持实践、反思、再实践、再反思，不断提高专业能力。

（四）终身学习

学习先进小学教育理论，了解国内外小学教育改革与发展的经验和做法；优化知识结构，提高文化素养；具有终身学习与持续发展的意识和能力，做终身学习的典范。

二、基本内容

维度	领域	基本要求
专业理念与师德	（一）职业理解与认识	1. 贯彻党和国家教育方针政策，遵守教育法律法规。 2. 理解小学教育工作的意义，热爱小学教育事业，具有职业理想和敬业精神。 3. 认同小学教师的专业性和独特性，注重自身专业发展。 4. 具有良好职业道德修养，为人师表。 5. 具有团队合作精神，积极开展协作与交流。

续表

维度	领域	基本要求
专业理念与师德	（二）对小学生的态度与行为	6. 关爱小学生，重视小学生身心健康，将保护小学生生命安全放在首位。 7. 尊重小学生独立人格，维护小学生合法权益，平等对待每一位小学生。不讽刺、挖苦、歧视小学生，不体罚或变相体罚小学生。 8. 信任小学生，尊重个体差异，主动了解和满足有益于小学生身心发展的不同需求。 9. 积极创造条件，让小学生拥有快乐的学校生活。
	（三）教育教学的态度与行为	10. 树立育人为本、德育为先的理念，将小学生的知识学习、能力发展与品德养成相结合，重视小学生全面发展。 11. 尊重教育规律和小学生身心发展规律，为每一个小学生提供适合的教育。 12. 引导小学生体验学习乐趣，保护小学生的求知欲和好奇心，培养小学生的广泛兴趣、动手能力和探究精神。 13. 引导小学生学会学习，养成良好学习习惯。 14. 尊重和发挥好少先队组织的教育引导作用。
	（四）个人修养与行为	15. 富有爱心、责任心、耐心和细心。 16. 乐观向上、热情开朗、有亲和力。 17. 善于自我调节情绪，保持平和心态。 18. 勤于学习，不断进取。 19. 衣着整洁得体，语言规范健康，举止文明礼貌。
专业知识	（五）小学生发展知识	20. 了解关于小学生生存、发展和保护的有关法律法规及政策规定。 21. 了解不同年龄及有特殊需要的小学生身心发展特点和规律，掌握保护和促进小学生身心健康发展的策略与方法。 22. 了解不同年龄小学生学习的特点，掌握小学生良好行为习惯养成的知识。 23. 了解幼小和小初衔接阶段小学生的心理特点，掌握帮助小学生顺利过渡的方法。 24. 了解对小学生进行青春期和性健康教育的知识和方法。 25. 了解小学生安全防护的知识，掌握针对小学生可能出现的各种侵犯与伤害行为的预防与应对方法。
	（六）学科知识	26. 适应小学综合性教学的要求，了解多学科知识。 27. 掌握所教学科知识体系、基本思想与方法。 28. 了解所教学科与社会实践、少先队活动的联系，了解与其他学科的联系。
	（七）教育教学知识	29. 掌握小学教育教学基本理论。 30. 掌握小学生品行养成的特点和规律。 31. 掌握不同年龄小学生的认知规律和教育心理学的基本原理和方法。 32. 掌握所教学科的课程标准和教学知识。

续表

维度	领域	基本要求
专业知识	（八）通识性知识	33. 具有相应的自然科学和人文社会科学知识。 34. 了解中国教育基本情况。 35. 具有相应的艺术欣赏与表现知识。 36. 具有适应教育内容、教学手段和方法现代化的信息技术知识。
专业能力	（九）教育教学设计	37. 合理制定小学生个体与集体的教育教学计划。 38. 合理利用教学资源，科学编写教学方案。 39. 合理设计主题鲜明、丰富多彩的班级和少先队活动。
	（十）组织与实施	40. 建立良好的师生关系，帮助小学生建立良好的同伴关系。 41. 创设适宜的教学情境，根据小学生的反应及时调整教学活动。 42. 调动小学生学习积极性，结合小学生已有的知识和经验激发学习兴趣。 43. 发挥小学生主体性，灵活运用启发式、探究式、讨论式、参与式等教学方式。 44. 发挥好少先队组织生活、集体活动、信息传播等教育功能。 45. 将现代教育技术手段整合应用到教学中。 46. 较好使用口头语言、肢体语言与书面语言，使用普通话教学，规范书写钢笔字、粉笔字、毛笔字。 47. 妥善应对突发事件。 48. 鉴别小学生行为和思想动向，用科学的方法防止和有效矫正不良行为。
	（十一）激励与评价	49. 对小学生日常表现进行观察与判断，发现和赏识每一位小学生的点滴进步。 50. 灵活使用多元评价方式，给予小学生恰当的评价和指导。 51. 引导小学生进行积极的自我评价。 52. 利用评价结果不断改进教育教学工作。
	（十二）沟通与合作	53. 使用符合小学生特点的语言进行教育教学工作。 54. 善于倾听，和蔼可亲，与小学生进行有效沟通。 55. 与同事合作交流，分享经验和资源，共同发展。 56. 与家长进行有效沟通合作，共同促进小学生发展。 57. 协助小学与社区建立合作互助的良好关系。
	（十三）反思与发展	58. 主动收集分析相关信息，不断进行反思，改进教育教学工作。 59. 针对教育教学工作中的现实需要与问题，进行探索和研究。 60. 制定专业发展规划，积极参加专业培训，不断提高自身专业素质。

三、实施建议

（一）各级教育行政部门要将《专业标准》作为小学教师队伍建设的基本依据。根据小学教育改革发展的需要，充分发挥《专业标准》引领和导向作用，深化教师教育改革，建立教师教育质量保障体系，不断提高小学教师培养培训质量。制定小学教师准入标准，严把小学教师入口关；制定小学教师聘任（聘用）、考核、退出等管理制度，保障教师合法权益，形成科学有效的小学教师队伍管理和督导机制。

（二）开展小学教师教育的院校要将《专业标准》作为小学教师培养培训的主要依据。重视小学教师职业特点，加强小学教育学科和专业建设。完善小学教师培养培训方案，科学设置教师教育课程，改革教育教学方式；重视小学教师职业道德教育，重视社会实践和教育实习；加强从事小学教师教育的师资队伍建设，建立科学的质量评价制度。

（三）小学要将《专业标准》作为教师管理的重要依据。制定小学教师专业发展规划，注重教师职业理想与职业道德教育，增强教师育人的责任感与使命感；开展校本研修，促进教师专业发展；完善教师岗位职责和考核评价制度，健全小学教师绩效管理机制。

（四）小学教师要将《专业标准》作为自身专业发展的基本依据。制定自我专业发展规划，爱岗敬业，增强专业发展自觉性；大胆开展教育教学实践，不断创新；积极进行自我评价，主动参加教师培训和自主研修，逐步提升专业发展水平。

中学教师专业标准（试行）

为促进中学教师专业发展，建设高素质中学教师队伍，根据《中华人民共和国教师法》和《中华人民共和国义务教育法》，特制定《中学教师专业标准（试行）》（以下简称《专业标准》）。

中学教师是履行中学教育教学工作职责的专业人员，需要经过严格的培养与培训，具有良好的职业道德，掌握系统的专业知识和专业技能。《专业标准》是国家对合格中学教师的基本专业要求，是中学教师实施教育教学行为的基本规范，是引领中学教师专业发展的基本准则，是中学教师培养、准入、培训、考核等工作的重要依据。

一、基本理念

（一）师德为先

热爱中学教育事业，具有职业理想，践行社会主义核心价值体系，履行教师职业道德规范，依法执教。关爱中学生，尊重中学生人格，富有爱心、责任心、耐心和细心；为人师表，教书育人，自尊自律，以人格魅力和学识魅力教育感染中学生，做中学生健康成长的指导者和引路人。

（二）学生为本

尊重中学生权益，以中学生为主体，充分调动和发挥中学生的主动性；遵循中学生身心发展特点和教育教学规律，提供适合的教育，促进中学生生动活泼学习、健康快乐成长，全面而有个性地发展。

（三）能力为重

把学科知识、教育理论与教育实践有机结合，突出教书育人实践能力；研究中学生，遵循中学生成长规律，提升教育教学专业化水平；坚持实践、反思、再实践、再反思，不断提高专业能力。

（四）终身学习

学习先进中学教育理论，了解国内外中学教育改革与发展的经验和做法；优化知识结构，提高文化素养；具有终身学习与持续发展的意识和能力，做终身学习的典范。

二、基本内容

维度	领域	基本要求
专业理念与师德	（一）职业理解与认识	1. 贯彻党和国家教育方针政策，遵守教育法律法规。 2. 理解中学教育工作的意义，热爱中学教育事业，具有职业理想和敬业精神。 3. 认同中学教师的专业性和独特性，注重自身专业发展。 4. 具有良好职业道德修养，为人师表。 5. 具有团队合作精神，积极开展协作与交流。
	（二）对学生的态度与行为	6. 关爱中学生，重视中学生身心健康发展，保护中学生生命安全。 7. 尊重中学生独立人格，维护中学生合法权益，平等对待每一位中学生。不讽刺、挖苦、歧视中学生，不体罚或变相体罚中学生。 8. 尊重个体差异，主动了解和满足中学生的不同需要。 9. 信任中学生，积极创造条件，促进中学生的自主发展。
	（三）教育教学的态度与行为	10. 树立育人为本、德育为先的理念，将中学生的知识学习、能力发展与品德养成相结合，重视中学生的全面发展。 11. 尊重教育规律和中学生身心发展规律，为每一位中学生提供适合的教育。 12. 激发中学生的求知欲和好奇心，培养中学生学习兴趣和爱好，营造自由探索、勇于创新的氛围。 13. 引导中学生自主学习、自强自立，培养良好的思维习惯和适应社会的能力。 14. 尊重和发挥好共青团、少先队组织的教育引导作用。
	（四）个人修养与行为	15. 富有爱心、责任心、耐心和细心。 16. 乐观向上、热情开朗、有亲和力。 17. 善于自我调节情绪，保持平和心态。 18. 勤于学习，不断进取。 19. 衣着整洁得体，语言规范健康，举止文明礼貌。
专业知识	（五）教育知识	20. 掌握中学教育的基本原理和主要方法。 21. 掌握班级、共青团、少先队建设与管理的原则与方法。 22. 掌握教育心理学的基本原理和方法，了解中学生身心发展的一般规律与特点。 23. 了解中学生世界观、人生观、价值观形成的过程及其教育方法。 24. 了解中学生思维能力、创新能力和实践能力发展的过程与特点。 25. 了解中学生群体文化特点与行为方式。

续表

维度	领域	基本要求
专业知识	（六）学科知识	26. 理解所教学科的知识体系、基本思想与方法。 27. 掌握所教学科内容的基本知识、基本原理与技能。 28. 了解所教学科与其他学科的联系。 29. 了解所教学科与社会实践及共青团、少先队活动的联系。
	（七）学科教学知识	30. 掌握所教学科课程标准。 31. 掌握所教学科课程资源开发与校本课程开发的主要方法与策略。 32. 了解中学生在学习具体学科内容时的认知特点。 33. 掌握针对具体学科内容进行教学和研究性学习的方法与策略。
	（八）通识性知识	34. 具有相应的自然科学和人文社会科学知识。 35. 了解中国教育基本情况。 36. 具有相应的艺术欣赏与表现知识。 37. 具有适应教育内容、教学手段和方法现代化的信息技术知识。
专业能力	（九）教学设计	38. 科学设计教学目标和教学计划。 39. 合理利用教学资源和方法设计教学过程。 40. 引导和帮助中学生设计个性化的学习计划。
	（十）教学实施	41. 营造良好的学习环境与氛围，激发与保护中学生的学习兴趣。 42. 通过启发式、探究式、讨论式、参与式等多种方式，有效实施教学。 43. 有效调控教学过程，合理处理课堂偶发事件。 44. 引发中学生独立思考和主动探究，发展学生创新能力。 45. 发挥好共青团、少先队组织生活、集体活动、信息传播等教育功能。 46. 将现代教育技术手段整合应用到教学中。
	（十一）班级管理与教育活动	47. 建立良好的师生关系，帮助中学生建立良好的同伴关系。 48. 注重结合学科教学进行育人活动。 49. 根据中学生世界观、人生观、价值观形成的特点，有针对性地组织开展德育活动。 50. 针对中学生青春期生理和心理发展特点，有针对性地组织开展有益身心健康发展的教育活动。 51. 指导学生理想、心理、学业等多方面发展。 52. 有效管理和开展班级、共青团、少先队活动。 53. 妥善应对突发事件。
	（十二）教育教学评价	54. 利用评价工具，掌握多元评价方法，多视角、全过程评价学生发展。 55. 引导学生进行自我评价。 56. 自我评价教育教学效果，及时调整和改进教育教学工作。

续表

维度	领域	基本要求
专业能力	(十三) 沟通与合作	57. 了解中学生，平等地与中学生进行沟通交流。 58. 与同事合作交流，分享经验和资源，共同发展。 59. 与家长进行有效沟通合作，共同促进中学生发展。 60. 协助中学与社区建立合作互助的良好关系。
	(十四) 反思与发展	61. 主动收集分析相关信息，不断进行反思，改进教育教学工作。 62. 针对教育教学工作中的现实需要与问题，进行探索和研究。 63. 制定专业发展规划，积极参加专业培训，不断提高自身专业素质。

三、实施建议

（一）各级教育行政部门要将《专业标准》作为中学教师队伍建设的基本依据。根据中学教育改革发展的需要，充分发挥《专业标准》引领和导向作用，深化教师教育改革，建立教师教育质量保障体系，不断提高中学教师培养培训质量。制定中学教师准入标准，严把中学教师入口关；制定中学教师聘任（聘用）、考核、退出等管理制度，保障教师合法权益，形成科学有效的中学教师队伍管理和督导机制。

（二）开展中学教师教育的院校要将《专业标准》作为中学教师培养培训的主要依据。重视中学教师职业特点，加强中学教育学科和专业建设。完善中学教师培养培训方案，科学设置教师教育课程，改革教育教学方式；重视中学教师职业道德教育，重视社会实践和教育实习；加强从事中学教师教育的师资队伍建设，建立科学的质量评价制度。

（三）中学要将《专业标准》作为教师管理的重要依据。制定中学教师专业发展规划，注重教师职业理想与职业道德教育，增强教师育人的责任感与使命感；开展校本研修，促进教师专业发展；完善教师岗位职责和考核评价制度，健全中学教师绩效管理机制。中等职业学校教师参照执行。

（四）中学教师要将《专业标准》作为自身专业发展的基本依据。制定自我专业发展规划，爱岗敬业，增强专业发展自觉性；大胆开展教育教学实践，不断创新；积极进行自我评价，主动参加教师培训和自主研修，逐步提升专业发展水平。

思考与练习

一、名词解释

1. 教师 2. 师德 3. 角色冲突 4. 教育机智 5. 师生关系 6. 道德关系
7. 心理关系 8. 正式关系 9. 非正式关系

二、填空题

1. 教师是一种具有特殊____的职业角色，他是通过传播____和培养____来推动社会发展的。
2. 在教育过程中，教师处于____、____和____的地位。
3. 在人类社会发展中，教师起着____和____的作用；教育过程中，教师起着____作用。
4. 教师劳动具有____、____、____、____四个特点。
5. 教育过程中，教育情境瞬息万变，教师面对错综复杂的情况，正确、迅速、敏捷地作出判断，恰到好处地妥善处理，这是教师____的表现。

6. 教育机智要求教师要善于____，敏于____，恰于____，____。

7. 教师的语言表达能力具有____、____、____、____、____的特点。

8. 教师劳动____的特殊性和____的复杂性，决定了教师劳动的创造性。

9. ____年，第六届全国人大常委会第九次会议审议通过了关于设立"____"的议案；____年____月____日，第八届全国人大常委会第四次会议审议通过了____。

10. 教师的主导作用主要表现为教师对____和____的调节、控制和改造。

11. 教师的权利就是指教师依法行使的_____和享受的_____。教师的义务就是教师依法必须履行的_____。

12. ____和____是教师必须具备的基本素养。

13. 学生在学习和发展中的主观能动性具体表现在____、____、____三个方面。

14. 学生集体是由____发展而来的，学生集体既是教育的____，也是教育的____。

15. 培养与提高教师素质的主要途径有____和____。

16. 社会主义的师生关系是建立在_____与_____基础上的。在师生关系中，教师的____、____、____、____、____起着决定性作用。

17. 师生间的心理关系，是以____因素和____为基础的，它贯穿于师生交往的全过程。

18. "皮格马利翁效应"表明，教师对学生的爱具有____作用。

19. 教师对学生的情感具有____、____、____的特征。教师对学生情感的高度发展是对学生的____；学生对教师情感的高度发展是对教师的____。

20. 学生是发展中的人，通过教育可以使他们形成____、____和____的能力。

21. 教师职业道德素养的核心是____。

22. 教师劳动的重要特点就在于教师主要是用自己的____、____和____，通过____的方式去直接影响劳动对象。

23. 教师对学生的爱应是一种"教育爱"，它表现为教师全面____、____、____、____，并且严格____，循循善诱，诲人不倦。

24. 教师角色可以分为两类：____和____。

三、选择题

1. （　　）是教育的主导因素。
① 学生　　　　　　　② 教师
③ 教育手段　　　　　④ 教育内容

2. （　　）最早把为人民服务的教师称为"人民教师"。
① 列宁　　　　　　　② 毛泽东
③ 马克思　　　　　　④ 马卡连柯

3. （　　）认为教师是太阳底下最崇高、最优越的职业。
① 赫尔巴特　　　　　② 凯洛夫
③ 夸美纽斯　　　　　④ 苏霍姆林斯基

4. 教师的主导作用是相对于（　　）而言的。
① 教育目的　　　　　② 教育手段
③ 教育对象　　　　　④ 教育内容

5. 教师劳动的（　　）决定了教师劳动是一种创造性的劳动。
① 复杂性　　　　　　② 示范性
③ 艰巨性　　　　　　④ 长期性

6. "以身立教"的主张是（　　）提出来的。
① 韩愈　　　　　　　② 孔子
③ 陶行知　　　　　　④ 夸美纽斯

7. 学生往往"度德而师之"，表明教师的一言一行都具有（　　）。
① 暗示性　　　　　　② 协同性
③ 特殊性　　　　　　④ 示范性

8. 教育机智主要体现在教师的（　　）上。
① 组织能力　　　　　② 自我调控能力
③ 应变能力　　　　　④ 语言表达能力

9. "教师中心论"的代表人物是（　　）；"学生中心论"的代表人物是（　　）。
① 杜威　　　　　　　② 第斯多惠
③ 夸美纽斯　　　　　④ 赫尔巴特

10. "向师性"表明学生在教育过程中的（　　）地位。
① 客体　　　　　　　② 主体
③ 主导　　　　　　　④ 客观

11. "独立性"表明学生在教育过程中的（　　）地位。
① 客体　　　　　　　② 主体
③ 客观　　　　　　　④ 主观

12. 师生关系是一种特殊的（　　）关系。
① 人际　　　　　　　② 社会
③ 教育　　　　　　　④ 心理

13. 教师的根本任务是（　　）。
① 教好书　　　　　　② 教书育人
③ 思想教育　　　　　④ 培养学生的能力

14. 做一名合格的教师有多方面的条件，其核心是（　　）。
① 道德品质　　　　　② 口才
③ 热爱学生　　　　　④ 教师的业务素养

15. 良好的师生关系的建立，主要取决于（　　）。
① 教师的交往能力　　② 教师对学生的爱
③ 教师的教育水平　　④ 学生的交往能力

16. 师生之间的（　　）对教育过程有着决定性的影响。
① 道德关系　　　　　② 心理关系
③ 组织关系　　　　　④ 非正式关系

17. 教师在处理师生之间的正式关系与非正式关系时要注意（　　）。
① 把非正式关系放在教育活动的首要位置
② 把正式关系放在教育活动的首要位置

③ 把两种关系放到同等重要的位置上
④ 两种关系都不重要
18. 列宁曾指出,要提高教师的地位,最重要的是提高教师的(　　)。
① 政治地位　　　　② 物资生活条件
③ 教育地位　　　　④ 历史地位
19. 学生的(　　)和模仿性决定了教师劳动的示范性。
① 向师性　　　　　② 主动性
③ 被动性　　　　　④ 发展性

四、判断题（正确的在括号内打"＋",错误的打"－"）

1. 早在原始社会就有了专职教师。(　　)
2. 教育是人类进步、社会发展的基础,而教师是办好教育的决定因素。(　　)
3. 教师劳动的过程始终都是人与人相互作用的过程。(　　)
4. 在教育过程中,发挥教师的主导作用,其目的是为了更充分地调动学生的主动性。(　　)
5. 教师的劳动是一种以脑力劳动为主的个体劳动。(　　)
6. 教师的任务就是顺利完成教育、教学工作,学校的管理是学校领导的工作范围。(　　)
7. 在复杂多变的教育情境中,教师的创造才能集中表现为他的教育机智。(　　)
8. 教师的劳动是一种群体性和个体性相结合的劳动。(　　)
9. 教师在教育过程中的主导作用是必然的,无条件的。(　　)
10. 知识信息的传递和转换是教师劳动的主要手段。(　　)
11. 学生的心智成长完全取决于教师的指导。(　　)
12. 学生的发展是一个自然的过程,教师在这一过程中没有什么作用。(　　)
13. 强调学生的主体作用,就必然会削弱教师的主导作用。(　　)
14. 教师的知识结构是指教师具有丰富的专业知识和阅历。(　　)
15. 只要把班上的每一个同学教育好,就能形成一个优秀的学生集体。(　　)
16. 集体不是个人简单相加的总和,而是人与人之间有机的结合。(　　)
17. 学生既是教育的客体,又是学习的主体,因此在教育过程中,教育的一切措施都应围绕学生而制定。(　　)
18. 学生集体是学生群体发展的高级阶段。(　　)
19. 社会主义的师生关系是建立在民主与平等基础上的。(　　)
20. 良好的师生关系的建立,主要取决于学生的活动能力。(　　)
21. 正式关系是针对师生各自履行的职能职责而言,没有良好的人际关系,师生也可以各行其职,形成良好的师生关系。(　　)
22. 由于学生的发展具有个别差异性,所以教师的大部分时间应该是面对学生个体进行工作。(　　)
23. 人的心理活动,在集体条件下和个人条件下,所遵循的规律是相同的。(　　)
24. 尊师爱生是师生道德关系的生动的、准确的概括。(　　)
25. 在不同的社会制度下,师生关系的特点是不相同的。(　　)
26. 师生之间的正式关系,一般不以教师和学生的态度而转移。(　　)
27. 教师的劳动是一种以脑力劳动为主的复杂劳动。(　　)

28. 既然学生是教育的主体，那么，教师的一切教育活动都应该事先征求学生的意见，取得他们的认同和支持。（ ）

29. 热爱学生，诲人不倦，是忠诚人民教育事业的具体表现。（ ）

30. 在我国封建社会，教师普遍受到人们的尊重，教师的地位是很高的。（ ）

五、辨析题

1. "十年树木，百年树人"。
2. "一切东西懂一点，某一东西懂一切。"
3. 任何教师在教育过程中都能够发挥主导作用。
4. "教无定法"。
5. 学生在教育过程中的客体地位，决定了他们在教育过程中的一切行为都是由教师决定的。
6. "君子既知教之所由兴，又知教之所由废，然后可以为人师也。"
7. 教育机智实际上就是教师在教育过程中"灵机一动"的结果。
8. "度德而师之"。

六、简答题

1. 简述教师的作用。
2. 为什么说教师的劳动具有复杂性？
3. 教师劳动的创造性表现在哪些方面？
4. 一个合格的教师应具备哪些素养？
5. 怎样帮助教师尽快适应教师角色？
6. 师生之间的认知关系和情感关系各有什么特点？
7. 怎样才能建立和发展良好的师生关系？

七、论述题

1. 有人说："既然承认学生是学习的主体，这和'儿童中心论'不是一回事了吗？"请加以评述，并阐述教师应树立怎样的学生观？
2. 为什么说学生既是教育的客体，又是学习和发展的主体？
3. 教师的心理健康对学生有什么意义？教师应怎样进行心理健康的自我维护？

八、实例分析

1. 下面是一位高中教师在课堂上介绍屈原时讲的一段话。按照教师语言的要求，谈谈你的看法。

"噢！——那个屈原嘛——他嘛，是一个贵族，他还有点爱国热情。他是主张楚国来统一六国的。——当时，也有这个可能，楚国地大，人又多——坏就坏在楚怀王身上。后来嘛，给流放了，写了本《离骚》就死了。现在吃粽子，就是纪念他嘛！"

2. 以教师的素养为理论依据，谈谈你对下面两个事例的看法。

（1）有一次，班上一个学生的书不知被谁撕坏了，这个学生急得哭了起来，班上的秩序乱了。年轻的实习教师一个劲地追查，使撕书的学生不敢承认。特级教师斯霞并不急于追问，而是心平气和地讲了为什么要爱书，不但要爱自己的书，也应该爱别人的书。她说："书已经撕了，这是件不好的事，但谁不做错事呢？我们大家都做过错事。做错事并不要紧，只要讲出来就说明他认识到自己的不对，这就是有了进步，就应该受到欢迎……"他的话未完，撕书的学生主动站出来认了错。一场风波平息了，全班同学也受到了一次教育。

（2）《木兰诗》上了两节课，学生兴趣盎然，口诵心记，十分喜爱。谁知课要结束时小唐在座位上叽咕开了："写得倒蛮好，不过是假的，吹牛。"话音刚落，教室里开了锅，七嘴八舌，都冲着我来了。"同行十二年，不知木兰是女郎，根本不可能。""不说别的，一洗脚就要露馅，小脚怎么藏得住？"在一片喧嚷声中我说了一句："南北朝时妇女还不裹小脚。"课堂上霎时安静下来。约莫几秒钟光景，小陶首先站起来一本正经地问："那么，中国妇女是什么时间开始包小脚的？"其他同学顿时活跃起来，说，"是啊，哪个朝代啊？"我被问懵了。备课哪会备到小脚这个问题呢？课后查阅了好些书，在《陔余丛考》中查到了"弓足"，方知一般地说，妇女弓足起于五代。

第五章 德育理论与实践

本章要点：
- 德育的意义和任务；
- 德育过程的基本矛盾和规律；
- 德育的原则及贯彻要求；
- 德育的途径和方法；
- 班主任的素质要求和职责；
- 班级德育工作内容和方法。

德育理论是教育学的重要组成部分，它揭示了思想品德教育的客观规律，确定了德育的任务和内容，探讨了德育的过程以及实施德育的原则、方法和形式等。教师必须自觉地以德育理论为指导，做到理论与实践相结合，才能做好学生的德育工作，收到良好的思想品德教育效果。

小栏目 5-1

中学德育工作的基本要求

中学德育工作应认真贯彻党在社会主义初级阶段的基本路线，遵循党关于社会主义精神文明建设的指导方针，在继承和发扬德育优良传统的基础上，适应不断发展变化的新情况，赋予德育具有时代特点的新内容、新方法。要坚持实事求是的思想路线，从我国社会主义初级阶段的实际出发，从基础教育实际出发，从中学生的实际出发，遵循青少年的身心发展规律，分层次地确定德育工作的目标和内容，对中学生进行基本思想政治观点、基本道德、基础文明行为教育、良好个性心理品质和品德能力的培养。不断改进德育方法，逐步实现德育工作科学化、规范化、制度化。

[资料来源]《中学德育大纲》，1995 年 2 月 27 日国家教委发布。

第一节 德育概述

一、德育的概念

德育，即思想品德教育，是指教育者按一定的社会或阶级的要求，有目的、有计划、有组织地对受教育者施加系统的影响，从而把社会道德规范和要求转化为个体的思想意识和道德品质的教育活动。它包括政治教育、思想教育、道德教育和法制教育等方面，是全面发展教育的重要组成部分。

政治教育的目的是培养青少年学生对党和国家所持的立场态度，使他们具有社会主义觉悟；思想教育是对青少年学生所进行的科学世界观、人生观的教育，以奠定其辩证唯物主义世界观的基础；道德教育最集中的就是培养青少年学生的道德品质和行为习惯；法制教育包括法律和纪律教育，是特殊的行为规范教育。其中，道德是基础，政治是灵魂，思想是行为的指导，法制是约束行为的外部强制力量。四者相互联系，共同构成一个整体。

二、德育的意义

纵观古今中外教育史，莫不重视思想品德教育。春秋时期孔子教育学生时首先要求立志受道；唐代的韩愈在他的名篇《师说》中，把"传道"作为教师的第一项任务；新中国成立以来，我国教育界也一直把德育放在全面发展教育的首要位置。国外也是如此，一些国家把加强学生的思想品德教育称为"德育投资"。例如，日本从1958年起就在小学开设道德课，并在社会上建立少年辅导中心、学校警察联络协议会、家长教师联络会等组织，加强少年儿童的道德教育；德国从1975年开始就制定了道德教育和法制教育的制度，把道德教育和法律教育列入学校课程。其他许多国家也都加强了道德教育课。由此可见，不同的社会对德育有不同的要求，但无论什么时代、什么国家、什么社会制度都重视德育。同时，这些变化也说明，随着世界经济的发展，新技术革命的挑战，思想品德教育日益显示出它的重大作用。思想品德教育的意义，主要从社会和个体两方面反映出来。

（一）德育的社会意义

思想品德属于意识形态范畴，归属于上层建筑，对社会的发展有重要的作用，因此，加强德育是社会发展的客观要求。在我国新时期的社会主义制度下，思想品德教育的社会意义主要体现在以下两方面。

1. 坚持社会主义方向的需要

德育作为直接服务于政治的统治手段，集中反映了一定社会的政治要求。在社会主义制度下，我国的德育工作必须坚持社会主义方向，帮助受教育者形成社会主义建设所需要的政治意识、思想观点、品德修养，使他们能按社会主义的要求规范和调节自己的行为，自觉维护社会主义生产关系、道德关系，形成共产主义道德品质。

2. 建设"两个文明"的重要保证

在我国，社会主义现代化建设包括物质文明建设和精神文明建设两个方面。思想品德教育是精神文明建设的重要内容。物质文明为精神文明的发展提供物质条件和实践经验，精神文明又为物质文明的发展提供精神动力和智力支持，为它的正确发展方向提供有力的思想保证。

社会主义精神文明建设，包括了对受教育者，尤其是对青少年所进行的思想品德教育。青少年是祖国的未来，他们的思想道德素质如何，是社会文明程度的体现，并决定着我国未来的社会风貌和民族精神。因此，学校的思想品德教育是整个社会主义精神文明建设的重要组成部分。1988年6月召开的全国中小学德育工作会议指出：社会主义精神文明建设的根本任务，是适应社会主义现代化建设的需要，培育有理想、有道德、有文化、有纪律的社会主义公民，提高整个中华民族的思想道德素质和科学文化素质。

（二）个体意义

加强德育是社会发展的客观要求，同时也是个体发展的需要。德育的个体意义主要表现在以下两个方面。

1. 加强德育是实现全面发展教育目的的重要保证

加强德育是我国教育方针的根本要求，是学校全面实现培养目标的需要。我国新时期教育方针的基本精神，就是为社会主义建设培养德智体美全面发展的建设者和接班人。德育作为全国发展教育的有机组成部分，居于德、智、体、美、劳各育之首，对其他各育有指导作用，是其他各育正确发展方向的保证。因此，实施德育是促进学生全面发展的关键。

2. 德育是青少年思想品德形成和发展的主导条件

人的思想品德的形成和发展，是在多方面因素的影响下实现的，教育仅仅是其中一个因素而已。但是，学校德育具有目的性和计划性，是诸多因素中可控制的、由专门的教育者施加给受教育者的正式影响，对青少年思想品德形成和发展起着主导作用。

青少年处于思想品德形成的关键时期。他们心智发展很不成熟，有着极大的可塑性，容易接受各种思想的影响，但又还没有足够的是非判断力，正所谓近朱者赤，近墨者黑，因而这个时期也是对其进行思想品德教育的最佳时期，学校的德育和教师的引导是他们健康成长的重要条件。一个人良好的思想品德是不会自发产生的，所谓"树大自然直"的观点是错误的，是不负责任的。还有人认为"德育是软任务，智育是硬任务，升学率是铁任务"。更有一些悲观者在看到一些不良社会现象时，就认为社会风气不好，认为德育工作是"小气候抵不住大气候"，对思想品德教育失去信心。在这种种错误思想影响下，部分学校的思想品德教育工作出现"说起来重要，做起来次要，忙起来不要"的情况，这将对青少年的健康成长产生极大的负面影响。所有的一切表明，加强学校德育工作是当务之急。

三、德育的任务

思想品德教育的任务是指通过思想品德教育使学生的思想品德达到应有的规格。思想品德教育任务是根据教育目的确定的，是为实现教育目的服务的，主要反映了一定社会、国家、阶级对年轻一代在思想品德方面的要求。同时，也要根据不同阶段学生的年龄特征确定具体的教育任务。

在我国，思想品德教育的任务是根据社会主义初级阶段对社会主义现代化建设者在思想品德方面的要求以及学生的年龄特点来确定的。1988年12月，《中共中央关于改革和加强中小学德育工作的通知》指出："中小学德育工作的基本任务是：把全体学生培养成为爱国的、具有社会公德、文明习惯的遵纪守法的公民。在这个基础上，引导他们逐步确立科学的人生观、世界观，并不断提高社会主义思想觉悟，使他们中的优秀分子将来能够成为坚定的共产主义者。"具体地说，我国现阶段学校教育中的德育任务包括下列几个方面：

（1）培养学生坚定正确的政治方向。政治方向是一个人的灵魂，没有正确的政治方向就等于没有灵魂。培养学生坚定正确的政治方向，就是要教育学生坚持社会主义道路，坚持人民民主专政，坚持中国共产党的领导，坚持马克思主义、毛泽东思想；热爱祖国，热爱共产党，热爱人民，全心全意为社会主义现代化建设服务；形成积极参与社会政治的主人翁态度。

（2）培养学生科学的世界观、人生观。世界观是人们对整个世界的根本看法，人生观是人们对人生的态度。世界观、人生观的形成是个长期、艰苦的过程，因此，需要在学校德育过程中教育学生认真学习科学的哲学原理，深刻认识自然、社会、人生的发展规律，学好科学文化知识，正确认识世界，认识人生，并在积极地改造客观世界的过程中，自觉地改造主观世界，通过长期学习和实践，逐渐形成科学的世界观、人生观和价值观。

（3）培养学生的社会主义道德品质。道德品质是社会道德在个体身上的反映，是人们根据一定的道德规范行动时所表现出来的经常而稳定的倾向和特征。培养学生的社会主义道德品质，就是教育学生深刻理解和自觉遵守社会道德规范，树立和发扬社会主义道德风尚，具有集体主义思想和社会主人翁态度，爱科学，爱劳动，具有关心社会、助人为乐、诚实谦虚、文明礼貌、遵纪守法等优良的道德品质和行为习惯。

（4）培养学生的道德评价能力和自我教育能力。道德评价能力是指学生根据社会的道德准则，对道德行为的是非、善恶、美丑进行判断的能力。学生具有良好的道德评价能力，就能对他所接触的复杂道德现象进行分析，作出评价，吸取其中的积极因素，抵制其中的消极影响，形成良好的思想品德。自我教育能力是指学生根据社会的道德准则要求，自觉地提高道德认识、进行行为训练的能力，其中包括自我认识、自我激励、自我改正以及自我评价的能力。学生有了自我教育能力，才能明辨是非，主动地接受教育，这不仅对他们在校形成良好的思想品德有重要作用，对他们今后思想品德的提高也有深远的影响。

这几项任务是紧密联系、互相促进、彼此渗透的整体，贯穿在整个德育过程中。学校德育要根据学生不同的学习阶段和实际情况而有所侧重。

四、德育的内容

德育的内容是指在德育过程中，用什么样的政治观点和道德准则去教育培养青少年的问题。正确选择德育内容，对德育目标和任务的实现至关重要。

（一）德育内容的制定依据

思想品德教育的内容是由一定社会的政治经济决定的，总是从不同方面去反映社会经济要求。同时，德育内容的确定还要受到多种因素的制约：一是德育的目标和任务制约着德育内容的性质；二是学生的年龄特征制约着德育内容的深度与广度；三是当前形势和学生的思想状况决定了德育的针对性。

（二）我国中小学德育的基本内容

德育内容可分为基本稳定的和可变动的两部分：根据思想品德教育任务和学生的年龄特征所确定的那些内容，是基本的，相对稳定的；根据形势和学生思想实际确定的那部分内容是变动的，要随学生思想的变化有针对性地进行教育，这部分内容难以用大纲的形式规定下来，应由学校根据每一时期的情况，结合本校的实际情况来确定。

中小学德育的基本内容在国家教委颁布的《小学德育纲要》和《中学德育大纲》中有明确规定，主要有爱国主义教育、集体主义教育、法制教育、社会公德教育、劳动教育、健康心理品质教育、人生观教育、科学世界观教育、社会主义教育等。这几项内容是互相联系、互相渗透的。在对学生进行教育时，要互相结合进行，在不同的活动中有不同的重点。即使是同一内容，在不同年龄阶段的学生中也应有不同要求，在具体目标上分层次，以切合学生的思想实际，收到实际效果。

五、德育与心理健康教育的关系

在学校工作中，心理辅导与德育是相辅相成的，但是，由于缺乏师资，许多学校让德育工作者来兼心理辅导和德育教育二职，一些学校将心理辅导工作交由德育处来负责，心理辅导德育化的倾向日益突出，这是一大误区。心理辅导与德育教育是有本质区别的。

1. 在内容与目标上有区别

学校心理健康教育旨在塑造个人完善的人格，力图使学生在自我认识、情绪控制、道德自律等方面与自身审美达到高度的和谐统一，形成健康的人格，提高学生的心理素质。它将每个学生的情感、行为与人际关系中的问题当作个人成长道路中的障碍来看待，心理辅导就是要帮助学生扫除障碍，健康成长。而德育旨在塑造个人完善的道德品行，努力培养学生对社会及其文化形成强烈的责任感，增强社会正义感和抵抗各种不良诱惑的能力。德育就是要引导学生去追求高尚的思想境界与品行，形成正确的世界观、价值观、审美观。

2. 在方法上有区别

心理辅导要求教师尽量从学生的性格特点、成长过程与生活环境中去理解其特定行为与动机，把学生当作人际关系中的一个具体人来看待，力求充分尊重、理解、接纳学生的行为表现，把学生看作一个凡人。而德育实质上是一个道德内化的过程，它要使学生在社会行为中认同高尚无私的价值观，模仿社会贤能、英雄模范人物的行为，达到孔子的"见贤则思齐，见不贤则思过"之境界，最终养成良好的个性行为。

3. 交流方式有区别

心理辅导本质上是一个讨论的过程，以尊重和理解为基本手段，其中辅导员与当事人的关系基本上是相互平等的。辅导员不试图充当师者的角色，也不强求当事人接受其个人意见，他的作用在于引导当事人积极思考，自我反省，增强分析问题与解决问题的能力，最终成为一个有自知之明与自律能力的人。德育本质上是一个教育的过程。它以示范与社会学习为基本手段，将一定的伦理道德观念、历史事件、人物事迹及法律常识等通过教育的方式传授给学生，帮助他们理解并接受这些教学内容，形成相应的世界观与道德观。心理辅导与德育是相辅相成的，谁也代替不了谁，谁也包容不了谁，在实际工作中尤其要注意。

第二节 德育过程的基本规律

要做好思想品德教育工作，完成思想品德教育的任务，必须掌握教育规律。思想品德教育过程的理论，是揭示思想品德教育的规律，制定思想品德教育原则和教学方法的依据。教师必须真正理解和掌握思想品德教育的原则和规律，才能科学地组织思想品德教育过程，提高思想品德教育工作的水平，使思想品德教育工作收到实效。

一、德育过程的本质

（一）德育过程的一般概念

德育过程，是教育者按照一定社会的要求以及受教育者思想品德形成的规律，有目的、有计划、有组织地对受教育者施加影响，通过受教育者的积极作用，逐步形成教育者所期望的思想品德的过程；也就是在活动和交往中，教育者借助一定教育手段，把一定社会的思想准则和道德规范转化为受教育者个体的思想品德的过程。这就是德育过程的本质。

（二）德育过程的主要矛盾

简而言之，德育过程就是把社会道德规范转化为个体思想品德的过程，因而这一过程的主要矛盾是教育者代表社会所提出的道德要求同受教育者现有道德水平之间的矛盾。这也是决定德育过程本质的特殊矛盾。

德育过程中，教育者是社会的代表，他所要完成的德育任务，就是向受教育者提出德育要求，并通过自己的努力让这种要求在受教育者身上得以实现。而教育者所提出的德育要求，也就是社会对受教育者的要求，归根到底是由当时的社会关系所决定的。因此，德育过程中的矛盾就其实质来说是一种社会矛盾，也是社会的道德要求同年轻一代现有道德水平之间矛盾的反映。教育者某一个具体的德育任务的实现，使这一矛盾暂时得以解决，这一具体德育过程终结；当教育者又对受教育者提出新的德育要求，与受教育者之间构成新的矛盾，便意味着新的德育过程的开始。

德育过程的理论，主要研究如何促进矛盾的不断解决，从而使受教育者的思想品德在教育者的影响下逐渐形成。

（三）德育过程和品德形成过程的关系

德育过程即思想品德教育过程，与思想品德形成过程是两个不同的概念，二者的关系是教育与发展的关系。

如前所述，德育过程是把一定社会的思想准则和道德规范转化为受教育者个体的思想品德的过程，这是一种教育活动的过程。而思想品德的形成，则是指人的发展，即个体在思想品德方面的发展，也就是构成个体思想品德的知、情、意、行等方面，由简单到复杂，由低级到高级，由量变到质变的矛盾运动过程。二者不能混为一谈。把德育过程代替思想品德形成过程，重视外部的教育措施，忽视内在的形成过程，或把思想品德形成过程代替德育过程，放弃教育者自身的职责，都会导致思想上的混乱，妨碍德育作用的发挥。

思想品德教育过程和思想品德形成过程尽管是两个不同的概念，却又是相互联系的。思想品德教育过程要根据思想品德形成的规律来进行，而思想品德教育过程对思想品德形成过程又具有调节和控制的作用，它们是统一在道德教育的实践活动中来实现的。

二、德育过程的基本规律

德育过程有自身的规律。开展德育工作必须要遵循思想品德形成的规律，同时也要遵循德育过程的规律，才可能取得理想的教育效果。

（一）德育过程是培养学生知、情、意、行的过程

1. 品德的心理结构

任何一种品德都包含道德认识、道德情感、道德意志和道德行为四个基本成分，简称知、情、意、行。这四个基本成分在品德形成中有各自的地位和作用，既相对独立又相互渗透。

知，即道德认识，是人们对一定社会的道德准则及其意义的认识；发展到高级阶段就成为道德信念。道德认识在思想品德形成过程中有十分重要的作用，它能调节、控制受教育者的道德情感、道德意志，支配道德行为。它是行动的先导，也是道德品质形成的基础。

情，即道德情感，是人们运用一定的道德标准去评价自己或他人的言行时所产生的内心体验，是个人道德需要是否得到满足的反映。如：他人做出的言行若符合自己的道德标准，则对其感到敬佩，反之则反感、痛恨；自己做出的言行若符合社会道德要求，则感到自豪，否则便内疚、自责等。道德情感是构成道德动机的重要成分，是人道德行为的内部动力。

意，即道德意志，是指人们在道德行动中自觉克服困难，以实现预定的道德目标的心理过程。意志是调节行为的精神力量。意志薄弱的人，没有排除困难的毅力，也没有抵御不良诱惑的自制力，因此很难培养起良好的道德行为习惯。

行，即道德行为，是人们在一定的认识、情感和意志支配下所采取的行为。道德行为经过反复实践，养成习惯，才能成为稳定的道德品质。行为习惯是一个人思想觉悟高低、道德品质完善程度的根本衡量标志。

知、情、意、行四个因素在学生思想品德形成过程中是互相联系、互相影响、互相转化、缺一不可的。其中，知是基础，行是关键，情意是重要的调节力量。德育实践中，许多优秀教师总结出了"晓之以理，动之以情，导之以行，持之以恒"的经验，完全符合德育过程的规律。

2. 德育过程的多开端性

按照人的认识规律，德育过程通常是始于知，经过情、意过程，最后止于行。但在实践中，由于这几个因素之间有相对独立性，发展也并不平衡，加之学生具有个性差异，所以德育过程并不总是按此顺序进行，常常是根据不同的情况，选择不同的开端，可以始于知、情、意、行任一环节。这就是德育过程的多开端性，是德育过程的一个重要特点。

如何选择德育的开端？主要考虑以下几方面：一是选择最需要、最迫切、最能奏效的因素作为教育的开端，如学生认识清楚，但管不住自己而导致犯错，那就应从意志锻炼开始；二是要考虑学生的年龄特点和个性差异；三是要考虑教育者的特长和教育条件，如教师有文体特长，那就不妨从艺术上的情感陶冶或体育上的意志锻炼开始。

认识到德育过程的多开端性，教师才会走出"无论什么错都只动嘴说"的误区，不会单纯依赖说服教育，而会在德育过程中思路开阔，途径多样，教育手段和策略丰富，使德育过程真正具有针对性和实效性。

(二) 德育过程是促进学生思想品德发展的内部矛盾转化的过程

1. 学生的内部心理矛盾是品德形成和发展的动力

社会道德转化为个体的思想品德，不是简单的灌输过程，必须通过受教育者心理内部矛盾运动，通过受教育者自我教育的作用才能达成。教育者的外部教育影响通过受教育者的心理内部矛盾才能产生作用。所以，教育者的任务，不是且也不可能代替受教育者的一系列心理活动，而只能根据受教育者内部矛盾的转化规律，有计划地施加系统的影响。

教师所代表的社会道德要求和学生现有品德水平之间的矛盾构成了德育过程的主要矛盾，这个矛盾也正是学生品德形成和发展的动力。矛盾的产生意味着品德发展新一轮过程的驱动；矛盾的顺利解决意味着在学生内部动力的推动下，教师完成了一个具体的德育任务，学生实现了这一阶段品德的发展；同时，也意味着开始下一轮德育过程的动力酝酿。

2. 德育任务就是促进学生品德发展内部矛盾的积极转化

解决德育过程的主要矛盾，必须促进学生品德发展内部矛盾的积极转化。学生品德发展的主要矛盾往往有以下三种不同的表现，需要用不同的方法去解决，才能推动矛盾向积极的方面转化，使学生的品德得到发展。

一是认识性质的矛盾，是由于学生道德认识方面的欠缺造成的，学生因此常常是"有错不知错"。这就需要教师向他们反复讲解道德规范，提高其理论素养和认识水平，从而增强其行为的自觉性，实现矛盾的顺利转化。

二是能力性质的矛盾，这通常是由于学生道德意志薄弱，导致不能履行道德要求而产生的矛盾，学生因此表现为"犯错不自觉"。对于这种矛盾，需要引导学生注意加强道德意志的锻炼，通过提高自制力和战胜自我的毅力来解决。

三是思想性质的矛盾，这往往是由于学生已经受到不良思想的严重影响，导致正确思想与错误思想在交锋中正不压邪，因而不能甚至不愿遵守道德规范而产生的矛盾，所以导致学生"知错还犯错"。如学生对考试作弊不以为耻，明知故犯。这类矛盾是教育难度最大的，因为需要消除错误思想的消极影响，再树立起正确的观念，这在受教育者那里受到的对教育影响的阻抗力是最大的，若方法不当，易激起受教育者的逆反心理。需要教育者以极大的耐心对学生做好深入细致的思想工作，帮助他们认识错误的性质，激起学生的思想矛盾，并在自我教育中使矛盾向积极方面转化。

（三）德育过程是以活动和交往为基本途径的过程

1. 活动和交往是学生品德形成和发展的基础

学生的思想品德是在活动和交往中形成的，又是在活动和交往中表现出来的。因此，教育者应把组织活动和交往作为思想品德教育过程的基础。

德育过程是道德的传递过程。但是这种传递既不会自发地实现，也不会通过生物的方式遗传，只能通过社会性的活动与交往去传递。儿童早期在家庭中与家庭成员的活动与交往就使其自觉不自觉地获得了品德形成的基础；尔后在与同伴及其他人的交往中逐渐掌握一定的行为规范，品德获得进一步发展。进入学校后，儿童自发的道德活动开始被有目的、有计划的道德教育所代替，除了参与随机的活动和交往并在其中接受自发的教育影响外，更多的是参与教育者特意组织的包含德育目的的活动和交往，并在其中接受社会所倡导的道德规范的影响。

在学校里，活动和交往的形式是多种多样的，除了教学以外，还有班会、校会、团队活动、生产劳动以及社会公益活动等。这些活动由于具有灵活性和趣味性，容易被学生接受，可以产生良好的教育效果。所以，课外、校外活动不仅仅是课堂教学的延伸和补充，更是作为德育过程中重要的渠道发挥着特殊的作用。

2. 学生在活动和交往中能动地接受教育影响

学生在活动和交往中接受的影响是有选择性的。学生是具有主观能动性的人，他们在面对各种教育影响信息时，往往根据自己的经验和倾向，选择符合自己需要的影响因素，并将其内化为自己的品德。青少年思想活跃，模仿和接受能力强，但由于缺乏一定的是非判断力，容易受不良因素的影响，增加了教育的难度。因此，教育者要重视对学生活动的组织和引导，对其交往和活动过程加强监控，从而更有效地影响学生思想品德的形成。

（四）德育过程是长期反复的过程

这是德育过程最突出、最明显的特点。学生思想品德的形成不是一朝一夕能完成的，而是要经过长期的教育、反复的培养才能奏效,这是一个不以人的意志为转移的客观规律;任何人想"一蹴而就"或"一劳永逸",都是违背客观规律,不可能取得成效的。这一特点不仅表现在改造教育的过程中,而且在塑造教育过程中也表现得很明显。这是基于以下原因:

(1) 从个体发展来看,学生可塑性大。青少年的人生观、世界观尚未定型,在其发展过程中随时可能因受各种因素的影响而发生变化,因而需要长期培养;他们按照教育者的要求所形成的新观念、新行为均不具有稳定性,需要经过多次反复实践和强化才能巩固;构成品德的各因素在学生品德发展过程中不断地实现平衡与不平衡的转化,也影响思想品德形成过程的完成。所以,学生可塑性大,稳定性差,使德育过程成为一个必须长期坚持的过程。

(2) 从社会环境影响来看,各种社会影响会与学校的德育相抵抗。学生所处的环境十分复杂,除学校外,还有教育者难以掌握的家庭、社会的影响。这些影响中不乏负面的、消极的不良影响,与学校正面的教育相冲突,甚至抵消学校德育的影响,导致学生品德在形成过程中不断产生变化和反复。所以,德育工作必须反复抓,抓反复。

小栏目 5-2

教育案例

某工读学校,1981 年全部在校生是 56 名,其中有 40 名逃跑过,占学生总数的 71.4%,有一个一年中逃跑了 7 次;这些工读生逃跑到社会上共作偷窃案 164 次;其他 16 名未逃跑过的学生,利用放假、晚上夜出作案的有 4 人;利用回原校机会作案的有 3 人;在校内偷窃的有 2 人;没有直接作案但参与分赃、赌博、打架和骗取钱粮的有 7 人。没有一人没有重犯过去所犯的错误,只是重犯错误的严重程度不同而已。但是,这一工读学校 56 名学生,1981 年在反复的同时进步也很大。全校 56 名学生共做各种好事 500 余件,没有一个学生没做过好事,而且在思想、学习、劳动等方面都有显著的进步。

实践证明,学生在品德形成过程中,尤其是在克服不良品质的转变过程中,都会有大量的反复。德育工作者对此必须有充分的认识和足够的思想准备,自觉地在教育过程中保持耐心,看到学生的反复不气馁,而是根据其反复的原因,发扬坚持不懈、百折不挠的精神,将育人工程进行到底。

第三节 德育原则

一、德育原则概述

德育原则是进行思想品德教育必须遵循的基本准则。它概括了德育的宝贵经验,反映了德育过程的规律性。

德育原则的制定并不是凭人们的主观愿望任意制定的,而是依据学校的教育目的、任务和思想品德教育的任务以及思想品德教育过程的规律制定的。同时,它也是长期教育实践经验的总结和概括,这些经验既有近现代教育实践的先进经验,也包括人类历史上一切优秀的教育遗产。

德育原则对德育工作具有重大意义。长期的教育实践证明,学校德育的成功,都是和自觉遵循德育原则联系在一起的；而德育的失败，则常常与违反德育原则有关。教师在教育实践中总是自觉或不自觉地按某种指导思想去工作，不是贯彻正确的原则，就可能是按错误的原则行动。教育者要想在德育工作中获得成功，取得预期的效果，就需要在思想教育实践中自觉按照教育规律行事，自觉执行德育原则。

二、中小学德育原则

（一）从学生实际出发的原则

从学生实际出发的原则，是指教育者在德育过程中，要根据学生的年龄特征、个性差异和当前的思想实际来提出要求、确定内容和方法，使德育更具有针对性。

从学生实际出发的原则，是根据德育要符合学生品德发展规律这一原理提出来的，同时也是教育影响要通过受教育者的内部矛盾起作用这一客观规律的要求。

学生的"实际"有三个方面：首先是学生的年龄特征。青少年学生的年龄跨度长达 12～16 年，期间经历了童年、少年和青年的早、中、晚期。在不同的年龄阶段，其身心发展都有不同的特点，尤其是在道德行为、道德意识方面有较大差异。其次是学生的个性差异。学生的个性差异对教育者选择德育方法意义重大：同样的心理内部矛盾会因个性差异而有不同的表现，需要用不同的方法去促进矛盾的转化。再次是学生当前的思想实际。社会是不断发展变化的，学生不可能生活在真空中，所以其思想实际必然会有时代色彩，会随时代的变化而产生变化。

贯彻从学生实际出发的原则，最根本的要求就是要深入学生调查研究，防止认识上的主观性、片面性、表面性，做到客观、全面、深入地了解学生。客观了解学生，是指要尽量消除对学生的成见、偏见，按学生的本来面目去对待他。全面了解学生，是指要了解矛盾的两方面，既看优点，也看缺点；既看过去，也看现在；既了解校内表现，也了解校外表现，避免只见树木，不见森林。深入了解学生，是指了解学生的本质，不能满足于学生的表面现象；深入学生的内心世界，真正了解学生，做到从实际出发。

（二）知行统一的原则

知行统一的原则，是指在德育过程中，教育者既要重视对学生进行系统的理论教育，又要重视学生相应的实际锻炼和行为训练，把提高学生的道德认识与培养学生良好的道德行为习惯联系起来，使学生知行统一，言行一致，表里如一。

这一原则是由社会主义教育目的和学生思想品德形成的规律决定的，是根据历代优秀教育家的德育经验提出来的。苏霍姆林斯基反复强调，教育工作一定要落实到具体行动上，言行一致是道德品质的核心。因此，必须把理论教育与实践锻炼结合起来。

贯彻知行统一的原则，要求教育者做到：

（1）联系实际向学生进行道德理论教育，晓之以理。道德认识是学生思想品德形成的基础。道德认识越深刻，道德信念就越坚定，道德行为也越自觉。所以，教育者要通过各种适当的方式进行说服教育，使学生的认识真正成为行为的思想指导和动机。

（2）指导学生将思想认识落实到实践活动中，导之以行。行为习惯是个体思想品德的重要体现，是评价个体道德品质好坏的根本标志。通过行为训练可以加深学生的道德认识，强化道德情感，锻炼道德意志。所以，教育者应有计划地组织和引导学生把社会思想准则和规范付诸实践，身体力行，在实践中养成良好的道德行为和习惯。

（三）正面教育与纪律约束相结合的原则

正面教育与纪律约束相结合的原则，是指在德育过程中，既要用理论、事实和榜样对学生进行正面教育，启发和调动学生自觉接受教育的内在动力，又要有带强制性的纪律约束，督促其严格执行各项规章制度。

这一原则是由德育过程的性质决定的。德育过程是处理精神世界的问题，不可能以强硬的手段来实现目的，只能用细致的以理服人的方式解决问题。这一原则也是符合青少年思想品德发展规律的。青少年是非判断力差，逆反心理强，因此，要着重进行正面引导，才容易被其接受。同时，青少年毕竟心智尚未成熟，自我控制能力差，需要辅以纪律约束，才能保证形成良好的行为习惯。

贯彻正面教育与纪律约束相结合的原则，要求教育者做到：

（1）正面教育，积极疏导。教师要对学生进行循循善诱的正面教育，积极引导学生理解和掌握正确的思想和道德行为标准，以理服人，以情动人，使学生提高认识，增强道德行为的自觉性。对学生的思想、情感、心理问题要积极疏导，耐心细致地进行教育。

（2）树立榜样，以身作则。中小学生善于模仿，模仿是其重要的学习方式，尤其是行为习惯的养成。根据青少年这一特点，引导学生向历史上的伟大人物、新时期的英雄模范学习，向同学中的优秀分子看齐，从中受到感染和鼓舞，转化为自己前进的动力。教师作为学生成长中的一个榜样群体，应该严格做到以身作则，为人师表，成为学生道德的表率。

（3）表扬为主，严禁体罚。青少年学生一个突出的特点就是好胜心强，这是他们尊重需要的表现。适度地满足这种需要可以帮助学生建立自尊自信，成为学生上进心和自我教育力量的基础。针对学生这一特点，教育方法上应坚持以表扬为主，批评和惩罚为辅。对学生集体和个人的进步要及时表扬和肯定，错误落后之处可以提出批评，但要讲究方法。惩罚易对学生自尊心造成伤害，要尽量少用。严禁使用体罚，体罚会对学生身心造成极大伤害，严重影响学生的健康成长；同时体罚也是完全违背教师职业道德的。

（4）强调纪律，约束行为。青少年学生的思想不稳定，对自己的行为缺乏控制力，必须有纪律的适当约束，才能保证错误的思想不会导致错误的行为，也才能让错误的行为控制在最小的频度，不会导致不良习惯的形成。纪律约束是学校德育必要的教育手段，这不仅对学生成长有利，而且对保证学校的正常秩序也有重要作用。

（四）依靠积极因素，克服消极因素的原则

依靠积极因素，克服消极因素的原则，是指在德育过程中，要发扬和依靠学生身上的积极因素，即优点、长处、先进因素，克服学生身上的消极因素，即缺点、短处、落后因素。

依靠积极因素，克服消极因素的原则，是根据学生思想品德形成要通过内部矛盾这一规律提出来的。每一个学生身上都存在着积极因素和消极因素，这两种因素在一定条件下互相转化。学生好的思想品德的形成，是消极因素转化为积极因素的结果；教师的德育任务就是要促进这种转化。这条原则在对品行不良学生的改造教育中具有特别重要的意义。

贯彻依靠积极因素，克服消极因素的原则，要求教育者做到：

（1）对学生要有全面的、发展的观点。教师既要看到学生的优点，又要看到学生的缺点，还要看到这些优点和缺点是不断发展变化的。如果违背了这一原则，对优秀学生只看优点，"一美遮百丑"，对后进学生只看缺点，"一棍子打死"，则不可能做好德育工作。实际上，优生也有缺点，只是可能少些，但不及时教育就可能向坏的方面转化；后进生也有优点，哪怕是一点一滴，只要积极扶持，逐步扩大，后进就可能变先进。许多优秀教师的经验证明，对后进的学生，注意寻找其"闪光点"，使学生看到自己的长处和进步，增强自信心，就能有效地促进后进生的转化。

（2）注意发挥学生自我教育的积极作用。在依靠积极因素克服消极因素的过程中，教育者的作用仅仅在于引导，整个过程还是要学生本人通过自己的思想矛盾的解决来完成。所以，贯彻这条原则，不只是教师的工作本身，更重要的是要发挥学生自我教育的积极作用。首先，要使学生对自己有一个正确的评价，既看到自己的优点，也要看到自己的缺点；其次，要为学生创造矛盾斗争的条件，使学生在观念上展开先进思想和落后思想的斗争，自己作出抉择。这比教师直接进行批评教育效果要好。

（五）集体教育与个别教育相结合的原则

集体教育与个别教育相结合的原则，是指在德育过程中，教师重视和依靠集体，通过集体教育个人，又重视发挥个人在集体中的作用，通过个人教育集体，处理好集体与个人的相互影响关系。

这一原则是由社会主义教育目的和教育性质决定的。集体主义精神是共产主义思想品德的核心，只有在集体中并通过集体教育才能形成。个人是构成集体的元素，每个学生个体的具体思想和品德都直接影响着集体。因此，中小学德育应该把集体教育与个别教育结合起来。这条原则在班级德育工作中的意义尤为重大。

贯彻集体教育与个别教育相结合的原则，要求教育者做到：

（1）重视组织和培养良好的学生集体。集体既是教育的对象，又是教育的重要方式。形成了良好的集体，就是拥有了一种巨大的教育力量。集体教育原则是苏联教育家马卡连柯首先提出并坚持实践的。他认为教师要影响个别学生，首先要去影响他所在的集体，然后通过集体和教师一起去影响这个学生，使教育集体和教育个人同时地、并行地进行。马卡连柯称这种教育方式为"平行教育影响"，并认为全部教育应该遵循"通过集体""在集体中""为了集体"的原则进行[①]。

（2）善于把集体教育和个别教育结合起来。在教育过程中，不仅集体的教育力量对学生的个别教育有促进作用，而且个别学生的思想品德面貌对集体也有影响。如班集体中培养出一个品学兼优的学生，教师可以将其作为榜样，对班集体的形成和发展起促进作用；相反，若班集体中有一个品行不良，但有一定能量，在班集体中有影响力的学生，如果不加强教育和控制，将会对班集体产生消极的影响。因此，德育工作不仅要针对集体展开，还应根据各个学生不同的特点，进行有针对性的个别教育，把集体教育和个别教育很好地结合起来。

（六）尊重信任与严格要求相结合的原则

尊重信任与严格要求相结合的原则，是指在德育过程中，教师对学生既要尊重、爱护和

---

① 乔山：《马卡连柯论集体主义教育》，载《上海教育》1980年第6期。

信任，又要提出合理的要求，进行严格管理，把严格要求和尊重信任结合起来。

尊重信任和严格要求是辩证统一的，二者不能割裂。一方面，尊重信任是严格要求的前提，如果教师对学生不够尊重和信任，就不会对学生提出严格要求；另一方面，合理的严格要求又是尊重信任的真诚体现。这一原则是实现和谐、平等、民主的师生关系的必然要求，也是教师必须具备的工作态度和职业道德。

贯彻尊重信任与严格要求相结合的原则，要求教育者做到：

（1）尊重学生人格，信任学生的能力。任何人都希望得到他人的认可，这是一种要求他人尊重自己的人格和相信自己的能力的心理。受到尊重时所产生的自尊自信，是学生积极向上的动力源泉。教育者信任学生所产生的教育期待，能对学生产生巨大的教育力量，使学生向着教育者期待的方向发展，这便是教育中的皮格马利翁效应。因此，在教育过程中，教师要尊重学生，对学生的健康成长充满信心，在平等中建立良好的师生关系，为德育工作的顺利开展创造条件。

（2）要敢于、善于严格要求学生。教师应在学生原有基础上提出合理的要求，不必有任何顾虑，因为基于尊重信任提出的严格要求，只要方式方法得当，都能让学生乐于接受。这种要求应具体明确，是学生经过努力可以达到的。要求一经提出，就要坚决执行，不能朝令夕改，以免造成学生思想上的混乱，影响德育的严肃性。当然，严格要求要讲究教育艺术，要将其与尊重信任紧密结合，让学生感受到严中有爱，从而自觉接受和执行要求。马卡连柯说过："如果有人问我怎样能够以简单的公式概括我的教育经验的本质时，我就回答说：要尽量多地要求一个人，也要尽可能地尊重一个人。"①这段话精辟地反映了尊重信任与严格要求的辩证关系。

（七）教育的一致性和连贯性原则

教育的一致性和连贯性原则，是指在德育过程中，教师对各方面的教育影响要加以组织和调节，使其互相配合，协调一致，同时，德育内容和要求应循序渐进，前后连贯，有目的、有计划、有系统地进行。

这一原则是根据学生思想品德形成的长期性和德育影响的多样性提出来的。青少年思想品德的形成是一个长期、曲折、错综复杂的逐步培养和提高的过程，这个过程受到多方面的影响。因此，各方面的教育力量必须互相配合、协调一致、统一要求，形成教育的合力，才能收到预期的教育效果。教育上的前松后紧、有头无尾、各自为政、互不通气、相互矛盾等错误的做法，都会使教育力量分散，各种教育影响相互抵消，甚至造成学生思想上的混乱和行为上的矛盾。

贯彻教育的一致性和连贯性原则，要求教育者做到：

（1）统一校内教育力量，对学生形成一致的要求。学校的教育工作者，包括领导、教师、后勤人员等，学校的教育组织，包括共青团、少先队、班集体等，都应该有组织、有计划地根据教育目的和学校的具体安排，在学校管理层的统一领导下，互相配合、协调一致，形成一支统一的教育力量。

（2）争取社会和家庭的配合。学生社会生活与交往的广泛性、多样性、复杂性决定其思

---

① 马卡连柯：《普通学校的苏维埃教育问题》，见《马卡连柯全集》第5卷，人民教育出版社1956年版，第136页。

想品德不可能只通过学校教育就能形成和得到很好的发展，在当代信息传播手段现代化和开放的社会里更是如此。因此，学校要努力争取社会和家庭的配合，建立起相互合作的教育网络，形成开放式的德育工作新格局。否则，学校德育的影响就会被校外的消极影响所弱化。

（3）加强德育工作的计划性、系统性和连贯性。对每个阶段的学生进行哪些教育，培养什么品质，应有计划地安排，避免各年龄阶段和各时期教育的前后矛盾和断裂。德育过程长期性的规律，决定了德育工作不能头痛医头，脚痛医脚，主观随意，否则，不但使思想工作陷于被动状态，而且学生的思想也不能真正得到提高。

德育原则有其完整的体系，各原则之间是紧密联系、互相补充的。教育者必须从理论上掌握各个原则的精神实质，在实践中综合地加以贯彻，灵活运用，才能取得德育工作的实际效果。

第四节 德育的途径与方法

德育的途径与方法是由德育的任务、内容和原则决定的。由于德育的任务、内容、原则是多方面的，因此，德育的途径和方法也必然是多种多样的。为了实现德育目标，教育者必须了解和掌握德育的途径和方法。

一、德育途径

德育途径是教育者对学生进行品德教育时所选用的渠道。学校德育教育的途径主要有以下几个方面。

（一）政治课及其他各科教学

教学是实施多方面教育的基本途径，也是进行德育的主要途径。通过教学对学生进行品德教育，要求各科教师要教书育人，为人师表，结合各学科的性质、任务和特点寓德育于各科教学内容和教学过程中，把思想性和科学性统一起来，为培养学生的辩证唯物主义世界观和共产主义道德品质打下科学基础。

小栏目 5-3

课堂教学中的德育

一位教师在讲授《刻舟求剑》一课时，抛开深辟的寓意不讲，赋予寓言新的内涵。

"同学们，掉剑的人到岸边就找不到剑了。这是为什么呢？同学们用铅笔盒做船，铅笔为剑，演示一下。"

演示过后，同学们纷纷发言。

"因为船走了，但剑不会走。所以找不到剑了。"

"怎样才能找到剑呢？"

"当剑一掉下去的时候，马上就跳下去找，才能把剑捞上来。他把这个机会丢掉了，剑就没法捞了。"

"同学们，现在是 2001 年 5 月 10 日下午 4：20 分。这个时刻在我们一生中有几次？"

> "只有一次。"
> "同学们,将《刻舟求剑》与人生的每时每刻只有一次联系起来想一想,你有哪些感悟呢?"
> "我们应该抓住每时每刻好好学习,这样就是抓住机会了。"
> "每一分每一秒过去了就不会再来。千万不能浪费时间。"……这样的小故事,教材中到处都有。教师要有一双慧眼,发现并挖掘教材的育人因素,将它的作用发挥到最大。
>
> [资料来源] 郭彩霞《教师的作用在哪里》,《人民教育》2002年第10期。

各门学科内容性质不同,在思想品德教育中便有不同的意义和作用。政治课是向学生较为系统地进行思想品德教育、马克思列宁主义毛泽东思想基本常识及有中国特色社会主义理论观点教育的一门课程。社会科学学科主要培养学生爱国主义、集体主义情感和历史唯物主义观及基本道德观;自然科学学科主要培养学生实事求是精神及辩证唯物主义世界观;艺术学科主要陶冶学生情操,培养学生鉴赏美、创造美的能力。

(二)班级德育工作

班级是学校进行德育的基层单位。班级德育工作是培养良好思想品德和指导学生健康成长的重要途径。班主任必须联系各种教育影响力量,结合本班实际情况有计划地开展各种教育活动,加强班级管理,形成良好的班风。要注意发挥学生的主观能动性,培养他们自我教育和自我管理的能力。

(三)课外活动和校外活动

这是生动活泼地向学生进行德育的一个重要途径。根据学生的兴趣、爱好、特点等方面,指导学生开展丰富多彩的科技、文娱、体育等活动(包括课外兴趣小组和各种社团活动),发展学生的个性特长,培养学生良好的道德、情操意志品质和生活情趣,提高他们的审美能力。

(四)劳动与社会实践

学生品德是在活动和交往中发展形成的,因此,劳动与社会实践是进行德育不可缺少的一个途径。在德育工作中,可根据学生不同的年龄层次,组织学生参加一定的生产劳动和公益劳动,在劳动中培养学生热爱劳动、热爱劳动人民、珍惜劳动成果的思想感情、行为习惯和艰苦奋斗的作风;积极组织学生参观、访问、进行社会调查、参加社会服务和军训等实践活动,开阔眼界,认识国情、了解社会,增长才干,把理论和实践结合起来,增强辨别是非的能力。

(五)共青团、少先队、学生会工作

共青团、少先队、学生会是学生自我教育的重要组织形式,是学校德育中一支最有生气的力量。共青团、少先队、学生会应根据各自任务和工作的特点,充分发挥组织作用,开展各种健康有益、生动活泼的活动,把广大青少年吸引到自己的周围,帮助他们树立远大的理想和良好的道德风尚,继承革命传统,学会自我教育、自我管理。

(六)校园环境建设

整洁、优美、富有教育意义的校园环境能使学生受到良好的熏陶和影响,提高学生的道德素质和修养。学校要积极进行校园环境建设，加强校园环境管理，充分发挥校歌、校训和校风对学生的激励和约束作用；利用黑板报、橱窗、广播、图书馆、壁报、影视、荣誉室等多种形式的专用场所，创造良好的教育环境。

二、德育方法

德育方法是教师与学生在德育过程中为达成德育目标而展开的有秩序的和相互联系的活动方式和手段的组合。它受德育内容、任务制约，以德育规律、德育原则为依据。德育方法是提高德育实效的关键，在具体德育工作中必须根据实际情况，选择行之有效的方法，这样才能做到事半功倍的效果。

当前，中小学常用的德育方法有：说服教育法、榜样示范法、情感陶冶法、自我教育法、实践锻炼法、品德评价法。

（一）说服教育法

说服教育法是通过摆事实、讲道理，使受教育者明辨是非、善恶，掌握行为规范标准，提高品德水平的一种方法，是德育的基本方法。学生良好品德的形成首先需要提高思想认识，启发自觉性，这就需要以理服人，离不开说服教育。

说服教育法的形式多种多样，包括讲解、报告、谈话、讨论、参观、访问、阅读图书报刊等。

说服是使对方放弃原来的观点和认识，接受新的意见，因此，应努力使对方心服口服，有即时或可见性的收效。运用说服教育法应注意以下几个基本要求：

（1）内容有针对性。针对性是提高说服教育实效性的前提和条件。在说服中，必须实事求是地从受教育者的思想实际、年龄特点、个性差异以及心理状态等实际出发，做到有的放矢，切中要害，防止"放空炮""模式化""一刀切"。

（2）情感要充沛。情感在品德形成中起着催化剂的作用。"情通则理达"，要求教育者要善于以自己充沛的热情和坚定的信念去唤起孩子情感上的共鸣，激起思想上的波澜，从而转化为他们内心的信念，达到良好的教育效果。

（3）态度要民主。说服教育要坚持民主、平等、和蔼、诚恳的待人态度，循循善诱，广开言路，坦诚相见，不"扣帽子""揪辫子""小题大做"，也不讽刺挖苦、盛气凌人、以权压人，让学生在一种和谐的良好氛围中心悦诚服地接受意见。

（4）讲究教育时机。说服教育的成效，往往不取决于花了多少时间，讲了多少道理，而取决于是否善于捕捉教育的时机，拨动学生的心弦，引起他们的情感共鸣，被他们所接受。

（二）榜样示范法

榜样示范法是以正面人物的优良品质、模范行为和卓越成就来影响受教育者品德的一种方法。这种方法的特点在于它是通过榜样的言行，把高深的思想、良好的道德具体化、人格化，使青少年从富于形象性、感染性和可信性的范例中得到启迪，提高品德认识、陶冶品德情感，形成正确的观点、信念，增强学习的自觉性。正如列宁所说："榜样的力量是无穷的。"

榜样示范法的形式主要有：伟人的典范、教育者的示范、同龄人中优秀学生的示范。

运用榜样示范法应注意以下几个基本要求：

(1) 选择学习的榜样。选好榜样是学习榜样的前提。由于青少年模仿力强而分辨力有限，在选择学习的榜样时容易出现偏差，因此，教师要善于引导学生进行分析鉴别，防止消极影响。同时，在引导学生选择榜样时要注意青少年的年龄特征、接受能力、社会氛围和时代特点，使榜样能有效地影响学生。

(2) 树立榜样的威信。榜样的威信直接影响德育的效果。我们选择的榜样必须来自生活，具有真实性、可信性、可行性，能以他们高尚的情操和感人的事迹，赢得人们发自肺腑的敬仰和爱慕，这样才能让学生产生自觉性；相反，把榜样任意拔高，甚至"神"化的做法只能让学生产生怀疑和反感。

(3) 激发学习榜样的动机，见之行动。榜样的教育效果不仅依赖于外部条件，也依赖于受教育者自身的内部条件。激发受教育者的学习动机是非常重要的。第一，通过宣传，使榜样的模范事迹深入人心，激发受教育者的学习模仿积极性；第二，对受教育者提出具体可行的要求，使其明确学什么和怎样学；第三，有目的地组织一些活动，提供实践的机会，使学习榜样见之行动。

（三）情感陶冶法

情感陶冶法是教育者通过创设良好的情境，潜移默化地培养学生品德的方法。

这种方法的特点表现为非强制性、愉悦性、隐蔽性和无意识性。这种方法既不向学生传授系统的道德知识，也不对他们提出明确的要求，而是寓教育于情境之中，通过按教育要求预先设置的情境来感化与熏陶学生；既没有强制性的措施，也难有立竿见影的功能，然而对学生有潜移默化之效果，能给学生品德发展以深远的影响。

情感陶冶法的种类有：①人格感化，即教育者靠自己的高尚品德、人格以及对学生的深切期望和真诚的爱来触动、感化学生，促进学生思想转变，积极进取。②环境陶冶，即通过学校的物质文化和精神文化环境使学生受到熏陶和感染。③艺术熏陶，指通过音乐、美术、舞蹈、诗歌、影视等文化艺术活动，使学生潜移默化地接受影响。

为更好地利用情感陶冶法，应注意以下几个基本要求：

(1) 提高教育者自身修养。通过人格感化来陶冶学生，要求教师必须加强道德修养，恪守教师道德，处处以身作则，言传身教，以自己优良的品德、高尚的风格和崇高的情操来感染学生，影响他们的人格、品质和情操，使学生在教师经常性、恒定性的身教中受到熏陶和教育。

(2) 创设良好的教育情境。良好的情境是陶冶的条件和工具。要有效地陶冶学生，必先创设良好的情境，营造良好的氛围。可通过校园文化建设，丰富校园文化生活，开展丰富多彩的积极健康的文化娱乐活动来熏陶感染学生。

(3) 与说理相结合。为了更有效地发挥情境的陶冶作用，不能仅依靠创设的情境自发地影响学生，还需要教师配合以启发、说服，引导学生喜爱其学习与生活的美好环境，自觉接受有益影响。

(4) 引导学生参与情境建设。学生在积极创建美好情境的活动中，会感到自豪自尊，会更加严格地要求自己，因此，他们的品德也必将得到深化、提高。

（四）自我教育法

自我教育法是指在教育者的指导下，受教育者在自我意识基础上产生积极进取心，为形成良好的思想品德而向自己提出任务，进行自觉的思想转化和行为控制的方法。自我教育法是一个人在品德修养上自觉能动性的表现，是学生思想进步的内部动力。进行品德教育的目的，不仅是为了培养学生具有一定的品德，更重要的是提高他们自我教育的能力，使他们成为能够独立进行自我修养的人。

小栏目 5-4

教育案例：两个自我

我把打架的两位同学请到办公室。……我暗自嘱咐自己要心平气和，要挑动他们内心深处产生矛盾冲突，学会自己斗自己。

"我知道你们本来不想打。"一听我说这话，他们顿时来了精神，感觉老师理解他们，便争先恐后地说："老师，我们真不想打架。"

我问："为什么不想打架？"

他俩抢着你一句我一句地说：

"打架的时候提心吊胆，怕别人打伤了自己，又怕打别人打到要害处，把祸闯大了。"

"打得轻了，还怕吓不住对方。"

"打败了，被同年级的同学看不起，丢面子。"

"赢了呢，也害怕，走在路上，或半夜走黑道提心吊胆地，总怕对方再勾结别人突然报复、袭击。"

"打轻了不解决问题，打重了，伤了，残了，对人家对自己都不好。"

"打完架有时还不敢回家，怕爸爸打，在学校还怕老师批评，怕学校处分。"

他们说出了一系列不想打架的原因，我给以充分的肯定："这确实是你们的心里话，但这只是你自我的一个好的方面，如果脑子里是这个'好我'当家的话，你们的架能打起来吗？"

"我们要总这么想就打不起来了。"

"这说明，你们脑子里还有一个坏的自我，想打的自我，是吧？"

"坏的自我是怎样想的呢？"

李同学说："外校的同学过去和梁同学不和，他说梁同学背后说我的坏话，还说我不敢打梁同学。我想逞能，下午就找梁同学的麻烦。"

梁同学说："他找我的麻烦，我想自己也不是好惹的，决不能让着他，头脑一热，什么纪律不纪律的，全不顾了。"

他们又谈了自己内心深处一些不好的想法。

我请他们写一份心理活动的说明书，题目便是《两个自我》。

李同学写《两个李××》，即心灵深处在打架这个问题上，好李××与坏李××各自怎样想；在心灵深处，好坏两个李××怎样辩论；今后，采取什么具体办法，使好李××强大起来，压住自己不好的那一面。

这以后，直至毕业，这两位同学相处得很好。再也没打过架，并且都为班级做了大量的好事。

[资料来源] 魏书生著：《班主任工作漫谈》，漓江出版社2000年版，第112-114页。

在运用自我教育法时应注意以下几点：

（1）激起学生自我教育的愿望。自我教育全靠学生自己的自觉性，如果缺乏严格要求自己的精神与愿望，自我教育就缺乏动力。为激发学生自我教育的愿望，可从以下两点出发：① 帮助学生明确意识社会、家庭、学校对自己提出的道德要求；② 引导学生从自己仰慕的英雄人物中找到学习的榜样。

（2）帮助学生制订修养的目标与自我教育的计划。有了自我教育的愿望，就必须有自我教育的行动。为了有效地自我教育，制订恰当的修养目标和计划是避免自我教育盲目性的一个重要方式。教师应当鼓励和帮助学生制订程度适当、具体可行的修养目标与计划。

（3）指导学生监控和评价自己的道德表现。道德修养过程实际上是一个意志锻炼的过程。应当鼓励学生在道德实践中不断反思自己，自我监控、自我评价、自我激励，更准确、恰当地认识自我，形成道德修养的连续动力，形成自我教育习惯。

（4）引导学生在社会实践中进行自我修养。学生的个人修养表现在行为举止上，也靠行为实践来实现。教育者要让学生积极参加各种社会实践活动，实际交往，帮助学生在道德实践中实现和欣赏自己在情感体验、意志磨炼及行为策略上的提升，最终达到人生修养的最高阶段——慎独。

（五）实践锻炼法

实践锻炼法是指教育者根据学生身心发展和社会的需要，让学生在日常生活和社会活动中参加实践，从中受到教育和锻炼，以形成良好思想品德和能力的方法。这种方法通过培养学生优良的行为，有助于学生养成良好的道德习惯，增强道德意志，培养品德践行能力。同时，通过实践锻炼加深对思想道德准则的理解，丰富道德情感。

实际锻炼法包括：① 执行制度，即让学生按照学生守则、课堂纪律、作息制度等必要的规章制度进行锻炼；② 委托任务，指教育者或学生集体委托学生完成一定的工作任务；③ 组织活动，即组织学生参加各种实际的活动，如学习活动、课外活动、劳动以及一定的社会实践活动等。

为提高行为实践的实效性，应注意以下几点：

（1）启发参加实践的积极性。参加品德实践要有自觉积极性，这样才能全身心投入，获得良好的心理效应，否则难有实效。所以，应使学生充分认识实际锻炼的意义，有自觉锻炼的要求。

（2）严格要求。有效的锻炼有赖于严格的要求。任何一种锻炼，如果不严格遵守一定的规范和要求，就会流于形式，走过场，不可能使学生得到提高。所以，对学生进行品德实践锻炼贵在一个"严"字，丝毫不能放松。当然，"严"必须与尊重、信任和爱相结合。

（3）持之以恒。良好的习惯与品德的形成必然经历一个长期的反复锻炼的过程，前紧后松，一曝十寒，时冷时热，都无益于品德的培养。教师在对学生进行锻炼时不能放松对他们的督促和检查，鼓励他们克服困难，长期坚持下去。

（4）及时评价反馈。实践过程中对临时发生的突发情况进行的评价、阶段性评价、总结性评价，都是提高认识、增强信心、激发热情、鼓舞斗志所必需的。

（六）品德评价法

品德评价法是根据一定品德的要求和标准，对学生的思想言行做出判断的一种方法。它是促进学生思想品德按正确方向发展的一种控制手段，也是品德教育的一种辅助手段。

品德评价法的主要形式有：① 奖励，是对学生思想品德给予肯定评价的一种鼓励方法，又分赞许、表扬和奖赏三种形式。② 惩罚，是对学生不良思想行为的否定评价，其教育意义在于使学生认识某些思想和行为的不当，促使其克服、纠正和根除这些思想和行为，包括批评、谴责和处分三种。③ 操行评定，包括写评语和等级评定两种形式，是在一定时期内对学生思想品德所做的比较全面的评价，是以对学生品德方面的要求为指导思想，以"学生守则"为基本内容来考查学生平时在课内外对待学习、社会生活、劳动以及对待集体和同学等各方面的表现，做出概括性总结。

运用品德评价法要注意以下几点：

（1）要有明确的目的。评价是一种教育手段而不是教育目的，是为了长善救失，激励人们进步。故评价时应有明确的目的，从调动受教育者内在积极因素出发，充分肯定成绩，诚恳地适当地指出缺点，提出改进意见。

（2）要客观慎重，实事求是。评价学生时，要坚持从实际出发，一分为二，灵活掌握评价的分量和时机，做到公平合理，恰如其分，该奖则奖，该罚则罚，使之与学生品德表现的好坏程度相适应，坚决防止主观臆断，感情用事，滥用评价的做法。

（3）要充分发扬民主。评价，特别是重大问题的评价，要发扬民主，走群众路线，广泛征求各方面的意见，并取得集体舆论的支持与赞同，否则就会削弱教育作用，甚至产生不良后果。

（4）注意对象的个体差异。品德评价要考虑学生的年龄特征、个性差异，灵活、实事求是地进行。如：对那些经常犯错误、挨批评的学生，做了点好事，应及时给予表扬鼓励；对经常受表扬的学生，提出更高要求；对偶犯过失与明知故犯或屡犯不改者，在处理上要有不同的分寸，不要千篇一律，简单了事。

以上介绍的六种德育工作方法，各有其特点和作用，有的侧重道德认知范畴，有的侧重道德情感范畴，有的侧重道德实践角度，有的侧重道德情境角度，有的侧重道德行为层面。它们是相互联系、相互补充、相互促进的，不仅仅是都包含了一个"导"字，更重要的是都渗透了现代德育"以导为核心"的新理念。在学生德育工作的实践中，应根据实际情况，优化组合，灵活、巧妙地综合运用，并要善于适应德育工作面临的新形势，研究新问题，总结新经验，不断探索和创造新时期德育工作的新方法。

第五节 班级德育工作

一、班级德育工作概述

（一）班级概述

自从"班级授课制"取代个别教学组织形式以后，班级就成为学校教学和德育工作的基本单位。班级是由一定数量的年龄和学习程度一致的学生组成，在一位负有教导责任的教师（通常称为班主任）直接管理下的教育性学习和生活集体。班级在责任教师的带领下，经过师生双方的交往而实现教育功能，达到教育目标，因而人们认为它是一种社会体系，是一种复杂的微型社会，对学生的成长有着重要的社会化和个性化功能。

（二）班主任——班级德育工作的实施者

班主任，是受学校委派全面负责一个班学生工作的教师。

1. 班主任工作的意义

班主任是班级直接的教育者、组织者和领导者，是班级德育工作的主要执行人，是学校领导进行教导工作的得力助手和骨干力量。班主任的工作质量关系着班集体的建设和学生的健康成长。班主任在学校教育工作中具有重要的作用。

首先，班主任是班级的管理者和教育者。班级建立起来以后，并非自发地就能成长为一个能发挥教育作用的集体。若干名来自不同的家庭，在思想品德、学习特点、兴趣爱好、个性特长等方面各具特色的学生，要在求同存异的基础上，组织起来，建立成一个团结友爱、努力进取、凝聚力强的集体，使他们在良好的集体中学习和生活，实现德智体等各方面的全面发展，这其间有一个过程，需要班主任付出艰辛的努力。

其次，班主任是学生健康成长的导师。学生是发展中的人，心理和生理上诸多方面尚不成熟，在发展过程中会遇到各种各样的问题，需要得到正确而及时的指点和引导，否则会影响他们身心的健康成长。班主任是经过专门的教育训练的专业人员，并且是经过学校的挑选、接受学校指派，对学生在校学习、生活全面负责的教师，与学生接触多，对学生情况熟悉，因此最能给学生提供切实、及时的帮助。

再次，班主任是各种教育力量的协调者。学生所接受的教育影响是多方面的，这些影响有正面的也有负面的，需要经过"过滤"，才能减少不良影响对学生的危害，这就需要班主任发挥教育影响的"过滤网"作用。即使是正面的教育影响，也需要得到协调统一，才能充分发挥其教育作用，所以也需要教师成为联系和沟通各种教育力量的纽带和桥梁。在校内，班主任有责任协调统一各科教师对学生的教育要求，更好地发挥教师群体的整体教育影响；在校外，教师要争取家庭教育的配合，充分发挥社会教育力量的作用，使学校、家庭、社会三方面的教育影响形成教育合力，以获得良好的教育效果。因此，班主任必须在诸多教育渠道中起桥梁作用，上下沟通，左右配合，相互促进，形成合力，这样才能更好地完成教育任务。

班主任工作是艰巨的，也是有最大乐趣的。班主任要对学生全面负责，与一般科任教师相比，工作头绪更多，更繁杂，所付出的精力、时间也更多。但正因为如此，班主任与学生接触最密切，感情最深厚，对学生的成长和进步感受最大。尤其是经过自己呕心沥血的教育使学生由后进变先进，班主任所体验到的道德满足、精神安慰和事业成就感是其他任何东西都无法替代的。许多优秀班主任都有共识，认为要真正理解教书育人的意义和深刻体验做教师工作的乐趣，只能有通过做班主任工作才能获得。

2. 班主任的职责

对班主任职责的理解，很多人都局限于这样的看法：一是维护班级纪律，使教学得以顺利进行；二是设法提高学生成绩，并照顾好学生，不出问题。包括许多班主任本人都认同这样的观点，因此，他们仅做科任教师时，尚能成为学生的良师益友；一旦班主任重任在肩，便换了副面孔，将自己的角色定位为"保姆加警察"，对班级工作处处包办代替，对学生的行为严加防范，为捉拿违纪学生，常和学生玩"猫捉老鼠"的游戏。这种对班主任工作职责的片面认识，带来的结果是体会不到当班主任的工作乐趣，还和学生搞得关系紧张，工作效果也不好。

班主任作为班级的教育者和管理者,要全面贯彻国家的教育方针,使学生德智体等全面发展,因此,要承担的责任远比前面所述更宽泛。概括起来,有以下几个方面:

(1) 对学生进行思想品德教育。这是班主任的工作重点,因为班主任就是班级德育工作的责任人。班主任要从本班的实际出发,对学生进行深入细致的思想品德教育,引导学生树立正确的政治观念;教育学生如何做人,做什么样的人;针对中小学生身心变化所带来的情感困扰,针对学生所面临的升学和就业的选择所造成的矛盾心理,进行卫生、交友、恋爱、理想、职业等方面的指导和心理辅导,帮助学生把握人生的航向。

(2) 帮助学生完成学习任务,提高学习质量。学习是学生的首要任务,提高学生的学习质量,是班主任的重要职责。班主任要在各科科任教师的协助配合下,帮助学生明确学习目标,端正学习态度,指导学生掌握正确的学习方法,激发学生的学习动机,培养学生勤奋学习的品质,养成良好的学习习惯。班主任还应帮助任课教师了解学生的知识程度和学习能力,以利其因材施教;还要注意经常与科任教师沟通,平衡各科的课业负担,保证学生合理安排学习时间,打好扎实的知识基础。

(3) 组织指导学生参加各种活动,促进学生的全面发展。为了学生的身心健康和全面发展,在完成学习任务的同时,班主任还有责任指导学生组织和参与各种活动。这些活动包括体育、文娱、科技以及社会活动,鼓励学生在活动中发展兴趣,培养特长,同时,加深对社会的了解,锻炼自己的适应能力。

(4) 进行班级日常管理,培养班集体。良好集体是教育学生的重要手段,学生生活在健康的集体中,才能成长为健康的社会个体。所以班主任要注意培养班集体。同时,学生应该是班级管理的主人,要和班主任一起管理好十分繁杂的班级事务,如考勤、"两操"、卫生、课堂纪律等。但学生这种管理能力和管理体制的建立,离不开班主任的引导和培养。另外,班级中出现的一些偶发事件,也需要班主任及时妥善地处理,使班级教学活动能顺利开展。

3. 班主任的素质

班主任队伍都是由学校的骨干教师组成。因为班主任工作责任重大,对班主任素质的要求也远比普通的科任教师要高。一个称职的班主任,除具备普通教师的共同基本素质以外,还应该具有适应这项工作特殊要求的独特品质。这些品质包括:

(1) 坚定的教育信念。明确自己作为教育者的责任,清楚班主任工作的意义;坚信学生的可塑性和发展潜力,确信教育在学生发展中的独特作用。班主任坚定的教育信念,表现为克服工作中重重困难的决心和对学生前进中的反复所付出的耐心。

(2) 饱满的工作热情。班主任工作中有大量的隐性劳动成分,这部分劳动是无法作量化要求的,但同时又是做好班主任工作必不可少的。这部分劳动是否付出,投入多少时间和精力,几乎都取决于教师本人的自觉性。这就需要班主任要有奉献精神,自觉地在工作中付出心血,不计较个人得失。这种情况下,班主任的心态就像父母对子女,基于对学生的热爱、对教育事业的忠诚而对这项工作充满激情。

小栏目 5-5

诗人赋词赞良师

1979 年,我国著名诗人赵朴初给北戴河全国优秀班主任工作经验交流会赠了一首《金缕曲》:"不用天边觅,论英雄,教师队里眼前便是。历尽艰难曾不悔,只是许身孺子。堪回首,十年往事,无怨无尤吞折齿,捧丹心,默向红旗祭。忠与爱,无伦比。幼苗茁壮园丁喜,几人知,平时辛苦,晚眠早起,燥湿寒温荣与悴,都在心头眼底,费尽了千方百计。他日良材承大厦,赖今朝血汗番番滴。光和热,无穷际。"

(3) 良好的组织能力。班级管理不是一项简单的工作。一个班几十个个性迥异的学生,要将其组织起来形成一个集体,并逐渐锻炼他们,最终能让他们实现自我管理,这需要教师有着良好的组织管理能力。其实在班主任工作过程中,教师的组织管理能力也能得到很好的锻炼。就像全国优秀班主任魏书生所说:"我总觉得,做教师而不当班主任,那真是失去了增长能力的机会,吃了大亏。"①

(4) 熟练的沟通技能。班主任工作是做人的工作,而且是做人心灵的工作。无论是面对学生,还是同事、领导,抑或是家长,都需要有良好的沟通,才能实现对学生的有效教育,对教育力量的协调联合。所以,班主任要有良好的社会交往能力,善于协调自己与他人的关系;要有较强的合作意识,善于团结人;作为沟通手段的语言表达能力也不容忽视。因此,教师从事班主任工作,应该有意识地训练自己的沟通技能,掌握口头、书面语言运用技巧,并学会利用身体语言增强表现力。

二、班级德育工作的内容和方法

班主任的职责范围如此全面,决定了班级德育工作内容的广泛性和方法的多样性。

(一) 了解和研究学生

班级德育工作从了解学生开始。了解和研究学生是做好班级德育工作的前提,是提高德育工作效率的条件。

1. 了解和研究学生的范围

了解和研究学生的范围包括个人和班级两个方面。

了解和研究个别学生的情况一般包括:学生的性别、年龄、健康状况、思想品德面貌、学习成绩和学习态度;智力水平、兴趣爱好和特长、性格与气质类型;个人生活经历及家庭情况,如学生父母的职业、经济状况、家庭其他成员情况及学生周围的社会生活环境等。

了解和研究班级情况一般包括:班级建设的发展历史;全班学生在品德、智力、体力等方面总的情况;各类学生的比例和特点;班集体形成的状况,如班级目标、班干部的情况和他们在班上的作用,班级的传统和作风,以及班级当前主要的倾向和问题等。

学生个人情况和班级情况要结合起来研究,以整个班级为背景来研究每个学生,同时又在深入了解每个学生的基础上研究整个班级。二者是统一的,只是侧重点不同而已。

2. 了解和研究学生的方法

班主任了解和研究学生的方法很多,最基本的有以下几种:

(1) 观察了解。这是在自然状态下了解学生最常用的方法。班主任通过日常接触、课堂教学、课外活动等途径,直接用自己的感官去了解学生各方面的表现,并透过这些外部表现,洞察其内心世界,再结合从其他途径了解的情况进行综合分析,得出客观的结论。

---

① 魏书生著:《班主任工作漫谈》,漓江出版社2000年版,第2页。

(2) 资料分析。这是初步了解学生和班级基本情况最便捷的方法。班主任通过查阅反映学生情况的书面材料获得对学生的初步了解,如学籍档案、体检表、成绩单、各种作业、周记日记等。通过这些资料,教师可了解学生的认识水平和知识水平、品德状况、思想发展过程,以及其理想、兴趣、人际关系、个性品质等。对学生的资料要用发展的眼光来分析,因为资料只能说明学生的过去,并不代表学生的未来。

(3) 调查访问。这是间接了解学生的方法。调查访问的对象可以是学生的同学好友、老师,还有其家长和其他社会关系。方式可以是座谈、家访、问卷等。调查访问应该事前设计好方案,使用问卷尤其要注意问题的设计。

(4) 个别谈话。这是深入了解学生思想、做学生思想工作的重要方法。班主任与学生面对面的自由交流,不仅可以沟通师生之间的情感,还可以使班主任有可能及时地、深入地了解学生的情况,掌握他们的思想动向。在今天的网络时代,有条件的教师还可适当利用信息手段与学生个别沟通,如网络聊天,这与面对面的谈话相比另有其独特的优势,也比较受学生欢迎。

对学生的了解和研究,应通过多种方法,从不同侧面把握教育对象的特点。

(二) 组织和培养班集体

班集体是教育的对象,又是教育的力量;是教育的结果,又是教育的途径。集体具有比各个人相加的更大的教育力量。正如马卡连柯所说:"教育了集体,团结了集体,加强了集体,以后,集体自身就能成为很大的教育力量。"[①]所以,组织和培养班集体是班主任工作的中心环节。

1. 良好班集体的基本特征

若干个体通过初步交往形成群体;群体发展到高级阶段,就成为有组织、有纪律、有共同奋斗目标的集体。班级就是学校把几十个年龄和知识程度相近的学生编成的群体。新组成的班级还不是班集体,它只是由学生个体初步交往形成的学生群体。学生群体是班集体形成的基础,班集体是群体发展的高级阶段。最终形成的班集体有以下特征:

(1) 有共同的奋斗目标。学生集体最重要的特征在于有明确的方向、共同的奋斗目标和集体的活动。

(2) 组织机构健全。没有组织的群体只是一群乌合之众。班集体要有严格的组织纪律性,要有统一的领导机构,这是班集体常规工作顺利推进、班级活动成功开展的保障。

(3) 有正确的舆论和良好的班风。舆论是指在集体中占优势的、为多数成员赞同的言论、意见和态度,它以议论、褒贬等形式肯定或否定集体的动向或集体成员的言行。它是一种群众性意见,是在集体中通过交流而形成的集体信念,具有评价作用。班风是整个班级的风气,是班级独特的风貌。这二者是班集体教育力量的集中体现,也是班集体形成的主要标志。

(4) 有良好的心理相容和较强的凝聚力。班级成员在心理和行为上彼此协调一致,称为心理相容。有着良好心理相容的班集体会让成员们态度宽容,相互尊重,因而在心理上产生舒适感、安全感和满足感。班级对其成员的吸引力叫作凝聚力;凝聚力高的集体中,成员具有较强的归属感和尊严感。

---

① 马卡连柯:《论共产主义教育》,人民教育出版社 1955 年版。

2. 班集体的形成阶段

班级从刚组建的群体发展为团结有力的坚强集体，要经历一个发展过程。这个过程可分为如下三个阶段：

(1) 组建阶段。这时，班级从组织上建立起来了。班级的核心和动力是班级的组织管理者——班主任。班主任需要对学生提出明确的集体目的，以及应当遵守的制度与要求，并引导学生积极开展活动，促进集体的发展。此阶段班级对班主任的依赖性较大，不能离开他的组织管理独立开展工作。此阶段如果班主任不注意严格要求，班级就可能变得松弛、涣散。

(2) 核心初步形成阶段。此阶段师生之间、同学之间通过交往实现相互了解，开始产生人际关系；同时，学生积极分子不断涌现并团结在班主任周围，班级的核心初步形成，组织与功能开始健全，能够在班主任的指导下开展班级活动。班主任逐渐由班级活动的直接领导、指挥者，过渡到提出建议、协助执行的顾问和参谋。

(3) 集体自主活动阶段。此阶段班集体已经形成，班级的组织机构、规章制度健全；积极分子队伍壮大，学生普遍关心、热爱班集体，主动积极承担集体工作，参加集体活动，维护集体荣誉；已经形成的良好班风和正确舆论成为重要的教育力量；班集体成为教育的主体，能根据学校和班主任的要求及班上的情况，自觉向集体成员提出任务和要求，独立开展活动，在班主任的指导下基本实现自治管理。

班集体的形成过程很复杂，每个班集体的形成过程各有其特殊性，因此，在实践中往往很难把这三个阶段截然分开。当然，也有班集体发展不良的情况，有可能停留在第二个阶段再难提高。所以，了解集体的发展阶段，是帮助教师认识班集体形成的规律，在每个阶段采取相应的教育措施，使班集体顺利发展，尽快成熟。

3. 班集体的组织与培养

优良的班集体不是自发形成的，必须由以班主任为首的各方面教育者合作，耐心组织和精心培养，通过集体成员的共同努力才能形成。根据良好班集体的特征，班集体的组织与培养要做好以下工作：

(1) 确立班级奋斗目标。班级奋斗目标是集体发展的方向和动力，对成员有导向和激励作用。班级成员有了共同的奋斗目标，才能激发积极向上、团结一致的精神面貌；在向奋斗目标努力的过程中，班集体更容易产生向心力，把学生凝聚在一起。奋斗目标可分为近期目标、中期目标、远期目标三种，构成目标系统。近期目标的积累达成中期目标，中期目标的积累最终达成远期目标。这样，学生每个阶段的努力都会因小目标的实现而产生成就感，成为实现下一阶段目标的动力。

(2) 选拔培养班干部。班干部是班主任开展各项工作的得力助手，是班集体的核心力量。班干部的正确选拔和合理培养，有助于形成坚强有力的班级领导核心，促进班集体的不断发展和成熟。在班集体形成的不同阶段，选拔班干部的方式应该不一样。如班级建立之初，学生彼此不了解，就不能用民主选举的方式。班主任可通过查阅档案了解情况，指定部分学生临时负责班级各项工作，在工作中考查学生的能力。在核心初步形成阶段，可以采用民主集中制，在班主任的领导下进行民主选举。在班集体自主活动阶段，集体已经形成，班干部的产生方式可更灵活，并让学生有更多的自主权。

(3) 健全班级规章制度。实现班级科学的常规管理，并在管理中促进学生的全面发展和健康成长，需要有一系列与学生守则、日常行为规范等学生基本要求相一致的、符合本班实际并得到集体成员认同的班级规章制度,简称班规。班规的建立要由集体民主讨论通过,以提高集体成员严格执行的自觉性。班规一旦通过便要长期坚持实施,切忌虎头蛇尾。

(4)培养正确的舆论和良好的班风。只有在集体中形成了正确的舆论与良好的班风,集体才会具有教育力量,成为教育的主体,这也是一个坚强集体形成的重要标志。班主任要利用品德评价手段引导班级舆论朝正确的方向发展。在处理班上一些涉及原则而学生又认识混乱的事件时,班主任要善于抓住时机,引导学生展开思想交锋,分清是非,以推动正确舆论的形成。班集体一贯坚持正确的舆论导向,弘扬正气,就能发展形成优良的班风,对集体成员产生行为约束和思想教育的效果。

(三)做好个别教育工作

一方面,组织和培养班集体的过程是集体教育的过程,集体一旦形成就能对个体产生巨大的影响;另一方面,集体是由个体组成的,个别学生的思想品德状况同样会对集体产生影响。因此,集体教育与个别教育是紧密联系的,做好个别教育工作同样十分重要。个别教育的对象并不仅限于后进学生,班级中每种类型、每个层次的学生都需要一定的个别指导和教育,甚至还应包括对学生中自发产生的小团体的教育。这是贯彻因材施教原则的要求和需要。根据经验,个别教育工作主要有优秀学生的培养、中等学生的促进、后进学生的转化和学生小团体的引导。

1. 对优秀学生的培养教育

优秀学生一般指德智体各方面发展水平较高的学生。这类学生是班级中的佼佼者,通常成绩优秀,品行端正,工作积极,发展全面,是集体成员学习的榜样;如果教育得当,他们就会成为集体的领头羊,在集体中发挥重要的作用。同时,针对这类学生所拥有的明显优势,班主任要为他们的发展创造条件,使其潜力得到充分挖掘,实现自身的不断提高和完善。

但是要看到,这部分学生仍然处于发展中的不成熟状态,必然会有某些不足和缺点。班主任必须防止由其表现造成的"晕轮效应",对优生容易产生的问题要有预见性,及时发现和予以教育指导。例如,长期处于荣誉的围绕中而滋长的优越感;为保持领先地位而导致的自私保守行为;只顾个人发展而对集体和同学漠不关心等。如果老师只看到学生的学习成绩,一好遮百丑,往往就容易忽视这些问题,不能及时指出和教育,最终影响学生的充分发展。

2. 对中等学生的促进教育

中等学生是指各方面表现处于一般水平的中间状态的学生。这类学生在班级中是大多数,他们大都品德良好,学习成绩一般,各方面表现不突出,也不惹是生非,所以容易被班主任忽略,成为个别教育的盲区。

过去班主任常有"抓两头,促中间"的成功经验,这是值得借鉴的:班主任对先进和落后两类学生的教育实际上为中等学生提供了行为的参照标准,间接起到了教育作用。但是,这种思路若不注意,就可能成为放弃对中等学生进行个别教育的借口。事实上,中等学生在各方面的发展都有较大潜力,目前发展欠佳很多是个性上的弱点造成的。如长期缺乏积极评价造成的不够自信,家长和教师对其低期望值所产生的消极暗示导致的缺乏上进心等,都使这批学生满足于现状,不思进取。因为状态消极,他们在集体中也较少得到锻炼和表现的机会。对这类学生,班主任不应让他们淡出自己的视野,中等学生最渴望的就是教师的关注和肯定。班主任要根据学生的特长,为其提供表现和锻炼的舞台,用鼓励和积极的期待为学生鼓起自信的风帆。一旦战胜了自卑，这些学生就会有令人惊喜的进步。

中等学生并不总是稳定地表现为普通状态，他们也处于不断发展的过程之中。如果教育得当，他们能成为班级正确舆论的主流、班级工作的主要力量，而他们个人的发展也会呈现不断进步的趋势。如果受到不良影响，他们也极有可消沉下去，甚至沦为后进学生。

3. 对后进学生的转化教育

后进学生是指某一方面或几方面（如学习成绩、思想品德、社会适应性等）发展水平落后于全班的学生。这类学生有的表现为缺乏学习兴趣，学业成绩不能达到基本要求；有的行为习惯不良，纪律意识淡薄，常常惹是生非；有的是二者兼具，学业差，品行也差，成为"双差生"。这类学生为数不多，但在班里影响很大。

后进学生的转化教育是一项艰巨复杂的工作，班主任需要有一定的耐心和教育艺术。方法上没有一定之规，但要遵循以下要求：

(1) 分析原因，对症下药。首先要确定学生是哪方面落后，其次要分析其落后的原因。如学习落后的学生，有可能是学习能力差，学习基础薄弱；也可能是学习方法不当，学习习惯不良；还有可能是学习环境不利或不适应现有教学模式。只有找准根源，才能有的放矢，采取有针对性的教育措施。

(2) 热爱关心，不厌不弃。转化一个后进学生，会耗费班主任大量的精力和时间，并且在转化过程中的进展还不一定尽如人意，这是许多班主任深有体会的。所以，有的班主任易对他们产生厌弃心理，认为"一粒老鼠屎坏了一锅汤"，将其视为班集体的拖累，影响班级进步的"包袱"。这是缺乏责任心的表现。后进学生就如发育不良的幼苗，尤其需要教师的关心爱护。班主任要克服厌弃心态，爱护其自尊心，尊重其人格，使他感到班主任的可亲，体会教师对他们的信任和期待，激发其上进转化的动力。

(3) 要求合理，循序渐进。"冰冻三尺，非一日之寒。"后进学生的现状不是短时间内形成的，落后状况也不可能一下子得到根本改变。班主任在转变后进学生的过程中，对学生提出的要求要合理，要在目前学生力所能及的范围；在学生达到该要求之后，再提进一步的要求。也就是"大目标，小步子"。每一点进步都给予充分肯定，让学生体会进步所带来的自豪与满足，逐步建立自信，扩大战果，使转变过程实现量的积累，达到质的飞跃。

(4) 正视反复，持之以恒。长期性和反复性是德育过程的明显特征。后进学生的转化也不可能一蹴而就，他们在进步的过程中常常会有反复现象。班主任要正确对待这种正常的反复，不要因为学生的反复而失望、急躁，甚至放弃对学生的转化教育，应该以充分的耐心和恒心对待学生的反复，坚持做好学生的教育工作。

做学生的个别教育工作，其实就是德育原则的具体实施。班主任要善于将德育理论运用于班级德育工作，理论联系实际，才能取得理想效果。

(四) 其他常规工作

1. 组织班会

班会是以班级为单位的全班学生的会议或活动。它是班主任对学生进行全面发展教育，树立健康舆论，培养良好班集体的重要途径，也是学生自我教育和民主管理的重要形式。

班会一般有三种：对班级一些较大的事务性工作进行研究、讨论和总结的班务会；学生运用批评和自我批评的手段进行自我教育的民主生活会；在班主任指导下，围绕一定教育主题进行的主题班会。

主题班会因其形式多样、主题鲜明、内容充实、寓教于乐的特点，成为一种深受学生欢迎且效果明显的集体教育形式，在中小学班级德育工作中得到普遍应用。主题班会的组织有四个环节：设计方案、组织准备、具体实施、反馈巩固。在整个组织过程中，学生在教师指导下通过主动积极地参与，能力得到锻炼，思想受到教育。

2. 家长工作

家长工作是协调校外教育影响的重要方面。通过家长工作对家庭教育进行指导，争取家庭对学校教育的配合，家校共同做好育人工作。家长工作可有如下形式：

（1）家庭访问。这是学校与家长联系的重要形式。通过家访，班主任能直接了解学生在家中的表现，并能有效与家长沟通。

（2）书面联系。主要有学生手册、家校联系册、通讯卡等形式。家长与班主任通过这种简便有效的方式，随时交换意见；还可监管学生的课余生活，防止对学生的时间管理出现"真空"地带。

（3）家长会。召开家长会有助于协调统一学校教育和家庭教育对学生的教育要求。家长会可以由学校统一组织，但通常是由班主任根据需要自行组织。一般每学期一至二次。

（4）家长委员会。成立家长委员会是推动家长工作的一种形式。家长委员会一般由热心青少年教育、关心班级建设，有一定教育水平和组织能力的家长积极分子组成。他们可以成为家长与班主任之间的沟通桥梁，还可以为班级工作提出建议和提供条件。

3. 操行评定与评选"三好学生"

这项工作实际上也是对学生进行教育的有效途径，它有助于学生了解自己的优缺点，明确自己的努力方向；有助于家长了解子女的在校表现，更好地配合学校教育。

操行评定可以是质性评定，也就是写操行评语；也可以是量化评定，也就是评定操行等级。操行评定应该建立在对学生表现的全面了解基础之上。写评语要语言简洁，表达确切；对学生的评价要客观、公正、中肯、全面；措辞要注意语言艺术，对学生的问题有针对性，对学生的发展提高有激励性；要充分肯定学生的成绩和进步，对学生的不足善意指出，使学生既有对现有成绩的自豪感，也有克服不足的自信和决心。

4. 班主任工作的计划与总结

班级德育工作涉及面广，连续性强，工作难度较高。为了使工作有条不紊地进行，一要加强计划性，二要注意总结经验。

班级德育工作计划（班主任工作计划）可分为学期工作计划和具体执行计划。学期工作计划的基本内容是：简明分析形势要求和本班学生德智体发展的基本情况，提出本班的学期教育任务，并列出每周工作要点。具体执行计划要求更细，操作性更强，通常按周制订或按活动制订。具体执行计划的基本内容包括：目的要求；活动内容、形式、方法；时间安排、人员分工；程序步骤、完成时限等。

班级德育工作总结可分为全面总结与专题总结。全面总结是对班主任整个学期班级德育工作的总结，进行全面分析与评价；专题总结则是对班级德育工作中最有启发意义的一个问题或一个方面的总结，要求深入探讨并提炼其中的经验与教训。只有通过总结，班主任才能站在理论的高度来分析工作中成功与失败的原因，探索教育规律，并在改进下一步工作中发挥作用，提高自己班级德育工作水平。

附录一

教育部关于印发《中小学班主任工作规定》的通知

各省、自治区、直辖市教育厅（教委），新疆生产建设兵团教育局：

为了进一步加强中小学班主任工作，发挥班主任在中小学教育中的重要作用，保障班主任的合法权益，全面推进素质教育，特制定《中小学班主任工作规定》，现印发给你们，请遵照执行。

附件：中小学班主任工作规定

中华人民共和国教育部
二〇〇九年八月十二日

附件

中小学班主任工作规定

第一章 总 则

第一条 为进一步推进未成年人思想道德建设，加强中小学班主任工作，充分发挥班主任在教育学生中的重要作用，制定本规定。

第二条 班主任是中小学日常思想道德教育和学生管理工作的主要实施者，是中小学生健康成长的引领者。班主任要努力成为中小学生的人生导师。

班主任是中小学的重要岗位，从事班主任工作是中小学教师的重要职责。教师担任班主任期间应将班主任工作作为主业。

第三条 加强班主任队伍建设是坚持育人为本、德育为先的重要体现。政府有关部门和学校应为班主任开展工作创造有利条件，保障其享有的待遇与权利。

第二章 配备与选聘

第四条 中小学每个班级应当配备一名班主任。

第五条 班主任由学校从班级任课教师中选聘。聘期由学校确定，担任一个班级的班主任时间一般应连续1学年以上。

第六条 教师初次担任班主任应接受岗前培训，符合选聘条件后学校方可聘用。

第七条 选聘班主任应当在教师任职条件的基础上突出考查以下条件：

（一）作风正派，心理健康，为人师表；

（二）热爱学生，善于与学生、学生家长及其他任课教师沟通；

（三）爱岗敬业，具有较强的教育引导和组织管理能力。

第三章 职责与任务

第八条 全面了解班级内每一个学生，深入分析学生思想、心理、学习、生活状况。关心爱护全体学生，平等对待每一个学生，尊重学生人格。采取多种方式与学生沟通，有针对性地进行思想道德教育，促进学生德智体美全面发展。

第九条 认真做好班级的日常管理工作，维护班级良好秩序，培养学生的规则意识、责任意识和集体荣誉感，营造民主和谐、团结互助、健康向上的集体氛围。指导班委会和团队工作。

第十条 组织、指导开展班会、团队会（日）、文体娱乐、社会实践、春（秋）游等形式多样的班级活动，注重调动学生的积极性和主动性，并做好安全防护工作。

第十一条 组织做好学生的综合素质评价工作，指导学生认真记载成长记录，实事求是地评定学生操行，向学校提出奖惩建议。

第十二条 经常与任课教师和其他教职员工沟通，主动与学生家长、学生所在社区联系，努力形成教育合力。

第四章 待遇与权利

第十三条 学校在教育管理工作中应充分发挥班主任的骨干作用，注重听取班主任意见。

第十四条 班主任工作量按当地教师标准课时工作量的一半计入教师基本工作量。各地要合理安排班主任的课时工作量，确保班主任做好班级管理工作。

第十五条 班主任津贴纳入绩效工资管理。在绩效工资分配中要向班主任倾斜。对于班主任承担超课时工作量的，以超课时补贴发放班主任津贴。

第十六条 班主任在日常教育教学管理中，有采取适当方式对学生进行批评教育的权利。

第五章 培养与培训

第十七条 教育行政部门和学校应制订班主任培养培训规划，有组织地开展班主任岗位培训。

第十八条 教师教育机构应承担班主任培训任务，教育硕士专业学位教育中应设立中小学班主任工作培养方向。

第六章 考核与奖惩

第十九条 教育行政部门建立科学的班主任工作评价体系和奖惩制度。对长期从事班主任工作或在班主任岗位上做出突出贡献的教师定期予以表彰奖励。选拔学校管理干部应优先考虑长期从事班主任工作的优秀班主任。

第二十条 学校建立班主任工作档案，定期组织对班主任的考核工作。考核结果作为教师聘任、奖励和职务晋升的重要依据。对不能履行班主任职责的，应调离班主任岗位。

第七章 附 则

第二十一条 各地可根据本规定，结合当地实际情况，制定中小学班主任工作的具体实施办法。

第二十二条 本规定自发布之日起施行。

附录二

教育部基础教育一司负责人就《中小学班主任工作规定》答记者问

问： 教育部于 2006 年曾印发了《教育部关于进一步加强中小学班主任工作的意见》，就班主任的职责和保障等提出了指导性意见。时隔三年，教育部又出台了《中小学班主任工作规定》，在新时期具有怎样的意义？

答： 随着我国经济社会改革的进一步深入，基础教育步入了由全面普及转向更加重视提高质量、由规模发展转向更加注重内涵发展的新时期。《规定》的出台，可谓应运而生。

一是素质教育的时代呼唤。党的十七大报告提出要全面贯彻党的教育方针，坚持育人为本、德育为先，实施素质教育，培养德智体美全面发展的社会主义建设者和接班人。正在制定的《国家教育改革和发展中长期规划纲要》也将确定把实施素质教育作为今后一个时期教育改革和发展的根本任务。实施素质教育，首要的是解决培养什么样的人和如何培养人的问题。中小学班主任作为中小学教师队伍的重要组成部分，是班级工作的组织者、班集体建设的指导者、中小学生健康成长的引领者，是中小学思想道德教育的骨干，是加强和改进未成年人思想道德建设，全面实施素质教育的重要力量。《规定》的发布，正是国家当前和今后一个时期教育改革和发展的需要。

二是内涵发展的必然选择。长期以来，各地教育行政部门和中小学校重视班主任队伍建设，发挥班主任独特的教育作用，积累了丰富的经验，形成了有效的工作机制。广大中小学班主任兢兢业业、教书育人、无私奉献，做了大量教育和管理工作，为促进中小学生的健康成长做出了重要贡献。但是必须看到，中小学班主任工作面临许多新问题、新挑战。经济社会的深刻变化、教育改革的不断深化、中小学生成长的新情况新特点，对中小学班主任工作提出了更高的要求，迫切需要制定更加有效的政策，保障和鼓励中小学教师愿意做班主任，努力做好班主任工作；迫切需要采取更加有力的措施，保障和鼓励班主任有更多的时间和精力了解学生、分析学生学习生活成长情况，以真挚的爱心和科学的方法教育、引导、帮助学生成长进步。《规定》的出台，正是中小学班主任工作适应时代发展的需要。

三是学生成长的现实需要。学校教育是以班集体为单位来进行的，学校教育的各项工作，都跟班主任有关系，班主任既要关心学生的学习状况，教育学生明确学习目的，端正学习态度，掌握正确的学习方法，养成良好的学习习惯，增强创新意识和学习能力；又要进行有效的班集体管理，保证学校各项教育工作的顺利进行；还要组织学生开展班会、团队会以及各种主题教育活动和文体活动；更要了解每个学生的身体、心理和思想状况，开展有针对性的教育，做每一位学生人生路上的引路人。对班主任教师而言，做班主任工作和授课一样，都是主业；对学校而言，班主任队伍建设与任课教师队伍建设一样重要。《规定》的出台，对于贯彻党的教育方针，全面推进素质教育，把加强和改进未成年人思想道德建设的各项任务落在实处，具有重要意义。

问：这次出台的《规定》有哪些新的特点？

答：这次出台的《规定》有以下几个亮点：

一是明确了班主任工作量，使班主任教师有更多的时间来做班主任工作。一直以来，班主任教师既要承担与其他学科教师一样的教学任务，还要负责繁重的班主任工作，使得班主任教师工作负担过重。《规定》要求："班主任工作量按当地教师标准课时工作量的一半计入教师基本工作量。各地要合理安排班主任的课时工作量，确保班主任做好班级管理工作。"明确了班主任教师应当把授课和做班主任工作都作为主业，要拿出一半的时间来做班主任工作，来关心每个学生的思想道德状况、身心健康状况及其他各方面的发展状况。

二是提高了班主任经济待遇，使班主任有更多的热情来做班主任工作。长期以来，广大中小学班主任教师辛勤工作在育人第一线，而享受的班主任津贴一直是按照1979年教育部、财政部、国家劳动总局颁布的《关于普通中学和小学班主任津贴试行办法》（教计字〔1979〕489号）规定的标准，即："中学每班学生人数在35人以下发5元，36人至50人发6元，51人以上发7元，小学每班学生人数在35人以下发4元，36人至50人发5元，51人以上发6元。"1988年，人事部、国家教委、财政部下发了《关于提高中小学班主任津贴标准和建立中小学教师超课时酬金制度的实施办法》(人薪发〔1988〕23号),文件规定:"中小学班主任津贴标准提高的幅度和教师超课时酬金的具体数额,均由各省、自治区、直辖市结合实际情况自行确定。"据了解,除一些地方较大幅度地提高了本地班主任津贴标准外,各地基本上按1979年的国家标准增加了一倍。即不同班额分别为中学10元、12元、14元,小学8元、10元、12元。津贴标准低,已经远不适应现代经济社会发展的要求。自2009年起,国家实施义务教育学校绩效工资制度。根据国务院办公厅转发的《人力资源社会保障部财政部教育部关于义务教育学校实施绩效工资的指导意见》,这次出台的《规定》第十五条要求将"班主任津贴纳入绩效工资管理。在绩效工资分配中要向班主任倾斜。对于班主任承担超课时工作量的,以超课时补贴发放班主任津贴"。对此,希望各地落实和体现。

三是保证了班主任教育学生的权利,使班主任有更多的空间来做班主任工作。在我们强调尊重学生、维护学生权利的今天,一些地方和学校也出现了教师特别是班主任教师不敢管学生、不敢批评教育学生、放任学生的现象。新出台的《规定》第十六条明确规定:"班主任在日常教育教学管理中,有采取适当方式对学生进行批评教育的权利。"保证和维护了班主任教育学生的合法权利,使班主任在教育学生过程中,在坚持正面教育为主的同时,不再缩手缩脚,可以适当采取批评等方式教育和管理学生。

四是强调了班主任在学校中的重要地位,使班主任有更多的信心来做班主任工作。《规定》从班主任的职业发展、职务晋升、参与学校管理、待遇保障、表彰奖励等多个方面强调了班主任在学校教育中的重要地位,充分体现了对班主任工作的尊重和认可,对广大班主任教师是一个极大的鼓舞和激励。强调班主任在学校教育中的重要地位,对于稳定班主任队伍、促进班主任专业成长,鼓励广大班主任能长期、深入、细致地开展班主任工作有着积极的意义。

问:为保障《规定》的贯彻落实,教育行政部门和中小学校应做好哪些工作?

答:各级教育行政部门和广大中小学校要依据《规定》,把加强班主任工作作为落实科学发展观、贯彻党的教育方针、加强和改进未成年人思想道德建设、全面实施素质教育的有力抓手,结合当地实际认真抓好抓实。

一是要将中小学班主任培训纳入教师教育计划,有组织地开展岗前和岗位培训,定期交流班主任工作经验,组织班主任进行社会考察,提高班主任的政治素质、业务素质、心理素质和工作及研究能力。教师教育机构要承担班主任的培训任务,班主任培训所需经费在教师培训专项经费中列支。教育硕士学位教育中应设立中小学班主任工作培养方向,并优先招收在职优秀班主任。

二是要根据《规定》要求合理安排班主任教师的课时工作量,保障班主任教师有时间和精力来开展班主任工作。要在义务教育学校绩效工资分配中,把教师是否担任班主任、班主任工作开展得如何作为重要衡量指标。对于班主任教师超课时工作量,要发放超课时补贴。

三是要完善班主任的奖励制度,将优秀班主任的表彰奖励纳入教师、教育工作者的表彰奖励体系之中,定期表彰优秀班主任。应积极发展优秀班主任加入党组织,优秀班主任应列入学校党政后备干部培养范围。要树立一批班主任先进典型和重视班主任工作学校的先进典型,鼓励广大中小学校普遍重视和加强班主任队伍建设,充分发挥班主任在学校教育工作中的重要作用,使班主任成为广大教师踊跃担当的光荣而重要的岗位。

四是要把班主任工作作为学校教育的重要工作来抓。要制定切实可行的办法加强班主任工作,认真做好班主任的选聘工作,应从思想道德素质和业务水平较高,身心健康、乐于奉献的优秀教师中选聘班主任。要建立科学的班主任工作评价体系，规范管理，鼓励支持班主任开展工作。学校应建立班主任工作档案，定期考核班主任工作，考核结果作为班主任教师聘任、奖励、职务晋升的重要依据。对不能履行班主任职责的，应调离班主任岗位。

问：《规定》的出台，为班主任工作提供了多方面强有力的保障，那么，班主任教师应如何按照《规定》的要求，做好新时期班主任工作呢？

答：中小学班主任工作是一项复杂、细致，需要付出爱心、耐心和责任心，对学生健康成长起着重要作用的工作，要求班主任教师具有良好的思想道德品质、较高的教育理论素养和专业知识水平，身心健康，富有人格魅力，善于做思想教育工作。要适应新时期教育工作中出现的变化，及时改进班主任工作，在学校育人工作中发挥更大的作用。

一是要坚持育人为本，德育为先的目标导向。要把学校教育目标落实到班级日常管理工作过程中，切实把德育放在首位，注重学生正确的世界观、人生观、价值观和社会主义荣辱观的培养和形成，培养学生健全、独立的人格。引导学生培养学习兴趣，树立正确的学习目标，促使学生全面协调健康发展。

二是要注重公平，面向班集体每一个学生。班主任要关心每一个学生，了解他们的内心世界，根据每个学生的特点，精心设计相应的教育方案，引导、帮助每一个学生健康成长；要特别注意关注学生中的弱势群体和边缘群体，为每一个学生的终身发展奠定基础。

三是要关心学生的全面发展。坚持以人为本，以学生的全面发展为班主任工作的根本出发点，不仅要关心他们的学习，更要关心他们的思想道德、身体、心理、人格等各方面的发展状况。培养学生各方面的能力，提高学生各方面的素质，发挥学生的个性特长，充分发掘学生的潜能。

四是要建立平等互信的师生关系。班主任要平等对待学生，建立和谐的、朋友式的新型师生关系。尊重学生，注重与学生交流沟通的方式，做学生人生路上的良师益友。

五是遵循学生的年龄特点和身心发展规律。相信每个学生都有自己的优点，都有成才的强烈愿望，帮助每一个学生建立不断提高进步的目标；善于发现和激励学生的每一点进步，让学生始终在成功的喜悦中提高自己、发展自己。

六是要建立完善班级管理制度。通过建立科学合理的班级日常管理规范，培养学生良好习惯的养成。从小事、细微处着手，积极开展行为规范教育。加强学生自主管理，增进学生民主意识，培养学生独立处理问题的能力。

七是要积极进行班集体文化建设。指导班集体通过开展班会、团队会、各种主题教育活动和丰富多彩的文体活动，丰富学生的生活，弘扬爱国主义、集体主义和民族精神，形成健康向上、积极进取的班风和有特色的班级文化，营造良好育人环境。

八是要指导和组织学生积极参加社会实践活动。充分开发社区、学校和班级的各种教育资源，组织学生积极参加有益于身心发展和道德养成的各种社会实践活动，增强道德体验，培养学生正确的劳动观念和劳动习惯。

九是要充分发挥纽带作用。积极主动地与其他课程任课教师、少先队、团委、政教处沟通，步调一致，形成合力，充分发挥集体教育的作用。加强与家长的沟通交流，积极建立与家长沟通和交流的有效渠道，实现学校教育和家庭教育的有机结合。加强与社会、社区的联系，善于利用各种资源让学生了解社会、参与社会、适应社会、服务社会。也让全社会都来了解教育、关心教育、支持教育，营造良好社会育人环境。

十是要大胆创新工作方式。认真做好学生的综合素质评价工作，积极探索建立学生良好行为习惯的动态管理模式和综合考评制度，建立并填好学生成长档案和记录袋。在此基础上，积极探索深化教育改革背景下班主任工作的新特点、新要求，创新班级管理和建设的有效模式。

思考与练习

一、名词解释

1. 德育　　　　　2. 班风　　　　　3. 班级　　　　　4. 道德认识
5. 道德意志　　　6. 道德情感　　　7. 道德行为　　　8. 班主任
9. 班集体　　　　10. 集体舆论　　　11. 平行教育影响　12. 说服教育法
13. 榜样示范法　　14. 实际锻炼法　　15. 情感陶冶法　　16. 自我教育法
17. 品德评价法　　18. 生活指导法　　19. 心理疏导法

二、填空题

1. 德育，亦即思想品德教育，包括_____教育、_____教育、_____教育和_____教育等方面，是全面发展教育的重要组成部分。

2. 思想品德是由道德_____、道德_____、道德_____和道德_____四个基本成分构成，因此，思想品德教育过程就是培养学生_____的过程。

3. 德育过程就是把社会_____转化为个体_____的过程，因而这一过程的主要矛盾是教育者代表社会所提出的_____同受教育者现有_____之间的矛盾。

4. 良好的班集体具有这几方面的特征：一是有共同的_____；二是_____健全；三是有正确的舆论和良好的_____；四是有良好的心理相容和较强的_____。

5. 班级从刚组建的群体发展为团结有力的坚强集体，要经历_____阶段、核心_____阶段和集体_____阶段。

6. 品德是一种_____现象；道德是一种_____现象。

7. 班主任做好班级工作的中心环节是_____。

8. 有效地做好班主任工作的前提和基础是_____。

9. 德育过程和思想品德形成过程是_____和_____的关系。

10. 操行评定可以是质性评定，也就是写_____；也可以是量化评定，也就是评定_____。

11. 班会一般有三种：对班级一些较大的事务性工作进行研究、讨论和总结的_____；学生运用批评和自我批评的手段进行自我教育的_____；在班主任指导下，围绕一定教育主题进行的_____。

12. 从学生实际出发的原则，是指教育者在德育过程中，要根据学生的_____、_____和当前的_____来提出要求，确定内容和方法，使德育更具有针对性。

13. _____是班主任工作的中心环节。

14. 若干学生_____通过初步交往形成班级学生_____；班级学生_____发展到高级阶段，就成为有组织、有纪律、有共同奋斗目标的班_____。

15. 召开家长会有助于协调统一_____教育和_____教育对学生的教育要求。

16. 说服教育的方式有_____、_____、_____、_____、_____等。

17. 榜样的类型有_____、_____、_____。
18. 组织学生进行实际锻炼的方式有_____、_____、_____。
19. 情感陶冶的方式有_____、_____、_____。
20. 自我教育的方式有_____、_____、_____。
21. 品德评价的方式有_____、_____、_____。
22. 心理疏导法的方式有_____、_____、_____等。
23. 生活教育法的方式有_____、_____、_____、_____、_____等。

三、选择题

1. 德育过程的基础是（　　）。
①活动与交往　　　　②自我教育
③学校教育　　　　　④道德内化

2. 德育过程的基本矛盾是教育者提出的德育要求与受教育者已有的（　　）之间的矛盾。
①知识水平　　　　　②智力水平
③道德水平　　　　　④能力水平

3. 学校实施德育的基本途径是（　　）。
①教学活动　　　　　②课外活动
③社会活动　　　　　④团队活动

4. 教师利用环境和自身的教育因素对学生进行熏陶和感染的德育方法是（　　）。
①榜样示范法　　　　②说服教育法
③陶冶教育法　　　　④品德评价法

5. 德育原则是德育必须遵循的（　　）。
①基本要求　　　　　②具体程序
③具体方法　　　　　④实施途径

6. 通过常规训练对学生进行德育的方法是（　　）。
①榜样示范法　　　　②说服教育法
③陶冶教育法　　　　④实际锻炼法

7. 班主任是受学校委派全面负责一个班（　　）的教师。
①教学工作　　　　　②德育工作
③学生工作　　　　　④团队工作

8. 班主任了解和研究学生的对象是（　　）。
①学生个体　　　　　②学生群体
③学生个体和群体　　④后进学生

9. 班主任工作总结一般包括（　　）。
①学期总结和学年总结　　②全面总结和专题总结
③课内总结和课外总结　　④学习总结和思想总结

10. 班主任做好班级工作的中心环节是（　　）。
①全面了解和研究学生　　②组织和培养班集体
③做好个别教育工作　　　④做好后进生的转化教育工作

11. 对学生思想品德的形成和发展起动力作用的主要因素是（　　）。

①道德认识 ②道德情感
③道德意志 ④道德行为
12. 研究德育过程，主要是探索思想品德教育的（　　）。
①目标 ②内容
③方法 ④规律
13. 学生思想内部的矛盾斗争是其思想品德形成和发展的根本（　　）。
①目标 ②途径
③动力 ④内容
14. 在德育过程中，起主导作用的因素是（　　）。
①教育者 ②受教育者
③德育内容 ④德育方法
15. "桃李不言，下自成蹊"这句话体现了（　　）的德育方法。
①榜样示范法 ②说服教育法
③自我教育法 ④实际锻炼法
16. "春风化雨"这句话所体现的德育方法是（　　）。
①榜样示范法 ②说服教育法
③陶冶教育法 ④实际锻炼法
17. 有效地进行班主任工作的前提和基础是（　　）。
①了解和研究学生 ②组织和培养班集体
③教育督促学生学好功课 ④对学生进行思想品德教育
18. 在思想品德教育过程中，如果只看到学生差的地方，认为无可救药，那就违背了（　　）原则。
①统一要求与从实际出发相结合 ②对学生严格要求与尊重信任相结合
③正面教育与纪律约束相结合 ④发扬积极因素与克服消极因素相结合
19. 班主任在组织班级教育力量中所起的作用是（　　）。
①决定作用 ②领导作用
③纽带和桥梁作用 ④核心作用
20. 班集体形成的主要标志是（　　）。
①组成集体领导核心 ②开展了班级活动
③形成班集体正确的舆论 ④全班支持班主任的工作

四、判断题

1. 班级就是一个班集体。（　）
2. 班集体的建设是班主任的事，和其他教师没有关系。（　）
3. 一个班几十名学生在一起，有了班主任，班集体就形成了。（　）
4. 班主任是学校领导进行教导工作的得力助手和骨干力量。（　）
5. 一般来说，学生个体在班集体中会获得更好的发展。（　）
6. 不应让成绩不好的调皮学生当班干部。（　）
7. 班主任不严肃，不厉害，就管不住学生。（　）
8. 班级要多开展一些活动，这样可以增强班集体的凝聚力。（　）

9. 学生撇开班主任自己搞活动，就是不尊重班主任，这是不允许的。（   ）
10. 知行统一的原则就是要求学生思想与行为统一。（   ）
11. 正面教育是指用理论、事实和榜样对学生进行正面教育，启发和调动学生自觉接受教育的内在动力。（   ）
12. 在德育过程中，教师对各方面的教育影响要加以组织和调节，使其互相配合，协调一致。（   ）
13. 德育过程是个长期反复的过程，这是德育过程最突出、最明显的特点。（   ）
14. 德育过程中任何人想"一蹴而就"或"一劳永逸"，都是违背客观规律，不可能取得成效的。（   ）
15. 解决德育过程的主要矛盾，必须促进学生品德发展内部矛盾的积极转化。（   ）

五、列举题
1. 列举我国中小学德育的任务。
2. 列举德育过程的规律。
3. 列举5条以上思想品德教育原则。
4. 列举德育的主要途径。
5. 列举中小学常用的德育方法。
6. 列举正面教育与纪律约束相结合原则的贯彻要求。
7. 列举说服教育法的应用要求。
8. 列举班主任应该具备的独特品质。
9. 列举班级德育工作的主要内容。
10. 列举班主任的主要职责。
11. 列举良好班集体的基本特征。
12. 列举对后进学生的转化教育要求。
13. 列举家长工作的主要形式。
14. 列举班级德育学期工作计划的主要内容。
15. 列举品德评价法的主要形式。

六、辨析题
1. "黄荆棍下出好人"，所以在思想品德教育过程中，适当地运用体罚去惩罚学生还是可以的。
2. 一个班级里几十个学生集合在一起，成立了班委会，有了负责人，就标志着班集体的形成。
3. 按照人的认识规律，德育过程通常是始于知，经过情、意过程，最后止于行。所以，对学生的思想品德教育只能从晓之以理入手，提高学生的道德认识是德育过程不变的开端。
4. 班级德育工作中的个别教育就是指对后进学生的转化教育。
5. 思想品德形成过程就是思想品德教育过程。
6. 班主任工作的主要任务就是管好班级的学习纪律。
7. 树大自然直。学生长大自然就懂事了，用不着专门进行品德教育。
8. 对学生进行德育是班主任的事，与一般科任教师不相干。
9. 为避免伤害学生的自尊，品德教育中不应批评学生，只能表扬。

10. 教育学生应以正面教育、启发学生的自律为主，用校纪班规来约束学生的做法没有必要。

七、简答题
1. 思想品德教育有何重要意义？
2. 思想品德教育的内容是依据什么制定的？
3. 德育与心理健康教育有什么不同？
4. 德育过程的基本规律有哪些？
5. 与普通任课教师相比，班主任需要具备哪些特殊的素质？
6. 对学生进行德育的过程中，如何从知、情、意、行各环节中选择德育的开端？
7. 德育过程与思想品德形成过程有什么重要区别？
8. 我国中小学教育工作中，应遵循哪些主要的德育原则？
9. 班主任的工作内容有哪些？
10. 我国现阶段中小学德育的主要任务是什么？
11. 德育为什么把说服教育作为主要方法？
12. 应用榜样示范法有哪些具体要求？
13. 贯彻德育的一致性和连贯性原则的要求是什么？
14. 班主任如何了解和研究学生？
15. 班集体形成过程中的三个阶段各有什么特征？
16. 组织和培养班集体要做好哪些方面的工作？

八、论述题
1. 结合自己中小学在班集体中的学习生活经历，谈谈你对班主任角色的认识。
2. 在班级德育工作中，学生的个别教育与集体教育有何关系？应该如何去做学生的个别教育工作？
3. 班集体的形成过程分为哪几个阶段？如何组织和培养班集体？
4. 德育过程是对学生知、情、意、行的培养提高过程。试论述这一德育过程的规律。
5. 德育过程是一个长期反复的过程。试论述这一德育规律。
6. 论述德育工作的重要意义。
7. 班主任可以通过哪些形式做好家长工作？
8. 你如何看待中等学生？班主任应该如何实施对中等学生的个别教育？
9. 了解和研究学生的意义何在？如何了解和研究学生？
10. 依靠积极因素，克服消极因素的原则对后进学生的转化教育有何特殊意义？贯彻这条原则应遵循哪些要求？
11. 你认为班干部应当具备哪些条件？其中最关键的是什么？
12. 你有没有什么更好的办法来选拔班干部？
13. 你认为班干部实行轮换制是弊大于利还是利大于弊？
14. 班上学生谈理想时愿意当工人的只有一人，愿意当农民和服务员的一个都没有。你如何看待学生的这种价值取向？你认为该如何引导？
15. 你心目中理想的班主任是什么样的人？
16. 某中学某班有部分学生出现谈情说爱现象，并且恋爱成为学生课余一个热门话题。请你设计一个教育方案，对学生进行正确引导。

17. 针对当前时代特点和中学生思想状况，设计10～15个主题班会题目。
18. 以"勤俭节约"为主题，设计一个主题班会的组织方案。
19. 设计一个初一新生情况调查表。
20. 初二某女生因父母离婚，在近段时间情绪十分低落，成绩迅速下滑。班主任准备找她谈心。请你为班主任设计一个谈话方案。

九、实例分析题

1. 一天，我到市内一所重点小学办事，一进校门，就看到一片繁忙景象，有白发苍苍的老人在扫地，有中、青年男女在擦玻璃。我惊疑地问一位教师："这是干什么？"她说："市里要检查卫生，三年级以下学生太小，只有老师和家长干了。"我说："这合适吗？"她笑着说："没办法！"

你认为这样做行吗？为什么？

2. 子曰："其身正，不令而行；其身不正，虽令不从。"

这句话的含义是什么？它体现了什么德育方法？

3. 李刚爱好体育活动是出了名的，在上届学校运动会上他获得了三个比赛项目的第一。今年的运动会，他想在规定允许的范围内多报几个项目，为班集体取得好成绩出力。可是报名时班主任不让他参加，理由是他学习成绩太差，叫他搞好学习再参加运动会。李刚伤心极了，此后很长时间里都很消沉，学习成绩不但没有好转，反而更差了。

班主任的做法对吗？为什么？

4. 一天早上，陈老师走进教室，发现曾与自己顶嘴的学生王东海正在丢扫帚玩。当他发现陈老师，赶快假装扫地。陈老师想：如果当场批评他，一来他已改作扫地，理由不充足；二来又会顶起牛来，不如顺水推舟。于是陈老师假装没有发觉，到上课时，就表扬王东海早上到校自觉打扫教室。王东海脸红了。第二天，他真的早来学校打扫教室了。这样，不但使王东海很快克服了缺点，取得很大进步，还带动了一批同学，形成了谁早来就先打扫环境卫生的好风气。

试分析陈老师的做法体现了什么德育原则。

5. 一个中学生纪律性差，经常迟到或逃学，学习也是全班最差的，同学都看不起他。一天，他又迟到了，看到校长、主任都在办公室前，他没敢从校门进来，而是绕到西北角跳墙进来上课，当即被老师发现。

如果你是这位老师，你如何处理这件事？

6. 李小林私拿水果摊上的一只苹果，经同学检举，被老师叫到了办公室。老师问道："李小林，你私拿别人的东西，这已经是第几次了？"李小林低着头回答："第五次了"。"你为什么不改呢？""我、我也晓得不对，就是、就是有时忍不住。"

教师应从知、情、意、行哪个环节入手对李小林进行教育？为什么？

7. 王老师是全国优秀班主任。他在总结自己工作的经验时特别强调两点：第一，建立好班集体。他认为班集体建立好了，就会带动全班同学一起进步。第二，教育好每一个人，不放过每一件小事，特别不能放过对集体产生影响的"小事"。

请以德育原则作分析。

8. 有一位班主任在德育工作中非常注意引导学生背一些古诗作为格言以自勉。新生入学时，他要学生背的第一首诗是《有志》："天下无难事，在乎人为之，不为易亦难，为之难亦易。……"第二首是《早起》:"朝日初上窗,起身勿彷徨。……勤惰从此分,习惯遂为常。……"

分析这位班主任在工作中采用的是什么德育方法。

9. 开学不久,陈老师发现杨朗同学有许多毛病。陈老师心想,像杨朗这样的同学缺少的不是批评而是肯定和鼓励。一次,陈老师找他谈话说:"你有缺点,但你也有不少优点,可能你自己还没有发现。这样吧,我限你在两天内找到自己的一些长处,不然我可要批评你了。"第三天,杨朗很不好意思地找到陈老师,满脸通红地说:"我心肠好,力气大,毕业后想当兵。"陈老师听了说:"这就是了不起的长处。心肠好,乐于助人,到哪里都需要这种人。你力气大,想当兵,保家卫国,是很光荣的事,你的理想很实在。不过当兵同样需要科学文化知识,需要有真才实学。"听了老师的话,杨朗高兴极了,脸上露出了微笑。

分析案例中陈老师在教育过程中主要运用了哪些德育原则。

10. 一位语文教师在教《游园不值》这首诗。忽然一位迟到的学生"砰"的一声推门而入,径直入座。这位教师就诗取材,问学生们,"小扣柴扉久不开",诗人去拜访朋友,为什么"小扣"而不"猛扣"呢?学生们议论了一番,结果是因为诗人知书达理,有教养,讲礼貌。然后教师走到那位迟到的学生身边,弯腰轻声问他:"你说大家说得对吗?你赞成'小扣'还是'猛扣'呢?"这位同学脸红了,同学们也笑了起来。

请运用德育知识分析评价这位教师的做法。

11. 搜狐网教育新闻:2005年9月8日早晨,西北师大附中某班的所有同学经历了一件让他们终生难忘的事。同学们正在上自习时,他们的班主任张老师像往常一样走进教室进行例行检查。张老师突然发现教室门口的垃圾桶里扔了半个用塑料袋包着的饼子,他立即将饼子捡起来问道:"这是谁扔的?你们没经历过困难日子,不知道粮食的可贵。"当张老师的问话没人回答后,张老师做出一个让全班同学震惊的举动,他说:"你们没人承认那我就吃了。"然后,张老师就要将饼子放进口中。就在这时,那位扔饼子的同学站出来,并冲上讲台阻止老师。一位在场的同学告诉记者:"张老师和那位同学当着全班同学的面一人一半将饼子吃了。"

这则新闻在网上引起了极大反响。对这位张老师的教育行为,感动者有之,褒者有之,不以为然者也有之。说说你的看法。

12. 王强不爱学习,不讲理,常打架。新来的班主任李老师在一次谈话中对他说:"你体育好,三育中有一育好。"王强听了很高兴,心想:从来没有人说我好,李老师说我体育好,我得好好干!于是他积极锻炼身体。在他准备参加校运动会的过程中,李老师和班集体关心他,帮他扶跳杆、借跑鞋等。当他取得了名次获了奖,李老师就表扬他为集体争了光。后来李老师又安排同学帮他补课。为了维护集体的荣誉,从此他不再打架,开始努力学习。在后来的一次球赛中受了伤也不下场,坚持到胜利。

请用德育理论分析评价李老师对王强的教育。

13. 下面是几位科任教师对一个班级纪律问题的议论。

数学教师:"二班学生一点都不听话,我没得精力管那么多,不听课就算了,他讲他的,我讲我的。"

语文教师:"二班学生要管得严,我上课他们就不敢闹,清风雅静的。"

音乐教师:"我没得精神去骂他们,课实在是上不下来,我就找班主任来压阵。"

接着,几位教师七嘴八舌地议论:

"他们就怕班主任。"

"见了班主任就像见了猫。"

"猫一走耗子就翻堂。"

"学生都一样，欺软怕硬，这是规律。"

请说说你对几位老师言论的看法。

14. 给学生排座位向来是班主任老师的一大难题，牵动学生和家长的敏感神经。武汉中学的蒋自立老师却采取让学生自主的方法，轻松解决这一难题。对此，学生称是"难忘的"，家长说是"新颖的"，皆大欢喜。下面是蒋老师的经验介绍。

这是新生入学的第二天，同学们习惯地等待着班主任老师给他们排座位。

我看着他们那急切、认真的样子，就说："别急，同学们！在排座位之前，我们先来讨论一下怎么个排法，换句话说，给排座位定几条规矩、原则，好不好？"

同学们积极响应。大家争先恐后发言。有的说，要按高矮顺序；有的说，要照顾近视眼。我及时肯定了这两条原则，因势利导地说："在一个班上，总有好些的座位，比如中间的；也有差些的座位，比如四边的。还比如在同学们之间，有的认识，有的不认识，有的同学想和认识的同学坐在一起，但又不符合上面的两条原则。如果排座位时有谁碰到这种情况，应该怎么办呢？"又有同学发言说："应该把好位子让给别人，以集体利益为重。"

讲座发言告一段落后，我把排座位的原则归纳为三条：

（1）按高矮顺序；

（2）照顾有生理缺陷的同学；

（3）把方便让给别人，以集体为重。

接着我问大家对这三条原则"同意不同意？"

"同意！"同学们响亮地回答。

这时，我用充满信任的语气说："我完全相信同学们说话算数，会把原则变成每个人的具体行动。下面这样好了，我们改变过去由老师来排座位的老办法，不到外面排队，你们自己按讲座的三条原则，自邀同桌，两人商议共同找一个恰当的座位坐好，然后由大家评议，看谁最按原则办事，谁就是言行一致的好少年。"

方法一宣布，同学们先是感到意外，继而现出欣喜的神情。在商议后，较快地坐定了。

用德育原则的理论评析蒋老师的做法。

第六章 教学的基本理论

本章要点：
- 教学的概念、意义与任务；
- 教学过程的构成要素、实质；
- 教学过程的规律、阶段；
- 教学目标的概念、功能；
- 教学目标的分类与设计；
- 常用教学原则的含义与实施要求。

学校是培养人才的场所。教学则是学校实现教育目的，培养全面发展人才的主要途径，是学校的主要工作。为了提高教学质量，培养合格人才，教育工作者必须对教学工作中的一些理论和实践方面的问题进行系统的研究，从而科学地从事教育实践活动。

第一节 教学概述

一、教学的概念

教学是指学生在教师有目的、有计划的指导下，以掌握一定的课程和教材所包含的基础知识、基本技能为基本内容，以促进学生全面发展为目标的一种双边教育活动。简言之，教学就是指教师的教和学生的学所组成的共同活动。

教学活动是师生的双边活动过程，没有教师的教或没有学生的学都不能构成教学。教学是在教师的指导下，学生主动参加进行的，它有着明确的目的、严密的计划和严格的组织，因此，学生在教学活动中的学习同自发的学习有着本质的区别。

教学是一种多功能的教育活动，它既要向学生传授系统的科学文化基础知识和基本技能，发展学生的智力和体力，又要培养学生的思想品德、情感、意志和个性特征。那种认为"教学就是智育"的观点是错误的。一方面教学是智育的主要途径，但也是德育、美育、体育、劳动技术教育的途径；另一方面，智育还必须通过其他途径才能全面实现。因此，教学同智育既有联系又有区别。二者不能等同。

教学作为教育的组成部分之一，它与教育的关系是部分与整体的关系，教学是学校教育的一个基本途径，而学校教育还有着更广泛的途径，如课外活动、社会实践活动等。

二、教学的意义与地位

教学是学校的中心工作，教学质量的高低直接影响着学校教育的质量和人才的质量，是关系到学校生存、发展乃至社会进步的重要问题。

(一) 教学的意义

1. 教学是专门组织起来传授系统知识，促进学生的个体发展能在短时期内达到人类发展一般水平的最有效形式，是促进社会发展的重要手段

人的生命是有限的，而人类社会的发展却是永无止境的。随着人类新生一代的产生和人类社会知识经验的不断丰富，个体经验与人类社会历史经验之间的矛盾便随之而产生。人类若不能很好地解决这一矛盾，就会延缓或阻碍社会发展的速度。于是，教学应社会发展与个体发展之需成为解决这一矛盾的有力手段。教学突破了时间、空间以及个体直接经验的局限，教育者通过精心选择教学内容，巧妙设计教学方法，合理安排教学时间，严密组织教学进程，就能够简捷高效地将人类长期积累起来的科学文化知识转化为个体的精神财富，使个体在较短时间内掌握人类千百年来积累起来的知识精华，使个体发展水平达到人类的一般发展水平，并在此基础上不断创新，探求新知识，积累新经验，为社会发展做出新贡献。

2. 教学是实现教育目的、实施全面发展教育、培养合格人才的基本途径

教学是一种有目的、有计划、有组织的教育活动，它总是按照一定国家教育目的对人才质量的总的设想或规定来教育学生，通过教学有计划地将教育的各个组成部分，即德育、智育、体育、美育、劳动技术教育的基本知识传授给学生，促进学生德、智、体、美、劳诸方面按预期的要求全面发展，从而保证社会所需人才的规格。

(二) 教学的地位

教学在整个教育过程中居于中心地位，学校工作必须以教学为主，全面安排，这是办好学校的关键。

1. 学校工作必须以教学为主，是社会发展的需要

从学校教育与社会发展的相互关系的基本原理中，我们深知社会的发展有赖于人才的质量，它要求学校培养大批德、智、体、美、劳全面发展的各级各类合格人才。而在学校教育中，对人的培养主要是通过教师引导学生有意识地认识客观世界，感知、理解并接受前人积累的知识经验来实现的。人们把这些知识经验进行加工、处理，编出各门基础课程，纳入学校教学计划、教学大纲和教科书中，要在人生较短的时间内掌握它，就需要学校把主要时间安排在这些课程的教学上，也需要学生把主要的时间和精力用在学习上，这样才可能有目的、有计划地培养出适应社会发展并能推动社会发展的各类人才。当前，我国社会主义市场经济蓬勃发展，其发展的根本趋势是："经济与文化的'一体化'发展趋势；人的相对优势将取代传统的经济发展优势；生产的工艺流程对劳动者的素质要求越来越高。"这就更需要各级各类学校坚持以教学为主，加强教学改革，提高教学的功效，培养出大批具有真才实学的社会主义建设人才，为促进社会经济发展和现代化服务。

2. 学校工作以教学为主，是学生身心发展的需要

青少年学生正处在长知识、长身体和世界观形成的重要时期，可塑性大，接受能力强，通过教学可以促进学生知识、技能的掌握，智力、体力的发展以及良好思想品德的形成，使学生的身心健康发展。教学的这种特殊作用及对学生身心发展的全面影响，是学校的课外活动、团队活动、生产劳动及社会活动等教育活动所不能代替的。

3. 学校工作必须以教学为主，是学校区别于社会其他各部门的一个本质特点

学校为了完成培养人才的任务，除了教学工作外，还有政治思想工作、总务工作、行政

工作、体育卫生工作、党团工作、生产劳动等,但各项工作都是朝着培养人才的目标去努力的。而教学是培养人才的基本途径,教学在学校工作中所占的时间最多,其内容也最丰富。只有围绕教学这一中心全面妥善地安排学校的各项工作,才有学校教育秩序的稳定,教育质量的提高。

4. 学校工作必须以教学为主,是我国教育实践证明了的一条客观规律

新中国成立以来,我国教育实践正反两方面的经验教训充分证明,凡是坚持以教学为主,教育事业就能稳步正常地发展,教育质量才会得到提高;反之,凡是忽视教学,否认教学在学校教育中的中心地位,教育事业就会遭到严重的挫折,教育质量必然降低。

当然,教学为主并不等于教学唯一,并不意味着学校工作只抓教学而不要或轻视其他的教育活动。学校还应通过课外活动、校外活动、生产劳动等途径来对学生进行教育,促进学生全面发展。总之,学校工作应以教学为主,妥善安排其他各项教育活动,全方位地提高教育质量。

三、教学的任务

(一)确定教学任务的依据

教学任务应反映一定社会对教学的要求。我国的教育目的是确定我国教学任务的依据,教学任务应体现教育为社会主义建设服务及培养全面发展人才的特点。教学任务还应反映学生的年龄特征,根据学生在一定年龄阶段中所表现出来的典型的生理和心理特征来确定教学任务,使它更具有针对性和现实性。另外,教学任务还应反映教学过程中本身的规律性,从而保证有效地实施教学任务。

(二)教学的基本任务

1. 引导学生掌握系统的科学文化基础知识和基本技能

知识是人们对客观世界的现象、事实和规律的认识,是人类实践经验的概括和总结。它是人们认识世界、改造世界的精神武器。由于知识的不断积累和发展,特别是当代世界科学技术的迅猛发展,知识已形成一个博大深广的系统,其门类和内容几乎是无限的,而且还在以越来越快的速度增长。中学是基础教育阶段,不可能也没有必要将全部知识纳入它的教学内容,只能选择知识系统中那些符合现代社会需要的基础知识,并将这些基础知识按照严密的逻辑顺序和学生身心发展规律编写成各科教材,通过教学使学生有效地掌握各门学科的基本概念、定理、公式、法则、典型事实等,帮助学生在理解掌握基础知识的基础上,实现知识的正迁移,为他们今后继续学习、适应社会生活和从事社会劳动等打下必备的科学文化知识基础。所以,传授和学习系统的科学文化基础知识,是教学的基本任务。

技能是指运用一定的知识,通过练习而获得的能够顺利完成某种任务的一个较为稳定的动作系统。它可以分为动作技能和心智技能,二者都必须通过反复的训练才能形成。基本技能指各门学科中最主要的、最常用的、最基础的技能,如阅读、写作、计算、制图、实验等技能。基本技能是学生运用知识完成活动的必要条件,教师应按照教学大纲中对培养学生基本技能的明确规定对学生进行训练和培养。

一般来说,知识是技能形成的基础,而技能的形成又有利于进一步理解和掌握知识。所

以，教师应该在传授基础知识的同时，加强对基本技能的训练，使二者相得益彰。

2. 发展学生的智力和体力

智力是指个体在认识过程中表现出来的认识能力。它包括观察力、注意力、记忆力、想象力和思维力，其中思维力是核心。智力是能力的组成部分之一，属一般能力的范畴。智力是在遗传素质的基础上，在后天环境和教育的影响下，经过个人在实践活动中的主观努力而发展起来的，是人们顺利进行一切活动所必需的能力。现代社会生活复杂多变，科学技术日新月异，人类知识迅速增长，而能够编进教材的知识有限，学生在校学习的时间也是有限的，仅仅靠学校传授的知识远远不能满足社会发展的需要，只能通过发展学生的智力，才能有效地提高他们的学习效率和知识质量，使他们能够独立地获取知识，探求真理，创造出新的独特的具有社会价值的产品，为社会发展服务。

发展学生的体力，也是教学的一项不可忽视的任务。教学必须通过传授和学习生理卫生、体育运动知识和技能，培养良好的卫生保健和体育锻炼的习惯，保证学生健康地成长，促进学生体力的全面发展。

3. 培养学生的非智力因素

非智力因素主要是指在认识客观事物，掌握知识过程中的情感、意志、兴趣、动机、性格等心理因素。人们习惯性地比较重视智力因素的培养，认为有了良好的智力因素便能顺利地完成各项活动，往往忽视对学生的非智力因素的培养，结果造成许多学生缺乏积极健康的情感和克服困难的坚强意志，对挫折的承受能力较差，性格怪僻偏执，对学习及一切活动缺乏兴趣和主动性，给学生的成长和发展带来严重的危害。因此，应将培养学生的非智力因素作为教学的任务来抓，通过丰富多彩、生动活泼的教学，激发学生的学习动机和学习兴趣，培养学生良好的情感、意志和性格品质，使学生主动地学习，健康地成长。

4. 教会学生学习，培养自学能力

教会学生学习是指在教学中，不仅要教给学生知识、技能，而且要教给学生独立获取知识和独立发展自己智力的方法和能力。现代社会知识的增长和更新的速度很快，人们在学校期间掌握的知识是有限的，而且很快便会不适应社会的需求。如果学校只灌输知识，不教会学生学习，学生不懂得如何学习，对学习感到厌烦或束手无策，把学习当作负担，走上社会以后，就会既不懂得发展自己的方法，也没有发展自己的愿望。

教是为了不教，为了达到这一目标，教师应有意识地对学生进行学习方法、学习能力的培养；提高学生学习的自觉性，帮助学生掌握学习的一整套方法；教师通过自己严谨的教学过程，充分发挥教学的示范作用，让学生从教师的教学中学到掌握知识的方法，培养学生的自学能力。自学能力是现代人应具备的基本能力，人的一生中相当大一部分知识是通过自学获得的。因此，教学生"会学"比教学生"学会"具有更重要的战略意义。

5. 奠定学生科学世界观的基础，养成良好的道德品质

教学是学校进行德育的重要途径，中小学生正处在世界观迅速发展和逐步形成的关键时期，所以，奠定学生科学世界观的基础，养成良好的道德品质，既是社会主义社会的要求，又是学生自身发展的需要。教学永远具有教育性，单纯地传授知识的教学是没有的，教学中处处都渗透着思想教育的因素。教师应有目的、有计划地根据各科教学的特点，帮助学生辨别是非，评价善恶，加深对道德规范的认识，奠定良好的世界观基础和培养良好的道德品质。

总之，教学的五项任务是一个统一的整体。各项任务之间有着互为前提和基础并且相辅

相成、相互促进的关系，应全面考虑，不可偏废。只有这样才能树立正确的教学任务观，从而全面地实现教学目的，培养全面发展的合格人才。

第二节　教学过程

教学是一个复杂的过程，时时处在变化发展之中。为了更好地认识教学过程，并对它进行合理的调控，对教学过程的实质、规律、阶段等问题进行深入的探究，对每个教育工作者都是大有裨益的。

一、教学过程的概念

教学过程是教师根据教学目的、教学任务和学生身心发展的规律，有计划地引导学生积极主动地掌握科学文化基础知识和基本技能，发展智力和体力，形成一定思想品德和心理品质的过程。简言之，教学过程就是在教师的引导下，学生积极主动地完成教学任务的过程。教学过程在实际形态上纷繁复杂，形式多样，是知、情、意合一的过程。

（一）构成教学过程的因素

教师、学生、教学内容和教学手段是构成教学过程不可缺少的基本因素。这四个基本因素之间存在着必然的、内在的联系，它们之间的相互联系和作用构成了一个完整的教学系统。在这个教学系统中，教师起主导作用，他保证了教学按照规定的目的、内容来进行，通过教学实现对学生的教育和培养。学生是学习的主体，具有主观能动性，只有在教师的引导下，学生积极主动参与教学，才能实现知识和能力的转化。教学内容是教师对学生施加影响的主要信息，是教学的主要依据。教学内容主要表现为一定课程和教材，规定各级各类学校教师教什么和学生学什么，因此，在编排上必须科学、合理、具有可传递性。教学手段是教师为实现教学任务而采取的方法和措施，是教师得以有效传递信息，提高教学效率的保证。由此可见，教学的四个要素在教学过程中都有着各自独立的作用和地位，但他们又是一个整体，在教学过程中必须使各个要素充分地发挥作用，并使各个要素之间形成最佳的结合，以取得最佳的整体功能，保证有效地完成教学任务。

（二）教学过程理论的发展

教学过程理论的产生和发展，如同教育学的产生和发展一样，经历着一个从萌芽、形成、发展到不断科学化的历史过程。

早在公元前6世纪，我国著名教育家孔子就认为学习过程主要是学、思、习、行的过程，强调学生的学习兴趣及学习的主动性，提出"知之者不如好之者，好知者不如乐之者"，主张学与思的结合，学与习的结合，"学而不思则罔，思而不学则殆"，"学而时习之"，"温故而知新"。《中庸》对学习过程作了如下概述："博学之、审问之、慎思之、明辨之、笃行之。"世界教育史上最早的教育专著《学记》对教学的作用、目的、内容、原则和方法以及教师等问题都作了说明，如"教学相长"、"君子之教喻也，道而弗牵，强而弗抑，开而弗达"等思想，这是世界教育史上对教学的最早论述。在西方，古罗马昆体良著的《论演说家的教育》一书中，总结了他长期任教培养演说家的经验，提出了"模仿、理论、练习"三个循序递进的学习过程理论，被誉为古代西方第一部教学法论著。

夸美纽斯是近代资产阶级教学理论的奠基者。他在《大教学论》中，对课程、学科教学法、班级授课制，特别是教学原则的论述十分详尽。夸美纽斯依据感觉论哲学，把感觉经验作为认识和教学的基础，主张教学必须适应自然规律，应与儿童天赋的自然力相适应，因此，教学秩序应当是向自然模仿的过程。他坚决反对盛行的教条主义教学，提出教学过程应通过外部感觉和理智，根据证据来教一切知识，而不是通过教师的权威。他认为学习不应从文字开始，而应从观察开始，力求尽量发展学生的认识能力。他提出了直观性、自觉性、系统性、连贯性、量力性、巩固性等教学原则，提出了班级授课制度，确立了学年制的概念，重视教科书在教学中的作用。他还自己编写了一些在当时来说堪称模范的教科书。夸美纽斯的教学观点给教学过程理论的发展奠定了良好的基础。

18世纪末，德国教育家赫尔巴特试图用心理学来分析教学过程，认为教学应当以多方面兴趣为基础，把兴趣理解为学生理智的自动精神；认为教学的进行，必须使学生遇到教师所传授的新教材的时候，能在心灵里唤起一系列已有的观念。他把学生在原有的基础上去掌握新观念的过程，称为统觉。他以统觉来阐明教学过程，提出明了、联想、系统、方法四个阶段来揭示课堂教学的某些规律；重视系统知识的传授和发挥教师在教学中的领导作用；提出了教学具有教育性的思想。赫尔巴特将教学理论与心理学联系起来，说明教学理论已不再停留于简单的经验描述水平，标志着教学过程理论的形成。

19世纪末20世纪初，实用主义教育家杜威从儿童生来就具备某些才能、兴趣和社会需要的本能论出发，认为教学过程应以儿童为中心，根据儿童的兴趣和需要来提供材料给儿童学习；提出"教育即生长"，"教育即生活"，"教育即经验的继续不断的改造"。他主张学生"从做中学"，采用的教学形式是活动教学而不是让学生静坐在有秩序的教室里听教师系统讲授；认为教师在教学中不是起主导作用，而只是起一种从旁协助学生活动的助手的作用。他说："教师与学生两方面愈不觉得一方面是在那里教，一方面是在那里受教，那么所得的结果愈好。"杜威还提出学生学习"五步法"，即：问题情境发生、确定问题性质、解决问题的假设、假设的推论、检验。杜威的教学过程理论强调儿童的主动性，这具有积极的意义，但他忽视了教师的主导作用，片面强调儿童从个人经验中获取知识，学生学不到系统知识，这是不足取的。

十月革命后，苏联教育家凯洛夫在辩证唯物主义认识论的基础上论述了教学过程的本质问题，强调教学过程应充分发挥教师的主导作用，以系统的知识技能去武装学生；认为教学是学校的主要工作，教学内容决定着学校的工作性质；注重书本知识的学习，认为学生的学习任务是掌握科学上可靠的知识而不负有发现真理的任务。凯洛夫的教学过程理论重知识传授，重教师的主导作用，有利于提高学校的科学知识的教学水平，但忽视了学生这一认识主体的作用，对发展学生的智力强调不够，这是他的不足之处。

随着科学技术的迅速发展，知识迅速增长，而且更新速度加快，以传授系统知识为主的教学过程理论或通过儿童活动探求知识的教学过程理论都受到了冲击。20世纪50年代后期，各国致力于教学改革，出现了许多新的教学流派，使教学过程理论有了新的发展。

苏联教育家赞可夫在1957—1977年的20年间，开展小学教学与发展的实验研究，其指导思想是"教学要为学生的一般发展获得尽可能大的效果"。他所指的"一般发展"包括身体和心理的全面发展。他把促进学生的一般发展作为教学的出发点和归宿，认为教学应该走在发展的前面，教学应通过观察力、思维力、实际操作能力的培养来促进学生的心理发展，教学必须承担使学生掌握知识和个性得到发展的双重任务。这对传统教学过程理论是一个突破。

美国心理学家布鲁纳接受并发展了皮亚杰的"认识发生论"，提出了要以发展探索能力为主线来组织教学过程。他认为教学要让学生学习学科知识的基本结构，教学要促进学生认识能力的发展，教学任务的重点应放在发展学生智力上面，因此，必须使学科的基本结构与儿童的认识结构相适应，使教学过程本身就是促进儿童智力发展的过程，注重调动学生学习的积极性，提出让学生通过发现法来掌握学科的基本结构。布鲁纳注重发展学生的智力，调动学生的学习积极性等对教学过程理论的发展作出了一定的贡献。

20世纪70年代，苏联教育家巴班斯基运用现代系统论、控制论的基本原则和方法来分析教学过程，提出教学过程的最优化理论，比较全面、具体地阐述了教学的实际进程，提出教学要根据培养目标和具体的教学任务，分析教师和学生的具体条件来制定一套最好的教学方案，然后灵活地执行这个方案，以期在规定限度的时间和精力内取得最佳的教学效果。巴班斯基的理论使教学过程理论又向科学化迈进了一步，但由于其理论过于烦琐，还需进一步改进。

教学过程理论的发展经历了一个复杂的发展过程，至今仍在继续探索。随着现代技术在教学研究中的运用，教学理论将越来越科学化。这些已有的研究成果为我们继续研究教学过程奠定了基础。

二、教学过程的实质

关于教学过程的实质是什么这一问题，在我国教育界曾进行过热烈的讨论，各家观点不尽相同，但归结起来比较一致的观点如下。

（一）教学过程是一个特殊的认识过程

教学过程主要是教师引导学生掌握人类长期积累起来的科学文化知识的过程，是将人类的认识成果转化为学生个体认识的过程，是有组织的认识过程。因此，教学过程必须遵循人类认识的一般规律，即"实践、认识、再实践、再认识，这种形式，循环往复以至无穷"，用马克思主义认识论指导教学实践。但教学过程主要是学生个体的认识过程，有着与人类一般认识过程不同的特点：① 从认识的目的来看，主要是为了获得人类积累的知识经验，提高认识能力，缩小个体认识水平与社会历史认识水平的差距；② 从认识对象来看，学生主要是通过学习书本知识来获得发展，具有间接性；③ 从认识条件来看，学生的认识是在学校这一特殊环境中，在教师的引导下，按照预定目的进行的，具有方向性和可控性；④ 从认识序列来看，学生不应照搬人类一般认识规律，它既可从生动的直观开始，也可从抽象的理论开始，还可从有领导的实践活动开始，具有多开端性；⑤ 从认识过程来看，学生可以突破时空局限，走一条认识客观世界的捷径，具有简捷性。因此，教学过程是一个特殊的认识过程。

（二）教学过程是一个促进学生身心全面发展的过程

在教学过程中，学生的认识活动不仅仅是在教师引导下把知识体系转化到自己的认知结构中去的过程，也是一个发展智力、体力，形成一定的思想品德和心理品质的过程。因此，教学过程是一个促进学生身心全面发展的过程。

教学与发展是相互依存、相互影响的，但二者不能等同。学生掌握知识的数量和范围不能完全说明他的发展水平,只有将二者有机地结合起来,在教学过程中有目的、有计划、有组织地促进学生的身心发展,学生良好的发展水平才会促进教学过程的顺利完成。

总之,教学过程是在教师指导下,学生的认识和发展过程。

三、教学过程的基本规律

教学规律是指教学过程中客观存在的,具有必然性、稳定性、普遍性的本质联系。了解和尊重教学规律,按教学规律来处理教学过程中的各种问题,可使我们在教学中少走弯路,提高教学效率。目前并没有建立起完善的教学规律体系,要找出全部教学规律,还有待探讨。下面主要阐述教学内部各基本因素相互作用与联系而构成的教学过程的基本规律。

(一)间接经验与直接经验相结合的规律

间接经验是他人的认识成果,主要是指他人的理性认识;直接经验则是个体亲身获得的认识,主要是指个体的感性认识。间接经验与直接经验相结合的规律反映了学校的社会职能与教学过程的根本特点。

学生以学习间接经验为主。学生对客观世界的认识,主要是通过学习书本知识即间接经验来实现的。一个人无论多么努力,如果仅靠直接经验来认识客观世界,根本不可能在人生短短的时间里使个体认识水平达到人类认识的一般水平。在教学过程中,以书本知识的形式表现出来的间接经验,是经过人们精心地选择、设计,并使之系统化、简约化和心理化了的系统知识。学生可以在教师的引导下循序渐进地学习,避免重复人类认识史上所经历的曲折和错误,用最短的时间和最高的效率来掌握人类创造的基本知识,并以此作为新的起点,创造出新的认识成果。因此,学生以学习间接经验为主的教学活动是学生认识客观世界的一条捷径。

学习间接经验必须以直接经验为基础。教学过程虽然是一个特殊的认识过程,但它也必须遵循"从生动的直观到抽象的思维,再从抽象的思维到实践"的认识规律,将直接经验作为学习间接经验的基础。否则,学生难以将抽象的、偏于理性的书本知识转化为个人的精神财富。因此,教学中要充分利用学生已有的经验,增加学生的感性认识,将理性认识与感性认识有机地结合起来,在直接经验的基础上,理解所学书本知识(间接经验),并获得运用知识的实际能力,从而真正掌握比较完整的知识体系。

在教学过程中,学生要获取的知识包括间接经验和直接经验两部分。其中,间接经验居主要地位,直接经验是学生理解和运用间接经验的基础和必要条件。

(二)掌握知识和发展智力相统一的规律

掌握知识是发展智力的基础,发展智力是掌握知识的必要条件。知识是人们进行思维的"原料",学生学习的科学文化知识,既是人类长期积累的认识成果,又是人们认识能力的结晶,它本身蕴藏着丰富的智力因素和认识方法。学生只有掌握这些基本知识,领会其中所包含的认识方法,学会独立地去获取知识和运用知识,才能实现知识向智力的转化,促进智力的发展。一般来说,知识经验越丰富、越系统,就越容易迅速地理解新知识和解决新问题,有利于智力的发展。同时,知识的掌握又有赖于智力的发展。在教学过程中,如果学生没有最基本的智力发展水平,就不可能有效地掌握知识。而那些智力发展较好的学生,观察敏锐,注意力集中，记忆准确，想象丰富，思维活跃，接受能力强，学习效率高，掌握知识迅速而准确。因此，发展学生的智力非常重要，尤其是在科学技术正飞速发展的今天，知识的难度和范围不断增大，发展智力更是掌握知识的必要条件。

掌握知识与发展智力并不是同步的。学生知识掌握的多少并不标志他的智力发展的高低，因为智力不表现为知识本身，而表现在获得知识的心理品质上。那种认为只要掌握了知识，就自然地发展了智力的观点是错误的。因此，在教学过程中，应采用科学的教学方法，引导学生学习具有一定难度的知识，激发学生的求知欲，教会学生学习，启发学生积极地思维，主动地掌握知识，并且能够自如地甚至创造性地运用知识来解决理论和实际问题，使学生既掌握知识又获得智力的高水平发展。

在教学过程中，掌握知识与发展智力是既有区别又互相联系的，二者相互依存，互为条件，互为因果，互相促进，要防止只抓知识教学或只重视智力发展的错误倾向。

（三）传授知识与思想教育相统一的规律

掌握知识是提高思想的基础。学生科学的世界观和共产主义道德品质的形成是建立在一定的科学文化知识的基础上的，它本身也是一个科学文化知识体系。在教学中，通过传授知识不仅可以增长学生的知识，发展学生的认识能力，还可以加深学生对道德规范的认识，提高道德判断的能力，培养健康向上的道德情感，养成良好的道德行为习惯，为培养科学的世界观和共产主义道德品质奠定良好的基础。正如列宁所说："只有用人类创造的全部知识财富来丰富自己的头脑，才能成为共产主义者。"

学生思想的提高有助于知识的掌握。学生掌握知识的过程是一个能动的认识过程，在这一过程中，学生的思想状况、学习目的与态度等都对学习起着决定性的作用。通过教学活动有意识地帮助学生提高思想觉悟，明确学习目的，端正学习态度，树立远大的理想，认识个人学习的社会意义，养成坚忍不拔、勇于克服困难的优良品质，那么，就会给学生的学习带来巨大的动力，使学生积极主动地学习，掌握更多的知识。

传授知识与思想教育是密不可分、辩证统一在教学过程中的。教学永远具有教育性，除教学内容本身就具有丰富的思想教育因素外，教学过程的组织，教学方法的运用，教师的教学态度、思想作风、言谈举止等对学生的思想都有着深刻的影响。因此，教学必须注重教书育人，防止只抓知识教学或空洞说教的思想教育的错误倾向。

（四）教师主导作用与学生的主体作用相结合的规律

发挥教师的主导作用是促进学生有效地学习和发展的必要条件。教师在教学过程中起主导作用。教师受过专业训练，掌握丰富的知识，具备传递知识所需的各种能力，能够根据社会的需要和学生的实际，将教学计划、教学大纲和教科书所规定的知识传授给学生。这些知识对教师来说是已知的，对学生来说却是未知的，教学的最终目的就是要使学生从不知到知。在解决知与不知的矛盾中，教师居于矛盾的主导方面。学生要想以最简捷的方法实现从不知到知的转化，就必须在教师的主导作用下，有目的、有计划地获取知识，提高学习效率，发展智力和各方面能力，培养良好的思想品德，以实现身心全面发展。

只有充分发挥学生的主体作用，教师的主导作用才能取得良好的实际效果。学生是具有主观能动性的人，他们不仅是教学的对象，而且是学习的主体。教师的主导作用固然重要，但学生的学习是任何人都不能代替的。知识和思想观点的形成，都必须通过学生自己的积极思考和实际活动才能实现，学生的主动性、积极性是学习成败的关键。因此，教学中必须充分发挥学生的主体作用，调动学生学习的主动性和积极性才能使教师的教取得良好的实际效果。

教师的主导作用和学生的主体作用辩证地统一于教学活动中，二者相辅相成，缺一不可。只有二者的积极配合才能取得最佳的教学效果。要防止片面强调教师的主导作用或片面强调学生的主体作用的错误倾向。

四、教学过程的基本阶段

教学过程的基本阶段，即教学过程的操作程序。关于教学过程的基本阶段的划分，历史上许多教育家都做过探讨。我国教育工作者根据马克思主义认识论，结合教育心理学原理和学生的心理特点，认为教学过程可分为六个基本阶段。

（一）心理准备阶段

这一阶段主要是指在传授和学习新知识之前，教师引导学生进入良好的心理准备状态。教师应启发学生树立正确的学习目的，端正学习态度，引起学习动机，激发求知欲，调动学习积极性，使学生带着期待的心态进入教学活动中，变"要我学"为"我要学"，为教学过程的顺利进行提供必要的前提条件。

（二）感知教材阶段

感知教材是掌握教材的起点，是认识活动的初级阶段。学生以学习书本知识为主，如果学生没有相应的感性认识为基础，就会影响学生对书本知识的正确理解。学生感性认识的来源是多方面的，主要有：①学生在生活中积累的；②学生在以往的学习中获得的；③通过直观教具或实验、实习、观察、参观等教学实践获得的；④通过教师生动形象的语言描述和学生的再造想象获得的。学生还可以通过其他途径获得感性认识。因此，教师应当利用学生已有的感性认识，利用各种直观教学和生动形象的语言描述，唤起学生已有的经验和表象，使学生不断获得新的感性认识，从而充分地感知教材，为学生深刻地理解教材奠定基础。

（三）理解教材阶段

理解教材是认识的高级阶段，是学生学习的中心环节。学生深入理解教材的过程，实质上就是由感性认识能动地上升到理性认识的过程。要实现这个能动的飞跃过程，就要求教师充分发展学生的思维能力，调动学生学习的积极性，启发学生在感知教材的基础上运用分析、综合、比较、分类、抽象、概括、系统化、具体化的思维过程和归纳推理、演绎推理等思维形式来掌握教材中的概念、规律、原理、法则等，理解所学知识，从而认识事物的本质和规律。

（四）巩固知识阶段

巩固知识是指在理解教材的基础上，让学生把所学知识牢固地保持在记忆中，在需要时能迅速而准确地提取出来。学生牢固地掌握所学知识，有利于自如地运用知识和顺利地接受新知识。因此，教师应引导学生认真地感知和理解教材，在理解的基础上记忆，将巩固知识贯穿于教学的全过程，在运用知识和实践过程中巩固知识，指导学生同遗忘作斗争，培养良好的记忆品质，帮助学生形成一个有序的知识体系。

（五）运用知识阶段

运用知识是指学生把所学知识在实践中加以运用，形成技能、技巧的过程。它对于巩固旧知识，理解新知识，形成牢固的技能、技巧，培养学生分析问题、解决问题的能力，尤其对发展学生的创造能力有重要意义。教师应注意引导学生通过各种教学实践来运用知识，如完成各种书面和口头作业、实验、实习作业等。还可以适当组织学生进行课外活动、生产劳动和社会实践活动来提高学生分析问题和解决问题的能力，使学生灵活运用知识，形成技能、技巧，提高学习效率。

（六）检查学习效果阶段

这个阶段主要是教师通过作业的布置与测验、考试等方式检查学生对知识的掌握情况。它有利于学生了解自己的学习情况，督促自己学习和培养自我评价的能力与习惯；有利于教师了解自己的教学情况，总结教学的经验和教训，以便不断地改进教学。因此，教师可以根据学科的性质、教学的进程、学生的特点和教学条件，灵活地采用各种检查方法，以获得教学的反馈信息，更好地调节教学活动，提高教学质量。

在教学过程中，每个阶段都具有独特的功能，但各阶段之间又是紧密联系、相互渗透的，不能机械地划分，应根据教学的实际情况灵活运用。

第三节 教学目标

一、教学目标概述

（一）教学目标的概念

什么是教学目标（Instructional Objectives）？这是我们首先应该搞清楚的问题。在汉语中，"目标"一词主要有两层含义：一是指射击、攻击、寻找或嘲笑等动作、活动的对象，这些动作所指向的对象就是目标；二是指对活动的结果所预先设想或拟订的要求、标准，一个人为寻求某种性质的结果而进行的某种活动，就这种结果要达到怎样的标准、要求所作的规定或设想，即为活动的目标。教学是人的一种活动，教学活动中的"目标"适合于第二种含义。所以，教学目标即是指为教学活动的预期结果所要达到的标准、要求而作的规定或设想。

教学活动所要达到的预期结果，是学生的身心发展，因此，教学目标就是对教学活动所欲促成的学生身心变化上要达到怎样的标准、要求等所作的规定或设想。简言之，教学目标即是通过教学活动所欲促成学生的预期的身心变化。例如，通过一定的教学活动，要求学生掌握多少语言知识、掌握多少读写技能、掌握多少运动技能等，这些预先规定，都是教学目标。

由于教学活动有多个层面，因此教学目标也有多个层次。一般来说，教学活动可以从课程、单元、课时等层次来看，因此教学目标包括课程目标、单元目标、课时目标等层次。其中，课程目标是指某门课程在教学后所要达到的结果，即一门课程的教学活动从总体上所要促成的学生的身心变化。单元目标是对一门课程中的某个单元的教学活动所要达到的结果，亦即这个单元的教学活动所要促成的学生的身心变化。课时目标是对每个课时的具体要求，即一个课时的教学活动所要达到的结果，亦即一个课时的教学活动所要促成的学生的身心变化。

（二）与教学目标相关的概念

与教学目标相关的术语概念，在国内外使用得比较多，显得有些乱。与教学目标密切相关的概念主要有教育方针、教育目的、教育目标、教学目的等，这些概念既有联系又有区别。

教育方针是指"国家为了发展教育事业，在一定阶段，根据社会和个人两方面的发展需求与可能制定的具体战略意义的总政策或总的指导思想。其内容包括教育的性质、地位、目的和基本途径等。"教育方针是由党和国家在不同的历史时期，根据特定形势需要而制定的。它有行政性和法规性的权威，有浓厚的时代性，也是处于最抽象的层次。

教育目的是"培养人的总目标"。其核心是规定培养什么样的人。它具有一般性、概括性和抽象性，是一种总的规格要求。这个概念在前面已有所述，这儿就不再赘述了。

教育目标主要是指"各级各类学校、各专业的具体培养要求"。它是受教育者完成一定的教育计划后身心发展各个方面需要达到的具体规格要求及其结构体系。

教学目的是"教师和教育工作者为完成教学任务所提出的概括性的要求。是整个教学计划的基础，教学设计的起点。所有教学步骤都是为这些目的设计的"。它的特点是具有概括性和全面性。

其实，在实际运用中，很多时候人们对这些相关的概念并未严格区分。虽然在学术研究中，当行为主义的价值观和方法论在教学目标领域被强化后，教学目标的界限越来越清，教学目标有越来越明确、具体、细致的分析的倾向，但最近的研究却认为，把人的素质的整体要求"碎尸万段"，把完整的学科知识的体系机械分割的做法是不适当的。所以不必过分划分教学目标的界限，教学目标制定得模糊点，可以为人的创造性发挥留有余地。

（三）教学目标的功能

我们为什么需要教学目标？这是因为教学目标具有多方面的功能，比如在现代考试学研究中，教学目标是研究的一个重点。当然，教学目标既有积极的正功能，也有消极的负功能。美国学者麦克唐纳（J. B. Macdonald）曾指出，教学目标具有以下五项功能：一是明示教育进展的方向；二是选择理想的学习经验；三是界定教育计划的范围；四是提示教育计划的要点；五是作为评价的重要基础。综括起来，我们认为教学目标主要有以下三大功能。

1. 导向功能

任何一项目标制定出来以后，它就是与控制联系在一起的。教师或学校教学管理人员有了清晰明确的教学目标以后，通过不断的信息反馈，能一次又一次地纠正教学活动中的偏差，使一切教的活动和学的活动都紧紧围绕教学目标来进行，一切教学活动以教学目标的达成为"度"，从而避免教师的教学时间、学生的学习投入、教学设备、教学经费等的浪费，以提高教学效能，从而把教学活动导向教学目标的实现。

小栏目 6-1

  有人做过一个小实验：把同一班的学生分成两个小组，领他们去郊区农村参观。出发前告诉第一小组的学生："你们注意观察谷物的生长情况，看地里有什么，长得怎样。"告诉第二小组的学生："你们注意观察蔬菜和水果的生长情况。"回来后让他们分别把观察所得写下来。学生们一般都有比较详细、具体、生动的描写。接着，教师让第一组的学生描写蔬菜和水果的生长情况，让第二组的学生描写谷物的生长情况。结果，只有极个别的学生能够写出自己的印象，多数学生的叙述是含混、模糊的。

  这个活动的结果清楚地表明了教学目标的导向作用。在教学目标所指引的结果上，能够取得好的效果，而在其他结果上则难以取得好的效果。

[资料来源] 李秉德主编：《教学论》，人民教育出版社 1991 年版，第 66 页。

2. 激励功能

  目标作为以观念形态的价值意识反映了人的需要，当需要带着清晰而明确的目标和目的意识，并延伸到人的行为领域同行为相联系的时候，则形成动机。因此，适宜的教学目标确定以后，就可以激发出学生的学习积极性和学习动力，使学生产生要达到目标的强烈愿望。当然，教学目标要产生最大的激励效果，就要使制定出来的目标符合学生的需要，要与学生的兴趣比较一致，要使学生认识到通过努力达到目标是有价值的，这样就可以引起学生的学习动机。教学目标的难度要保持适中，即我们常说的"跳一跳摘桃子"。按照维果茨基的"最近发展区"理论，就是教学目标适度超出学生的现有发展水平，而达到学生的可能发展水平，这样最容易激励学生的学习活动，学生有较持久的学习动力。反之，如果目标太高，学生就会感觉"跳了也摘不了桃子"，于是望而却步，"知难而退"；目标太低，则学生感觉缺乏挑战性，"不用跳也能摘到桃子"，从而很难激励学生积极的学习活动。

小栏目 6-2

  心理学家曾做过这样的实验：分别让甲乙两组人沿公路步行去某一目的地。甲组的人，不知道所去的目的地有多远，只要求跟着向导走。他们大约走了三四公里路程，就有人叫苦叫累；当步行六七公里左右时，大多数人的情绪低落，并开始埋怨，步行的速度放慢，极不愿意地继续走下去。乙组的人，知道到达目的地要步行十公里，并且向导不时地提醒他们注意路边的里程碑。他们在步行途中每经过一块里程碑，就有一种兴奋感——意味着"又走了一公里"。所以，他们的情绪很饱满。走了七八公里时，尽管有些人确实感到疲乏，但不仅没有人叫苦喊累，反而以说笑、唱歌为自己鼓气，步行的时速并未减慢。

  这个实验结果表明：当人们把自己的活动与目标联系起来时，目标明确、具体；就能鼓舞和激励人们不停地向目标迈进。

3. 标准功能

  标准功能指为教学评价、检查提供标准的功能。在教学活动过程中，我们往往要对教学活动进行评价，以便随时了解教学活动的效果，以决定是进一步教学，还是退一步查漏补缺，甚至是重新教学一次。另外，教师授课质量评价、课程评价等，教学目标也是评价标准之一。所以，人们往往为了进行教学评价而制定教学目标，或者研制教学目标分类，如布卢姆教育目标分类学就主要是为了进行教学评价而做出的教学目标分类。

二、教学目标分类理论

在 20 世纪，许多心理学家和教育学家都对教育领域中目标分类问题进行了深入研究，提出了自己的主张和观点以及分类体系，形成了关于教学目标的若干理论，各具特色，如布卢姆的教育目标分类学、罗恩特里（Rowntree）的目标分类、加涅的学习结果分类理论等。我国的"德、智、体、美"分类框架也是一种教学目标分类框架。下面我们主要介绍在许多国家包括中国广泛使用的布卢姆教学目标分类体系。

布卢姆等人受行为主义和认知心理学的影响，将教学目标分为认知、情感和动作技能三个领域。每一领域内，又细分为若干层次，这些层次具有阶梯关系。每一层次又规定了一般（具体）目标。

（一）认知领域教学目标

布卢姆等人把认知领域的教学目标，从低级到高级分为识记、理解、运用、分析、综合、评价六个层次。

（1）识记（Knowledge）：指对具体事物、普遍原理、方法、过程，或某种模式、结构或框架的回忆，简言之，就是对各种现成知识的回忆。

（2）理解（Comprehension）：是属于低层次的理解，它是指，个人知道传输给他的是什么，而且无需联系其他材料或看出其充分含义，就能使用传输给他的材料或概念。

（3）运用（Application）：指在某些特定或具体的情境里使用抽象概念、原理。

（4）分析（Analysis）：指把某一信息剖析为各种组成要素或部分，借以弄清楚诸概念的相对层次，并使所表达的各概念之间明确化。

（5）综合（Synthesis）：是把各种要素和组成部分组合成一个整体。

（6）评价（Evaluation）：为了特定的目的而对材料和方法的价值作出判断，它包括两个具体类别或说两个具体层次：依据内在证据判断和依据外在证据判断。

（二）情感领域教学目标

依据价值内化的程度，情感领域教学目标由低级到高级分为接受、反映、价值评价、价值观的组织、品格形成等五级。

（1）接受（Receiving）：指学习者已经感觉到某些现象和刺激的存在，留心他们，愿意接受他们。它包括觉察、愿意接受和有控制或选择的注意。

（2）反映（Responding）：指学习者对出现在他面前的刺激，已经不只是注意到，而且产生了积极的动机，表示出默认、服从、愿意合作或自愿采取相应的行动，并从中得到个人的满足。

（3）价值评价（Valuing）：指学习者确认某种事物、现象或行为是有价值的，即说，学习者将外在价值内化为他自己的价值标准，形成了某种价值观、信念，并以此来指引他的行为。

（4）价值组织（Organization）：当学习者成功地内化价值时，他会遇到不止一种价值是他应该内化的情况，这就有必要把各种价值组成一个体系，确定各种价值之间的相互关系，并确立占主导地位的、带有普遍性的价值。

(5) 品格形成（Characterization）：指各种价值已经在个体内在的价值层次结构中固定下来，已经被组织成为一种内在一致的体系，长期控制个体的行为，使其长期地以某种方式去行动，即成为其稳定的性格特征。

（三）动作技能领域教学目标

布卢姆本人并没有编写出动作技能领域的目标分类，这个领域出现了好几种分类法，目前尚无公认的最好的分类，这里介绍的是辛普森（E. J. Simpson）的分类。他把动作技能领域的教学目标分为七类或者说七个层次，由低到高分别为：知觉、定势、指导下的反应、机制、复杂的外显反应、适应、创作。

（1）知觉（Perception）：指通过感官觉察到客体及其质量、关系。

（2）定势（Set）：指为某种特定的动作行动而做的预备性调整等准备状态。它包括三个具体类别：心理定势、生理定势、情绪准备状态等。

（3）指导下的反应（Guided Response）：指个体在教师指导下，或根据自我评价表现出来的外显的行为动作。如根据示范表演一种舞步。

（4）机制（Mechanism）：指已经有一定熟练程度的、适当的、已经成为习惯的反应。如：混合各种原料制造蛋糕的能力。

（5）复杂的外显反应（Complex Overt Response）：指个体有了所需要的动作形式，能够从事相当复杂的动作行为。如演奏小提琴的技能。

（6）适应（Adaptation）：指改变动作活动以符合新的问题情境的要求。如改编已知的舞蹈动作，形成一种新舞蹈形式。

（7）创作（Origination）：是根据在动作技能领域中形成的理解力、能力和技能，创造新的动作行动或操作材料的方式。

三、教学目标的设计

教学目标的设计，既是一个知识问题，也是一个技能问题。

（一）教学目标的来源

教学目标的来源问题，是设计或确定目标的基础，也是整个 20 世纪都在争论的问题。教学目标的来源是多方面的，总的来说，主要有三个方面：学习者的需要和兴趣；现实生活的需要；学科的发展。我们应该对这三个方面都有充分的考虑，使教学目标在这三个来源上达到一个平衡。

1. 学习者的需要和兴趣

我们期望学习者的身心发展是一个什么样的理想状况和水平，而现实中学生还处于一个什么样的较低的实际状况，这二者之间的差距即是学生的需要。教学目标的确定必须充分考虑学生的需要，以促成学生向着我们所期望的人的方向发展。而要确定学习者的需要，就必须了解学习者的现状，并将学习者的现状与常模（理想中的标准）作比较，由此确认差距和需要。所以，要通过比较全面的调查来了解学习者的有关情况。

确定教学目标还必须充分考虑学习者的兴趣。常言道："兴趣是最好的老师"，有了兴趣，学习者才会积极主动地参与教学活动，教学活动也才能更有效地进行。要了解学习者的兴趣，同样需要通过许多的调查，如问卷调查、访谈以及观察等。

2. 现实生活的需要

学校的教学活动必须直接为现实生活服务，直接满足当代社会生活的需要。而且，学校教学活动必须为人的发展服务，而人总是社会的人，离不开现实生活。所以从促进人的发展角度来看，学校教学活动也离不开现实生活。社会是一个有机整体，学校是其中的一部分。学校应该通过促成学生的身心发展来满足社会的需要，其也是为社会服务。

要了解现实社会的需要，就必须对社会生活进行研究。研究的方法，先要将社会生活分成若干领域，以便进行分类调查研究。泰勒（Ralph. W. Tyler）曾建议把当代生活分为七类：健康、家庭、娱乐、职业、宗教、消费、公民。

3. 学科的发展

以学科发展作为教学目标的来源之一，有两层含义：① 以学科知识传递和发展的需要作为确定教学目标的一个依据；② 以学科专家的建议作为教学目标的一个来源。学科专家往往是根据学科发展的需要来提出教学目标的。

就我国的现实情况而言，在确定教学目标时，一般更注重学科发展的需要和学科专家的建议，而对学习者的兴趣、需要以及现实生活的需要考虑不够。所以我们在确定教学目标时应注意这三者之间的平衡。

（二）教学目标设计的基本原则

因为影响因素比较多，所以教学目标的设计显得比较复杂。因此，在设计中应处理好各种关系，并应遵循以下一些基本原则。

1. 具体化

具体化是指教学目标的表述应该力求明确、具体，避免含混不清和不切实际。因为，如果教学目标含混不清，不便理解和把握，则势必影响"如何教学"，也必影响教学评价，也就不能发挥教学目标应有的作用。比如：有老师制定某节课的教学目标是"学会 15 个单词"，那么，"学会"是什么要求？怎样检测学生"学会"情况？因为，就"学会"来说就有四个水平层次：① 会认（再认水平）；② 会拼写（重现水平）；③ 会造句（模仿运用）；④ 会熟练运用。所以，制订教学目标应具体化，并便于检测。

2. 系统化

教学目标本来就是一个目标系统。在进行教学目标设计时，必须考虑到目标体系的横向和纵向的联系，以系统的理念来考虑设计。要充分考虑不同教育阶段或不同专业的培养目标之间、科目教学目标之间、年级教学目标之间、单元教学目标之间和课时教学目标之间的相互联系、相互促进，从整体的宏观角度把握教学目标的设计。同时，还要综合考虑和分析教学系统各要素，如教师、学生、内容、环境等的相互关系。

3. 层次化

从纵向来看，学生的学习都有一个由较低层次目标逐步达到较高层次目标的过程。从横向看，不同的学习者达到的目标层次是有个体差异的。教学目标的层次化就是要求教学目标本身要反映出学习结果的层次性。比如要遵循从易到难、从简到繁，一级一级向上发展的要求。

（三）教学目标设计的步骤

1. 确定目的

这是指处于整个教育目标的层次结构中较高位置的教育目的和培养目标。它是教学目标确立的重要依据，因此应先予以明确。

2. 建立目标

通过分解总的教育目的，建立具体的教学目标。这个过程包括由教育目的到课程教学目的，到课程教学目标，到年级教学目标，到单元教学目标等一系列的目标。

3. 起点确定

要设计出合适的教学目标，就不能忽视学习者现有的水平基础，这就是教学目标的起点确定依据。起点太高或太低，都不利于教学目标作用的发挥和教学的有效性。当然，与这个过程相伴而行的应有教学任务分析和对学习者的研究。

4. 目标表述

在对教学目标进行表述时，仍要做到明确、具体，便于理解和把握。比如，应尽量将诸如"知道""理解""掌握""懂得"等含义不易确切把握的词语进行具体化，而且，上述词语多为表示内部心理过程的术语，而内部心理过程我们无法直接观察，最后要界定学习者是否达到教学目标不好把握。上述词语只是概括性的一般表述，易使教学目标流于形式，笼统而空泛。前面我们分析了"学会"的层次和区别，上面的词语也可作同样的分析。

小栏目 6-3

数学课上，老师提出的教学目标是"通过这一单元的教学，使学生学会解答一元二次方程式"。但是，这一目标还不够明确、具体。虽然"解答"一词已经说明了学生学习后能"做"什么，但是还存在着一些问题：学生解多少道题才行？有无时间限制？解怎样的题（难或易，应用题还是式子题）？是否允许参考课本例题？如此等等。

为了更好地表达教学目标，老师应从四方面作出规定：完成作业的条件；完成作业的难度；完成作业的质量；完成作业的类型。

据此，上述教学目标可表述为："通过这一单元教学（共 4 课时），全班学生都必须学会在不参照课本例题或其他资料的情况下，在 40 分钟内解答至少 10 道不同类型的一元二次方程式题，解答步骤和答案的正确率至少达到 80%。"

第四节　教学原则

一、教学原则概述

教学原则问题在教学论中处于十分重要的地位。自从有教学活动开始，人们就在不断地总结教学活动的实践经验。随着对教学经验的不断积累，人们对教学活动的规律的认识也在不断深入。早在古代人们就根据教学的实践经验，逐步地提出了一些教学的基本要求。这些要求在人们实践中不断探索完善，逐渐地科学化，从而形成了今天的"教学原则"。

(一) 教学原则的含义

教学原则是根据教育教学目的，并以教学规律为基础而制定的指导教学工作的基本要求，是在教学活动中必须遵循的基本行为规范。在我国教学论界，这种理解基本上是大家公认的。

科学的教学原则，能够促进教学质量的提高。掌握科学的教学原则，能够正确处理教学活动中的各种矛盾关系，也能对制定课程标准、选择使用教材、确定教学方法、确定教学组织形式等有指导作用。它既可指导教师的教，也可指导学生的学。

(二) 教学原则与教学规律、教学原理、教学规则的关系

教学规律是教学及其发展变化过程中的本质联系和必然趋势，它是制定教学原则的基础和必须遵循的依据；教学原理是人们对教学规律的认识结果的一种逻辑语言表述，并不是教学规律本身。教学原理的任务和特点，在于说明教学规律；而教学规则是人们提出的供教师和学生在教学活动中共同遵循的教学制度或规章，它是教学原则的组成部分和具体细节，每个教学原则都包含一系列的具体的教学规则。可见这四者是既有联系，但又有区别的。

(三) 教学原则的历史和现状

早在古代，人们就从教学实践经验出发，提出了一些教学基本要求。如孔子提出了"不愤不启，不悱不发""温故而知新"等；墨子提出了"量其力之所能至"；《礼记·学记》中提出"不陵节而施""长善救失"等。

17世纪，捷克教育家夸美纽斯在《大教学论》中首先提出教学原则这一概念，阐释了"自然适应性原则"为基础的37条教学原则。19世纪，德国教育家第斯多惠以"文化适应性原则"为主提出了33条教学原则。后来的赫尔巴特、杜威、凯洛夫、布鲁纳、赞科夫、巴班斯基等著名教育家都从不同角度提出了一些教学原则。

在我国当代，有许多教学论专家、学者对教学原则进行了研究。比如：李秉德教授在他主编的《教学论》中，以教学活动的特色为重点，提出了9条教学原则；王策三教授在他的著作《教学论稿》中通过对20世纪50年代以来的教学原则的研究而提出了8条教学原则。另外，吴杰教授提出了12条教学原则；而吴文侃教授在《比较教学论》中提出了"三·九"教学原则体系。

二、教学原则提出的依据

1. 教学目的

教学总是为完成一定的教学任务，实现一定的教学目的服务的。可以说，教学目的是教学工作的出发点和归宿，它规定了教学活动发展方向和预期的结果。任何偏离目的的事情都是偏离了事情的基本方向。

2. 教学规律

教学原则虽然是人们主观制定的，但却反映了教学过程的客观规律。教学规律在教学中总是起作用的，无论你认识到没有。人们做任何事都必须遵循规律，教学也是如此，作为教学基本规范的教学原则也只有遵循了教学规律，才可能取得应有的效果。

3. 教学实践

"实践是检验真理的唯一标准。"教学原则是否正确，是否有效，都必须看它在教学实践

中的检验。而且，教学实践也是教学原则提出的源泉，从古至今，任何行之有效的教学原则的提出都是源于教学实践。

4. 哲学及相关科学理论

如今，教学原则的研究不断深入，不仅丰富和完善了传统的教学原则体系，而且还根据哲学、心理学、系统论、控制论等提出了新的教学原则体系。如布鲁纳根据结构主义观点，引申出了动机原则、结构原则、程序原则等；巴班斯基运用系统论提出了13条原则。

三、中小学常用的教学原则

（一）科学性和思想性相统一的原则

此原则是指教学要以马克思主义为指导，在学生学习掌握科学知识的过程中，要结合社会主义品德、辩证唯物主义思想和心理健康等教育。

科学性是指教学内容必须是正确的、科学的，教学方法、教学组织形式也是适当的、科学的。而思想性是指合理灵活地结合教学内容对学生进行思想教育。这二者是高度一致的，科学性是思想性的基础和前提，思想性是科学性的灵魂，是提高科学性的保证。

贯彻这一原则的基本要求是：

（1）在教学内容的选择和组织上，要注意科学性和思想性相结合。教学的内容应当是正确的、准确无误的、富有教益的。一般来说，对中小学生，不宜将尚有争议、不可靠的知识传授给他们；对高年级学生，在讲清基础知识之后，可适当介绍一些不同观点或学说，以扩充他们的知识面。在方法组织上，应自然巧妙地结合二者，让科学性自然地"渗入"到教学中去。

（2）在教学过程中，应注意发掘教学材料的思想性。社会科学一般都具有鲜明的阶级性和思想性。我们的教学科目有些是直接进行思想、政治、道德或心理教育的，也有些是起潜教育作用，并不直接却是很重要的。对于有隐性教育性质的教学，教师应给予充分的重视，认真分析课本，把思想性融入科学性中，既教书又育人。

（3）教师要加强自身修养。作为为人师表的教师，其自身的言行举止就是一种教育。常言道："有其师必有其徒"，可见老师的影响之大。教师的教学态度、作风、待人方式和工作方法等都会影响学生的认识和思想，都会起到潜移默化的教育效果。

（二）理论联系实际的原则

此原则是指教学要坚持理论与实际的结合和统一，用理论指导实际，用实际验证理论，学生在二者的结合中理解和掌握知识，并由此培养用理论知识解决实际问题的能力。

此原则非常重要，因为学习知识的目的就是要运用于实践，而实践又总是需要理论的指导，所以教学要将二者结合起来。无数古人也提到这个原则。如孔子提出学、思、行的主张，王明阳提出"知行合一"的主张，等等。

贯彻这一原则的基本要求是：

（1）以掌握理论知识为主，加强基本理论和基础知识的教学。从我国实际看，中小学教学一般应以让学生掌握理论知识为主。必须强调理论知识的主导作用，切实抓好基础理论的教学，切不可主次颠倒，片面强调实际而削弱了理论知识的教学。

（2）依据学科内容、任务和学生的特点，恰当地联系实际。应结合教学，根据课程标准等的要求，安排学生参加一些社会实践活动，如勤工俭学、参观访问、生产劳动和科学试验等。教师应注意联系课本知识，加以引导。

（3）要重视基本技能的训练和培养。学习理论知识的同时，要重视通过练习、训练等培养学生的动手能力和操作能力，达到学以致用。近年来，人们提出"精讲多练""讲练结合"等，是此要求的体现。

（4）适当补充必要的乡土教材。我国幅员辽阔，南方与北方，沿海与内地，在自然环境和社会环境各方面差别很大。为让学生更好地感觉所学知识是密切联系实际的，可以根据本地的政治、经济、文化、地理、民族和风土人情等补充适当的乡土教材。

（三）直观性与抽象性相统一的原则

此原则是指教师通过直观手段，引导学生形成所学事物、过程的清晰表象，丰富他们的感性知识，并引导他们对学习内容进行分析、归纳、综合、抽象、概括等，发展学生的理论思维。

这一原则在以前有表述为"直观性原则"，但近来有研究认为，直观的教学后也需要归纳抽象到更高的理论层次，所以认为提二者相统一更好一些。

贯彻这一原则的基本要求是：

（1）正确选择直观的教学手段。主要包括：① 实物直观，如各种实物、标本、实验、参观等；② 模像直观，如各种图片、图表、幻灯片、电影、多媒体等；③ 语言直观，不同年级的学生应选用不同的直观手段。

（2）直观要与讲解结合。这也是体现了老师的"主导"作用。有老师的讲解，学生更能集中注意力，更易理解直观教学中深层理论，更能激发思维、解决疑难。

（3）重视语言直观。在现实教学中，语言直观是一种更简便易行的有效方法。教师用生动、形象的语言，给学生以感性知识，形成生动的表象或想象，从而让学生掌握知识。但要注意，使用语言直观要以学生的已有经验为基础。

（4）从运用直观形象过渡到摆脱具体形象。因为，直观只是手段，而不是目的。使用直观手段要有意识地锻炼学生逐渐地不借助教具也能再现有关表象，能摆脱具体形象而进行抽象思维活动。同时，要避免盲目直观、形式主义而不讲实效的教学倾向。

（四）统一要求与因材施教相结合的原则

此原则是指教学既要面向全体学生进行，对他们提出统一要求，在德、智、体、美等方面全面发展；又要承认学生的个别差异，并据个别差异而有的放矢地有差别地教学，使每个学生都能扬长避短，获得个性的充分发展。

我国的孔子善于根据学生的不同特点而有针对性地教学。宋代的朱熹把这一经验概括为"孔子施教，各因其材"。这是"因材施教"的来源。

因材施教的依据是人的个别差异性。"世界上没有完全相同的两片树叶"，教学也应有所区别，特别要注意特长生、智力特别好或特别差的学生。

贯彻这一原则的基本要求是：

（1）教学要有统一的、全面的要求。教学中要考虑德、智、体、美几方面的要求，不能使学生有任何一方面的偏废。学生学习各门课程时都应达到教学标准规定的基本要求。不可"因一丢十",而要从总体的角度全面考虑教学标准。而且从中小学实际情况看,因材施教绝大多数也只能是统一教学基础上的因材施教。

(2)要深入了解学生的个别特点。这是搞好因材施教的基础与前提。教师应当了解各个学生的各方面的特点及相关情况,如兴趣、爱好、特长、不足、学习状况、思考能力、个性特征等。只有了解了学生的不同,才可能区别对待。

(3)针对学生的特点,采取有区别的教学。比如,对于自卑的学生,要尽多鼓励他们;对于骄傲的学生,要多提醒、引导他们;对于有特长及特殊才能的学生,要尽力发现、发掘他们并给予引导。

(4)要特别注意"尖子生"和"后进生"。中国有"大一统"的传统思想,教学在统一要求方面一般做得较好,但常容不下个别差异性,"枪打出头鸟"便是一例。所以老师要尽可能发现"尖子生"和有特殊才能的人,并珍惜他们。而后进生更是要注意的,因为我国教学现实中常忽视后进生,有的教师甚至轻视、打骂他们,从而造成对学生极大的消极影响,也易形成社会问题。其实,很多所谓的"差生",只要引导有方,关爱鼓励,一般都能迎头赶上,甚至能大有作为。

(五)启发性原则

此原则是指在教学中教师要认识到学生是学习的主体,并注意调动学生的学习主动性,引导学生积极主动地学习,自觉掌握科学知识和提高分析问题和解决问题的能力。此原则在有的著作中也被表述为"自觉性原则"或"教师的主导作用和学生的主动性相统一的原则"。

启发性原则来源于孔子的"不愤不启、不悱不发"。在西方,苏格拉底也很重视启发,他善用提问的方式来引导学生自己去寻求正确答案,他把此法称为"助产术"。近代的第斯多惠有句名言:"一个坏的教师奉送真理,一个好的教师则教人发现真理。"

启发性原则反映了学生的认识规律性。我们知道,在教学过程中,教师是"外因",而学生才是"内因",是根本。只有学生积极主动、自觉地参与了教学,教学才可能取得效果。老师在这个过程中只能起主导的作用。

贯彻这一原则的基本要求是:

(1)调动学生学习的积极性和参与意识。这是解决学生的内在动力问题。只有激发了学生内在的动机,而不是从外界给予压力或命令,学生的学习才可能持久而高效。激发内部动机是启发的首要问题。

小栏目 6-4

苏格拉底的精神助产术

古希腊著名的思想家、哲学家、教育家苏格拉底终生不著一言,但其独特的思想与实践,崇高的人格与精神却光耀了古希腊和整个西方文明。他早在 2400 年前就为我们确立"精神助产术"。他认为理想的教育方法不是把自己现成的、表面的知识传授给别人,而是凭借正确的提问,激发对方的思考,通过对方自身的思考,发现潜藏在自己心中的真理。正像接生婆帮助产妇依靠自身的力量分娩婴儿一样,教育者也要帮助学生依靠自己的力量去孕育真理、产生真理。他自称是一个"没有一点现成知识,始终只知提问的人"。苏格拉底把这种通过提问而使学生自己发现、觉悟真理的方法形象地称为"精神助产术"。苏格拉底的"精神助产术"的运用一般包括两个阶段:第一个阶段可以称为"破的阶段"。即使对方在认识真理之前,首先清除干扰物——错误的观点,与此同时,使之觉悟到自身的无知,激发对方追求真理的热忱,唤起"求知的强烈愿望"。通过巧妙智慧的对话,使对方认识到自己所拥有的知识的不符合真理、极其愚蠢、不合理,从而觉悟到自己的无知,一直陷入目瞪口呆、无言以对的状态,苏格拉底把这种状态称为"逻各斯窘态"。第二个阶段可以称为"立的阶段"。在第一阶段奠定的认识真理的基础上,继续通过问答对话,引导对方得出正确的见解。两个阶段是融为一体的,因为对旧的观念的"破"的过程就包含着某种程度的真理性见解的"立"的过程。

(2)创造最佳学习状态。学生的学习状态是学生能否被激发起来的重要条件。教师要尽可能从内外环境上创造条件,帮助学生有一个最佳的学习状态。

(3)启发学生积极思维。从本质上说,启发式是始终提供问题情境的教学,在问题情境中,让学生积极思维,是启发成功的重要步骤。常见的启发学生积极思维的方式有提问启发、情境启发、比喻启发、活动启发等。

(4)营造民主的教学氛围。它包括:建立民主平等的师生关系,创建民主和谐的教学气氛,鼓励学生发表不同意见,允许学生向教师质疑等。教师不搞"一言堂""唯我独尊",对学生不求全责备、过多批评。

小栏目 6-5

一位老师在讲《祝福》时,向学生提出了一个饶有兴趣的问题:"祥林嫂究竟是怎么死的?"这个问题看来很简单且没有疑问的。有人说"是冻死的",有人说"是饿死的",也有人说"是穷死的"。老师紧接着问:"既然是冻死、饿死、穷死的,那为什么她死前还问人死后还有没有灵魂,有没有地狱,死掉后一家人能不能见面呢?"大家议论纷纷。老师接着又提出一个问题:"我回答了她的话后,为什么心里很觉不安?为什么又想到自己的话怕对她有危险?这些描述心理活动的话,跟祥林嫂的死有什么关系?"经过老师的启发,学生发现了新问题,思维处于积极活跃状态。教师因势利导,指导学生再次仔细钻研课文。经一番激烈争论,学生们各抒己见,发表了很多富有见解的观点,并以课文为据论证自己的观点。老师在学生发表意见以后,进一步阐述了作者写祥林嫂的"死"所包含的深刻意义,引导学生更深层次地认识问题。

[资料来源] 陆冰扬:《启发学生积极思维》,载《浙江教育》(中学版),1981(6)。

(六)循序渐进原则

此原则是指教学要按照学科的逻辑系统和学生的身心发展顺序进行,使学生系统地掌握基本知识、基本技能,从而逐步地增长知识、提高能力。这个原则也有人称作"系统性原则"。

循序渐进是教学经验的总结,如《学记》提出"不陵节而施",朱熹明确提出"读书之法,在循序渐进"。而夸美纽斯强调:"应当循序渐进地来学习一切。"

贯彻这一原则的基本要求是:

(1)严格按照教学内容的系统性进行教学。按课程标准、教材的体系进行教学是为了保证科学知识的系统性和教学的循序渐进。作为教师教学和学生学习工具的课本,也是教学内容的载体，其本身的系统性主要表现在四个方面：一是小学、中学、大学各个学校阶段的学习内容的系统性；二是同一学科本身前后的系统性；三是各科之间内在的逻辑联系；四是每一节课所教学的内容具有系统性。老师要通过各种方法让学生掌握知识的体系，如对所教知识编写提纲就是一个不错的方法。

（2）要按照学生的身心发展特别是认知顺序教学。教师要了解所教学生年龄阶段的生理和心理特点以及能力的发展水平，并根据学生的年龄特征和认识发展水平进行教学工作。由近及远、由浅入深、由易到难、由简到繁，是人认识事物的必然过程。

（3）抓住主要矛盾，解决好重点难点教学。循序渐进并不意味着教学要面面俱到，而是要区别主次、分清难易、有详有略地教学。这样才能提高质量。

（4）培养学生系统学习的良好习惯。学习是个日积月累、由量变到质变的不断发展的过程，绝不能突击、冒进，企求"一蹴而就"，更不能"拔苗助长"。要教育学生一定打好基础，逐步积累，循序渐进。教师在教学过程中，要通过讲授、复习、练习和检查学生学习情况等环节，培养学生系统学习的良好习惯，避免"一曝十寒"、好高骛远。发现学生学习的缺陷，教师要帮助他们及时地补救。

（七）巩固性原则

此原则是指教学要引导学生在理解的基础上，牢固地掌握学过的知识和技能，保持在记忆中，并能根据需要迅速再现出来，以利知识和技能的运用。

中外有很多教育家都谈到此原则。例如，孔子提出"学而时习之""温故而知新"等，夸美纽斯、乌申斯基等也提倡教学的巩固性原则。我们所提倡的巩固性原则，不是说要呆读死记，而是要在理解的基础上，牢固地掌握学过的知识和技能。巩固性原则是教育目的决定的，因为我国的教育目的就是要培养掌握一定文化科学知识和技能的社会主义建设者，这就需要我们牢固地掌握知识和技能，从而在需要时可以迅速地运用。而且，此原则也是符合学生的认知特点和记忆规律的。

贯彻这一原则的基本要求是：

（1）教师在讲授知识时要清晰而深刻，让学生在理解的基础上巩固知识。我们知道，只有理解了的知识，才能记忆更深刻，意义识记效果好于机械识记。所以，老师在讲授知识时要深入浅出，把问题分析透彻，确保学生不但"知其然"，还"知其所以然"，这样学生在感知清楚的基础上才可能记忆深刻。特别要注意基础知识的讲解与巩固，因为基础知识有极强的再生能力，能引申和推导很多相关知识。

（2）重视各种复习。"学而时习之"，就是要求我们要经常复习以巩固知识。艾宾浩斯遗忘曲线也告诉我们为巩固知识就要经常复习。复习不等于简单的重复，重复的效果取决于正确的组织，如要及时复习、复习的方式要多样、要合理的分配复习时间，等等。

（3）要帮助学生掌握记忆的规律和方法。应使学生懂得在理解的基础上记忆，在记忆的基础上加深理解。鼓励学生根据自己的学习特点，不断摸索出适合自己的记忆经验。另外，还应引导学生加强记忆力的训练。

（4）在扩充改组和运用知识中积极巩固。复习是主要的巩固方法，但不是唯一的方法。在教学中，许多教师引导学生努力学习新知识，扩大加深原有知识和积极运用所学知识来解决实际问题，从而巩固了旧知识。这也是一种非常有效的巩固知识的方法。

其实，在国外有一些教改经验也说明了这些道理，例如，日本小学理科教材通过培养学生的主动探索精神来巩固知识，因为他们认为探索是最好的巩固。赞可夫认为知识的广度有助于知识的深度（牢固性），主张把巩固知识寓于大量教学中。赞可夫的另一个实验结论是通过讲授新教材来复习旧教材。

关于教学原则，古今中外很多教育家和相关人员进行了论述，也有较多的不同提法。就中小学常用的教学原则，除了上述各条之外，还有人提出了"量力性原则""反馈调节原则""教学最优化原则"等。任何事都是一个不断发展变化的过程，教学原则也有一个逐步推陈出新的过程。关键在于不断发现、认识教学中的各种矛盾，逐步明确它们之间的相互关系。

小栏目 6-6

教学原则研究的发展趋向

① "人"在教学原则研究中凸现。表现在：更加注重和突出教学主体性发展问题、学生主体性精神的研究；关注人的生命精神状态，焕发课堂教学中学生、教师的生命力；研究具体的人，活生生的人，关注学生的个别差异；看到教学过程中人的情感和审美问题等。

② 教学原则操作化的应用研究逐渐受到重视。教学模式的研究、教学设计问题的研究和教学策略的研究，都是教学原则向现实转化的中介性研究。

③ 教学原则的适用范围将不断体现普遍性与特殊性的辩证统一。教学原则体系中既有层次高、抽象、概括性强的原则，如启发性、因材施教等；也有层次较低，主要适合低年级的教学原则，如直观性原则；还有只适合某些专业的原则，如外语教学中的交际性原则。

[资料来源] 杨小微主编：《现代教学论》，山西教育出版社2004年版，第304页。

思考与练习

一、名词解释

1. 教学　2. 教学过程　3. 教学规律　4. 教学目标　5. 教育方针
6. 教学原则　7. 科学性和思想性相统一的原则　8. 理论联系实际的原则
9. 直观性和抽象性相统一的原则　10. 统一要求和因材施教相结合的原则
11. 启发性原则　12. 循序渐进原则　13. 巩固性原则

二、填空题

1. ____是学校的主要工作，是培养全面发展人才的____。
2. 教学是指教师的____和学生的____所组成的____。
3. 教学是促进学生的____能在短时间内达到人类发展的____的最有效形式。
4. 教学的基本任务是引导学生掌握系统的____和____；发展学生的____和____；培养学生的____；____，培养学生的自学能力；奠定学生____，养成良好的____。
5. 教学过程是在教师的引导下，学生____地完成____的过程。
6. 构成教学过程的四个基本要素是____、____、____和____。
7. 教学过程是一个特殊的____，是一个促进学生____的过程。
8. 非智力因素主要是指认识客观事物，掌握知识过程中的____、____、____、____和____等心理因素。

9. 教学过程的基本规律是：____和____相结合的规律；____和____相统一的规律；____和____相统一的规律；____和____相结合的规律。

10. 在教学过程中，学生以掌握____为主，但又必须以____为基础。

11. 掌握知识是发展智力的____，发展智力又是掌握知识的____。

12. 掌握知识是提高思想的____，思想的提高____知识的掌握，教学永远具有____。

13. 教师在教学过程中起____作用，学生是学习的____。二者相辅相成。

14. 发挥教师的主导作用是促进学生____的必要条件，但必须充分发挥学生的____，才能使教学活动取得良好的实际效果。

15. 教学过程可以分为____、____、____、____、____、____六个阶段。

16. 学校工作必须以教学为主，是____和____的需要。

17. 教学是实现____，实施____教育，培养合格人才的____。

18. 学生学习的科学文化知识，既是人类长期积累的认识成果，又是人们____的结晶，它本身蕴藏着丰富的____和____。

19. 布卢姆等人把认知领域的教学目标分为____、____、____、____、____和____六个层次。

20. 布卢姆等人把情感领域的教学目标分为____、____、____、____和____等五个层次。

21. 辛普森把技能领域的教学目标分为____、____、____、____、____、____和____等七个层次。

22. 教学目标的功能主要有____、____和____。

23. 教学目标设计的基本原则是____、____和____。

24. 教学原则制定的依据有____、____和____。

25. 直观手段一般可分为三类：____、____和____。

三、选择题

1. 学校工作必须以（　　）为主，全面安排。
   ① 德育　　　　　　　　　　② 智育
   ③ 教学　　　　　　　　　　④ 教育管理

2. 教学过程的实质是（　　）。
   ① 向学生传授知识的过程　　　② 培养学生思想品德的过程
   ③ 教师指导下有组织的认识过程　④ 教师指导下学生的认识和发展过程

3. 在教学过程中，学生是以学习（　　）为主。
   ① 直接经验　　　　　　　　② 书本知识
   ③ 实际操作技能　　　　　　④ 语文、数学知识

4. 学生在教学过程中的认识活动同人类的一般认识过程是（　　）。
   ① 相同的　　　　　　　　　② 完全不同的
   ③ 相似的　　　　　　　　　④ 既相同又有区别的

5. 教学与发展是（　　）。
   ① 相互依存、相互影响、相互促进的　② 同步的
   ③ 不相关的　　　　　　　　④ 矛盾的

6. 在教学过程中，（　　）是促进学生有效地学习和发展的必要条件。

① 自学　　　　　　　　　　② 课外活动
③ 发挥教师的主导作用　　　④ 强调教师在教学中的中心地位

7. 在解决教学过程的知与不知的矛盾中，（　　）居于矛盾的主导方面。
① 学生　　　　　　　　　　② 教师
③ 校长　　　　　　　　　　④ 家长

8. 在教学过程的六个基本阶段中（　　）是学生学习的中心环节。
① 感知教材　　　　　　　　② 巩固知识
③ 理解教材　　　　　　　　④ 运用教材

9. 在教学过程中，教学的每个阶段都具有独特的功能，但各阶段之间又紧密联系、互相渗透，因此，（　　）。
① 每堂课都必须按阶段划分，严格执行　　② 每堂课至少应具备两个阶段
③ 应根据教学的实际情况灵活运用　　　　④ 教学不必按教学阶段进行

10. 教师在传授知识的同时对学生进行思想教育，其结果是（　　）。
① 影响了学生掌握知识的速度和质量　　② 给学生的学习带来了巨大的动力
③ 削弱了教学在学校工作中的地位　　　④ 体现了德育在学校工作中的中心地位

11. 教学过程是（　　）的特殊形式。
① 认识过程　　　　　　　　② 人的身心发展
③ 德育过程　　　　　　　　④ 智育过程

12. 从学生认识活动的序列来看，应该（　　）。
① 从实践活动开始　　　　　② 从生动的直观开始
③ 具有多开端性　　　　　　④ 从抽象的理论开始

13. 在教学过程理论的发展史上，（　　）提出教学应该走在发展的前面，并把促进学生的一般发展作为教学的出发点和归宿。
① 夸美纽斯　　　　　　　　② 赫尔巴特
③ 赞可夫　　　　　　　　　④ 杜威

14. 教学过程的最优化理论，是教育家（　　）提出来的。
① 巴班斯基　　　　　　　　② 布鲁纳
③ 凯洛夫　　　　　　　　　④ 赫尔巴特

15. 教学是指（　　）。
① 教师教的活动　　　　　　　　　　　② 学生学的活动
③ 教师的教和学生的学所组成的共同活动　④ 课堂讲授的过程

16. 学生学习间接经验必须以（　　）为基础，才能深刻地理解掌握知识。
① 教师的指导　　　　　　　② 直接经验
③ 兴趣　　　　　　　　　　④ 阅读大量参考书

17. 教学与教育是（　　）。
① 传授知识与思想教育的关系　　　② 传授知识与学校管理工作的关系
③ 同一个概念　　　　　　　　　　④ 部分与整体的关系

18. （　　）主张让学生通过发现法来掌握学科的基本结构。
① 布鲁纳　　　　　　　　　② 杜威

③ 赫尔巴特　　　　　　　④ 夸美纽斯

19. (　　) 不是杜威的教育思想。
① 教育即生活　　　　　　② 儿童中心
③ 教学应该走在发展的前面　④ 从做中学

20. (　　) 提出要把一切知识教给一切人。
① 赞可夫　　　　　　　　② 夸美纽斯
③ 巴班斯基　　　　　　　④ 凯洛夫

21. "最近发展区"是由 (　　) 提出来的。
① 布卢姆　　　　　　　　② 罗森塔尔
③ 维果茨基　　　　　　　④ 赞可夫

22. 布卢姆等人将教学目标分为认知、情感和 (　　) 三个领域。
① 意志　　　　　　　　　② 态度
③ 行为　　　　　　　　　④ 动作技能

23. 首先提出"教学原则"这一概念的是 (　　)。
① 孔子　　　　　　　　　② 夸美纽斯
③ 第斯多惠　　　　　　　④ 杜威

24. 善用提问的方式来引导学生自己去寻求正确答案,并把此法称为"助产术"的是 (　　)。
① 孔子　　　　　　　　　② 苏格拉底
③ 第斯多惠　　　　　　　④ 亚里士多德

25. 不能"拔苗助长"是强调教学的 (　　) 原则。
① 因材施教　　　　　　　② 理论联系实际
③ 系统性　　　　　　　　④ 循序渐进

26. "学而时习之""温故而知新"等是 (　　) 提出来的。
① 孔子　　　　　　　　　② 夸美纽斯
③ 《学记》　　　　　　　④ 乌申斯基

四、判断题（正确的在括号内打"＋",错误的打"－"）

1. 课堂教学是实现教学任务的唯一途径。(　　)
2. 学校工作以教学为主,并不等于教学唯一。(　　)
3. 教学实际上就是智育。(　　)
4. 学生在教学过程中的学习与学生自发的学习是相同的。(　　)
5. 教学是一种多功能的教育活动。(　　)
6. 学生具备了良好的智力因素,便能顺利地完成学习任务,实现全面发展,而非智力因素则是无关紧要的。(　　)
7. 学校工作必须以教学为主,是学校区别于社会其他各部门的一个本质特点。(　　)
8. 知识的掌握与智力发展是同步的。(　　)
9. 基本技能是指最常用的、最基础的动作技能。(　　)
10. 在教学过程中,教师是主体,学生是客体。(　　)
11. 教会学生学习是指在教学中不仅要教给学生知识、技能,而且要教给学生独立获取知

识、独立地发展智力的方法和能力。（　　）

12. 教师和学生是构成教学过程的基本因素，二者缺一不可。（　　）
13. 赫尔巴特的教学理论标志着教学过程理论的形成。（　　）
14. 教学是帮助学生掌握科学文化基础知识的一种教育活动。（　　）
15. 教学过程是一个特殊的认识过程，是一个促进学生身心全面发展的过程。（　　）
16. 学生以学习间接经验为主，但也要以直接经验为基础。（　　）
17. 学生掌握知识的多少与他的智力发展水平高低是正相关的。（　　）
18. 知识的掌握与思想觉悟的提高是相辅相成的，说明教学永远具有教育性。（　　）
19. 在教学过程中，教师的主导作用和学生的主体作用常常是一对不可调和的矛盾，强调一方必然会削弱另一方。（　　）
20. 传授知识与思想教育相统一的规律要求将传授知识寓于思想教育中。（　　）
21. 教师只要认真教好每一堂课，把基础知识讲清楚，学生的能力就能得到发展。（　　）
22. 教是为了不教。（　　）
23. 感知教材就是通过学生的亲身实践获得感性认识的过程。（　　）
24. 理解教材的过程，实质上就是由感性认识能动地上升到理性认识的过程。（　　）
25. 提高学校教学质量的关键在于让学生多记，所以，巩固知识的阶段是教学过程的中心环节。（　　）
26. 教学过程的六个阶段是缺一不可的，每堂课都应有顺序地按阶段进行。（　　）
27. 教育目标和教育目的其实是一回事。（　　）
28. 教学目标的功能都是积极方面的。（　　）
29. 布卢姆教育目标分类学主要是为了进行教学评价而做出的教学目标分类。（　　）
30. 布卢姆本人编写出了动作技能领域的目标分类。（　　）
31. 我国的"德、智、体、美"分类框架不是一种教学目标分类框架。（　　）
32. 教学目标设计的具体化原则和系统化原则是相互对立的。（　　）
33. 教学原则只是指导教师的教的原则。（　　）
34. 教学规律就是教学原则。（　　）
35. 教学原则是否正确，是否有效，都必须在教学实践中检验。（　　）
36. 直观既是手段，也是目的。（　　）
37. "孔子施教，各因其材"，这是"因材施教"的来源。（　　）
38. 激发外部动机是启发的首要问题。（　　）

五、辨析题

1. 教学和智育的基本任务都是引导学生学习科学文化基础知识和基本技能，所以，教学就是智育。
2. 发展学生的智力因素固然重要，但培养学生的非智力因素也同样重要。
3. 教学过程的实质就是学生掌握知识的过程。
4. 学生在教学过程中的学习是以间接经验为主的，为了帮助学生理解抽象的书本知识，教师应经常组织学生参加社会实践，以获得丰富的感性认识，提高学习效率。
5. 一般来说，知识掌握得越多，智力发展水平越高，二者是正相关的。
6. 充分发挥学生的主体作用不会削弱教师的主导作用，二者是相辅相成的。

7. 各级各类学校开设有专门的思想教育课程，并有专门的思想教育活动，所以，在各学科教学中，就不应再进行思想教育，以免影响知识的传授。

8. 知行合一。

9. 统一要求与因材施教是一对矛盾。

10. 一个坏的教师奉送真理，一个好的教师则教人发现真理。

11. 不陵节而施。

六、简答题

1. 教学的意义是什么？
2. 为什么教学工作必须以教学为主？
3. 构成教学活动的基本因素有哪些？各因素之间的关系是什么？
4. 学生认识过程与人类一般的认识过程有什么共同点和不同点？
5. 教学过程的实质是什么？
6. 为什么学生要以学习间接经验为主？
7. 教育方针、教育目的、教学目的、教学目标等之间有怎样的关系？
8. 教学规律、教学原理、教学原则和教学规则的关系怎样？
9. 教学应该是"教书又育人"，如何从教学原则来理解这句话？
10. 在实际教学中如何贯彻科学性和思想性相统一的原则？
11. 在实际教学中如何贯彻理论联系实际的原则？
12. 在实际教学中如何贯彻直观性和抽象性相统一的原则？
13. 在实际教学中如何贯彻统一要求和因材施教相结合的原则？
14. 在实际教学中如何贯彻启发性原则？
15. 在实际教学中如何贯彻循序渐进原则？
16. 在实际教学中如何贯彻巩固性原则？

七、论述题

1. 在教学过程中，为什么既要教书又要育人？
2. 在现代社会中，教会学生学习有什么重要性？联系实际分析怎样教会学生学习？
3. 如何理解教师的主导作用和学生的主体作用的关系？
4. 试述布卢姆的教学目标分类体系。
5. 请选择中小学课程中的一项具体内容，试确定并表达其教学目标。
6. 举例说说"跳一跳摘桃子"所包含的意义及其在教学目标中的运用。

八、实例分析

1. 吴老师是一位责任心非常强的语文教师，他一向认为教学的成败关键在于教师教得如何，而学生只要认真听课并按教师的要求进行预习、复习和完成作业，就一定能够学好。因此，他认真对待每一堂课，唯恐自己讲得不够透彻，学生听得不够明白，有时课堂时间不够用就利用自习时间来补课，尽管不少学生昏昏欲睡，可吴老师仍然一如既往地讲课。结果，每次检查学生的学习效果都不理想，吴老师大惑不解。请用教学过程的规律分析其原因。

2. 下面是小学《数学》第六册"长方形和正方形的面积"教学目标的一部分：

（1）能说出面积的意义；

（2）能记住长方形和正方形面积计算公式；

（3）能区分长度单位和面积单位这两种不同的单位；
（4）愿意按教师的示范和要求，口述面积公式的思路；
（5）在面积计算中，锻炼认真负责、仔细运算的态度。

试结合所学知识，试分析此教学目标遵循了教学目标设计的哪些方面的要求？

3. "颗颗穗粒多饱满"这句话讲解过后，斯霞老师要学生用"饱满"这个词造句。有的学生说："麦子长得饱满。"有的学生说："豆角长得饱满。"斯霞老师忽然走到教师门口，转过身，胸脯略挺了挺，头微微扬了扬，两眼炯炯有神。她问学生："这是不是精神饱满？"学生齐声回答："是。"斯霞老师接着说："让我看看大家的精神怎样？"同学们也挺了挺胸脯，坐得端端正正。"饱满"这个词，为学生理解和掌握了。

以上教学片断中，教师应用了哪些教学原则？试作简要分析。

4. 数学课上，老师把圆面积公式 $S=\pi r^2$ 写在黑板上，叫学生反复念。一个学生举手提问："$S=\pi r^2$ 是什么意思？"教师说："这是圆面积公式。"学生又问："圆面积公式是怎么来的？"老师说："不要寻根问底了，把它背下来熟记就行了。"

以上教学片断中，教师违背了哪些教学原则？试作简要分析。

第七章 课程

本章要点：
- 课程的概念、课程内涵的新趋势及课程发展的历史；
- 课程的主要类型；
- 课程实施的概念与影响因素；
- 课程评价的类型和方法；
- 新课程改革的基本理念。

课程是人才培养的"施工蓝图"，它体现一个国家对学校教育的基本要求，影响着学校教育的水平和人才培养的质量，课程是实现培养目标最重要的途径，是组织教学的主要依据。课程问题是教育科学研究的中心问题，也是教育改革的关键所在。课程问题的专门研究发端于20世纪初，至今仍处于研究讨论中。1996年，我国开始基础教育课程改革，经历了长达5年的全面准备工作后，在2001年启动了试点工作，拉开了课程改革的序幕。其总目标是构建符合素质教育新要求的新课程体系，并最终演变成带动课程理念、课程功能、课程框架、课程实施及课程评价的大变革。

第一节 课程概述

一、课程的概念

在教育领域中，课程是含义最复杂、歧义最多的概念之一。每一种课程定义实际上是定义者所特有的课程观念的反映，都隐含着特定的课程价值观和意识形态，所以，它们都有各自的针对性和局限性。

在我国，"课程"一词始见于唐宋时期。唐朝孔颖达在为《诗经·小雅·小弁》中"奕奕寝庙，君子作之"句作注："维护课程，必君子监之，乃依法制。"在这里，课程指的是宏伟的庙宇，比喻伟大的事业，与我们今天所讲的课程的意思相去甚远。南宋朱熹在《朱子全书·论学》中多次提到课程，如"宽着限期、紧着课程"，"小立课程、大作工夫"等。朱熹的课程指功课及其进程，这与我们现在对课程的理解极为接近。

在西方，课程一词 Curriculum 最早出现在英国哲学家、教育家斯宾塞《什么知识最有价值？》(1859年)一文中。它是从拉丁语"Currere"一词派生而来的，意为"跑道"(Race-Course)。据此有了西方最常用的课程定义：课程是指"学习的进程"，又称学程。然而，在当代的课程文献中，对"课程"一词的拉丁文词源也提出了不同的看法。因为"Currere"的名词形式意为"跑道"，重点在"道"上，故教育中更多地强调了课程作为静态的、外在的与学习者的"组织起来的教育内容"的层面，相对忽略了学习者与教育者动态的经验和体验的层面。而"Currere"的动词形式意为"奔跑"，重点在"跑的过程和经历"上，这样，着眼点就变成了学生在教学过程中的活生生的经验和体验。

《中国大百科全书·教育》中指出：课程可包含广义与狭义两个概念，狭义的课程是指一门学科或一类活动；广义的课程是指所有学科（教学科目）的总和，或学生在教师指导下的各种活动的总和。课程是一个动态的概念，处于不断发展变化的过程之中。从现代课程的发展来看，广义的课程概念更能体现现代学校课程的特征与本质。

关于课程概念的讨论很多，教育学家们仁者见仁、智者见智。1996年，施良方归纳了6种课程的概念：① 课程即教学科目；② 课程即有计划的教学活动；③ 课程即预期的学习结果；④ 课程即学习经验；⑤ 课程即社会文化的再生产；⑥ 课程即社会改造。2000年，丛立新提出了对课程概念的3种看法：① 课程是知识；② 课程是活动；③ 课程是经验。2001年，张华归纳了3种课程的概念：① 课程作为学科；② 课程作为目标或计划；③ 课程作为经验或体验。也有学者认为，课程是经验最能反映课程的本质，因为用经验来揭示课程的本质，有很强的概括性，经验就包含了课程中的科学知识和技能。更进一步来说，课程不仅包括了知识，而且包括了学习者占有和获取知识的主体活动过程。因此，可以把课程看成是学生在学校中所获得的全部经验的总和。

二、课程内涵的新趋势

随着教育改革的不断深入，尤其是基础教育课程改革的全面开展，课程的内涵正在发生着深刻的变化，呈现出以下5个发展趋势。

（一）从强调学科内容到强调学习者的经验和体验

传统教育强调学科内容，强调教师的主导作用和系统知识的传授，课程等同于学科内容，忽视学生的主动性，不关心学生的学习状态。而现代课程越来越关注学生的现实的活生生的经验和体验，主张学生在现实经验的基础上整合学科知识。

（二）从强调目标、计划到强调过程本身的价值

人是创造的主体，当特定的教学情景中教师和学生的主体性得到充分发挥的时候，这种教学的进程必然是富有创造性的，必然存在许多非预期的因素，正是这些创造性的、非预期的因素拥有无穷的教育价值。因此，课程开始走出预期目标、计划的限制，关注教学过程中课程的教育价值，强调"过程课程"。当然，这并不是不要目标、计划，而是把目标、计划整合到教学情景中，使之促进而不是抑制人的创造性的发挥。

（三）从强调教材这一单因素到强调教师、学生、教材、环境四因素的整合

片面强调把课程作为学科内容和目标、计划，必然导致把教材等同于课程、教材控制课程的现象，而强调把课程作为学生的经验，强调教育教学过程本身的价值，必然会把课程视为教师、学生、教材、环境四因素间交互作用的动态的情景，这便赋予了课程以生命力，课程由此变成一种动态的、生长性的"生态系统"和完整文化，这意味着课程观念的重大变革。也必然导致课程内容的全面更新。

（四）从只强调显性课程到强调显性课程与隐性课程并重

在传统的教育学中，只强调国家规定的学校教育中有计划、有组织地实施的正式课程，

即显性课程，而忽视学生在学习环境中学习到的非预期或非计划性的知识、价值观念、规范和态度，即隐性课程带来的影响。事实上，学生无时无刻不在受着来自环境的各种影响，学校应为学生创设宽松、自由、真实、富有创造性的教育教学环境，促进学生对显性课程的学习动机与兴趣的产生，提高学习效率，二者相得益彰。因此，课程发展的趋势将是显性课程与隐性课程并重。

（五）从只强调学校课程到强调学校课程与校外课程的整合

随着信息社会的到来，学校教育越来越呈现出一种开放形态，学校、家庭、社区越来越倾向融合。课程变革也不能固守学校课程的疆域，而应包括广阔的富有教育意义的校外社会环境的影响。学校教育培养出来的学生也不再是那种只会死读书的书呆子，他们必须了解社会，掌握为社会服务的本领，具有较强的社会适应能力。这就需要将学校课程与校外课程进行有效整合。

从总体上审视课程内涵的发展趋势，至少在四个方面昭示了对课程理解的变化：① 重心转移：由"应该给予学生什么"和"教师教了什么"转向更关注"学生实际获得了什么"。② 焦点调整：由聚焦学习的结果转向寻求结果的过程即尝试、探索、合作等，它对于激发学生的学习动机、教会学生学习、培养创新精神和实践能力、发展学生的个性有不可替代的作用。③ 视野拓展：由传授人类共同的经验到学生在课程中得到的个性化的经验与体验以及潜移默化地获得的一切经验。④ 构成扩充：由课程即教材扩充到教师、学生、教材、环境的共同作用。

三、课程的历史发展

教育与人类社会共生共在，课程与教育共生共在。虽然课程思想源远流长，但课程作为一个独立的研究领域从教育中分离出来却是 20 世纪以后的事情。美国资深课程学者坦纳夫妇指出"课程有一个悠久的过去，却只有一个短暂的历史。"课程思想可以追溯到古代教育时期，然而直到 1918 年，美国教育学家博比特（F. Bobbitt）《课程》一书的出版，才被认为这是课程成为一个独立研究领域的标志。其后，美国教育学家、课程理论专家、评价理论专家泰勒（Ralph Tyler）的泰勒原理的问世和成熟，被普遍认为是课程论成为独立学科的标志。

在古代中国，学校课程主要包括哲学、政治、伦理、宗教、军事、礼仪等人文学科以及语言、文字等工具课程，其中"六艺"，即"礼、乐、射、御、书、数"是整个奴隶社会的课程的核心内容。孔子继承了古代教育内容，整理成诗、书、礼、乐、易、春秋，即后来所说的六经，不仅是他自己从事教学活动所用的教材，而且也是后来两千多年的封建社会中，儒家教育长期使用的经典教材。到封建社会，又有了以四书五经为核心的儒家经典课程。同时，还形成了比较系统的专业课程，如"六学二馆"中的算学、书学、医科、针科也都具有较为固定的专业课程体系。

在古代西方，课程为统治者所垄断，但是课程却不同于中国古代。如作为教育源头的古希腊教育，各种学校普遍实行的课程是"七艺"，即辩证法、文法、修辞、算术、几何、天文、音乐，此课程影响了整个欧洲千年以上。斯巴达教育的主要课程是围绕军事体育教育设置的，即赛跑、跳跃、掷铁饼、投标枪、角力等军事五项成为最重要的学科。雅典教育则充分体现了和谐教育的思想。在文艺复兴运动的冲击下，尤其是自然科学的发展，给学校课程注入了新的内容和新的精神，开设了一些全新的课程，如自然、物理、历史、地理等，学科门类不断分化、增多，逐步形成了近代资产阶级的学校课程体系。

夸美纽斯提出和论证了第一个现代意义上的课程体系。夸美纽斯主张分科教学，自己编写泛智教材，说明并论证了教科书的编写原则与思想，在教科书的编写方面也做出了卓越的贡献。赫尔巴特对于课程的主要贡献在于将心理学与课程连接起来，根据人类的多方面兴趣，即经验的兴趣、思辨的兴趣、审美的兴趣、同情的兴趣、社会的兴趣、宗教的兴趣，将学科分为两类六组，也即历史和科学两类，历史、语言、文学、数学、工艺、自然科学六组，使得课程获得了重要的理论基础，在课程论的发展上迈出了极为关键的一步。英国哲学家、社会学家、教育家斯宾塞从成人生活和发展的需要论证了教育和课程的目的，他将成人生活中的主要活动按照顺序划分，认为教育应当为成人的生活做好准备，并据此设置相应课程。杜威认为应当从儿童的生活、需要出发来设置课程，提出了以经验为本的课程观，主张通过学生自主性活动来展开和完成课程。

博比特在课程理论的发展中有着重大的贡献，继 1918 年出版《课程》之后，1924 年他又出版了《怎样编制课程》一书，由此形成了他的课程开发理论。他认为教育的本质是：教育是为成人生活做准备的，教育是促进儿童的活动与经验发展的过程，教育即生产。因此，课程的本质是以准备完美的成人生活为出发点，落实于儿童的活动与经验。他还提出了活动分析的课程开发方法。泰勒是现代课程理论的重要奠基者，1934 年，他出版了《成绩测验的编制》一书，从而确立起其评价原理。1949 年，泰勒又出版了《课程与教学的基本原理》，由此确立其"课程基本原理"。泰勒的"评价原理"和"课程基本原理"统称为"泰勒原理"。"泰勒原理"被公认为是课程开发原理最完美、最简洁、最清楚的阐述，因此被誉为"当代教育评价之父""现代课程理论之父"。"泰勒原理"的基本内容可以简化为著名的 4 个问题："① 学校应该试图达到哪些教育目标？② 提供哪些经验才能实现这些目标？③ 怎样有效地组织这些教育经验？④ 如何确定这些目标正在得以实现？"泰勒原理被称为是课程领域中"主导的课程范式"，为课程研究提供了较为成熟的理论。

20 世纪 50 年代以来，科学技术发展带来了教育的新发展以及相应的课程理论的新发展，各种理论流派不胜枚举。以美国教育家布鲁纳为主要代表的结构主义课程论，以学科结构为核心构筑现代课程体系，是课程现代化进程中的一座里程碑。强调课程的内容应当是学科的基本结构，即一门学科特定的一般概念、一般原理以及一门学科特定的探究方法与探究态度。其课程理论的内容包括课程的内容、课程的设置和课程的实施，指出基本结构不能单靠教师传授来获得，还必须通过学生的主动作用来实现，提出了发现法。这在当今课程改革中有着十分重要的指导意义。美国著名的课程论专家和生物学家施瓦布则提出了实践性课程理论，认为课程理论应当是实践取向的。强调课程是由教师、学生、教材、环境四个要素构成，教师和学生是课程的主体和创造者，教材只有在成为相互作用过程中的积极因素时，只有在满足特定学习情境的问题、需要和兴趣时，才具有课程的意义。他认为："对教师、学生、教材或环境的某一方面关注过多或过少，都会打破班级或其他教育情境的'生态平衡'。"实践性课程开发理论的基本特征是绝对回归实践，课程开发的主体是由校长、社区代表、教师、学生、教材专家、课程专家、心理学家和社会学家等组成的"课程集体"或"审议集体"，其中，教师和学生是核心。施瓦布理想中的课程开发基地是每一所特殊的学校。这种课程开发因而可以称为"学校本位的课程开发"，即"校本课程"（School-Based Curriculum）。

四、课程与教学的关系

课程是对教学的目标、内容、活动方式和方法的规划和设计,是教学的依据,也是教学活动中的一个基本要素。课程确定的是教学过程中"教什么"的问题。

教学是利用各种手段实施课程的过程,是将课程变成学生的经验体系的过程。确定"怎样教"的问题。

教学对课程建设具有能动作用,二者相互转化,有机整合。在课程改革中,课程的内涵由教材拓展到教师、学生、教材、环境,"课程的意义在不断地建构与提升,变成一种动态的、生长性的'生态系统'和完整文化,"教学不只是忠实地实施课程的过程,而是创新课程与开发课程的过程。

美国学者塞勒的三个隐喻,形象而简洁地表达了课程与教学的关系:

隐喻一:课程是一幢建筑的设计图纸,教学则是具体施工;

隐喻二:课程是一场球赛方案,教学则是球赛进行的过程;

隐喻三:课程可以被认为是乐谱,教学则是作品的演奏。

小栏目 7-1

我国现代课程改革的趋势

随着我国教育改革的不断深入,课程改革的发展取向也发生着深刻的变革,呈现出以下发展趋势:① 以学生发展为本的趋势。注重全体学生全面发展与个性差异相统一,解决好学生发展与学科体系、社会需求的关系,学生与教师的关系,智能发展与知识传授的关系,智能发展与人格发展的关系。② 从"双基"到"四基"的发展趋势。国际 21 世纪教育委员会 1996 年在题为《学习——内在的财富》的报告中提出了四种支柱性的基本能力,一是学会求知的能力,二是学会在应变中做事的能力,三是学会共处的能力,四是学会生存和发展的能力。③ 加强道德教育和人文教育的趋势。科学技术发展给人类带来的多变性与人文精神的永恒性,在当今社会已形成一对尖锐的矛盾。人们需要高尚的道德和人文精神来指引并确定未来社会发展的方向。④ 课程综合化的趋势。综合课程的提出和发展缘于对分科课程缺陷的批判。各种分门别类的学科在一个学生身上终将发生整合作用,因此,综合化成为课程改革的必然趋势。⑤ 课程社会化和生活化的趋势。目的在于加强课程与学生生活和现实社会的联系。⑥ 课程体系三级管理的趋势。1999 年,《中共中央国务院关于深化教育改革全面推进素质教育的决定》正式提出了"建立新的基础教育课程体系,试行国家课程、地方课程和学校课程"的三级课程、三级管理,注重校本课程的开发。⑦ 课程个性化和多样化的趋势。没有个性就没有创造,通过课程内容载体的多样化,使不同特色的学校为不同特点的学生提供条件,促使学生尽可能的多方面地发展。⑧ 课程与现代信息技术结合的发展趋势。

第二节 课程的类型

课程的类型是指课程设计的不同种类或方式,是由不同的课程设计思想产生的。随着教育科学的不断进步,课程理论日趋丰富,形成了不同的课程理论流派,也体现出不同的课程价值观,并由此产生了相应的课程类型。不同的课程类型有着不同的教育理论指导思想,必然会对学生的发展产生不同的影响。在课程的理论研究与实践过程中,典型的课程类型有:学科课程与活动课程、分科课程与综合课程、显性课程与隐性课程。

一、学科课程与活动课程

(一)学科课程

"学科课程是根据学校的教育任务和一定年龄阶段学生的发展水平,从各门学科中,选择学生必须掌握的基础知识,组成各种不同的学科、学习顺序、学习周期和学习时数,分学科进行安排。"学科课程是最古老、使用最广泛的课程类型。学科课程论认为各学科的逻辑体系,反映了客观事物和现象的本质,教学内容应以学科知识为中心,严格地按每门学科的逻辑顺序来编排和组织教材,并根据知识固有的逻辑顺序与学生的年龄特征来确定每门学科的学习顺序、学习周期和学习时数,使学生掌握系统知识,获得发展。

学科课程的历史可以追溯到中国古代的"六艺",古希腊罗马的"七艺"。17世纪,夸美纽斯提出了比较完整的学科课程理论和方法,提出了"把一切知识教给一切人"的大百科全书式的"泛智"课程;德国的赫尔巴特主张根据"多方面兴趣"设置多方面课程;英国的斯宾塞提出的为完满成人生活做准备的课程观念,认为:"为我们的完满生活做准备是教育应尽的职责,而评判一门教学科目的唯一合理办法就是看它对这个职责尽到了什么程度。";苏联凯洛夫提出"以知识为中心"的课程理论。使得学科课程成了课程的主导类型,尽管它不断地受到批评与挑战,但历史的发展证明,学科课程在课程中的地位至今仍无法取代,其他课程类型只不过是对它的补充而已。《美国大百科全书》的"课程"词条下称学科课程是"始终没有其他课程设计所取代的课程"。这足以说明学科课程的生命力和优越性。

学科课程的特征是以学科知识或文化的发展作为课程目标的基本来源,强调学科知识的优先性,课程组织遵循学科知识的逻辑体系。学科课程的优点主要表现在:① 逻辑性。按照学科固有的逻辑组织起来的课程,有利于系统地传承人类文化遗产;② 系统性。通过学习按逻辑组织起来的教材,有助于学生获得系统的文化知识;③ 简约性。教学中,教师可以充分发挥主导作用,使学生减少了许多摸索的过程,避免走弯路,能保证学生在有限的时间内高效率地获取知识。

但是,学科课程也具有自身的局限和缺陷,主要表现在:① 过分强调学科固有的逻辑体系,容易忽视学生的需要、兴趣、经验和生活;② 过分强调理论知识的学习,容易忽视知识的实际运用和学生实际能力的培养;③ 过分强调知识的系统性,容易导致教学组织形式和教学方法的单一;④ 过分强调知识体系的稳定性,容易导致课程内容改革与更新的困难。

(二)活动课程

活动课程是指"以儿童的主体性活动的经验为中心组织的课程,也叫作生活课程、经验课程、儿童中心课程。"活动课程是一种主张以儿童从事某种活动的兴趣和动机为中心来组织,通过儿童的亲身体验来获得直接经验的课程。

活动课程的思想可以追溯到法国思想家、教育家卢梭的"自然教育思想",他主张教育应使儿童从社会的束缚与压抑下解放出来，回归人的自然状态，倡导自然教育，认为教育必须要适应儿童自然发展的过程，教育的作用不是告诉学生某个真理，而在于教他怎样去发现真理，主张将儿童放归大自然，在自然界中通过锻炼、劳动、观察事物来发现和学习。杜威是活动课程的代表人物。他认为：传统的学科分得过细，同实际生活的距离较远，更忽视了儿童的兴趣和需要，主张"教育即生活""学校即社会""教育即生长""儿童中心""做中学"分科课程，强调通过游戏、活动作业、手工、烹调、表演和实验等来获得与社会相适应的经验。教师只是学习的参谋和顾问。

活动课程的主要观点有：课程设置应当以儿童的活动为中心，而不是以学科为中心；应当以儿童的直接经验作为教材内容；教材编排应注意儿童的心理结构。杜威认为儿童有四种本能，并相应地表现为四种活动：语文和社交的本能和活动；制造的本能和活动；艺术的本能和活动；探究的本能和活动。课程设置就应当以这些本能为基础，并尽量满足这些本能的要求。他主张教材应当心理化，应当把各门学科的教材或知识恢复到原来的经验，通过教学把它变成儿童个人的直接经验。

活动课程的特点可以概括为：① 经验性。注重通过经验的获得与重构来学习；② 主体性。尊重学生的主动精神并以此作为教学的出发点与目标；③ 综合性。打破传统的学科框架，以生活题材为学习单元；④ 乡土性。可以结合不同地区的特点选择与开展活动。

相对于学科课程而言，活动课程具有以下优点：① 重视学生的需要与兴趣，尊重学生的主体性，有利于学生学习的主动性、积极性的发挥；② 强调教材的心理组织，有利于学生在与文化和科学知识的交互作用的过程中，获得人格的不断发展；③ 强调实践活动，重视学生通过亲身体验获得直接经验，有利于培养学生解决实际问题的能力；④ 重视课程的综合性，主张以社会生活问题来整合各种知识，有利于学生获得对世界的完整认识。

活动课程的局限主要表现为过分地夸大了儿童个人经验的重要性，忽视系统的学科知识的学习，容易导致"功利主义"。忽视儿童思维力和其他智力品质的发展，往往把儿童日常生活中个别经验的作用绝对化而不顾及这些经验本身的逻辑顺序，结果学生只能学到一些支离破碎的知识，降低了学生的系统知识水平。另外，对于习惯了学科课程的讲授方式的教师而言，活动课程的组织较困难。

学科课程的主导价值在于通过课程让学生掌握、传递和发展人类系统的文化遗产，活动课程的主要价值在于让学生活动，获得对现实世界的直接经验和真实体验。二者可以相互补充，相得益彰。"20世纪70年代以后，随着终身教育思想的普及和课程理论而建立的教育心理学等的发展，活动课程被赋予了新的含义。学科课程和活动课程二者不断趋于融合成为一个发展趋势。"在目前的课程改革中，活动课程有着比以往任何时候都更重要的意义。

二、显性课程与隐性课程

（一）显性课程

显性课程是学校教育中有计划、有目的、有组织地实施的正式课程，通常指学校有计划列入课程表内的所有课程，是以教学计划中所明确规定的各门学科为内容的课程。显性课程一般有固定的教材、规定的课程内容、明确的课程目标，能够进行测验和评价。这类课程主要是通过知识的传递进行的，学生所获得的知识主要是学术性的。学校的课程主要是以显性课程的方式来体现的。

（二）隐性课程

隐性课程是指学生在学习环境（包括物质的、文化的和社会关系结构的）中潜移默化地受到的非预期或非计划的影响。隐性课程是与显性课程相对应的范畴，它通常包括教材、教学活动、班级氛围、人际关系、校园文化、社会环境、家庭中的文化价值、态度、习惯、礼仪、信仰、偏见和禁忌等。隐性课程与显性课程一样对人具有全面教育作用，而对人的情、意方面的影响尤为突出，它具有"陶冶功能、美育功能、益智功能和健体功能"。

杜威的"一个人学习的仅是他当时正在学习的特定的东西，这也许是教育学中的最大错误了"，因此他提出了"附带学习"的概念：伴随具体内容的学习而形成的对所学内容以及学习过程的情感、态度。美国教育学家克伯屈发展了杜威的思想，认为整体性学习应包括三个部分："主学习"，获得知识与技能；"副学习"，由主学习而联想到的有关知识与技能；"附学习"，指由主学习而带来的比较概括的理想、态度及道德习惯的获得。

隐性课程的特点主要有：① 隐性课程的影响具有弥散性、普遍性和持久性；② 隐性课程的影响既可能是积极的，也可能是消极的；③ 隐性课程的影响是学术性与非学术性的统一；④ 潜在课程对学生的影响是有意识性与无意识性的辩证统一；⑤ 隐性课程是非预期性与可预期性的统一；⑥ 隐性课程存在于学校、家庭和社会教育中。

正是由于隐性课程的特点，要求在隐性课程的实施过程中，应该注意：首先，优化学校的整体育人环境；其次，要特别重视学习过程；最后，通过隐性课程的实施，塑造与完善学生的人格结构。

显性课程与隐性课程是两种不同的课程类型，二者之间也存在内在的联系，"显性课程的实施总是伴随着隐性课程，隐性课程也在不断地转化为显性课程"。

三、分科课程与综合课程

（一）分科课程

分科课程是指从不同门类的学科中选取知识，按照知识的逻辑体系，以分科教学的形式向学生传授知识的课程。分科课程与学科课程基本上是一致的，分科课程强调的是课程内容的组织形式，而学科课程强调的是课程内容固有的属性。分科课程有助于学生掌握系统的科学文化知识，教师易于组织教学和进行评价活动，有利于学生学习和巩固基础知识。

分科课程在近代一统天下，而且越分越细，门类越来越多，不仅增加了学生学习的负担，而且容易将本来有着密切联系的学科割裂开来，使学生不能从整体上去把握知识，分科课程的知识传授方式，容易忽视学生的主动性和积极性，造成学生的厌学情绪，形成被动学习的状态，在一定程度上限制了学生的创造意识、创造精神和创造能力的培养，造成学生"只见树木不见森林"的思维模式。因此，近代教育中综合课程受到了越来越多的关注。

（二）综合课程

"综合课程是指有意识地运用两种或两种以上学科的知识观和方法论去考察和探究一个

中心或问题。"从当今课程理论研究和课程变革的趋势来看，综合课程引起了人们极大的关注与研究兴趣，形成了一种课程综合化的课程理念。研究者们认为，文化或学科知识之间是不可能完全割裂的，而是相互作用，彼此关联的，学生的发展与社会生活也是息息相关的，过分强调分科课程，可能导致脱离实际，再者，学生的心理发展也具有整体性，需要综合性的课程，来满足他们探究、发现与综合的能力。

综合课程具有综合性、开放性、探究性、现实性的特点。强调打破学科间的界限，体现学科间的相互作用和彼此关联，强调在活动中以学生为主；解放学生的手脚，鼓励探索与发现，强调学生与社会之间的沟通和联系，鼓励学生主动参与实践，关注社会中重大的综合性课题，培养学生解决现实问题的意识与能力。

综合课程已经成为课程改革中一种越来越受到关注和推崇的课程类型，但在教育实践中，至今，综合课程都没有成为主流课程类型，是因为它本身存在着明显的局限性，如知识的琐碎化、教师的知识结构、学校的结构、课程的开发与实施的技能和课程评价等，这些问题一直困扰和阻碍着综合课程的实施和推广。

分科课程与综合课程是两种不同的课程，分科课程是一种单一学科的课程组织模式，强调不同学科的相对独立性和学科知识的逻辑体系；综合课程则是一种多学科的课程组织模式，强调学科之间的关联性和内在联系。两种组织形式各有其存在的价值。分科课程与综合课程存在内在的联系，两者的区分是相对的，它们相互依赖，相互作用。我们必须树立正确的观念，也就是综合课程是促进学生全面发展的一种手段，但综合不是目的。目前的基础教育课程改革中，非常强调综合课程对学生综合素质发展的重要作用，但一定要注意这并不意味着对分科课程全盘否定，分科课程仍然是学校教育的主流课程形式，应该把二者有机地结合起来，取长补短，从而有效地促进学生的全面发展。

第三节　我国中小学课程

我国中小学课程，无论是何种课程类型，一般来讲，可分为三大部分：学校课程方案、学科课程标准、教材。

一、学校课程方案

对课程方案的这一名称，在课程理论的研究中，曾有多种不同的表述，如学校教学计划（刘克兰）、课程设置（袁振国）、宏观的课程设计（丛立新）、课程计划（朱德全、易连云）等。虽然在名称的表述上有所不同，但学者们在对课程方案的含义上所持的观点却趋于一致。所谓的学校课程方案是指依据一定的培养目标选择课程内容，确定学科门类及活动，确定教学时数，编排学年及学期顺序，形成合理的课程体系。

从课程设计与编制上，课程方案是对一定学段的课程进行总纲设计，如义务教育阶段课程方案、全日制普通高级中学课程方案等（见表7-1）。

表 7-1 义务教育阶段课程设置及比例（2001 年 6 月）

课程	年级									九年课时总计/比例
	一	二	三	四	五	六	七	八	九	
课程门类	品德与生活	品德与生活	品德与社会	品德与社会	品德与社会	品德与社会	思想品德	思想品德	思想品德	10%~13%（其中初中的历史与社会占3%~4%）
							历史与社会（或选择历史、地理）			
			科学	科学	科学	科学	科学（或选择生物、物理、化学）			7%~9%
	语文	语文	语文	语文	语文	语文	语文	语文	语文	20%~22%
	数学	数学	数学	数学	数学	数学	数学	数学	数学	13%~15%
			外语	外语	外语	外语	外语	外语	外语	6%~8%
	体育	体育	体育	体育	体育	体育	体育与健康	体育与健康	体育与健康	10%~11%
	艺术（或选择音乐、美术）									9%~0%
			综合实践活动	综合实践活动	综合实践活动	综合实践活动	综合实践活动	综合实践活动	综合实践活动	7%~8%
	地方与学校自主开发或选用的课程									10%~12%
	26	26	30	30	30	30	34	34	34	274
学年总课时（节）	910	910	1 050	1 050	1 050	1 050	1 190	1 190	1 122	9 522

二、学科课程标准

（一）学科课程标准的含义

要清楚学科课程标准的含义，必须知道什么是课程标准。对课程标准的定义，国内外的表述不尽相同。在《教育大辞典》（第一卷）中，对课程标准是这样定义的：课程标准是确定一定学段的课程水平及课程结构的纲领性文件。……课程标准的结构一般包括课程标准总纲和各科课程标准两部分。前者是对一定学校的课程进行总体设计的纲领性文件，规定各级学校的课程目标、学科设置、各年级各学科每周教学时数、课外活动的要求和时数以及团体活动的时数等；后者根据前者具体规定各科教学目标、教材纲要、教学要点、教学时数和编定教材的基本要求等。1952 年后，称前者为"教学计划"，后者为"教学大纲"。从课程标准的定义及其结构，我们不难看出，实际上课程标准的两部分，正是学校课程方案和学科课程标准。所谓学科课程标准，是指单科课程的总体设计，具体规定各科教学目标、教材纲要、教学要点、教学时数和编写教材的基本要求等。

我国的课程理论研究者认为，可以从以下几方面理解课程标准的含义：① 课程标准主要是对学生在经过某一学段之后的学习结果的行为描述，而不是对教学内容的具体规定。② 它是国家制定的某一学段的共同的、统一的基本要求，而不是最高要求。③ 学生学习结果行为的描述应该尽可能是可理解的、可达到的、可评估的，而不是模糊不清的、可望不可即的。④ 隐含着教师不是教科书的执行者，而是课程的开发者。

另外，课程标准的范围应该涉及作为一个完整的个体发展的三个领域：认知、情感与动作技能，而不仅仅是知识方面的要求。

（二）我国学科课程标准的框架结构

我国学科课程标准已初步形成了一种尝试性的框架。其基本内容包括以下五个部分：

（1）前言。结合本门课程的特点，阐述课程改革的背景、课程性质、基本理念与本标准的设计思路。

（2）课程目标。按照国家的教育方针及素质教育的要求，从知识与技能、过程与方法、情感态度与价值观三个方面阐述本门课程的总体目标与学段目标。

（3）内容标准。按照学习领域、主题或目标要素阐述学生在不同阶段应实现的具体学习目标。对于学生的学习结果，用尽可能清晰的、便于理解及可操作的行为动词从知识与技能、过程与方法、情感态度与价值观三个方面进行描述。

（4）实施建议。为了确保国家课程标准能够在全国范围内绝大多数学生身上实现，需要在国家课程标准中附带提供推广或实施这一标准的建议，主要包括教与学的建议、教材编写建议、评价建议、课程资源开发与利用建议等。

（5）附录。包括术语解释及案例，以及有关各学科课程实施应注意的一些问题。

（三）我国新课程标准的特点

小栏目 7-2

美国国家课程标准

美国是一个多元化的国家。美国人十分珍惜他们的多元文化并以此为自豪，所以有些人担心统一课程的实施会排斥某些特殊观点和背离他们的传统。但是确定全国统一的核心课程是美国 20 世纪 80 年代课程改革的奋斗目标。正如 1983 年"美国优质教育质量委员会"发表的调查报告中认为的，"自助餐式的课程"结构既不协调也不连贯，而大量时髦、烦琐、肤浅、毫无实质性的知识充斥课程，这是造成 60～70 年代美国学校一片混乱的根源。贝内特在 1988 年的报告中指出：每个熟悉美国近代史的美国人都可作证，要确定核心课程，就是首先明确国家课程标准。他说：美国小学的教育目标是："具有读、写能力，并在历史、地理、公民常识、数学、自然科学和文学等方面打下坚实的基础。"美国中学的教育目标是："成为既有知识又有技能，既有共同思想基础又有共同道德观和知识修养的人。我们要求他们掌握数学、科学、历史和文学知识，懂得如何进行思索、处理重要问题、解决疑难、进行辩论、维护观点、知己知彼和权衡得失。""为他们将来进入社会成为合格的公民做好准备。"

课程标准是课程设计的灵魂，只有认真把握课程标准，才能进一步去理解课程所蕴涵的真正的理念以及其他环节。我国课程专家、教育部基础教育课程教材发展中心主任助理刘兼认为，我国新国家课程标准的特点主要包括：

（1）努力将素质教育观念切实体现在课程标准的各个部分中。我国这一轮的新课程改革是进一步推进素质教育的重要举措，在"课程目标""内容标准"等各个环节中都力图体现课程的发展功能，使素质教育真正能在实践中得到落实。如在历史课程标准中的表述："收集过去的一些购物票证，如布票、粮票、油票、副食品票等，感受市场经济给人们生活带来的巨大变化。"

（2）力图突破学科中心。学科课程强调学科的严密性、系统性与逻辑性，使学生能循序渐进地掌握牢固的知识，但同时容易产生学习与生活剥离的现象。针对这种弊端，新课程标准关注学生的生活与经验，注重基础学力的培养，强调知识的综合与融会贯通。如在地理课程标准中的表述："加强地理基础知识与人口、资源、环境的密切联系。"

（3）帮助学生改善学习方式。传统的学习方式以被动性和接受性为主要特征，学生的主体性没有得到充分体现。新的课程标准加强了过程性、体验性目标，积极引导学生的学习方式向自主型、探究型和合作型转变。如在生物课程标准中的表述："组织学生通过各种途径调查、收集生物圈的相关资料，模拟召开'国际生物圈'研讨会，结合本地实际讨论如何保护生物圈。"

（4）为课程实施拓展广阔空间。传统的教学大纲对学生的学习结果所应达到的最高水平做出了规定，同时也对教学内容及其顺序，以及量化指标做出了安排，使教学更易于操作，同时也阻碍了师生创作空间的形成。新的课程标准基于国民素质发展要求，对某一学段学生所应达到的基本标准做出了相应规定，为课程实施创造了更广阔的天地。如在语文课程标准中的表述："1～2年级认识常用汉字1 600～1 800个；课外阅读总量不少于5万字。"

小栏目 7-3

国家课程标准提供的"行为动词"

学习水平	常用行为动词	举例	
		语　文	数　学
知识	1. 了解——说出、背诵、辨认、回忆、选出、举例、列举、复述、描述、识别、再认等 2. 理解——解释、说明、阐明、比较、分类、归纳、概述、概括、判断、区别、提供、猜测、预测、估计、推断、检索、收集、整理等 3. 应用——应用、使用、质疑、辩护、设计、解决、撰写、拟定、检验、计划、总结、推广、证明、评价等	会写、读准、认识、学习、学会、把握、了解、写下、熟记 理解、展示、扩展、使用、分析、区分、判断、获得、表现、扩大、拓展 评价、掌握、运用、懂得、联系上下文	读、写、会用、认识、说出、识别、了解、辨认、描述 知道、表示、会画、确定、找出、获得、读懂 分类、选择、比较、排列、理解、解释、判断、预测、推断、估计、设计、检验、运用、掌握、处理、推导、证明

学习水平	常用行为动词	举例	
		语 文	数 学
技能	1. 技能——模拟、重复、再现、例证、临摹、扩展、缩写等 2. 独立操作——完成、表现、制定、解决、拟定、安装、绘制、测量、尝试、试验等 3. 迁移——联系、转换、灵活运用、举一反三、触类旁通等	讲述、表达、阅读、复述、诵读、写出、倾听、观察、朗读、揣摩、想象、转述、选择、扩写、续写、改写、发现、借助、捕捉、提取、收集、修改	口算、计算、测量、观察、操作、实验、调查、笔算
过程与方法	感受——经历、感受、参加、参与、尝试、寻找、讨论、交流、合作、分享、参观、访问、考察、接触、体验等	感受、尝试、体会、参加、发现、意见、提出问题、讨论积累、体验、策划、交流、制订计划、收藏、分享、合作、探讨、沟通、组织	体验、感受、交流、解决问题、经历、发现、探索、感知、交换意见
情感态度与价值观	1. 反应——遵守、拒绝、认可、认同、承认、接受、同意、反对、愿意、欣赏、称赞、喜欢、讨厌、感兴趣、关心、关注、重视、采用、采纳、支持、尊重、爱护、珍惜、蔑视、怀疑、摒弃、抵制、克服、拥护、帮助等 2. 领悟——形成、养成、具有、热爱、树立、建立、坚持、保持、确立、追求等	喜欢、有……的愿望、体会、乐于、敢于、抵制、有兴趣、欣赏、感受、愿意、体味、尊重、理解、抵制、辨别、品味、关心 养成、领悟	体会、欣赏、感受 养成、树立

三、教材与教科书

一谈到"教材",人们头脑中常会反映出在课堂中人手一册的"教科书"。那么"教材"与"教科书"有何关系呢?二者是否为同一概念?

所谓的教材,是教师为了达到教育学生的目的,在教育教学中利用的一切素材和手段,它包括标准的教科书、形形色色的图书教材等书面印刷材料,也包括视听教材、电子教材及其他多媒体教材等。

从这里可以看到教材与教科书的关系。用"教科书"来指教学用书是因为在传统的课堂教学中,教学用书就是单一的课本。它既是学生学习的主要用具,也是教师教学的唯一标准。但随着教育教学的发展,逐渐开始出现更多的教学手段。如教师所用的教学参考书,学生所用的自学指导书等。随着科学技术的发展,越来越多的科技产品也开始进入教学领域,如摄影、幻灯、电影、录音、录像、教学程序、光碟、磁盘等。可见教材的内涵已远远超出了教科书的范围,变得更为宽泛,而且会不断发展和丰富。

第四节 课程的实施与评价

一个完整的课程变革过程一般包括四个环节,即课程计划、课程采用、课程实施和课程评价。课程变革的过程就是这些环节之间动态的、复杂的交互作用的过程。课程计划前已述及,课程采用是指作出使用某项课程计划的决定的过程。这里将重点探讨课程实施和课程评价。

一、课程实施

(一)课程实施概述

1. 课程实施的含义

20世纪70年代以前的课程研究中,课程实施是一个薄弱环节,几乎没有专门的研究成果,可见当时人们对课程实施这个环节的重要性并没有引起重视。即使是在被公认为课程开发原理最完美的"泰勒原理"中,也只是论及"确定教育目标""选择教育经验""组织教育经验"和"评价教育计划"四个部分,而没有涉及课程实施。而真正引起人们对课程实施的关注是源于发生在20世纪五六十年代的"学科结构运动"。这场运动的失败,使那种认为"只要课程计划完善就可以自然地在实施过程中达到预期结果"的假设受到普遍质疑。同时,也促使课程理论研究者们开始热衷对课程实施过程的探讨。

所谓课程实施是指将被采用的课程计划付诸实践的过程,即推行计划的过程。

美国著名的课程论专家古德莱德(Goodlad)把课程分为五个不同的层次:一是观念层次的课程,这一层次的课程往往是一些学者、专家从理论角度所思考、阐述及倡导的课程,还没有形成一种确定的文件被采用。二是社会层次的课程,是由教育行政部门所采用并推行的正式课程。三是学校层次的课程,这一层次的课程是基于社会层次课程,由学校的有关人员组织起来的课程,它具有一定的灵活性和差异性。四是教学层次的课程,这一层次的课程是指教师对以上课程的理解的过程与结果,以及教师具体推行与实践的课程。这一层次的课程与教师的思想及行为密切相关。五是体验层次的课程,是被学生实际内化与个性化了的课程。古德莱德认为这是所有课程中最重要的课程。

古德莱德区分的这五个层次已深刻地触及到了课程实施的问题。其中前两个层次是属于课程计划及采用,而后三个层次则已经属于课程的实施了。

2. 课程实施与教学

坚持"大课程论"的学者,趋向于课程实施就是教学。也有学者认为,"教学过程是对课程计划的实施过程",认为凡是依照教育部颁布的课程标准进行的教学就是正常化的教学,凡是未按照课程标准施教的则是不正常的,是应该加以改变的。这实质上是将课程实施过程与教学过程等同视之。但更多的观点认为二者既存在联系,又有区别。首先,教学与课程是内在统一的,课程实施内在地包含着教学,教学是课程实施的主要途径。20世纪欧美教育研究领域多以课程研究见长,而我国教育研究领域则是教学论优于课程论。但在总体上,20世纪的教育研究领域是以课程与教学的分离为特征的,实质上也是内容与过程、目标与手段的二元对立,认为课程即学习内容或教材,教学则是内容的传递过程与方法,内容与过程、教材与方法是分离的、独立的。随着研究的深入,人们越来越认识到,二元对立是将完整的教育或过程人为地割裂开来，不利于人的完整的教育活动的设计与展开。毕竟，教学总是特定内容的教学，它内在地包含着内容，课程作为内容，是教学的内容，脱离了教学的课程是"空置"的内容。只有教师把教学建立在已有的课程计划的基础上，把课程计划作为自己选择教学策略的依据，并寻求能促使学生吸收课程内容的有效的教学方法时，课程才可能得以实施。实施还需要教学活动中诸要素包括教师、学生、课程内容等的协同作用方能达成。

其次，在某种程度上，我们可以把课程实施看成是通过人的思想、行为的变化而实现的教学改革，见图7-1。

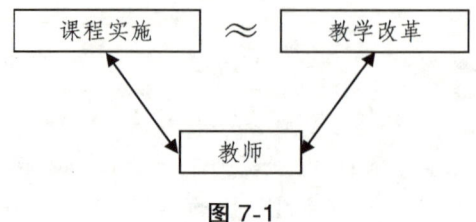

图 7-1

虽然如此，但课程实施不可能与教学画等号，彼此都有不可包容的范畴，有着来自不同方向的规定。

（二）影响课程实施的因素

课程实施是一项课程变革的最关键的环节，它决定着课程变革的成败。为此，必须探讨影响课程实施的因素，以更好地提高课程实施的质量。根据辛德尔（Snyder）等人综合的近年来有关课程实施的主要研究成果，把影响课程实施的因素归纳为以下四类。

1. 革新方案的特征

富兰曾指出，要成功地实施一项变革，该变革方案必须满足以下条件：这项变革是必需的；方案的建议是清晰的；变革的规模和复杂性适中，并且方案具有实用性。也就是说，首先，课程改革对于实施者来说，应该是必要的，实施者切实地感受到实施中的问题，而需要进行变革；其次，课程计划对于实施者来说，应该是清晰而便于理解的；而对于课程变革的复杂性，实施者是能够理解和把握的，但同时又存在一定的难度与挑战；最后，课程计划及其相关附件对于实施者应是可利用的。

2. 校区层面的因素

所谓校区层面的因素是指采用课程计划的学校所在的区域特征对课程实施的影响，富兰等人总结出了六个方面的因素，即校区的革新史、采用过程、管理部门的支持、教师发展与参与、时间与信息系统（评价）、社区及委员会的特征。也就是说，首先这个区域有无课程革新的历史与传统，态度是否积极，这个因素与革新的程度成正相关；其次，在采用过程中，这个行政区域对革新所作出的规划（如人员安排、组织、物质保障等）是否合理是影响课程实施程度的重要方面；再次，区域行政部门的支持是课程实施取得成效的重要保证；另外，作为课程实施的最重要的主体——教师，其自身所具备的能力，能否不断在过程中获得发展，及参与的程度、投入的热情与精力与课程实施的程度与绩效同样成正相关；最后，整个社区与这个区域的教育委员会协同一致，共同努力是课程实施顺利开展的保证。

3. 采用单位的特征

对于课程实施，采用单位一般指学校。在学校这一层面，富兰等人认为应包括三个方面的因素，即校长的角色、组织氛围、人员因素。

校长的主要角色是组织管理者、教学领导者、人际关系的促进者、冲突调解者、变革代理人等。正如陶行知先生所讲："做一个学校校长，谈何容易！说的小些，他关系千百人的学业前途；说的大些，他关系国家和学术之兴衰……"可见，校长的重要性与校长角色的多重性。校长在课程实施中起着至关重要的作用。学校是课程改革的中心和基地，而改革能否走进学校、走进课堂，在很大程度上取决于校长对改革的理解、认同以及对实施改革的积极领导。校长应有自己的教育信念，能及时掌握新的思想，苏霍姆林斯基早有精辟论述："学校领导首先是教育思想的领导，其次才是行政领导。"同时，还应具备创新意识与创新能力，能与教师、学生一起在实施中创生新的课程。

组织氛围是指在学校这个环境中所形成的人与人之间的关系。其中，对于课程实施来说，尤为重要的是教师与教师之间的关系。哈格里夫斯（Hargreaves，A.）将教师文化分为四类：

（1）个人主义文化：教师拥有强烈的独立成功观，很少干涉其他教师，他们不喜欢变革，也不愿与同事合作，避免与他人讨论变革。

（2）派别主义文化：学校分裂为许多独立的团体，教师忠诚于、归属于某一个派别。派别内部成员之间联系紧密，但派别之间教师则漠不关心甚至相互竞争，因此学校中教师很难有共享的目标，革新也难以在全校范围内进行。

（3）人为合作文化：教师之间的合作是由外在行政控制的，这是由某种正规而特定的科层程序强制的、可以预测的、局限于特定时空条件的合作。合作的主要目的在于满足科层制度的要求，而不是学校实践的要求和个人的本意。

（4）自然合作文化：这是经过人为合作文化阶段后的更高级的合作文化。它是渗透在日常教学中的教师之间自发的、自然而然的合作。教师之间相互观摩学习，互相帮助，共同克服困难。能否建立合作的教师文化也是影响课程实施的一个重要因素，教师之间越能形成和谐、合作、开放的人际氛围，课程实施的程度也越大。

人员因素主要是指教师的特征和取向。教师所具有的教育理想、教育信念、专业敏感等是其真正理解和认同课程计划的前提，教师所具有的成就动机等个性心理是支配课程实施的重要内部条件。

4. 环境特征

环境特征在这里是指学校系统之外的环境的特殊性，富兰等人认为应包括两个方面，即政府机构和外部协助。当地政府能充分认识到课程改革对当地政治、经济和文化等的发展的重要意义，能从政策上给予课程改革最大的支持是课程实施得以开展和深入的保障。同时，课程方案的调整与课程实施也应充分考虑当地社会的发展需求。另外，学校是社区的学校，社区历史文化是学校课程实施的良好的背景和条件。如果社区公民在历史上就养成了一种改革的热诚，对改革持欢迎和支持态度，那么学校课程实施将会比较容易，学校在开发社区课程资源方面也会获得帮助。

二、课程评价

人的活动是具有目的性的。评价是人们对活动的反思，是对活动的过程的有效性以及活动的必要性作出考察和鉴别的过程，同时也为进一步完善方案提供了有力的依据。

（一）课程评价的含义

回顾短短 100 年的课程理论研究，关于课程评价的探讨就经历了从测验到评价，再到评定（或评鉴 Assessment）的阶段性发展。这一发展轨迹揭示出人们在对课程评价的科学性、合理性的追求中，发生了教育哲学观与课程观的内涵嬗变与思维转向。在这一过程中，也出现了许多对于课程评价的定义的不同表述，例如：

泰勒认为："评价过程实质上是一个确定课程与教学计划实际达到的教育目标的程度的过程。"

美国的克隆巴哈认为："广义的评价就是搜集和应用信息来作出有关课程的决策。"

英国的麦克唐纳认为："评价是接收、获得和交流信息的过程，以便对一门课程的教育决策作出指导。"

美国的罗纳德·杜尔认为："课程评价是一种广泛而持久的努力，以便探究按照明确的目标所使用的教学内容和教学过程的效果。"

这些不同的定义，有的侧重目标实现程度，有的侧重课程计划，从动态的课程考虑，但都还存在不足。我国学者认为，课程评价是指以一定的方法、途径对课程的计划、活动以及结果等有关问题的价值或特点作出判断的过程。

（二）课程评价的基本方法和类型

1. 课程评价的基本方法

课程评价的基本方法大致可分为两种：量化评价方法与质性评价方法。

量化评价方法是指尽量把复杂的教育现象简化为数量，进而从数量的分析与比较中推断某一评价对象的成效。20 世纪初，以飞速发展的现代科技为背景，以崇尚科学的客观、量化为标志，使量化评价成为国内外盛行的评价工具和手段。量化评价在现代教育评价中的应用是很广泛的，如对基础性的知识点，利用考试进行量化评价能够很好地保证评价的覆盖面和深入程度，准确地反映出学生对基础知识的掌握情况，便于老师有的放矢地改进教学，进行因材施教。

质性评价方法是指尽量通过自然的调查，全面充分地揭示和描述评价对象的各种特质。从 20 世纪 70 年代起相继出现了回应性评价、解释性评价、教育鉴赏与教育评论等质性评价模式。20 世纪 80 年代，这种变化逐渐影响到实践领域。质性研究是对量化研究的一种反思批判和革新。

小栏目 7-4

质性评价的两个典范——档案袋评定法和苏格拉底式研讨评定法

档案袋评定法：通过将每个学生学习过程中各个阶段的作品、作业、收集的资料包括多次修改的草稿，即能够反映其学习情况的所有材料汇集于个人档案袋之中，来展示学生学习和进步的状况。由于学生是选择档案袋内容的主要决策者，他就拥有了判断自己学习质量和进步的机会，因此在这种评定中，学生成了评价的主体。

苏格拉底式研讨评定法：把学生在班级参与和课堂讨论中的表现作为学生学业成绩评定的一个部分。它要求学生在班级参与和课堂讨论中学会更有成效地思考，并为自己的见解提出证据。它所关注的是：在问题讨论中学生间的互动情况、学生的批判性思维和公众演说技能方面的进步情况。

2. 课程评价的主要类型

依据不同的标准可以对课程评价进行不同的分类。常见的分类有以下几种：

(1) 形成性评价与总结性评价：依据评价的作用和性质的不同，可以把课程评价分为形成性评价与总结性评价。

形成性评价（Formative Evaluation）是指为改进现行课程计划或为正在进行的课程与教学活动提供反馈信息而从事的评价，它是一种过程评价。

总结性评价（Summative Evaluation）是在课程实施或进行以后关于其效果的评价，是一种事后评价。它与分等鉴定、作出关于学习者个体的决策等相联系。

与形成性评价、总结性评价相关的还有诊断性评价（Diagnostic Evaluation）。诊断性评价是在课程计划开始之前，对准备、需要、条件、不利因素的一种评价。诊断性评价的目的是根据诊断结果未雨绸缪，最大限度地发挥课程计划的长处或优势，努力改善课程，使其能顺利实施，并尽可能达到更大的效果。

(2) 目标本位评价和目标游离评价：依据评价与预定目标的关系，可以把课程评价分为目标本位评价和目标游离评价。

目标本位评价（Goal Based Evaluation）是以课程目标为基础进行评价。这种评价主要是为了探明课程目标在课程实施中的实现程度。它往往通过学生学习的效果及行为改变而观察与测量而获得。目标本位评价的典型代表是泰勒的评价模式和布卢姆的评价体系。目标本位的评价要点明确、重点突出、操作性强，为判明学生学业的进展提供了有用的帮助，实践中运用广泛，在课程评价中至今仍占有重要的地位。但目标本位评价过分强调目标，往往忽略课程实施的过程的生成性意义，压抑教学的自主性，是一种狭隘的评价观。

目标游离评价（Goal Free Evaluation）正是针对目标本位评价的缺陷而提出的一种评价类型，它要求脱离预定目标，重视课程与教学的所有结果，包括非预期结果，尽可能全面客观地展示这些结果。这是由斯克瑞文在1967年提出的。目标游离评价的倡导者认为目标本位评价容易受计划的目的的限制，从而大大地限制了评价的范围及其深远的意义。采用目标游离评价则评价重点由"计划想干什么"转变为"计划实际干了什么"，使评价结果更具有客观性，拓展了课程评价的视野。

(3) 内部人员评价与外部人员评价：依据评价人员的身份不同，可以把课程评价分为内部人员评价和外部人员评价。

内部人员评价（Insider Evaluation）是指由课程开发、设计的单位或个人来实施的评价。其主要目的在于改进课程开发、设计的过程，首要任务是弄清预先设定的目标是否已经实现。

外部人员评价（Outsider Evaluation）是指由未参与课程开发设计与实施的单位或个人实施的评价。外部人员评价主要有两种方式：通过测试等手段评价课程的产品、由外部人员对课程过程进行观察。

内部人员评价的结果可以有效地帮助课程开发以及设计人员改进课程计划和课程实施，但也有可能因为对其他人课程需求缺乏全面的了解而出现盲目的情况。外部人员评价可以更客观地站在第三方的立场对课程的各个环节作出清楚的评价，也有可能因为对课程方案的内在精神缺乏全面的了解而导致更容易满足教育消费者的需要，这些往往对教师造成压力和威胁，反而不利于课程的改进。所以，在实际的课程评价中需要把这两种评价类型有机地结合起来运用，它们是互为补充的。

除此之外，还有多种不同的分法。如依据评价关注的焦点不同，分为效果评价与内在评价；依据评价的宗旨不同，分为伪评价、准评价和真评价，等等。

（三）课程评价的发展趋势

"国际课程评价领域，在经历了20世纪初的测验时期、世纪中期的评价时期之后，于80年代中期开始悄然进入了评定时期。"随着课程理念的演变和课程实践的发展，课程评价也日益走出传统的课程评价范式，而出现新的发展趋势和特点。

1. 在价值取向方面，从目标取向转变为过程取向和主体取向

课程评价的价值取向是指每一种课程评价模式所依据的特定的价值观，这种价值观支配或决定着评价的具体方法和手段。迄今为止，评价的价值取向大致可分为三种：目标取向的评价、过程取向的评价、主体取向的评价。世界课程评价的价值取向正在向主体取向转变。

目标取向的评价就是课程实施的结果与预设的课程目标作对照，把课程目标作为评价的唯一标准，追求评价的客观性和科学化。这种评价的基本方法是量化方法，如通过书面测试成绩分析等。为了使评价易于操作和更具客观性，往往将预定的课程目标以准确的行为目标的方式来陈述。这种评价方法在人们崇尚科学化的时代兴起，因为其操作性强，简便易行而在实践中长期居于支配地位。但其对课程的灵活性和课程实施的过程性的忽略也使它的弊端越益明显。

过程取向的评价强调把教师与学生从课程开发到实施以及教学运行过程的全部情况都纳入评价的范围，强调评价者与具体评价情境的交互作用，主张凡是具有教育价值的结果，不论是否符合预定目标，都应当受到评价的支持与肯定。这种评价克服了目标取向评价的不足，关注课程作为一个过程而存在，而不仅仅是一个简单的事件。开始承认评价是一种价值判断的过程，对人的主体性、创造性给予了一定程度的尊重。

主体取向的评价把课程评价视为评价者与被评价者、教师与学生共同建构意义的过程。评价是一种价值判断的过程，这种价值是多元的。这种评价的特点是尊重多元价值、尊重差异。它以人的自由与解放作为评价的根本目的。

随着人们在课程领域对"解放兴趣"的追求，课程评价也逐步从目标取向的评价过渡到过程取向的评价，最终向主体取向的评价模式发展。

2. 在评价功能方面，从侧重甄别到侧重发展

基于精英教育的模式，传统的评价是为了甄别和筛选出少数学习优秀的学生，使他们能继续接受更好的教育。因此，接受评价的大部分学生都成为学业上的失败者。而根据评价的结果，又往往把学生进行优劣划分和等级排序，从而极大地阻碍了一部分学生的充分发展。而当前逐步开始倡导的发展性评价是把评价视为课程的有机组成部分，是作为促进学生发展的有效手段。通过发现学生的差异性和发展可能性，改进实施策略，从而更有效地促进学生的发展。其具体的功能表现为：反馈调节的功能、展示激励的功能、反思总结的功能、记录成长的功能、积极导向的功能。伴随评价功能的这种转变，评价的方式和评价指标趋向多元化和开放性。

3. 在评价方法方面，从量化评价到质性评价

量化评价方法由于其操作的精确性而被认为是最具有客观性和科学性的方法，而长期在世界范围内盛行。无可置疑，量化方法确实具有精确性的特点，可以减少人的主观推论，而且能够用现代科学技术所提供的统计工具加以处理。标准化测验和常模测验就是量化评价所开发的评价工具和手段。但是，教育评价的对象是一个个具有鲜明个性的、生动活泼的人，他们在情感态度、行为表现，兴趣爱好、合作精神等各个方面的发展和进步，被一组组僵硬的数字进行量化评价，进而把教育的复杂性及学生状况的丰富性给泯灭了，从而忽略了教育中最有意义、最本质的内容。因而，20世纪60年代后期，人们开始对它展开了反思和批判。70年代相继出现了多种质性评价模式，并于80年代逐渐影响教育实践。

质性评价并不是对量化评价的简单否定，作为一种新的评价范式，质性评价是为了更逼真地反映教育现象，但它并不排斥量化评价。当然每种评价方法都有自己的特点和优势，同时也存在不足。所以应该把质性评价和量化评价结合起来，实现整合互补和最优化的效果。

4. 在评定问题方面，从虚假性转向真实性和情境性

传统评价中，评定问题往往偏重于对学生理论知识掌握的情况的测评。评定问题往往具有虚假性，与学生真实生活情境脱节，也容易导致学生出现知识迁移困难。而新的评价模式却注重设计具有真实性、情境性的问题，以培养学生解决实际问题的能力与创造力。

第五节 我国基础教育课程改革

一、背景介绍

新中国成立以来，我国基础教育领域先后进行了7次课程改革。现行的基础教育课程体系是在20世纪80年代末到90年代初，在《中华人民共和国义务教育法》颁布后，经过几年的努力而逐步形成的。尽管取得了很大的成效，但随着素质教育改革的不断发展和深化，原有的课程体系的弊端也越益明显。如内容陈旧；重学科课程，轻综合课程和活动课程；课程设置不合理等。1999年6月，我国召开了新中国成立以来的第三次全国教育工作会议，国务院批转了教育部《面向21世纪教育振兴行动计划》，提出了改革现行基础教育课程体系，新一轮基础教育课程改革由此开始启动。2001年6月，教育部印发了《基础教育课程改革纲要（试行）》，新一轮基础教育课程改革开始在全国范围内有步骤地全面推进。

二、基本理念

1. 促进课程的适应性和课程管理的民主化

为了确保基础教育的统一性，我国长期以来实行的是由国家统一制定和管理的国家课程。这种统一的管理模式在一定程度上保障了国民受教育的公平性，但同时也存在严重的弊端。课程的实施是在一定的情境中进行的，而具体的教育情境之间存在着差异性。这种单一的管理模式使它在这种差异的适应性方面受到限制，从而阻碍课程理念的全面实现。《基础教育课程改革纲要》（试行）（以下简称《纲要》）中规定："为保障和促进课程对不同地区、学校、学生的要求，实行国家、地方和学校三级课程管理。"这标志着我国基础教育在课程权力方面进行了重大的调整，促进了课程的适应性。《纲要》规定："学校在执行国家课程和地方课程

的同时,应视当地社会、经济发展的具体情况,结合本校的传统和优势、学生的兴趣和需要,开发或选用适合本校的课程。"这些都充分考虑到了课程实施情境的差异性。

> **小栏目 7-5**
>
> **新课程作业的价值观**
>
> 传统作业观将作业视为强化课堂教学的一个途径或工具,追求的是作业终结性的途径或工具,追求的是作业终结性的实效。新课程的作业已不再完全是课堂教学的附属,它更是重建与提升课程意义及人生意义的重要内容。从时空角度来看,多样化的作业将构成学生课外、校外(家庭、社会)生活的重要生活时空。作业已成为学生成长的"履历",激发着学生成长的积极情感、态度、价值观,每一次作业都成为学生成长的生长点。学生在生成问题、解决问题,又不断生成问题、解决问题的探索中成长;在知识的不断运用中,在知识与能力的不断互动中,在情感、态度、价值观的不断碰撞中成长。可见,作业是具有学生鲜明的价值追求、理想、愿望的活动,应当成为学生课外、校外的一种生活态度,让学生在作业过程中体验幸福和快乐、苦恼和辛劳。

2. 倡导学生的全面、和谐发展

这次新课改的核心理念是"为了每位学生的发展",体现在课程目标上,就是使学生发展为一个"完整的人"(Whole Person)。所谓完整的人是指:人的完整性与生活的完整性。人的完整性是指学生的生理与心理、智力与人格的协调发展、人的完整性植根于生活的完整性。生活的完整性是指学生个体、自然与社会的和谐发展。杜威的教育信条之一,"教育即生活",也是指儿童的生活应该是一个统一体,是家庭生活、社会生活、学校生活的相互交融,且与成人生活具有连续性。为了协调人的智力发展与人格发展,这次新课改将课程目标统整为学生的知识学习与精神建构,一改过去注重知识传授的倾向。换句话说,新课程追求教学目标的三维统一,即将"知识与技能""过程与方法""情感态度与价值观"三者统一起来。为了实现智力与人格的统一,新课程还要求实现个体、自然与社会的统一。即从以下三大关系上理解与规划课程目标:学生与自我的关系(即具有健壮的体魄和良好的心理素质,养成健康的审美情趣和生活方式等)、学生与他人及社会的关系(即具有社会责任感,努力为人民服务等)、学生与自然的关系(即具有初步的创新精神、实践能力、科学和人文素养以及环境意识等)。通过人的自然性、社会性和自主性的和谐发展,培养人格完整的人。

3. 重构课程结构,注重课程内容的生成性

为了克服原有课程结构过于强调学科本位、科目过多和缺乏整合的现象,这次课程改革在课程结构上做了重要调整,整体设置九年一贯的课程门类和课时比例,并在各个年级适当设置综合课程,如《科学》《历史与社会》《艺术》等,以适应不同地区和学生发展的需要,体现课程结构的均衡性、综合性和选择性。在课程内容上,关注学生经验的生长性。《基础教育课程改革纲要》中规定:"改变课程内容'难、繁、偏、旧'和过于注重书本知识的现状",提出了加强课程内容与学生生活以及现代社会和科技发展的联系,关注学生的学习兴趣和经验。在这里,特别突出了课程内容的发展性、现实性和生活化。为了实现课程内容的生活化,学科课程与教学必须从学生的已有经验出发,密切关注课程内容与日常生活的关系。如物理课程要"从生活走向物理,从物理走向社会",生物课程要设置"生物圈中的人""健康地生

活"等内容，使学生了解人的生命活动与环境的关系，培养学生良好的生活习惯。

4. 寻求学生主体对知识的建构

新课程基于建构主义知识论与认识论，在学习方式上，寻求以学生主体对知识的建构为基本的教与学的理念。为此，新课程倡导"自主、探究与合作的学习方式"。学习作为建构新知识活动，一方面，要成为学生不断质疑、不断探索、不断表达个人见解的历程，另一方面，学习还应超越原有的个人化行为，成为群体合作的行为，成为团队精神和群体意识发展的契机。新课程还特别倡导探究性学习，倡导学生主动地参与教学过程，勇于提出问题，通过独立思考和交流、合作学习，培养学生发现问题和解决问题的能力，养成探究学习的习惯。

> **小栏目 7-6**
>
> **培养学生自主性的基本原则**
>
> 给学生一个空间，让他们自己往前走。
> 给学生一个条件，让他们自己去锻炼。
> 给学生一个时间，让他们自己去安排。
> 给学生一个问题，让他们自己去找答案。
> 给学生一个机遇，让他们自己去抓住。
> 给学生一个冲突，让他们自己去讨论。
> 给学生一个权利，让他们自己去选择。
> 给学生一个题目，让他们自己去创造。

5. 拓展课程资源

课程资源具有广泛性特点，除了校内课程资源（如图书馆、运动场、实验室、广播站、师生关系等），还有社会资源、自然资源、信息资源等。新课程强调"积极开发并合理利用校内外各种课程资源"，所有的这些课程资源为课程的实施拓宽了空间和视野，使课程的理念能更好地真正得以实现。

三、新课程对教师的要求

从教师与课程的关系看，教师是课程的实施者和解释者，通过教师对课程的理解、组织和实施，学生才能更好地接受和理解课程，所以教师对课程的不同参与状态往往会直接影响课程的实施程度。因此，教师是课程最终得以体现的重要因素。新课程的实施对教师也提出了新的要求，主要表现在以下几个方面。

1. 增强课程意识，由课程规范的复制者而成为新课程的创造者

在传统的课程开发模式中，教师处于课程开发的外围，对课程的开发与设计没有发言权。教师的主要职责是对课程的解释与实施，按部就班地执行既定的课程计划与课程规范。而新课程的"三级课程管理"模式使教师作为课程实施的主体得以落实，为教师的组织与创新开辟了空间，同时也要求教师必须确立与增强课程意识，真正能成为课程设计与实施的主体。从这一角度，教师应注意以下两个方面：

（1）要自觉研究新课程的理念和课程理论的宏观发展趋势，优化自身的课程理论素养。

（2）教师对新课程的理解与重组。课程被政府和学校采用，并不意味着课程就能取得成

功，历史也证明了这一点。教师在具有一定的课程意识和理论基础的前提下，去理解并从价值上认同课程改革，结合具体的教育情境和需要去对课程内容和方法进行适当的重组才是课程目标最终得以实现的关键环节。

2. 确立正确的学生观，积极转变角色

在新课程的背景下，教师不再是知识的传声筒，而应该是学生发展的促进者，积极引导学生转变学习方式，真正成为学习的主体。

3. 积极提高自身教育理论水平、教育科研能力、信息技术应用能力和外语水平

（1）积极提高自身教育理论水平。教师的职责是促进学生的发展，首先应具备相应的教育理论知识，懂得教育教学规律及学生发展的规律等。

（2）具备一定的教育科研能力。新课程要求教师也应是课程的开发者，应在课程实施中不断积累、反思，所以教育科研能力是每一位教师应具备的基本能力。

（3）努力提高信息技术应用能力和外语水平。在《纲要》中明确规定要"大力推进信息技术在教学过程中的普遍应用"。同时，现代化教学手段的运用和教育科研对教师的外语水平也提出了要求，也是当前教师能力培训的重要课题。

思考与练习

一、名词解释

1. 课程　2. 学科课程　3. 活动课程　4. 显性课程　5. 隐性课程
6. 分科课程　7. 综合课程　8. 学校课程方案　9. 学科课程标准
10. 教材　11. 课程实施　12. 课程评价

二、填空题

1. ____年，我国开始基础教育课程改革，在经历了长达5年的全面准备工作后，于____年启动了试点工作，拉开了课程改革的序幕。其总目标是要构建符合____要求的新课程体系，它正在带动____、____、____和____的大变革。

2. 把课程视为____、____、____和____四因素间交互作用的动态的情景，这便赋予了课程以生命力，课程由此变成一种动态的、生长性的"____"和____。

3. 新课程改革由聚焦____转向____，即____、____、____等。

4. ____年，美国教育学家____出版了____一书，一般认为这是课程成为一个独立研究领域的标志。其后，美国教育学家、课程理论专家、评价理论专家泰勒的____的问世和成熟，被普遍认为是课程论____。

5. ____、____、____、____、____、____是整个奴隶社会的课程的核心内容。到封建社会，又有了以____为核心的儒家经典课程。

6. 在古希腊，各种学校普遍实行的课程是"七艺"，即____、____、____、____、____、____、____，该课程影响了欧洲千年以上。

7. ____提出和论证了第一个现代意义上的课程体系。夸美纽斯主张____，自己编写____，说明并论证了教科书的编写原则与思想。

8. 赫尔巴特对于课程的主要贡献在于将心理学与课程连接起来，根据人类的多方面兴趣：____、____、____、____、____、____，将学科分为____、____两类和历史、语言、文

学、数学、工艺、自然科学六组，使得课程获得了重要的理论基础。

9. ____年，泰勒出版了____一书，从而确立其评价原理。____年，泰勒又出版了____，由此确立其课程基本原理。泰勒的评价原理和课程基本原理统称为____。

10. 以美国教育家布鲁纳为主要代表的____，以____为核心构筑了现代课程体系，是课程现代化进程中的一座里程碑。

11. 美国著名的课程论专家和生物学家____提出了实践性课程理论，认为课程理论应当是____的。

12. 学科课程论认为教学内容应以____为中心，严格地按每门学科的____来编排和组织教材，并根据知识固有的逻辑顺序与学生的____来确定每门学科的____、____和____，使学生掌握系统知识，获得发展。

13. 活动课程的思想可以追溯到法国思想家、教育家____的"自然教育思想"，他认为教育必须要适应儿童____的过程，主张将儿童放归大自然，在自然界中通过____、____、____来发现和学习。

14. 学科课程的主导价值在于通过课程让学生____人类系统的文化遗产，活动课程的主要价值在于让学生活动，获得对现实世界的____。

15. 显性课程一般有固定的____、规定的____、明确的____，能够进行____。

16. 隐性课程是与显性课程相对应的范畴，它通常包括____、____、____、____、态度、习惯、礼仪、信仰、偏见和禁忌，等等。

17. 美国教育学家克伯屈认为整体性学习应包括三个部分：____、____、____。

18. 我国中小学课程，无论是何种课程类型，一般来讲，可分为三大部分：____、____和____。

19. 课程标准的结构一般包括____和____两部分。

20. 我国学科课程标准已初步形成了一种尝试性的框架，其基本内容包括以下五个部分：____、____、____、____以及____。

21. 按照国家的教育方针及素质教育的要求，从____、____和____三个方面阐述本门课程的总体目标与学段目标。

22. 一个完整的课程变革过程一般包括四个环节，即____、____、____和____。

23. 美国著名的课程论专家古德莱德（Goodlad）把课程分为五个不同的层次，即____、____、____、____和____。

24. 哈格里夫（Hargreaves，A）将教师文化分为四类：____、____、____和____。

25. 课程评价的基本方法是____与____。

26. 课程评价的主要类型有：依据评价的作用和性质的不同，可以把课程评价分为____和____；依据评价与预定目标的关系，可以把课程评价分为____和____；依据评价人员的身份不同，可以把课程评价分为____和____。

27. 影响课程实施的因素主要有____、____、____和____。

三、选择题

1. 课程一词最早出现于（　　）。
① 《诗经·小雅·小弁》　　　　　　② 《朱子全书·论学》

③《什么知识最有价值？》　④《课程与教学的基本原理》

2. 课程成为一个独立研究领域的标志是（　　）。
① 博比特的《课程》　　② 泰勒原理
③ 布鲁纳的结构主义课程论　④ 施瓦布的实践性课程理论

3. 课程论成为独立学科的标志是（　　）。
① 博比特的《课程》　　② 泰勒原理
③ 布鲁纳的结构主义课程论　④ 施瓦布的实践性课程理论

4. 活动课程的代表人物是（　　）。
① 赫尔巴特　　② 杜威
③ 布鲁纳　　④ 赞可夫

5. 我国基础教育课程改革是从（　　）年开始的。
① 2002 年　　② 2001 年
③ 1995 年　　④ 1996 年

6. 现代课程越来越关注学生的（　　）。
① 知识掌握　　② 能力发展
③ 经验和体验　　④ 心理健康

7. （　　）对于课程的主要贡献在于将心理学与课程连接起来。
① 斯宾塞　　② 杜威
③ 赫尔巴特　　④ 夸美纽斯

8. （　　）提出了校本课程的理论。
① 施瓦布　　② 泰勒
③ 赫尔巴特　　④ 布鲁纳

9. 与活动课程相比，学科课程最大的局限是（　　）。
① 忽视知识的学习　　② 忽视学生的需要与兴趣
③ 忽视非学术性知识的学习　④ 忽视学生人格的培养

10. （　　）注重塑造与完善学生的人格结构。
① 学科课程　　② 隐性课程
③ 活动课程　　④ 综合课程

11. （　　）主张课程设置应以儿童的活动为中心。
① 学科课程　　② 隐性课程
③ 活动课程　　④ 分科课程

12. （　　）强调学生素质的全面发展。
① 学科课程　　② 隐性课程
③ 活动课程　　④ 综合课程

13. 具体规定各科教学目标、教材纲要、教学要点、教学时数和编写教材的基本要求等的文件是（　　）。
① 课程方案　　② 学科课程标准
③ 课程计划　　④ 教材

14. 通过对知识和教育活动的内在价值的确认，鼓励学生探索具有教育价值的知识领域，进行自主自由的活动。这种课程开发的模式为（　　）。
① 目标模式　　　　　　　　② 情境模式
③ 过程模式　　　　　　　　④ 批判模式

15. 力图通过自然的调查，全面充分地揭示和描述评价对象的各种特质，彰显其中的意义，促进理解。这种评价是（　　）。
① 外部人员评价　　　　　　② 总结性评价
③ 效果评价　　　　　　　　④ 质的评价

16. 在教师的直接领导下，整个班级的学生一起进行的学习，称为（　　）。
① 同步学习　　　　　　　　② 分组学习
③ 个别学习　　　　　　　　④ 合作学习

17. 课程开发的任务之一，是要提供实施的"过程原则"。这一观点的提出者是（　　）。
① 斯腾豪斯　　　　　　　　② 泰勒
③ 塔巴　　　　　　　　　　④ 奥利沃

18. 认为"教师的角色是课程开发者"，这是课程实施的（　　）。
① 忠实取向　　　　　　　　② 课程创生取向
③ 主体取向　　　　　　　　④ 相互适应取向

19. 在课程标准中按照学习领域、主题或目标要素阐述学生在不同阶段应实现的具体学习目标的部分是（　　）。
① 前言　　　　　　　　　　② 课程目标
③ 内容标准　　　　　　　　④ 实施建议

20. 以下哪一项不是富兰等人提出的影响课程实施的因素（　　）。
① 采用单位的特征　　　　　② 革新方案的特征
③ 学生的特征　　　　　　　④ 环境特征

四、判断题（正确的在括号内打"+"，错误的打"-"）

1. 朱熹的课程与现在我们对课程的理解是完全不同的。（　　）
2. 现代课程越来越关注学生的生活经验与体验。（　　）
3. 课程即教材。（　　）
4. 由于隐性课程带给学生的影响是非预期的、非计划性的，所以要尽量减少它对学生的影响。（　　）
5. 课程解决"教什么"的问题，教学则是解决"怎样教"的问题。（　　）
6. 随着课程的改革，产生了许多课程类型，但学科课程依然是一种不可替代的课程类型。（　　）
7. 学科课程的思想对现代课程改革有明显的阻碍作用，应以活动课程来取代它。（　　）
8. 当特定的教学情景中的教师和学生的主体性得到充分发挥的时候，这种教学的进程必然是富有创造性的。（　　）
9. 强调把课程作为学生的经验，必然会造成教学质量的下降，这样的课程观念是不可取的。（　　）
10. 强调教育教学过程本身的价值，课程将失去它的价值。（　　）
11. 把课程视为教师、学生、教材、环境四因素间交互作用的动态的情景，课程就会变成

一种动态的、生长性的"生态系统"和完整文化。（　　）

12. 学科课程与活动课程是两种完全不同的课程类型，二者是不相容的。（　　）
13. 课程改革使综合课程成为主流课程类型。（　　）
14. 分科课程与综合课程存在内在的联系，分科课程与综合课程的区分是相对的，二者相互依赖，相互作用。（　　）
15. 分科课程的分科越来越细，有利于学生从整体上去掌握知识，发展智力。（　　）
16. 课程是学生在学校中所获得的全部经验的总和。（　　）
17. 课程包括课程标准和教材。（　　）
18. 课程标准就是指教学计划。（　　）
19. 课程标准主要是对学生在经过某一学段之后的学习结果的行为描述，而不是对教学内容的具体规定。（　　）
20. 教师是教科书的执行者。（　　）
21. 在课程标准中规定的课程目标不仅包括知识与技能和过程与方法，同时也包括了情感与态度目标。（　　）
22. 课程标准主要是从宏观方面进行规定，不包括教学建议等。（　　）
23. 新课程关注学生的经验和生活，力图突破学科中心。（　　）
24. 课程实施在课程变革中并不重要。（　　）
25. 课程的实施与教师的教育理念密切相关。（　　）
26. 课程实施与教学是内在统一的。（　　）
27. 校区的革新史可能会影响到课程的实施。（　　）

五、辨析题

1. 课程是指学生的学程。
2. 课程即指教材。
3. 现代课程关注教学过程中课程的教育价值，强调"过程课程"，就意味着课程目标与计划的弱化。
4. 就学生的学习而言隐性课程并不起作用。
5. 新课程的内涵正在由聚焦学习的结果转向寻求结果的过程。
6. 教学就是忠实地实施课程的过程，对课程的建设无能为力。
7. 学科课程自身固有的缺陷使它将在课程改革中消亡。
8. 在目前的课程改革中，活动课程有着比以往任何时候都更重要的意义。
9. 综合课程综合了所有课程类型的优点，成为课程改革中一种越来越受关注和推崇的课程类型，它没有自身的局限性。
10. 教材就是指教科书。
11. 新课程改革是推进素质教育的一项重要举措。
12. 课程标准就是以前所说的教学大纲，只是换了一种说法而已，二者并无不同。
13. 课程评价就是考察结果与课程目标是否相符。

六、简答题

1. 课程与教学的关系是什么？
2. 学科课程的优点和局限是什么？

3. 活动课程的优点和局限是什么？
4. 活动课程的主要观点是什么？
5. 分科课程与综合课程的关系是什么？
6. 请举出影响课程实施的因素。
7. 课程评价的主要类型有哪些？
8. 如何理解课程标准的含义？

七、实例分析

1. 美国学者塞勒（J.G.Saylor）等人曾对课程与教学的关系做了这样的隐喻：

隐喻一：课程是一幢建筑的设计图纸，教学则是具体的施工；

隐喻二：课程是一场球赛的方案，这是赛前由教练员和球员一起制定的，教学则是球赛进行的过程；

隐喻三：课程是一个乐谱，教学则是作品的演奏。

谈谈你对这段隐喻的看法。

2. ①"认识世界气候的地区差异，初步学会分析影响气候的主要因素，认识气候与人类生产、生活的相互关系，形成保护大气环境的意识，养成收听、收看天气预报的习惯。"（地理课程标准）

②"加强化学与社会技术生活相联系的内容，降低化学计算（化学方程式配平、浓度计算等）的要求。"（化学课程标准）

③"分组调查一个民族不同地区的艺术，并将艺术形式与该地区的建筑、服饰、方言等联系起来，全班分享调查结果。"（艺术课程标准）

④"7～9年级——认识常用汉字3 500个；课外阅读总量不少于260万字。"（语文课程标准）

请用课程标准的特点的相关知识分析以上材料。

3. 材料1：测一测，你能将实心球投多远？

在上述活动中，我们首先要考察学生的参与程度，了解学生能否独立地提出测量的方案，能否与他人合作共同解决问题，能否将自己的方法和解决问题的过程与他人进行交流。同时也要了解学生在活动中运用知识解决问题和进行数学思考的情况。学生可能有以下几种表现：① 按照教师指导的方法进行测量；② 自己想出其他的测量方法（如步测、用绳子量、用米尺量、用卷尺量等）；③ 通过小组合作，探索用多种方法进行测量，交流不同的测量方法；④ 用多种方法测量，并简单地解释测量方法的合理性。比如，如果一个学生投出的距离超过了3米，用米尺量这段距离会有一定的误差，因为量的过程可能不是一条直线，而用卷尺量更精确一些。教师可以根据学生在活动过程中的上述表现进行分析和评价。

材料2：下面是一个评语的例子："小红在本学期数学学习中，能认真完成每一作业，积极参与小组的讨论，愿意倾听其他同学的发言。乐于提出问题，常常能想出与同学不同的方法解决问题。在计算的正确性方面需要进一步提高。"

这是《数学课程标准》中"课程评价建议"部分中的两段内容。请用课程评价的相关知识对以上材料进行分析。

4. 一所山区学校，由于政府的关怀，在原来极其简陋的校园里建起了两栋白色的楼房，一栋是教学楼，一栋是学生宿舍。可是，校舍的周围却是一片光秃秃的，显得极不相宜。但是，没有钱去买花、种草，怎么办？在商量的过程中，乡里的一位领导提出，我们乡是苹果生产基地，乡里的老百姓都希望自己的孩子能够掌握苹果的种植技术，另外，苹果树也可以美化校园呀。校领导听了，深受启发，确定了与学生生产劳动实践以及当地经济发展相结合的校园建设的思路。请用新课程的相关知识谈谈你的看法。

八、论述题
1. 联系我国基础教育课程改革的实际，阐述课程内涵发展的新趋势。
2. 试述课程评价的发展趋势。
3. 新课程的基本理念是什么？
4. 新课程对教师提出了哪些新的要求？

第八章 教学策略

本章要点：
☞ 教学策略的内涵、特征和构成要素；
☞ 教学准备策略；
☞ 不同类型知识的教学策略；
☞ 讲授策略、对话策略、指导策略的运用；
☞ 新课程实施的几种课堂教学策略；
☞ 课堂管理策略。

美国教育心理学家沃尔伯格·韦克斯曼说："改进教学往往要注重以心理学理论为基础的教学策略。"要提高教学质量，作为教师必须研究和考虑教学策略问题。

第一节 教学策略概述

一、什么是教学策略

（一）教学策略的含义

"策略"一词源于希腊语，意为"将才"，原是军事用语，指大规模军事行动的计划和指挥。比较早地将"策略"一词引入教学领域并进行研究的是美国的史密斯、邓金和比德尔等人。

"教学策略"这一术语从20世纪70年代末提出至今，对于它的含义，目前尚无统一的说法。1976年美国教育家史密斯把教学策略描述为教学内容的总部署。美国著名的教育心理学家加涅提出教学策略是指"管理策略"和"指导策略"两方面，认为教学策略是可以学习和训练的。保罗·D.埃金等人则强调，教学策略是"为完成特定目标所设计的指示性教学技术"；D.G.阿姆斯特朗将教学策略定义为"有系统地安排的教师活动，用以帮助学生达到某一单元所确定的教学目标"。我国研究者对教学策略的含义也提出过多种看法。中外众多观点虽从不同的角度对教学策略的范畴加以界定，但都认为教学策略是重点研究"如何教"这一类问题。实质上，教学策略既要解决教师"如何教"的问题，又要解决学生"如何学"的问题。

何谓教学策略？综合各家观点，教学策略是以一定的教育思想为指导，在特定的教学情境中，为实现教学目标而制定并在实施过程中不断调适、优化，以使教学效果趋于最佳的系统决策。

这一界定包含以下几层含义：① 教学策略包括教学活动的元认知过程、教学活动的调控过程和教学方法的执行过程。教学活动的元认知过程是教师对教学过程中的因素、教学的进程的反思性认知。教学活动的调控过程是指教师根据教学的进程及其中的变化而对教学过程的反馈、调节活动。教学方法的执行过程是指教师在教学过程中采取的师生相互作用方式、方法与手段的展开过程。② 教学策略是教师在现实的教学过程中对教学活动的整体性把握和推进的措施。③ 教学策略是一系列有计划的动态过程，具有不同的层次和水平。根据教学流程，有效的教学过程可划分为教学的准备、教学的实施和教学的评价三个阶段。与此相应，教师在每一阶段中所表现出来的对于种种具体问题加以解决的行为方式即教学策略可划分为：教学准备策略、教学实施策略和教学评价策略。在本章学习中，主要研究和讨论前两个方面。

教学策略要解决的是教学战略问题，而不是具体教学方式方法（战术）问题，它对整个教学起控制、支配作用，教学策略体现着一定的教学程序，表示教师指导学生先做什么再做什么，这是所有教师对"教学策略"应把握的实质。各种教学策略无好坏之分，只要能把握实质，从实际出发，对症下药，运用规范娴熟，就能提高教学成效。各种教学策略是否有效要拿到具体的教学实践中去运用，所以教师在教学中，要深入分析教学系统各要素，挖掘一切有利因素，选择恰当的教学策略，加强其有效性，提高教学成效。教师在研究教学策略方面不能照搬照抄，要在学习各种策略理论的基础上，结合自己的教学实际，从理论到实践、再从实践到创新。

（二）教学策略与教学设计、教学思想、教学模式、教学方法

为科学地认识和把握教学策略的内涵，这里需要澄清教学策略与教学设计、教学模式、教学思想、教学方法等之间的关系。

1. 教学策略与教学设计

教学设计是教学活动开展之前的准备工作，是对整个教学活动的计划和安排。而教学策略是教师为了实现教学目标，根据教学情境的特点，对教学实施过程进行的系统决策活动。从可操作的层面上说，教学策略属于教学设计的一个重要组成部分。但教学策略与教学设计各有自身的内涵，在具体内容或环节上有交叉、重叠部分。进行教学设计时要考虑教学策略的制定、选择与运用。教学策略选择与运用时，又必须通盘考虑教学的整个设计。教学设计包括的范围比较广，可以是对整节课或整个单元的设计，也可以是对整个科目的设计，具有相对稳定性；而教学策略的运用范围较窄，一般主要集中在某一课时、某一内容的范围内，并且具有较强的灵活性。

2. 教学策略与教学思想

教学策略与教学观念之间有着密切的联系。任何教学策略、教学技巧的选择和运用都不是盲目或随意的，尤其在现代社会条件下，教育活动的开展是有目的、有计划的。教学策略的选择与运用必定要受到一定教学思想的制约或指导，但是，教学策略与教学思想之间并不具有一一对应的关系。教学思想位于较高层次，属于理论、观念形态，是一个很宽泛的概念；教学策略虽包含有理论，但本质上是属于操作形态的东西，具有可操作的特点，是教学思想观念的具体化。教学观念与教学策略之间是有实质性区别的。

3. 教学策略与教学模式

教学模式是用于构成课程和课业、选择教材、提示教师在课堂或其他场合指导教学的一种计划或范型，只是规定了某种教学内容的一般教学程序，并不涉及每步如何做的具体指导，具有简约化、概括化、理论性和相对稳定性的特点。教学模式规定着教学策略，属于较高层次。教学策略比教学模式更详细、更具体，受到教学模式的制约。教学策略提供了教师怎样

才能教好学生的使用技术与方法,因此教学策略具有操作性、实用性,通过培训更容易为教师理解、掌握,也更容易物化到各自的教学实践中,是具体实施教学活动的基本依据。

4. 教学策略与教学方法

教学方法是教师和学生在教学过程中,为完成一定教学任务而采取的工作方法和学习方法的总称。教学策略的含义比教学方法要广,层次也比教学方法更高。在教学活动中,教学方法为教学策略服务,教学方法的使用过程包含和体现着教学策略的意图。教学策略又通过各种教学方法的运用而得到实现,但教学策略不是教学方法的简单堆积或串联,而是比教学方法更高级,对教学方法具有统摄、控制和调节作用的教学决策活动。在这一决策活动中,由对教学方式、方法的选择和运用进而实现对整个教学活动的调控。教学方法是更为详细具体的方式、手段和途径,它是教学策略的具体化,介于教学策略与教学实践之间,教学方法要受制于教学策略。

小栏目 8-1

教学策略的界定有多种

关于教学策略的定义,可谓仁者见仁,智者见智。

1. 美国学者埃金等人认为,教学策略就是"根据教学任务的特点,选择适当的方法"。

2. 顾明远在《教学大辞典》中把教学策略定义为:教师在教学过程中为达到某一特定目标而采用的相对系统的行为,包括事先有意识地确定的一些教学方法。

3. 张大均在《教学心理学》中提出,教学策略是教学设计的有机组成部分,是在特定教学情境中为完成教学目标和适应学生认知需要而制定的教学程序计划和采取的教学实施措施。

4. 施良方等主编的《教学理论:课堂教学的原理、策略与研究》认为,教学策略是教师为实现教学目标或教学意图(难以明确或无需明确的目标)所采取的一系列操作行为。

5. 顾泠沅认为,当教学目标确定以后,就需要根据已定教学任务和学生特点,有针对性地选择和组合相关的教学内容、方法、手段、组织形式和步骤,形成具有效率意义的教学方案,这就是教学策略。

二、教学策略的特征

认识和了解教学策略的特征,可以帮助我们加深对教学策略的把握,更好地开展教学活动。教学策略的特征主要有以下几个方面。

(一)指向性

任何教学策略都指向特定的问题情境、特定的教学内容、特定的教学目标,规定着师生的教学行为。不存在适合一切问题和内容的万能的教学策略。只有在具体的条件范围下,才能发挥教学策略的价值。当完成了一定的任务,解决了相应的问题,这一策略就达到了目的,与其相应的手段、技巧不再继续运用,而转向新的教学策略。

(二)操作性

任何教学策略都是针对教学目标的每一具体要求而制定的,具有与之相对应的方法、技术和实施程序。当它为教师与学生所掌握与运用,转化成具体行动时,教学策略才是有效的。

（三）综合性

教学策略不是某一单方面的教学谋划或措施，而是某一范畴内的具体教学方式、措施等的优化组合、合理构建、和谐协同。教学策略包括教学活动的元认知过程、教学活动的调控过程和教学方法的执行过程。这三个过程并不是彼此割裂，而是相互联系的一个整体，每一个过程依据其他两个过程而做相应的规定和变化。教师在选择和制定教学策略时，必须对教学的全过程及其各要素加以综合考虑，并在此基础上对教学进程和师生相互作用方式做全面的安排，在实施过程中及时地反馈和调整。

（四）调控性

教学策略包括教学活动的元认知过程。正因如此，教学策略具有调控性特征。教学活动的元认知就是教师对自身的教学活动的自觉意识和自觉调节，教师能够根据对教学的进程及其各种要素的认识反思，及时把握教学过程中的各种信息，及时反馈和调整教学的进程及师生相互作用的方式，向教学目标迈进。当教师具有了教学元认知能力，能自觉认识和调节教学的进程时，教师对教学策略的运用就达到了较高的水平，教师的教学水平就达到了较高的境界。调控性表现了教师对教学活动的及时把握和调整，表现了教学活动的动态性。

（五）灵活性

教学策略不是"万金油"式的"教学处方"，不存在能包揽一切的大而全的教学策略。教学策略与所要解决的教学问题之间的关系不是绝对的对应关系。同一策略可以解决不同的问题，不同的策略也可以解决相同的问题，这说明了教学策略具有灵活性。教学策略的灵活性还表现在教学策略的运用要随问题情境、目标、内容和教学对象的变化而变化。教学中不同教学策略面对同一学习群体会产生不同的效果，即便是采用相同的教学策略教同样的内容，对不同的学习群体也会产生不同的教学效果。

（六）层次性

教学具有不同的层次，不同的教学层次就有不同的达到教学目的的手段和方法，也就有不同的教学策略。教学策略可以来自理论的推衍和具体化，也可以来自对教学实践经验的概括和总结。理论推衍和经验概括水平和程度不同，形成的教学策略也就适用于不同的教学层次。不同层次的教学策略具有不同的适用条件和范围，具有不同的功能，不能相互代替。另外，不同层次的教学策略之间，尤其是相邻层次的教学策略之间是相互联系的，高一层次的教学策略可分解为低一层次的教学策略，指导和规范低一层次的教学策略。

三、教学策略的基本结构

教学策略的结构是由它所包含的诸要素有规律地构成的系统。一个成熟的有效的教学策略一般应包含以下几个要素：指导思想、教学目标、实施程序、操作技术。

（1）指导思想。即某一教学策略所依据的理论基础，它能对具体的教学策略作出理论解释，是教学策略的灵魂。任何一种教学策略的背后都有一定的教学观念、教学理论作支撑。在教学策略的制定和实施过程中，教师拥有的不同教学思想，会导致不同的教学策略。

（2）教学目标。任何一种教学策略都是指向一定的教学目标，为完成一定的教学任务而创立的。目标是教学策略结构的核心要素，对其他要素起制约作用。也就是说，一定的教学策略总是针对一定的教学目标的，并且总是尽力满足教学目标所提出的要求。对教学策略的运用，无论是活动内容，还是活动细节、活动方式，或者是活动的程序及其每个环节，都是指向教学目标的，为达成教学目标而存在。比如知识教学的讲授策略，其目标是通过教师对学生难以理解的教学内容进行分析、讲解，通过语言的表达，使教学内容简化成易理解易接受的内容，达到学生理解、把握和运用的目的。每一种教学策略都有一定的教学目标，但教学策略与教学目标又不是一对一的关系。一种教学策略可以有多种目标，其中又有主次之分。

（3）实施程序。即教学策略按时间展开的逻辑活动步骤以及每一步骤的主要做法等。教学策略是针对一定教学目标相互组织起来的程序化设计，因此有其自身的操作序列，它指出教师在采取一定的教学策略时先做什么、后做什么、再做什么。由于教学活动的复杂性和特殊性，教学策略的实施程序只能是基本的和相对稳定的，而不是僵化的和一成不变的，也就是说教学策略的实施程序有一定的前后顺序，但没有定式，可以随着教学条件的变化以及教学的进程及时调整和变换。

（4）操作技术。即教师运用教学策略的方法和技巧。要保证教学策略实施的有效和可靠，就必须提出一整套明确易行的行为技术和操作要领，它一般包括：① 教师方面，教师在教学策略中的角色、作用或对教师的要求；② 教学内容方面，包括教学策略的根据及教师对教学内容的处理；③ 教学手段方面，除平常教学所需的教学手段外，还包括运用本策略所需的特殊教学手段；④ 使用范围方面，包括本策略适用的学科性质、问题性质或年级层次等。

以上几个因素相互联系、相互制约，缺一不可，它们完整地构成某个教学策略。

四、教学策略的制定、选择与运用

（一）制定和选择教学策略的依据

（1）教学目标与任务。教学目标，通常指的是与学生智力发展相关的认知目标，与学生情绪体验相联系的情感目标和与学生实验技能发展有关的技能目标。无论哪一类目标，教师在制定和选择教学策略时首先必须明确，通过教学，学生在本单元、本课时必须达成什么目标，怎样去达成这些目标；其次必须考虑对目标教学效率的评测和调控等。不同的教学目标与教学任务需要不同的教学策略去完成。即使是同一学科的教学，教学目标不同，所应采取的教学策略也不同。

（2）教学内容的特点。在课堂上，教学内容是多种多样的，不同的学科有不同的教学内容，如语文与数学、物理与化学等；不仅如此，就是同一学科，比如语文，这一单元与那一单元教学内容也不一样，同一单元内的，这一课与那一课教学重点也不一样。要想取得最优化的教学效果，就必须根据教学内容构思、制定教学策略。一般来说，不同学科性质的教材，应采用不同的教学策略，而某一学科中的具体内容的教学，又要求采用与之相适应的教学策略。

（3）学生的实际情况。教师的教是为了学生的学，教学策略要适应学生的基础条件和个性特征。所以，制定和选择教学策略，教师必须从纵（不同年级的学生之间）、横（同一年级的学生之间）两个方面去分析学生水平的差异。例如，思维水平、知识水平、理解能力存在差异，以"面向主流、合理兼顾"为制定和选择教学策略的准则，在掌握知识的程度、能力发展目标的高度、教学节奏的强度、习题和测验的难度等要求上做到"适度"，既不使学生因畏难而放弃努力，也不让学生因"吃不饱"而挫伤积极性。

（4）教师本身的素养。教学策略的运用是通过教师来实现的，每个教师在制定和选择教学策略时都要考虑自身的学识、能力、性格及身体诸方面条件，对自身的教学特点、知识结构、个性特征等方面的情况要有较深刻的把握，并根据自身的具体情况，选择那种最能表现自己才华、施展自己聪明才智的教学策略。教学策略能为教师所实现，才能发挥作用。有的策略和方法虽然很理想，但教师缺乏必要的自身条件，自己驾驭不了，结果只能适得其反，不能在教学中产生良好效果。

（5）教学时间和效率的要求。教学策略研究的一个重要目的就是提高教学效率与教学质量，实现教学的最优化。教学的最优化就是要求以最少的时间取得最佳的教学效果。所以，制定和选择某种教学策略，还应考虑教学过程的效率，做到省时高效。好的教学策略应是高效低耗，至少能在规定的时间内完成教学任务，实现具体的教学目的，并能使教师教得轻松，学生学得愉快。

（二）教学策略的运用要求

制定和选择了适当的教学策略，还要能够在教学实践中正确地运用。虽然教学策略有明确的指向性和一套实施的操作程序，具有可模仿性，但由于具体的教学活动过程中存在着许多变量，教学策略的运用不能仅仅照抄照搬，而要在运用中有所变化、有所创造。

（1）树立正确的教学指导思想。教学策略总是受一定教学思想、教学观念支配和规范的，教学策略的运用能否达到预期效果，关键在于是否有正确的思想指导。在错误的教学思想干扰下，无论采用什么样的教学策略，都不可能达到最佳教学效果。

（2）树立完整的观点。每一种教学策略都有各自的功能、特点及应用范围和具体条件，而且又有各自的局限性。为了更好地完成教学任务、实现教学目标，教师必须坚持完整的观点，随教学的进程、环节及具体情况的变化，注意各种教学策略之间的有机配合，充分发挥教学策略体系的整体综合功能。

（3）坚持以学生的主动自主学习为主。教学过程中，学生是学习的主人，教师的教是为了学生的学，是为了学生学会学习。教学的根本目的在于使学生学会做学习的主人，能自觉主动地学习，成为自我发展的主体。教学策略的运用应以此为根本指导思想，通过采用各种有效的形式去调动学生学习的积极性、主动性和独立性，引导学生通过自己积极的智力活动去掌握知识、发展能力、完善人格。

（4）寻求教学策略的多样化配合和变通运用。教学过程是具体而复杂的，教学内容更是丰富多彩的，教学要完成的任务又是多方面的。实际教学过程中要根据不同的教学目标、不同的教学情境、不同的教学环节，采用不同的教学策略。就学生方面而言，必须根据学生的学习准备、认知风格、学习进度、学习技能等方面的差异来作出相应的变化和调整，以适应在班级教学中对学生进行个别指导的需要，给每个学生提供尽可能多的参与教学活动的机会。因此，教学策略应是动态可调的。

第二节 教学准备策略

教学准备策略主要是指教师在课堂教学前所要处理的问题的解决行为，它具体包括对教学素材的处理、整体教学方案的设计、教学组织形式的选择等。

一、教学素材的处理策略

教学素材也称教学材料，是教学内容的各种形式的载体。教学素材具体包括了教科书、课程标准、教学参考资料、教学图片、模型、投影片、幻灯片、电影、VCD、录音带、电脑软件等。在教学中运用教学素材并不像在工厂里安装某些零部件就能让机器运转那样简单。同样的材料以不同的形式包装，不同的方式呈现，会产生截然不同的效果。例如，教科书中的历史和用新闻短片的方式呈现的历史，其效果是不同的。所以，根据教学目标，学会恰当选择、处理教学素材是对教师教学能力的基本要求，也是成功教学的先决条件。在中小学中，最常见、最基本的教学材料是课程标准、教科书和教学参考资料。这里我们从以下三个方面分析教学素材的处理策略。

（一）钻研学科课程标准

学科课程标准即单科课程的总体设计，它是从整体上对一门学科做出全面规划，具体包括有该学科的学科性质，在学校课程体系中的地位，与其他学科的关系，学科教学的目的和任务、内容范围、结构体系以及选择内容的主要依据等。除此之外，它还对教学时数、教学方法、教学手段、教学活动和课外活动、作业量和测验、考试要求和教学参考书等多项教学因素和教学环节提出了建议和指导。总之，学科课程标准是课程教材编写、教学、评估和考试命题的重要依据和指南。

学科课程标准一般包括以下几个组成部分：① 说明部分。主要概述本学科的目的和任务以及选择教学内容的主要依据、内容范围，安排教学进度，提出运用教学方法的原则性建议，等等。② 本文部分。规定教材的编写顺序，列出章、节、目的标题，内容要点，授课时数；作业、考试、测验的要求和时数；实验、参观和其他实践活动的要求和时数。③ 列出教学参考书目，提出使用各种教具和现代教学技术的指导意见（必要时应提供一份这方面的详细目录）。

在我国新一轮基础教育课程改革中，国家教育部组织专家学者编制了新学科课程标准，并在部分地区试点，取得了较好效果。新学科课程标准主要包括了前言、课程目标、内容标准、实施建议这四部分。前言部分对课程的性质、价值与功能作了定性描述，阐述了本学科课程领域改革的基本理念，并对课程标准的设计思路作了详细的说明；课程目标部分明确了该学科在知识与技能、过程与方法、情感态度与价值观等三方面共同又各具特点的课程总目标和学段目标；内容标准部分则按照学习领域、主题或目标要素阐述学生在不同阶段应实现的具体学习目标；实施建议部分考虑到课程实施的各个环节，提供了教与学的建议、教材编写建议、评价建议、课程资源开发与利用建议等。新课程标准力图体现"知识与技能、过程与方法以及情感态度与价值观"三位一体的课程功能和素质教育的主导思想。突破了学科中心，要求教师密切联系教科书与学生生活以及现代社会、科技的发展；加强过程性、体验性目标，引导学生主动参与、亲身实践、独立思考、合作探究，引导学生实现学习方式的变革，改变单一的被动学习方式。注重培养学生的搜集和处理信息的能力、获取新知识的能力、分析和解决问题的能力,以及交流与合作的能力,形成良好的情感、态度、价值观。

(二)吃透教科书

教科书是根据教学大纲或课程标准编写的教学用书。在传统教学中,教学用书就是单一的课本,后来又出现了教师用的教学参考书、学生的自学指导书,现代教学技术的发展又产生了新的传递教学内容的媒体,如幻灯、录像、软件程序、录音等,所以有学者主张把这些统称为"教材"。而教科书作为教材中最重要、最核心的一部分,仍特指学生用的课本,通常按学年或学期分册,划分单元或章节。教科书是帮助学生进行学习并学会学习的重要学习工具,是使学生理解、认识人类已有经验和知识的媒介,是课堂学习的知识资源,是促进学生形成健康的情感态度和正确的价值观的催化剂。要保证教科书发挥好学习工具、媒介、资源和催化剂的功能,教师必须在备课过程中吃透教科书。

所谓吃透教科书,是指教师要反复钻研,透彻地掌握教科书的全部内容,包括教科书的编辑意图、组织结构以及各章节的重点、难点和关键。特别是要对教科书进行深入发掘,融会贯通,达到娴熟运用和融化的境地,并且研究出适合学生实际水平的教学实施方案和教学方法。从要求上看,吃透教科书要逐步达到懂、透、化三个阶段。懂,就是教师要懂得教科书的编写意图、基本思想和逻辑结构。还要把书中的基本内容、基本概念甚至每一个字、每一句话都弄清楚,准确把握重点、难点,消除疑点。这是钻研教科书的第一步,也是基本的要求。透,就是在熟悉内容的基础上,把握它们之间的联系,做到运用自如。能看透、体会到蕴涵在书本知识背后的思想性与艺术性。这些是教科书难以包容的"活"的教学内容,对学生的智能和情感态度价值观的发展有重要的意义。化,就是教师的思想感情要和教科书的思想性、科学性融合在一起。达到了化的境界,才算是完全掌握了教材,精通了教材。

教师对教科书应该辩证地对待。一本内容充实、结构严谨的教科书可以当作一门规范课程,教师不必承担开发课程的任务,但它也有超时空性,不一定适合特定学生的特定情况。教师可以在遵循教学规律、尊重课程标准的总要求的前提下,根据具体情况的需要,变动、修改和补充教学内容,充分发挥教师教学的创造性,以便最好地适合自己的教学情景。

(三)储备教学参考资料

俗话说:"授人予一,己须有十。"教科书由少数人编写,难免观点独断或见解褊狭。教师要想扮演好学生学习的合作者、指导者的角色,仅仅掌握教科书的内容是远远不够的,必须学会储备大量的教学参考资料。这样既能充实和完善教师本人的知识结构,也能提高学生的学习兴趣。

教学参考材料主要有两种:一种是直接与课堂教学有关的参考资料,如各类教师指导用书、练习题、课件等;一种是与课堂教学无直接联系,但可以拓宽教师知识面,有利于提高学生兴趣的相关资料,如录像带、图书、软件等。教学参考资料的形式多样,既可以是印刷品,如书籍、报纸、杂志、图表等,也可以是声像制品,如幻灯片、录音带、光盘、磁盘等。教师平时应注意通过各种渠道搜集、选择教学参考资料,并对已有教学参考资料进行归类、组织、整理,使其成为教学的有益补充。

二、教学方案设计策略

我国很多学者认为：教学方案设计是"对整个教学系统的规划，是教师教学准备工作的组成部分，是在分析学习者的特点、教学目标、学习内容、学习条件以及教学系统组成部分特点的基础上统筹全局，提出教学具体方案，包括一节课进行过程中的教学结构、教学方式、教学方法、知识来源、板书设计等"。也有学者认为："教学设计就是为了达到一定的教学目的，对教什么（课程、内容等）和怎么教（组织、方法、传媒的使用等）进行设计。"

尽管说法不一，但教学方案设计实际上就是为教学活动做出全面规划的过程。通过对教学方案的设计，教师可以对教学活动的基本过程进行整体的把握，可以根据教学情境、教学条件和教学对象的特点确定合理的教学目标和评价标准，选择恰当的教学手段和教学方法，实施灵活而有计划的教学，从而保证教学活动的顺利进行。

（一）制订教学工作计划

学校将一学年进行划分（如分为两个学期），使得课程在一定时限内完成。所以教师制订教学工作计划主要是制订课程计划，即为在规定的时间里组织和安排要教授的内容而制订的计划。这是对课程的总体规划。它依据一定的教学目标选择课程内容，确定学科门类及活动，确定教学时数，编排学年及学期顺序，形成合理的课程体系。

拟订课程计划包括了对所任课程的进度、时间的安排，教学材料或课本的处理，教学改革的设想与总体安排的设想。具体步骤如下：① 根据教学改革指导思想和学生实际确定课程目标，即通过该课程的学习要让学生得到些什么、达到什么要求。这是今后一切教学活动的出发点和归宿点。② 根据课程目标选择课程内容，确定单元主题，并按恰当的顺序组织它们，分清主次。③ 规定课程总学时数并细化到每一个单元主题需要的学时数，以此来确定教学进度。④ 确定课程所用的教学策略，包括具体教学方法、教学手段、实验课的安排以及作业的布置等。⑤ 确定教学所要使用的教学设备和教学参考资料，如计算机多媒体设备、录音机、录像带、幻灯片、模型、图片等。⑥ 根据课程目标确定课程评价体系。

（二）确定单元（课题）计划

课程被分为了若干单元或课题，所以教师在教学方案设计中还必须作出单元（课题）计划。在课程中，对于某个主要部分或主题的教学，一个单元（课题）计划就是更具细节性的教学计划，包括确定每个课题的教学目标，划分课时和课型，考虑教法、学法、教学组织形式、教学媒体、教学策略等，并明确本单元或课题在学科或课程体系中的地位和与其他单元或课题的关系。在这里，我们选择单元计划中对教学目标、教学内容、教学时间、教学措施和教学评价的设计来谈谈具体方法和要求。

1. 教学目标设计

教学目标是对教学活动预期所要达到的结果的规划，是教学活动顺利进行的重要保证，规定着教学活动的方向、进程和预期结果。

（1）教学目标设计的步骤：① 钻研课程标准，分析课程内容，确定单元主题及重点、难点，明确单元的学习任务。② 了解学生现有状态及水平，包括学生对该单元主题的了解程度。这样做的目的是使此单元对学生来说既不是非常熟悉，也不是一点也不熟悉；既不是非常容易，也不是非常困难。这样能增强单元的吸引力，调动学生的积极性。③ 确定教学目标分类。在单元目标中，要说明学习者完成本单元学习以后应能做什么，而不是教师做什么。相对于课程教学目标来说，单元教学目标是具体的；但相对于课时教学目标来说，单元教学目标又比较概括、抽象。因此，按照布卢姆的教育目标分类法，可以将单元教学目标分为认知领域、情感领域和动作技能领域。④ 列出具体教学目标。这是对某一教学活动终了时学生能做什么的具体说明。

(2) 教学目标的陈述。教学目标的陈述应当全面、适度、具体、明确。既要有知识方面的教学目标，也要有能力、情感、习惯方面的教学目标；目标要求不能过高，也不能过低，要分清主次；像"知道""理解""体会""掌握""发现"这些抽象动词都不能直接观察，最好采用"区分""辨认""分类""证明""举例"等具体的词汇。教学目标还应包含表现水平或标准，即学生对目标所达到的最低表现水准，用以评量学生学习表现或学习结果所达到的程度。

2. 教学内容设计

教学内容是根据教学目标来确定的。设计单元教学内容需要教师认真分析课程标准、教科书，合理选择和组织单元教学内容以及合理安排单元教学内容的表达或呈现。这是制订单元教学计划的主体部分，也是最关键的环节。

最常见的教学内容是各种知识。知识一般分为陈述性知识、程序性知识和策略性知识。在设计知识性的教学内容时，应注意以下两点：

(1) 要选择适宜贴切的内容。与目标无关或关系不大的内容应减少或删除；所选内容最好在学生的"最近发展区"，以学生心理水平为基础，又有发展性和启发性。

(2) 组织内容时要把知识的逻辑顺序和学生的心理顺序相结合。因为两者在很多情况下是不一致的，设计教学内容时必须考虑知识系统的内在逻辑体系和学生学习活动内在的认知规律的差异和顺序。

3. 教学时间设计

教学时间设计实质就是教学进度计划。教师在进行单元课时设计时，应分析学生已有的知识准备状况、现实水平和现有教学条件，找出单元内容包含的知识点以及重点、难点，在此基础上确定每个单元所需的教学时数，使教学有条不紊地进行。

4. 教学评价设计

教学评价是根据教学目标，运用评价的方法和手段对教学活动及其预期效果进行价值判断的过程。合理设计教学评价，对于促进教学目标的达成和提高教学设计的科学性、有效性，都有着积极作用。

(三) 编写课时计划

课时计划也称为教案，既是对每一堂课具体深入的教学准备，又是对师生课堂上预期的教学活动的设计和描述。从内容上看，一份完整的教案应包括以下几个部分：

(1) 教案背景内容。包括学校、班级、时间、地点、授课教师等。

(2) 课题名称。这是指本节课教学的主题，可以是教科书中某一章、节的名称，也可以是该节课的教学任务名称，还可以是该节课教学主要内容的总称。

(3) 教学目标。本节课结束后，学生应达到什么样的要求和水平。教学目标的陈述要求具有可操作性。

（4）教学内容。列出该节课教学的具体内容项目。

（5）教学重点、难点。重点是教学目标规定必须掌握和理解的内容，难点是学生现有水平尚不能充分理解和掌握的内容以及准备欠充分的内容。

（6）课的类型。确定该节课是综合课还是单一课；若是单一课，进一步说明是什么样的单一课。

（7）教学方法。分析、选择进而设计确定该节课使用的教学方法。

（8）教具准备。确定本节课各个教学环节需要的教具。

（9）教学时间安排。对本节课教学时间做总体安排并计划好各个教学环节所需时间。

（10）教学过程设计。这是教师对整个教学过程的预期设想，以文字或图表的形式体现在教案中，也是整个教案最核心的部分。从时间顺序上，教学过程一般分为导入、呈现、运用与总结四部分；从内容上，教学过程设计包括了"内容处理""活动设计""方法设计"和"时间设计"。教学过程设计的撰写要求结构清晰、文字叙述详细、突出重点难点。

（11）板书设计。板书类似于本节课教学内容的提纲，具有提纲挈领的作用。板书要求较高，应做到条理清楚、重点难点突出、书写工整、保留和擦除部分分明以及形象揭示教学内容的各种联系。

教案的形式是多样的，有条目式教案和表格式教案。教案的详略也不尽相同，有详案和简案。教师不必拘泥于某一种形式，应根据自身的特点合理组织和编写教案。但新教师和年轻教师备课，以及老教师承担一门新课教学，建议写详案。

三、教学组织形式选择策略

教学组织形式是教师和学生为实现教学目标，按照一定的制度和程序而实现的教学活动的社会结构形式。采用合理的教学组织形式，有利于提高教学工作效率并使各种教学方法、教学手段得到有效运用。

人类最初的教学组织形式是个别教学。16世纪随着资本主义生产方式的兴起诞生了班级授课制，并延续至今，成为学校教学的主要组织形式。但由于其固有的弱点，人们尝试对它进行改革。19世纪末20世纪初出现了以适应学生个别差异为特点的新的教学组织方式，如道尔顿制、文纳特卡制，还有我国学者提出的"分层递进教学""师生合作教学"等。

（一）教学的基本组织形式

1. 班级授课制的基本特点

班级授课制是把年龄和学习程度大体相同的学生编成若干个人数一定的固定的教学班级，教师根据规定的课程、教学进度、教学时间，对学生进行集体教学的一种组织形式。班级授课制也叫课堂教学。

班级授课制与其他教学组织形式相比较而言，有其自身的优缺点。它的优点在于：

（1）可以提高教师工作效率。班级授课制中，教师以"班"为工作单位，可以在同一时间内面向几十甚至上百名学生进行教学，极大地提高了教师的工作效率，避免重复劳动。

（2）有利于发挥教师的主导作用。教学活动离不开教师的主导作用。班级授课制主要采用的是教师系统讲授的教学方法，这给教师发挥自己的主导作用提供了广阔空间。教师可以根据自己的教学思想和教学设计对课堂进行严格且灵活的管理。

（3）有利于开展集体教育。人是离不开集体的，集体的教育作用有时甚至大过教师的说教。在教学中，学生通过相互交流、相互启发、相互帮助，可以在集体中获得督促与进步。这对学生的思想教育也有很大帮助。

尽管班级授课制有诸多优点，但也有自身的不足。比如教师面对所有学生都使用同样的教材、同样的教学方法、统一的教学要求和教学进度，这样违背了因材施教的教学原则；教学领域仅限于课堂，容易与社会实践相脱离；教师的主导作用如果控制不好，容易影响甚至阻碍学生主体作用的发挥等。

2. 班级授课制的类型和结构

（1）课的类型。课的类型是指根据教学任务而划分的课的种类。课的类型主要有单一课和综合课两大类。单一课，是指一节课内主要完成一种教学任务的课，如传授新知识的课、巩固知识的课、技能训练的课等；综合课，又称混合课或复杂课，是指在一节课内完成两种以上教学任务的课。

（2）课的结构。课的结构是指一堂课的基本组成部分（或称环节）以及各部分进行的顺序和时间分配。每种类型的课都有一定的结构，但都包含以下基本组成部分：① 组织教学。教师运用语言或课堂规则干涉使学生迅速做好物质和心理准备，建立课堂教学秩序，并使其贯穿教学始终。② 检查复习。检查学生对旧知识的掌握程度，并和新知识建立起联系。③ 讲授新教材。这是教师教学设计的具体实施过程，也是教学过程中最基本的部分。④ 巩固新教材。教师通过复述、提问、练习等方式检查学生学习新知识的情况，及时做出补充、完善，促进学生对新知识的理解与掌握。⑤ 布置课外作业。学生进一步巩固所学知识，熟练掌握知识，培养分析问题、解决问题的能力。

（二）教学的其他组织形式

（1）个别教学。个别教学是在课堂教学基础上对学生进行个别辅导和指导的教学形式。这种形式有利于因材施教，培养和发展学生的个性与特长。

（2）现场教学。现场教学是把教学活动安排在生产、生活现场来进行教学的形式。这种形式打破了空间限制，有利于增强直观性。

（3）小组教学。小组教学是将同类型学生编成小组，教师有目的、有计划地进行教学的形式。

（三）教学组织形式的选择

教学形式有多种，但没有任何一种教学组织形式是完美无缺的。教师在选择教学组织形式时要考虑教学目标、采用的教学行为、学生的能力水平以及教师的教学风格等因素，合理灵活运用各种教学组织形式。

第三节　课堂教学策略

课堂教学是实施教学的基本途径，是推行素质教育的主战场。课堂教学策略是教师为实现课堂教学目标或教学意图而采用的一系列具体的行为方式。依据教学内容，主要有陈述性知识的教学策略、程序性知识的教学策略和策略性知识的教学策略;依据教学行为方式,主要有讲授策略、对话策略、指导策略。随着新课程的实施,课堂教学中出现了一些新的教学策略,比较突出而重要的有:主动参与教学策略、探究教学策略和合作教学策略。

一、不同类型知识的教学策略

关于知识的分类一直是中外学者探讨的热点问题之一。用现代认知心理学的知识观来看,知识分为陈述性知识、程序性知识和策略性知识三种类型。课堂教学中,为了使学生更快更好地掌握不同类型的知识,教师就必须精心选择和合理运用与之相应的教学策略。

(一)陈述性知识的教学策略

陈述性知识是个人关于事物及其关系的知识,是关于"是什么""为什么"的知识,它以命题及其命题网络来表征,包括事实、规则、事件、态度。由于教学是影响学生学习和掌握陈述性知识的外部条件,因此在陈述性知识教学中应采取以下策略:

(1)激发学习动机。激发学习动机的重要策略是有意制造认知冲突。当学生得到与自己原有认知结构不一致的新颖的、奇特的信息时,就会引起认知冲突,从而激起解决认知不确定性的动机。教师要善于利用学生熟悉和生疏、新知与旧知、现在与将来的不确定性,按照"不确定性—探索—问题解决—满足"模式,先创设激"疑"的问题情境,引起学生心理上的不确定性,激发其好奇心与求知欲。

(2)提出明确的学习目标。提出明确目标的目的是让学生在学习之前在心理上有所准备:将要学习什么和怎样进行学习。美国心理学家耐特和瑞莫斯(Kinght & Remmers)通过实验发现,如果被试者认清学习的目标,那么就会产生强烈的学习动机。学习目标可起到先行组织者的作用。它能帮助学生对学习材料按目标进行分析组织,纳入到认知结构中去。教师应适时提出明确的学习目的,激发学生学习的直接兴趣以维持他们的注意。

(3)提供"先行组织者"。所谓先行组织者是指在教学内容学习之前呈现的引导性材料。这是奥苏伯尔在20世纪60年代初提出的一种改进教材的组织与呈现方式的策略。为使学生对整个教学过程和所学材料的特点形成总的印象,教学之初,教师可以提供给学生一个"先行组织者"。作为引导性材料的"组织者"具有抽象性、概括性,教师应将它用投影机映出或写在黑板上,为学生学习提供方向和框架。

小栏目 8-2

教学过程中可以设计三种"先行组织者"

"先行组织者"简称组织者,在概括和包容水平上高于要学习的新材料,但以学习者易懂的通俗语言呈现,是新知识与旧知识联系的桥梁。按照奥苏贝尔提高教材可懂度的策略和技术,在教学过程中,可以设计三种"组织者":

1. 当学生面对新的学习任务时,若其认知结构中缺乏适当的上位观念以用来同化新知识,可以设计一个概括与包容水平高于要学习的新材料的组织者。如分析课文前,教师引导学生学习有关层次结构的知识等。

2. 当学生面对新的学习任务时,若其认知结构中已经有了同化新知识的适当观念,但原有观念不清晰或不巩固，学生难以应用，或者对新旧知识之间的关系辨别不清，就可以设计一个指出新旧知识异同的组织者。如对容易混淆的新旧概念的对比等。

3．用具体形象化的模型作为组织者，也就是应用模型、图示、纲要信号以及模拟、类比等方式帮助学生学习新知识。

（4）激活原有相关知识。在学习新知识时，学生认知结构中尽管存在某些可以用来同化新知识的原有知识，但学生往往不会适当利用，这就需要教师采取措施引导学生使原有相关知识激活起来，以帮助学生充分利用。

（5）对知识信息进行深加工，促进理解。为帮助理解，促进保持，引导学生对知识信息进行加工的策略很多，主要有：①联结策略，即帮助学生建立联系，包括形象、类推和记忆术的应用。在事实知识的学习中，这是最能帮助对知识信息进行加工的策略。②组织策略，即帮助学生组织所学的信息，包括群集和分块、先行组织者的应用。群集和分块是教师常用的教学策略和学生常用的认知策略。③展开策略，即帮助学生展开所学的材料，将信息作适当的扩充。教师可以提供直观的材料，如录像、图片和生活现象介绍，组织学生收集有关资料和进行有关的集体活动等。

（6）设法维持和集中学生注意。吸引和集中学生注意力而普遍采用的方法有画线、加重点符号、提问。在教科书中常用符号标志的形式，如在重要的概念处加点，或用黑体字印出；把主要观点用小标题列出，这些都增加了内容结构的清晰度，有利于维持和集中学生的注意。提问可以将学生的注意力引向与学习相关的问题上，不同时机的提问所起到的作用也不尽相同，如课前的提问使学生的注意集中在与问题相关的内容上；课中即时提问影响学生学习时注意力的保持；课后的提问增加学生对所学教材的注意率，促进对信息的保持。

（7）指导学生选用有效的学习策略。指导学生运用适当的学习策略进行学习可以调动他们学习的自觉性和积极性。适用于对陈述性知识学习的学习，策略有记忆术应用、展开策略、比喻、组织、分块、图示组织者和复述等。这些策略既可由教师提供，也可由学生自己生成。当学生理解、掌握某一策略，并能自觉运用它来帮助自己学习预期的内容时，这个策略就可成为学生的学习策略。教师应指导学生选用不同的学习策略来完成不同的学习任务。

（8）加强和组织有效的练习。在教学过程中，提供大量练习是必要的。设计练习时要考虑所学的陈述性知识是需要回忆还是需要再认识的。对于需要再认识的练习的要求远低于需要回忆的练习。如需回忆，还要考虑是需逐字回忆还是只需大概复述。前者所做的练习量应大于后者。由于陈述性知识的获得大多是指能复述一些命题，所以练习应该不断地进行，直至学生达到自动复述的程度为止。

（9）适时给予反馈。反馈是让学生了解学习结果，而教学目标达成的最佳控制必须依赖于反馈策略。适时给予反馈，可调节学生的学习行为和教师的施教行为，达到教学相长的目标。教师对学生学习的反馈方式有多种，或以点头、微笑的方式表示肯定，或在作业上做出批示。

（10）认真总结和复习。总结和复习是为了使被新知识调整的认知结构得到巩固，帮助学生理清内容之间的关系，保证内容的消化和吸收。由学生自己形成的总结比由教师提供的总结对于知识的记忆要牢固得多，教师可让学生自己总结，训练学生自己形成总结所学内容的技能。同时引导学生按一定的时间间隔不断地复习。

(11)加强学习迁移指导。最重要的迁移是在接受新信息时，原有信息能很快被回忆出来。为加强和促进迁移，教学中要指导学生有意识地建立有关联因素之间的联系，同时鼓励学生自己发现知识之间的内在联系，加深对知识的个人理解。

(12)做好学习效果的测评。陈述性知识学习的本质是学生认知结构中命题网络的建立，有效的测量必须确定学生的命题网络是否形成。简单的选择题和填充题难以测定学生知识的内在组织情况，教师应编写一些能测量知识内在联系的试题。测验题对学生的学习有导向作用。若测验题只要求学生机械地背诵学习材料，就会导致学生养成死记硬背的学习倾向，教师编制试题时应该避免和防止。

（二）程序性知识的教学策略

程序性知识是个人在特定条件下可以使用的一系列操作步骤，是一种经过学习自动化了的关于行为步骤的知识，是关于"如何做"的知识，以产生方式来表征，如运算法则、语法法则等。对于程序性知识的教学，要讲究以下策略。

1. 分析学习任务，找出必要的条件

分析学习任务，找出所需知识、技能、能力及相应步骤，也就是分析新知识学习的条件。假定目标是规则学习，进行任务分析时必须鉴别构成该规则的有关概念。如果学生未掌握构成规则的有关概念，则应先教有关概念。例如，小学生学习圆面积计算公式 $S=\pi r^2$ 之前，预先必须掌握圆的半径和圆周率两个概念，要掌握圆的半径和圆周率，又需预先掌握圆和圆周两个概念。可见，分析学习任务，就是要找出实现教学目标的条件。

2. 提供示范，加深理解

对于程序性知识的教学，有一个重要原则是教给学生正确的步骤。为此，教师必须准确示范，将每一个步骤都清楚地展示出来，同时，要突出重点。通常做法：教师按正常速度演示一遍，让学生获得一个整体印象，然后再分段逐一展示每一个步骤。在实际教学过程中，示范要与讲解有机结合，做到一边示范一边讲解。

3. 加强有效的练习

精心选择和设计变式练习是指导学生掌握程序性知识的重要策略。要使练习有成效，应做到：

（1）选择合适的练习方法。练习方法选用得当，会提高练习效率。从时间安排来看，有集中练习和分散练习，研究表明，分散练习效果优于集中练习；从练习方式来看，有整体练习和部分练习。但在实际运用时，应根据知识的复杂程度和学习者的身体状况等因素选择合适的练习方法。

（2）精选练习内容。美国心理学家布赖恩与哈特曾进行收发电报的研究，把练习的重点放在认识电信符号和动作的灵敏性上，提高了收发的效率。因此，教师应根据教学目标、教学条件和学生特点，精心选择贴近学生生活实际、学习与思想实际的内容进行练习，把切合实际、具有实用价值的知识作为练习的重点。

（3）充分利用反馈的强化作用。让学生及时了解自己练习的结果，会产生相当大的激励作用。反馈可用来提高具有动机价值的将来的行为，因为学生知道自己的进度、成绩以及在实践中应用知识的成效等，可以激起进一步学好的愿望。同时，通过反馈的作用又可及时看到自己的缺点和错误，及时纠正并激发其上进心。教师应注意及时批改和发还学生的作业、测验和试卷等。"及时"是利用学生刚刚留下的鲜明记忆表象，满足其进一步提高学习的愿望，增强学习信心。

（4）指导学生保持良好的心理状态。培根曾指出，人类理解力不是干燥的光，而是受到意志和各种情绪的灌浸的。研究发现，练习的成绩要受人的态度、情绪状态、个性特征等因素的影响。人对活动抱积极的态度，练习进步快，成效明显；反之，练习成绩很难提高。人进行练习时的情绪状态也很重要，没有焦虑或焦虑过度都会导致练习效率低下；相反，适度的焦虑则有助于提高练习成绩。因此，教师要指导学生保持良好的心理状态。

4. 创设知识运用的情境，促进迁移

教学实践表明，创设知识运用的情境是促进迁移的重要一环。任何知识的运用都离不开具体的环境，所以促进知识迁移离不开情境的创设。中小学生抽象逻辑思维还不发达，他们的优势是形象思维、直觉思维，因此通过创设情境来促进知识学习的有效迁移，符合学生的心理特点。

（三）策略性知识的教学策略

策略性知识是指个人调控自己的认识活动以提高认知操作水平的能力，是关于如何运用陈述性知识和程序性知识去学习、记忆或解决问题的一般方法的知识。如学习时如何有效记忆，上课时如何集中注意力。传统教学重视陈述性知识和程序性知识的教学，而当代教育的发展趋势则表现为更加重视策略性知识的教学。因此，教师要不断探索学生学习策略性知识的内在规律，有意识地通过策略性知识的教学，培养学生自主学习的能力以及创造力。

研究表明，学生对策略性知识的掌握分三个阶段。一是了解阶段。在这个阶段，策略性知识以陈述性知识的形式被学生学习，其过程与陈述性知识的学习过程相同。二是转化阶段。这一阶段通过应用有关策略性知识，使策略的陈述形式向策略的程序形式转化。三是策略熟练应用阶段。策略性知识完全支配人的学习活动，可以达到自动化的水平。策略性知识的教学没有一成不变的模式，但具体实施时应注意以下策略：

（1）专门教学与渗透教学相结合。在策略性知识的教学问题上，有两种极端倾向：一种认为策略性知识没有必要单独提出来教学，可让学生在学习过程中潜移默化地领会、概括、掌握；另一种认为策略性知识不仅应该明确提出来教学，而且应该单独进行专门的训练。根据当代心理学研究，无师自通的做法不可取，与学科教学分离的专门训练效果也未必好。策略不应作为孤立的课程来学，而是要作为实际学习任务的一部分来学。策略学习离不开具体的学科内容。因此，策略性知识教学的最好办法是将单独开设学习策略课与学科知识的教学过程的直接传授学习策略相结合，这样既有利于提高学科内容的学习效率，又有利于学生在学习学科内容过程中掌握策略性知识。

（2）选择合适的教学内容。研究发现，同样一个策略性知识，年长的和年幼的、成绩好的和成绩差的，其效果是不一样的。阅读时写提要对于成年人来说可能是一种有效的学习策略，但对儿童则可能很困难。同时，策略性知识本身也有层次差别，不仅有一般的策略性知识，还有非常具体的策略性知识。每一个人的策略性知识的构成也不尽相同，这必然会导致学习效果的差异。因此，策略性知识的教学要考虑学生年龄特征，要因人而异，精心选择适合学生知识基础、发展水平的内容。

(3) 引导学生生成适合自己的新策略。策略性知识的教学离不开学习者自身的自主建构。学生在策略性知识学习过程中要能领悟到什么是策略、策略运用的有效性，能有意识地去发现策略、总结策略，从而生成适合自己的策略。学生自己如能生成策略，也就标志着他们真正掌握了策略性知识——知道何时、何地使用什么样的策略性知识。学生在应用学习策略时，要自觉对认知进行反省，它对策略的概括和保持是非常关键的。

(4) 加强监控训练，保证新学策略的运用。为了确保所学的策略成为一种容易随时加以运用的真正有效的东西，在策略传授之后，必须紧跟着进行策略使用的监控训练。训练的方法很多，例如教师提醒法、学生相互提醒监督法、学生自检法，但最常使用的方法是学生自我提问法。使用自我提问法训练学生对所学会的策略进行自我监控时，首先要制定一个体现高效策略有效使用程序的"问题单"。其次要花一定的时间经常训练学生使用"问题单"来监控自己的思维过程。

(5) 鼓励学生在不同的情景中运用策略。策略性知识学习的最好方法是在情境中运用策略。任何一个策略性知识的应用和展开都离不开具体的情境。策略性知识的教学要注意为学生提供运用与深化的情境。

(6) 正确测量和评价学习效果。学生是否掌握了策略性知识，要从能否运用策略知识解决学习上的问题来加以评定。若学生学习策略性知识时能用产生式的方式储存，并用其作为表征，就可认为已经获得了策略性知识。

二、几种主要的教学行为策略及其运用

（一）讲授策略

1. 讲授策略的含义

讲授策略是教师以语言为载体，向学生传输知识信息、表达思想感情、指导学生学习和调控课堂活动的一种教学行为策略。

讲授策略是教师最基本、最常用的一种教学行为方式。美国教学研究专家弗兰德斯（Fianders N. A.）曾在大量课堂观察研究的基础上提出了"三分之二律"，即课堂时间的三分之二用于讲话，讲话时间的三分之二是教师讲话，教师讲话时间的三分之二是向学生讲话而不是与学生对话。我国专家也研究发现，讲述平均占课堂时间的 65% 左右。可见，教师掌握讲授策略是至关重要的。

讲授策略之所以成为课堂教学中的主要教学行为，是因为它具有以下特点：① 信息传递的效率高，耗费课时少。② 教师自主控制教学进程和时间，有利于教师充分发挥主导作用。③ 有利于学生在短时间内获得系统的知识技能。

但必须看到，讲授策略的缺点在于：① 它对教师的语言表达能力和组织听讲能力的要求较高。② 信息传递具有单向性，学生在教学过程中的主体地位难落实，极易形成学生被动学习的习惯，独立创新精神的培养不够。③ 课堂交流沟通单调，气氛沉闷。④ 不利于学生个性的发展。

2. 讲授策略的运用

(1) 讲授内容正确，富有科学性和思想性。讲授学生不太熟悉的新内容时，教师可作为

先行组织者,以明确知识的内在结构和新旧知识之间的联系。对于一些尚有争议、尚未定论的知识,在讲授时应告诉学生,使得他们了解事实。

(2)注重启发性。讲授并非单纯只是教师讲,教师应给学生创设思考的机会,使学生的认识活动能够积极主动地发展,能动地获得知识技能。

(3)讲究语言艺术。讲授语言清晰精练、生动形象、条理清楚,通俗易懂,音量音速适度,并适当配以肢体语言和表情。

小栏目 8-3

教师言语的自控性

教师言语的自控性是指教师在教学中应始终保持清晰的自我意识、较强的自我监听能力,准确地控制知识信息输出的程序、内容和形式,适时调整自己言语的速度、频率、节奏、韵味等。教师在讲授中应始终保持清醒的头脑,牢牢把握言语信息传输的主动权。

在教学实践中,为克服情绪激动时、讲解重点难点时语言失控现象,教师一定要精心备课,注意教学节奏,做到"哗众取宠的热门话不说,显示自己的'贴心话'不说,似是而非的糊涂话不说……"教学中一点"水分"都没有就会干巴巴的,味同嚼蜡;"水分"太多,则会影响知识信息的质量,也令人生厌。

---

(4)恰当运用板书,强化讲授效果。板书是运用文字、线条、图形等形式提纲挈领地表述教学内容,帮助教师教学的一种行为方式。板书的形式有多种:从性质上看,分正板书和副板书;从内容上看,有要点式、图表式、线条式、图解式和综合式。为使板书的功能充分体现出来,应注意课前认真设计;课堂上适时板书并加以调整;书写规范、条理清晰、字迹工整。

(二)对话策略

对话策略是指教师与学生通过互动交流和沟通,促进知识和技能掌握,还有各种能力培养和提高的教学行为策略。它包括问答策略和讨论策略两种类型。

教学活动是教师和学生共同参与的双边活动,师生之间的交流与互动是有效教学的重要前提。对话策略的特点在于:① 诱发学生参与教学,体现学生的主体性;② 提供练习和反馈的机会;③ 有助于学生学习结果的迁移,培养学生的能力;④ 活跃课堂气氛。

1. 问答策略及其运用

问答策略也叫提问策略,是教师根据学生已有的知识经验提出问题,引导学生独立思考并回答问题,从而获得知识、发展能力的教学行为。

根据教学实施流程,问答行为由发问、候答、叫答和理答四个环节组成。与此相应,每个环节的教学策略也就不一样。

(1)发问策略。发问是教师向学生提出问题。首先,发问的最基本要求是问题要清晰,即问题的措辞要精练、具体明了,一次只提一个问题;其次,要符合学生的认知水平,保证高认知水平问题的适当比例;最后,要有启发性和创造性,促使学生集中注意并开动脑筋积极思考,多用"为什么""怎么样"的提问方式,激发学生进行创造性思维活动。

小栏目 8-4

教师善问　学生才能会问

教师提问最终是为了让学生善疑会问。教师提问应注意：

（1）要注重真实性，应真正触及学生认识的矛盾，成为学生产生探求欲望，推动积极思考的刺激。

（2）要富于启发性，有利于学生思维的发散，尽可能引导学生认清问题实质，抓住关键。

（3）要激发主体性，给学生提供产生问题、发现问题、提出问题和追索问题的机会，引导学生自主地、合作地去解决问题。

（4）要追求开放性，应鼓励学生标新立异，贡献自己的创意和经验。

（5）要具有差别性，应根据学生需要设计不同层次的问题，对不同水平的学生，要善于提出能调动他们学习积极性、适合他们发展思考力的有针对性的问题。

（6）要讲究阶段性，一个完整的提问过程，包括引入阶段、陈述阶段、介入阶段、评价阶段。介入阶段是在学生不能回答时，教师用核查、催促、提示、重述和重复等方式鼓励和诱发学生回答。评价阶段是当学生对问题做出回答后，教师以重复、重述、追问、更正、评论、延伸、扩展、核查等方式处理学生的答案。

（2）候答策略。候答是教师等候学生思考问题、组织答案。教师发问之后，根据问题的认知水平和具体情境，等候 3～5 秒钟，给学生以思考问题、组织答案的时间。如果在教师叫答后，学生没有说话，教师应等待，直至学生给出实质性的回答。当然，有时在班级教学情况下，等候时间会对课的连续性造成威胁，这时可以适当缩短等候学生回答的时间。

（3）叫答策略。叫答是教师组织学生回答问题。叫答的基本原则是保证每个学生有尽量多且均等的回答机会。具体来说，教师可以按固定形式叫答，或者把班级分成小组，待小组学生共同商议答案后，教师随机请各小组的某一位学生回答。

（4）理答策略。理答是教师对学生回答问题作出一定评价。学生回答不同，教师的理答策略也要有所不同。首先，客观、公正地评价学生。对于学生迅速而坚定的正确回答，要表示肯定，必要时及时给予表扬，或对正确回答给予进一步解释，或追问一个问题；对于不正确的回答或不能回答的，先要弄清楚原因。其次，允许学生提出质疑，激发学生的思维力和创造性，调动学生学习的积极性。最后，及时做好归纳总结，以使学生明确正确结论，使所学知识具有系统化、科学化。

2. 讨论策略及其应用

讨论策略是学生在教师指导下，为解决某中心问题而进行探讨、研究，明确是非，互相学习、共同提高的一种教学行为。

讨论是班级成员之间的一种互动交流方式，目的在于通过交流各自观点形成对某一问题较为一致的理解、评价或判断。其优点有：培养学生判断性思维能力，帮助学生自己解决问题，培养人际交流技巧等。但讨论又有不易控制、耗费时间和讨论结果难以预料等缺点。

讨论策略以学生具有一定的基础知识及一定的独立思考能力为前提，因此，一般不作为上新课的教学行为。讨论策略的形式虽然多种多样，但就其程序步骤来说主要包括分组、提出讨论问题、进行讨论和综合报告四个阶段。

讨论策略的运用，教师需要注意以下几点：

（1）慎重选择和提出问题。提问的难度必须与学生的能力相适应，一方面问题不可太容易，以致学生无须多思考就能解决，这样的问题也没有讨论价值；另一方面问题也不可太困难，让学生费尽思索仍不得要领，这样的问题会使学生灰心气馁，丧失学习兴趣。教师提出的问题，要使学生既能够理解，又能够有意见可以发表。只有这样，才能激发学生的思考和讨论的兴趣，学生之间也才能够展开讨论、交换观点、互相启发，达到解决问题和提高问题解决能力的目的。

（2）认真组织和引导学生开展讨论活动。教师组织和引导学生开展讨论时，应注意：① 不要让少数学生把持讨论。教师必须控制场面，使大家都有发表己见的机会。尤其是可以点名那些发言不积极的学生，启发他们发表意见，不失去主动学习的时机。② 学生发表的意见不可离题太远。教师应注意每个学生的发言是否切题，有些学生往往会说上许多不相关的废话，浪费讨论时间。这时教师除了可以委婉阻止，还可利用黑板，把每个学生所发表的主要观点列出，以供讨论结束后大家再作评定。③ 要避免讨论循环重复。有的学生常常会反复陈述一种意见，或者重复别人讲过的意见。这时教师可要求学生举出实际例子以资证明；或区分问题中已讨论清楚的部分和还需继续讨论的部分，缩小讨论的目标；或提出另一重点，使学生的讨论焦点转移。④ 调和讨论中的争执。一个问题可从各个角度着手解决，不同的意见只要有适当的理由，在讨论中都应该提请学生注意。学生容易意气用事，固执己见，听不进别人观点，甚至会发生影响课堂氛围的争执。这时，教师须循循善诱，"调和"矛盾，既劝导学生服从真理，又不伤害学生的学习积极性。⑤ 允许并鼓励学生发表创造性的见解。无论在心平气和的讨论中还是在带有争执的讨论中，教师都应该引导学生从一般的、常规的思维模式中超脱出来，开展创造性思维，鼓励学生发表与众不同的疑问和观点。在发言时间的安排上要有利于创造性见解的发表。

（3）及时做好归纳总结。当讨论完毕时，教师应做好总结，归纳大家发言中的重点，以使学生所讨论的知识具有系统性；同时，再次提出问题，让学生课后继续讨论，寻找正确答案。

（三）指导策略

指导策略是指教师对学生的阅读、练习和活动等进行指导的一系列教学行为策略。它强调学生是学习的主体，教师应通过启发、促进、引领、指点，使学生充分发挥自主能动性，有效掌握知识、发展能力。

指导策略更多的是关注学生的经验、体验和对问题的独特看法，尽可能采用激励、对话、合作与协商的方式发挥学生的自主积极性。其优点在于：① 有利于调动学生学习的主动性；② 有利于培养学生独立探究问题和创造性解决问题的能力；③ 有利于教师锻炼和提升自身的综合素质，更好地发挥主导作用。④ 有利于师生在积极互动中进行意见沟通和经验交流。

中小学常用的指导策略有练习指导、阅读指导和活动指导。

1. 练习指导策略

练习指导策略是教师指导学生运用所学理论去解决实际问题，达到学会知识和技能的目标，保证教学顺利进行的行为策略。运用练习指导策略时，教师应注意：

（1）让学生明确练习目的，提高练习的自觉性。教师要依据教学目的，有计划、有步骤、系统地精心选择练习题目，练习由浅入深、由易到难。还要使学生明确练习目的，提高他们练习的自觉性和积极性，以保证练习的质量。

（2）指导学生做好对知识、方法、技能理解和运用上的准备。这是练习指导最重要的一环。练习前，教师通过讲解、复习、示范和指点，让学生明确练习需要运用的知识、方法和技能，这样可以避免练习时再花大量时间去解释、匡正和补充。

（3）加强变式练习。要针对学科、学生特点，采用灵活多样的练习方式。

（4）及时检查练习。要按时检查学生练习的结果，及时指明练习的正确与否，逐步培养学生自我检查练习结果的能力和习惯。

（5）建立练习常规。为保证练习有效、有序地顺利进行，必须建立练习常规。练习常规包括"基本观念性常规"和"程序安排常规"。观念性常规即练习的目的在于进一步理解知识、技能，提高应用知识、技能的熟练化水平，因此，师生要把"掌握内容第一"作为基本观念。程序性常规包括练习过程中怎样做、怎样得到教师帮助、完成练习后做什么等。

2. 阅读指导策略

阅读指导策略是教师指导学生独立阅读教学材料，帮助学生理解阅读内容和学会阅读方法，培养阅读能力的行为策略。阅读是学生获得知识、发展能力、提高素质的重要活动。教师加强对学生阅读活动的指导，这样才能帮助学生更好地理解阅读材料，学会独立阅读。

运用阅读指导策略时，教师应注意：

（1）帮助学生明确阅读的目的、任务和范围。让学生带着问题读书，才能围绕中心而学，提高他们的积极性和主动性。

（2）教给学生阅读方法，培养学生良好的学习习惯。如默读、精读、泛读的方法，如何做记号、眉批、摘要、写提纲、写心得体会，如何使用工具书等，使学生逐渐养成良好的阅读习惯。

（3）加强阅读辅导。教师要指导学生善于选择合适的参考书和课外书，一般应选择能结合课内学习、有利于扩大学生知识视野、提高思想认识的书。

3. 活动指导策略

活动指导策略是教师组织、引导和促进学生独立从事操作或实践活动，以培养学生创新精神和实践能力的行为策略。活动指导行为有多种类型，它有利于学生不仅动脑，而且动口、动手，在知识的运用过程中形成技能技巧。

运用活动指导策略时，教师应注意：

（1）指导学生设计活动方案。任何活动方案都应包括活动的主题、活动的目标、活动的方法和组织形式、活动的时间与活动的过程等要素。其中，活动主题应来自学生的生活实际和经验，能帮助学生解决实际问题，确定好活动主题是活动方案设计的关键；活动目标的制定应包括知识目标、情感目标和技能目标，特别要突出情感目标；活动的方法和组织形式要根据活动内容、学生年龄特征、教师自身状况等因素综合考虑和选择。

（2）引导学生做好资料搜集和知识准备。围绕活动主题，可通过多种渠道和方式查找资料，搜集相关知识。

（3）活动过程中，教师要根据具体情况给予适时、适度的点拨、引导，并鼓励学生敢于质疑，锻炼学生的思维能力、创新能力和语言表达能力。

（4）提供活动的基本条件。包括营造一种积极探究的氛围，让学生自然地去体验、探索和学习；提倡使用体现民主、平等、关怀、友爱的教学用语；确保活动所需的时空环境，包括教具、学具、教学设施等。

（5）指导学生做好活动的总结与成果交流，把活动推向深入。

三、新课程实施的课堂教学策略

根据新课程观念，为确保培养学生的创新精神和实践能力为重点的素质教育培养目标的实现，课堂教学策略必将发生改变，即由重知识传授向重学生发展转变，由重教师"教"向重学生"学"转变，由重结果向重过程转变，由统一规格教育向差异性教育转变。新课程实施的教学策略比较多，这里简要介绍主动参与教学策略、探究教学策略、合作教学策略三种。

（一）主动参与教学策略

1. 含 义

主动参与教学策略是学生在教师的激励、引导下，主动积极地置身于教学活动中以掌握知识、发展能力的教学策略。

教学活动是教师的教与学生的学相统一的活动。学生的参与是构成教学活动的必要条件，学生参与教学是全面性参与，包括教学的全过程。教师的引导是实现学生主动参与教学全过程并取得良好参与效果的保障。

2. 主动参与教学策略的实施

主动参与教学策略，旨在激发学生主动参与教学的意识，积极参与教学的全过程，提高参与的有效性，做学习的主人。教师引导学生主动参与教学应注意以下策略：

（1）积极引导，全员参与。一是让每个学生有比较充裕的时间根据明确的目标导向进行自学，使个体学习人人参与；二是注意师生间、学生间的多向交流，形成人人多向学习交往的生动局面。

（2）加强指导，主动参与。首先要融入参与情感，让学生有话敢说，有问敢提，有疑敢质，愿意、乐于主动参与；其次要加强参与指导，不仅要尽量给学生提供充分的参与条件，而且还得加强参与方法的指导和参与能力的培养。

（3）分类指导，差异参与。没有差异参与就没有全员参与。参与的要求和程度要有弹性，参与的方式要有不同，参与的评价要因人而异，以调动不同层次学生主动参与教学活动的积极性。

（二）探究教学策略

1. 含 义

探究教学策略是学生在教师的引导下，通过对事物现象的探索研究，获得该事物现象的本质及现象间规律性联系的知识，发展智力能力，特别是抽象逻辑思维能力的教学策略。

学生的探究活动必须在教师的引导下进行。学生探究的对象主要是人类已知领域中的知识。学生的探究活动主要是一种验证性的探究活动，其价值在于促进学生发展而不在于对人类的独创性的贡献。学生探究活动的目的不仅是获得人类已有的知识技能，更主要的是通过这种再创性的活动培养科学认识事物的兴趣，获得独立探究知识和解决问题的方法、能力以及对问题进行抽象逻辑思维的能力。

2. 探究教学策略的实施

（1）慎重选择探究课题。选题要难易适中，不宜过大，一般宜选择来自学生生活实际的非常具体的问题。

（2）创设探究情境。是指教师围绕课程教学中的热点、难点、重点问题，提供一种具体的生活情景，让学生设身处地地感受，使学生乐学、学好所采取的一种教学手段。为激发学生的探究兴趣，调动学生探究积极性，教师必须根据教学内容和学生的年龄特征，创设探究问题情境。

（3）教师既要加强指导，又要放手让学生独立探索和思考。提出问题并将问题交给学生自行去探究，但不能同时教给他们固定的方法与做法，也不能加以约束和限制，要给予学生充足的时间和一组有结构的材料，让学生自己选择学习要点，设计学习的方法，把握学习的过程。在这个过程中，教师不应是胸有成竹的依赖者或有所顾忌的约束者，而是结构材料的提供者、探究活动的促进者，需要和学生一样通过探究才能找到答案的"大同学"。

（4）组织表达、进行交流。探究教学应把学生学习的过程看作是一个社会化的过程。在探究过程中，每个学生都是以自己的方式来理解世界，因而不同的学生看到的是事物的不同方面，不存在唯一标准。因此，如果不组织表达、加强个体间的交流与合作，每个学生的见解很容易陷入"盲人摸象"的片面性悲剧之中，因为有些探究活动绝不是个人所能完成的。在探究学习过程中，学生通过彼此之间的交流与合作，不仅使自己的见解更加深刻与完善，也使自己逐步成为一个学会合作与交流的社会主体。教师应鼓励和指导学生尽量把自己探究的成果展示出来，并迁移和应用到不同的情境之中。

小栏目 8-5

探究教学的基本特征和基本原则

安德森在《教学和教育百科全书》中对探究教学的几个方面作了高度的概括：

探究教学的本质特征：不直接把构成教学目标的有关概念和认知策略直接告诉学生，相反教师要创造一种智力和社会交往环境，让学生通过探索发现有利于开展这种探索的学科内容要素和认知策略。

探究教学的基本原则：由学生自己制订获取知识的计划，能使学科内容有更强的内在联系，更容易理解，教学任务有利于激发内在动机，学生认知策略自然获得发展。同时，在这个过程中，学生认识到能力和知识是可变的，从而把学习过程看作是发展的，它既要以现有的学习方法为基础，又要将其不断地加以改进。

（三）合作教学策略

1. 含 义

合作教学策略是以学习小组为教学活动的基本单位，通过小组内成员的分工协作去达成小组共同目标，并以小组活动的整体效果为教学评价的主要指标的教学策略。

合作教学的基本单位是学习小组。以学习小组为教学活动的基本单位提高了单位教学时间内学生参与教学活动的概率，小组合作目标具有凝聚、定向、规范的功能。

2. 合作教学策略的实施

合作教学应充分利用教学中动态因素间的互动，特别是学生之间的和谐互动，使学生由竞争对手变成合作伙伴，在合作学习中共同达到教学目标。合作学习的教学策略包括以下几点：

（1）恰当选择适宜课题。合作学习的成效首先是由学习任务和学习内容的特点决定的。

适宜合作学习的内容主要有：能提供多种认知课题；给每个参与者个性发展和特长表现留有余地；有助于求异思维和发散思维的发展。

（2）合理编制小组。班级中要组建各种不同的合作学习小组。让每个学生按不同的教学需要，参加不同的合作学习小组。在教学中要根据课堂教学内容、环节、效果来考虑最佳的小组合作学习形式。

（3）精心安排教学进程。合作学习的教学进程一般为提出学习任务—启发独立思考—创设情境，导入讨论—巡回观察，及时调整—全班交流，相互评价—围绕课题，深入学习。

小栏目 8-6

合作学习的五个要素

约翰逊兄弟认为，合作学习有五个不可或缺的要素：

积极信赖——学生们不仅要为自己的学习负责，而且要为所在的小组中其他同学的学习负责；

个体责任——每个学生都必须显示出对分配作业的掌握；

面对面的积极相互作用——学生们有机会相互解释所学的东西，有机会相互帮助理解和完成作业；

社交技能——期望所有学生能进行有效的沟通，对小组的活动提供指导，建立并维护小组成员之间的相互信任，有效地解决组内冲突；

小组加工——各小组必须定期评价共同活动的情况是否良好，以及探讨怎样提高其有效性。

第四节 课堂管理策略

课堂管理是指教师为了保证课堂教学的秩序和效益，协调课堂中人与事、时间与空间等各种因素及其关系的过程。搞好课堂管理不仅是课堂教学顺利进行的基本保证，而且是增加教师自我效能感，提高课堂教学质量的有效途径。本节主要从预防性的课堂管理、课堂问题行为管理和学生自我管理三个方面建立具体的管理策略。

一、预防性的课堂管理策略

传统的课堂管理被认为是应对性的，重点在于学生调皮捣蛋之后教师如何应对。一些教师花费了 80% 的时间和精力去试图控制学生的行为，但收效却很小。实践证明，最有效的课堂管理者是那些能够首先防止问题产生的人。

（一）建立自然和心理环境

1. 安排课堂自然环境

自然环境是独立于学生或教师存在的，包括教室的形状和大小、墙窗户结构、墙面的装饰、座位的摆放、设备和资料的有无和放置等。其中，学生座位的安排和教室的布置是首要考虑的管理问题。

（1）座位安排。座位的安排对课堂环境中学生之间的相互交流、师生的交流以及教学信息的传递有重要影响。传统的课堂座位排列形式是秧田型。学生与学生前额对后脑，左肩邻右肩，一致面向教师和黑板。这种座位模式最适合集体讲授。但这样的座位安排是封闭型的，只有部分学生能和教师进行积极交流，得到及时反馈，极易造成学生课堂行为两极分化。所以有人提出采用马蹄形或新月形、方形或圆形的座位安排。这些非正式的座位排列形式可以增进教师与学生以及学生之间的正式或非正式交流，便于大家开展讨论和相互学习活动，但也可能使课堂问题行为增多。教师在安排座位时应根据具体的教学目标、活动性质、学生特点和教师控制课堂的能力，灵活多样地安排学生座位，真正达到师生、生生之间的互动和交流。

（2）教室布置。教室是教师和学生进行教与学活动的主要场所。在一个布置舒适、令人愉快的教室里，学生会产生一种归属感，对学习任务会更持之以恒，也更多地参与到讨论和各种集体活动中。教师可充分利用教室空间、合理布置、巧妙装饰，为学生创造一个舒适的学习、生活环境。好的教室布置应做到：① 教室空间得到充分利用；② 学生集中活动的区域足够宽敞；③ 确保每个学生都能看到教师和课堂演示及展览；④ 保证经常使用的教学材料和学生用品便于取放；⑤ 教室的装饰物应丰富多样、色彩鲜艳。

2. 创设课堂心理环境

创设课堂心理环境就是营造良好的课堂心理气氛。课堂心理气氛又称课堂气氛，是指师生在课堂上所表现出来的情绪、情感状态（包括师生的心境、精神体验和情绪波动，以及师生之间的人际关系）。课堂心理气氛有两种类型：一种是支持型，师生双方感到愉悦、满意，积极合作，形成民主、平等的和谐关系。师生之间的情感交流和信息传递充分，能取得最佳的课堂管理效果；另一种是防御型，教师与学生相互排斥、不信任，师生关系紧张，信息交流受阻，无法形成情感共鸣，学生课堂问题行为增多。

课堂心理气氛与教师个性和师生沟通有着密切联系。因此，营造好的课堂气氛得先从塑造教师良好个性品质开始，包括了教师的热情、开朗、诚恳、公正、宽容、幽默、机智、富有爱心、以身作则等。除此之外，教师还应该学会与学生沟通。很多学生问题行为的产生，就是因为教师缺乏沟通技巧，师生人际关系恶化的结果。要成为一名成功的沟通者，首先，教师要学会准确、生动地运用动作、表情、姿态等体态语言进行表达和传递教学及课堂管理信息；其次，教师还应学会移情，即感受学生的观点、情感体验，并激发出与学生相似的情绪反应。移情可以通过倾听和心理换位做到。教师通过认真倾听学生讲话（包括不时点头、目光鼓励等），可以获得并理解学生的情感和观点。心理换位是教师准确把握学生传递信息后设身处地为学生着想，并将自己的情绪、态度反馈给学生。教师只有不断加强自身修养，真诚沟通，才会缩短教师因权威、地位、角色而产生的与学生在心理上的距离，营造出和谐、温馨的课堂精神氛围。

（二）建立课堂规则

教师管理课堂时，都会对课堂上的活动和做事程序进行组织和管理，即建立课堂规则。课堂规则作为课堂的行为指导，能有效维持课堂秩序，培养学生良好行为，促进课堂学习。课堂规则的制定受多种因素的影响，主要应依据相关法令与规章、学校及班级传统、学生及其家长的期望和课堂风气这四个方面。教师制定规则时，数量不宜太多，以3~5个为宜。规则表达应明确，使用积极的语言。应采用民主方式，由教师和学生共同商讨制定。课堂规则并不是一成不变的，应及时根据实际情况进行调整。

二、课堂问题行为管理

课堂问题行为是教师经常遇到而又非常敏感的问题,处理不好,就会损害师生关系和破坏课堂气氛,影响教学效率。教师应该懂得在预防、监督的同时,当学生不当行为将现或乍现,班级秩序略趋浮动时,能及时巧妙地处理,将事端消灭在萌芽状态,这同样是课堂管理的一个重要组成部分。

(一)课堂问题行为表现形式

由于人们对问题行为的认识不尽相同,因而对问题行为的分类也不尽一致。中外学者从不同角度对课堂问题行为进行了分类。坎吉罗西(Cangelosi,1993)将中小学最常见的问题行为总结为两种:不合时宜的讲话(包括过多的讲话、不按顺序的讲话、不必要的讲话)和不合时宜的活动(包括搞笑、离开座位);奎伊(Quay. H.C)等人把课堂问题行为分为人格型(表现为退缩行为,如忧心忡忡、缺乏信心和兴趣、心神不安等)、行为型(具有对抗性、攻击性和破坏性等特征,如怪叫、起哄、动手动脚等)、情绪型(学生过度焦虑、紧张和情绪多变而导致的问题行为,如过分依赖他人、心事重重等)。

我国学者对此也做过一些研究,也试图给课堂问题行为按一定标准划分类型。有人(柳夕浪,1998)将课堂问题行为分为外向型的攻击性行为(如打骂他人、推撞、追逐等)和内向型的退缩性行为(如沉默寡言、胆怯退缩、孤僻离群等)。还有的把课堂问题行为分为行为不足、行为过度和行为不适。

(二)课堂问题行为产生原因

学生在课堂上产生各种各样的问题行为,是有各种原因的,是多种影响因素的结合。总的来说,学生课堂问题行为的产生主要有学生自身、教师和外界环境因素三个方面的原因。

1. 学生自身的原因

需要是人行为的内在驱动力。大量的课堂问题行为的产生是由于学生试图满足自己的需要的结果。德雷克斯(Dreikers)、格伦渥德(Grunwald)和拍普(Pepper)(1982)提出,不管学生有没有意识到,他们做出的不良行为是为了满足四个基本需要:想引起他人注意、想显示自己的力量、寻求报复和想要逃避失败。

2. 教师的原因

课堂上的问题行为不仅仅是学生为了满足自己的需要,事实上,教师也要负相当一部分的责任。首先,教师的教学准备不足、教学能力欠缺恐怕是最常见的因素。有的教师不认真备课或根本不备课,教学方法单一、枯燥,表达能力差,缺乏活力。这样的课堂很容易导致教师在学生心目中的威信降低,引起课堂问题行为。其次,教师教育观、学生观的偏差也会导致学生课堂问题行为。如教师把分数作为唯一目标,重智轻德,搞题海战术,歧视差生等,都容易引起学生的厌倦情绪,产生逆反行为,甚至对抗行为。最后,如果学生感到教师对问题行为的解决方式不公平,这种行为也会继续发生。

3. 外界环境的影响

课堂问题行为的产生,除了取决于学生和教师方面的因素外,还与外界环境有关,具体包括家庭、学校、大众媒体和课堂内部环境等因素的影响。

有研究表明,单亲家庭的孩子、父母不和家庭的孩子以及专制型、放纵型家庭的孩子往往更容易产生各种各样的课堂问题行为。大众传媒传播的信息也并非都是积极、正向的。一些暴力、色情、凶杀、追求感官刺激等内容充斥学生周围,部分学生受这些内容影响,盲目模仿、尝试,并把这类行为延伸到课堂。除此之外,课堂内部环境中的温度、色彩、课堂座位的编排方式和课堂心理气氛等都会对学生的课堂行为产生十分明显的影响。

(三)课堂问题行为管理策略

1. 人际沟通策略

作为一种课堂管理策略,人际沟通旨在实现师生真诚地理解彼此行为的真实理由,消除师生之间因交流而出现的对彼此行为的误解,并达成对彼此行为的谅解与共识。课堂管理的人际沟通策略主要包括倾听和诉说、信任和责任等环节。人际沟通的关键在于:积极地倾听,了解课堂问题行为发生的真实原因;信任学生有改进自己行为的能力,并让其承担起行为改进的真实责任。

2. 强化策略

作为一种课堂管理策略,强化的基本假设是:课堂行为是强化的产物。课堂行为的维持或矫正,可以通过对强化的操纵实现,主要是正强化和负强化的相互转化。因为学生良好的行为一旦得到鼓励或赞扬,就会得到强化,并逐步巩固下来,这是正强化。同时,通过鼓励和强化良好行为,有意忽视课堂问题行为可以抑制或终止其他问题行为,这是负强化。通过正强化与负强化的相互转化,可以实现对课堂问题行为的管理。

具体方法有很多,当学生产生良好行为时,教师可以通过口头表扬、身体接触(如摸摸头、拍拍肩膀等)、提供较好条件或更多机会等方式鼓励和强化学生;当学生出现问题行为时,教师可采用转移学生注意、移除媒介、有意忽视、信号暗示、使用幽默等方法及时终止问题行为。对于一些较严重而又难以制止的问题行为,可适当采用一些惩罚措施。

总之,对于学生的问题行为,教师既不可不闻不问,也不可急躁武断,应根据具体行为分析其产生的原因及后果,选择适宜的方法、策略,并在实践中创造性地运用。

小栏目 8-7

处理课堂问题行为的几点建议

(1)正确对待三种课堂行为。课堂上存在着积极的、中性的和消极的三种行为。中性行为影响了学生本人的学习,但没有干扰其他同学的学习,教师不宜在课堂里停止教学而公开指责学生,以避免使其成为全班学生的注意中心,可采用给予信号、邻近控制、向其发问、排除诱因、暗示制止、合理安排和课后谈话等措施,以此把中性行为转变为积极行为。对于消极的课堂行为,教师不可能直接将其转变为中性行为,有时制止或适当惩罚也是必要的,但不可采用讽刺挖苦、威胁、隔离、剥夺、体罚等手段。

(2)行为矫正。行为矫正是用条件反射的原理来强化学生良好的行为以取代或消除其不良行为的一种方法。行为矫正必须以师生的密切配合为前提,同时要与其他方法结合使用,效果才显著。

（3）心理辅导。心理辅导是通过改变学生的认知、信念、价值观念、道德观念等改变学生的外部行为的一种方法。

心理辅导的成败取决于师生间认知距离的缩短和情感隔阂的消除。教师应对学生充满信心，诚恳待人，给学生必要的支持，尊重学生的感受与体验，能从学生的看法与感受出发处理问题，调动学生的积极性，使课堂成为发展学生潜能的良好场所。

三、教会学生自我管理

（一）教会学生自我管理的重要性

教师课堂管理的落脚点最终在于学生的自我管理。英国著名教育家斯宾塞就说："记住你的教育和管理目的应该是养成一个能够自治的人，而不是一个需要让人来管理的人。"教师对课堂的管理就是逐步实现学生由他律向自律的悄然过渡。教会学生自我管理，可以使教师将更多的时间用于教学而更少的时间用于管理学生的问题行为；可以提高学生注意力，增强学生学习的自主性和积极性。

（二）教会学生自我管理策略

（1）确定行为自控的任务。学生的课堂行为除了受班级规章制度约束外，还受到自己已有经验和行为自控计划的影响。一般来讲，学生在课堂中总是会趋利避害，在遵守各项课堂规定的前提下，最大限度地满足自己的需要。在这一过程中，教师应当给予学生一定指导与帮助，使学生形成行为定向和恰当的目标行为。

（2）注意选择策略。教师指导学生按照一定任务对各种因素加以注意，当与任务相关的某种因素出现并影响学生行为时，教师及时提醒学生注意和关注，以便及时分析、调节自己的行为。

（3）修改任务。学生行为受两个因素制约：自我效能感和对结果的期望。当学生出现低的自我效能感时，会消极面对困难，减少或放弃努力，自控能力下降。而学生对结果的期望越低，也会降低行为任务水平。学生应在这两个因素之间保持平衡，使修改后的任务与自己的认识水平一致。

（4）计划。即确定目标行为。学生要在多项任务中进行权衡与选择，并建立起自己的行为控制模型，确定自我控制行为的方式方法，以便对自身行为进行必要的监督与控制。一般包括对恰当行为的定向和对需要改变的行为的定向。

（5）自我监控。课堂中的自我监控能使学生增加恰当行为，减少不恰当行为。教师可以注意引导学生自我观察、自我记录、自我比较、自我评价，增进学生对自己的了解，学会考虑缩小现实行为与目标行为之间的差距，达到自我监控的目的。

（6）执行结果。通过以上环节，学生已经形成了适合自己的任务与目标，并在实际中按照所确定的任务行为，行为的结果又将对学生新的行为产生反馈。这样，个体的自我控制过程告一段落，并对新的行为起着决定性的作用。

思考与练习

一、名词解释

1. 教学策略 2. 教学准备策略 3. 课程计划 4. 课时计划
5. 教学组织形式 6. 班级授课制 7. 单一课 8. 综合课
9. 课堂教学策略 10. 先行组织者 11. 讲授策略 12. 对话策略
13. 问答策略 14. 讨论策略 15. 指导策略 16. 练习指导策略
17. 阅读指导策略 18. 活动指导策略 19. 主动参与教学策略
20. 探究教学策略 21. 合作学习教学策略 22. 课堂管理
23. 课堂心理气氛

二、填空题

1. 教学策略既要解决教师____的问题，又要解决学生____的问题。
2. 根据教学流程，教学策略可划分为____、____和____。
3. 教学策略的特征有____、____、____、____和____。
4. 一个有效的教学策略的基本结构包括____、____、____和____四个要素。其中，____是教学策略结构的核心要素。
5. 教学是一种____、____、____的活动。
6. 教学准备策略具体包括了____、____和____策略。
7. 中小学最常见的教学素材是____、____和____。
8. 学科课程标准一般包括了三个部分：____、____和____。
9. 吃透教科书要达到三个阶段，即____、____、____。
10. 知识一般分为三种类型，即：____、____和____。
11. 组织教学内容时，应把____和____相结合。
12. 从时间顺序上，教学过程分为____、____、____和____四个阶段。
13. 从内容设计上，教学过程设计包括了____、____、____和____。
14. 教案的形式多样，有____和____；从内容多少来看，有____和____。
15. 按照教学单位的规模大小，教学组织形式可分为____和____；按照师生交往的程度，又可分为____和____。
16. 课的类型是根据____而划分的课的种类。
17. 课的类型主要有____和____两大类。
18. 课堂教学是实施教学的____，是推行素质教育的____。课堂教学效率高与低，关键在于教师在教学实施过程中对____的掌握与运用。
19. 课堂教学策略有多种，依据教学内容，有____、____和____；依据教学行为方式，主要有____、____和____。
20. 新课程实施中出现的新的教学策略有____、____和____。
21. 先行组织者策略是____在____提出的一种改进教材的____策略。它是在教学内容学习之前呈现的____。
22. 为帮助理解，促进保持，引导学生对陈述性知识信息进行加工，常用的策略有____、____和____。

23. 学生对策略性知识的掌握要经历____、____和____三个阶段。
24. 讲授策略是教师以____为载体，向学生传输____、表达____、指导学生____和____课堂活动的一种教学行为策略。
25. 为强化讲授效果，教师要恰当运用____。为使____的功能充分体现出来，应做到课前认真____；课堂上____板书并加以调整；书写规范、条理清晰、字迹工整。
26. 教学活动是教师和学生共同参与的____活动，师生之间的____是有效教学的重要前提。对话策略包括____和____两种类型。
27. 根据教学实施流程，问答行为由____、____、____和____四个环节组成。
28. 发问的最基本要求是问题要____。叫答的基本原则是保证每个学生有____的回答机会。
29. 指导策略更多的是关注学生的____、____和对问题的____，尽可能采用____、____、____的方式发挥学生的____。
30. 中小学常用的指导策略有____、____和____三种。
31. 根据新课程观念，随着学生学习方式的改变，教师的教学策略必将由重____向重____转变，由重____向重____转变，由重____向重____转变，由____教育向____教育转变。
32. 课堂自然环境安排中，____和____是首要考虑的管理问题。
33. 一般地，课堂心理气氛分为两大类型：____和____。
34. 课堂心理气氛与____和____有密切联系。
35. 教师要做到移情有两项技能：____和____。

三、选择题

1. "教学策略"这个概念是（　　）提出的。
① 20世纪70年代　　　　　　　② 20世纪50年代
③ 20世纪90年代　　　　　　　④ 21世纪初
2. 教学策略重点研究的是（　　）。
① 教师如何教的问题　　　　　② 学生如何学的问题
③ 教师如何教和学生如何学的问题　④ 教学方法问题
3. 同一教学策略可以解决不同的问题，不同的教学策略也可以解决相同的问题。这说明了教学策略具有（　　）特征。
① 指向性　　　　　　　　　　② 层次性
③ 灵活性　　　　　　　　　　④ 操作性
4. 教师在选择和制定教学策略时，必须对教学的全过程及其各要素加以综合考虑，全面安排，这说明教学策略具有（　　）特征。
① 调控性　　　　　　　　　　② 灵活性
③ 综合性　　　　　　　　　　④ 操作性
5. 有效的教学策略通常是由（　　）等要素有规律地构成的结构系统。
① 教师、学生、教学内容、教学手段
② 指导思想、教学目标、实施程序、操作技术
③ 教育者、受教育者、教育内容
④ 指导思想、实施程序、操作技术
6. 教学策略研究的重要目的之一是（　　）。

① 提高教学效率，实现教学的最优化
② 以最少的时间和精力，取得最佳的效果
③ 实现教育目的
④ 教会学生做事

7. 下列哪一项不属于教学材料（　　）。
① 练习册　　　　　　　　② 幻灯片
③ 明星画报　　　　　　　④ 课外书

8. 下列哪一项不是教学参考资料（　　）。
① 课件　　　　　　　　　② 教科书
③ 教师指导用书　　　　　④ 磁盘

9. 下列哪一项不符合教学目标陈述的要求（　　）。
① 全面　　　　　　　　　② 具体
③ 明确　　　　　　　　　④ 模糊

10. 选择教学内容，应确定在（　　）。
① 学生现有水平之外　　　② 学生现有水平之内
③ 学生"最近发展区"　　　④ 教师现有水平之内

11. 班级授课制的优点不包括（　　）。
① 教师工作效率高　　　　② 有利于开展集体教育
③ 有利于因材施教　　　　④ 有利于发挥教师主导作用

12. 16世纪末，随着资本主义生产方式的兴起诞生了（　　）。
① 个别教学　　　　　　　② 小组教学
③ 道尔顿制　　　　　　　④ 班级授课制

13. 下列哪种座位排列方式最适合集体授课（　　）。
① 马蹄形　　　　　　　　② 秧田形
③ 圆形　　　　　　　　　④ 模块形

14. "教学要发展能力，不能仅限于知识的传授"，这里的"知识"是指（　　）。
① 书本知识　　　　　　　② 陈述性知识
③ 程序性知识　　　　　　④ 策略性知识

15. 先行组织者是在20世纪60年代初由（　　）提出的一种改进教材的组织与呈现方式的策略。
① 赞可夫　　　　　　　　② 巴班斯基
③ 布鲁纳　　　　　　　　④ 奥苏伯尔

16. 采用"自我提问法"进行策略使用的监控训练时，首先要制定一个体现高效策略有效使用程序的（　　）。
① 计划　　　　　　　　　② 方案
③ 问题单　　　　　　　　④ 手段

17. 课堂教学中，（　　）是教师最基本、最常用的一种教学行为。
① 对话策略　　　　　　　② 讲授策略
③ 问答策略　　　　　　　④ 讨论策略

18. 依据教学流程，问答行为是由（   ）四个环节组成。
① 发问、候答、叫答和理答
② 听、说、读、写
③ 激发动机、集中注意、认真思考、主动回答
④ 提出问题、组织答案、举手回答、作出评定

19. 为提高教学效率，教师必须（   ）教学策略。
① 严格执行　　　　　　　② 变通运用
③ 完全照搬　　　　　　　④ 严格遵照

20. 对教师的语言表达能力和组织听讲的能力要求高的教学行为是（   ）。
① 讲授策略　　　　　　　② 指导策略
③ 对话策略　　　　　　　④ 练习指导

21. 强调师生之间的互动与交流的教学行为是（   ）。
① 讲授策略　　　　　　　② 指导策略
③ 对话策略　　　　　　　④ 练习指导

22. 强调教师应通过启发、促进、引领、指点，使学生充分发挥自主能动性的教学行为是（   ）。
① 讲授策略　　　　　　　② 指导策略
③ 对话策略　　　　　　　④ 练习指导

23. 新课程实施倡导自主、合作、探究的学习方式，与此对应，教师的教学策略强调以（   ）为重。
① 教师的教　　　　　　　② 知识传授
③ 学生的发展　　　　　　④ 结果

24. 教师制定课堂规则，数量应以（   ）为宜。
① 3～5个　　　　　　　　② 5～7个
③ 6～10个　　　　　　　 ④ 越多越好

25. 下列哪项不属于奎伊对课堂问题行为的分类（   ）。
① 人格型　　　　　　　　② 情绪型
③ 理智型　　　　　　　　④ 行为型

四、判断题（正确的在括号内打"＋"，错误的打"－"）

1. 教学策略是研究教师如何教的问题。（   ）
2. 教学策略一旦确定，教师就应严格执行。（   ）
3. 教学策略包括的范围比较广，而教学设计的运用范围较窄。在一定意义上，教学设计属于教学策略的一个重要组成部分。（   ）
4. 教学策略规定着教学模式，属于较高层次。教学模式比教学策略更详细、更具体，受到教学策略的制约。（   ）
5. 教学策略具有简约化、概括化、理论性和相对稳定性的特征。（   ）
6. 教学策略就是教学方法的简单堆积或串联。（   ）
7. 教学素材也称教学材料，是教学内容的各种形式的载体。（   ）
8. 学科课程标准就是教师教学用的提纲。（   ）

9. 学科课程标准虽然是对单科课程的总体设计，但也应对具体教学因素和教学环节提出建议。（   ）
10. 教科书就是权威，教师应完全遵照教科书进行教学。（   ）
11. 教师凭一本教科书和一本教学大纲就可以上好课了，不需要更多的参考资料。（   ）
12. 教学方案设计就是撰写教案的过程。（   ）
13. 课程计划是对一门课程的总体规划。（   ）
14. 教学中不存在适用于一切条件范围和问题的教学策略。（   ）
15. 教学策略与所要解决的教学问题之间的关系是绝对的对应关系。（   ）
16. 除客观因素外，教师要根据自身的学识、能力、性格及身体诸方面条件，选择和运用教学策略，才能发挥教学策略的作用。（   ）
17. "教是为了不教"，教师应认真研究教学策略，使学生学会学习。（   ）
18. 课堂教学效率高与低，取决于教师对课堂教学策略的掌握与运用。（   ）
19. 知识有多种类型，但各种类型知识的教学策略是完全相同的。（   ）
20. 讲授策略不要求学生的互动行为，信息传递具有单向性，所以是一种不好的教学策略。（   ）
21. "为什么""怎么样"的提问方式比"是什么"的提问方式，更能激发学生的思维活动。（   ）
22. 课堂上，为集中学生注意力，教师面向全班学生提出问题后，应立即让学生作出回答。（   ）
23. 为防止和避免练习形式化，师生应树立"掌握内容第一"的观念。（   ）
24. 新课程实施的教学策略侧重于培养学生的创新精神和实践能力。（   ）
25. 教室就是学生上课的地方，布置得好坏与学生学习关系不大。（   ）
26. 好的课堂气氛关键在于学生能否配合，与教师关系不大。（   ）
27. 教师对课堂上的活动和做事程序进行组织和管理，这就是建立课堂规则。（   ）
28. 大量的课堂问题行为的产生是由于学生试图满足自己的需要的结果。（   ）
29. 教师在处理课堂问题行为时，真诚沟通，了解行为真实原因非常重要。（   ）
30. 学生良好的行为一旦得到鼓励或赞扬，就会得到强化，并逐步巩固下来，这是负强化。（   ）
31. 教师课堂管理的落脚点最终在于学生的自我管理。（   ）

五、辨析题

1. 教学策略与教学设计是一回事。
2. 教学策略就是教学方法。
3. 教学策略与教学模式是相同的。
4. 教学准备策略就是教案的撰写。
5. 教学方案设计实际上就是为教学活动做出全面规划的过程。
6. 班级授课制是最好的教学组织形式。
7. 程序性知识教学中，一切练习都有利于学生对知识的掌握。
8. 策略性知识应该单独进行专门的训练。
9. 讲授策略不要求学生的互动行为，但仍然是教学中最基本、最常用的教学行为。

10. 问答策略是教师问学生答的教学行为，因此教师提出问题后应立即让学生作出回答。
11. 讨论策略能充分体现学生的主体作用，培养学生独立思考和解决问题的能力，是适用于一切学生、一切问题的教学行为。
12. 探究教学就是放手让学生像科学家那样去探讨、研究问题，教师起助手作用。
13. 有效的课堂管理就是当出现问题行为时，教师能及时制止。

六、简答题
1. 制定和选择教学策略的依据是什么？
2. 简述教学目标设计的步骤？
3. 教学内容设计应注意什么？
4. 陈述性知识的教学策略是什么？
5. 程序性知识的教学策略有哪些？
6. 策略性知识的教学策略是什么？
7. 教师组织和引导学生开展讨论时应注意些什么？
8. 怎样进行练习指导？
9. 阅读指导的策略有哪些？
10. 如何进行活动指导？
11. 如何实施主动参与教学策略？
12. 如何实施合作学习教学策略？
13. 建立课堂规则的依据是什么？
14. 学生自我管理策略包括哪些？

七、论述题
1. 联系实际，试述在教学实践中如何运用教学策略？
2. 以某门学科为例，试述如何进行事实性知识的教学？
3. 试述学生的探究活动与科学家的探究活动的区别，并联系实际谈谈怎样开展探究教学？
4. 论述班级授课制的优缺点，并分析如何选择、运用教学组织形式？
5. 请谈谈教师如何创设课堂心理气氛？

八、实例分析
1. 李老师在教学《动物园的晚上》一课第三段时，先利用挂图，引导学生通过观察回答：蝙蝠是怎样睡觉的？学生们纷纷举起小手响亮地回答："蝙蝠是倒挂着睡觉的。"然后，李老师进一步地组织学生自由朗读课文，细细体会蝙蝠睡觉的特点。

当学生们相继读完课文安静下来时，王冲同学举手站起来神情严肃地问："老师，蝙蝠倒挂着睡觉会不会脑充血呢？"学生们一听哗然大笑，李老师听后，心里埋怨他乱提问题，则不高兴地说："你想到哪里去了，蝙蝠又不是人，怎么会脑充血呢？真是扯远了。"其他学生听了，笑得更起劲了，他则好像抹了一鼻子灰，一脸尴尬，神情沮丧地坐了下去。请运用教学策略的原理试分析李老师的教学行为。

2. 张老师说：现代教育强调以学生为本，突出学生的主体地位，注重教师与学生之间的互动与沟通。而讲授策略只侧重教师的言语讲授，不要求学生的互动行为，因此，在现代课堂教学中，对话策略是最好的教学策略，应以对话策略取代讲授策略，作为最基本的教学行为。

3. 王老师经常说："因为'教无定法'，所以我是随便选择教学方法的。"

第九章 中小学教育科学研究

本章要点：
- 科学研究和教育科学研究的含义和特点；
- 中小学教育科学研究的任务和意义；
- 教育研究的基本步骤；
- 中小学教育研究的方法。

第一节 教育科学研究概述

一、什么是科学研究

（一）科学研究的含义和特点

科学是一种特殊的社会历史现象，是人类对自然、社会和思维等现象的规律性的认识，它以系统的、有组织的知识形态反映出来。科学被看作是有组织、有系统的正确认识，也被看作是解决问题的方法。

科学研究是运用严密的科学方法，从事有目的、有计划、有系统的认识客观世界，探索客观真理的活动过程。

科学研究的基本要素主要有研究者、研究范围和对象、研究方法、研究机构、物质的辅助手段、科学研究的已有成果、社会背景等7个自变量。

科学研究有如下三个显著特征：

1. 客观性

所谓客观性，是指研究所使用的一切方法和程序，不受个人主观判断或无关因素的影响。

科学研究的客观性主要表现在三个方面：首先，科学研究的对象来源于客观世界，来源于人类生产、生活的现实，是客观现实的需要。例如，关于幼小衔接的问题，关于新课程改革问题，关于中小学生心理健康问题等，这些中小学教育科研课题均来源于客观教育实践的需要。其次，科学研究的过程要求严格的客观性。科学研究是研究事实和事实的意义，用事实说明问题，从中找出规律性的东西，并且要用事实来检验我们的观点是否是客观真理，是否真正找出了规律性的东西。再次，科学研究的结论是可以检验的，能反映一定客观规律的结论，而非主观臆断。

2. 系统性

科学研究通常采用系统的方法。系统的方法通常是以一个明确的问题开始，直到结论的获得为止。系统性是科学研究的一个重要特征，主要表现在三个方面：首先，任何科学研究都是建立在前人研究基础之上的，是整个人类认识环节上的一个组成部分，而不是孤立的。要进行科研，首先就要掌握前人的科研成果，正如牛顿曾说过的，要"站在巨人的肩膀上"，我们不可能脱离人类认识系统和知识体系，去进行孤立的研究。其次，科学研究必须注重事物之间的联系。客观世界是部分与部分之间紧密联系的整体系统，人们不可能脱离这个整体系统而只是去研究某一个别对象，而必须通过整体与部分之间的联系去认识研究对象。再次，科学研究本身是一种系统的研究活动，教育科研则是按一系列规定好的步骤进行的一种有系统的科学探索，是规范化的行为方式，而不是随意、盲目、偶然性的活动。

3. 创造性

创造性是科学研究最本质的特征，其表现如下：首先，科学研究本身就是一种创造性的活动。科研的任务是探索自然界、人类社会和思维的未知领域，是发现新规律，创造新成果，从而扩大我们对某一课题的认识的过程。其次，科学研究需创造出新的、更加科学的方法。因为科研是用科学的方法去发现新的规律、发明新的具有社会价值的成果。进行科研、方法上的革新、突破很重要，"科学就是发现的方法"，新的方法的发现与创造往往能开拓研究的新领域，深化研究进程，从而获得新的研究成果。再次，科学研究又是极艰巨的创造性劳动，需要付出艰苦的努力，要有勇气和毅力克服困难，努力攻坚，才能在方法上有所突破和创新，才能获得新的发现，把我们对未知领域的认识不断向前推进。

（二）科学研究中的假设

1. 什么是假设

假设是运用思维、想象，对所研究的事物的本质或规律的初步设想或推测，是对所研究的课题提出的可能的答案或尝试性理解。著名学者胡适曾有一句名言："大胆假设，小心求证。"大胆假设，即人人都可以提出假设，假定有一种或几种解决问题的方案。

假设并不是单纯主观思辨的产物，也不是以荒诞的臆造为基础的虚妄、任意、离奇的猜想，而是依据事实和科学知识的基础，对未知领域作有规律的推测。假设是一种预见，产生于日常观察和已有的研究成果，或产生于研究者的联想或直观推测。

2. 假设的作用

首先，假设可指导科研沿着一定方向行动。假设是科研设计的主要依据之一，一个良好的假设可以提示哪一种研究设计才能够配合研究的需要。其次，假设可指导资料的收集。假设是研究问题和解决问题所需证据的桥梁，它指导研究者收集解决问题所需要的证据和资料，使研究者对有用的重要的材料更加敏感。

3. 假设的特征

（1）假设具有事实和科学基础，并非虚妄的主观臆断，它与神话、幻想、迷信有原则区别。

（2）假设具有一定的猜测性、假定性和或然性。

（3）假设具有多样性。由于假设所依据的事实材料和科学知识有限，又要以此为基础进行预见，所以以不同的事实材料和科学知识为依据，必然会出现不同的假说。

（三）科学研究中的两种定义

科研中的定义主要是界定变量的意义。变量是研究者操纵、控制或观察的条件或特征。变量种类甚多，常见的有：自变量、因变量、无关变量等。自变量是用来预测的变量，因变量是被预测的变量，无关变量应称之为"有关的无关变量"，不包括真正无关的无关变量，如儿童体重不会影响故事教学的效果。

1. 概念性定义

概念性定义又称广义性定义或抽象定义，是对研究变量或指标的共同的本质的概括。例如，将"智力"界定为"认识能力"或"抽象思考能力"；将"兴趣"界定为"人对现实世界的对象和现象的特殊认识倾向"。概念性定义的优点是可以涵盖较多研究变量所属的特征，缺点是无法据以测量或操纵研究变量。

2. 操作性定义

操作性定义是用可以感知、度量的事物或行为事件、现象和方法对变量做出具体规定与说明。例如可以用智力测验得到的 IQ 分数代表儿童智力水平；用出勤率、迟到与早退次数与时数，以及上课听讲和作业完成情况，参加班级活动或学校活动等具体的可感知的现象代表学生的学习态度。

操作性定义的特征表现在三个方面：

（1）定义的内容具体化。操作定义是用具体的事物、现象和方法来说明概念或变量，而不是采用概念或同义语来界定概念或变量。

（2）以经验的方法下定义。可以用直接感知、度量的方法，对变量加以说明，而不是像抽象定义那样通过逻辑的方法。

（3）操作性定义着重变量的外延或过程。

二、什么是教育科学研究

（一）教育科学研究的含义和特点

1. 教育科学研究的概念

教育是人类培养新生一代的社会实践活动，是向新生一代传递知识和价值观念的过程。教育科学研究就是运用科学方法，探索教育领域客观规律的认识过程。包含三方面的意思：首先，教育科学研究是教育研究工作者一种有目的、有意识的认识过程，是一种"发现"、"探索"的过程，也是旨在发现新的、尚未被认识的教育领域的规律的过程。其次，教育科学研究所要探索和发现的是教育领域中尚未认识或彻底揭示的教育规律，同时对现存的教育理论观点、方法和价值进行反思评价，找出规律性的东西。再次，教育科学研究是运用"科学的方法"，探索教育领域的客观规律。研究方法要科学，包括依据研究目的、任务，选用适宜方法和遵循科学的程序。

中小学教育科学研究就是运用科学方法，探索中小学教育领域的客观规律的创造性认识过程。

2. 教育科学研究的特点

教育科学是研究人类知识和价值观念传递过程中的现象或问题的科学。马卡连柯曾说过："教育学是最辩证、最灵活的一种科学，也是最复杂、最多样化的一种科学。"教育科学的发展，依赖于教育科学研究的不断探索与创新。教育科学知识的丰富和理论体系的完备又为教育科研提供了基础。可以说，教育科学研究与教育科学二者相互联系、相互促进，在教育科研的基础上形成互动的关系。

教育科学研究的特点如下：

（1）研究对象的复杂性。教育是一种复杂的社会现象，是人特有的社会性活动。教育科研以"人"为研究对象,同时涉及个体和群体两方面行为,变量复杂。同一行为可能出于不同动机与原因,表现出不同意义与价值,因而极难普遍化与形式化。从某人或团体获得的资料,应用于另一团体或其他情境,不见得有效;即便是同一个人或同一群体,在另一情境,其行为也可能改变。所以在教育科学研究中,一般性结论的取得十分不易。首先,在研究中做直接观察比较困难,不容易简化或控制条件,很难做重复性实验。再则,研究过程中研究者与被试者的相互作用也会对研究结果产生影响。

(2) 研究范围的广泛性。教育不仅与人的发展关系密切,而且与社会进步有着密切的联系。教育研究既涉及教育内部的各种关系,又涉及教育与社会方方面面的各种外部联系,因此不仅要研究教育对象,而且需要注重研究发展教育的各种条件、各种影响,研究教育者的素质等。

(3) 研究方法的综合性。要探求教育活动规律,通常不能运用单一的方法获得结论,而必须综合地运用各种研究手段、途径。随着学科的发展,各学科联系的加强,如自然科学与社会科学的交叉,作为社会科学之一的教育科学研究要依据和吸收其他有关学科的研究成果,借鉴其他学科的基本概念、方法与技术手段等,同时又要考虑本学科自身特点选择和设计适宜的研究方法。即不仅要注重运用经验思辨的方法,进行观察和综合性描述,又需尽可能对量的因素加以关注,将定性与定量结合,如此才能获得科学可靠的结论。

(4) 研究的伦理性。教育研究对象是人,研究目的是为了使教育更符合规律从而促进人的发展。因此,研究不能违背伦理性原则。例如,在对一些实验因素加以处理或研究条件控制与操作时,不能妨碍或有害于研究对象身心的健康发展。也就是说,教育研究一定要遵循人道主义精神,决不能用创造情境诱使儿童产生不良行为的方法来获取研究资料。

(二) 教育科学研究的层次

(1) 依研究目的,教育科研可划分为五个层次,即基础研究、应用研究、开发研究、评价研究和行动研究。这五个层次从行动研究到基础研究是从非正规向正规化递增,其应用的即时价值呈递减倾向,而在理论上的长远价值则呈递增状态。如从针对实际解决具体问题的角度看,则行动研究更直接、更迅捷。当然,五个层次的划分是相对的,既有层次性,又体现了连接性或衔接性。

(2) 教育科研的方法体系层次。教育科研方法体系包括三个层次,即方法论、一般方法和具体研究方法。

教育科研方法的最高层次是哲学方法论。方法论是指导研究的一般思想方法或哲学,教育科研离不开一定的哲学认识论。认识论为我们认识自然界和人类社会生活最一般规律提供方法论原理,被认为是"全部科学研究之母"。马克思主义哲学是科学的世界观和方法论,为我们正确认识教育现象提供了指导思想和理论基础,教育科研必须以马克思主义哲学为基础和指导。

一般方法是介于哲学方法论与具体研究方法之间的系统科学,包括系统论、控制论、信息论和耗散结构论、突变论、协同论等系统理论。它为科研提供了一系列原理原则,如整体系统原理、有序原理、动态原理、反馈原理等,具有现代科学研究共同的一般方法论性质。

具体研究方法即适合特定科学的专门的研究方法与技术手段。就教育而言,收集资料的方法如:文献法或历史法、观察法、调查法、实验法等;分析处理资料的技术手段如:系统分析法、制表法、抽样法和计算机技术等。

（三）中小学教育科研的任务和意义

中小学教育科研的基础任务是：研究和解决中小学教育发展与改革过程中提出的重大理论问题和现实问题；揭示中小学发展的未知规律。其具体任务是：总结教育经验；开展教育现状的调查；深入研究当前亟待解决的教育问题；进行教育教学改革的实验研究；开展学生的全面发展研究；开展学科的教学研究等。

开展中小学教育科研具有十分重要的意义，具体如下：

（1）是深化中小学教育改革的需要。教育改革的目的是为了使教育事业更符合教育发展的规律。历史经验证明，凡是按教育规律办事，教育改革就会成功，反之就会失败。当前中小学的教育改革涉及的内容很多，如教育思想、教育观念、教育内容、教育方法、教育技术手段、中小学心理健康、思想品德教育、新课改问题等，这些都有待从理论与实践结合上予以科学回答，提出切实可行的解决办法。教育科学研究可以为中小学教育改革提供科学依据。

（2）提高中小学教育质量的需要。中小学教育是儿童青少年发展关键阶段的教育，是提高国民素质的基础教育。就目前中小学教育状况而言，教育质量不理想。而要提高教育质量必须进行教育科学研究。大量事实证明，以教育理论为指导，开展教育科学研究，可以使教育质量大幅度提高。凭经验从事教育工作而不进行教育科学研究，教育质量的提高就得不到有效保证。

（3）推动中小学教育的理论建设的需要。中小学教育是典型的教育现象，对它进行研究既可以从中揭示中小学教育的特殊规律，又可以从中提炼出一般原理。通过有效开展中小学教育科研，可以系统地总结我国广大中小教育科研多年来累计的大量实践经验，使之上升为理论，同时吸收我国古代及外国优秀教育思想和实践，在此基础上，建立起具有中国特色的中小学教育理论体系，并逐步使之完善丰富。

（4）提高中小学教师素质的需要。结合教育教学从事教育科学研究，是培养和造就高素质教师队伍的重要途径。广大一线教师最容易理解学生，通过教育科研可以使他们钻研教育科学理论，使教育教学走上科学轨道，提高教育教学水平；可以使他们掌握学生成长规律和特点，加强教学工作的针对性；可以使他们增强科研意识，形成科学态度，掌握科研技能方法，不断提高科学水平和研究能力；可以使他们增强教师工作的历史责任感，热爱教育事业，终身从事教育工作。

第二节　中小学教育科研的步骤

一、研究课题的选择和确定

具体从事一项教育科研要解决两个问题，即研究什么和怎样研究。前者就是提出问题，规定整个研究的方向和思路；后者就是在科学考虑和研究中解决问题。

（一）选题和确定科研课题的意义

1. 选择和确定科研课题是研究工作的起点和出发点

科研课题的选择和确定，是进行科研的首要的最重要的起始环节。爱因斯坦曾说过：提出一个问题往往比解决一个问题更重要,解决一个问题,也许仅仅是一个教学上或实验上的技术问题,而提出一个新问题,出现一种新的可能,从新的角度看旧问题,却需要创造性的想象力,而且它往往标志着科学的进步。选准一个课题等于走完了成功的一半路程。因为进行科研首先要有一个明确的任务,进而才能有目的地组织观察和实验,系统地收集资料,最后验证假设,建立科学理论。所以说科研课题的选择和确定,是研究工作的起点和出发点。

2. 选择和确定研究课题有助于研究者建立和调整自己的知识结构

人的知识结构的形成一般通过两条途径:一是非定向积累,这是指对学校课程设置安排的基础课、专业课的学习,这里的内容侧重于共性知识的积累,也就是说,无论学习者将来做什么和进行哪方面的研究,都是需要学习掌握的。二是定向积累,这是指围绕一个问题或主题,有意识地积累为解决这个问题所需要的知识。这种定向积累知识的方法是活生生的,可以使学习与运用、理论与实践结合起来。大学生的毕业论文的选题,就体现了非定向积累所提供的基础,又通过定向积累提供方向和思路,因而往往印象深刻。

（二）正确选择课题应具备的条件

（1）广博丰富的知识,这是选题的基础。研究者除了要具备本专业的和所要研究的课题范围的直接知识,还应具备邻近学科和其他专业的间接储备。

（2）治学精神和独立的思考能力,这是选题的必要条件。有了疑问,才不会满足现状,才会激发我们对未知的探索,不断提出新问题。具有独立的思考能力和批判精神,才能在前人的研究的基础上批判性地继承和创造性地发展。科学的生命力就在于追求,在不断追求新问题的解决过程中,使自身得到发展。

（3）及时掌握科研动态,这是正确选题的重要保证。及时掌握学术动态,有益于增强研究的目的性、自觉性、较好地确立研究起点。

（三）选择课题途径

（1）从教育实际中发现问题,这是重要的途径。教育科研最迫切的任务是要解决当前教育实际工作中亟待解决的问题。当前,我国教育事业正处在改革发展的新时期,有许多新情况新问题需要加以研究。例如教育如何适应我国社会主义市场经济发展？如何处理好教育在数量上的发展和质量上的提高的关系？如何发展农村教育？如何解决办学经费问题？如何解决教育不公的问题？如何发展学生动手能力的问题？怎样抓好儿童青少年思想品德教育？如何抓好学生的心理健康教育？等等。

（2）从过去研究中发现问题,这也是选题的一条重要途径。首先,别人研究中提出的新问题也是我们研究问题的重要来源之一。其次,有的研究具有长期性、连续性的特点,在某一阶段只能完成研究的一部分问题,而余下的需要人们去继续完成。再次,有的教育研究具有多元性的特点,在一项研究中仅能研究若干变量或因素,可以引出对其他变量或因素的研究。

（3）从与专业人员接触中发现问题,这也是一条选题的重要途径。首先,主动向有关课程的老师、教授或研究机构的专家请教,讨论自己兴趣领域中的问题,可以发现一些值得研究的问题。其次,参加有关的学术研究会、学术交流活动,也是一种和专业人员接触的好时机。

以上三条途径是最基本最主要的选题途径。其他还有很多途径,如去选修自己拟做研究的有关课程,和同学讨论交换意见,实地观察教育现象,总结自己的经验体会,整理学习笔记等。

（四）选题应遵循的原则

（1）需要性原则。这是指选题要面向教育实践需要，面向教育科学自身发展需要，也就是说选题要注意社会效益，要有理论价值的现实意义。

（2）科学性原则。这是指要以辩证唯物主义原理为指导，以科学实践反复证实的客观规律为基础，否则就会陷入非科学或伪科学的歧途，使研究一无所获。例如，牛顿晚年证明上帝存在的研究课题，以及种种"永动机"的研究课题，都是违反科学性原则的，其结果导致研究失败。

（3）创造性原则。这是指选题要有创造性和突破性。要给人类增加新知识、新见解，并解决不断出现的新问题。不贯彻这条原则就会因循守旧，重复雷同，不仅满足不了社会和科学发展的需要，而且会造成极大浪费。研究要站在科学的前沿，在已有课题中发现空白点。

（4）可能性原则。这是指研究者要完成课题的主客观条件。科学需要幻想，但幻想并不等于科学。要把幻想变成科学，必须满足现实可能性的原则。研究者的主观条件指他的知识结构、研究能力、技术水平、个人爱好和研究热情等。客观条件是指资料是否充足？所需费用如何？是否能保证时间？等等。选题不要好高骛远、贪大求全，也不要妄自菲薄、知难而退。要研究那些既有价值又有可能的问题。

二、查阅文献资料

（一）查阅文献的目的

查阅文献的目的：一是为了掌握基本理论和基础知识，考察有关问题的历史背景和来龙去脉；二是为了了解有关领域和课题的研究现状，学习和借鉴有关研究方法。

文献资料是智慧的结晶，是知识的海洋。教育研究者要想有创意，就必须善于利用文献资料。

（二）查阅文献的方法步骤

首先要学会利用图书馆，并学会查卡片、记卡片，以及查卡片箱或查目录索引，然后从中找到与自己研究有关的重要资料，包括书籍、文章、综述材料等。

借到资料后，首先要认真仔细阅读，其方式有：浏览、通读和精读。对与自己研究课题有关的资料要抓住重点反复阅读，边读边想，深入分析，反复琢磨，深刻理解其精神实质。其次要做好笔记。俗话说："好记性不如烂笔头"。做笔记不仅能保存资料，而且能帮助记忆，促进联想。做笔记的方法很多，常见的有写批语与做记号、摘录、提要、札记和文献综述。

（三）查阅文献应注意的问题

（1）选题与文献查阅交叉，阅读与思考结合。在初步确定课题后，就需将选题与阅读文献交叉进行。通过这两步的交叉进行形成具体的课题和初步的研究假设。

（2）扩大阅读范围，拓展思路。阅读不应过分局限于正在研究的问题，因为这不利于正确深入选择问题。

（3）在做资料工作的同时，应通过调查、访问、观察等，了解掌握有关问题的实际情况，做到心中有数，这样才对所要研究的问题有实际意义和价值。

三、选择确定研究方法

在研究方向与目的确定之后，方法就起着决定作用。方法适当，就能沿着正确方向，达到研究目的，获得一定结果。否则，就可能劳而无功。选择确定研究方法通常要考虑以下几个问题：

（1）选用的方法必须能保证研究的科学性，必须适合研究课题、内容，适合研究对象的性质和特点。例如，要研究"小学生户外游戏及其指导"，就需选用观察法和教育实验法，而不是主要通过问卷来收集事实资料。

（2）选用的方法应具有可行性，也就是必须考虑客观条件和主观条件。

（3）综合运用不同方法进行研究。

四、研究计划的制订

（一）科研计划制订的意义

计划是行动的纲领。制订计划是研究工作极为重要的一个环节、计划制订得越周密、完善和充分，研究就越能顺利进行并取得成效。科研计划的制订可以使研究者进一步明确研究课题、任务，确定研究对象、方法、步骤及时间安排，使研究者有条理地进行研究工作，保证按期完成科研任务。同时也可使参与者步调一致。

（二）科研计划的内容

（1）研究课题的具体名称即研究题目，必须简明、具体、确切，要对研究任务或所要解决的问题作明确表述。

（2）前言。它包括三个方面：其一是研究问题是怎样提出来的，背景如何；其二是研究综述，将前人对本课题的研究扼要地述评，再说明研究者本人对这个问题的看法；其三是确定研究任务，陈述假设。

（三）研究对象和研究方法

研究对象主要涉及研究场所的选择和研究对象即被试者的选择。

研究方法主要是对收集事实材料的方法做出选择与确定，写出采用的主要方法和辅助手段，对每种方法的运用要写出较详细的设计。如果用观察法就要写出观察提纲，明确观察什么、怎样观察、记录哪些内容等，还应写出研究所需要的设备以及材料的整理与统计方法。

（四）研究步骤与时间分配

整个研究进程需要多少时间，各步骤需要多少时间。如果是协作性研究，还需明确分工，确定各环节的工作内容，限定完成时间，明确负责人。

五、开展研究活动，收集事实材料

这一步骤是实施研究计划，即研究者根据计划，开展研究活动，收集有关事实材料。由于整个研究工作能否成功就在于材料的可靠性、准确性和科学性，因此必须认真严肃对待。

收集事实材料要注意以下几点:

(1) 严格遵循客观性原则。要坚持实事求是,不夸大、不缩小。要坚持科学态度,遵循严肃、严格、严密的"三严"精神,认真从事研究工作。

(2) 收集材料要尽可能全面,并兼顾质与量。有关教育的客观事实是十分错综复杂的,只有收集了与所研究问题有关的各个方面的大量材料,才能认识问题的本质。任何事物都是质和量的统一体,因此,必须注意定性与定量的结合。

(3) 及时整理记录,积累典型材料,作出评析。在每日观察、调查或实验时,力争当日对记录的材料加工整理。趁记忆犹新时,将材料整理归类,加以补充完善。否则,有可能使大量材料随时间延长而遗失,因此要及时理清思路,及时发现问题和纠正偏差。

六、整理、总结、撰写科研报告

(一) 整理加工材料,进行分析研究

收集资料结束后,就进入正式分析整理阶段,这时需要对收集起来的全部资料加以汇总,进行分类,排列组合,按材料的纵横联系进行整理,使之系统化。在此基础上,进行逻辑分析与统计分析。

(二) 撰写科研报告

撰写教育科研报告是用文字的形式把科研成果表述出来,目的是为了交流和推广科研成果,或是为理论及实际工作者提供参考资料或研究的基础。

1. 科研报告的内容与结构

科研报告的内容有四个部分:一是研究所要解决的问题是什么;二是研究是用什么方法解决这一问题的;三是研究所获得的结果怎样;四是研究结果说明了什么,结论如何。

科研报告的基本结构:课题名称、作者及其单位、问题、方法、结果、讨论、结论、参考文献和附录。

2. 科研报告各部分的内容要求

(1) 题目、摘要、关键词。题目是报告的"眼睛",要简练明确,一目了然。摘要是题目的第一印象的扩大,要简短、准确。关键词是构成报告的起支柱作用的词,一般不超过9个,能对读者起到"画龙点睛"的效应。

(2) 提出研究的问题。问题是研究的起点、出发点和中心,要开宗明义交代问题提出的背景,来龙去脉。在此基础上,陈述研究所要解决的具体问题,说明本研究的目的、任务是什么及如何解决。

(3) 说明研究方法。其内容主要有:怎样选择研究对象;收集事实材料的具体方法;研究程序、步骤和时间安排等。

(4) 研究结果的阐述。研究结果中,最重要的是数据和事实材料。要对收集起来的材料先鉴别其真伪,进而使之系统化。一些数据可以用图表来描绘,直观、形象,使人一目了然。对结果加以说明时,要注意一般与典型结合,使报告呈立体感,能够多维度、生动形象地说明问题。

(5) 讨论。其内容主要有:由结果来回答篇首提出的问题。说明问题是否得到解决,以及采用的方法是否可靠;对结果做理论上的解释和说明,论证为什么能够得出这样的结果;

分析本研究还存在的问题、不足，并提出进一步研究的课题及改进现状的教育建议。

（6）结论。概括地说明：研究了什么问题，有什么结果，说明了什么问题，以及还需要进一步做怎样的研究。下结论要注意：小心谨慎，合乎逻辑，不任意扩大结论的运用性。

（7）附录与参考。附录部分要交代研究所用的一些重要材料，如调查提纲、问卷题目、教育手段方案、观察评定的表格，以及运用的测量工具等。

参考文献指研究过程中阅读过哪些文献，要注明文献标题、作者姓名、出版单位与日期、查阅书籍的页数等。

撰写教育科研报告应注意的问题主要有以下几点：及早做准备；观点与材料结合；研究方法要适宜研究的问题；分析问题要注意实事求是；写报告要认真思考，深思熟虑之后再下笔；报告应具有可读性；要注意科学道德。

第三节 中小学常用教育科研方法

学校教育现象千姿百态，对它的研究多种多样，在若干年的积累中形成了类型全面、方法多样的教育科研方法体系。随着科学技术的日益进步，新的技术革命的到来，现代教育科研方法体系和运用技术又有许多新的突破。在异彩纷呈的教育科研方法中，我们难以一一列举，在本节中介绍中小学最常用的六种教育科研方法：观察法、调查法、个案研究法、实验研究、行动研究。

一、观察法

（一）观察法的含义

观察法就是研究者在自然状态下，通过感官或借助于一定的科学仪器，在一定时间、一定空间内进行的有目的、有计划的考察并描述教育现象的一种科学研究方法。例如，为了研究儿童的亲社会行为，对某个范围的儿童的日常活动进行一定时段的连续观察，同时可借助录音、录像等设备使资料更翔实。

（二）观察法的类型

依据不同的分类标准，观察法可以划分为不同的类型。了解各种分类，有利于我们根据实际情况加以应用。

（1）按观察时研究者是否借助于仪器，可以将观察分为直接观察和间接观察。直接观察是观察者凭借自身的感官直接感知外界事物，但是有时由于时间、空间条件或人自身感觉器官的限制，直接观察难以获得有关资料，这就须借助间接观察。间接观察是观察者借助某些仪器进行观察的方法，它往往由仪器代替观察者获得资料，然后由研究者事后进行研究分析。

（2）按观察时研究者是否参与研究对象的活动，可以分为参与观察与非参与观察。参与观察是研究者参与到被研究对象所在的群体或组织中去进行观察，并参与他所观察的活动。参与方式可以是隐蔽或改变自己真实身份的完全参与观察，也可以是不改变自己身份进入观察的不完全参与观察。非参与观察是指研究者不介入被观察者的活动，而只作为一个旁观者置身于他所研究的情境之外所进行的观察。

(3) 按观察方式的结构化程度,可以将观察分为结构观察、准结构观察和非结构观察。结构观察是研究者根据研究目的事先拟订好观察计划,确定使用的结构性观察工具,并严格按照规定的观察内容和程序实施的观察。准结构观察是介乎于结构观察与非结构观察之间的一种过渡类型,即有一定的结构,但其记录不是以数据的形式体现,而是文字或其他形式体现。非结构观察是没有预先设置的分类,对事件和行为尽量广泛地做记录,对背景因素很少予以控制,资料收集的规则是灵活的,是基于需要在观察的过程中形成的,事先不作严格的观察计划,不必指定结构性的观察表格或提纲。即使使用观察提纲,也是结构松散的形式,而且往往只是一些宽泛的指导方针,观察者对观察活动只有粗略的想法,依照现场情况决定观察的进程。

(4) 按抽取观察样本的性质和类型,可以分为时间取样观察和事件取样观察。时间取样观察是以一定的时间间隔为取样标准来观察记录预先确定的行为是否出现以及出现次数的一种观察方法。事件取样观察是以特定的行为或事件的发生为取样标准来进行观察的一种方法。

(三) 观察法的实施步骤

1. 确定观察目的和任务,制定观察计划

观察的目的和任务应根据研究的目的和任务来确定,从而明确观察项目的中心和范围。

观察计划要周密,一般应包括以下内容:① 观察的目的、任务和内容范围;② 观察的对象和类型;③ 观察的过程,即整个观察研究应包括的具体程序或阶段,并制定出每个阶段可能搜集到的资料;④ 观察的内容和时间的安排;⑤ 观察手段,包括采用什么样的观察方法、运用什么仪器设备等;⑥ 记录观察结果的手段,为了观察时能迅速、准确、有条不紊地将所需材料记录下来,可制定记录表或选择其他有效记录结果的手段,如录音、录像等。

2. 实施观察计划,随时记录观察结果

研究人员通过适当的渠道进入观察现场,熟悉观察环境,接触观察对象,然后根据观察目的、任务和计划进行观察和记录。

3. 处理观察材料

对观察、记录的材料进行适当处理,使其系统化、条理化,以供分析之用。

4. 撰写观察报告

将研究的全过程及成果较全面地写出来,包括课题论证,研究的对象、方法,资料处理,研究结果的分析、讨论和结论等。

二、调查法

(一) 调查法的含义

调查法是在科学方法论和教育理论的指导下,运用问卷、访谈、测量等科学方式,有目的、有计划、系统地收集有关教育问题或教育现状的资料,从而获得关于教育现象等科学事实,并形成关于教育现象的科学认识的一种研究方法。

(二) 调查法的类型

1. 常模调查和比较调查

常模调查在于了解教育要素以及教育活动等方面的一般状况,掌握教育的一般发展状况,如学期阶段教育,同时检查教学质量、学生学习水平是否达标等。

比较调查在于了解教育要素以及教育活动等方面的差异状况,如升学考试、学科竞赛以选拔优秀学生或专业人才。

2. 普遍调查与抽样调查

普遍调查是把特定范围的所有调查对象逐一进行调查。抽样调查是从所有的调查研究对象总体中按照一定的抽样方法抽取一部分样本,通过对样本的考察而进行调查。

3. 问卷调查与访谈调查

问卷调查是研究者用统一严格的、设计完整的问卷,搜集研究对象关于教育问题或教育现象的信息和资料的方法。访谈调查是研究者通过口头交谈的方式,向被调查者提出问题,引起被调查者回答问题,从而收集有关教育现状的信息和资料的方法。

4. 综合调查与专题调查

综合调查是对某一问题或现象进行全方位的调查,调查的内容涉及该现象或问题的各个方面、各个层次。专题调查是一种调查内容较窄,仅涉及一两项内容的调查,或者仅就教育现象中的某个方面进行的调查。

(三) 调查法的一般步骤

1. 确定调查对象

调查对象就是被调查的单位或个人。调查资料主要来源于调查对象,所以调查对象的选择是否恰当,将直接影响到调查结果。调查对象应视调查课题和调查目的加以选取,不同的调查课题和目的,要用不同的方法去选取调查对象。

2. 拟订调查计划

在调查计划中至少应确定调查方法、调查项目和调查进程。调查的方法依所要收集的资料的种类而定,可以用单一的方法,也可以同时采用几种方法。调查项目要围绕调查目的考虑,先从大方面着手,再由此逐层分解成具体、可操作的小项目。

3. 进行试探性调查

通过试探性调查得到一些一般性的了解,从而考察调查项目和调查程序的合宜性,对调查项目和程序作出相应的调整和修改。

4. 选择和编制调查工具

制定调查表格、观察记录表、问卷、访谈提纲和编制测验题目,在编制中要遵循一定的技术要求,以保证调查工具的科学性、实用性。

5. 实施调查

用编制好的调查工具,根据各种调查方法的具体要求开展调查。

6. 整理调查材料

对收集的调查材料进行统计、整理、分析,得出结论性的意见。

7. 撰写研究报告

把研究的过程和成果写成文章,可以是一般学术论文、调查研究报告、实验研究报告和经验总结报告等。

三、个案研究法

（一）个案研究法的含义

个案研究是针对单一个体在某种情境下的特殊事件，广泛系统地收集有关资料，从而进行系统分析、解释、推理的过程。因此，狭义的个案研究是指对单一特定的人、事、物所做的描述、分析及报告。广义的个案研究则可界定为：采用各种方法，收集与研究问题相关的资料，对单一个体或单位团体做深入细致研究的过程。

个案研究在学校教育教学、心理咨询、行为矫正等工作上具有重要意义。对于某些适应欠佳或学习困难的学生，必须给予特殊的处理，针对其所发生的行为和事件，利用客观、科学的方式收集有效的个人资料，并以此作为诊断及推理的依据，然后向研究对象提供正确的辅导策略，帮助其解决问题，以达到最佳适应。

（二）个案研究法的分类

由于个案研究是个很宽泛的概念，只要对单一被试者进行研究就可称之为个案研究。加上采用的方式方法多样，又处于不断变动之中，因此国内有人将跟踪法、追因法、临床法、作品分析法等作为个案研究的具体方法。

也有人将个案研究分为以下三类：

（1）诊断性个案研究，考察特殊对象以及特定问题行为等，目的在于对案主问题行为或心理状态作出诊断。

（2）指导性个案研究，广泛运用于教育实践，如对新的教育方式、教学方法进行尝试，然后推广运用到实践中去。

（3）探索性个案研究小型的、试探性的研究，常为进行大型研究或构建理论作前期准备。

（三）个案研究的基本步骤

1. 确定研究对象

研究者应根据个案研究的目的和内容，以及对个案问题行为的界定，选择典型的人或事为研究对象。在教育教学研究中，个案研究的对象通常是：生理心理障碍者、学业低成就者、行为偏差学生、情绪异常学生、资优学生等。

2. 收集个案资料

全面地收集个案资料是个案研究有效性的重要保证，全面系统的个案资料有助于研究者对个案的完整认识。收集资料的方式是多样的，可采用书面调查、口头访问的方式，也可采用观察、测验、评定的方式，还可以通过查阅个案的个人资料的方式获得信息。个案资料的来源大致有：

（1）个案的个人资料。个人资料众多，除了收集个案的基本资料，如姓名、性别、年龄、出生年月、籍贯等，常常还涉及个案的身心健康状况，如身高、体重、病史、性格、气质等。另外，还要收集个案历年来的学习手册、考试成绩、作业、日记、周记等相关资料。

（2）学校有关记录。个案的学校记录资料比较规范，又有延续性，易作前后对比。包括各种情况登记表，成绩记录，能力、兴趣、人格、智商等测验结果，操行评语，奖惩情况，教师和学生的评价等。

（3）家庭和社会背景。家庭和社会背景涉及个案的个人生活史，是个案研究的重要信息源。这方面的资料往往涉及父母的教育程度、职业、社会经济地位，父母的管教方式、家人与个案的关系，个案在家庭中的地位，所在社区的文化状况，所交的男女朋友等。

3. 诊断与假设

在广泛收集个案资料的基础上，常常还需要对相关问题作进一步的测试，以诊断问题的症结所在，推论原因——主因、次因、远因、近因等，形成初步的假设。诊断最好能有标准化的测验量表。

4. 个案分析与指导

个案研究收集到的资料往往比较粗糙、琐碎，难以直接解释问题，因此需要用逻辑思维的方式对有关资料进行理性加工。个案研究不仅要提出研究的问题，还需要提出解决问题的策略和指导性意见。因此，在对个案问题作出明确的诊断和假设后，接下来需要针对性地提出解决问题的策略和行为矫正的方法。

5. 实施个案指导

通过跟踪、观察、记录等方式验证先前的诊断和假设。在个案研究的诊断与假设、分析与指导过程中，难免会有错误的判断和推论，因此，需要在实际的个案实施过程中，通过多方面的信息和资料来检验先前主观推断的合理性。

6. 形成结论

对个案的表现进行讨论和评估，提出建议，得出结论，撰写个案研究报告。

四、实验研究

（一）实验法的含义

实验法是研究者运用科学实验的原理和方法，以一定的教育理论及假设为指导，有目的地操纵某些教育因素或教育条件，通过观测与所控制的条件相伴随的教育要素或教育现象变化的结果，来解释教育活动规律的一种研究方法。

（二）教育实验的基本结构

教育实验涉及三个基本的要素，即实验要改变的教育因素或教育条件、要控制的不被改变的相对稳定的要素条件、要观测的结果。在教育实验方法论上，三个基本要素分别被称为自变量、无关变量和因变量。

（三）实验法的常用类型

教育实验存在着不同的类型和层次。其中一个常见的分类是，按实验对象的分配方法把教育实验分为单组实验、等组实验和循环实验等。

单组实验就是对单个实验组，比如说一个地区、一个学校、一个年级或者一个班的学生，分期实施不同的实验因素，每次对一个实验因素的效果加以测量和分析。比如，"榜样对儿童分享行为改变影响的实验研究"，就可以采用单组实验法，通过对单个实验组前后行为的变化，我们可以分析出榜样对于儿童的分享行为到底有没有产生影响，产生了多大的影响。

等组实验是选择两个条件相同或相似的组进行实验，一组施加实验因素（实验组），另一组不施加这种实验因素（对照组或者控制组），通过两组间的比较，来看实验因素的效果。比如，"新型××训练法对提高运动成绩的实验研究"，我们就可以安排一个以传统方法进行训练的对照组，来对照分析这种新型的训练方法对提高运动成绩到底有多大的作用。

循环实验则是把几个实验因素循环施加于几个不同的实验组，按照各实验因素变化的总和来判定实验结果。比如，一个关于榜样、移情和训导对儿童分享行为影响的实验研究，就可以通过循环实验，轮流对不同的实验组施测，通过最后的结果，综合分析这几种因素对儿童分享行为改变的影响程度。

（四）教育实验的一般步骤

不管是什么教育实验，大致上都应该具备以下几个步骤：
(1) 确定合适的研究课题，建立实验假说。
(2) 做一个科学而具体的实验设计。
(3) 选择被试者，引入实验因素进行实验处理。
(4) 对实验数据进行统计分析。
(5) 验证假设，撰写实验报告。

五、行动研究

（一）行动研究的含义

行动研究是在自然的教育情景中，行动者本人或与他人合作，以改进教育行动为目的，以教育行动为研究对象，运用各种教育研究方法进行的综合性研究活动。其特点是：
(1) 为行动而研究。行动研究以提高行动质量、改进实际工作为首要目标。
(2) 在行动中研究。行动研究是研究过程和行动过程的结合，研究者和行动者的统一。
(3) 由行动者研究。行动者参与研究，对自己从事的实际工作进行反思。
(4) 对行动的研究。以学校教育教学实际存在的问题为研究对象。

小栏目 9-1

勒温的群体动力研究

行动研究作为一种研究活动，起源于二次大战后的美国。对行动研究认识起决定作用的是德国著名社会心理学家库尔特·勒温（K.Lewin，1890—1947）。他在 1946 年的群体动力学研究发现：
(1) 通过讨论、辩论等方式的公开交流，可以在个体与主体之间达成理解和认可，从而为行为的改变奠定基础。
(2) 群组内的讨论必须有具体的结论，才会有行动上的效果，抽象的、一般化的结论往往会被搁置。
(3) 个体的特点（如偏好甚至偏见）会在群体的讨论与决定过程中受到淡化。
(4) 处于群体中的个体更容易改变行为。勒温通过研究，提出"没有无行动的研究，也没有无研究的行动"，强调了行动与研究间的密切关系，大力倡导行动研究，打破了长期以来研究与行动脱离的局面。

（二）行动研究的分类

行动研究按照不同的标准，有不同的分类。例如：
(1) 以侧重点为标准，可以分为技术性行动研究、实践性行动研究、独立性行动研究。
(2) 以参与者为标准，可以分为合作模式、支持模式、独立模式。

（三）行动研究的一般程序

在这里，主要介绍勒温的观点。他认为行动研究可以分为以下几步：

(1) 计划：教师在平常的教育教学中要善于观察，勇于批判。某教师在教学中发现有的学生有用手转笔的习惯，想到这可能与他们的学习成绩相关。他到图书馆查阅了有关的教育、心理资料，对背景有了更为深刻的理解，为了提高学生的成绩，他决定在本班中进行行动研究。他采用准实验的方法，以学生的转笔习惯为自变量，以学习成绩为因变量，以测量和观察为研究法，制定了详细的研究方案。

(2) 行动：接下来，他便采用调查和观察的方法收集学生转笔习惯方面的资料，例如，课堂上转笔的频率，转笔的历史等，然后收集有转笔习惯的学生的学习成绩，通过进行相关检验，发现两者之间有很大的相关性。于是他决定对原计划进行修改，努力帮助有转笔习惯的学生加以改变，观察此举能否提高他们的学习成绩。

(3) 侦察：在上述行动中已经包含了侦察的成分，现在的行动研究更强调侦察的及时性和反馈的直接性。对于这个例子来说，侦察意味着用观察的方法记录学生习惯的改进状况，用测验的方法了解学生学习成绩的改变，然后采用一些统计方法计算两者之间的相关性。

(4) 评定：这是将研究结果进行总结的阶段，对于上述研究来说，意味着写出研究报告，并就研究中存在的问题加以分析，以便进行下一轮的研究。

思考与练习

一、名词解释

1. 科学　2. 科学研究　3. 假设　4. 变量　5. 自变量　6. 因变量
7. 操作性定义　8. 教育科学研究　9. 教育研究的伦理性
10. 选题的需要性原则　11. 选题的科学性原则　12. 选题的创造性原则
13. 选题的可能性原则　14. 观察法　15. 调查法　16. 个案研究
17. 实验研究　18. 行动研究　19. 时间取样观察　20. 事件取样观察

二、填空题

1. 科学研究的三个特征是____、____和____。
2. 科学研究的客观性主要表现为____、____和____的客观性。
3. 假设的作用主要有两个方面，即____和____。
4. 科研中的两类定义是____和____。
5. 操作性定义的特征是____、____和____。
6. 教育科学研究的特点主要有四个，即____、____、____和____。
7. 教育科研可划分为五个层次，即____、____、____、____和____。
8. 教育科研方法体系的三个层次是____、____和____。其中最高层次是____。

9. 教育科研方法中被称为"全部科学之母"是指____。
10. 人的知识结构形成一般通过两条途径：一是____，二是____。
11. 选择课题有三条基本途径：其一是____，其二是____，其三是____。
12. 在教育科研中当研究对象和目的确定后，____就起决定作用。
13. 科研计划的内容主要有四部分，即____、____、____以及____。
14. 分析材料的两种主要方法是____和____。
15. 科学研究中的"三严精神"是指____、____和____。
16. 按观察时研究者是否借助于仪器可以将观察分为____和____；按观察时研究者是否参与研究对象的活动，可以分为____与____；按观察方式的结构化程度，可以将观察分为三类，即____和____、____，按抽取观察样本的性质和类型，可以分为____和____。

三、选择题

1. 下列哪一项不是科学的特征（　　）。
① 客观性　　　　　　　　② 系统性
③ 或然性　　　　　　　　④ 创造性

2. 只要自然科学思维着，它的发展形式就是假说，这是（　　）说的。
① 马克思　　　　　　　　② 恩格斯
③ 哥白尼　　　　　　　　④ 达尔文

3. 下列选项中哪项不是操作性定义的特征（　　）。
① 逻辑性　　　　　　　　② 具体性
③ 可感性　　　　　　　　④ 操作性

4. 教育科学研究的特点是（　　）。
① 研究对象的复杂性　　　② 研究方法的综合性
③ 研究的伦理性　　　　　④ 以上都是

5. 选题应具有的条件是（　　）。
① 广博丰富的知识　　　　② 存疑的治学精神
③ 及时掌握教育科研动态　④ 以上都是

6. 在教育研究中，教材、教法、教学手段等往往被作为（　　）。
① 自变量　　　　　　　　② 因变量
③ 无关变量　　　　　　　④ 控制变量

7. 时间取样观察是（　　）。
① 对行为或事件的持续时间的观察　　② 在课堂教学时间内进行的观察
③ 在任意选定的时间内进行的观察　　④ 在选定的有代表性的时间内进行的观察

四、判断题（正确的在括号内打"＋"，错误的打"－"）

1. 科学研究虽然是一种特殊活动，但它同日常生活中的认识是没有区别的。（　　）
2. 假设是主观想象的产物。（　　）
3. 创造性是科学研究最本质的特征。（　　）
4. 操作性定义即文义性或抽象定义。（　　）
5. 操作性定义是研究的有关概念与实际观察之间的桥梁。（　　）
6. 教育科学研究所要探索和发现的是教育领域中尚未认识彻底和未揭示的规律。（　　）

7. 教育科学与教育科学研究是没有区别的。（　　）
8. 在教育研究中不用创造情境诱使儿童产生不良行为的方法来获取研究资料。这是教育研究的复杂性特征。（　　）
9. 题目是科研设计的心脏，因为它关系到整个科研的结果。（　　）
10. 选准一个课题等于走完了成功的一半路程。（　　）
11. 存疑的治学精神和独立思考能力是选题的必要条件。（　　）
12. 从教育实际中发现问题是最重要的选题途径。（　　）
13. 牛顿晚年证明上帝存在的研究课题，是违背了选题的需要性原则。（　　）
14. "科学需要幻想，但幻想并不等于科学"。（　　）

五、辨析题

1. 科学研究虽然是人类一种特殊的认识活动，但它与日常生活中的认识是相同的。
2. 操作性定义是研究的有关概念与实际观察或活动之间的桥梁。
3. 教育科学研究与教育科学的关系，是相互联系、相互促进的。
4. 在教育研究中不能用创造情境诱使儿童产生不良行为的方法来获得研究资料。

六、简答题

1. 教育科学研究的特点。
2. 为什么要开展中小学教育科学研究？
3. 简述选择课题应具备的条件和遵循的原则。

七、论述题

1. 论述教育科学研究类型的五个层次及其关系。
2. 为什么从教育实际选题是最基本的途径？
3. 试述观察法的实施步骤。
4. 试述调查法的实施步骤。

八、实例分析

1. "学习了教育学，就没有必要学习教育科学研究了"。
2. "创造性是科学研究最本质的特征"。

第十章　学校管理

本章要点：
- 学校管理的含义与意义；
- 学校管理的自身特点及基本矛盾；
- 学校管理目标的制定与实现；
- 学校管理过程的基本环节和运行规律；
- 学校管理各原则与方法的含义及贯彻、运行要求。

教育质量是学校的生命线，而质量来源于管理。科学的学校管理是一所学校能否成功的关键所在。学校管理的目的在于实现学校管理的科学化，提高办学效益。

第一节　学校管理概述

一、学校管理的含义与意义

（一）学校管理的含义

学校管理是管理者通过组织、制度等协调、激励教职工，充分发挥和利用校内外资源与有利条件，高效率地实现学校管理目标的活动过程。

这一概念包括以下一些要素：组织（管理只有在集体或组织中进行，单枪匹马无所谓管理）、目标（管理的目的不是别的，就是为实现某个目标，盲目行动也无所谓管理）、资源（包括人力、财力、物力、信息等资源，管理就是以这些资源为中介进行的，没有资源，管理就无法进行）、效率（管理所追求的就是效率，付出最少，得到最多，这样才能体现管理的功能）。上述要素缺一不可，其中组织是管理活动的场所，目标是管理活动的方向，资源是管理活动的依靠，效率是管理活动所要追求的结果。上述四者的有机结合，大致构成了管理活动的含义。

（二）学校管理的意义

学校管理具有重要的实践意义。首先，它是正常教育活动开展的必要条件。没有适当的管理，一切活动就会处于无序状况，且都不可能进入正常轨道运行，更不可能产生预期的效益。其次，它能激励和提高众人的士气。学校管理能激发教职工、学生的工作和学习积极性，充分发挥个人自身的潜在能力，使每一个人的能动性、创造性和智慧得以充分发挥，这对维系学校生存和可持续发展至关重要。再次，它是提高学校工作绩效的最主要手段。学校管理的重大价值还体现在使有限的资源得到持续的开发和组合，使各部门的关系得到协调，形成方向一致的合力，并促进、推动各部门整体功能的发挥，以聚合和达成最大功效。实践证明，严格有效的学校管理是提高办学质量和效益的根本保证。

二、学校管理的基本特点

学校管理是一般社会管理的组成部分，具有一般社会管理的共性，因此也应反映一般社会管理的本质。即学校管理也应有明确的目标和严密的组织措施。科学的学校管理应是高效率、高质量的管理。

学校管理除具有一般社会管理的共性外，还有其自身的特殊性，主要是：

（一）管理内容的教育性

学校是专门从事教育的机构，其管理的各个方面和整个过程，均包含着教育的内容。因而，也就成为育人的手段，即人们常说的管理育人。学校组织构建良好的物质环境、文化环境、信息环境，制定的规章制度、工作条例，以及组织的各种活动都具有一定的教育意义；学校所有管理人员，不仅是管理者，同时还是教育者，他们在完成具体管理工作的过程中要时时处处以自己的思想品德和模范行为去教育或影响别人；学校管理过程中各环节，无论是计划决策、组织实施，还是检查指导、总结提高都和教育联系在一起。例如，管理的目标要服从、服务于教育的目标，管理的组织要符合教育的原则，管理的检查指导要引导和促使学生向正确方向发展，管理的总结过程实际上是师生的自我教育过程。所以说，"学校无小事，处处皆教育"。管理中渗透教育，管理与教育的高度统一，是学校管理的重要特点。

（二）管理对象的主体性

在学校管理中，管理者是人，通过管理要培养的学生也是人，而人具有主观能动性。作为"产品"塑造的学生，他们不但接受管理，而且积极参与管理；他们不但被塑造，同时也塑造自己。学校管理的质量，既是学校管理者工作的结果，也是学生自我管理的结果；教育的质量，既是教师教出来的，也是学生学出来的。与一般工厂、企业比较，学校管理中正确处理人与人的关系更加重要。

（三）管理过程的复杂性

学校的主要任务是培养人才。人才成长的周期长，过程非常复杂。因此，在确立学校管理的目标时，既要考虑当前人才的需要，又要预测未来社会对人才素质的要求；在组织管理过程时，不仅要充分发挥学校管理的职能，而且要协调学校与社会、家庭的关系，形成"立体管理"结构；在评价管理效果时，由于学校管理的成果主要反映在人的质量上，而衡量人的标准要比衡量物的标准复杂得多，除部分可以量化外，许多质量因素带有模糊性。因此，学校管理的评价，不仅要重视定量分析，还应该坚持定性分析。在管理的形式上，学校管理要达到的是教育目标，而教育的过程十分复杂，思想品德的形成要靠潜移默化，知识的掌握必须日积月累，这些特点决定了学校管理应按教育和学校管理规律所确立的原则进行组织，一般不采用加班加点、集中突击、分数指标、课内学习比赛等组织形式。

三、学校管理的基本矛盾范畴

（一）主体与客体

教与学的关系，是学校教育最普遍、最本质的关系。以教与学关系为主要内容的管理者和被管理者的关系,是学校管理中最基本的关系。

在教与学的关系中,教师是教育、管理的主体,学生既是教育、管理的客体又是教育、管理的主体。教师和作为主体的学生的共同管理客体是国家确立的教育目的以及由此而确定的教育、教学和管理内容。教师要把这些内容通过管理传授给学生,学生要把这些内容通过管理和自我管理"内化"为自己的观点、观念和智能结构。在教与学的关系中,教师是国家、社会利益的代表和价值准则的体现者,他们不仅要掌握有关的知识和具有高尚的品德,而且必须经过专门的教育和管理训练。因此,在教与学的关系中,教育管理的方向是由教师来保证和实现的,这也就是教师在教育、管理中的主导作用。但同时学生绝不是、也不可能是灌输和管束的对象,他们总是带着主观意识投入到管理活动中来。对学生的管理是否有效,不是用教师传授了多少知识来衡量,而是以学生的接受程度作标准。只有教师的主体作用,而无学生的主体作用;或者相反,只有学生的主体作用,而无教师的主体作用,管理也很难取得实效。教师对学生传授知识和提出的教育要求,只有为学生接受并转化为他们的实际需要,产生强烈的求知欲望和上进要求,形成鲜明的创新意识,教育和管理才能成功。要做到这一点,关键是教师对教育内容和对学生的了解,以及对学生主体参与的重视。没有广博的知识和一定的思想修养,教师就不可能教育和管理学生;没有对学生的理解,教师就教育、管理不好学生;而没有学生的主体参与,教育和管理就不会产生实效。

以上分析说明,学校管理中的主客体关系,比物的管理中的主客体关系要复杂得多,这主要是因为学校管理中存在并需要自我管理。在物的管理过程中,管理的主体是人,管理的客体是物,主客体的界线非常清晰。而学校管理的对象,除物以外主要是人。人既可以是管理的主体,又可以是管理的客体,特别在自我管理的过程中,管理的主、客体同属于人自身,人们一时是管理者,一时又被自己所管理,主客体转换十分频繁。正是由于主客体的同一性和转换的频繁性,致使人们很难把握主客体的准确性。在学校管理中,有时教师过分强调自己的主体作用,忽视学生的主体作用,形成教育管理中的强迫压制现象;有时则主张以学生为中心,造成放任自流,组织纪律涣散。在个体自我管理过程中,有时人们感到有信心,主体意识强;有时则感到处处受限制,自己跟自己过不去,客体的体验很深。因此,在学校管理过程中,人们不仅要正确处理自己与他人的关系,还要正确认识、解剖自己,超越、战胜自己,这是处理学校管理中主客体关系的重要特点。

(二)质量与数量

质量即产品或工作的优劣程度,它一般要经过较复杂的测试和分析才能获得。数量是产品或工作的多少,它能用一定数目表示。任何产品和工作都是质量和数量的辩证统一。在学校管理中,质量和数量都是通过人才表现出来的。在这里,质量和数量的关系,表现为"出好人才"和"多出人才"的关系。学校管理应把教育质量放在第一位,我们培养的人才,必须符合德、智、体全面发展的要求。物的质量出问题,次品报废,只是经济损失问题。如果人的质量出了问题,不仅不能报废,而且还会对社会造成破坏作用。可见,学校管理的质量比任何其他工作的质量更重要。当然,教育又是全社会的事业,提高全民族的素质,是教育以及学校管理所追求的最高目标,没有一定的规模和速度,即没有一定的数量,不可能真正反映教育及学校管理的实际质量。从这个意义上说,数量在一定程度上也反映出教育和学校管理的质量。

学校管理除反映人才的数量和质量外,也表现在工作的数量和质量上。学校管理的目标,往往通过一定的数量表现出来。为了提高管理的实效,对某些工作必须标准化、数量化,以便于检查。但是,进行量化管理的最终目的不是数量本身,而是通过量化达到提高质量的目的。管理工作中切忌盲目追求某种数量指标,比如片面追求升学率,如果任这种倾向滋长,就必然会造成学校管理的失调或失控;相反,如果工作只满足于抽象目标或口号,而无具体的数量标准,则又会使学校管理一般化、形式化,由于管理者心中无数而导致管理失败。

(三)有效与无效

学校管理的最终目的,是提高管理的效益,即在同样的时间里,以同样的人力、财力和物力,培养出质量更高、数量更多的学生,以最少的劳动消耗,获得更多更好的产品,这看起来似乎是矛盾的,但它是可以实现的。之所以如此,是因为科学的学校管理,能使学校的人、财、物形成合理的结构,从而发挥人的潜能,提高物的使用效率,进而使时空、信息得到充分利用,这就是管理的系统功能和放大效应。

在学校管理中,不论是校长、主任或普通教师,凡是参与管理的人,都希望获得管理的高效益。但是,在学校管理实际中,并非所有的管理活动都是有成效的;相反,有些管理活动不仅不能保证教育的正常运转,而且还会人为地使管理发生紊乱。有效的管理能建立高效的教育秩序,无效的管理将破坏正常的教育秩序。可见,管理能解决问题,也可以引发问题。管理要取得实效,往往要付出辛勤的劳动,但辛勤并不一定带来好的效果。科学管理所追求的是经过努力取得最优的管理效果,这叫有效管理。投入大量人力、财力、物力,付出辛勤劳动而达不到预期管理的效果,叫无效管理。无效管理实际上是一种失败的管理。

无效管理产生的原因很多,例如时间观念差,经常把本该自己支配的时间,变成被别人支配的时间;大事小事一把抓,事无巨细,事必躬亲;工作无计划,来什么干什么,被繁杂琐事纠缠而不能自拔等。但根本的原因,还是因对管理规律认识不清,而不能自觉驾驭学校管理过程。为了提高学校管理的有效性,管理者必须自觉地把握自己的时间和空间,确立自己的管理目标和工作重点,发现自己及单位的优势,做出明确的决定并付诸实施。管理的有效性应贯穿于管理的全过程,在学校管理过程中,从计划决策、组织实施到检查指导、总结提高都存在有效问题。只有充分认识到这一点,才能准确指导管理实践。

管理中的有效和无效都是相对的。在学校管理中,管理的主体是人,管理的主要对象——学生也是人,这两部分人的活动,都会影响管理的有效性。管理的无效有时是人为的,但更多的情况下是无意识造成的。从这个意义上说,一个管理者的实际管理过程,一般都同时存在有效和无效的问题。我们只能要求管理者提高管理的有效性,减少无效管理,做到总体管理的有效。

管理的有效和无效可以在一定的条件下相互转化。条件的变化,可以使有效管理转化为无效管理,也可以使本来无效的管理变为有效。经验管理在一定条件下可使管理有效,但如果使经验模式化,照抄照搬,也会产生无效管理。某些管理措施,如坐班制,在城市中也许效果不好,但在农村寄宿制学校却能形成良好的效果。管理有效和无效的相互转化的原理,要求管理者力促无效管理向有效管理转化,尽力防止有效管理向无效管理转化。

第二节 学校管理目标与过程

一、学校管理目标

(一) 学校管理目标概述

1. 学校管理目标的含义

管理目标是指管理者通过管理活动所期望达到的境界、标准、成就或状态，它是管理活动树立的方向标，也是管理活动的出发点和归宿。

学校管理目标是指通过学校管理活动把学校办成什么样子的意向模式，也是对最佳教育质量和办学水平的超前期望。换句话说，学校的管理目标就是把学校办成什么样子、什么规格的问题。它反映了学校管理者和被管理者协同进行有效活动的要求，体现了他们对理想办学状态的价值追求。

2. 学校管理目标的类型与表现形式

(1) 学校管理目标的类型。学校管理目标有以下类别：按管理目标的时限，可分为长期、中期和短期目标；按管理目标的层次，可分为高层、中层和基层目标；按管理目标的范围，可以分总体、部门和岗位目标；按管理目标的性质，可分为战略和战术目标。

(2) 学校管理目标的表现形式。管理目标有以"目标"字眼形式出现的，也有不以"目标"字眼形式出现，而是包含在诸如"战略""构想""工程""规划""计划"之中。学校管理目标的表现形式常见的有：学校发展规划，即根据发展战略而制定的一定时期（一般是3～5年）内要达到的目标；学校工作目标，即根据发展规划的目标要求制定出各部门、各育人工作的具体目标；学校工作计划，即为实现工作目标而确立的未来（一年内或一学期）行动的方案。

3. 学校管理目标的作用

常言道，先有思路，后有出路。之所以要制定学校管理目标，是因为它在学校管理过程中具有重要作用。

(1) 导向作用。目标是管理工作的灯塔，对管理工作进程来说，确立明确的管理目标具有决定行为方向的导向作用。目标导向作用可用公式表示为

$$方向目标 \times 工作效率 = 管理效能$$

此公式表明管理的效能与方向目标有正相关的关系。即设定工作效率是恒定的、较好的，那么，决策正确、目标明确，则管理的效能就高。

(2) 凝聚作用。人类的活动形式，既有个体的单独活动，也有群体的共同活动。若一个组织有一个明确而具有挑战性的为个体所接受的目标，就可以使个体的单独活动融合于群体的共同活动之中，并朝着既定目标团结一致、共同努力，从而使组织具有向心力、凝聚力和战斗力。因此，目标是凝聚人的精神力量的黏合剂。

(3) 激励作用。根据需要设置恰当的目标，能够诱发人们的动机，确立行为的方向，推动人们为达到目标做出积极努力。目标对人们的激励作用体现在两方面，一是对被管理者，可以起到吸引、鼓舞和推动他们为实现目标努力奋斗的作用；二是对管理者，可以提高他们的自觉性，激励他们把各个部门、各个成员的活动置于自己的指导、调控和监督之下，努力

争取管理工作的最大成效。

(4) 控制作用。目标一经确定，就要求各部门、各类人员的活动和工作都必须朝向目标，沿着预定的方向和轨道发展，不可偏离。实施对学校目标的管理，就要求各部门、各教职员工进行自我控制，使部门和个人的活动及工作符合目标的方向和要求，以保证实际行动与预定活动相一致，实现预期的目标。

(5) 评价作用。管理工作的起点是制定明确的目标，管理工作的结束，也只能以目标作为评价工作成效的大小及质量高低的标准。学校管理目标是一个总体目标，在这个总体目标标准下，规定各项工作的具体目标标准。以这些目标标准来检查和自查、控制和自控，每一阶段工作结束时，以这些目标标准作为评价工作成效大小的尺度，以便总结经验，继续前进。因此，目标是衡量人们成功与否的天平。

(二) 学校管理目标的制定

学校的管理工作必须重视学校管理目标的确立，以便学校的管理从一开始就能步上坦途。

1. 学校管理目标的确立依据

制定学校的管理目标，除要受管理目标制定人的主观因素（诸如知识基础、理想抱负、心理素质、预测能力、价值取向、管理水平）的制约之外，还要受多方面的客观因素的影响和制约。这些因素既包括反映社会性质、国家对教育培养人才的要求的教育目标以及教改方向等宏观环境条件；也包括反映学校所处的社区对学校的期望值及物质上、精神上的支持度等中观环境条件；更包括反映学校现状的自身的人力、财力、物力、生源、师资、领导班子、校舍环境、已有办学成就等微观环境条件。以上这些因素是我们确立学校管理目标的依据。

2. 学校管理目标的构成要素

一个规范的、科学的管理目标，一般包含目标方针、目标项目、目标标准和保证措施等四个要素。

(1) 目标方针。目标方针是整个管理活动的指针，是对目标的高度凝练和概括，是一所学校在一定时间内的行动纲领。确立目标方针，要着眼于学校的长远利益和发展，以上级管理目标为依据，以提高管理效益为中心，以本校的主客观条件为基础，进行科学预测和全面论证，然后审慎决定，使之符合实际又有科学依据，真正成为每一个教职工的行动指针。

(2) 目标项目。目标项目是为实现目标方针根据学校组织系统的特点而特定的管理内容。确定目标项目时，要注意时序上的长期、中期、短期的结合，也要注意分清目标、项目的主次、轻重、缓急，合理安排，以保证目标方针的落实。像学校的管理就可以依据学校育人的特点，分为组织人事、思想品德、教学质量、体育卫生、总务后勤、环境设施等目标项目。

(3) 目标标准。目标标准是用来具体表示各项目标项目应达到的标准、水平和程度。目标标准分为定量标准与定性标准两大类。在制定目标标准时，应尽量采用定量标准（不能量化的除外）反映目标项目的基本内容与要求。

(4) 保证措施。保证措施是为保证达到制定的目标标准而采取的对策。在制定保证措施时，要从学校的全局出发，通盘考虑，每一项措施力求具体、明确、全面。保证措施一般包含影响程度、现状、对策、保证程度、预期结果、责任人、执行人、检查日期、总结要求等。

3. 学校管理目标的制定要求

制定学校的管理目标，应具备下面几个要求：

(1) 科学性。制定目标时要注意用正确的政治、管理、教育等理论指导；同时，要注意调查研究，掌握真实情况；另外，采取定性与定量相结合，使所制定的目标具有科学性。

(2) 系统性。制定目标时要采取系统分析的方法，要有整体观念。学校是整个社会系统的子系统，社会的方方面面对学校的教育、管理有影响和制约的作用。制定目标就要考虑这些影响和制约因素，要分析学校与社会各方面的相互关系，使社会各方面成为支持学校管理目标的有利因素；同时，学校是由各个部分、多种育人工作所组成的系统，它们的作用能否发挥，同样制约着学校管理目标的达成，学校的管理目标只有具体转化为各部分、各工作的具体目标，才有利于学校总体目标的落实。另外，制定的学校管理目标，应是一个完整的目标体系，是发展战略、发展计划、工作目标、工作计划等目标所组成的长期与短期结合、重点与一般结合、高层与低层结合的完整目标体系。

(3) 民主性。制定目标时要注意听取教职工的意见，运用民主的方式制定目标。

(4) 可行性。制定的目标要符合客观实际，定出的目标标准能够贯彻落实。

(三) 学校管理目标的实现

学校管理目标一经制定，就要付诸实施，即加强目标管理。

所谓目标管理，是指学校管理者围绕确立的管理目标和实现管理目标而开展的系列管理活动。简单地说，就是根据目标进行管理。其特点是以"目标"作为各项管理活动的指南，并以实现目标的绩效评价其贡献大小。

如何加强目标管理？最重要的是狠抓下述四个关键环节：

1. 目标设置

目标设置是目标管理过程的首要环节，它包括做好论证决策和分解目标两项工作。

论证决策是指确立可供选择的目标，对备选目标进行分析论证，说明目标的可行性和必要性，并且最终确立目标的过程。确定目标时，要研究上级要求，考虑主客观条件及多方面影响因素与相互作用，尽最大努力做到全面而又有所侧重。

分解目标就是确立不同层次分目标，即通过协商方式，把总目标层层分解，落实到各部门和各成员身上的过程。它一般先由学校高层管理者组织制定学校的总目标，接着各部门负责人根据学校总目标及本部门的具体情况制定出部门目标，部门下属的组室负责人再制定出组室目标，最后教职工个人为保证完成组室目标而定出个人目标，从而形成一个完整的目标网络系统。

小栏目 10-1

学校管理目标网络系统

学校管理网络系统主要包括：① 领导集团，主要由个体素质（如政治素质、事业心和责任感、文化素质和实际水平）、机构组合（如数量编制、专业结构）和运转情况（如办学思想、党群关系、工作效率）等三部分组成；② 队伍建设，主要由教师队伍（如文化程度、稳定状况、培养情况）、政工队伍（如工作指挥系统的形成、文化水平、政策水平）、后勤队伍（如为教育、教学的服务态度、技术水平）等三部分组成；③ 管理过程，主要由计划（如工作目标具体明确、计划详细可行）、执行（如人力、物力、财力的组织情况、领导深入实际与指导的情况、工作秩序）、检查（如过程检查和效果检查结合情况、各种检查方式的运用、对检查结果的处理情况)、总结(如以目标为依据,内容的全面性、改进措施的恰当性和具体性,数据资料与典型事例的使用)等四部分组成;④组织机构(如管理机构的合理与健全、职责范围的划分、各组织机构的协调);⑤制度建设(如各种制度的健全程度、切实可行程度、审查和增补情况、制度贯彻和检查);⑥工作管理,主要由思想政治工作(如全校性教育活动的针对性、教职工的思想教育活动)、教学工作(如执行教学计划情况、执行教学大纲情况、教师分配使用和考核、教学环节执行情况)、体育卫生工作(如执行《体育教学大纲》情况、"达标"锻炼、预防疾病工作开展状况)、后勤工作(如勤俭办学、开源节流情况、执行财务制度情况)、公共关系工作(如干群、师生的双向沟通情况,与社会有关方面加强平时联系)等五部分组成;⑦办学效果,主要是由德育(如操行评定情况、遵纪守法、校风校纪)、智育(如文化课成绩、合格率、升学率、升级率、巩固率)、体育(如身体健康状况、达标率)等三方面组成。

2. 目标实施

目标实施是目标管理过程的第二个环节,主要是搞好定责授权和咨询指导。

(1)定责授权就是在分解目标的基础上,根据每个成员和每个部门的具体工作目标,明确规定各自应该承担的责任,并且授予实施目标应该具备的相应的权力。定责授权应该注意:在明确责任时,要建立起完善的责任制,责任的内容要明确、具体,尽可能量化,以保证责任制的约束作用;在授予权力时,要把授权和定责结合起来,不能越级授权。

(2)咨询指导就是管理者对实施目标管理过程中出现的各种问题及时予以指导、帮助,想办法、出主意,提供必要的人、财、物、时空、信息等资源,帮助解决下级困难和问题,以保证目标的顺利实现。

3. 目标调控

目标调控是目标管理过程的第三个环节,这一环节要求做好反馈控制和协调平衡两项工作。

(1)反馈控制就是抓好信息反馈,确保信息通道的畅通,随时随地掌握目标管理的实施情况,及时纠正脱离目标的偏差,以保证目标的达成。反馈控制工作应注意:反馈要准确、及时和可靠;控制手段和措施要得力、有效。

(2)协调平衡就是在目标实施过程中,掌握各部门的工作进度和人、财、物、时空、信息等资源的分配,协调好各部门之间的工作关系,尽最大努力减少各部门之间的摩擦和矛盾,使实现目标的整体工作能够和谐、有序、顺利地运转。

4. 目标考评

目标考评是目标管理过程的最后一个环节,主要是做好成果评价、实施奖罚、总结经验三项工作。

(1)成果评价就是按照目标的实施计划和具体要求,对目标实施结果进行客观考核和科学评价,并得出实事求是的可靠结论。在成果评价时要注意:要有科学合理的目标评价体系,而且要在目标实施过程中随着主客观条件的变化及时调整,保证目标评价体系的科学、合理;同时,与目标评价体系配套,要建立严格的目标成果考评制度,对于目标考评的责权利划分、规范要求以及考评时间与操作程序都要做明确界定,以保证成果评价的顺利进行。

(2)实施奖罚就是根据成果评价的结果,对目标责任者给予相应奖罚,奖优罚劣,奖勤罚懒,以达到激励人上进的目的。实施奖罚时要注意:奖罚要严明,要有客观的标准(以目标成果考评为准);同时,要注意把握好奖罚的度,确保最大限度地调动目标责任者的积极性。

(3)总结经验就是在既定目标基本实现时,对目标的实际情况,目标实施过程中出现的问题、积累的经验及时进行总结、归纳,为下一期目标的制定和实施提供宝贵资料和奠定良好的基础。在总结经验时要注意:必须实事求是,全面、客观、科学地对待实施目标管理过程中的成绩与不足;同时,不拘泥于细枝末节,要抓主要矛盾和矛盾的主要方面;另外,全体成员都要参与总结工作,对于实施目标管理不同层面情况都要进行必要的总结。

二、学校管理过程

学校管理是根据科学的管理原则,为实现学校管理目标,按照一定的逻辑序列,对学校管理诸要素进行全过程的动态管理的客观程序。

(一)学校管理过程的基本环节

学校管理过程,如果细加分析,包括很多环节。一般来说,有的是一般环节,有的是基本环节。所谓基本环节,就是管理活动中最重要的不可缺少的环节,即计划、实施、检查、总结四个基本环节。

1. 计 划

计划是对学校未来发展或所要达到的目标设想。通过计划可以把管理者和被管理者的认识统一到管理目标及其实现上,把学校总体目标和学校成员个人目标有机结合起来,激励学校成员为实现学校的共同目标而努力,确保学校管理过程有一个良好的开端。

计划分为全校性计划、部门计划、学年度计划、学期计划等不同类型。

计划对学校管理工作具有指导作用,是学校全体人员的行动纲领。计划要成为行动纲领,必须具备以下几个条件:

(1)超前制定。学年计划或学期计划,必须在开学前拿出初稿,并向教职工宣布。

(2)目标明确。所谓目标,是指一定时期内要完成的任务。首先是全校性的任务必须明确,然后逐级具体化,这样才能增强每个成员的责任感,鼓舞和激励群众进行。

(3)针对性强。计划要有的放矢,要体现特色,要在原则基础上有所进步。

(4)切实可行。如果计划要求太高,则达不到;而要求太低,必然松松垮垮。所以计划中提出的任务,要实现的目标,必须是经过努力可以达到的。

(5)便于检查。计划不仅要执行,还要检查。从订计划的时候起,就要考虑到计划的执行和检查。计划应包括的主要项目是:任务要求、完成措施、完成时间、执行人等。

(6)富有弹性。制定出的计划,应具有相当的弹性,或预先拟订出处理不同问题的多种工作方案,以备将来适应形式的变化和发展。

计划因种类和内容不同而有简有繁。学校管理计划属于比较简单的类型,它的制定步骤一般为四步:

第一步,分析学校的基本情况,确立学校管理目标。 即对学校的主客观条件,影响学校管理工作的有利因素或不利因素,学校前期工作的反馈情况,当前的现状及未来发展趋势等进行分析,以明确计划时间内学校管理应达成的主要目标任务,为计划的制订提供科学依据,据此形成计划草案。

第二步,将计划草案拿到被管理者当中去,进行充分的讨论,集中群众意见,选择方案。

第三步，经过反复比较、论证，权衡利弊，最后由学校高层管理者作出决策，确定计划方案。

第四步，计划撰写，即将确定的计划方案以书面的形式表达出来，确定下来。

2. 实　施

实施是将计划付诸实践的活动。在实施环节，将会有不同层次、不同方面的管理活动展开，管理者要引导被管理者落实各项措施，以保证计划的实现。实施环节的主要工作任务是：组织、指导、协调、控制、激励。

（1）组织就是管理者根据既定计划对学校管理系统的人、财、物、时空、信息等资源进行合理配置和分配，优化组合，避免内耗。组织工作要注意：要因事设人，而不是因人设事；要根据成员的个人所长分配工作；要致力于不同层次、不同方面工作的配合和协调。

（2）指导就是管理者对下属部门工作的指点和引导。指导工作要注意：要讲求实效，避免空洞说教；态度要温和，以理服人；要积极采用科学的方法。

（3）协调就是管理者要调整和处理好部门之间、人与人之间的关系，使之和谐同步，保持一致。协调工作在管理过程中是非常重要的，是管理职能的集中体现。进行协调工作要注意；管理者集体成员之间要搞好协调，保证管理活动的统一和一致；建立畅通的信息交流通道，及时了解系统内外的不协调因素；对于管理过程中出现的问题要果断处理，不得延误。

（4）控制就是在实施过程中，管理者通过信息反馈和调控措施，及时纠正管理过程中出现的偏差和问题，保证管理过程顺利进行。控制是主要的管理职能之一，它对管理过程的顺利运行有着积极的意义。进行控制要注意：制定明确的控制标准；加强多层次、多方面的信息反馈；紧紧围绕目标与计划开展控制；制定相应的规章制度。

激励就是管理者采取适当的手段激发和鼓励被管理者的主动性与创造精神，有效落实计划，实现目标的管理机制。激励在管理过程中起着重要的作用。进行激励要注意：实事求是，客观、公平；以正面激励为主，物质激励与精神激励相结合；管理者要以身作则。

3. 检　查

检查就是依据计划的要求和标准，对学校管理活动的实施情况进行监督、考察和评估，及时发现问题、解决问题的管理活动。检查是管理者及时了解管理过程的情况，及时解决出现的问题，确保管理过程的顺利运转的活动，还可以为管理过程的总结打好基础。

检查的方式很多。按照时间划分，有平时检查和阶段检查；按照检查的范围划分，有专题检查和全面检查；按照检查的性质划分，有过程检查和结果检查。为了有效地做好这项工作，必须注意：检查要客观、全面。检查要从实际出发，实事求是，要以计划所规定的标准统一衡量。检查时一定要深入实际，全面了解，通过多渠道进行，防止片面性。

检查要有灵活多样的方式。一方面，每一种检查方式都有自己的特点和针对性；另一方面，学校管理过程是一个复杂的过程，涉及各方面不同的工作和人员，需要运用不同的方式加以检查。

要对检查结果进行认真分析。检查不是目的，而是手段。因此，检查不仅要看结果，而且要看过程，对每一个检查结果，都要进行原因分析，找出问题，研究对策，及时反馈，并采取有效的控制措施，使已经出现的问题得到解决，对未发生的问题也有防患的措施。

要根据检查结果做出相应的奖罚处理。检查之后必须做好后续工作，兑现奖罚，以保证检查的严肃性和实效性。

4. 总　结

总结就是对学校管理过程某一阶段工作进行整体分析和评价，做出客观的结论。总结可以加强管理者对管理过程的认识，从中找出规律性的东西，增强管理的主动性。同时还可以统一全体成员的认识，加强团结，激励全体成员奋发向上。

总结有不同种类。按照总结的时间，可划分为年度总结和阶段总结；按照总结的内容性质，可划分为常规总结、专题总结、个人总结。

总结的内容主要包括：对过去的工作情况作简要回顾，明确所要总结的学校管理活动的背景情况和大体规划；对学校管理活动的实际情况做详细的分析，在充分肯定成绩的同时，指出存在的主要问题及解决办法；认真总结经验和汲取教训，要进行充分的理性思考，归纳出规律性结论，为以后的管理活动提供理论指导；提出以后管理活动的构想和建议。

在进行总结时要注意以下几方面：要有总结的理论指导，明确总结的指导思想，讲求实效；要注意在管理过程中随时积累资料，为以后的总结做准备；要善于采用现代科学方法。

学校管理过程四环节是相互联系的，但它们在管理过程中的地位和作用各不相同。表现在：计划，是管理过程的起始环节，是管理工作的纲领；实施，是管理过程的中心环节，是管理工作的关键；检查，是管理过程的中继环节，是管理工作的保证；总结，是管理过程的终结环节，是管理工作的结论和依据。

（二）学习管理过程四环节的运行规律

规律是客观事物的必然联系，任何事物的运动过程都是有规律的，学校管理过程四环节的联系和运动具有以下一些规律。

1. 有机结合，有序运行

在学校管理过程中，计划是起点，又是归宿和目的，它统帅着整个过程。实施是计划付诸实践的过程，是计划的落实和实现。检查是对计划实施环节的监督和反馈，是对计划落实和实现情况的检验。总结是对计划、实施、检查情况的总体评价和归纳总结。正常的学校管理过程是遵循着计划、实施、检查、总结这四个环节的运行顺序进行的，它们相互前后衔接，有机地结合在一起，缺一不可，前后顺序也不能颠倒。

2. 相互渗透，相互促进

学校管理过程的四个环节是相互渗透、相互促进的。在每一个环节中，又可细分为计划、实施、检查、总结四个小环节，并顺次循环发展。另外，在一个环节中，同时也可以看到其他环节的作用。再有，学校管理过程的各个环节之间，都具有反馈机制，前一个环节可以根据从后面环节反馈回来的信息调整和改进工作，以保证整个循环的顺利进行。

3. 不断发展，螺旋上升

学校管理过程按照计划、实施、检查、总结的顺序不断进行循环发展，一个循环周期结束后，就进入另一个循环。每一次的循环并不是前一个循环的简单重复，而是呈螺旋式上升；每一次循环都是前一次循环的进一步发展和创新，推动计划的逐步实现。

学校管理者必须深刻认识和充分利用上述运行规律，实现管理工作的科学化、规模化，提高学校管理的有效性，使管理工作水平逐渐提高，管理工作一次比一次有所进步。

第三节　学校管理原则和方法

一、学校管理原则

（一）学校管理原则概述

1. 学校管理原则的含义

学校管理原则是学校管理理论的重要组成部分，是学校管理工作必须遵循的基本准则。学校管理的原则是在长期的学校管理的实践中形成的，并随着社会政治经济文化的发展而不断地增加新的内容，形成新的体系。依靠并正确地运用学校管理的原则，可以使学校管理工作获得极大的成功。

2. 制定学校管理原则的依据

学校管理原则是学校管理规律的反映，属于人们主观认识的范畴。但是，它并不是人们主观臆造的，而必须有一定的客观依据，才能使之具有科学性和指导性意义。

（1）社会主义制度，党和国家的路线、方针、政策，以及我国社会主义教育的性质、目的、任务等，都是制定我国学校管理原则的依据。

（2）教育的规律和学校管理的实践。学校管理必须服从和服务于社会政治和经济的发展，学校工作必须以教学为中心全面安排，学校必须坚持教师主导和学生主体相结合的规律，这些都是被教育和管理的实践所反复证明了的。

3. 学校管理原则的作用

正确的学校管理原则，是学校教育和管理规律的反映，是学校管理实践经验的概括和总结，对人们的管理活动具有重要的指导作用。学校管理者，不论其意识到还是没有意识到，都是要在一定的原则指导下进行管理活动的。

学校管理原则始终贯穿于学校工作的全过程，各个环节都必须遵循正确的管理原则。只有在正确原则的指导下，才能充分发挥各个学校管理职能的作用，实现有计划、有目的、有组织、有步骤的有效管理。可以说，学校管理原则决定着学校管理的方向和效果，对实现学校培养目标、完成学校任务起着重要的作用。

（二）学校管理的基本原则

1. 方向性原则

方向性原则是指学校管理工作必须坚持教育为社会主义现代化建设服务的方向，坚定不移地贯彻党和国家的方针政策，从方向上保证社会主义人才的培养。这是学校工作受社会政治、经济制约的客观规律的反映，也是由我国社会主义学校的性质、目的、任务所决定的。

坚持学校的社会主义方向必须贯彻党的教育方针，这是学校管理工作者的首要任务。教育方针掌握是否正确，执行是否全面，是实施素质教育还是应试教育的问题，还直接关系到学校办学的方向问题，关系到学校管理的成败问题。

贯彻方向性原则应遵循以下基本要求：

（1）目的明确。我国的学校是社会主义性质的学校，社会主义方向是学校管理活动的准则。坚持学校管理的社会主义方向，首先要在学校管理中坚持社会主义办学方向，坚持党和国家的方针政策。全面执行党和国家的教育方针、政策和法律法规，保证教育目的的实现。坚持贯彻我国的社会主义教育方针，使学生在德、智、体等方面得到全面发展。对全体教职员工进行社会主义思想的教育，不断提高他们的思想认识和品德修养。努力学习，不断创新，树立现代教育和现代管理观念。

(2) 面向全局。贯彻这一原则，学校管理工作者要教育各部门和全体师生员工树立全局观点，为党和国家规定的教育总目标和学校的管理目标服务，为社会主义现代化建设的大目标服务。

2. 教育性原则

学校管理的教育性原则是指学校管理必须具有育人的观念，要求学校的每项工作、各种设施对学生都要起到教育的作用。

学校管理必须围绕人才培养的总目标来进行，必须服从于人的全面发展。因此，管理的手段、方法都必须考虑教育的因素，必须有利于学生的健康成长，要求学校的每个工作人员对学生的成长都要尽到教育的责任。

贯彻教育性原则应遵循以下基本要求：

(1) 言传身教是教育性原则的基本要求。榜样的力量是无穷的，学校全体教职工的一言一行，时时刻刻都会对学生起着耳濡目染、潜移默化的影响。因此，作为学校的管理者更要为师生树立榜样，重视教师的职业道德教育，要求每一个教师真正做到爱岗敬业、教书育人、为人师表。

(2) 管理的手段、方法要具有教育性。学校管理的最终目的在于培养人、发展人，学校管理的一切手段、方法和活动，都要把"育人"放在首位，凡是不利于教育和损害学生身心健康的做法都应制止。

(3) 要创造有教育性的校园环境。整洁优美的校园有助于陶冶学生的情操，美化他们的心灵，激发他们的灵感，启迪他们的智慧，也有利于学生素质的提高。因此，学校管理者要注意学校环境与设施的美化和建设。

3. 民主性原则

民主性原则是指要在学校管理中实行民主管理，使教职工充分行使民主权利并直接参与学校的管理活动。在学校实现民主管理，这是我们国家的性质所决定的。学校管理者要尊重人才、信任广大教职员工，充分调动他们参与学校管理的积极性，增强管理工作的透明度，坚持"从群众中来，到群众中去"的工作作风。

贯彻民主性原则应遵循以下基本要求：

(1) 提高管理工作透明度，确保教职工的知情权。教职工既是学校管理的客体又是学校管理的主体，学校要保障他们行使审议学校的重大管理措施，参与学校重大问题的讨论和决策，监督学校管理者正确执行党和国家的方针政策和对学校工作提出批评和建议的权力。因此，学校应该建立健全学校教职工参与学校管理的制度，使员工参与管理制度化、经常化，真正提高管理工作的实际效果。

(2) 加强集体领导，坚持民主集中制。在学校领导集体内，要有良好的民主氛围，充分发扬民主，尊重每一个教职工的意见，这对于搞好学校工作十分重要。在学校管理过程中，既要讲民主，又要讲集中，一方面可以防止学校管理者主观、片面、武断的不良后果；另一方面可以增强决策的准确度，减少失误。因此，作为学校管理者，要虚心听取反面意见，又要善于在反面意见中提高自己的能力；同时，只有充分相信教职工，依靠教职工，善于激发和集中他们的智慧和力量，才能真正有效地发挥自身领导和管理的作用。

4. 整体性原则

整体性原则是指学校管理者必须从实现整体目标出发，正确处理学校内部各方面之间、学校和其他单位之间的关系，对校内外的各种力量进行优化组合，以取得最好的管理效果。

贯彻整体性原则应遵循以下基本要求：

（1）面向整体，综合部署。学校是社会整体的一部分，学校中各工作部门和工作项目又是学校的组成部分。学校的管理工作，必须妥善处理部分与整体、局部与全局的关系，树立全局的观念，既要充分调动各部门员工的积极性，做好本职工作，又要协调好各部门的关系，做好整体工作，以达到整体的最佳状态。

（2）抓住中心，带动全面。在学校管理工作中必须坚持以教学为中心，这是由学校工作的特点所决定并被长期的教育实践所证明的。学校是培养人才的地方，培养人才的主要手段是教学，是通过教师的教学活动和学生的学习活动来完成的。因此，只有妥善处理全面工作与重点工作的关系，以教学为中心全面安排学校工作，才能确保学校管理者和教师能把主要精力投入到教学工作中去，学生有充分时间学习科学文化知识，才能真正贯彻德、智、体、美、劳、心理全面发展的教育方针。

5. 规范性原则

学校管理的规范性原则是指要科学设置学校组织机构，健全各项规章制度，确保学校组织机构正常运转和学校各项规章制度得到严格遵守，使学校管理工作能够严格有序地进行。这就要求学校管理工作要在加强思想教育的基础上，使学校的各项工作有规矩、有制度、有规范，使师生形成良好的行为习惯和校风，形成学校自身的特色。

贯彻规范性原则应遵循以下基本要求：

（1）学校要建立和健全各项规章制度。"没有规矩，不成方圆。"建立规章制度是学校管理的一项重要手段，而健全合理的规章制度可以使学校工作有章可循、有法可依，实现学校管理的制度化、规范化。比如：教学管理制度、教师管理制度、岗位责任制、学生管理制度、奖惩制度、考勤评议制度等。

（2）学校管理要系统化、程序化。学校管理是有规律性的活动过程，是有一定的系统程序的，即计划—实施—检查—总结。因此，无论是学校的整体工作，还是学校的各部分工作都应按照这个系统程序进行，才能使学校管理工作有序且有效地进行。

（3）学校要加强校风建设。校风是学校师生在长期的教育管理实践中逐步形成的相对稳定的精神状态和思想作风，它主要包括领导的作风、教师的教风、学生的学风、学校自身的传统等。校风不仅对规范人的行为有一种自律作用，而且对人的道德情操也有不可低估的感染力。良好的校风，可以创造一种最佳的育人氛围，促进学生健康成长；同时，也有助于学校管理效能的提高。

6. 有效性原则

学校管理的有效性原则是指在学校管理活动中，要合理而有效地利用人力、物力、财力和时间，以最小的消耗，更快地做更多更好的事情，从而取得学校工作最经济、最有效的成果。这就要求学校管理工作讲求实效，管理者更要有效率和效益意识。

贯彻有效性原则应遵循以下基本要求：

（1）要提高学校的办学效益。学校管理也有一个效益问题，学校的效益主要是用人才培养的质量和数量标准来衡量，通过社会对人才的使用情况来判断。如果投入少，而培养的人才多质量高，那么办学效益就高。因此，学校应该依据教育自身的规律和受教育者身心发展的规律，树立正确的办学思想，从应试教育向素质教育转变，真正培养德智体全面发展的社会主义事业的建设者和接班人。

（2）要提高办学资源的利用率。在学校管理中贯彻有效性，就要求处处、事事都讲求效益。比如，物力的合理有效的使用，就是要加强物资管理，提高设备的利用率，建立严格的财产保管和使用制度。

（3）要增强时间观念，提高时间的利用率。时间是学校管理工作的重要因素，对于管理者而言，时间就是效益，时间就是教育质量，科学地支配时间，才能取得管理工作的高效率。

7. 激励性原则

学校管理的激励性原则是指学校管理过程中应注意用鼓励、教育、嘉奖等方法经常性地激发教职工的士气，提高教职工的积极性、主动性和创造性，以求更好地完成预期的教育目标。

贯彻激励性原则应遵循以下基本要求：

（1）要时刻关注人的士气。高亢的士气，能充分发挥人的潜力、主动性和创造性，产生无穷的力量，所以，管理者应随时注意激励教职工的士气。比如，在物质上，可以用物质奖励的方法，推动教职工的工作热忱；在精神上，可以用教育的方式，提高教职工的道德水平，以增强责任感和奉献精神，也可以用鼓励、嘉奖的方式，增强教职工的荣誉感和使命感，提高他们的积极性。

（2）物质与精神同步激励。只有精神的激励没有物质的基础，教职工的士气不会持久，而只有物质利益的分配没有精神的激励，士气也会失去方向，甚至挫伤教职工的工作热情。

（3）引入竞争机制。把竞争机制引入学校管理和教学过程中，使教职工真正拉开档次和差距，并且要使他们认识到高薪、高奖是对其贡献的奖赏，以此来提高教职工的积极性、主动性和创造性。

上述学校管理的原则，在学校管理中都有其特殊地位和作用。但是，它们又是相互联系、相互影响的，共同构成一个完整的体系。在学校管理过程中，不能孤立片面地看待和运用某一原则而忽视其他原则，必须将它们有机结合起来进行创造性地灵活运用，才能发挥其整体作用，才能把学校管理工作提高到一个新的水平。

二、学校管理方法

（一）学校管理方法的含义与意义

学校管理方法是学校管理者为了实现学校管理目标，开展学校管理活动所采取的各种手段、措施和途径。学校管理方法受一定的政治思想理论指导，遵循学校管理原则，并与学校各项工作的内容相适应。实践证明：管理方法正确恰当，学校管理工作就事半功倍；反之，必然适得其反。可见，研究学校管理方法，掌握其客观规律，对于提高学校管理的功效，具有十分重要的意义。

（二）学校管理的基本方法

1. 行政方法

行政方法是管理活动中最古老，也是最基本的方法。学校管理的行政方法是指依靠学校行政机构和管理者的权力，运用行政的手段，按照学校行政系统，进行学校管理活动的方法。例如，校长运用自己的权威，采用指示、命令、决定、规划、计划等措施，通过学校的行政组织，对学校进行管理就是这种管理方法的直接体现。

小栏目 10-2

校长负责制

校长是学校行政总负责人，他拥有决策权、指挥权、人事权、财政权，负责领导教育、教学和行政管理工作。现在实行的校长负责制，从学校内部来看，包括三方面的内容：一是校长全面负责学校教育教学和其他行政工作，对学校内部的重大问题有依法决策的指挥权，对外代表学校，是学校的法人代表；二是党支部监督保证，发挥政治核心作用和党员的先锋模范作用，从组织上、思想上、舆论上、法纪上、工作上全方位地监督保证校长正确地行使权力和党的教育方针、政策在学校的贯彻和执行，以使政令畅通；三是教职工民主管理，建立教职工代表大会制度和校长领导下的校务委员会，或者校董事会和校长教育委员会，作为民主管理学校的咨询、议事、协调机构。此外，还有上级党委和政府的领导以及教育主管部门的检查监督，以上构成完整的校长负责制。

学校管理行政方法主要有三种方式：一是强制的方式。当然这里所说的强制并不等于强迫命令，而是"非执行不可"的意思。学校行政工作要及时、准确、协调一致地进行，学校管理者的指令就必须具有权威。二是说服的方式。学校管理者在工作过程中，通过启发、商量、讨论、建议的方式，使被管理者接受并贯彻自己的意图。三是示范的方式。管理者以自己的示范行动或者通过宣传先进人物的先进思想、事迹，去影响和感染教职工，使他们学有榜样、赶有方向。

运用行政管理方法要注意以下几方面：

（1）正确对待权威问题，反对独断专横和家长式作风。行政方法带有强制性，但不等于强迫命令、独断专行。运用此方法时，要审慎从事，不可滥用。运用得当，行政负责人的威信会随之而提高；反之则会引起相反的后果。

（2）行使的主体是行政组织和行政负责人。行使这种权力的只能是行政组织和行政负责人，党团组织和教工会，都不能行使。

（3）发扬民主，健全咨询、监督、反馈制度。行政管理方法必须建立在客观规律的基础上，符合并反映客观规律的要求；必须从实际出发，符合师生的意志。正确的方法，一定是从群众中来，到群众中去，实行领导与群众相结合。因此，只有充分发扬民主，建立健全咨询、监督、反馈制度，才能真正提高学校管理的效能。

2. 思想教育方法

学校管理的思想教育方法是用精神力量提高教职工的认识，影响教职工的情感和行为的一种学校管理方法。这是保证学校的办学方向，提高教职工的认识，激发他们的积极性，推动学校工作的重要手段。

思想教育方法大致可以分为三种方法：① 灌输法。灌输法的主要形式有：报告、讲座、谈话、学习讨论等。灌输并不是生搬硬套地填塞灌注，而是按照疏导的方针，讲究方法的科学性和艺术性，善于启发诱导。② 激励法。主要通过对人的思想行为的肯定，使思想行为得到强化和推广。在学校管理过程中，管理者运用这种方法来有效地调动学校教职工的积极性。③ 表扬与批评法。在学校思想教育中，应坚持表扬、奖励为主，但同时还必须辅之以批评、惩罚的方法和手段。

运用思想教育方法要注意以下几方面：

(1) 思想教育要具有民主性。思想教育必须废止那些强迫命令、教条化的说教方式，采用教职工喜闻乐见的形式，运用讨论、协商、启发的民主方法，把广大教职工吸引到思想教育中来，使他们成为思想教育的主人。

(2) 要理论联系实际，解决实际问题。不摆事实，不讲道理，不理论联系实际，而是简单地用行政手段或者戴政治"帽子"的办法强迫人们接受，这种做法不仅不能解决实际问题，反而会挫伤人的积极性，与思想教育工作的目的、任务背道而驰。只有理论与实际相结合，才能使思想教育的效果在较长的时间内产生积极的影响。

(3) 思想教育的方法要讲究差异性、灵活性。思想教育是一门科学，更是一门艺术。人的性格、个性千差万别，这就要求学校管理者针对师生的思想实际，因时、因地、因人，灵活变换，因势利导。

(4) 要把表扬和批评相结合，并以表扬为主。表扬和批评相结合是教育的有效方法，是调动师生积极性的动力。正确使用表扬和批评，可以对人的发展产生积极的作用。因此，在学校思想教育中，应该坚持以表扬为主，同时辅之以批评的方法和手段。

3. 经济方法

学校管理的经济方法是运用经济手段来管理学校的方法，主要是通过工资、津贴、奖金、罚款等物质刺激的方式，提高教职工的主动性、积极性和责任感。这种方法的实质在于贯彻物质利益原则，调动全体教职工的积极性，多劳多得，少劳少得，不劳不得。

运用经济方法要注意以下几方面：

(1) 要体现按劳分配的原则。运用经济方法，是通过各种不同的经济手段，如工资、奖金、津贴、罚款等杠杆，组织和调节各方面的经济利益关系，提倡合理的按劳分配，体现我国的社会主义物质利益原则，从而调动学校教职工的主动性、积极性和创造性。

(2) 要注意讲求效益。对在学校管理中所实施的经济手段，都要以它对学校实际工作所产生的影响和结果为标准，坚决反对浪费，树立经济效果的最优化观念。

(3) 要坚持奖惩相结合。在学校管理过程中，运用经济方法，必须实行奖惩相结合的原则，做到"论功行赏，赏罚分明"。但同时也必须慎重对待，把握限度，克服"一切向钱看"的不良现象。

4. 法律方法

学校管理的法律方法是按照国家有关的法律、法规、条例、章程，以及学校根据上级指示精神拟订的规章制度管理学校的方法。国家颁发的教育法律、法令、条例、行为规范等，是管理学校的重要根据；学校根据上级文件制定的各项规章制度，也是管理学校的重要手段。

现已经公布的与教育直接有关的法律文件如《中华人民共和国义务教育法》《中华人民共和国未成年人保护法》《中华人民共和国教师法》等，我们必须认真学习和宣传，要学会运用法律手段来保护学校和师生的合法权益。合理地使用法律的方法，能够保证教育方针的贯彻执行，确保教育的战略地位，能够保证学校管理系统的自动有效运行；同时，进行教育立法，使学校管理有法可依、有章可循，统一认识、统一行动，有助于提高学校工作效率和管理的效益。

运用学校管理的法律方法应注意以下几方面：

(1) 要加强法制观念和法制知识的学习宣传，做到知法、懂法、守法。在学校日常管理中，"以言代法""以人代法""以权代法"还常有发生，所以学校的管理者要熟练掌握学校教育有关的法律条文，并组织教职工认真学习、宣传和贯彻，真正提高每个人的执法、守法的自觉性。

(2) 要进行法制教育，树立依法治校的观念。过去我们不善于运用法律的手段来管理学校，重人治轻法治，这是和现代管理原则相违背的。加强法制教育，发挥法律的指引和教育功能，促进每个人自觉遵守法律、法规、政策，自觉地依法治校，依法进行管理，不仅是学校管理者的首要职责，而且还是对他们自身政治思想素质的基本要求。

(3) 要以身作则，遵纪守法，严格依法办事。法律方法是否能在学校管理中真正发挥作用，在一定程度上取决于是否能够真正做到"有法必依，执法必严，违法必究"。学校的管理者更要以身作则，率先示范，在管理过程中坚持"法律面前人人平等"和"以事实为依据，以法律为准绳"的原则，依法保护学校和师生合法的权益，对违反教育法律法规的行为必须严格处理，维护教育法律的严肃性和权威性。

5. 咨询参与法

学校管理的咨询参与法是指学校管理者为了集思广益，有目的地组织专家学者及广大教职工为学校工作出谋划策，提供决策依据和方案的方法。使用这种方法，能够有效地沟通管理者和教职工的意见，提高管理水平，博采众家之长，充分发挥专业行家的作用，同时也能够激发参与者的积极性、主动性和创造性。

运用咨询参与法应注意以下几方面：

(1) 要更新管理观念，用现代管理方法作为指导。现代学校管理者应该具备现代的管理观念：一是人本观念。即把人的因素放在首位，运用各种科学的方法和途径（科学分析法、决策科学法、数学的方法等），使每一个教职工都成为管理的参与者，使每个人都以主人翁的姿态从事工作。二是创新观念。在管理中没有创新，哪怕是最基本的局面也难以维持。三是系统的观念。系统理论沟通了自然科学和社会科学、技术科学与人文科学之间的联系，促进了现代科学知识的发展，它的形成和建立对现代科学技术的发展和管理科学的发展具有巨大的推动作用。

(2) 学校管理者在运用咨询参与方法时，要建立学校的"智囊团"，通过有效途径，发挥智囊人物在学校管理中的参谋作用。培养教职工自觉参与学校管理的主体意识，管理者要善于进行调查研究和科学决策，发挥其在咨询参与方法中的作用。

(3) 在运用咨询参与方法时，要和其他方法配合使用。只有这样，才能使学校管理收到良好的效果，从而真正有效实施管理。

上述管理方法都是我国学校普遍采用的方法，它们之间相互联系、相互渗透、相互促进，形成一个完整的科学方法体系。任何一种方法都不能脱离整个方法体系而单独使用，必须依据学校管理的目标、内容、对象进行选择、运用。只有几种方法相互配合，取长补短，才能相得益彰，收到理想的效果。

思考与练习

一、名词解释
1. 学校管理　2. 学校管理目标　3. 目标管理　4. 学校管理过程
5. 学校管理原则　6. 学校管理的方向性原则　7. 学校管理的民主性原则
8. 学校管理的整体性原则　9. 学校管理的有效性原则
10. 学校管理的方法　11. 学校管理的行政方法
12. 学校管理的思想教育方法　13. 学校管理的法律方法
14. 学校管理的经济方法　15. 学校管理的参与咨询法

二、填空题
1. 学校管理概念包括____、____、____、____等要素。
2. 学校管理是一般社会管理的组成部分，具有一般社会管理的共性，也应反映一般社会管理的本质。即学校管理也应有明确的目标和____，科学的学校管理应是____的管理。
3. 学校管理有其自身的特殊性，这主要是管理内容的____、管理对象的____、管理过程的____。
4. 在学校管理过程中，目标具有重要的____、____、调控作用、评价作用和____。
5. ____、____、____和保证措施是学校目标管理的主要构成要素。
6. 制定学校管理目标，必须具有____、____、____和可行性。
7. ____、____、____、____是学校管理过程的基本环节。
8. ____是一所学校在一定时间内的行动纲领。
9. 学校管理的基本原则有____、____、整体性原则、____、____、激励性原则等。
10. 坚持学校管理的社会主义方向，首先要在学校管理中坚持社会主义____方向，坚持党和国家的____。
11. 学校管理的有效性原则是指在学校管理活动中，要合理而有效的利用人力、____、财力和____，以____的消耗，更快地做更多更好的事情，从而取得学校工作最经济、最有效的成果。
12. 学校管理的基本方法有法律方法、思想政治方法、____、____、____等。
13. 学校管理的思想教育方法大致可以分为三种：一是____，二是激励法，三是____。
14. 学校管理的行政方法是指依靠____的权力，运用学校行政的____，按照____，进行学校管理活动的方法。
15. ____是管理活动中最古老，也是最基本的方法。
16. 现代学校管理者应该具备的现代管理观念有系统观念、____、____等。

三、选择题
1. 学校管理应该把（　　）放在首位。
   ① 追求教育数量　　　　② 提高教育效率
   ③ 提高教育质量　　　　④ 端正教育思想
2. 由于学校管理目标具有（　　），它能把学校全体成员的精力集中起来，团结一致共同努力，保证组织整体目标的实现。
   ① 导向作用　　　　　　② 控制作用

③ 激励作用 ④ 凝聚作用
3. （　　）是学校管理过程的中心环节。
① 计划 ② 实施
③ 检查 ④ 总结
4. （　　）是学校管理过程的中继环节。
① 计划 ② 实施
③ 检查 ④ 总结
5. 制订学校计划的首要步骤是（　　）。
① 集思广益 ② 分析讨论
③ 做出决策 ④ 确立目标
6. （　　）是学校管理理论的重要组成部分，是学校管理工作必须遵循的基本准则。
① 学校管理原理 ② 学校管理原则
③ 学校管理方法 ④ 学校管理规律
7. 学校管理行政方法主要有（　　）方式。
① 强制 ② 说服
③ 说教 ④ 示范
8. 学校思想教育方法大致可以分为哪些方法？（　　）
① 灌输法 ② 激励法
③ 表扬法 ④ 批评法
9. 现代学校管理者应该具备的现代管理观念有（　　）。
① 系统观念 ② 创新观念
③ 人本观念 ④ 主体观念
10. 在学校管理工作中必须坚持以（　　）为中心。
① 思想工作 ② 教学工作
③ 政治工作 ④ 德育工作
11. 学校管理行政方法的行使主体是（　　）。
① 行政组织 ② 校长
③ 书记 ④ 工会主席

四、判断题（正确的在括号内打"＋"，错误的打"－"）

1. 一般来说，学校管理中最基本的关系是以教与学为主要内容的管理者和被管理者的关系。（　　）
2. 从广义来说，学校的每一个教职工都是管理者。（　　）
3. 在学校管理中，应该把管理的效率放在首位。（　　）
4. 检查是学校管理过程的中心环节。（　　）
5. 领导与管理是同一个概念，只不过是其工作范围不同罢了。（　　）
6. 制订学校计划的首要步骤是确定目标。（　　）
7. 科学的学校管理应该是高效率、高质量的管理。（　　）
8. 党委书记与校长是唯一的行使行政方法管理学校的主体。（　　）
9. 学校管理的经济方法的实质在于贯彻物质利益原则，调动教职工的积极性，多劳多得，

少劳少得，不劳不得。（   ）
10. 对于学校管理者而言，时间就是效益，时间就是教育教学质量。（   ）
11. 在学校管理过程中必须坚持社会主义办学方向，坚持党和国家的方针政策。（   ）
12. 总结是管理过程的终结环节，是管理工作的结论和依据。（   ）
13. 一个管理者的实际管理过程中，一般都同时存在有效与无效的问题，因此，管理中的有效与无效是绝对的。（   ）
14. 目标设置是目标管理过程的首要环节，主要包括论证决策和分解目标两项工作。（   ）
15. 在学校思想教育中，应坚持表扬、奖励为主，但同时还必须辅之以批评、惩罚的方法和手段。（   ）

五、辨析题

1. 严格有效的学校管理是提高办学质量和效益的重要保证。
2. 质量和数量的关系，表现为"出好人才"和"多出人才"的关系。
3. 数量在一定程度上能反映出教育和学校管理的质量，所以学校管理工作必须尽一切努力追求数量指标。
4. 即使具有一定条件，管理的有效和无效也不可能相互转化。
5. 计划是学校管理过程的中心环节。
6. 对学生的管理是否有效，主要是以教师传授了多少知识来衡量的。
7. 单独使用任何一种学校管理的方法，都能收到良好的效果。因此，不需要几种方法的配合使用。
8. 学校管理者在运用思想教育方法时，要平等待人，以身作则，切忌盛气凌人。
9. 实行党委领导下的校长负责制的学校，党支部可以采用行政方法来管理学校。

六、简答题

1. 学校管理有何重大意义？
2. 应该如何认识学校管理的本质？
3. 与一般管理相比，学校管理有什么特点？
4. 简述学校管理的基本矛盾范畴。
5. 目标在学校管理过程中有何重要作用？
6. 学校管理目标是由哪些要素构成的？
7. 方向目标×工作效率＝管理效能，此公式说明了什么？
8. 学校管理目标的制定有什么要求？
9. 要想使管理计划成为学校的行动纲领需要具备哪些条件？
10. 目标考评包括了哪些方面的内容？
11. 什么是学校管理的原则？制定学校管理原则的依据是什么？
12. 在学校管理中，坚持民主性原则的基本要求有哪些？
13. 你认为学校管理原则主要有哪些？
14. 什么是学校管理的方法，你认为学校管理的主要方法有哪些？
15. 在学校管理中，运用经济方法时要注意哪些问题？

七、论述题

1. 怎样制定学校管理目标？

2. 在学校管理中如何加强目标管理？
3. 在实施环节（或阶段）进行组织、指导、协调、控制与激励工作时，需要注意哪些问题？
4. 学校管理过程是由哪几个基本环节所组成的？它们之间的关系如何？
5. 学校思想政治工作管理的具体要求是什么？
6. 结合实际谈谈运用学校管理的咨询参与法时应注意哪些问题？

八、实例分析

1. 地处边远县城的 K 中学刘校长对青年教师给予了全方位的关心，诸如鼓励他们积极向上，考察他们的教学是否认真。只要时机适宜，他总要与青年教师交谈一番，询问他们："刚参加工作，各方面适应吗？""生活方面还需要哪些帮助？"话语虽短，但说明校长心里时刻装着青年教师，初来乍到的新教师心理怎能不涌起感激之情。

为了创设青年教师成才的氛围，刘校长每学期都要召开学生和家长座谈会，请他们对青年教师的教学评头论足，让青年教师从中了解自己的长处与不足，鼓励他们扬长避短。同时，刘校长要求各教研组每学期都要听青年教师的课，并集体评课，要求青年教师自评和写教后感，激励他们在业务上精益求精。此外，还让青年教师轮流担任班主任、少先队辅导员工作，使他们在工作上感到压力，能够经受不同岗位的考验。

为了促进青年教师尽快成才，刘校长还采取了师徒结对，组织专门训练与系统理论讲座，开设专门备课资料室，参与教研教改等多种措施，并对确有才华的青年教师给予特殊的个别指导，定期进行经验介绍与交流，把培养青年教师的工作真正落实到实处。

虽然 K 中学的办学条件较差，但青年教师队伍却充满了朝气与活力，教育教学质量年年上升，学校被评为地区先进单位，在社会上享有较高的声望。

办好学校，物质条件是基础，教师是根本，青年教师是学校教育的希望。刘校长为建设一支优良的青年教师队伍，倾注了自己的热情和心血，取得了较好的效果。

（1）请概要地分析刘校长的管理原则与方法。

（2）为加快新世纪一代青年教师的培养，特别是青年骨干教师的培养，你认为应该采取哪些对策与措施？

2. 某中学选拔教务处主任，学校经过考察提出了学校唯一的硕士小张老师。那时，小张刚刚 28 岁，是学校学历最高的年轻老师。不仅如此，由于其突出的科研成果，被评为全国优秀教师。他还是党员，参加过本市的党代会。他为人谦虚谨慎，待人和蔼可亲，被同事认为是难得的好人。小张老师的不足之处是，在此之前没有担任过任何管理工作，而且他不大愿意进行交际活动，平常对学校行政工作也不怎么过问。

在学校领导班子会议上，大家一致认为，小张德才兼备，完全符合干部的"四化"要求，是教务主任的合适人选，于是，一致同意小张担任教务主任。当校长会同人事干部找小张谈话时，小张表示自己工作能力不行，做教务主任不合适，最好还是让他静心搞业务。但是通过校领导和人事干部做工作后，小张服从了组织的决定。教师对新的教务主任寄予了很高的期望，并积极给予配合。然而，不久之后，他们就大失所望。他们发现，新的主任不仅对学校管理缺乏思路，而且魄力不够，缺乏主见。小张自己也在班子内部提出，这个班子就做个"维持会"吧。于是，在这之后的一年多时间里，学校工作就这样维持着现状，许多发展机遇都未能及时抓住，一些教师从期望变成了失望，又从失望变成了不满。小张自己也感到教务主任这个工作成了他的包袱，进而有了思想负担，并且，由此影响了身体在这种情况下,小张向学校提出了辞呈,要求辞去教务主任的职务。但是,学校领导班子认为班子组建时间不长,与四年任期的期限相差太远,加之小张老师又没有犯什么错误,所以没有批准他的辞职申请。然而,小张去意已定,于是,他不参加学校召开的任何有关会议和活动,也不参加教务会议,甚至连主任办公室也不去。这个状况维持了几个月,学校领导班子也同意了小张的辞呈。就这样,小张从做了两年的教务处主任岗位上无功而退。

请利用我们所学的学校管理的相关知识对此问题进行分析。

第十一章 教育评价

本章要点：
- 教育评价的概念以及它与教育测量、教育督导等概念之间的关系；
- 教育评价的功能；
- 教育评价的主要类型；
- 教育评价方案的设计；
- 怎样实施教育评价。

第一节 教育评价概述

一、教育评价的概念

（一）教育评价的含义

评价是指对人或事物的价值判断。评价概念引入教育领域，就形成了教育评价的概念，并最终成为一门科学。它开始于 20 世纪 40 年代的美国，其间又经历了一个传统考试—科学测验—教育评价的发展历程。

> **小栏目 11-1**
>
> **"8 年研究"（The Eight-Year Study）**
>
> "8 年研究"是指在 1933—1940 年由美国进步主义教育联盟（P.E.A.）支持的旨在革新教育的新课程改革实验。
>
> 美国在 1929 年发生了经济危机，大批工人失业。经济的不景气导致许多学校关门，学生失学。这就引发了美国一些学者锐意改革教育的主张。……于是在 P.E.A.会长艾钦（W. M. Aikin）的领导下，1933—1940 年，在 7 个大学和 30 多所中学里进行了实验研究。这个实验称之为"8 年研究"。在这个实验中，由泰勒（R. W. Tyler）等教授组成了一个评价委员会，开始提出并使用了"教育评价"（Educational Evaluation）这个术语。1942 年，斯密斯和泰勒（Smith & Tyler）发表了 8 年研究报告《学生进步的评估与记录》，这一报告被称为"划时代的教育评价宣言"，提出了教育评价的原理和方法，且成为现代教育评价理论和方法的开端。也因此，泰勒在美国被誉为教育评价之父。

教育评价是针对教育对象，根据一定的目标，采用一切可行的评价技术和方法，对教育现象及其效果进行测定，分析目标的实现程度，从而做出价值判断的过程。它为教育决策提供科学依据，为完善和改进教育过程、提高教育质量服务。

（二）与教育评价相关的两个概念

1. 教育测量

教育测量是根据教育目标的要求，按照一定的规则对教育活动的效果加以数量化测定的过程。

教育测量与教育评价是两个不同的概念。教育测量是取得教育活动效果数据的过程，而教育评价则是对数据作出分析和解释，从而确定所测对象价值的过程。教育评价包括定性描述和定量描述两个方面。定量描述需要测量，定性描述不必测量。因此，教育测量是教育评价的工具，但并非必备的工具；教育测量是教育评价的基础，但并非所有的教育评价都必须建立在教育测量的基础之上。

2. 教育督导

教育督导是上级对下级工作的监督、检查和评价，用以指导和督促其全面贯彻教育方针和政策，改进教育工作，提高教育质量。

教育评价是教育督导的一种科学方法和手段，教育督导也对教育评价产生积极作用，督导工作及其相应的机构是教育评价最有效的组织形式和可靠的保证。

二、教育评价的功能

教育评价在学校教育中的作用日益明显，成为学校工作必不可少的环节。要充分发挥教育评价的作用，就必须明确教育评价的基本功能。

（一）导向功能

教育评价是以一定社会教育目的的实现程度来考察教育的效果，它以教育目的为出发点，又以教育目的为归宿。评价方案中的指标体系，都有明确的指标项目和评价标准，实际上是宏观教育目标的具体体现，为学校和师生指明了奋斗目标和努力方向。因此，教育评价具有明显的导向功能。

（二）调节功能

教育评价结果是对教育活动效果的反馈，教育活动主体可据此了解自己的活动状况及其与活动目标之间的差距，及时发现成绩与不足并分析其原因，为下一步行动做出正确调整，以期获得更大的进步。这充分体现了教育评价的调节功能。

（三）诊断功能

教育活动过程中如果存在问题，必然影响教育目标的完成。因此，教育者为了调控教育进程，必须通过教育评价找出问题的关键所在，以便改进教育方法，修正教育决策，使教育活动能顺利进行。因此，教育评价具有对教育过程的进展情况和存在的问题进行诊断的功能。

（四）激励功能

通过评价，学校、教师、行政人员及学生都能从中获得活动成效的信息，从而了解工作或学习的进展情况，强化工作和学习的积极性。肯定的评价可使付出的劳动和努力得到承认，使人产生成就感，并成为进一步努力的动力源泉；否定的评价会使人产生一定的焦虑情绪，而为了消除焦虑也会让人产生改进工作的动机。所以,激励功能是教育评价的重要功能之一。

三、教育评价的类型

(一)根据教育评价范围,可将教育评价分为宏观教育评价、中观教育评价和微观教育评价

宏观教育评价是以教育的宏观决策方面为对象所进行的教育评价,它是全局性、战略性的评价;中观教育评价是以学校内部各方面工作为对象的评价,如对学校办学条件、办学水平、教师队伍等方面的评价;微观教育评价是以学生发展为对象的教育评价,如对学生知识掌握情况、品德发展情况、生理发展水平等方面的评价。

(二)根据教育评价的功能,分为诊断性评价、形成性评价和终结性评价

诊断性评价是指在教育活动开始之前所实施的预测性、测定性评价,其目的在于了解评价对象的基础情况,分析存在的问题,为解决问题搜集必要的资料,找到解决问题的办法,以指导工作;形成性评价是指在教育、教学活动实施的过程中,对计划、方案的执行情况进行的评价,目的是了解动态过程的效果,以调节活动进程,保证教育目标顺利实现;总结性评价是指在教育、教学活动项目告一段落或完成以后进行的评价,目的是了解活动目标的达成情况,及其最终效果或效益。

(三)根据教育评价的参照指标,分为相对评价和绝对评价

相对评价是以评价对象所处的集团的平均状况为参照进行的评价,目的在于区分优劣、排列位次、划分等级;绝对评价是以预先确定的目标为参照进行的评价,目的在于确定评价对象的目标达成程度。

(四)根据教育评价的主体性,分为自我评价和他人评价

自我评价是指被评者自己根据一定的标准,对自己的学习、工作、品德等方面的表现进行教育评价,简称自评。自评易于开展,且能激发被评者的积极性。他人评价是指被评者以外的人按照一定标准对被评者进行的教育评价,简称他评。他人评价较为严格、慎重、客观,结论更权威,但组织难度相对较大,评价成本较高。

(五)根据教育评价的方法,分为定性评价和定量评价

定量评价是指采用定量计算的方法进行的评价,也就是通过搜集数据资料,用一定的数学模型或数学方法,采取统计处理手段进行的评价;定性评价是指采用定性描述、解释的方法作出价值判断的方法。定性评价虽然不通过定量计算进行,但也必须有评价的标准和依据。

四、教育评价的原则

(一)方向性原则

这是教育评价总体上应坚持的原则。这一原则要求评价活动必须在特定的评价目的指导

下实施，必须支持正确的评价方向。教育评价是一种目的性、方向性极强的活动，在评价中对教育对象进行价值判断的主要依据就是教育目的，而进行教育评价活动本身，又是直接为实现教育目的服务的。因此，教育评价必须以国家的教育方针、政策、法规为依据，以社会对教育的要求为标准，从总体上把握好评价方向。

（二）客观性原则

这是教育评价内容上应遵循的原则。这一原则是指在教育评价过程中，必须采取客观的实事求是的态度，尽量采取客观的评价手段和方法，力求反映评价对象的真实情况，避免主观随意性和片面性。教育评价如果缺乏客观公正，就会失去评价的真正意义，还会提供虚假信息，导致教育决策上的偏差。因此，教育评价客观性是教育评价方法研究所追求的目标，它具体表现在评价标准行为化、评价方法定量化、评价手段自动化、评价过程统一化，从而使教育评价在广泛范围内取得通用性的效果。

（三）整体性原则

这是针对教育评价指标所提出的原则。这一原则是指教育评价要把评价对象视为由若干要素组成的有机整体，从整体上把握矛盾的各个方面，去把握教育工作的整体及其发展的全过程。根据评价目的的需要，可以分别制定出若干细化的评价指标，但这些指标并不是孤立存在的，而是紧密联系在一起的一个完整体系。如果评价中过分偏重于某一因素，就会导致整个评价体系的失衡，影响评价的科学性和客观性。

（四）综合性原则

这是针对评价方法的采用所提出的原则。这一原则要求在进行教育评价过程中，无论是数据的采集，结果的分析，还是最后环节的价值判断，都应该运用综合的方法，避免采用单一手段带来的评价结论的偏差。具体地说，一是要在评价过程中坚持定量评价与定性评价相结合。如果只是定性评价，那只能反映教育的性质特征；如果只是定量评价，那只能从现象或形式上对教育进行评价，容易忽视教育的性质特征。二是要在评价中坚持静态评价与动态评价相结合。静态评价的优点是便于横向比较，可以考察评价对象是否达到了某种标准；缺点是不利于纵向比较，不易看到评价对象的过去及今后发展的潜力。动态评价则正相反。如果只注重二者中的任意一种，则不能完成评价任务，科学的方法就是将二者结合起来。三是要在评价中坚持精确评价与模糊评价相结合。如果只模糊不求精确，教育评价的主观随意性大；如果只注重精确评价而不进行模糊评价，那么教育评价可能无法定论。所以应将两种评价方法科学地结合起来，在教育评价标准的制定、方法的选择、信息的分析、结果的评判等过程中都力求体现这一点。

以上四个方面的教育评价原则，是从教育评价工作实践经验中总结出来的，是对评价工作一般规律的认识。明确教育评价原则的意义可以用其科学地指导教育评价工作，并在教育评价过程中自觉贯彻和应用。

第二节 教育评价方案的设计

教育评价是一项技术性很强的复杂的系统工程,也是一个有序的活动过程。因此,教育评价必须科学地、严格地按照一定程序实施,才能保证教育评价工作的质量。教育评价的一般程序可以划分为以下三个阶段:准备阶段、实施阶段、结果分析处理阶段。要完成一项教育评价活动,就要在评价之前对整个评价工作有一个全面的规划与安排,这也正是教育评价方案要解决的问题。

一、教育评价方案设计的概述

在教育评价的整个准备阶段中,实质性和关键性的工作就是设计评价方案。它是教育评价的前提,直接关系到教育评价工作的成败。

(一)教育评价方案的含义

教育评价方案是为评价活动设计的施工蓝图,也是教育评价准备工作中最具实质性的工作之一,是根据一定目的和教育活动、评价活动的一般规律,对评价的指导思想、内容、范围、方法、手段、程序等加以规范而所作的安排和设计。只有在评价活动之前进行周密地计划、设计,才能确保评价活动有效、顺利地进行。

(二)教育评价方案设计的基本内容

教育评价方案设计主要解决为什么评,由谁来评,评什么,怎样评的问题。教育评价的类型不同,评价方案设计的内容也不尽相同。一般而言,教育评价方案设计基本上应该包括以下主要内容:

1. 明确评价目的

设计评价方案的首要问题是要明确评价的目的,即为什么要进行评价。评价的目的不同,提出的评价目标、制定的评价指标体系及评价标准、选用的评价方法和评价工具以及评价的组织实施程序也会不同。明确评价目的是搞好评价工作的前提条件,如果目的不清或目的设计上出现偏差,就会影响整个评价方案的质量,进而降低整个评价工作的科学性。

以学生质量评价为例,如果评价是为了选拔,要把学生分成优劣,在设计方案时就要选择相应的方法,在信息的收集、处理与解释方面做出相应的设计与安排;若评价是为了促进学生个体的全面发展,整个方案就要作相应的调整。可见,评价目的直接影响着评价方案的设计。

2. 确定评价者与评价对象

确定评价者与评价对象实际上就是要解决谁来评和评谁的问题。评价者就是教育评价的主体,是教育评价的实施者。现代教育评价重视评价者的广泛性,即对同一个评价对象的评价要有不同领域的相关人士参与,以求能全面、客观地收集评价信息,对评价对象做出全面、准确的评价。评价对象是评价活动的客体。评价对象可以是具体的单位,也可以是处于特定范围的人或群体抑或个体,如学生、教师、学校管理者,还可以是某种教育现象,如课堂教学工作等。

3. 设计教育评价的指标体系

评价指标是评价目标的具体化，是可操作的目标。建立评价指标体系主要解决具体评什么和以什么样的标准评价的问题，同时也是设计教育评价方案的关键。

4. 选择评价方法

评价的方法主要解决如何评的问题，是达到教育评价目的的主要手段。选择一定的评价方法，可以实现评价操作的规范化，从而保证教育评价操作程序的简捷性和科学性。

5. 拟订评价的实施程序

由于教育评价是一项复杂的系统工程，因此对整个工作的每一个环节、每一个步骤都需要有一个周密的安排和布置，才能保证评价有条不紊、按部就班地进行。

（三）教育评价方案设计的意义

1. 教育评价方案设计是教育评价的基础工作

教育评价活动依据其步骤可分为评价准备、评价实施和评价结果的处理三个阶段。其中评价准备阶段主要解决为什么评、由谁来评、评什么、怎样评等问题，而这四个基本问题正是教育评估方案的基本内容。可见，设计教育评价方案是教育评价活动准备阶段的重点工作，是开展教育评价活动必不可少的环节，也是教育评价的基础工作。

2. 教育评价方案是教育评价的依据

教育评价方案是开展教育评价活动的施工蓝图。评价的组织者、管理者及评价者都必须以评价方案为依据，进行评价的准备、组织实施以及处理评价结果。只有这样，才能保证实现评价的目的，使教育评价能够有序地进行。

3. 科学的评价方案是教育评价科学化的保证

教育评价的科学化包括评价思想的科学化、评价内容的科学化、评价组织和实施的科学化和评价方法技术的科学化。只有评价方案中规定的目的、指标、标准、程序及方法等科学无误，才能保证整个评价工作的规范、有序，才能得出正确的评价结果，从而实现教育评价的科学化。

二、教育评价指标体系的建立

教育评价指标体系是由评价目标中分解出来的若干指标以及各项指标的权重和评价标准所组成的集合体，它规定了评价的范围、内容和尺度，是进行教育评价工作的基础和依据。建立教育评价指标体系是开展教育评价活动的前提，是设计教育评价方案的核心。

（一）教育评价指标的分类

从教育评价指标的功能上区分，评价指标可分为效能指标、职责指标和素质指标三种类型。

1. 效能指标

效能指标包括效果指标和效率指标。所谓效果指标，是从工作效果角度确定的评价指标。例如，评价教师教学工作时，主要是考查学生基础知识和基本技能的掌握情况，还有智力和能力的发展情况以及思想品德形成的情况。所谓效率指标，就是注重行为有效程度的指标，它主要根据产出和投入的比例来衡量工作成果。比如，评价教师工作质量时，提出的单位时间内教师完成的教育、教学和科研工作量就属于效率指标。

2. 职责指标

职责指标主要是对评价对象所应承担的责任和完成任务的情况进行评价而提出的评价指标。例如，评价教师的教学工作时，可从备课质量、讲课质量、作业布置和批改、课后辅导等各项任务的完成情况进行评价。职责指标可以使被评价对象增强事业心和责任感，关心工作的全过程，注意工作方法。但是如果教育评价指标过分偏重于职责指标又容易使人只顾耕耘不管收获。

3. 素质指标

所谓素质指标是从承担各种职责或完成各项任务所应具备的条件的角度提出的指标。例如，作为一个教师应该有比较渊博的知识；要认真研究、掌握教育科学，懂得教育规律；要有高尚的道德品质和精神境界，这就是教师应该具备的基本素质。

教育评价指标体系主要由这三种类型的评价指标构成，其中效能指标的作用是促进效果和效率的最优化，职责指标的作用是促进教育措施的最优化，素质指标的作用是促进方案选取的最优化。这三种基本指标的作用既是统一的，也是相互独立的，它们体现在教育评价的各个方面，各自起着极其重要的作用。

（二）教育评价指标体系的设计

教育评价指标体系是由不同级别的评价指标按照评价对象本身的逻辑结构形成的有机整体。教育评价指标体系大致由指标系统、权重系统和评价标准系统三个系统构成，而评价指标体系的设计也从这三个方面的设计来进行。

1. 确定指标

评价指标系统是根据可测或具体化的要求将评价目标逐级分解后所形成的既有层次又相互联系的、系统化的指标群，是具体的评价内容。指标系统可以有不同的层级，是由目标到指标，或由抽象到具体的多层级指标构成。它是评价目标的具体化，是对评价对象进行价值判断的依据。

指标系统的建立，是在对某些评价目标层层分解的基础上实现的，是将评价的属性逐步具体化的过程。可以通过以下两个步骤来确定：

（1）将评价目标分解，获得初拟指标。目标总是比较抽象和笼统，在评价中是难以测定的。因此，在评价目标明确之后，制定者的首要任务就是对目标进行分解。进行目标分解的方法主要是内涵分析法，这是设计指标系统的基本方法。按内涵分析法操作时，首先应将目标按内涵分成几个关键要素，属于一级指标；每个要素自成一个子系统，再分解每个子系统，列出能反映其内涵的项目，属于二级指标；每个二级指标又是个子系统，再分解，直到认为具有可操作性为止。

（2）归类、筛选、精简指标。第一步所获得的指标往往较多，因为人们在分析目标内涵，进行分解时，怕漏掉重要因素，总是尽量将可能有关的指标列出，往往杂而多，因此要进行筛选。对初拟指标进行筛选的原则是：同层指标内涵相同的要合并，指标有因果关系的要留因去果，相互矛盾时选择合理的，可操作性差或无法获取信息的可寻找替代指标。

确定评价指标的关键在于对评价目标进行有效分解，分解时应做到全面、具体而且要有可比性，同时必须持慎重态度，对草拟出的指标要进行方向性和可行性论证，并应广泛征求群众意见。

2. 分配权重

指标权重是表示每项评价指标在指标体系中所占的重要性程度，并赋予相应的值，这个数值就叫做对应指标的权重。确定权重的过程叫加权。

指标确定之后，要对每个指标在综合评价中的地位和贡献以及重要程度做出估计，然后对每个指标加权，即分配权重。在教育评价中主要有评价指标加权和评价总分加权，所谓评价指标加权是指将权数指派到各个一级指标上去，再逐步依次指派到下属的指标，直至最末一级指标。评价结果计量时，直接按分配到末级指标的权数计算。在指派下级指标权重时，可将本级指标看成是一个整体，然后将下级指标对本级的贡献程度进行比例指派，而下级指标的权重实际上是将上级指标的权重与下级指标重要性所占的比例相乘。所谓评价总分加权，是指对不同主评者的评价结果加权。由于不同主评者对被评价者的了解程度不同，因而评价结果的可靠性和权威性也不一样，这就必须对主评者的评价结果加权。例如，评价教师课堂教学质量时，主评者可以有学生、同行、领导及自评，他们的评价结果就应根据各自的重要性程度进行加权。

3. 编制标准

标准是衡量事物的准则，是对事物进行评判的具体尺度。教育评价的标准是指对应于相应的评价指标或项目，被评对象达到什么样的程度或水平才是合乎要求的，或是优秀的、良好的等。评价标准系统由标度和标号构成，是衡量评价对象达到末级指标程度的尺度和准则。

编制教育评价标准，包括四个方面的内容：一是分解教育评价指标体系中最低层次指标所包含的主要内容。例如，"组织教学"是教师教学工作评价指标体系中一项最低层次指标，经分解可有"科学利用教学时间，教学过程安排合理；严格要求，教书育人；教态和蔼，课堂秩序良好"等主要内容，它们就可以作为衡量教师上课"组织教学"的尺度。二是确定评价标准的等级数量和标号。标号是区分程度的符号，通常用汉字"优、良、中、差"或字母"A、B、C、D"等表示。标号本身无独立意义，它是评价标准的辅助部分。三是界定评价标准的等级要求。比如，评价标准要求"完全达到"就是"优"，"基本达到"是"良"，"大部分达到"是"中"，"大部分达不到"是"差"等。四是确定标度。标度的作用是区分评价对象达到评价标准的程度，它是评价标准的基础部分。例如，"A，B，C，D"等级可标度为"4，3，2，1"分。期末考试成绩的评定中一般规定：优秀：90～100，良好：80～89，中等：70～79，及格：60～69，不及格：59以下。

三、教育评价的方法

教育评价是对教育评价对象进行客观、公正的价值判断。因此，要想提高教育评价的质量，必须要把握教育评价的方法，掌握教育评价的工具，使教育评价得以顺利实现。教育评价方法是指在教育评价过程中确定评价指标权数和搜集、整理、分析与解释评价资料的办法和手段。

（一）确定评价指标权数的方法

1. 专家意见平均法

由一定数量的长期从事教育管理工作的干部、有经验的教师以及有关领域的理论工作者共同讨论商定指标权重的方法。这些专家在一起讨论，各抒己见，根据个人对各评价指标重要程度的见解，确定不同的权重，然后求出各位专家对相应指标权数的算术平均值，作为指标权重的最后结果。它是确定指标权重的一种最简单的方法。

这种方法的特点是简便易行，能够充分交流意见。但不足之处在于主观随意性较大，容易受专家的素质、水平等因素的影响。

2. 德尔斐法

德尔斐法（Delphi Technique）最初是由美国兰德公司开发出来，用于处理复杂的防务问题。后来其应用领域不断扩大，在教育等公共事业中也得到广泛应用。用该方法确定权数就是以分发问题表的形式向有关专家咨询。这些专家在没有面对面的相互影响或相互对抗的情况下就某个问题接受咨询。以减少权威人士在决策中产生的特殊作用；然后对问题表回收、汇总、整理，进行统计归纳，得出初步结论；最后再反馈给专家，让专家就总体的应答情况做出修改，从而确定各指标的权数。

3. 层次分析法

层次分析法，实质上是一种多目标、多标准的统计分析方法。美国学者赛脱（T. L. Saaty）最早将它引入教育评价领域，以解决权数的确定问题。它主要通过对评价指标分层次进行两两对偶比较，排列出各项指标重要程度的优先顺序，然后计算判断矩阵的最大特征值所对应的特征向量，从而决定各指标的权数。这是一种对人们的主观判断做出客观描述的有效方法，将专家的经验认识与理性分析结合起来，从而提高了权数分配的科学性。

（二）教育评价资料的搜集方法

教育评价是在搜集评价对象有效信息的基础上进行的。评价中除了需要有科学实用的教育评价方案外，最主要的是获得及时、可靠、全面、清晰的评价资料，评价资料的搜集是教育评价赖以开展的前提和基础。

1. 观察法

观察法是评价者通过自身的感官或借助一定的科学仪器，有目的、有计划地对教育评价对象的自然活动状态进行系统、深入地观察，以获得评价对象的准确客观资料的方法。

观察法的优点是简便易行，所获资料可靠程度较高，并且不影响观察对象的正常活动状态。观察法的不足是观察的样本数小（样本容量小），观察所获得的材料不够系统和普遍，不易排除偶然因素影响等。因此，在搜集教育评价信息时，观察法要与其他方法结合起来运用。

2. 调查法

调查法是在科学方法论的指导下，通过问卷、访谈等方式，有目的、有计划、系统收集有关评价对象信息与资料的方法。

调查法的优点是灵活性、针对性较强，可靠性较高，适用范围较广并能进行较为深入、广泛的研究，处理分析方便。在计算机普及的今天，通过对访谈资料或问卷的收集，数据资料和统计分析结果能够迅速得到。但在使用调查法时，对访谈问卷的设计应按一定方法进行，并且要充分考虑问卷的可信度和有效性等问题。

3. 测验法

测验法是通过编制某些试题或设置某种情景，向测验对象获取资料的方法。在教育评价中，常用它获取量化的资料。

测验法的优点是测验表编制十分严谨，结果相当准确可靠；施测容易控制，结果处理方便;省时省力,有设立好的常模,可以直接进行对比研究。不足和缺点是难以进行定性的分析、难以揭示变量之间的因果关系,使用中对研究者有较高要求等。

4. 文献法

教育评价文献法是根据评价目的和内容,搜集、鉴别、整理有关评价对象的文字记载或音像记录的材料,从中收集评价信息的方法。

教育评价文献可以分为一次文献和二次文献。

教育评价的一次文献是根据评价目的和内容所选取的有关教育评价对象的各种原始资料,包括各个时期学校发展与改革的各种计划,学校重要活动的录像或原始记录,师生档案,各种获奖证书,教师撰写的专著、调查报告、论文,学生成绩的原始记录单,学校物产登记簿及办学规模的数据资料等。

教育评价的二次文献是指教育行政部门、学校办公室工作人员或教师等对一级文献进行系统加工、整理和总结,并概括论述的汇报性文献,包括学校贯彻教育方针及实施素质教育教学与管理情况的现状的总结、汇报、远景设想、规划等。二次文献具有主观综合性、报告性和浓缩性等特点,可以使评价者直接快速地了解评价对象的基本情况。

小栏目 11-2

评价理论的新发展:基于学生发展的评价

教育应该促进学生的发展——面发展、主体发展和差异发展。发展性评价的关键是教师要以发展的眼光来看待学生,而不是为了评价而评价,更多体现的应是一种全新的评价理念。它的根本特征是:结果性评价和形成性评价并重,重在学生的思考和发展过程;评价角度多元化;学生和教师之间是一种互动的评价,学生是评价的主体;评价的目的是为了学生的发展,而非奖惩;评价要在科学客观的基础上让学生感受到教师的暖意和鼓励,是一种师生情感的交流。近年来新发展起来的常用的发展性评价方法有以下几种。

1. 档案袋评价

档案袋评价(Portfolio Assessment)是一种新的评价方法,属于质性评价范式,是指收集、记录学生自己、教师或同伴做出评价的有关材料,学生的作品、反思,还有其他相关的证据与材料等,以此来评价学生学习和进步的状况。成长记录袋可以说是记录了学生在某一时期一系列的成长"故事",是评价学生进步过程、努力程度、反省能力及其最终发展水平的理想方式。

档案袋评价的目的在于促进学生在原有水平上的持续发展。同传统的考试相比,档案袋评定并不是在课程实施之后给学生一个成绩、排定名次从而让学生知道自己在群体中的位置就行了,而是把学生的发展作为一个持续的过程来看待,注重学生对自己的进步做出判断。因此,学生是自己所提交作品的质量和价值的最终仲裁者,档案袋评定的价值,正是体现在允许学生对自己的学习进行反思和自我评价上。这一点非常重要,因为学生作为评价的主人,可以对自己的成长做出评价和反思,促使学生对自己的发展负责,从而更好地发挥评价的教育意义。

2. 真实评价

真实评价(Authentic Evaluation)是当前在美国兴起的一股评价思潮,真实评价就是在真实的生活环境中评价学生的表现。传统测验注重考查学生对知识的再现,远离真实的生活情境,而不能考查学生形成假设、进行推理、解决问题的思维过程。真实评价则改变了教师是知识的唯一来源的僵化思维,让学生在真实的教育情境中自己探究问题、发现知识。日本学者浅沼茂认为,真实评价强调,通过学生在实际情境中应用知识的活动、作品、笔记、设计等第一手的资料,来评价学生的学习过程及其成果,借助第一手资料对学生做出的评价具有很高的可靠度。真实性评价暗含的含义是:评价是学习的一部分,是不断发展变化的,成功或失败只能用学生在新的环境中应用知识和技能的具体事实和能力来说明。

(三)教育评价资料的分析方法

对教育评价中量化数据的描述、汇总和推断是科学分析评价结果,实现评价目的的重要工作。在实践中对教育评价资料的分析主要使用统计分析法(如平均数、标准差、标准分数、T 分数、参数估计和统计检验)和模糊综合评判法。这里就常用的几种方法作简单介绍。

1. 算术平均数

一组性质相同数据的和除以该组数据的个数所得的商称为简单算术平均数,用公式表示为

$$\bar{X} = \frac{\sum X}{N}$$

式中,$\sum X = X_1 + X_2 + \cdots + X_i + \cdots + X_N$

2. 标准差

一组数据中的每个数据与其平均数的离差平方之和的平均数称为该组数据的方差,用符号 σ^2 表示;方差的算术平方根称为标准差,用符号 σ 表示。公式为

$$\sigma = \sqrt{\frac{\sum(X-\bar{X})^2}{N}}$$

当一组评价数据适合用算术平均数描述其规律性时,则用标准差描述其波动性。为了方便计算,上述公式可以变换成下式

$$\sigma = \sqrt{\frac{\sum X^2}{N} - \left(\frac{\sum X}{N}\right)^2}$$

3. 标准分数

标准分数是原始分数与平均数之差除以标准差所得之商,计算公式为

$$Z = \frac{X - \bar{X}}{\sigma}$$

标准分数是以平均数为参照点,以标准差为单位,描述某个原始分数在团体中相对位置的量数。

4. T 分数

T 分数是由标准分数直接转换而来的。标准分数是以平均数为零点的,原始分数经转换后,有一半为正值,一半为负值,而且转换后的标准分数又多为小数,这就给运算带来了很多麻烦。为了克服这些缺陷,美国教育测量专家麦柯尔建议用 T 分数,公式为

$$T = 10Z + 50$$

5. 模糊综合评判法

模糊综合评判法是把模糊数学应用于教育评价而形成的一种方法。近年来，模糊综合评判法在教育评价中愈来愈受到重视，这是由教育现象的模糊性、教育评价的任务和模糊综合评判的特点所共同决定的。因此，对评价方法中的这个新动向应引起重视。

（四）价值判断的方法

评价是对人或事物的价值判断。所以，教育评价的关键在于"价值判断"。而教育现象的价值判断是以一定评价标准为其准绳的，即将评价对象的表现与评价标准进行比较，从而获得评价结论。根据选取的评价标准不同，价值判断的方法可以分为绝对评价法、相对评价法和个体内差异评价法三种。

1. 绝对评价法

绝对评价法是在被评价对象的整体之外，确定一个客观标准，将被评价对象与这个客观标准进行比较，以判断其达到标准程度的一种评价方法。如毕业考试就属于绝对评价，其评价标准是教育部颁布的教学大纲和教材。

2. 相对评价法

相对评价法是根据所有评价对象的整体状态确定评价标准，以被评价对象中的某一个或若干个为基准，通过把各个被评价对象与基准进行对照比较，判定每个被评价对象在一个集体中所处的位置的一种评价方法。如招生考试就是相对评价。

3. 个体内差异评价法

个体内差异评价法是以被评价对象自身某一时期的发展水平为标准，判断其发展状况的评价方法。如某生过去数学成绩是 80 分，现在是 60 分，说明该生数学学习成绩下降了。

第三节　教育评价的实施

教育评价的实施，是教育评价理论、目标、方案转化为教育评价实践活动的关键性环节。它主要是评价人员根据评价的指标和标准，去收集、整理和分析反映被评价者达标状况的信息资料，并做出定性或定量的评价结论。教育评价的实施是落实评价方案，实现评价目的，发挥评价结果的导向、调节、诊断、激励功能，引导评价对象完善自己的行为，提高效率与质量，为教育决策提供依据的中心环节。评价实施的程序如下。

一、做好宣传动员工作

评价工作是一项复杂而细致的工作，评价对象的思想不统一，就会影响评价工作的顺利进行，影响评价结果的信度和效度等。因此，在实施教育评价时，要通过各种方式进行宣传，统一评价者和评价对象的思想认识，明确评价目的和作用，这对实施评价具有战略意义。首先，要使评价的全体人员充分了解教育评价的意义，激发他们内在的积极性，以此为评价的顺利进行提供良好的条件和奠定基础。其次，要使有关评价人员掌握评价的方法和步骤，理解各自的工作在实施评价中的作用，并能按照科学的评价程序参加评价活动。最后，要使全体人员切实了解这次评价活动的具体进程，便于得到他们的配合和协助，使教育评价活动能健康地进行，顺利实现评价活动的目的。

因此，在实施评价一开始，就要做好教育评价的宣传动员工作。宣传方式可根据全体参与人员的实际情况，召开评价动员会、讨论会、聘请专家作专题报告等方式使他们懂得教育评价的基本理论和基本精神，以便顺利完成评价任务。

二、进行预评价

组织正式评价前被评对象的自我评价为预评价。预评价是评价全过程的重要组成部分，是整个评价工作的基础，其好处体现在以下方面。

（一）有利于全面搜集信息，准确形成价值判断

对教育活动价值能否形成准确的判断，在很大程度上依赖于能否全面搜集关于被评对象的信息。自我评价有利于评价单位自己全面、系统地搜集信息，综合评价自己，在揭露自己工作中的问题时，心理上的障碍比较容易消除，可以大大提高搜集信息的质量与数量。这是他评中很难做到的。

（二）有利于减轻组织者的工作负担

预评价阶段被评单位在自我评价中，会搜集很多反映自身情况的评价信息，为自我认识提供依据。预评价时搜集的信息、预评价报告，可作为组织正式评价的基础，一些经核实确定是准确的评价信息可以直接利用，因此会大大减轻正式评价时的负担。

（三）有利于真正发挥评价的促进改革和推动工作的功能

教育评价具有导向、诊断、改进等功能，而以评促改、以评促建、评建结合，这也是评价应坚持的原则。但是这些功能能否真正发挥，归根结底取决于被评对象自身的积极性能否得到充分发挥。调动被评对象内部的力量，自己发现问题，有利于被评对象问题的解决，促进其自身的发展。因此，充分发挥评价的作用，把预评价作为评价过程的重要阶段和整个评价工作的基础，有利于促进评建结合。

三、正式开展评价，搜集评价信息

正式开展评价和搜集评价信息是实施评价阶段中的一个重要步骤。全面、真实地收集和掌握评价对象的信息，是做出客观、科学评价结论的前提。评价信息搜集的多少和质量的高低直接关系到评价结果的科学性，而搜集评价信息的要求包括以下内容。

（一）评价信息的全面性

评价信息的全面性，是指搜集的评价信息要能反映评价目的、评价指标和评价标准所规定的范围内的全部信息，不可有任何漏缺。只有掌握了反映评价对象全面状况的评价信息，才有可能对评价对象的状态和价值做出准确的判断。

（二）评价信息的准确性

评价信息的准确性，是指在众多的反映评价对象状况的信息中，要搜集到反映被评对象

本质的信息。反映评价对象状况的信息非常多,在这众多的信息之中,有的反映评价对象状况的本质,有的反映评价对象状况的现象;有的与评价对象的现状直接相关,有的则只有间接关系。那些与评价对象有直接关系、反映评价对象本质的信息,是符合准确性要求的信息。

（三）评价信息的真实性

评价信息的真实性是指搜集到与评价对象的实际状态相一致的信息。在搜集教育评价信息的实践中导致评价信息失真的主要原因有：搜集评价信息的方法不当、编制的测量工具缺乏效度、疏忽大意、弄虚作假等。

（四）评价信息的足量性

评价信息的足量性也叫评价信息的次量性。要求反映教育评价对象活动的信息,必须有足够的量。评价信息的次量性,不仅指数量的多少,还指积累次数是否足够多。对于许多评价指标只凭一次信息就得出正确的结论是不可能的,必须多次搜集这方面的信息,这样才能排除偶然因素的影响,保证对评价对象做出客观准确判断。

四、评价信息的整理

整理评价信息,主要是将收集到的全部教育评价信息,反复加以核实,对评价信息的全面性、准确性、适应性以及收集评价信息方法的可靠性,进行认真检查、分析和整理,以便评价所用。教育评价信息资料整理的一般步骤和要求如下。

（一）归　类

对评价信息资料进行分类,就要确定分类标准。在教育评价中,通常采用品质和数量两类分类标准。所谓品质标准,就是反映事物属性差异的标准。如学校评价中把学校分为合格、不合格,教师评价结果分为优秀、良好、称职、不称职等,即为定性标准。数量标准就是反映事物数量差异的标准。例如,某学校规定教师的教学工作定额为每学期200课时,超过200课时为超工作量,低于200课时为没有完成工作量,即为定量标准。

（二）审　核

审核信息资料主要是对评价资料进行去伪存真、去粗取精、查漏补缺。具体包括审核信息的完整性和信息的准确性,审核获取信息资料方法的运用及原始数据、各种记录是否出现偏差和谬误,保证资料真实、可信、有效、完整,为进一步汇总、分析打下基础。

（三）建　档

评价信息资料经过归类和审核后,有的是以文字形式表达的评价信息,有的是以数据形式表达的评价信息,也有录音、录像评价信息。对于以文字形式表达的评价信息,要按不同类别,将信息资料装入档案袋并登记编号、立卷建档;对以数据形式表达的评价信息,可以归类列表存档。除了文字和表格形式外,如果条件允许,还可以把不同形式的评价信息通过录音、录像或输入计算机归类保存,这样使用起来会更加方便。最后把建档的评价信息资料统一保管,供分析、评价时使用。

五、处理评价信息资料

这是教育评价实施阶段的核心工作,前面的信息搜集和整理,都是为这一工作服务的。评价者根据评价的信息资料,比照评价指标的标准,判定被评价者在每项指标上的达标等级,并根据一定的数学法则或数学模型,计算被评价者单项指标的评价值和所有指标的综合评价值。测量评价信息的主要形式如下。

(一)数量化测量形式

这是将评价对象的评价标准、达到评价标准的程度用数量形式表示的一种测量形式。如学生身体素质这些评价指标的测量,完全达到评价标准的,在 84~100 分赋值;达到评价标准但稍有欠缺的,在 75~85 分赋值;基本达到评价标准的在 60~74 分赋值;达不到标准的在 0~59 分赋值。

(二)描述性测量形式

是用文字或语言对评价对象达到评价标准的程度做出描述的一种测量形式。如学生思想品德素质这项评价指标的测量,完全达到评价标准的评定为"优秀";达到评价标准但稍有欠缺的评定为"良好;基本达到评价标准的评定为"及格";达不到评价标准的评定为"不及格"等。

(三)综合性测量形式

指综合利用数量化和描述性测量形式,对评价对象达到某项评价指标的评价标准做出测量的一种形式。如对学生素质做综合评价,身体素质用数量化形式测量,思想道德素质用描述性测量形式。

六、教育评价的总结

教育评价总结是在一次评价结束之后对本次评价进行质量检验,处理评价结果,编写评价报告;同时,总结本次评价活动的成败得失、经验教训,为再次评价提供借鉴,是教育评价不可缺少的环节之一。

(一)教育评价的质量检验

教育评价的质量检验是验证本次评估成败,特别是验证评价结果科学性水平的重要措施。教育评价的质量检验,主要是评价的可靠性检验和有效性检验。

1. 教育评价结果的可靠性检验

可靠性,是指测量和评价结果的准确性、精确性。教育评价结果的可靠性涉及测量工具和方法本身的质量以及操作者操作时对标准把握的准确性等问题。一般情况下,评价者对评价标准掌握的一致性程度越高,评价结果的可靠性就越高。

检验教育评价结果的可靠性,常用的方法主要有以下几种:

(1)重复评价法:利用相同的评价指标体系,间隔一定的时间,对同一组被评对象进行两次评价,然后计算两次评价结果之间的相关系数,求得的相关系数称为重测信度。相关系数的值越大,评价结果的可靠性越高。

(2) 分半法：是将评价指标按奇数和偶数序号分为两半，评价之后，首先分别统计每个被评对象在奇数项和偶数项上的得分之和，然后根据情况选用相关法或方差法求信度系数。

(3) W 系数法：是肯德尔提出的检验评价意见一致性的方法，又称为肯德尔和谐系数。如果多个评价者同时评价多个对象（或指标），评价结果是以等级记录（或以分数记录，但转换为等级），那么衡量多个评价者评价意见的一致性程度时，要用肯德尔和谐系数。W 系数越大，说明评价者掌握评价标准的一致性程度越高，评价结果越可靠；反之，则说明评价者意见分歧，或把握评价指标不一致，评价结果的可靠性、客观性就差。

2. 教育评价的有效性检验

有效性，是指测量和评价结果反映的是否是欲测量或评价对象的本质属性以及这种属性被测量到的程度。例如，通过具体指标体系评价教师的教学工作，如果所列的指标体系没有反映或没有全面反映构成教师教学工作的主要内容；或者权重确定不合理，没有正确反映内在联系；或者采取的评价方法不当，不能有效地把要评价的属性评定出来，那么评价结果的有效性就差。

对评价结果有效性的检验，一般主要从评价内容和方法的有效性及评价预期有效性等方面进行检验。

(1) 内容和方法的有效性：是评价结果有效性的最主要的构成因素。评价内容的有效性是指评价内容是否与本次评价的目标密切相关、相互一致，是否能真正全面反映评价目标，权重确定是否合理，这是评价结果是否有效的决定因素。指标体系对目标反映得越全面、权重分配得越合理，其内容效度就越高。方法有效性是指评价中所采用的方法是否适合评价目标和评价内容的性质，是否有利于搜集被评对象的评价信息。

(2) 评价的预期有效性：是指评价结果对其他有关目标预测的有效程度。教育评价是对评价对象某种属性的水平进行价值判断，目的是促进工作提高。如果得到肯定评价或者得到高评价的对象，确实是在评价目标上表现优秀的，而且在未来的工作实践中，也表现出了高水平，则说明评价的预期有效性是高的。或者第一次评价时对某些评价对象提出的不足第二次评价时纠正了，工作做得比以前好了，评价达到了预期的目的，也说明评价的有效性是高的。

预期有效性可以用两次评价结果的一致性来表示，还可以用概括性问题评价结果为标准，检验指标体系评价结果的有效性。

(二) 评价结果的处理

评价结果的处理主要是对评价结果的反馈和利用。教育评价的结果获得之后，不是评价工作的结束，而是要及时将评价结果进行反馈和有效利用。这样才能充分发挥教育评价的作用，达到教育评价的目的。

1. 教育评价信息反馈的要求

(1) 反馈要及时：评价的最主要目的在于改进工作，评价必须有反馈，而且反馈必须及时，才能收到应有的效果。评价如果没有信息反馈，那么评价结果的作用就很难全面发挥。只评价不反馈，或反馈不及时，那么评价也只能是为了评价而评价，失去了意义。

(2) 反馈信息要全面：对教育评价结果的反馈并不只是对评价结论的反馈，还有对评价中肯定评价信息和否定评价信息的全面反馈。这样可以帮助被评者了解自己的成绩、优点、长处，清楚自己的不足和弱点，从而发扬成绩、克服不足。在评价实践中，存在只反馈肯定信息、不反馈否定信息的情况，也有只反馈否定信息、不反馈肯定信息的情况。

（3）反馈信息要准确：准确反馈信息是教育评价结果有效利用的根本保证。教育评价活动是一项复杂的活动，从准备、实施到结果处理，这一系列的工作要付出大量的人力、物力和财力，目的都是为了得到被评对象的可靠信息，使与评价有关的当事人了解被评对象的状况，以便指导和改进被评者的工作。要求评价者在反馈、传递评价信息时，一定要认真、准确地向有关当事人反馈评价结果及有关情况的分析。不能只给笼统结论，更不能含糊不清地反馈信息，使被评者无所适从。

（4）反馈方式要多样：评价结果的反馈方式影响评价结果作用的发挥，因此，要根据不同的对象采取灵活多样的方式，以平等的态度反馈评价结果，尤其对否定评价所作的反馈。反馈方式很多，例如，期望式反馈、启发式反馈、个别反馈、会议反馈、讨论式反馈等。

（5）反馈和指导统一：评价的目的在于指导改进工作。虽然评价结果反馈对工作的指导和改进不像评价过程中的信息反馈那么及时，但是评价结果反馈对被评者的指导和改进比过程更具有综合性，对被评者的问题认识得更深入、全面，因此对于指导和改进工作是十分重要的。评价和指导相统一，反馈评价信息的同时兼有指导的任务，这是对评价活动的必然要求。

2. 教育评价结果的有效利用

评价功能的实现，积极作用的发挥，并不是只要搞了评价活动就自然达到。它除了评价方案的设计和评价组织实施要科学、有效外，是否对评价结果进行有效利用更是关键，这一环节对改进和指导工作，对后续评价活动的影响都十分重要。

评价信息反馈利用的对象主要有三个：一是被评对象；二是教育行政部门或关心评价结果的人员及部门；三是评价方案设计者。

（三）编写评价报告

评价报告一般用于向上级主管部门反馈评价结果，也可以用于向评价对象"回复"评价意见。评价报告一般应包括以下内容：

1. 评价报告的题目

编写评价报告的单位、负责人姓名、职务；编写报告的时间、执笔人姓名等。

2. 报告正文

这是评价报告的主体部分，应说明如下问题：评价时间、何时开始、何时结束；评价的人员组织，说明负责人及评价人员数量、水平、代表性等；评价的实施过程，主要说明各个评价阶段都做了什么工作，发现和解决了什么问题；评价结果，说明评价结果取得的依据和采用的方法，及评估结果检验的情况；评价结论，以评价结果为依据，对评价对象的成绩和问题做出结论；建议和意见，要根据评价结论提出，要求实事求是、有理有据、中肯扼要、便于落实。

3. 附　件

附件是对正文的补充、说明和证实，如学校工作计划、教师教学成绩、获奖证明等材料。

以上是进行教育评价工作大致所经历的程序。这个程序中的各个阶段，不是彼此孤立的，而是一个统一的整体活动过程。

思考与练习

一、名词解释

1. 教育评价 2. 教育测量 3. 诊断性评价 4. 形成性评价
5. 终结性评价 6. 定性评价 7. 定量评价 8. 教育评价方案
9. 教育评价指标体系 10. 职责指标 11. 素质指标 12. 指标权重
13. 专家意见平均法 14. 德尔斐法 15. 层次分析法 16. 观察法
17. 测验法 18. 绝对评价法 19. 相对评价法
20. 个体内差异评价法

二、填空题

1. 根据评价范围，可将教育评价分为____教育评价、____教育评价和____教育评价。
2. 根据评价的参照指标可将教育评价分为____评价和____评价。
3. 根据评价的主体性可将教育评价分为____评价和____评价。
4. 根据评价的方法，可将教育评价分为____评价和定量评价。
5. 教育评价具有____、____、____和____等四个方面的功能。
6. 教育评价的一般程序可以划分为____、____、____。
7. 在教育评价准备阶段中，带有实质性和关键性的工作是____。
8. 教育评价方案设计的基本内容有：____、____、____和____。
9. 效能指标包括____和____。
10. 教育评价指标体系是由____、____和____三个系统构成。
11. 评价标准系统由____和____构成，是衡量评价对象达到末级指标程度的尺度和准则。
12. 从教育评价指标的功能上区分，评价指标可分为____、____和____三种类型。
13. 教育评价指标体系的设计从____、____和____三个方面来进行。
14. 确定评价指标权数的方法主要包括：____、____和____。
15. 教育评价资料的搜集方法主要有____、____、____和____。
16. 教育评价资料的分析方法主要有____、____。
17. 教育评价价值判断的方法主要有____、____和____。
18. 教育评价的实施程序主要包括：____、____、____、____、____和____。
19. 搜集评价信息的要求是：____、____和____。
20. 教育评价信息资料整理的一般步骤：____、____和____。
21. 测量评价信息的方式主要有____、____、____。
22. 教育评价的质量检验，主要是评价的____检验和____检验。
23. 检验教育评价结果可靠性常用的方法有____、____和____。
24. 评价结果有效性的检验，一般主要从____及____等方面进行检验。
25. 评价结果处理主要是评价结果的____和____。

三、选择题

1. 教育评价的本质是（   ）。
① 事实判断   ② 价值判断
③ 专业判断   ④ 不作任何判断

2. 在著名的"8年研究"中首次提出教育评价概念的学者是（　　）。
① 克龙巴赫　　　　　　② 泰勒
③ 比贝　　　　　　　　④ 斯塔弗尔比姆
3. 在教育评价的发展历史中，人们一直比较重视的是（　　）。
① 诊断性评价　　　　　② 形成性评价
③ 终结性评价　　　　　④ 外在评价
4. 通过评价可使学校保证正确办学方向，实现培养目标，这表明教育评价具有（　　）功能。
① 导向　　　　　　　　② 调节
③ 激励　　　　　　　　④ 诊断
5. 许多学者都认为现代意义的教育评价产生于20世纪30年代的（　　）。
① 美国　　　　　　　　② 英国
③ 法国　　　　　　　　④ 中国
6. 被国外学者称为"以促进学生健康成长为目的的评价"是（　　）。
① 绝对评价　　　　　　② 相对评价
③ 形成性评价　　　　　④ 自我评价
7. 被国外学者称之为"以管理为目的的评价"是（　　）。
① 绝对评价　　　　　　② 相对评价
③ 形成性评价　　　　　④ 自我评价
8. 结合我国当前实施素质教育的实际，在教育评价中应该居于主要位置的是（　　）。
① 自我评价　　　　　　② 他人评价
③ 相对评价　　　　　　④ 绝对评价
9. 在教学过程中，对学生进行的单元测验主要是（　　）评价。
① 诊断性　　　　　　　② 形成性
③ 终结性　　　　　　　④ 自我
10. 教育评价活动区别于其他的教育和教育管理活动的本质特征是（　　）。
① 制订方案　　　　　　② 搜集信息
③ 价值判断　　　　　　④ 确定目标
11. 保证教育评价结果与评价对象的现实状况相吻合，就保证了教育评价的（　　）。
① 客观性　　　　　　　② 方向性
③ 教育性　　　　　　　④ 可比性
12. 实现教育评价客观化的决定因素是（　　）。
① 评价者　　　　　　　② 评价对象
③ 评价手段　　　　　　④ 评价程序
13. 教育评价准备阶段的核心工作是（　　）。
① 统一思想认识　　　　② 组织评价人员
③ 制定评价方案　　　　④ 开展人员培训
14. 既是我们开展教育评价活动的前提，也是我们设计教育评价方案的核心工作是建立（　　）。

① 指标体系　　　　　② 评价标准
③ 评价组织　　　　　④ 评价氛围

15. 在教育评价中，同时注重行为结果和有效程度的指标被称为（　　）。
① 效果指标　　　　　② 效率指标
③ 素质指标　　　　　④ 效能指标

16. 在构成指标体系的三个系统中不包括（　　）。
① 指标系统　　　　　② 方法系统
③ 权重系统　　　　　④ 标准系统

17. 把"遵纪守法"与"遵守课堂纪律"并列为同级评价指标，就违背了设计指标体系的（　　）。
① 简易性　　　　　　② 完备性
③ 独立性　　　　　　④ 可测性

18. 若某评价方案指标体系的权重满足条件：$0 < W_i \leq 1$，则可知其指标权重的表现形式是（　　）。
① 小数形式　　　　　② 整数形式
③ 百分数形式　　　　④ 自然数形式

19. 教育评价的预评价属于教育评价的（　　）。
① 动员阶段　　　　　② 准备阶段
③ 实施阶段　　　　　④ 总结阶段

20. 评价教师课堂教学的时候，只听一次课就做结论，往往会发生错误。这就说明搜集评价信息时，需要注意信息的（　　）。
① 全面性　　　　　　② 准确性
③ 足量性　　　　　　④ 真实性

四、判断题（正确的在括号内打"+"，错误的打"-"）

1. 教育评价的本质在于"价值判断"，因此教育价值与教育评价是密不可分的。（　　）
2. 只有人们对那些重要活动进行有意识的、运用系统科学方法进行的价值判断，我们才称之为"评价"。（　　）
3. 现代教育评价把教育的全部领域都作为自己的评价对象。（　　）
4. 教育评价作为一个独立的研究领域，并逐步走向科学化是20世纪以前的事。（　　）
5. 现代教育评价从早期重视总结性评价逐步转入更重视形成性评价。（　　）
6. 坚持评价的科学性，就会使教育评价变得复杂、不可行。（　　）
7. 教育评价指标体系的条目越多，评价的质量就越高。（　　）
8. 德尔斐法确定指标的权重，有助于专家之间互相启发、集思广益。（　　）
9. 教育评价的理论和实践，是一种从相对评价到绝对评价的发展趋势。（　　）
10. 收集评价信息不能只采用文献资料法，必须与其他方法配合使用。（　　）

五、计算题

1. 某教育评价方案有4个指标，现让4位专家来为这4个指标分配系数，结果见表11.1。请用专家意见平均法来确定这4个指标的权数。

表 11.1

指标 \ 专家	A	B	C	D
1	0.30	0.30	0.30	0.30
2	0.20	0.15	0.25	0.15
3	0.35	0.35	0.30	0.40
4	0.15	0.20	0.15	0.15

2. 用德尔斐法确定权数，如请 10 位专家对 3 个指标的重要程度进行判断，结果如表 11.2 所示，表中的数字为赞同该等级的专家人数。根据该调查数据确定三项指标的权重。结果保留两位小数。

表 11.2

指标 \ 重要程度	很重要	重要	一般	不重要	很不重要
C_1	9	1	0	0	0
C_2	5	5	0	0	0
C_3	2	4	4	0	0

六、简答题

1. 教育评价与教育测量、教育督导有什么区别与联系？
2. 教育评价为什么要贯彻客观性原则？
3. 教育评价的综合性原则的具体贯彻要求是什么？
4. 谈谈怎样编制教育评价标准？
5. 确定教育评价指标权重的方法有哪些？
6. 教育评价的实施程序主要有哪些？
7. 教育评价的质量检验包括哪些内容和方法？
8. 如何编制教育评价报告？

七、论述题

1. 谈谈教育评价指标体系的设计过程。
2. 怎样理解"从重视结果向重视过程转变"的当代评价观？

八、实例分析

1. 教学工作是学校的中心工作。某校领导认为，要抓好教学工作首先要抓好备课。为此，该校提出了《规范化教案的评价标准》作为考核所有教师备课情况的统一标准。它包括教案应用的主要内容，统一的书写格式，最低的字数要求……并印制了有具体的统一格式的备课用纸。但是也有一些有经验的教师认为这种平均标准违反教师工作特点和教育规律。

对此问题提出你对这些教师看法的认识，列出根据。

2. 学业成就等于人生的事业成就吗？

杭州一位教师对毕业的中学生做了一次跟踪调查，调查结果出乎意外，在社会上最有成就的不是班上成绩排在前三名的学生，而是学习成绩在班上排在第十名左右的学生。因此在教育界有人提出，要反思以往的学校教育评价工作。

结合有关教育评价理论，尽可能从多种角度阐述你对此调查结果的看法，并分析这一调查结果对正确认识和评价学生有何影响。

3. 某学校对学生质量进行评价，拟订了包括思想政治水平、知识能力水平、体质健康水平、审美意识水平、劳动技术水平、个体发展水平等几个大的评价指标。这种评价有利于发挥教育评价的什么功能？为什么？

4. 某语文教师为了提高学生的作文水平，为学生的作文订了一个标准：审题准确；立意深刻；内容充实，语言流畅；结构严谨；记叙完整。这五个方面各占 20% 的比例，然后根据这个标准对学生进行评价。这位教师所设计的评价标准有何不妥？会对评价活动产生什么影响？

第十二章 计算机辅助教学

本章要点：
- 计算机辅助教学的概念、功能、模式；
- 多媒体课件设计与开发的基本步骤；
- 多媒体课件的素材类型、制作与转换方法；
- 互联网的教育资源的检索、利用与分享；
- 微格教学系统功能及其使用。

计算机辅助教学采用了以计算机为核心的信息技术、多媒体技术和互联网资源，有效地拓展了课堂教学的时空，激发了学生学习的兴趣，改进了学校教育管理，因此，计算机辅助教学被认为是人类教育史上继文字出现、学校创立、活字印刷之后的第四次革命。了解计算机辅助教学的基本知识，熟悉有关多媒体课件开发方法，懂得如何有效利用互联网的教育资源，并能合理利用微格教学系统训练提升自己的职业技能，是每一个新教师胜任工作之必需。

第一节 计算机辅助教学概述

一、计算机辅助教学的概念

计算机辅助教学（Computer Assisted Instruction，简称 CAI）是计算机辅助教育（CBE）中的重要组成部分。狭义地理解，CAI 是一种教学形态，是利用计算机的功能和特点，代替（或部分代替）教师面向学生，促进学生实现有效学习的教学形态。随着 CAI 的深入发展，我们可在更加广泛的意义上来理解这一概念。CAI 是一项重要的新兴教育技术，包括了一个极为宽广的计算机应用领域，使得教育的概念和内容得到革命性的变化与发展，被认为是人类教育史上继文字出现、学校创立、活字印刷之后的第四次革命。

由于教育思想的差异和对概念理解角度的不同，国内外与之相关的概念与定义还有：

（1）计算机辅助学习（Computer Assisted Learning，简称 CAL），作为 CAI 的近义词，在一定程度上反映出教育思想的差别。CAL 较之 CAI，强调计算机帮助"学"的方面多于"教"的方面。即 CAL 强调的是用计算机来帮助学生学习，例如，用计算机来查询有关教学内容；查阅有关的信息资料；用计算机来从事问题求解，学习各种学科问题的解决方法，等等。

（2）计算机化教学（Computer Based Instruction，简称 CBI），作为 CAI 的近义词，指较高程度的计算机在教学方面的应用。

（3）计算机化学习（Computer Based Learning，简称 CBL），作为 CAI 的近义词，指较高程度的计算机在学习方面的应用。

计算机辅助教学 CAI 概念的外延概念是计算机辅助教育 CBE。CBE 来自英文"Computer Based Education"，原意是"基于计算机的教育"或"计算机化教育"。当时出于对这一新的教育技术的谨慎态度，国内将其译为"计算机辅助教育"，是指以计算机为媒介所进行的各种教育活动。

二、计算机辅助教学的发展历史

计算机辅助教学（多媒体课件）从20世纪50年代末第一个计算机辅助教学系统问世至今已有50多年的历史了，经历了三个发展阶段：研究试验阶段、普及应用阶段和综合发展阶段。

（1）研究试验阶段（20世纪50年代末至70年代末）。这一阶段主要进行各种类型的计算机辅助教学系统的研究和试用，探索各种可能的应用模式，对效果和作用进行测量与评价，并且进行了理论上的探讨。

（2）普及应用阶段（20世纪70年代末至80年代末）。这一阶段最大的特点是微型计算机的出现并迅速发展和广泛应用。微机因价廉、体积小、功耗低、可靠性高和对工作环境的要求不高等优势，迅速在教育应用上显示出价值。

（3）综合发展阶段（20世纪80年代末至今）。这一阶段因交叉学科以及各种新技术的引入，计算机辅助教学开始摆脱程序教学的单一模式，进入综合性网络化教育的发展阶段。

三、计算机辅助教学及多媒体课件的发展趋势

计算机辅助教学的兴起原本是建立在辅助学校传统教育的基础上，但是在高新技术的支撑下，计算机辅助教学已经不再是纯粹传统意义上的教学辅助手段了，而是树立起一个很久以来人们都未曾想过的全新的教育理念：终身教育。目前，终身教育已经成为信息化社会的一种现代教育思想，也是顺应信息化社会发展需要的一种行之有效的教育需求。

现代社会中，很多人由于诸多原因不能重回课堂学习，他们需要在任意时间、任意地点，在一个适合自己的学习环境中选择自己所需要的学习内容。网络教育恰恰具备了开放性、协同性以及实时交互性等适合终身教育的一些特点。

如果把学校教学环境搬上网络，可以营造一种新型的学习环境。这种网上教学正在逐步发展成人们愿意接受的又一种办学模式。网络教育不受时间和空间的限制，具有开放性、协同性和实时交互性，学习者可以很方便地共享网络中的教育信息和有关的学习资料，也可以将本地的教育信息和资料传递到网上，供其他人学习和相互讨论。互联网还给学习者提供了主动参与操作的机会，提供了自主式、协同式和交互式的学习方式，使学习者能主动发现知识、探索知识，从而掌握知识。

当前，教学设计研究开发者和一线教师都在致力于研究将学校教学和网络优势结合，创造既适合学习者在不同地点、不同时间选择适合自己的学习内容，同时又兼备学校教学那样的气氛，有教师的引导、有师生之间的交流，充满人情味的学习环境。由此，就产生了网上虚拟学校和虚拟教学环境。网络教育成为信息化社会的一种辅助教育，这种发展趋势日益明显。至此，多媒体课件的功能与作用和传统的课件有了很大的不同。

随着计算机辅助教育的发展，在CBE、CAI、CMI的基础上又产生了一些新的专用术语。这些术语也从一个侧面反映出计算机辅助教育的普及和发展的情况，以及多媒体课件在内容和形式上的变化。

• CAL（Computer-Assisted Learning），计算机辅助学习。含义与CAI接近，但是CAL更强调计算机辅助学生的自主学习。

• CAT（Computer-Assisted Training），计算机辅助训练。主要指计算机在职业技能训练中的应用。

• CSCL（Computer-Supported Cooperative Learning 或 Computer-Supported Collaborative Learning），计算机支持的合作学习。强调利用计算机促进学生之间的互动作用。在计算机网络通信的环境下，学生可以不受地域和时间的限制，进行学习交流、小组讨论、小组课题等合作性学习活动。

• E-Learning，电子化学习，也可以说是在线学习或网络化学习，是信息化社会的一种新兴教育理念。它已经不是纯粹对传统教育的革新，而是充分体现了对现代学校教育互补的可行性，是实现社会化终身教育的一种支撑方式。当前，E-learning 在企业、公司受到特别的青睐，一些大公司已经形成了各具风格的 E-learning 员工培训方案。

以上的新术语表明计算机辅助教育已经不再是传统教育的辅助手段，而是不受地点、地域、时间和方式限制的全球性普及的自主性学习手段。

综合近年来国外多种教育技术杂志（如 ET, ETS, EMI, JRCE, AJDE 等）上所刊登的主要论文，以及历届"ED_MEDIA"世界大会（World Conference on Educational Multimedia and Hypermedia，即"教育多媒体与超媒体"世界大会），可以看出当前多媒体教育应用有以下几个值得注意的发展趋势：

1. 多媒体技术与网络通信技术的结合

1995 年末，美国 SUN 公司在 Internet 上推出了 WWW 浏览器 HotJava，这是 SUN 公司用 Java 语言开发的一种全新的可动态执行的浏览器。其突出特点是具有动画功能，可向用户提供超文本格式的图形、图像、语音、动画与卡通等多种媒体信息，并能把静态文档变成可动态执行的代码。这就彻底改变了 Internet 浏览器只能用来查询检索 Internet 网上信息的状况。HotJava 的动态可执行特性无异于赋给用户一种远程交互的功能，为 Internet 的教育应用开辟了新的广阔前景。例如，可通过点击某个图标或热键而看到图文声并茂的仿真实验或算法执行过程的直观演示。

2. 多媒体技术与仿真技术的结合

这种技术被称为"虚拟现实"（Virtual Reality，简称 VR）。虚拟现实是由多媒体技术与仿真技术相结合而生成的一种交互式人工世界，为了和虚拟环境进行交互，需要戴上一副数据手套——它使穿戴者不仅能感知而且能操作虚拟世界中的各种对象。

虚拟现实技术的特征可归纳为三个"I"，即沉浸性（Immersion）、交互性（Interaction）、想象性（Imagination）。其中沉浸性指的是人沉浸在虚拟环境中，具有和在真实环境中一样的感觉；交互性指在虚拟环境中体验者不是被动地感受，而是可以通过自己的动作改变感受的内容；想象性则是指在虚拟环境中通过人的想象力，构造出可以用以实现特定目标或用途的特性。

在网络教育中应用的虚拟现实技术主要包括基于静态图像的虚拟现实 QuickTime VR、虚拟现实造型语言 VRML、MUD/MOO 等。例如，达特茅斯医学院所开发的一种"交互式多媒体虚拟现实系统"，可以使医务工作者体验到并学习到如何对各种战地医疗的实际情况做出反应。利用该系统的实习者可以感受到由计算机仿真所产生的各种伤病员的危险症状，可以从系统中选择某种操作规程对当前的伤病情况进行处理并可立即看到这种处理方式所产生的后果。为了使实习者获得更深刻的体验，系统还可仿真各种外科手术，其内容包括一般的开刀直至复杂的人体器官替换。这种虚拟环境使医学院的大学生不必冒任何医疗事故的风险就可以反复实习病房中的各种实际操作，并可尝试选择不同的技术处理方案以检验自己的判断是否正确，以及进行某种技能的训练。

随着对多媒体技术和仿真技术研究的深入，实现"虚拟现实"的理论方法也有很大发展。原来应用 VR 离不开昂贵的专用硬件或辅助设备（如头盔、数据手套、高分辨率的图形工作站等），近年来这种情况开始有所改变。如 QTVR 技术，是使用 360 度全景摄影技术所拍摄的高质量图像来生成逼真的虚拟情景。

虚拟现实技术在我国教育领域的应用方兴未艾，发展迅速，有兴趣的同学可以通过网址进一步了解它的应用：http://www.sne.snnu.edu.cn/techsupport/tech_news/virtal.htm。

3. 多媒体技术与人工智能技术的结合

智能辅助教学系统由"教学决策"模块（相当于推理机）、"学生模型"模块（用于记录学生的认知结构和认知能力）和"自然语言接口"等组成。这方面的一个代表系统是教育专家系统。教育专家系统是一个含有大量的某个领域专家水平的知识与经验的智能计算机程序系统，能够利用人类专家的知识和解决问题的方法来处理该领域问题。简言之，教育专家系统是一种模拟人类专家解决领域问题的计算机程序系统。

教育专家系统具有以下特点：① 启发性。它能够运用领域专家的知识与经验进行推理、判断和决策。② 透明性。它能够解释整个推理过程，并回答用户提出的问题，以此让用户清楚地了解推理过程，提高对专家系统的信赖感。③ 灵活性。它能够在原有知识基础上不断地增加知识、修补知识，不断更新，提高解决问题的能力。

教育专家系统是能利用人类教育专家的知识来实现教育功能的人工智能系统，该系统能代替人类教育工作者（教育专家、教师）完成大部分的工作，并能方便地使用现代化手段进行教学。

一般来讲，教育专家系统包括知识库、推理机、人机对话窗三个部分。其中，知识库用来储存来自不同专家的知识；推理机用来对各种信息进行科学推理，以得出最后的结果；人机对话窗则用来供人机对话，以供用户方便使用。

教育专家系统可以同时具有多个教育专家的知识，同时具有诊断和调试等功能，并有良好的人机界面。它可以灵活地针对每个学生的学习特点、弱点和基础知识水平，进行资源地检索、设计、处理与传递，使用最适当的教案和教学方法对学生进行教学和辅导，并可以对教学结果进行科学合理的综合评估与反馈，甚至可以对学生的心理、行为进行跟踪测试与监控，并进行适时调整。

4. 多媒体技术与建构主义学习理论的结合

近年来，建构主义学习理论在西方尤其是美国有较大的发展，加上 HotJava 的出现，多媒体教育应用与 Internet 进一步融合，而网络又为"协商""辩论""会话"这类教学模式的应用提供了最理想的条件（可不受时空和地域的限制），这样就使建构主义学习环境更趋完善，建构主义学习理论也就日渐风行。

四、计算机辅助教学的应用模式

计算机辅助教学的应用模式可以概括为如下 10 种。

1. 操练与练习（Drill and Practice）

在操练与练习模式中的教学目标不是强调向学生传授新知识，而是让学生通过做大量的训练题目以达到巩固所学的知识和形成熟练技能的目的。

主要过程是提问与回答并反复进行，直至实现学习目标。提问是核心，问题的内容、形式、出现的顺序等都会影响课件的教学效果。

操练是一种联想性的学习活动，目的在于促进快速记忆和反应，如单词拼写、见词生义、乘法九九表、键盘打字训练等操作。

练习则属于一种掌握理论和方法的思维性的学习活动，显示运用已学到的知识来解决问题的全过程，其目的在于培养和训练学生解决问题的技能和速度。

2．个别指导（Tutorial）

该模式以学生个人为中心，模拟教师对学生个别化教学的情景，适合以传授新概念、新知识、新公式、新定理、新规律等新知识为教学目标的教学活动。

教学内容按照学习规律进行组织，伴有学习导航、学习帮助、多种知识呈现方式，并根据不同学生的特点采取相应的教学策略进行自适应。个别指导的教学流程设计如图12-1所示。

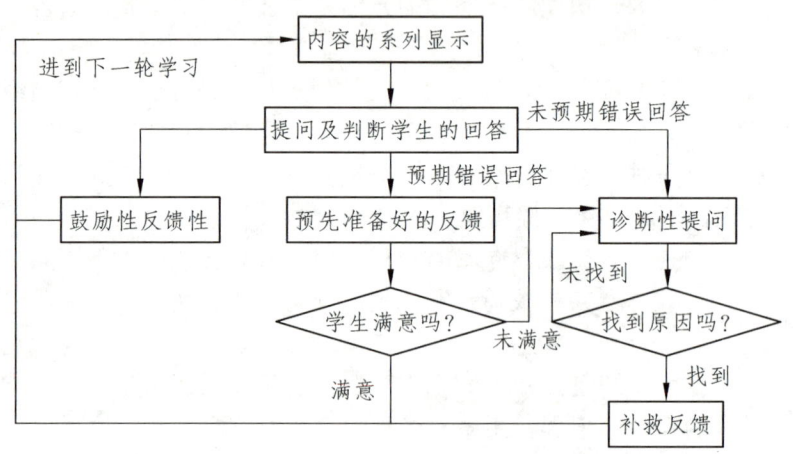

图12-1　个别指导的教学流程设计图

3．教学模拟（Simulation）

模拟也称为仿真，就是利用计算机来模仿真实的自然现象或社会现象。模拟是科学家们常用的一种科学研究方法，将模拟应用到教学则是近十多年以来发展起来并愈发受到人们重视的新方法。

模拟在教学中的应用十分广泛，各种学科的教学原则上都可以采用。随着计算机技术的发展，模拟效果愈发逼真。教学模拟主要应用在以下几个方面：

（1）实验模拟。计算机模拟课件可以构造实验环境和实验仪器设备，以便补充或加强传统的实验教学。

（2）管理模拟。它为学生提供了在管理工作中决策能力培养的模拟环境。

（3）训练模拟。由计算机控制的模拟训练器能够产生逼真的训练、实践操作环境，可以在节省训练时间和训练经费的前提下达到同样的训练目的，所以，已经在许多专门技能训练中得到应用，如汽车模拟驾驶训练系统、动车组模拟驾驶训练系统、军事对抗模拟系统等。

4．教学游戏（Gaming）

教学游戏是计算机以游戏的形式呈现教学内容，目的是寓教学于游戏之中。

游戏的组织和设计强调教学性，有明确的教学目标和具体的教学内容，并包含教学策略、竞争目标与游戏规则。多数教学游戏是为了锻炼学生的决策能力而设计的。由于一个游戏包括许多步骤，每一步又面临多种选择，这就迫使学生尽可能地应用所学知识千方百计地寻求取胜的策略。

5. 智能授导（Intelligent Tutoring System）

智能授导系统旨在通过学生与计算机进行双向问答式对话，利用人工智能技术来模拟"家庭教师"的行为。一个理想的智能授导系统应能够理解学生用自然语言表达的提问，不仅具备学科领域的知识，而且要知道它所教学生的学习风格。

6. 问题求解（Problem Solving）

问题求解也称问题解决，它是指在教学活动中学生运用计算机作为工具，去解决那些与实际背景较接近的问题，其主要目的是培养学生解决实际问题的能力。

问题求解给学生提供问题解答的环境和工具，通常有计算问题求解软件包和模型问题求解软件包，由计算机完成复杂或繁琐的计算任务，学生把主要精力放在提高分析问题和解决问题的能力上，通过解决问题的过程来应用、检验和深化掌握了的概念和知识。

7. 发现学习（Discover）

在发现学习中，通常教师预设一些问题，或给出某些现象假设和推断，或提供有利于构建学习的问题情境，让学生在问题情境中唤起对旧知识的回忆，发现新的问题，建构新的知识，或重构已有知识，其目的在于让学生通过自身积极参与而进行学习。这种学习模式最重要的是向学生提出具有启发性的问题和使学生感到困惑的情境或有趣的难题。在教学中并不是说明如何解决问题，只提供适当的材料并鼓励学生观察，形成假设和检验结果。

发现学习又可以分为探究性学习（Inquiring Learning）、案例学习（Case Studies）、基于资源的学习（Resource-based Learning）等几种类型。

8. 计算机辅助测验（Computer Based Testing）

计算机辅助测验是多媒体教学的一个重要组成部分，主要内容包括自动组卷、联机检测、阅卷分析三个方面。

在计算机中建立题库系统，然后根据要求从题库中自动选取题目来构成一份检测试卷，可以大大减轻教师的工作量，而且产生的试卷也可以避免一些人为因素，有效性高。计算机联机检测也称在线测验，由计算机在屏幕上逐一显示题目，学生通过键盘、鼠标等输入答案，联机检测系统当场予以评分。联机检测系统的优势之一在于容易实现"标准化"检测，提高学生"适应性"训练和检测的效率。

9. 计算机支持讲授（Computer supported Tutoring）

教师利用电子讲稿或 PPT 多媒体课件演示讲授的部分内容提纲、场景画面、图片示例、教学范例、操作示范等，很大程度上丰富了传统教学中教师主要依靠黑板+粉笔的单一教学方式。

10. 虚拟教室（Virtual Classroom）

虚拟教室是指在计算机网络上利用多媒体通信技术构造的学习环境。它允许身处异地的教师和学生相互能够听得着看得见，不但可以利用实时通信功能实现传统真实教室中所能进行的大多数教学活动，还能利用异步通信功能实现前所未有的教学活动，如异步辅导、异步讨论等。

第二节　多媒体课件

一、多媒体课件的定义

1. 什么是课件？

课件一词，英文为 Courseware，简单地说，就是课堂教学中所用的软件，它与计算机硬件 Hardware、软件 Software 相似，是计算机技术在实际应用过程中产生的通用性专业术语。如果把计算机软件看作是计算机解决问题的广义编码集，那么课件就是计算机软件的一个子集，它的解决问题域特指在教学领域。

课件作为应用在教育教学中的特殊类型的软件，除了具有一般软件所具有的特征外，还具有教育教学的许多特征，如知识传递性、技能训练性、教学互动性、个别化辅导性、学习导航性等多种特征。

2. 什么是多媒体课件？

"多媒体课件"英文为 Multimedia Courseware，最直接的理解就是多种媒体表现性形式的课件。多媒体课件在设计上把需要呈现的教学信息进行分类组织，在技术上以多媒体计算机系统为支撑，运用语音处理技术、图像处理技术、视听技术，把文字、图形（照片、图像、图表、图标）、声音、动画、影像视频等多种媒体素材在时间和空间两方面进行集成，使之能够按照教学设计意图有结构地呈现多种媒体信息并实现人机互动，从而辅助教与学的活动。

由于多媒体课件具有图文声并茂甚至有活动影像这样的特点，所以能提供比较理想的教学环境，它必然会对传统教育、教学过程产生深刻的影响。这种深刻影响可以用一句话来概括：多媒体技术将会改变教学模式、教学内容、教学手段、教学方法，最终将影响到整个教育思想、教学理论甚至教育体制而发生深刻变革。

当前，在计算机辅助教育研究和应用过程中，多媒体课件正在成为一种新型的教学手段和学习工具。多媒体课件的设计和制作已经要求将计算机技术、多媒体技术和教育学、心理学以及学科本身相融合，以求达到最佳的辅助学习效果。

二、多媒体课件应用的意义

1. 多媒体计算机提供外部刺激的多样性有利于知识的获取与保持

实验心理学家赤瑞特拉（Treicher）做过两个著名的心理实验：一个是关于人类获取信息的来源，就是人类获取信息到底主要通过哪些途径。他通过大量的实验证实：人类获取的信息 83% 来自视觉，11% 来自听觉，这两个加起来就有 94%。还有 3.5% 来自嗅觉，1.5% 来自触觉，1% 来自味觉。另一个是人们获取和保持信息量的多少。他发现，人们一般能记住自己阅读内容的 10%，自己听到内容的 20%，自己看到内容的 30%，自己听到和看到内容的 50%，在交流过程中自己所说内容的 70%。

多媒体课件提供的外部刺激不是单一的刺激，而是多种感官的综合刺激。这对于知识的获取和保持是非常重要的，而且非常有利于知识的保持。

2. 多媒体计算机的交互性有利于激发学生的学习兴趣和认知主体作用的发挥

多媒体课件具有人机交互、立即反馈的显著特点。多媒体课件将视听合一功能与计算机的交互功能结合在一起，产生出一种新的图文并茂的、丰富多彩的人机交互方式，而且可以立即反馈。这样一种交互方式对于教学过程具有重要意义,它能够有效地激发学生的学习兴趣,使学生产生强烈的学习欲望,从而形成学习动机。交互性是计算机和多媒体计算机所独有的,正是因为这个特点,使得多媒体计算机不仅是教学的手段方法,而且成为改变传统教学模式乃至教学思想的一个重要因素。

按认知学习理论的观点,人的认识不是外界刺激直接给予的,而是外界刺激与人的内部心理过程相互作用产生的,必须发挥学生的主动性、积极性,才能获得有效的认知。这种主动参与性就为学生的主动性、积极性的发挥创造了很好的条件,即能真正体现学生的认知主体作用。

3. 超文本功能可实现对教学信息最有效的组织与管理

(1) 可按教学目标的要求,把包含不同媒体信息的各种教学内容组成一个有机的整体。

(2) 可按教学内容的要求,把包含不同教学要求的各种教学资料组成一个有机的整体。

(3) 可按学生的知识基础与水平,把相关学科的预备知识及拓宽视野所需要的材料组成有机整体。

4. 多媒体计算机可作为认知工具实现最理想的学习环境

多媒体计算机和网络通信技术所具有的多种特性特别适合于实现建构主义学习环境,换句话说,多媒体计算机和网络通信技术可以作为建构主义学习环境下的理想认知工具,能有效地促进学生的认知发展。所以,随着多媒体计算机和 Internet 的飞速发展,建构主义学习理论正愈来愈显示出其强大的生命力,并在世界范围内日益扩大其影响。

三、多媒体课件应用的评价标准

多媒体课件应用的评价标准详见表 12-1。

表 12-1　优秀多媒体课件评价参考量表

(可用于自评、互评等方式)

作品名称:　　　　　　　　　课件制作人:

一级指标	二级指标	评价标准	得分
内容 45 分	知识呈现 10 分	知识性材料选取合理,表达清楚,准确,没有知识性、科学性的错误	
	方法引导 10 分	能够启发学生思维,有助于学习方法的掌握和技能培养等	
	过程展示 10 分	能够恰当地展现概念形成过程、难点分解过程或操作细节过程等	
	教学效果 15 分	能否对课堂教学有所帮助,如突出重点、突破难点、形象展示变化过程、模拟实验过程等	
技术 30 分	操作性 10 分	启动与关闭、播放流畅、操作简便,课件单元切换自然,有合适的使用提示或帮助信息	
	人机交互 10 分	交互功能设计恰当,能够较好地体现人机交互性,从而有助于激发学生兴趣,提高教学反馈的效率	
	结构合理 10 分	课件逻辑结构合理,使用逻辑清晰	
艺术 25 分	布局 10 分	界面呈现美观大方,可视性强,课件中内容布局合理	
	色彩 5 分	色彩符合审美规律,有艺术感染力	
	文字 5 分	使用的文字字体、字号视觉效果合理	
	多媒体素材 5 分	多媒体素材加工合理、使用恰当	
		总分	

第三节 多媒体课件开发的基本步骤

多媒体课件的开发是一项复杂的系统工程,需要开发小组全体成员协作完成,因此需要对开发过程中的每个步骤和任务做出具体的规定,以作为开发操作全过程的行动指南。由于课件本身的应用场合、规模大小和制作的难易程度差异,导致多媒体课件开发的系统工程难易程度差别很大。此外,由于不同的课件开发人员对开发的内容理解程度、教育背景、艺术修养、兴趣爱好所存在的差异,也导致了有多种多媒体课件开发的模型。一般可以将多媒体课件开发分为如下几个阶段:应用分析、课件策划、教学设计、软件制作、评价修改。由此形成多媒体课件开发的基本步骤,如图 12-2 所示。

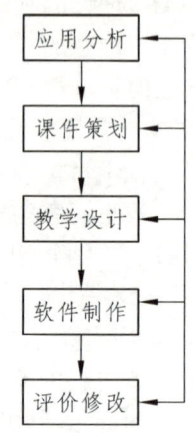

图 12-2 多媒体课件的开发步骤

一、应用分析

1. 教学目标分析

教学目标分析是教学设计的要素,在课件策划中,要明确课件所支持的教学内容、教学目标。

2. 学习者特征分析

分析学习者也是教学设计的要素,在课件策划中,着重分析学习者的一般特征、与学科内容学习相关的特征,以及计算机操作技能、对网络环境的使用技能等。

3. 课件功能分析

确定课件实现的功能,包括课件目的及课件产生的预期结果、课件对教学过程和教学评价的促进,对于学生学习思维的训练和学习方法的启发等。

4. 明确课件限制条件

制作人员应该清楚课件设计与开发的工作条件和限制因素,包括计算机软件、硬件、网络、音频和视频设备、预算、时间、课件开发小组的责任、课件用户的责任、使用资源的版权、用户的特别要求等。

5. 开发成本估算

根据开发环境、设备和开发任务,综合考虑人力、财力和时间上的支出,估算出课件开发的时间成本和经济成本。

二、教学设计

教学设计是课件开发过程中最能体现教师教学经验和教师风格的部分,是教师教学理念最直接和具体的表现。该阶段的主要任务有详细分解教学内容、划分教学单元、选择适当的教学模式等。

1. 面向全教材的规模较大的多媒体课件开发任务

设计者应当将教材内容进行按教材单元划分,划分的依据是教学大纲、教材参考书,考虑教材各个单元内容的相对独立性。然后将教材每个单元再细分成若干教学课时。在每个课时内再详细分解教学内容，根据学习规律和学习过程安排划分若干教学单元，使得一个课时内的每个教学单元相对独立又互相衔接。最后根据教学内容的难易程度和知识体系结构，选择控制教学单元递进的策略，即确定课件的结构方式。

2. 面向一个课时的规模较小的多媒体课件开发任务

如果面向的只是一个课时内规模较小的多媒体课件开发任务，则省去了分解整个教材的内容的步骤，而是集中在将本课时教学内容进行详细分解，最终形成如上所述的课件结构方式。

在中小学课堂教学实践中，更多的课件应用情况是设计开发针对一堂课中某个教学单元的多媒体课件。其开发目的是帮助理解难点、突出重点，或增强教学的直观性，或对某个定理或规律进行探究或验证，等等。课件的开发设计者可能就是任课教师自己，教学设计则应当关注课件对某个或某几个教学单元或知识点的辅助教学或学习的改进效果。例如，小学数学二年级《时钟》一课的教学中，制作一个可控制快慢，能够交互演示时钟"走时"的课件，就能增强对"秒针转一圈，分针走一格""分针转一圈，时针走一格"规律的直观理解。如果换用真实的时钟演示，则受到可视性限制以及时间的限制。

在划分了教学单元，形成了课件的结构以后，应当为课件的实施选择适当的教学模式，比如信息的直观呈现、提问与回答、猜想与验证、抽象模拟、情景创设等。选择的依据是使用课件能够引发学生注意，激起兴趣，帮助理解和训练学生的各种思维能力等。

三、课件策划

在课件策划阶段主要有任务和概念分析、选择和收集资源、确定课件类型、描述可见顺序等步骤，简介如下。

1. 任务和概念分析

（1）任务分析。其对象是学习者必须会做的事，例如行为和技能，是把复杂的技能分解成为技能成分，以便决定有效的学习顺序。

（2）概念分析。主要是对学习者必须理解的内容本身的分析，如言语信息、原理、规则等由概念构成的知识体系。一般认为，这类知识的学习顺序是围绕重要概念的学习而展开。

2. 选择和收集资源

（1）学科内容资源。包括任何含有学科内容信息的材料，以及教学的演示物，如课本、培训材料、其他多媒体课件、参考材料、实物、技术手册、影视节目、录音带、幻灯片、实验设备、仪器操作手册，以及学科专家和优秀教师、教学材料开发者。

（2）教学设计资源。包括有关教学设计的书籍和手册，以及与每种课件类型相关的教学因素分析材料。这些资源对于形成创意、组织思路，以及显示设计方面有显著的作用。

3. 确定课件类型

（1）确定学习类型。可以采用布卢姆的目标分类，编制一个分类表，来帮助确定学习者在使用课件后应达到的认知水平，这相当于课件的教学目标。也可参考加涅目标分类。加涅把学习结果分为五类：言语信息、智慧技能、运动技能、态度和认知策略。他指出不同类别的学习要求不同的教学技术。因此，确定学习类型有助于选择课件类型和其他教学因素。确定学习类型的方法之一是考虑学习者最终必须会做什么。

(2) 选择课件类型。课件类型实际是各种不同的多媒体教学方法。学习类型是需要考虑的重要因素。指导型主要用于概念和规则学习；操练及操练型游戏适用于言语信息和智慧技能；包含案例研究和情境的模拟有助于技能和态度学习；模拟也被认为是有效地增进迁移的类型；游戏很适于增强动机。多种课件类型的结合能极大地提高教学效果。

4. 描述课件顺序

这一步骤的任务是画出学习地图，也称为学习流程图，初步描述课件顺序。课件顺序依赖于课件的类型。初步描述课件顺序应画出略图，如同简单的流程图，按顺序标明学习者会遇到的事件。这是对最终确定的课件顺序的初步描绘，目的是把分析的结果综合起来，为下一步创作流程图做准备。如果选择超媒体为课件类型，顺序就不重要了，但是要确定导航和链接结构。

四、软件制作

在软件制作阶段，把课件策划与设计转变为具有教学功能的运行流畅的程序，包括所有图像、音频、视频等素材的制作，必要的程序编制，把素材集成到程序中使课件的程序能正常运行，编写支持材料如技术手册、用户手册、学习者指南等，其中每项工作都同等重要。

1. 制作多媒体素材

(1) 准备文本元素。

(2) 创作图像和动画。

(3) 制作视频和音频。

2. 集成多媒体课件

(1) 课件集成工具的选择。课件集成是按照流程图把多媒体素材编入课件程序，实现课件的功能。常用的课件集成工具包括多媒体创作软件，如 PowerPoint、Authorware、Dreamweaver 等，以及程序语言，如 Visual Basic、HTML、JavaScript 等。

(2) 课件集成的过程。课件集成不是要等所有的素材制作完毕后才开始，而是在流程图修改完善后，就开始编程，已完成的素材随即编入程序，未完成的可以在以后插入。

(3) 课件集成的管理。课件集成阶段，有许多工作在同步进行，必须加强管理才能够保证有条不紊。

3. 编写使用手册

除了教师自编自用的课件外，大多数的课件应该配备印刷的支持材料，也就是各种使用手册，以保证课件的正确使用，便于交流推广。

五、评价修改

在开发制作阶段完成后，除了伴随过程的形成性评价外，还有最后对课件的测试修改、学习者试用与总结性评价。

1. 课件开发组测试

课件开发组测试是在课件集成完毕后，由课件的设计与开发者、邀请的学科专家、教育技术专家等通过运行来测试课件，目的是检验课件的功能、技术质量、教学性能，发现缺陷和问题，并根据严重程度等确定修改或使用。

2. 学习者试用

学习者试用是指在实验室环境下全面检验课件性能和教学效果。学习者试用的步骤如下：① 选择学习者；② 说明试用过程；③ 测试学习者已有知识；④ 观测学习者使用课件；⑤ 与学习者座谈；⑥ 测验学习效果。

3. 总结性评价

总结性评价是课件最终版本投入使用后，在实际使用情境中进行的评价，目的是检验学习者使用课件能否达到预期的学习目标。应注意以下两方面的内容：

（1）总结性评价的必要性。

（2）总结性评价的层次。具体包括：学习者的反应和态度；使用课件的学习成绩；评价学习者在预期环境中的行为变化。

第四节 多媒体课件的素材制作

多媒体素材是指多媒体课件中所用到的各种听觉、视觉材料。多媒体素材的主要作用是为多媒体课件提供不同类型、不同题材的听觉、视觉素材单元材料。应该说多媒体素材是多媒体课件的重要组成部分，它的质量好坏直接影响到课件的视听演示效果。所以，获取与制作多媒体素材往往是课件开发中必须完成的重要的基础工作，其作用与功效不容忽视。

一、多媒体素材的基本类型

根据素材的文件格式不同，可将素材划分为文本、声音、图像、动画、视频等五种类型。

1. 文　本

文本素材主要指能在计算机屏幕上呈现的教学相关文字内容，它是准确、有效地传播教学信息的重要媒体元素。在多媒体课件中，概念、定义、原理的阐述，问题的表述，以及标题、菜单、按钮、导航等都离不开文本信息。文本素材是主要的课件素材元素，它承担了课件中主要的信息展示工作，是任何课件中不可缺少的素材类型。

2. 图　片

图片素材也是课件中常用的一种视觉材料。图片是学习者很容易接受的信息，一幅图片可以形象、生动、直观地表现出大量的信息。计算机中的图片是数字化的，包括图形和图像两种。图形指由外部轮廓线条构成的矢量图，一般可以通过软件进行手工绘制。图像是由扫描仪、摄像机等输入设备捕捉实际的画面产生的数字图像，由像素点阵构成。图片在课件中可以单独展示信息，也可与文字配合展示，作为文字信息的直观反映。

3. 音　频

音频素材是课件中重要的声音材料，在多媒体教学课件中的应用相当多。音频包括音乐、语音和各种音响效果。音频属于过程性信息，有利于限定和解释画面。此外，在教学中利用音频传递教学信息，是调动学生使用听觉接受知识的必要前提。音频主要用于语言解说、背景音乐和效果音等。发音标准的解说、动听的音乐有利于集中学生学习注意力、陶冶学生情操、激发学生学习潜力。

4. 视 频

视频是对现实世界的真实记录，若干有联系的图像数据连续播放便形成了视频。视频从构成上讲是一系列静态图片的连续放映，但它又与图片素材不同，视频素材呈现的信息量比较大，比图片具有更强的感染力，适宜呈现一些学习者感觉比较陌生的事物，表现事物发展变化的过程。通常情况下，视频采用声像复合格式，即在呈现事物图像的时候，同时伴有解说效果或背景音乐。随着非线性编辑软件的使用，现在老师已经可以自己编辑制作教学视频素材。

5. 动 画

动画是对事物运动、变化过程的模拟，可以用来模拟事物的变化过程，说明科学原理。在某些方面，由于动画画面包含的无关信息比真实的视频要少，利用动画来表现事物甚至比视频效果更好。一般来讲，动画的制作需要借助专门的制作工具软件，有二维的，也有三维的。随着制作技术的发展与成熟，动画素材日益成为高质量课件不可缺少的部分。

二、多媒体素材的主要特征

在设计与制作以上五种多媒体素材时应该注意它们的以下特征。

（1）根据素材使用中时间表现的限制性，可以把多媒体素材分为两类。一类是非时基多媒体素材，它们的呈现不受时间的限制，根据教学需要可以任意长时间呈现，如文本、图形和静态图像。另一类是时基多媒体素材，如动画、音频和视频，它们在多媒体教学软件中呈现时，其内容一般是随时间的变化而变化。不能满足时基多媒体素材的时基特性时，将会出现断断续续的现象，其传递的教学信息内容的质量会受到较大影响。一般而言，非时基多媒体素材适合传递静态的教学信息内容，时基多媒体素材则适合传递过程性教学信息内容。

（2）视觉对空间上的变化特别敏感，而听觉则对时间上的变化特别敏感。言语可以通过不同的形态感知，既可从阅读印刷文字感知，又从听取口头讲话来感知。图像一般只能通过视觉接受，这些感觉上的不同将影响教学。

（3）图像和言语具有互补的作用。言语能够限定和解释画面，画面也有助于定义、说明词的含义，并使言语便于识记。设计素材时应重视图形与言语的合理搭配，它们的合理配合往往能极大地拓展多媒体素材的表现力，为教学提供更大的帮助。

（4）有时需要简单的线条或颜色加以辅助。有时借助一些辅助性简单线条，可以很好地解释图形。也可以用颜色来突出图形中重要的部分。还可以用颜色来突出学科内容、引导注意、区别不同物品或概念。

（5）学习中学生对视觉与听觉材料的接受时间有所不同，学习者只能在相对不长的时间内接收一个口头语言，但却能在相当长的一段时间内接受印刷文字。和口头讲述相比，文字材料和图像更适合于需要较长注意时间的复杂任务的呈现。特别在小学阶段，长时间的单纯听觉刺激是不适宜的，它容易造成学生的听觉疲劳，影响学生对信息的接收。

（6）同一类多媒体素材涉及不同的格式，不同的格式的演示效果与文件的大小有关。一般而言，效果越好的格式可能文件越大，在制作中往往需要我们进行一定的取舍。制作中应该根据实际选择那些既能满足演示效果又不大的文件格式。效果很好固然重要，但格式文件太大可能也会在交流与使用中给我们带来一定的不便，这需要引起大家的注意。

三、多媒体素材的收集与制作方法

（一）文本素材

在多媒体课件中，大量的教育教学信息是用文字、字符及特殊符号来表现的，如各种科学原理、概念、计算公式、命题、说明等课程内容。这类教育教学信息在多媒体计算机系统中均处理为数字格式的字符数据，我们通常把这些数字格式的字符数据叫作"文本"。在众多的多媒体素材中，文本是教学中最基本、最主要的多媒体资料。在使用计算机进行教学时，要处理大量的文本资料。如何快速高效地获取文本资料或许是你经常要面对的问题。通常文本素材的来源有以下几方面：

（1）使用已有的文本素材。已有的文本素材主要是指已经通过某种形式输入到计算机并以文本格式存储好了的文本素材。这类素材一般通过复制、粘贴的方式选择性地为我所用。

（2）输入待编辑文本素材。如果没有现成的已经输入保存好的文本素材，我们就只有自己动手，通过某种文字编辑软件输入需要的文本内容。输入完毕后，调整好格式，然后以一种文本格式把它保存起来，供以后使用。

（3）扫描输入本文素材。文字的扫描输入是通过扫描仪将文本信息全部扫入，经过识别软件处理后，转换为字符信息，一般用于大量文字的快速录入。扫描输入的核心是光学字符识别软件 OCR（Optical Character Recognition），可对扫描仪输入的文字进行判断，将图像形式的文字转换成字符文字。

（4）网络下载文本素材。网络上存在大量的文本素材，在教学中，很多文本资料都是通过下载得到的。下载的文档格式种类很多，除了前面所说的 Word 文档或文本文档，其他常见的文档格式还有 PDF、CAJ 等。但是，需要注意的是，它们需要专门的软件来读取，如 PDF 文档需要使用 Acrobat 软件来读取，CAJ 文档要用 CAJviewer 软件来读取，在使用时这有可能不够方便。不过，可以利用格式转换软件，把它们转为常用的文档格式，如利用 PDP 转 Word 软件，可以把 PDF 文档转换为 Word 文档。

在以上文本素材获取技术中，文字的输入和编辑是获取文字素材最主要的方式。文字素材的编辑处理离不开文字处理软件。目前，较常用的文字处理软件是 Word。Word 软件提供了非常强大的文字处理功能，有输入文字、格式设定、编辑版面、查错处理、图文混排等功能。

（二）图片素材的制作与加工方法

图片素材包括图形与图像两种，其制作与获取的格式是不同的。图片素材在课件制作中是很重要的一种多媒体素材，特别是静态的图像素材，非常逼真、生动、形象，可以作为较高质量的感知材料。其显示的内容、时间长短都可由学习者控制，非常适合学生学习使用。

1. 图形与图像素材的特点

在多媒体教学课件的各种多媒体素材中，图形比较特殊。它是一种抽象化的图形，其承载的信息量比较少，主要是靠专门的绘图软件或非专业绘图软件中的绘图工具人工绘制而成。由于它具有数据量小、不易失真等特点，因此在多媒体软件中应用得比较多（几乎所有的多媒体制作工具都具有绘制图形的能力）。

静态图像又称位图，在多媒体教学软件中应用最多，从界面、背景到各种插图，基本上都选择位图。位图色彩比较丰富，层次感强，可以真实地重现生活环境（如照片），因此其承载的信息量比较大。

2. 图片素材的主要制作方式

图片素材的获取与文字素材一样，主要有间接获取与自己制作两种方式。

（1）自制图形素材。图形素材可以通过专门的绘制软件绘制，也可以利用课件制作软件中的绘图工具绘制。现在很多软件都有相应的绘图工具，不需要利用专业绘图软件绘制好后导入。

（2）图像素材的获取。对于图像素材的获取两种方式都是常用的。如果自己制作，可以通过数码照相机拍摄后通过专用连接线导到计算机中使用，这里不再赘述。也可以通过网络下载、屏幕抓图等方式获取已拍摄好的图像。

（3）从网络中获取共享的图片。

• 网络下载

网络上有大量的图片素材，一般先通过搜索方式找到相关的图片网页，然后通过图片另存的方式把它保存在计算机中以供使用。

在选择网络图片时要注意以下两个问题：

第一，图片的像素问题。

每一幅图片都有一个像素，像素是以构成该图片的像素点的多少来表示的，一般表示为水平像素点与竖直像素点的乘积。如 800×600，表示水平 800 个像素点，竖直 600 个像素点。图片的像素直接影响到图片的清晰度，所以，要想图片清晰，应该选择像素大的图片。当然，像素大其文件的存储空间就相应比较大，这也是我们选择时要注意的。

第二，网络下载图片时要注意示意图片与真实像素图片的区别。网络上为了让更多的图片能在首页显示，以便下载时选择，所以往往在首页上显示的不是真实像素的图片，而是缩略图。此时不要在首页选择图片另存，而应该点击缩略图片，进入真实像素的图片网页，再将图片另存下载，这样保存下来的图片才是清晰度较高的真实像素的图片。

• 通过抓图工具抓图

有时我们需要的图片可能无法下载，或者需要计算机屏幕显示的图片，这时就只有抓图了。抓图主要有两种方式：一是利用计算机键盘上的 Print Screen 键结合 Windows 自带的画图工具抓图；二是利用专用抓图软件抓图。

3. 图片素材的基本编辑方法

通过各种手段获取的图片素材，主要是图像素材，有时还需要进行相应的编辑处理才能形成需要的课件图片素材。对图像素材的处理主要有以下三种常见的方式。

（1）在课件制作集成软件中处理。这种方法比较简单，主要利用课件制作软件的图片处理功能进行简单的处理。例如使用 PowerPoint 中的图片工具对图片进行剪裁、旋转、增加亮度、减小亮度等进行处理，如图 12-3 所示。

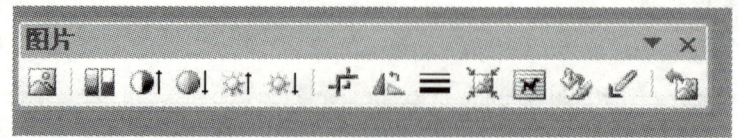

图 12-3　Microsoft PowerPoint 图片工具

（2）在画图程序中处理。Windows 自带的画图工具可以对图片进行处理。画图工具可以实现对图片的放大、缩小、旋转及拉伸、反色、剪裁等处理。

（3）利用专用软件进行处理。图片处理的软件很多，例如微软办公软件中的图片处理 Picture Manager 软件，近年来在网络上流行的美图秀秀图片处理软件等。当然，在图片处理的专用软件中首推由 Adobe 公司开发的 Photoshop。Photoshop 是现在最为出名的图像处理软件之一，是集图像扫描、编辑修改、图像制作、广告创意、图像输入与输出于一体的图形图像处理软件，其工作界面如图 12-4 所示。它也是我们进行图片处理的主要材料软件。

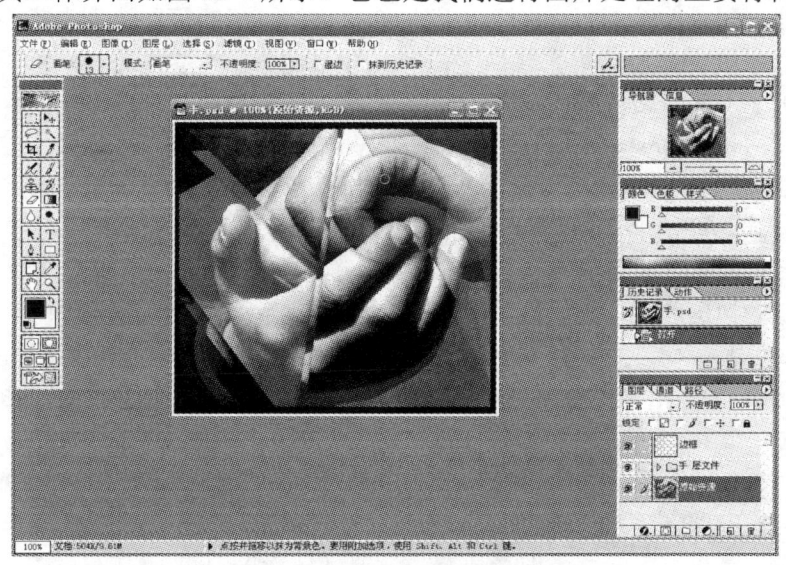

图 12-4　Photoshop 界面

从功能上看，Photoshop 可分为图像编辑、图像合成、校色调色及特效制作部分。

图像编辑是图像处理的基础，可以对图像做各种变换如放大、缩小、旋转、倾斜、镜像、透视等，也可进行复制、去除斑点、修补、修饰图像的残损等。这在图像的处理制作中有非常大的用场，可以去除画面上不满意的部分，进行美化加工，得到让人非常满意的效果。

图像合成则是将几幅图像通过图层操作、工具应用合成完整的、传达明确意义的图像，这对于图像的组接与个性化的设计是相当重要的。Photoshop 提供的绘图工具可以让不同来源的图像很好地融合，合成好的画面几乎看不到合成的痕迹。

校色调色是 Photoshop 颇具威力的功能之一，可方便快捷地对图像的颜色进行明暗、色偏的调整和校正，也可在不同颜色之间进行切换，以满足图像在不同领域的应用。

特效制作在 Photoshop 中主要由滤镜、通道及工具综合应用完成，包括图像的特效创意和特效字的制作。如油画、浮雕、石膏画、素描等常用的传统美术技巧都可由 photoshop 特效完成。特别是各种特效字的制作，更是为多媒体图像素材的制作提供了强大的技术支持。

应该说 Photoshop 的强大图形处理功能可以满足我们对图形处理的要求。当然，由于 Photoshop 是比较专业的图形处理软件，掌握它需要进一步的学习和练习。

（三）声音及视频素材的获取与编辑方法

声音与视频素材从类型上讲是两种不同的素材，但是由于以下两个原因，我们把它们放在一起来介绍：第一，教学课件中的视频往往包括了声音，视频制作也涉及对声音效果的处理；第二，视频编辑的非线性编辑软件本身也可以作为一个声音编辑软件来完成声音素材的录制与编辑。

1. 声音素材的格式

数字化的声音素材都是以文件形式存放的，而文件通常以存放格式进行区分。声音素材主要有下列格式：

（1）WAV 格式，是微软公司开发的一种声音文件格式，是最早的数字音频格式，也是录音软件录制声音后生成的基本声音格式。WAV 格式支持许多压缩算法，支持多种音频位数、采样频率和声道采用 44.1 kHz 的采样频率，16 位量化位数的 CD 品质，效果很好。但产生文件较大，有时可能不便于交流和传播。

（2）MIDI（Musical Instrument Digital Interface 的缩写），又称作乐器数字接口，是数字音乐/电子合成乐器的统一国际标准。它定义了计算机音乐程序、数字合成器及其他电子设备交换音乐信号的方式，规定了不同厂家的电子乐器与计算机连接的电缆和硬件及设备间数据传输的协议，可以模拟多种乐器的声音。MIDI 文件就是 MIDI 格式的文件，在 MIDI 文件中存储的是一些指令。把这些指令发送给声卡，由声卡按照指令将声音合成出来。

（3）CD 音乐格式，是一种基本的声音使用格式，扩展名 CDA。其取样频率为 44.1 kHz，16 位量化位数，存储采用了音轨的形式，又叫"红皮书"格式，记录的是波形流，是一种近似无损的格式。

（4）MP3，是一种音乐格式的简称，全称是 MPEG-1 Audio Layer 3，于 1992 年被合并至 MPEG 规范中。MP3 格式能够以高音质、低采样率对数字音频文件进行压缩。它是其他原始录制音频文件在人耳根本无法察觉的音质损失情况下压缩得到的。MP3 格式文件体积较小，但音质很好，很适合网络传播的要求，现在是网络音乐的主要生成格式。

（5）WMA（Windows Media Audio），是微软创立的主要用于互联网音频、视频领域的格式。WMA 格式是以减少数据流量但保持音质的方法来达到更高的压缩率目的，其压缩率可以达到 18∶1，所以文件体积很小。重要的是 WMA 还可以通过 DRM（Digital Rights Management）方案加入防止拷贝，或者加入播放时间和播放次数的限制，甚至是播放机器的限制，可有力地防止盗版。

2. 声音素材的获取

声音素材与其他素材一样也有两种获取途径：间接获取与直接制作。

（1）间接获取。通过网络下载与购买是间接获取声音素材的主要方式。现在市面上可以买到大量的声音文件，如 CD 及数字声音光盘。这是相当重要的声音素材来源。标准朗读和特殊声效的素材往往需要通过这种方式来获取。

网络下载也是重要的获取声音素材的方式。网络上有着各种不同类型的声音、音效文件，可以通过下载获取这些素材。

（2）直接录制与制作。直接录制与制作主要包括自己通过录音软件进行声音的录制与利用声音编辑软件对录制好的声音进行后期编辑两方面的内容。

现在声音的录制主要有模拟信号与数字信号两种。对于模拟信号即磁带方式声音的录制这里不再介绍。数字信号的录制是课件制作中录制声音素材的主要方式，通常可以通过以下方式录制：

第一，利用 Windows 自带的录音机程序进行声音的录制。Windows 操作系统的附件程序中提供了一个名为"录音机"的工具，如图 12-5 所示。利用它，可以方便地实现声音的简单录制和编辑。不过，该软件功能有限，只能录制 WAV 格式的声音文件，且单次录制的时间最长不能超过一分钟。

第二，利用专用软件进行录音。专用录音软件主要有 Ulead Audio Editor、CooleditPro 等，这些软件的编辑、合成及效果等功能远比 Windows 的录音机程序要强大，它们所生成的声音文件格式也较多。当然，一些视频非线性编辑软件也可以进行录音。比如，可以利用视频非线性编辑软件绘声绘影完成声音的录制及编辑工作。

图 12-5　Windows 自带的录音机软件界面

第三，利用数字声音设备的录制功能进行录音。现在常用的数字音频设备，如 MP3、录音笔等也可实现数字化声音的录制。它们录制下来的声音一般就是数字格式，可以直接在编辑软件中进行编辑。

3. 视频素材的格式

视频素材由于兼具图像与声音两种信息资源，所以具有很强的信息容量与表现力。这一点在进行课件制作时应该加以充分重视。视频的格式种类相当丰富，但在课件的制作中主要应用以下几种格式：

（1）AVI 视频格式。AVI 是音频视频交错（Audio Video Interleaved）的英文缩写。AVI 格式是由微软公司发表的视频格式，在视频领域是原始编辑的最好的视频素材源格式。AVI 格式调用方便、图像质量好，但缺点就是文件体积过于庞大，压缩标准不统一。

（2）MPEG。MPEG 是 Motion Picture Experts Group 的缩写。这类格式包括了 MPEG-1、MPEG-2 和 MPEG-4 在内的多种视频格式。MPEG-1 也叫 VCD，因为大部分的 VCD 都是用 MPEG-1 格式压缩的（刻录软件自动将 MPEG1 转为 .DAT 格式）。使用 MPEG-1 的压缩算法，可以把一部 120 分钟长的电影压缩到 1.2 GB 左右大小。MPEG-2 则是应用在 DVD 的制作方面，其压缩比比 VCD 小。使用 MPEG-2 的压缩算法压缩一部 120 分钟长的电影，可以压缩到 5～8 GB 的大小，并且 MPEG-2 的图像质量很好，是 MPEG-1 无法比拟的。

（3）WMV，是 Microsoft 公司创立的一种独立编码方式，也是在 Internet 上实时传播多媒体的技术标准。WMV 压缩比很大，因此，文件很小，比较适合在网络上进行传播。WMV 的主要优点在于：文件小，易于网络传播与播放，是一种流媒体串行格式，可以边接收边播放。

WMV 是课件制作中经常使用的一种视频素材格式，因为采用这种格式生成的视频素材文件体积很小，可以小到每分钟 1M，而且又能满足教学播放的要求。

（4）MOV。QuickTime（MOV）是由 Apple（苹果）公司创立的一种视频格式，原来只在苹果公司的 MAC 机上存在，现在已发展到支持 WINDOWS 平台。它无论是在本地播放还是作为视频流格式在网上传播，都是一种高质量的视频编码格式。

（5）3GP。3GP 是一种 3G 流媒体的视频编码格式，是目前手机中最为常见的一种视频格式，主要是为了配合 3G 网络的高传输速度而开发的。

（6）FLV，是 Flash Video 的简称，是一种可由 Flash 编辑生成的视频文件格式。FLV 流媒体格式是一种新的视频格式。由于它形成的文件极小，加载速度极快，很适合网络观看，它的出现有效地解决了视频文件导入 Flash 后，使导出的 SWF 文件体积庞大，不能在网络上很好地使用等缺点。我们有时在网络上直接下载的网络视频有可能就是这种格式。

4. 视频素材获取的主要方式

视频素材的获取主要有间接获取与自己制作两种途径。

（1）间接获取。通过购买与网络下载是间接获取视频素材的主要方式。

现在市面上可以买到大量的影视资料，如录像带、VCD、DVD 及其他数字视频光盘，这是我们获取视频素材的重要途径。

网络下载也是重要的获取视频素材的方式。网络上有各种不同类型的视频素材文件，可以通过下载获取。

如果网络上有我们所需的视频，但是它只允许在线观看，不允许下载播放，此时可借助专用的屏幕录制软件把它录制下来编辑后使用。

（2）直接获取。主要包括利用数码摄像机或数码相机录制所需的视频与把录制的视频调入非线性编辑软件编辑两部分工作。

数码摄像机就是 DV。DV 是 Digital Video 的缩写，译成中文就是"数字视频"的意思，它是由索尼、松下、胜利、夏普、东芝和佳能等多家著名家电巨擘联合制定的一种数码视频格式。在绝大多数场合，DV 已经成为数码摄像机的代名词。数码摄像机按使用用途可分为广播级机型、专业级机型、消费级机型；按存储介质可分为磁带式、光盘式、硬盘式、存储卡式等机型。

磁带式数码摄像机通过把拍摄的内容记录在盒式磁带上，当需要编辑时还需通过非线性编辑软件及配套的采集卡采集到计算机中。只有采集生成的数字视频文件才能在非线性编辑软件中进行编辑。

（四）动画素材的获取与制作方法

动画素材是重要的多媒体课件素材来源。动画是对事物运动、变化过程的模拟。动画有二维的，也有三维的，它们的制作往往需要借助专门的工具软件才能完成。在这类工具软件中，制作者需要借助对事物运动、变化过程分析的结果，构建事物运动的环境与类型。为了满足教学的要求，这种动画展示的过程，忽略了事物运动、变化过程中的次要因素，突出强化了其主要的本质的要素，有利于描述事物运动、变化过程。通过动画展示的教学信息生动、有趣，有利于教师教学讲解，也有利于激发学习者学习的兴趣和积极性。

1. 动画素材的类型

在教学多媒体课件制作中，动画素材主要有 GIF、Flash 类型的二维动画素材与 3Dmax 类型的三维动画素材。

（1）GIF 图片类型二维动画素材。GIF（Graphics Interchange Format）的原意是"图像互换格式"，是 CompuServe 公司在 1987 年开发的图像文件格式。目前几乎所有相关软件都支持它，公共领域有大量的软件在使用 GIF 图像文件。GIF 图像文件的数据是经过压缩的，而且是采用了可变长度等压缩算法。GIF 格式的另一个特点是在一个 GIF 文件中可以存多幅彩色图像。如果把存在一个文件中的多幅图像数据逐幅读出并显示到屏幕上，就可构成一种最简单的动画。

GIF 动画是二维动画，主要以图片的形式存在。它采用无损压缩技术，只要图像不多于 256 色，则可既减少文件的大小，又保持成像的质量。当然，256 色的限制使得 GIF 图像的色彩效果一般，它比较适合制作一些对色彩要求不高的动画，特别是一些在课件中起装饰性的小动画。

（2）Flash 类型二维动画素材。Flash 的原意是闪光、闪现，是由 Macromedia 公司（现被 Adobe 公司收购）推出的交互式矢量图和 Web 动画的标准。Flash 是一种创作工具，设计人员和开发人员可用来创建演示文稿、应用程序和其他允许用户交互的内容。Flash 可以包含简单的动画、视频内容、复杂演示文稿、应用程序以及介于它们之间的任何内容。通常，使用 Flash 创作的各个内容单元称为应用程序，即使它们可能只是很简单的动画。也可以通过添加图片、声音、视频和特殊效果，构建包含丰富媒体的 Flash 应用程序。

早期的 Flash 主要是制作网络动画，现在随着功能的扩展，已成为制作二维动画最常用的工具。Flash 日益强大的交互功能使其不仅成为制作动画素材的利器，也成为一款能实现素材集成的课件制作工具。

（3）3Dmax 类型三维动画素材。3D Studio Max，常简称为 3Dmax、3ds Max 或 MAX，是 Autodesk 公司开发的基于 PC 系统的三维动画渲染和制作软件，现已广泛应用于广告、影视、工业设计、建筑设计、多媒体制作、游戏、辅助教学以及工程可视化等领域。三维动画素材能够实现更真实的三维动画效果展示，近年来逐渐在课件制作中使用。

2. 动画素材的获取方式与制作

动画素材的获取方式总体上讲有两种途径：一是通过其他途径间接获取，主要是通过网络下载、个别交流及购买的方式获取所需的素材；二是利用制作软件自己设计、制作。

（1）GIF 图片类型二维动画素材以间接获取为主。可以通过网络，间接从网上下载所需的各类 GIF 动画图片。需要注意的是，GIF 动画主要是以图片的形式存在，所以下载时以图片另存的方式保存下来。在课件中使用时（主要在 PPT 电子演示文稿中使用），以图片插入的方式插入到课件中。由于是图片，插入后必须在放映模式下才能观看其动画效果。

如果要自己设计制作 GIF 动画，可以学习相关的制作软件。制作软件主要为 Adobe ImageReady 和 Fireworks 两个。

（2）Flash 类型二维动画素材的获取应该说两种方式都是常用的。通过网络下载、购买或相互交流都可以获取所需的素材。

随着软件的发展与人们制作水平的提高，现在通过制作软件自己制作 Flash 动画素材已经成为主流。自己制作，可以按照自己的要求来设计，应该说这是获取动画素材文件的重要方式。制作 Flash 动画素材的主要软件有 Adobe Flash，这是 Adobe 公司收购 Macromedia 公司后首次推出的版本。

（3）3Dmax 类型三维动画素材的获取以间接为主。由于三维动画制作比较复杂，制作软件的使用对多数非专业人士来说还不易掌握，因此这类素材的获取以网络下载与购买为主。

（4）通过其他手段完成课件中的动画效果。除了以上介绍的动画素材获取方式外，还可以在素材集成软件中制作课件时直接设置一些简单的动画效果。例如，可以在 PPT 制作时通过自定义动画设置比较简单的运动效果，在 Authorware 课件制作中通过运动图标制作简单的运动效果。

第五节 网络教育资源的利用

一、网络教育资源的概念

互联网是一个连接世界上数亿台电脑的巨大网络，蕴含着丰富的教育资源。这些资源的开发与利用，是世界各国教育信息化的显著特征之一。

什么是网上教育资源呢？一般而言，我们将网络资源中与教育相关的部分称为网络教育资源。网络教育资源包括网络环境资源、网络信息资源、网络人力资源。网络环境资源是指构成网络教育空间的各种物理器件、硬件设备等，如计算机设备、网络设备、通信设备等，以及形成网络正常运行空间的各类系统软件、应用软件；网络信息资源是指网络上蕴藏着的各种形式的与教育相关的知识、资料、情报、消息等的集合；网络人力资源通常包括具备、开发、建设或应用各种网络教育资源的能力的个体，如网络硬件结构设计、维修人员、网络系统开发人员、网络系统安全维护人员、教育网页开发人员、网络用户，等等。

在这三部分资源中，网络信息资源是核心，因为其他两部分资源是为信息资源的建立、传播和利用而服务的。不同于以往以书籍、报刊、磁带、磁盘、胶片、广播、电视等为物质载体的传统教育信息资源，网络教育信息资源是一种以网络为承载、传输媒介的新型的信息资源，是从网上获取的，所以我们也将基于网络的教育信息资源称为网络教育资源。

二、网络教育资源的优点

网络教育资源拥有以下优点：

（1）形式多样。网络信息集文本、图形、图像、动画、视频、音频为一体，极大地丰富了信息内容的表现力，有助于人们知识结构的更新和重构。

（2）内容丰富。网络提供了异常丰富的教育资料，如最新的教学大纲、教学资料、众多模式的教学软件、网上教程、会议通知、各种消息等。此外，还有丰富的教学案例可供教师们互相交流、借鉴。

（3）获取便捷。网络信息可通过网络终端的计算机随时随地获取，不受时间、空间等因素的限制。

（4）信息共享。网络上的信息可供所有网络用户随时访问，不像传统媒体信息那样，资源共享性要受信息载体数量的限制。

（5）时效性高。网络媒体的信息传播速度快，影响范围广，更新频率高，是其他媒体信息所不能企及的。

（6）交互性强。网络信息具备双向传递功能，这种双向交流可以是同步方式，也可以是异步方式，即用户在接收到网络信息以后，可以即时或非即时地提供反馈。

三、网络教育资源的作用

网络教育资源可以发挥以下作用：

（1）构建超媒体教材。基于各种资源，可以构建结构化、动态化、形象化教学内容的超媒体学科教材。这样的教材不但能够从人的感官上增强教材的教、学性能，而且具有交互、虚拟和非线性的特点，把原来的"死书"变成地地道道的"活书"。

（2）优化教育环境。基于网络的教育资源构成了一个自由的、共享的、广阔的教育环境，丰富的教育资源从内容、形式到检索、应用都较传统的教育资源提供的环境更优化。它真正做到了让人足不出户就能"读天下书""知天下事"。

（3）实施多模式教学。基于人工智能的教学系统，能够根据学生的不同个性特点和需求进行教学和提供帮助，实现个性化学习；基于超媒体、交互性的学习资源，为开展自主学习提供了条件；基于网络交流、网络通信的学习资源更容易实现合作学习；基于丰富的教育资源库和网络资源共享，使得学科整合和研究性学习的开展更加卓有成效；基于虚拟现实技术的学习系统，将支持学生更好地理解新旧概念，建构新的知识体系，有助于培养创新意识和动手能力。

四、网络教育资源的检索

互联网中有丰富的教育资源，如何才能做到快速、准确地检索呢？通常的途径有两个：一是访问专门面向各类教育的教育资源网站；二是利用信息检索工具进行互联网查询。

（一）教育资源网站

近年来，我国的网络教育资源发展很快，涌现了大批优秀的教育资源网站。教育资源网站有多种分类方法，例如按照受教育程度分类，可分为学前教育网站、中小学教育网站、初等教育网站、高等教育网站、职业教育网站、成人教育网站等；按照学科教学分类，可以分为小学语文教育网站、小学数学教育网站等。

下面是我国优秀教育资源网站的部分范例：

中国教育资源网	http：//www.cern.net.cn/
中国基础教育网	http：//www.cbe21.com/
中国教育在线	http：//www.eol.cn/
教育资源中心	http：//www.source.edu.cn/
中国中小学教育教学网	http：//www.k12.com.cn/
中国高等学校教学资源网	http：//www.cctr.net.cn/
中小学教育资源交流中心	http：//www.k12zy.com/
小学教育资源网	http：//xiaoxue.21cnjy.com/
高中教育资源网	http：//gzzyw.net/
成都教育在线	http：//www.cdedu.com/center/
陕西师范大学现代教育技术网络课程	http：//edutech.snnu.edu.cn/
中小学信息技术网站	http：//www.nrcce.com/
人民出版社教育技术网	http：//www.pep.com.cn/xxjs/
中国信息技术教育网	http：//www.nettime.net.cn/
信息技术课程教学研究	http：//www.51itedu.com/
中国生物技术信息网	http：//www.biotech.org.cn/
北京教育网	http：//www.bjedu.com/
中国教师人才网	http：//www.jiaoshi.com.cn/

中国教育新闻网　　　　　　　　　http://www.jyb.cn/
中国教育网址导航　　　　　　　　http://www.0010100.com/

（二）网络教育资源的信息检索

1. 目录检索

目录检索是最早出现的一种网络信息检索方法，主题分类目录的创制已有相当成熟的理论、技术和丰富的成功经验。Yahoo!被认为是目录检索的鼻祖，至今仍是重要的中英文目录检索网站的代表，Directory 引领着目录检索的潮流；搜狗（搜狐）开中文目录检索先河，其"50,000 主题分类，500,000 优选网站"无愧为中文主题分类目录的典范，堪称中文目录检索的旗舰。

（1）什么是目录检索？

目录检索是基于人工标引的检索方法。它以科学、实用的分类目录为工具，以规范化的自然语言为类名，在对网络信息归纳、概括的基础上，以网站为单元，提供经过专家评价和人工整序的网络信息。

目录检索是突出目录分类特征的检索方法。由于分类目录已按照学科或主题对网络信息进行了标引，所有网站在分类体系中同聚异分，各有所属，"纵向成枝，横向成网"，只需"按图索骥"，同一类属或相关主题的信息即可"循类以求"，适用于查询具有同一特征的多个目标和主题范围广、概念宽泛的问题。

目录检索是关键词搜索不可替代的检索方法。关键词搜索以简单、快捷著称，但庞大的结果列表、大量重复和无用的信息是其永远的伤痛。而目录检索恰恰独具优势，经过人工编辑的检索结果既以精当、准确著称，又以系统、有效见长。

目录检索是循序渐进的检索方法。与关键词搜索即刻按照相关性递减顺序返回大量结果不同，目录检索要首先确定所需信息在目录中的类系归属和相关路径，从大类入手，逐级浏览，渐进查询，在相应类目下按字母顺序展开网站列表，然后再根据网站名称和简介，对结果列表进行选择。

目录检索是门户网站不可缺少的检索方法。互联网上搜索的概念最早来自于门户网站，资深网民对互联网的认识最初几乎全部来自当年 Yahoo!提供的目录检索服务。有关数据显示，我国 70% 以上网民是通过门户网站认识和开始使用搜索引擎的。门户网站是使用搜索引擎的主要平台，搜索引擎也为门户网站带来了巨大的经济利益和访问流量。

（2）目录检索的原理。

目录检索的基础和前提是构建一个反映网站相关信息及其 URL 链接的目录指南（Directory），在这个目录中，经过审核与标引的网站按学科或主题分门别类、有序排列。目录检索就是在分类目录中，根据所需信息的学科属性或主题内容，逐级检索，循类以求。由于分类目录是以数据库形式存在的，也可以说，目录检索就是对分类数据库的检索。

目录检索建立在网络分类的基础上，了解目录检索的原理，不能不首先了解网络分类体系。分类标准、类目划分、类目设置、类目序列等，对分类体系的构建至关重要，决定着分类目录的性质和功能，影响着目录检索的效率和效果。系统性和实用性是对网络信息分类的基本要求，以学科性质为标准可以保证分类的系统性，以事物主题为标准体现了分类体系的实用性。国内的目录检索引擎如搜狗、搜狐等，以学科分类为主，主题分类为辅，体现了系统性和实用性的完美结合。网络分类体系的类目划分，多强调易用性原则，为了直观揭示和尽可能地减少检索中的点击次数，不惜牺牲系统性，允许在类目的同一划分过程中采用多个不同的划分标准。类目的设置以方便使用和检索习惯为依据，为了引起网民的兴趣和关注，常常突破体系分类的规则，把热门主题或点击率高的类目置于较高级位或显著位置。类目序列以检索频次为主要参考指标，首先列举检索频次较高的类目，突出重要或时尚主题，迎合网民的检索习惯与检索偏好。网络信息分类有着强烈的时代特色和功利目的，它虽然注重系统性对稳定分类体系的重要作用，但更关注检索热点及其趋势变化；它虽然重视信息揭示和检索中的逻辑关联与认识意义，但更强调检索的简捷与方便。

由于网络分类体系的特点，一些类系或类列已完全打破了体系分类的学科系统性，常规的浏览检索很难快速有效地找到目标网站，此时可以利用目录的数据库优势，用关键词直接进入某一类目，然后再在该类下浏览搜索。

(3) 怎样进行目录检索？

进行目录检索，首先要了解所使用的分类体系的特点及其类目设置，如 Yahoo!是主题索引式指南（subject-based guide to web sites and web content），把全球网站按主题划分为 14 个大类，所收录网站质量较高，学术性较强，编辑严谨，久负盛誉，尤其是"China"类下的中文和国内网站极具参考价值。搜狗（搜狐）是典型的主题分类目录，按学科或主题设置 16 个一级类目，50 000 个主题分类，对中文网站收录最为全面，但二级以下同类和网站列表没有固定的排列顺序（如按拼音或笔画），浏览查找多有不便。Yahoo!和搜狗（搜狐）都具有地区与主题（学科）分面组配检索功能，都设置有大量的交替类目，可对网站进行多角度、多途径检索。

进行目录检索时还需注意，由于网络分类没有统一的分类标准，同名类目或相似类目在不同分类体系中的类目含义不尽相同，因此，性质相同或相近的网站在不同的分类体系中可能分属不同的大类或同一大类的不同级位。例如，与"太极拳"相关的网站，在搜狗（搜狐）中归入"体育健身"大类（体育健身＞武术/搏击＞太极拳），而雅虎中国则列于"休闲与生活"大类（休闲与生活 ＞ 体育运动 ＞ 武术 ＞ 太极拳）；"搜索引擎"在搜狗（搜狐）和雅虎中国中的大类归属相同（"电脑网络"与"电脑与因特网"），但级位不同，分属三级（电脑网络＞搜索引擎/分类目录＞搜索引擎）和四级类目（电脑与因特网 ＞ 因特网 ＞ 搜寻与检索 ＞ 搜索引擎）；"心脏内科"在搜狗（搜狐）列有专类，而在雅虎中国中却分散在"健康与医药＞疾病与症状＞心脏病"和"健康与医药＞医学＞内科"两个类目下。凡此种种，非专门的研究人员不可能对各种分类体系了如指掌，一般用户只能根据需要和爱好，选择一种目录检索引擎，经常使用，以熟生巧。

此外，进行目录检索还要了解不同分类目录的网站收录特点，如雅虎中国以收录繁体中文网站见长，搜狗（搜狐）以本土化著称，分别是查找 BIG5 码网站和简体中文网站的首选。下面是常见的目录检索网站：

  雅虎中国   http：//cn.Yahoo.com
  15AD 目录搜索 http：//15ad.com/163/
  搜狗目录检索 http：//123.sogou.com/

新浪目录检索　　　　　http://dir.iask.com/
搜狐网　　　　　　　　http://www.sohu.com
2. 搜索引擎
（1）什么是搜索引擎？
搜索引擎（search engine）是指根据一定的策略，运用特定的计算机程序搜集互联网上的信息，再对信息进行组织和处理，并将处理后的信息显示给用户，是为用户提供检索服务的系统。

（2）搜索引擎的发展。
在互联网发展初期，网站相对较少，信息查找比较容易。然而伴随互联网爆炸性的发展，普通网络用户想找到所需的资料简直如同大海捞针。这时为满足大众信息检索需求的专业搜索网站便应运而生了。

现代意义上的搜索引擎的祖先，是1990年由蒙特利尔大学学生Alan Emtage发明的Archie。虽然当时World Wide Web还未出现，但网络中文件传输还是相当频繁的，而且由于大量的文件散布在各个分散的FTP主机中，查询起来非常不便，因此Alan Emtage想到了开发一个可以以文件名查找文件的系统，于是便有了Archie。

Archie工作原理与现在的搜索引擎已经很接近，它依靠脚本程序自动搜索网上的文件，然后对有关信息进行索引，供使用者以一定的表达式查询。由于Archie深受用户欢迎，受其启发，美国内华达System Computing Services大学于1993年开发了另一个与之非常相似的搜索工具。该搜索工具除了索引文件外，已能检索网页。

最早的现代意义上的搜索引擎出现于1994年7月。当时Michael Mauldin将John Leavitt的蜘蛛程序接入到其索引程序中，创建了现在大家熟知的Lycos。同年4月，斯坦福（Stanford）大学的两名博士生，David Filo和美籍华人杨致远（Gerry Yang），共同创办了超级目录索引Yahoo，并成功地使搜索引擎的概念深入人心。从此搜索引擎进入高速发展时期。目前，互联网上有名有姓的搜索引擎已达数百家，其检索的信息量也与从前不可同日而语。比如Google，其数据库中存放的网页已达30亿之巨！

随着互联网规模的急剧膨胀，一家搜索引擎光靠自己单打独斗已无法适应目前的市场状况，因此，现在搜索引擎之间开始出现了分工协作，并有了专业的搜索引擎技术和搜索数据库服务提供商。像国外的Inktomi（已被Yahoo收购），它本身并不是直接面向用户的搜索引擎，但向包括Overture（原GoTo，已被Yahoo收购）、LookSmart、MSN、HotBot等在内的其他搜索引擎提供全文网页搜索服务。国内的百度也属于这一类，搜狐和新浪用的就是它的技术。因此从这个意义上说，它们是搜索引擎的搜索引擎。

（3）搜索引擎的工作原理。
第一，抓取网页。
每个独立的搜索引擎都有自己的网页抓取程序（Spider）。Spider顺着网页中的超链接连续地抓取网页。被抓取的网页称为网页快照。由于互联网中超链接的应用很普遍，理论上，从一定范围的网页出发，就能搜集到绝大多数的网页。

第二，处理网页。
搜索引擎抓到网页后，还要做大量的预处理工作，才能提供检索服务。其中，最重要的就是提取关键词，建立索引文件。其他工作还包括去除重复网页、分词（中文）、判断网页类型、分析超链接、计算网页的重要度/丰富度等。

第三，提供检索服务。

用户输入关键词进行检索，搜索引擎从索引数据库中找到匹配该关键词的网页；为了方便用户判断，除了网页标题和 URL 外，还会提供一段来自网页的摘要以及其他信息。

下面是常用的搜索引擎网站：

百度	http：//www.baidu.com
谷歌	http：//www.google.hk
雅虎	http：//www.yahoo.cn
搜狗	http：//www.sogou.com/
新浪爱问	http：//www.iask.com/
中搜	http：//www.zhongsou.com/
搜搜	http：//www.soso.com/
爱问	http：//www.iask.com/

3. 多元搜索

（1）什么是多元搜索？

多元搜索引擎（Metasearch Engine）也称为元搜索引擎，是一种调用其他独立搜索引擎的引擎，亦称"搜索引擎之母"。在这里，"元"（Meta）为"总的""超越"之意，元搜索引擎就是对多个独立搜索引擎的整合、调用、控制和优化利用。相对于元搜索引擎，可被利用的独立搜索引擎称为"源搜索引擎"（Source Engine）或"搜索资源"（Searching Resources）。整合、调用、控制和优化利用源搜索引擎的技术，称为"元搜索技术"（Meta-searching Technique），元搜索技术是多元搜索引擎的核心。

（2）多元搜索引擎构成。

多元搜索引擎由三部分组成：① 检索请求提交模块，负责实现用户个性化的检索设置要求，包括调用哪些搜索引擎、检索时间、结果数量限制等。② 接口代理模块，负责将用户的检索请求翻译成满足独立搜索引擎要求的格式。③ 结果显示模块，负责所有独立搜索引擎检索结果的去重、合并、输出处理等。

从用户的角度看，利用多元搜索引擎的优点在于可以同时获得多个独立搜索引擎的结果。但是，多元搜索引擎在信息来源和技术方面尚存在一些限制，因此，搜索结果并不理想。虽然目前有数以百计的多元搜索引擎，但还没有一个能像 Google 等独立搜索引擎那样受到用户的广泛认可。

目前比较著名的英文多元搜索引擎有：

Dogpile	http：//www.dogpile.com
Vivisimo	http：//www.vivisimo.com
Mamma	http：//www.mamma.com

中文的多元搜索引擎不多，比较典型的是"万维搜索"（http：//www.widewaysearch.com），它所集成的英文搜索引擎包括 Google、Yahoo！和 Hotbot 等，所集成的中文搜索引擎包括天网、新浪、搜狐、中文雅虎、中文 Google 和百度等。用户可以根据需要选择其中若干个引擎进行同步搜索，搜索结果可以按照相关度、时间、域名和引擎分类。

第六节 多媒体课件开发工具简介

一、PowerPoint 演示文稿制作工具

Powerpoint 和 Word、Excel 等应用软件一样，都是 Microsoft 公司推出的 Office 系列产品之一，主要用于演示文稿的创建，即幻灯片的制作，可有效帮助演讲、教学、产品演示等。PowerPoint 是制作和演示幻灯片的软件，能够制作出集文字、图形、图像、声音以及视频剪辑等多媒体元素于一体的演示文稿，把自己所要表达的信息组织在一组图文并茂的画面中，用于专家报告、教师授课、产品演示、广告宣传等，制作的演示文稿可以通过计算机屏幕或投影机播放。

PowerPoint 作为制作演示文稿的工具，主要提供演示文稿的创建、多媒体元素的添加、动画效果的设置和超链接设置等功能。

1. 演示文稿的创建

PowerPoint 演示文稿的创建主要包括以下内容：

（1）建立一个演示文稿，包括创建、保存、打开、关闭、利用向导创建演示文稿等内容。

（2）编辑演示文稿中的幻灯片，包括幻灯片的添加、删除、顺序调整、插入、复制等操作内容。

（3）设置演示文稿各张幻灯片的统一风格。可以通过预设演示文稿模板（各种版本提供的模板数量和类型有差别）设置演示文稿的整体风格。也可以通过编辑修改已有模板，或重新制作自己的演示文稿模板，来设计出满足自己需求风格的特定模板。

（4）设置演示文稿中一张幻灯片的特定风格。通过修改每张幻灯片的版式、背景，可以单独设置某张不同风格的幻灯片。

2. 多媒体元素的添加

（1）文本的添加。用户通常可以用版式中预设的文本框，也可以自己根据需要添加横排或竖排的文本框，或通过插入自选图形中的"标注"添加特殊形状的文本框。

（2）图片的添加。用户可以通过"插入图片"添加剪贴画、照片、自选图形、图表等多种图片形式。其中利用系统提供的"剪贴画"（*.wmf）和自选图形，用户可以编辑重组剪贴画，自绘图案，构成新的创意图片。

（3）声音的添加。利用插入声音功能，用户可以在幻灯片中手工播放音乐或设置自动播放的背景音乐等。

（4）视频的添加。利用插入影片功能，可以添加绝大多数视频格式的文件并进行播放。

（5）动画的添加。利用插入图片或插入对象，可以播放流行的 Flash 格式的动画，如*.GIF、*.SWF 等。

（6）其他对象的添加。利用插入对象功能，既可以插入像日历、公式等系统提供的可视对象，也可以通过"来自文件"形式插入外部的对象，例如插入外部的 CAI 作品等。

3. 动画效果的设置

PowerPoint 本身不是制作动画的工具，但能产生播放时的动画效果。恰当地运用动画效果，可以使丰富的多媒体元素更加"鲜活""灵动"，极大地增强视觉效果。

（1）设置一张幻灯片内各个元素的动画效果。设置幻灯片中的文字、图片等各个元素的

动画效果，相当于预设舞剧演出中一幕剧内的各个角色依次亮相效果。

（2）各张幻灯片之间切换的动画效果。设置幻灯片之间切换的"动画效果"，相当于预设舞剧演出中各幕之间的开幕和闭幕效果。

4．超链接的设置

用 PowerPoint 制作的演示文稿，演示时幻灯片是按照默认的顺序逐张播放的，利用"超链接"就可以将这种顺序结构变成一种类似"菜单"式的逻辑结构，使得讲解人有了播放控制权，可以像点击"菜单"一样，点击不同的板块内容，并且可以反复播放某些内容。

二、Frontpage 2003 网页制作工具

网页就是我们上网浏览时看到的页面。网页通常是 HTML 文档形式，所以把 HTML 文档称为网页（Web Page）。

用 HTML 语言编写的文件称为 HTML 文件。它通常被存储在 Web 服务器上，客户端通过浏览器向 Web 服务器发出请求，服务器响应请求并将 HTML 文件发送给浏览器，然后由浏览器对文件中的标记做出相应的解释，以页面的形式呈现在用户屏幕上。

HTML 语言是一种标记语言，简单易学。用 HTML 语言编写的网页实际上是一种文本文件，以.htm 或.html 为扩展名，可以使用任何文本处理软件（如用记事本）编写。

虽然使用一般的文本编辑器就可以编写 HTML 文档，但是使用专门的 HTML 编辑器或 Web 创作工具往往更加方便。具有"所见即所得"功能的 Web 页面创作工具可以使 Web 创作人员直接面对 Web 页面进行编辑修改，并且能立即看到 Web 页面的显示效果。

FrontPage 2003 是微软公司开发的网页制作和网站管理工具，它是 Microsoft Office 2003 的组件之一，与 Office 的其他组件高度融合，界面友好，功能强大，易学易用，是目前使用较为广泛的网页制作、网站管理工具之一。

使用 FrontPage 2003 可以创建新的网页，也可以打开并修改已经存在的网页。FrontPage 2003 提供了多种编辑网页的方式，不但可以直接修改 HTML，而且可以采用"所见即所得"的方式编辑网页，还可以使用菜单命令插入各种网页元素，使用对话框修改其属性，十分灵活。

在 FrontPage 2003 中，可以很容易地插入文本、图片、表格、组件等元素，可以使用主题和样式表、共享边框、框架等管理网页的外观，还可以使用表单等元素设计出交互式网页。

FrontPage 2003 提供了强大的站点管理功能。一组相关网页和有关文件组成一个站点，站点也是 FrontPage 2003 对网站进行管理的基本单位。在 FrontPage 2003 中可以轻松实现设计、管理、分析、发布和维护站点等工作。

三、Authorware 交互式课件制作工具

Authorware 是美国 Macromedia 公司推出的多媒体软件制作系统。Authorware 采用面向对象的设计思想和直观易用的开发界面，以图标为基本组件，用流程线连接图标的方式组织程序流程，符合人们安排事件的习惯。用户既可以通过窗口界面和图标面板直观地引入和编辑文本、图像、声音、动画、视频等各种素材，使用菜单命令和按钮显示方式来设计与控制程序，开发出具有强大交互功能和各种特效的多媒体课件，也可以通过系统提供的丰富的库调用和程序代码编写，设计出高质量的多媒体应用程序。

Authorware 的版本从最早的 1.0 到目前的 7.5，功能不断扩展和丰富，但各版本的基本风格和主要功能差别并不明显，操作界面略有差异，下面的介绍主要以 Authorware7.0 版本为例。

1. Authorware 的主要特点

（1）采用结构化程序设计方式。使用图标的构造方式设计交互程序。

（2）具有强大的外部接口。几乎可以引入所有流行的媒体文件格式。

（3）具有多种交互作用的功能。共提供了 11 种交互功能。

（4）具有强大数据处理功能。利用函数和变量可以对数据进行各种操作。

（5）具有动态链接功能。支持多平台和网络功能。

（6）具有三种开发模式。包括基于图标的开发模式、基于系统函数和变量的开发模式、基于外部函数和控件类型的开发模式。

2. Authorware 的交互式课件设计

（1）交互的基本概念。

• 交互性

如果一个多媒体片段具有双向的信息传递方式，即不仅可以向用户演示信息，同时也允许用户向片段传递一些控制信息，那么这样的一个多媒体片段就具有交互性。交互性改变了人们单纯的被动接受信息的局面，可以通过键盘、鼠标甚至时间间隔来控制一个多媒体片段的行为。交互性是通过在片段中设置多个交互点来实现的。每个交互点都给了用户对程序进行响应的机会。

当 Authorware 在执行程序时遇到一个交互图标，将显示所有在交互图标中的显示对象，如按钮、菜单、文本输入框等。然后，程序将暂时停止，等待用户的响应。用户用键盘或鼠标对交互响应后，Authorware 将此响应和交互图标的各个分支的条件进行比较，看该响应符合哪一个响应目标。找到与之相匹配的响应后，就执行该分支里面的内容。

• 交互的结构

可以想象这样的一个交互式片段：用户启动程序后，屏幕上出现了一组按钮，在按钮旁列出每个按钮的简短说明，然后用户单击某个按钮选择一个标题，于是程序沿着用户所选的分支开始执行。这个例子中包含了任意一个交互具有的基本组成部分：一种交互方法（一个按钮）、一个响应（单击按钮）和一个结果（所执行的分支）。

• 交互的方法

有许多不同的方法允许用户进行交互。例如，可以在程序中设置按钮让用户单击，提供选择菜单，等等。

在设计响应类型时，一定要选择最有效的方式。例如，对于城市的信息，可以根据用户输入的信息进行查找，也可以通过在地图上单击选择一个城市。对于用户来说，后者显然比前者更容易一些。

• 交互中的响应

响应就是用户所采取的动作。通常把我们预测的用户所能做出的任何响应都叫作目标响应。但这并不意味着错误的选择或者错误的答案就不是目标响应。一个好的程序应该能够预测到所有的不合适的或者不正确的响应。也就是说，必须把所有不合适的不正确的响应也作为目标响应并对它们做出相应的处理。

Authorware 提供了 11 种不同类型的交互响应方式，如图 12-6 所示，分别简介如下。

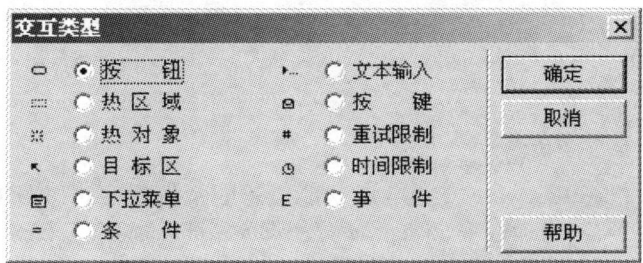

图 12-6 Authorware 交互类型窗口

按钮响应（Button）：通过对按钮的动作产生响应，并决定程序分支执行。
热区响应（Hot Spot）：通过对某个选定区域的动作产生响应。
热对象响应（Hot Object）：通过对选取某个对象的动作产生响应。
目标区域响应（Target Area）：通过用户移动对象至目标区域而产生响应。
下拉菜单响应（Pull-Down Menu）：通过用户对菜单的操作而产生响应。
条件响应（Conditional）：通过条件判断产生响应。
文本输入响应（Text Entry）：允许用户输入文本，并根据输入的文本产生响应。
按键响应（Keypress）：控制键盘上的按钮，从而产生响应。
重试限制响应（Tries Limit）：可以限制用户的交互次数的响应类型。
时间限制响应（Time Limit）：可以限制用户交互的时间的响应类型。
事件响应（Event）：对一些特定的事件做出相应的动作的响应类型。

• 交互响应的结果

结果就是指当程序接收到用户的响应后所采取的动作。比如，可以为不正确的选择返回一个信息，或者打开浏览器并从 Internet 上开始下载，等等。换句话说，在 Authorware 中，交互的结果可以是 Authorware 所能实现的所有功能。

(2) 交互结构的工作过程。

在设置交互的过程中，会发现通过交互结构可以很容易地对流程进行跟踪。掌握交互的结构和在交互结构中控制流程的方法，将有助于更好地组织交互功能，保证交互的完整性，并在问题出现时，很快地找到原因。一个交互结构的工作过程是按以下步骤进行的：

• 等待响应

当 Authorware 遇到交互图标时，首先显示交互图标中包含的所有对象，如按钮、文本输入框、热对象等。这些对象是由响应类型标识符决定的。然后停下来等待用户的响应。

• 匹配响应

当用户响应时，Authorware 把该响应沿着交互流程线发送出去，判断是否与某个目标响应匹配。在交互结构中，每个目标响应都包含在一个单独的响应类型标识符中。响应类型标识符的功能此时就像是一个电路开关：如果用户的响应与响应类型与响应类型标识符中的目标响应不匹配，则开关保持打开，Authorware 把响应继续沿着流程线送到下一个响应类型标识符进行匹配。如果用户的响应与某个目标响应匹配，则开关合上，并将流程转向该目标响应所对应的路径中，此时流程沿着结果路径转向结果图标中进行相应的处理。不过，有些响应是由环境本身所触发的，如时间限制响应，此时只要规定的时间一到，开关就会闭合。

• 离开结果图标

当结果图标中的内容执行完毕，则由结果路径来决定下一步流程的走向。

- 返回交互结构开始处。

如果用户的响应与交互流程上的任何一个目标响应都不匹配，则流程会返回到交互图标，等待用户的下一次响应。

（3）Authorware 交互响应范例。

下面给出的是一个 Authorware 交互响应功能汇总的范例程序，如图 12-7 所示，运行该程序后的主画面显示由 11 个按钮代表的 11 种交互响应功能。分别单击这些按钮，将给出对应的响应功能示范。图 12-8 至图 12-11 所示是其中几种响应的例子。

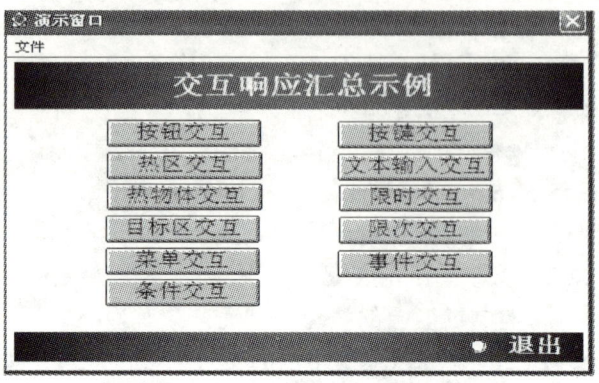

图 12-7　11 种交互响应汇总示例

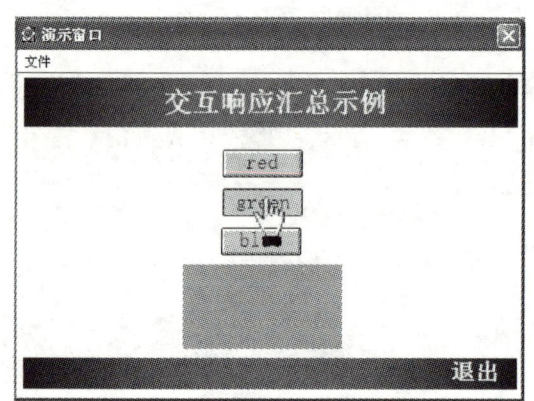

图 12-8　按钮交互与响应示例

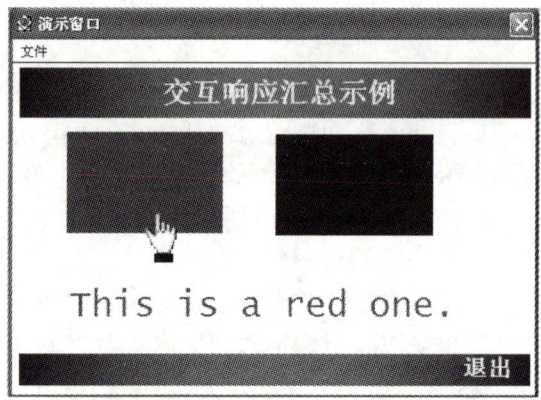

图 12-9　热对象交互与响应示例

图 12-10　菜单交互与响应示例

图 12-11　文本输入与响应示例

第七节 微格教学系统功能及其使用

微格教学是利用现代教育媒体对师范生和在职教师的教学技能技巧进行系统训练的一种教学方法。微格教学创始人之一，美国教育学博士德瓦埃·特·爱伦认为，微格教学"是一个缩小了的、可控制的教学环境，它使准备成为或已经是教师的人有可能集中掌握某一特定的教学技能和教学内容"。微格教学实际上是提供一个练习环境，使日常复杂的课堂教学得以精简，并能使受训者获得大量的反馈意见。它采用录音、摄像、录像系统来示范和记录教学行为，进行评价并及时反馈给受训者，使受训者的教学技能得到提高。

微格教学又称"微型教学""微观教学""小型教学"等。"微"就是小、少，即人数少，规模小、时间短、内容不多，比较单一；"格"字可以理解为"定格"或"规格"，它限制着微的量级与标准，每格都在可观察的范围内进行必要的限定，应该是可操作的、可描述的最小范围。开展微格教学以前应该将复杂综合的教学技能技巧分解为各种单一的教学技能技巧，如导入技能、讲解技能、板书技能、练习技能、结束技能、总结技能等。

微格教室是微格教学的主要场所，它为微格教学提供了基本的设备配置及教学环境。

一、微格教室的构成

微格实验室是开展微格教学的环境，它主要由一间或多间微型教室和主控制室两部分组成。主控制室与微型教室之间一般相对独立，通常占用不同的房间，或在共用房间中用单向隔音玻璃进行分隔，如图 12-12 所示。

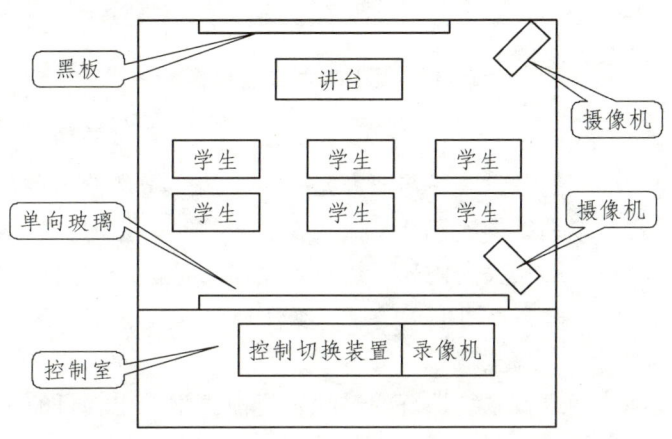

图 12-12 微格教室布局图

主控室可以控制任一微格教室中的摄像云台和镜头，可以监视和监听任一微格教室的图像和声音。并可随时受控暂停在某一个微格教室与之进行视频通话联系，也可以对微格教室播放教学录像与电视节目。可以把某个微格教室的情况转播给其他微格教室，进行示范。可以录制某个微格教室的教学实况供课后讲评。主控室的主要设备包括计算机、主控机、摄像头、录像机、VCD、监视器、监控台等。

微格教室内一般固定两台摄像机，摄像机由控制室操纵，用以拍摄教学过程，并将图像信号通过电缆线送到控制室记录下来；控制室与教室一般通过一块单向玻璃隔开，从教室里看不见控制室，而从控制室能看清教室里的情况。这样既不影响训练或教学过程，又便于控制室人员选择较佳的镜头进行拍摄。拍摄的画面也可实时回送至教室里的电视机或监视器，以便上课教师及时调整姿势、语速等。

二、微格教学的基本步骤

微格教学的步骤可以用图 12-13 表示。

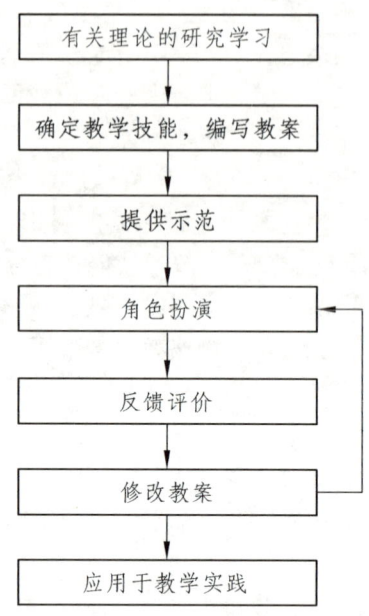

图 12-13　微格教学实施步骤图

1. 有关理论的学习研究

微格教学进行前，必要的理论学习与研究是不可少的。微格教学是在现代教育理论指导下对教师教学技能进行模拟训练的实践活动。在实施模拟教学之前，应学习微格教学、教学目标、教学技能、教学设计等相关的内容。通过理论学习形成一定的认知结构，利于以后观察学习内容的同化与顺应，提高学习信息的可感受性及传输效率，以促进学习的迁移。

2. 确定技能培训的目标及编写教案

微格教学是对教学技能进行系统训练的过程，目前教学的主要目的是培训师范生或者在职教师的教学技能。教学技能是指在课堂中，教师围绕教学目标，不断地调整教学行为，使教学计划进展下去并取得教学效果所引入的各种技能。教学技能贯穿于整个课堂教学过程，它是一个大的、抽象的、难以测量的概念，必须将其划分为各项可观察的、可描述的、可训练的具体技能才能进行训练。教学技能体现于课堂的开始到结束及其中间的基本过程，通常可划分为导入技能、讲解技能、练习技能、结束技能，等等。

技能培训目标确定后，就可以根据已确定的目标进行微格教案的设计与编写。微格教室主要包括教学目标、教学程序、时间分配、应用教学技能等四方面内容。

3. 提供示范

为了增强受训者对所培训的技能的形象感知，需提供生动、形象和规范的微格教学示范片（带）或教师现场示范。在观摩微格教学片（带）过程中，指导教师应根据实际情况给予必要的提示与指导。示范可以是优秀的典型，也可利用反面教材，但应正面示范为主。如若可能，应配合声像资料提供相应的文字资料，以利于对教学技能有一个理性的把握。要注意培养受训者勤于观察、善于观察的能力，吸收、消化他人的教学经验的能力。

4. 角色扮演

在提供示范后，根据所写的微格教案，试讲一节课的某一个片段，练习一两个技能。练习时间较短，一般为 10～15 分钟。同时，用摄录像系统进行全程记录，以供及时反馈，客观评价。

5. 反馈评价

反馈是将一个系统的输出信息再引向输入端，并对信息的再输出产生影响的控制方式。评价反馈是微格教学中最重要的一步。在教学结束后，必须及时组织受训人员重放教学实况录像或进行视频点播，由指导教师和受训者共同观看。先由试讲人进行自我分析，检查实践过程是否达到了自己所设定的目标，是否掌握了所培训的教学技能，指出有待改进的地方，也就是"自我反馈"。然后指导教师和小组成员对其教学过程进行集体评议，找出不足之处，教师还可以对其需改进的问题进行示范，或再次观摩示范录像带（片），以利于受训者进一步改进、提高。

6. 修改教案

评价反馈结束后，受训者需修改、完善教案，再次实践。在单项教学技能训练告一阶段后，要有计划地开展综合教学技能训练，以实现各种教学技能的融会贯通。

7. 应用于教学实践

受训者经过一系列的技能训练，掌握了基本的技能要点及实施，就可以把掌握的技能应用于教学实践。在实践中应用要注意到训练与实践的差异，要既充分应用训练中学到的技能，又要根据实际情况做出必要的调整，这样才能更好地把训练中学到与掌握的技能应用于教学实践。

随着信息技术的发展，数字化的微格教学系统应运而生，它是一个集微格教学、多媒体编辑、影视音像制作、多媒体存储、视频点播、数字化现场直播为一体的数字化网络系统。在这里，观摩和评价系统均采用计算机设备，并通过交换机连接校园网或 Internet。信息记录方式采用硬盘存储，或刻录成光盘，人们可以随时、随地通过网络或光盘进行点播、测评与观摩。

思考与练习

一、名词解释

1. CAI 2. CBE 3. 多媒体 4. 多媒体课件 5. 微格教学

二、填空题

1. 计算机辅助教学的发展大致经历了三个阶段：_____、_____、_____。

2. 计算机辅助教学的英文缩写是_____。

3. E-Learning 的中文含义是_____，也可以说是在线学习或网络化学习，是信息化社会的一种新兴教育理念。它已经不是纯粹对传统教育的革新，而是充分体现了对现代学校教育互补的可行性，是实现社会化终身教育的一种支撑方式。

4. 虚拟现实技术的特征可归纳为三个"I"，即_____（Immersion）、_____（Interaction）和_____（Imagination）。

5. 教育专家系统是一种模拟人类专家解决领域问题的计算机程序系统，具有_____、_____和_____三个特点。

6. 计算机根据对学生反应的判断和某种教学策略，来决定下一步的教学行为，一般有下列选择：_____、_____、_____、_____。

7. 在计算机领域中，多媒体成了多媒体计算机、多媒体技术的代名词，是指用计算机综合处理多种媒体信息，如_____、_____、_____、_____和_____等，且使多种信息建立逻辑连接，集成为一个系统并具有交互性。

8. 多媒体技术不仅仅是一种计算机处理和信息处理技术，也是一种人机交互技术和多种应用的综合技术。它最大的特点就是具有_____和_____。

9. 以单机为基础的计算机辅助教学不利于_____和_____，仅能实现学生与机器之间的人机交互，不利于_____、_____的人际信息交流。

10. 现代远程教学是一种新型的教学形式，其最大特点就是_____和_____，它改变了传统的面对面的课堂教学方式，不受_____，学生和教师可以随时随地共享_____和_____。

11. 计算机辅助教学的应用模式主要有_____、_____、_____、_____、_____、_____、_____、_____和_____十种。

12. 多媒体课件开发的基本步骤主要有_____、_____、_____、_____、_____和_____。

13. 微格教室是用于_____的训练平台，微格教室通常用_____将_____与分离的微格小教室分隔开。

14. 网络教室的主要教学功能有：_____、_____、_____、_____。

15. 一个完整的网络教学软件平台也是一个网络教学应用系统，一般包括以下子系统：_____、_____、_____、_____、_____、_____、_____。

16. 多媒体素材通常可以分为_____、_____、_____、_____、_____五种类型。

17. 课件具有教育教学的许多特征，如_____、_____、_____、_____、_____。

18. 课件按制作和发布的技术可分为_____、_____、_____、_____等类型。

19. 网络资源主要包括_____、_____、_____。

20. 网络教育资源具有的优点是：_____、_____、_____、_____。

21. 在互联网中检索信息的主要检索方式有_____、_____和_____三种。

三、选择题

1. 超媒体是多媒体课件中的重要概念，可以简明地理解为（　　）。
①更为高级的媒体　　　　②文本与媒体结合
③超文本与多媒体结合　　④音频与视频组合

2. 不向学生传授新知识和新技能，只是用来巩固和熟练某些知识和技能的计算机辅助教学模式为（　　）。
①个别指导　　　　　　②教学测验
③操练与练习　　　　　④教学模拟

3. 计算机辅助教学通常简称为（　　）。
①CAI　　　　　　　　②CMI
③CBE　　　　　　　　④CAD

4. 从认知工具角度出发，信息技术与课程整合属于哪一个层次？（　　）
①学习计算机　　　　　②从计算机学习
③用计算机学习　　　　④计算机自动学习

5. 多媒体技术与普通电视、电影等单向信息提供手段的主要区别是（　　）。
①集成性　　　　　　　②交互性
③多样性　　　　　　　④复杂性

6. 下列不属于流媒体格式的视频格式文件是（　　）。
①AVI　　　　　　　　②WMV
③3GP　　　　　　　　④WMA

7. 基于时间的多媒体制作软件是（　　）。
①Authorware　　　　　②Flash
③PowerPoint　　　　　④Premiere

8. 下列属于有损压缩的图像格式文件是（　　）。
①GIF　　　　　　　　②MPEG
③BMP　　　　　　　　④JPEG

9. 制作概念图时应该把最抽象和最具涵盖性的概念放在（　　）。
①最下面　　　　　　　②中间
③根据需要　　　　　　④最上面

10. 以游戏的形式呈现教学内容的课件是（　　）。
①游戏型　　　　　　　②个别辅导型
③操练与练习型　　　　④模拟型

11. 多媒体技术的主要特性有（　　）。
（1）多样性　（2）集成性　（3）交互性　（4）实时性
①仅（1）　　　　　　　②（1）（2）
③（1）（2）（3）　　　④全部

12. 网络教学的优点有（　　）。
（1）教学资源共享　　　　　　（2）学习资源丰富多样，且表现形式多样
（3）不受时间和空间的限制　　（4）多向互动和交互

① 仅（1）　　　　　　② （1）（2）
③ （1）（2）（3）　　　④ 全部

四、判断题

1. 扩展名为 BMP 的文件为纯文本文件。（　　）
2. 扩展名为 GIF 的文件为动画类型文件。（　　）
3. PowerPoint 是一个基于页面的多媒体创作软件。（　　）
4. 当用概念图考查学生组织和理解知识的变化，强调知识构建过程时，概念图与建构主义的学习观是一致的。（　　）
5. 虚拟现实技术具有虚拟性、交互性、想象性和沉浸性等特点。（　　）
6. QQ 软件的应用属于网络实时通信手段的应用。（　　）
7. 美国教育资源信息中心是世界上现有规模最大的网上教育资源数据库。（　　）
8. 许多搜索引擎都支持用逻辑运算符进行逻辑组合检索。（　　）
9. 在 Google 搜索引擎中不能使用目录检索工具。（　　）
10. 电子邮件既能传递文本形式文件，还能传递图像等多种形式文件。（　　）
11. 多媒体计算机最大的特点是交互性。（　　）
12. 1987 年，我国成立了全国计算机辅助教育学会，这表明我国已形成了计算机辅助教育的研究、开发和应用队伍。（　　）
13. CAI（计算机辅助教学）只能起到辅助教师的作用。（　　）
14. CAI 系统没有交互性。（　　）
15. 多媒体就是多种媒体简单相加。（　　）
16. 多媒体个人计算机硬件系统由传统计算机硬件加上 CD-ROM 光盘驱动器组成。（　　）
17. 网络教学使真正的开放教育、终身教育、全民教育成为可能。（　　）
18. 网络教学中同步讲授模式比异步讲授模式更经济实惠。（　　）
19. 实施计算机辅助教学可以没有课件。（　　）
20. 只要具备计算机知识就能制作课件。（　　）

五、列举题

1. 列出 CAI 的作用及特点。
2. 列出课堂教学中常用的教学媒体。
3. 列出常见多媒体集成软件。
4. 列出网络教学的常见模式。

六、辨析题

随着各种网络教育的不断出现，尤其是"任何人可以在任何时间、任何地点以任何方式选择任何学习"的网络学习方式的提供，给学习者带来了前所未有的自主学习的机会和场所，同时使得传统教育受到巨大的冲击，因此，有人认为传统大众传媒将逐渐失去生存空间，为网络所取代，甚至认为学校教育将被远程网络教育所取代，教师将被现代教育技术所取代。这种认识正确吗？

七、简答题

1. 典型 CAI 的教学过程是怎样的？
2. 信息技术对学校教学有哪些影响？

3. 多媒体计算机辅助教学（MCAI）有哪些优点？
4. 多媒体系统有哪几部分组成？多媒体的特点有哪些？
5. 网络教学的特性有哪些？
6. 一个完整的网络教学平台包含哪些子系统？
7. 网页型课件有哪些特点？
8. 网络教学的模式有哪些？
9. 网络教学中异步讲授模式的特点主要有哪些？
10. 课件如何进行分类？

八、论述题

教师在适应教育计算机化、信息化的过程中应该具备什么素质？

九、实例分析

在一次学校举行的公开课活动中，张老师和赵老师的授课引起了大家的注意。张老师事先把所有的教案都以 Word 文档的形式整理了，上课时利用多媒体教室的投影设备直接显示在屏幕上，一边讲一边放，大大节约了板书时间，教学内容比平常增加了一倍多。赵老师则是把教学内容用 PowerPoint 演示文稿进行呈现，过程中增加了大量的声、文、图、像信息，结果一节课下来，内容量和平常差不多。请你分析，两位教师的教学效果如何？换你是老师，会选择哪种方式呢？说明理由。

十、设计题

1. 利用 PowerPiont 制作一个多媒体教学演示课件。
2. 利用 Authorware 制作一个交互式教学课件。
3. 设计并制作一个教学网站结构。

参考答案

第一章

一、名词解释

1. 教育是指培养人的一种社会活动。教育有广义和狭义之分。广义的教育泛指一切培养人的社会活动。狭义的教育指教育者根据一定社会（或阶级）的要求，遵循人的身心发展规律，有目的、有计划、有组织地对受教育者的身心施加影响，把他们培养成为一定社会（或阶级）所需要的人的活动。

2. 教育学是研究教育现象和教育问题，揭示教育规律的科学。它主要研究"什么是教育"和"如何教育"的问题。

3. 教育科学是所有有关教育的知识体系的总称，是由若干有关研究教育问题的学科构成的系统。

4. 教育影响是置于教育者与受教育者之间的一切"中介"的总和。它包括作用于受教育者的影响以及运用这种影响的活动方式和方法。

5. 教育规律是教育内部诸要素之间、教育与其他事物之间的本质联系以及教育发展变化的必然趋势。

二、填空题

1. 养子使作善也　教仆　教仆
2. 需要　社会活动
3. 语言文字　生产劳动
4. 知识和技能　学校教育　身心
5. 普遍性　普通教育　专业教育　质量　提高学习能力
6. 教育者　受教育者　教育影响
7. 资格　资格
8. 中介　社会价值
9. 教育者　受教育者
10. 身心　主观能动性
11. 古代学校
12. 六艺　射　书
13. 和谐发展　五项竞技
14. 阶级性　官学　宗教　教会
15. 现代教育
16. 教育现象　教育问题　教育规律　知识体系　学科构成
17. 理论　指导
18. 子系统　最基础　中心
19. 教育规律
20. 萌芽阶段　独立形态阶段　发展多样化阶段　发展深化阶段
21. 《学记》　《论演说家的教育》
22. 《大教学论》
23. 赫尔巴特　《普通教育学》　传统教育派

24. 杜威　《民主主义与教育》　现代教育派
25. 实证　凯洛夫　马列主义
26. 教育目标
27.《教育过程》　基本结构　发现法
28.《教学与发展》　一般发展
29. 理论联系实际
30. 科学

三、选择题
1. ③　2. ④　3. ②　4. ①　5. ④　6. ①　7. ①　8. ③　9. ②　10. ③　11. ②

四、判断题
1. +　2. −　3. −　4. −　5. +　6. +　7. −　8. +　9. −　10. +　11. +　12. −　13. −
14. +　15. +

五、填表题

阶　段	名　称	特　点	代　表　作
第一阶段	萌芽阶段	没有形成独立体系,教育思想包含在一个庞大的哲学体系中;对教育的认识停留在直观朴素的经验描述上,缺乏科学的论证	《学记》
第二阶段	独立形态阶段	教育学从哲学中分离出来,形成了独立的体系;对教育的论述逐步从经验的描述过渡到理论的说明	夸美纽斯的《大教学论》；赫尔巴特的《普通教育学》
第三阶段	发展的多样化阶段	教育学研究开始从更广泛的学科吸取研究成果,并将统计、测验、比较、实验等方法用于教育的研究;不同教育流派教育学理论的百花争妍,推动了教育理论的发展	拉伊的《实验教育学》；杜威的《民主主义与教育》；凯洛夫主编的《教育学》
第四阶段	发展的深化阶段	教育和心理学全面地、高度地结合;把理论研究建立在教育实验基础上;重视发展和能力研究;引进了新兴学科的研究方法和现代科技手段	赞可夫的《教学与发展》；布鲁纳的《教育过程》

六. 辨析题
1.（1）这种看法是错误的。

（2）凡是在教育活动中承担教的责任（包括直接承担者和间接承担者）和施加教育影响的人都是教育者。教育者是教育活动中"教"的主体。

（3）从广义教育来看，教育者包括：各级教育管理人员、校外教育机构的工作人员、家长、长辈等等，甚至包括受教育者自己教育自己时所承担的教育者的任务。

（4）只有狭义教育中的教育者，才是指具有一定资格的专职教师和相对固定的兼职教师，他们从教育目的出发，确定"教什么"、"怎么教"，从而自觉地促进受教育者的发展。

2.（1）这种看法是错误的。

（2）教育规律是教育内部诸要素之间、教育与其他事物之间的本质联系以及教育发展变化的必然趋势，所以，教育规律的特点是客观性。

（3）教育方针、政策是国家依据对教育规律的认识，按一定社会发展条件和任务确定的，具有主观性。加之，受条件和认识水平的限制，所以教育方针、政策不可能完全反映并符合教育规律，只能在一定程度上反映并符合教育规律。

（4）因此，必须通过研究和立法保证教育方针、政策能比较正确反映教育的规律。

七、简答题

1. 学校教育的特点主要表现在五个方面：
（1）学校教育的主要对象是年轻一代，即青少年儿童；
（2）学校教育是在专门的教育机构中进行的培养人的活动；
（3）学校教育的活动过程是按照一定的方向有计划、有组织地进行的；
（4）学校教育是在受过专门教育与训练的教师指导下实施的；
（5）学校教育是教育者与受教育者的双边交流活动，这种交流活动是通过教育者与受教育者之间的中间媒介——教育影响来实现的。

2.（1）现代的学校与生产劳动发生着密切联系，越来越紧密结合；
（2）自然科学的教育内容大为增加；
（3）学校教育的任务，不仅是培养政治上所需要的人才，而且还担负着培养生产工作者的任务；
（4）学校教育不再为少数剥削阶级所垄断，而是逐渐走向大众化，具有民主性，初等教育、中等教育逐渐普及，成人教育日趋发展；
（5）夸美纽斯创立的班级授课制大大提高了教育效率，成为现代教学的基本组织形式；
（6）科学的教学方法和现代化的教学手段越来越被广泛地采用；
（7）学校教育不再受围墙的限制，走向多种形式办学，并与社会发生密切联系，逐渐成为一个开放系统。

3.（1）师范生是未来的人民教师，教师所从事的职业要求他们必须具备区别于其他事业的特殊素质即教育素质。作为对师范生进行教师专业训练的主要课程之一的教育学，在培养教师这种教育素质中，特别是在形成师范生一定的教育学修养方面具有十分重要的意义。
（2）学习教育学，有助于师范生形成正确的教育观，树立明确的教育理想和信念；有助于师范生认识教师工作的创造性价值，养成职业兴趣，树立巩固的教师专业思想，掌握从事教育教学工作的基础知识和基本技能；也有助于形成师范生的教育意识和研究意识。可见，师范生不仅应该学习教育学，而且必须认真学好它。只有学好它，也才能真正发挥学习的作用。

4.（1）坚持理论联系实际的原则；
（2）结合相关学科进行学习；
（3）处理好学习与思考的关系。

八、实例分析

1.（1）这种看法不正确。
（2）尽管有人确实没有学过教育学也搞好了教书育人工作，但并不能据此推论要搞好教书育人工作可以不学教育学。他们的工作之所以获得成功，正是因为他们在教育实践中不断探索，掌握了一些教育教学的规律，用以指导自己的教育教学工作，较好地完成了教书育人的任务。
（3）教育学理论本身来源于教育实践，但如果每个人都舍弃前人总结出来的知识经验，凭个人有限的时间和能力去重新探索是得不偿失的。学校里任何一门学科的教学都力图利用良好的条件，在较短的时间内全面、系统地传授前人积累下来的知识经验，使学习者能及时将有关知识运用于实践，尽量避免错误，少走弯路，减少工作的盲目性。
（4）良好的教育学修养是优秀教师的必备条件，但不是唯一的条件。

2.（1）构成教育活动的基本要素是：教育者、受教育者以及教育影响。教育者与受教育者之间的联系首先表现在作为"教"的主体的教育者作用于"学"的主体的受教育者，是教育者按照一定的目的要求去改变教育对象，促使受教育者的身心发生某种变化。

（2）在教育过程中，教育者与受教育者之间，前者表现为一种有目的的作用，而后者则表现为一种自发的、随机的选择。教育者的任何活动都要受到教育对象的属性和规律性的限制，教育对象以自身的属性和规律性规定着教育者的活动性质和方式。更重要的是，受教育者是具有主观能动性的人，有自我的意识和意志，因此，受教育者不仅以自身的发展规律影响着教育者的活动，而且还以自身的意志、意识作用于教育者，教育者的目的活动受到教育对象自身的目的活动的制约。

（3）教育者对受教育者的作用是以教育影响为中介的。教育者只有通过教育影响才能把自己的目的意志和转化的知识信息传递给受教育者。教育影响是教育者主观目的性和受教育者客观发展规律的结合。教育者作用于受教育者的结果是受教育者的身心发生预期的变化。

（4）从以上的分析我们可以看出，这位老师注意到了学生本身的特点，发挥了作为教育者的指导性和目的性，并不因为其他人的主观判断而忽略学生的发展规律特征，充分发挥了受教育者（王明）的主观积极性，使其按照老师的要求发展，最终走上了黑板，做对了问题。

第 二 章

一、名词解释

1. 教育功能是指教育活动和系统对社会发展和个体发展所产生的各种影响和作用。
2. 教育的个体功能是指教育对个体人的生存与发展的作用。
3. 教育的社会功能是指教育对于维系社会运行、促进社会变革与发展的作用。
4. 个体发展是指个体从出生到生命终结，其身心诸方面所发生的一切变化，它是个体的潜在素质变成现实特征的过程。
5. 个体社会化是指个体学习所在社会的生活方式，将社会所期望的价值观、行为规范内化，获得社会生活必需的知识、技能，以适应社会需要的过程。

二、填空题

1. 有益的　不利甚至有害　客观性　必然性　方向性　多方面性
2. 个体功能　社会功能　教育作用的呈现形式　筛选功能　协调功能　正功能　负功能
3. 积极效应　抑制甚至阻碍
4. 培养人　政治经济
5. 教育结构　级别　类别
6. 领导　受教育
7. 增长　质量　合理化
8. 受制　反作用　传递　传播　选择　创造和更新文化
9. 偏移　失调　偏离行为
10. 遗传　环境　教育　人的主观能动性
11. 差异　可变
12. 乳儿期　婴儿期　幼儿期　童年期　少年期　青年初期
13. 个体发展的稳定性　变化过程和速度
14. 自主性　独特性　创造性
15. 个体的社会化　个体的个性化

三、选择题

1.①　2.②　3.①　4.④　5.①　6.③　7.④　8.③　9.②　10.③

四、判断题

1.＋　2.＋　3.－　4.＋　5.－　6.－　7.＋　8.－

9. － 10. ＋ 11. ＋ 12. － 13. － 14. ＋ 15. ＋

五、辨析题

1. 这种说法是错误的。

个体功能是指教育对个体人的生存与发展的作用。社会功能是指教育对于维系社会运行、促进社会变革与发展的作用。

教育的个体功能与社会功能处于对立统一的关系之中。个体功能是相对于社会功能而言，社会功能亦是相对于个体功能而言。教育作用于个体必然作用于社会，教育作用于社会又必然通过作用于个体而实现。

个体功能与社会功能的冲突实质上根源于社会与个体的客观矛盾中，实现这两种功能的有机结合则是当代教育应有的追求与目标。

2. 这种说法是错误的。

教育的经济功能表现在：教育是劳动力再生产的手段；教育是科学知识和技术再生产的手段；教育是生产新的科学知识和技术的手段。

教育不直接创造财富，而是通过再生产劳动力和科学技术并通过"智力物化"将其转换成物质财富。

3. 这种说法是正确的。

教育的普及化是社会政治变革的重要标志，同时又是推进社会政治变革的重要力量；教育可以通过传播先进的思想、弘扬优良的道德促进社会政治的变革；教育可以促进社会政治民主化。

国家教育事业的发展和全体国民科学文化水平的不断提高是实现社会政治民主化的重要前提与保证。

4. 这种观点是错误的。

遗传素质只是人的发展的物质前提，后天的环境和教育才是人的发展的重要因素。但是，教育的主导作用也不是机械的，学生是活生生的个体，每个人的素质与个性都不同。他们具有主观能动性，而且总是能动性地选择接受教育，有的可能是积极地接受某种教育影响，有的可能是消极地接受某种教育影响。因此，学生个体的主观态度是导致同一间教室的学生发展不一样的原因。

六、简答题

1. 教育的经济功能是：
（1）教育是劳动力再生产的手段；
（2）教育是科学知识和技术再生产的手段；
（3）教育是生产新的科学知识和技术的手段。

2. 教育的文化功能是：
（1）教育对社会文化的传承功能；
（2）教育对社会文化的创新功能。

3. 影响个体发展的因素有：
（1）遗传是个体发展的物质前提；
（2）环境是个体发展不可缺少的客观条件；
（3）教育在个体发展中起主导作用；
（4）个体的主观能动性对个体发展起决定性作用。

4.（1）教育促进人的主体意识的形成和主体能力的发展；
（2）教育促进个体差异的充分发展，形成人的独特性；
（3）教育开发人的创造性，促进个体价值的实现。

七、论述题

1. 改革开放以来，我国在政治经济、生产力与科学技术等方面获得了迅速的发展。推动社会发展的根本动力是生产力与生产关系的矛盾,推动生产力发展的根本因素是人,更确切地说,当今世界的竞争是科学技术的竞争,归根到底是人的素质的竞争。教育正是以培养人,提高人的素质作为其最高目标的,因此,在推动社会发展上,教育的作用是至关重要的,因为:

(1)教育可以通过提高劳动者的素质、促进社会产业结构和职业结构向合理化方向发展、科学技术再生产的方式来推动社会经济发展;

(2)教育可以通过维系社会政治稳定的功能和促进社会政治变革的功能来推动社会经济发展;

(3)教育可以通过减少人口数量、提高人口素质、使人口结构趋向合理化来促进人口素质发展;

(4)教育可以通过对社会文化的传承与创新来推动社会文化发展。

中国发展的历史证明,什么时候忽视了教育的发展,都将会受到历史的惩罚。因此,必须将教育始终放在优先发展的地位。(联系实际)

2. 教育可以促进个体思想意识、行为、职业身份和性别角色的社会化。但由于同一个体在不同阶段或同一阶段不同个体发展的特点都会存在差异,要求教育必须根据个体的年龄特征施教,才能取得良好的教育效果。

(1)根据个体发展的顺序性与阶段性施教;

(2)根据个体发展的差异性因材施教;

(3)根据个体发展的稳定性与可变性施教;

(4)根据个体发展的不均衡性,抓住关键期,适时教育。

八、实例分析

1. "孟母三迁"的故事在一定程度上说明了环境对人的身心发展和行为习惯的重要影响和作用,但是不能因此而夸大环境的作用。人是具有主观能动性的,人能对环境提供的客观条件进行分析、鉴别。因此,我们应该用辩证的观点来看待这个故事。

2.(1)个体的身心发展在各年龄阶段上具有一般的共同的生理特征和心理特征。

(2)由于遗传素质的差异,环境和教育以及个人努力程度的不同,每一个体的发展存在着差异性,每一个体不一定都能达到发展的同一水平。首先,不同的个体的同一方面发展的速度和水平不同;其次,不同的个体具有不同的个性倾向。

(3)个别差异性在人的发展中是一种普遍存在的现象,正是这种差异性对教育的丰富性和多样化提出了要求,要求教育工作者因材施教。

第 三 章

一、名词解释

1. 广义的教育目的是指人们对受教育者的期望,即人们期望受教育者接受教育后身心各方面产生怎样的发展结果,或发生怎样的积极变化。狭义的教育目的是指一个国家对教育活动结果规定出的总要求,是国家为培养人才而确定的质量规格和标准。

2. 培养目标是指对各级各类教育所要培养的人提出具体标准和要求。

3. 人的全面发展是指人的生产物质生活本身的劳动能力的全面发展、人的才能的全面发展、人自身的全面发展和人的自由发展。

4. 素质教育,简要地说,就是以培养人的多方面和谐素质为目的的一种教育理论和实践模式。全体性、全面性和发展性是素质教育的本质特点,也被称为"三大要义"。

5. 智育是指向学生传授科学知识、训练技能、发展能力的教育。

6. 体育是以身体活动为基本内容,促使人的身心发展,培养人塑造人的一个过程。

7. 美育是通过现实生活和艺术中的美来打动学生的感情,使他们在心灵深处受到感染或感化,从而培养他们具有正确的审美观念和感受美、鉴赏美、创造美的能力的教育。

  8. 劳动技术教育是向学生传授现代生产劳动知识和生产技能，培养学生正确的劳动观点，养成良好的劳动习惯的教育。

二、填空题

1. 人才利益　教育活动　规律性　需要性
2. 出发点　归宿
3. 教育目的　培养目标　教学目标
4. 导向功能　调控功能　评价功能
5. 价值性　功用性　终极性　发展性　正式决策　非正式决策
6. 身心发展
7. 片面发展
8. 私有制　分工状况　大机器　共产主义
9. 人的全面发展的学说
10. 个人本位论　社会本位论
11. 体力　智力　才能　志趣
12. 18　19　卢梭　裴斯泰洛齐　福禄培尔
13. 孔德　那托尔普　涂尔干
14. 政治统治集团　生产力　科学技术
15. 特殊手段　社会需要
16. 教育对象的身心发展　教育对象的身心发展　不同需要
17. 1982　品德　智力　体质
18. 中华人民共和国教育法　现代化建设　生产劳动　德　智　体　建设者　接班人
19. 1985　5　现代化　未来　理想　道德　文化　纪律
20. 坚持教育为社会主义现代化建设服务　培养德智体美全面发展的社会主义建设者和接班人
21. 全体性　全面性　发展性
22. 德育　智育　体育　美育　劳动技术教育
23. 认识活动　心理特征的综合　观察力　想象力　记忆力　思维力　注意力　思维力
24. 学校体育　心理卫生保健　田径运动　体操　球类　游戏　武术　游泳　军事体育
25. 集体体育　判断能力　创造能力
26. 学校群众性体育活动　体育运动水平　运动技术水平
27. 感受美　理解美　鉴赏美　表现美　创造美
28. 1912　蔡元培　忠君尊孔　体、智、德、美　新中国成立　综合技术教育
29. 优良品德　增强体质　形成技能　智力
30. 关于受教育者身心素质的规定

三、选择题

1.①	2.③	3.②	4.③	5.③	6.④	7.②
8.①	9.③	10.①	11.①	12.④	13.②	
14.②	15.③	16.④	17.④	18.①	19.④	
20.①	21.③	22.③	23.①	24.③	25.②	
26.③	27.④	28.④	29.③	30.③	31.③	
32.①	33.④	34.④	35.④	36.①	37.③	

四、判断题

1. -	2. -	3. +	4. -	5. -	6. -	7. +
8. -	9. -	10. +	11. +	12. -	13. +	14. -
15. +	16. -	17. -	18. +	19. -	20. -	21. +
22. +	23. -	24. +	25. +	26. -	27. -	28. +
29. -	30. +	31. -	32. -			

五、列举题

1. 教育目的的功能是：①规范功能；②选择功能；③评价功能；④激励功能。

2. 教育目的不仅因其社会发展各历史时期的不同而在性质和内容上有所不同，而且在类型上也有所不同。①从其作用的特点看，有价值性和操作性之分；②从其要求的特点看，有终极性和发展性之分；③从被实际所重视的程度看，有正式决策和非正式决策之分。

3. 智育的任务是：①向学生传授系统的科学文化基础知识和培养基本技能技巧；②发展学生的智力。

4. 体育的任务是：①增强学生体质；②向学生传授体育和卫生的基本知识和基本技能；③通过体育，对学生进行思想品德教育；④向国家输送优秀体育运动员，促进我国体育运动技术水平的提高。

体育的内容有：①田径运动；②体操；③球类；④游戏；⑤武术；⑥游泳；⑦军事体育。

5. 美育的任务是：①培养学生正确的审美观点，使他们具有感受美、理解美、鉴赏美的知识和能力；②培养学生表现美和创造美的能力；③培养学生的心灵美和行为美。

6. 劳动技术教育的任务是：①培养学生的劳动观点，养成正确的劳动态度和习惯；②教育学生初步掌握一些基本生产知识和劳动技能

劳动技术教育的内容有：①现代工业和手工工艺生产劳动的知识和技术；②农、副业生产劳动的知识和技术；③服务性劳动的知识和技能。

7. 学校教育目的的层次结构：①教育目的；②培养目标；③教学目标。

8. "应试教育"的弊端与危害：①不利于全面提高学生的素质；②不利于教育面向全体学生；③不利于教育管理人员和教师素质的提高；④不利于教育面向社会主义现代化建设。

六、辨析题

1. 这种观点是正确的。

教育目的的提出总是要受到客观现实的制约。它不仅要受一定社会的政治经济制度和生产力发展水平的制约，而且还要适应个体身心发展的特点和要求。教育目的要从现实出发。同时，教育是一项未来的事业，教育目的反映着人对未来的预期，要求通过教育培养出来的人能适应未来社会的需要。教育目的又超越现实而指向未来。

2. 这种看法是错误的。

在实现教育目的的过程中，五育有各自特定的任务，它们之间存在着彼此独立的关系，不能相互取代。但它们又相互联系，相互渗透，从各方面保证教育目的的实现。首先，五育本身是相互联系的统一体。德育保证着其他几育的发展方向；智育制约着其他几育质量的提高；体育提供其他几育发展的物质基础；美育和劳动技术教育则能"辅德、益智、促体"。其次，五育之间是相互渗透的。在不同的组成部分中包含着相同的因素，如在德、智、体、美、劳等各育中包含着智的因素，智育之中又包含着德、体、美、劳等各育的因素。所以五育是有机统一的整体，片面强调它们之间的独立性而忽视其联系性和渗透性则是错误的。

3. 这种看法是错误的。

这是教育目的的确立的基本价值取向问题上的"个人本位论"的观点，它认为教育目的是根据个人的发展需要而制定的；个人价值高于社会价值，社会价值只是表现在它有助于个人发展；人生来就具有健

全的本能，教育目的就在于促使本能不受影响的发展。否定了社会历史条件对教育目的的制约以及个体发展与社会发展的密不可分的关系，是片面的。

社会需要与人的自身发展是辩证统一的。一方面，教育总是按社会的需要来培养人，人的自身发展离不开社会的需要；另一方面，社会是由个体的人组成的，社会需要并不排斥个人自身兴趣、爱好、才能的发展。

4. 这种看法是错误的。

教育目的的确立直接受制于政治统治集团的主观意志，但从根本上看，则必须反映客观生产力和科学技术发展的实际需要，这是生产关系必须适应生产力发展的基本原理在教育目的上的具体体现。不同社会、不同时代，生产力和科学技术发展水平不同，对人才规格、类型和标准的需要不同，教育目的的具体内容便有所不同。教育就是要培养社会生产力发展所需的各类人才。

5. 这种看法是错误的。

我国的教育目的明确提出了人才培养的规格，即培养德智体美全面发展的社会主义事业的建设者和接班人。素质教育要求培养全面发展的人才。

学习是学生的主要活动但不是全部活动，学习成绩并不能说明其他方面也可以同步发展，缺乏良好的思想品德或身体素质或审美情趣或基本的劳动技能、劳动观念的人都只能是片面发展的人，甚至有害于社会的人。

学习成绩好并不意味着学习能力及运用所学解决问题的能力的发展，因此，仅有好成绩是远远不够的。"一俊遮百丑"的思想是应试教育下的片面发展观点的写照。

6. 这种看法是错误的。

体育是以身体活动为基本内容，促使人的身心发展，培养人塑造人的一个过程。体育包括学校体育和心理卫生保健，体育有着比锻炼身体更加丰富的内容。

7. 这种看法是错误的。

智育一般是指向学生传授科学知识、训练技能、发展能力的教育。智育的任务是向学生传授系统的科学文化基础知识和培养基本技能技巧，发展学生的智力。

智育既要求学生掌握系统的科学文化知识，又注重发展学生的学习能力和智力。提高学习成绩只是智育的目的之一。

8. 这种看法是错误的。

美育是通过现实生活和艺术中的美来打动学生的感情，使他们在心灵深处受到感染或感化，从而培养他们具有正确的审美观念和鉴赏美创造美的能力的教育。美育的内容是多样的，既包括艺术美的教育，也包括自然美和社会美的教育，因此，学校美育不仅仅是音乐、美术以及艺术方面的特长爱好培养等艺术美的教育，还有自然美和社会美的教育。

9. 这种看法是正确的。

劳动技术教育的任务就是要培养学生的劳动观点，养成正确的劳动态度和习惯；教育学生初步掌握一些基本生产知识和劳动技能。

学校劳动技术教育应特别重视对学生劳动观点的培养，为学生今后的工作奠定良好的思想基础。避免功利化倾向。

七、简答题

1. 教育目的是教育方针的重要组成部分，教育目的的确立及其内容必须符合教育方针的规定。有的时候，教育方针一身二任，既是方针，又是目的。但同时，教育方针与教育目的又有区别。在层次上，教育方针是一个国家教育发展和人才培养的最高行动指针，是目的体系中的最高层次，唯一层次，即一定时期一个国家（特别中央集权制国家）只能有一个教育方针；教育目的则是不同层次的教育关于人才培养规格与标准的具体规定，是目的体系中的下位层次，是可分层的；在具体内涵上，方针是从最宏观、最根本的方面规定了一个国家教育性质和教育方向、人才发展的内容和质量要求以及实现方针要求的途径。教育目的则是在方针的规定下或依据方针而对某一层次所要培养的人才规格做出的具体规定，它往往带有不同层次不同类别教育的具体性和特殊性。

2. 确定教育目的的客观依据是：
（1）教育目的的确立要符合社会政治经济的需要；
（2）教育目的的确立要反映生产力和科学技术发展对人才的需求；
（3）教育目的的确立要符合受教育者身心发展的需要。

3. 马克思主义关于人的全面发展的基本含义是：①指人的生产物质生活本身的劳动能力的全面发展；②指人的才能的全面发展；③指人自身的全面发展；④指人的自由发展。

马克思主义关于人的全面发展学说的基本观点包括以下要点：①人的发展是与社会生产发展相一致的；②劳动分工造成了人的片面发展；③工业机器生产要求人的全面发展，并为人的全面发展提供了物质基础；④实现人的全面发展的根本途径是教育同生产劳动相结合。

4.（1）个人本位论有三个主要观点：其一，教育目的是根据个人的发展需要而制定的；其二，个人价值高于社会价值，社会价值只是表现在它有助于个人发展；其三，人生来就具有健全的本能，教育目的就在于促使本能不受影响的发展。

社会本位论有三个主要观点：其一，个人的一切发展有赖于社会；其二，教育除社会目的外，无其他目的；其三，教育结果只能以社会效率加以衡量，教育的结果主要看对社会贡献了什么，培养的人对社会起了什么作用。

5. 素质教育的内涵包括：①教育内容的基础性；②教育空间的开放性；③教育目标的全面性；④教育机制的主体内化性与发展性；⑤教育价值的多元性。

6. 素质教育实施的策略：①端正教育思想，转变教育观念；②加强教育改革，从教学方法、教学组织形式等方面进行改革；③改革课程设置；④改革考试制度，实现教育评价体系的科学化；⑤提高校长、教师素质。

7.（1）我国社会主义的教育目的是：培养德、智、体、美、劳全面发展的，能够坚持社会主义方向的各级各类合格人才。

（2）我国社会主义的教育目的，是根据马克思主义关于人的全面发展学说和我国社会主义现代化建设的客观需要而确定的。它的精神实质是：坚持教育目的的社会主义方向，是我国教育目的的根本特点；受教育者德、智、体、美等方面全面发展，是社会主义教育质量标准；以提高全民族素质为宗旨；为社会主义事业培养人才。

8. 智力由观察力、注意力、记忆力、思维力和想象力构成，人类要发展，就必须进行智力的开发，因为：

（1）开发学生的智力，不仅是当代社会发展对培养人才提出的要求，而且也有极大的客观可能性。人类大脑资源潜力为开发智力提供了雄厚的物质基础。

（2）开发学生智力是近年来知识更新加快引起的需要。为了适应今后科学技术飞速发展和培养人才的要求，应重视智力开发，以便能更好地解决未来工作中不断出现的新问题。

（3）长期以来的教学实践也反复证明开发学生智力的重要。只有发展学生的智力，才能够提高学生掌握知识的质量，使学生的负担由重向轻转化。

9. 体育课的组织形式有：
（1）体育课；
（2）早操、课间操；
（3）课外体育锻炼；

（4）运动队训练。

10. 美育的实施途径有：

（1）通过各科教学和课外文艺活动实施美育；

（2）通过大自然实施美育；

（3）通过日常生活实施美育。

11. 劳动技术教育的意义是：

（1）劳动技术教育是促进学生全面发展不可缺少的教育组成部分。①劳动技术教育能促进学生优良品德的发展；②劳动技术教育有助于学生掌握知识、形成技能，并使智力得到发展；③劳动技术教育可以促使学生增强体质。

（2）劳动技术教育有利于完成升学和就业双重任务，适应社会主义现代化建设的需要。

八、论述题

1.（1）在现实教育中，片面追求升学率倾向的形成，是有多方面的原因的：①从全国情况来看，就业的渠道较少，人们把升学视为可由自己选择理想职业的可靠渠道；②有些地方和单位在人才的选拔和使用上出现"唯学历"倾向，致使人们盲目地追求高学历；③教育思想和教育实践上的偏差；④对学校的质量评估，缺乏科学的标准和方法。

（2）纠正片面追求升学率的错误倾向，需要社会各界的共同协作，并采取可行的措施加以综合治理：①调整社会分配和人事制度，改变社会对人才选用的"唯学历"观念；②广开就业渠道，并对学生进行职业咨询和指导；③端正教育思想，改革教育管理制度，提高人们对基础教育的性质和任务的认识；④党政机关不要向学校、教师施加升学压力；⑤尽快制定出科学的教育质量评估指标。

2. 美具有形象性和吸引性，通过美育可以让学生在对美的感受、理解、欣赏、鉴别和创造中发展智力、体力，提高思想品德，促进学生德智体全面发展。

（1）美育对德育的促进作用：美育可以促使学生共产主义道德品质的形成，它对于培养学生高尚的道德情操，陶冶他们的心灵，树立正确的世界观具有特殊的功效。用各种艺术美和其他美的事物教育学生，会深刻地影响他们的思想感情和行为，使他们受到感染和陶冶，提高他们的思想觉悟。

（2）在美育过程中，学生不断受着具体、生动的艺术形象的感染、熏陶，无疑会开阔他们的视野，发挥他们的想象力和创造力，训练思维，增长智慧，发展智力。通过美育可以极大地调动学生的学习兴趣，培养学生的观察力、想象力和思维力，引导学生辨别事物的异同，发现特征，掌握变化，提高对新鲜事物的热情和敏感，从而引导他们掌握客观事物的发展规律，提高驾驭客观变化的能力，进而运用到各科学习中，提高学习效率。

（3）实施美育，可以激发学生对体育活动的兴趣，在体育活动中能够运用对美的感受能力更好地掌握技术要领，促使学生体态健康匀称地发展。美育可以调剂学生的精神状态，转换神经兴奋中心，使学生情绪饱满，心情舒畅，增进身心健康。这就是美育的怡情健身作用。

3. 五育的关系是：德、智、体、美、劳五个方面的教育，都是学校教育所不可缺少的组成部分，它们既相对独立，又互相联系，共同完成全面培养人才的任务。各育都是一种相对独立的因素，各具不同的作用、地位，担负着不同的任务，都是学校教育的有机组成部分，因此，它们不能互相替代，互相等同，是缺一不可的；五育互相联系，共同构成完整的学校教育体系；五育必须统一在一个人身上，它们之间具有一种不可分割的结构上的联系，各育互相渗透，互相包含，互相制约，互相促进。教育者必须树立全面发展的教育观，用全面发展的教育观教育学生，指导学生和评价学生。

九、实例分析

1.（1）这是一种围绕"升学指挥棒"组织的教育教学活动，不利于学生身心健康和发展，违背了全面发展教育目的的要求；

（2）加重学生课业负担，不利于学生个性发展，不符合素质教育的要求；

（3）主张减轻学生课业负担，让学生有充足自由发展的空间，还学生愉快的周末，适应素质教育的要求。

2.（1）这所小学的做法与我国教育目的要求学生全面发展是严重相违背的。因为：①这所小学教育陷入了"应试教育"，重视智育，轻视德育，忽视美育、体育和劳动技术教育；②单纯以分数来衡量学生的发展和教学质量是片面的，它必然导致师生只重分数，不注意其他方面的教育；③重视语文、数学这些基础学科是对的，但不开设音、体、美课显然不符合全面发展的要求。结果少数学生分数高，但能力不一定强。同时，由于缺少身体锻炼，学习兴趣狭窄，最后影响学习后动和素质的全面发展。

（2）正确的做法是：①全面贯彻教育方针，更新教育观念，坚持素质教育要求，克服单纯的"应试教育"做法，转变人才观和质量观，切实落实提高公民素质教育的宗旨。②严格按照九年义务教育小学阶段新课程计划开设好每门学科和组织好每一项活动，切实提高学科课和活动课的质量，坚持统一要求与因材施教相结合，既使他们德、智、体等全面发展，又使他们的个性特长得到较充分的发展。

3. 从案例来看，我们的教育出现了很大的问题。教育目的是指通过教育活动要达到的预期结果。我国的教育目的不仅包含对人的全面发展的要求，而且还注重提高全民族的素质。然而在我国的教育实践活动中，由于受到多种因素的影响，国家的教育目的发生了异化现象。在落实教育目的的过程中，出现了将德智体美劳几方面全面发展的教育逐渐演化成单纯追求智育的应试教育。这种异化了的教育目的已经严重地影响了我国教育目的的落实，阻碍了素质教育的顺利实施和推进，更侵害了青少年儿童的身心健康，对我国新世纪人才的培养极为不利。需要动员联合全社会成员关注我国的教育问题，力争使我国的教育走上健康发展的道路。

4. 我认为成都市教育局的规定除了进一步规范基础教育的办学，避免教育偏离它的轨道而成为变相教育，也促进了全面发展教育目的的实现。实施全面发展教育是社会主义教育目的的必然要求。全面发展教育由德、智、体、美、劳动技术教育等五育组成。在新技术革命的挑战面前，注重智力发展是当代世界各国教育的共同趋向。奥赛正是发展学生的智力，用知识的精华去武装学生，迎合教育的趋向。但许多人却一味地为了奥赛，只注重去发展学生的智育，而忽视其他四育的发展，厚此薄彼，有所偏废。这样培养出来的学生只知竞赛，而不知其他，是不健全的。

5. 这段话指出了当前中国教育的弊端，当前中国教育趋向于分数教育（即应试教育），都是以分数来衡量一个学生的好坏，学生已经变成读书机器，而失去了本身拥有的天赋，没有自我了。实施全面发展教育是社会主义教育目的的必然要求，全面发展教育由德育、智育、体育、美育和劳动技术教育等部分组成。为了能迎接新世纪的挑战，中国教育已经开始由应试教育转向素质教育。

第 四 章

一、名词解释

1. 教师是受一定社会的委托，以学校为工作场所，以对学生的身心施加特定影响为其专门职责的教育工作者。

2. 师德是教师在教育活动中必须履行的行为规范和道德准则。

3. 角色冲突是指当个人不能同时满足对其有意义的多种角色期望而履行不同的角色时所出现的矛盾。

4. 教育机智是教师在教育活动中表现出来的对新的、意外的情况正确而迅速地作出判断，并付诸行动以解决问题的能力。

5. 师生关系是教师与学生在教育过程中，为完成一定的教育任务，以"传道、授业、解惑"为中介而形成的一种特殊的社会关系。

6. 道德关系是指在教育过程中，师生双方都应履行的道德义务关系。

7. 心理关系是以认知因素和情感因素为基础,贯穿于师生交往全过程的师生之间的心理交往和交流。

8. 正式关系是指在学校组织中,以教育目的、教育手段、教学计划、教学大纲等为中介,为完成一定的教育任务而产生的教师与学生之间的关系。

9. 非正式关系是指发生在正式关系以外的,师生间出于思想、感情、业余爱好及某些共同需要,自然形成的一种师生关系。

二、填空题

1. 社会意义　人类文化　人才
2. 领导者　组织者　教育者
3. 桥梁　纽带　主导
4. 复杂性　创造性　示范性　长周期性
5. 教育机智
6. 引导　应变　分寸　适可而止
7. 科学性　逻辑性　形象性　启发性　大众性
8. 对象　教育情境
9. 1985　教师节　1993　10　31　《中华人民共和国教师法》
10. 教育对象　教育影响
11. 权力　利益　责任
12. 职业道德素养　业务素养
13. 自觉性　独立性　创造性
14. 学生群体　客体　主体
15. 重视和发展师范教育　加强在职培训
16. 民主　平等　道德观　信念　情感　意志　行为
17. 认知　情感
18. 迁移
19. 社会性　普遍性　稳定性　热爱　信赖
20. 自我意识　自我发展　自我教育
21. 热爱学生,诲人不倦
22. 思想　学识　言行　示范
23. 关心学生　了解学生　尊重学生　信任学生　要求学生
24. 教学的、教育的与行政的角色　自我定向的角色

三、选择题

1. ①　2. ②　3. ③　4. ③　5. ①　6. ②　7. ④　8. ③　9. ④①　10. ①
11. ②　12. ②　13. ②　14. ④　15. ③　16. ①　17. ②　18. ①　19. ①

四、判断题

1. －　2. －　3. ＋　4. ＋　5. －　6. －　7. ＋　8. －　9. －　10. ＋　11. －
12. －　13. －　14. －　15. ＋　16. ＋　17. －　18. ＋　19. －　20. －　21. －
22. ＋　23. －　24. ＋　25. ＋　26. ＋　27. －　28. －　29. ＋　30. －

五、辨析题（要点）

1.（1）这个观点是正确的。

（2）这句话表明了教师的劳动具有周期长的特点。学生知识的积累,智力的发展,能力的提高,道德品质的培养,世界观的确立,都是长期积累的结果,"立竿见影"是不可能的。人才的培养是一项持久

的、长期的工程,需要较长的周期。

2.(1)这个观点是正确的。

(2)这句话表明了教师既要有精深的专业知识,又要有广博的文化知识。教师要有精深的专业知识,才能够全面地理解教育目标和教学大纲,准确地把握教材的重点、难点和关键,灵活地创造性地处理教材,使教学深入浅出,把所教学科的知识教活教好。教师要有广博的文化知识,才能使学科教学更加充实,更具吸引力;才能满足学生的求知欲,促进学生全面发展。

3.(1)这种观点是错误的。

(2)教师在教育过程中的主导作用是必然的,但又是有条件的,它必须受教师自身条件和一些客观条件的制约,并不是任何一位教师都能在教育过程中发挥主导作用。

4.(1)这个观点是正确的。

(2)"教无定法"表明了教师的劳动具有创造性。教师劳动的复杂性使教师的工作没有固定不变的模式。教师从事各种教育活动,都应在分析教育对象的基础上,因人、因事、因时、因地制宜地进行,必须创造性地制定方法,采取措施,并科学地预见其结果,绝不能生搬硬套现成的方法,而应有的放矢、创造性地运用。

5.(1)这个观点是错误的。

(2)学生是教育的客体,是由教育的本质属性所决定的,但是,学生是具有主观能动性的人,他们在教育过程中的一切行为,他们是否接受教育影响以及接受影响的程度,都要受到他们自己意识的支配。他们不是被动地接受教师的教育,而总是通过自己的主观努力,主动地、创造性地参与到教育活动中,成为学习和发展的主人。

6.(1)这个观点是正确的。

(2)这句话说明了教师必须具备教育科学的知识,懂得教育规律,既懂得教育成功的因素,又知道教育失败的原因。只有这样,才能加强教育教学的科学性,减少盲目性,提高教育、教学的质量。

7.(1)这个观点是错误的。

(2)教育机智是教师在教育活动中表现出来的对新的、意外的情况正确而迅速地作出判断,并付诸行动以解决问题的能力。它往往表现为瞬息之间的教育行为,但决不是简单的"灵机一动"。它的形成有赖于教师全面了解学生的能力、丰富的教育经验、高超的教育技巧、良好的意志品质和自我控制能力等等,它与教师平时的积累是分不开的。

8.(1)这句话是正确的。

(2)这句话说明了学生具有向师性和模仿性。因此,教师的一言一行都会对学生产生潜移默化的影响。这就要求教师以身作则,严于律己,为人师表,防止不良因素对学生的消极影响,使自己成为学生的道德榜样,为学生健康成长创造良好的条件。

六、简答题

1.(1)教师在社会发展中的作用是:教师是人类文化的继承者和传播者,在社会的延续和发展中起着桥梁和纽带的作用;教师是社会劳动能力的生产者;教师是人类灵魂的工程师。

(2)教师在教育过程中起主导作用。

2.教师的劳动具有复杂性是因为:

(1)教师劳动的对象具有复杂性;

(2)教师劳动的内容具有复杂性;

(3)教师劳动的过程具有复杂性。

3.教师劳动的创造性表现在:

(1)教师对教育内容的创造性加工;

（2）教师的教育方式和方法的灵活性。

4. 一个合格教师应具备的素养有以下两方面：
（1）教师应具备的职业道德素养是：
① 忠诚人民的教育事业，献身教育；
② 热爱学生，诲人不倦；
③ 团结协作，共同育人；
④ 以身作则，为人师表。
（2）教师应具备的业务素养是：
① 合理的知识结构。包括：精深的专业知识；广博的文化知识；宽厚的教育科学知识。
② 良好的能力结构。包括：对各种影响进行教育加工的能力；对教育影响进行传导的能力；教育机智；组织管理能力、自我调控能力。

5.（1）社会方面：要求在社会上树立正确的教师观，通过相应的社会改革为教师角色活动提供必要条件和创造良好的外部大环境，充分理解、合理评价、切实尊重教师角色活动，增加教师角色行为的光荣感，提高教师的经济待遇和社会地位。
（2）学校方面：学校要抓好内部的管理体制改革，加强科学管理与人文关怀，充分调动教师工作的积极性，加强教师的角色教育，调整教师的角色任务，协调教师的角色关系，消除教师的角色紧张，营造一个谐和适宜的学校氛围。
（3）个人方面：准确认知教师角色与相应的角色要求，学习角色规范，保证自我角色认知、对他人角色的认知、对角色期待的认知三者的谐和，摆正职业立场，建立适度的成就动机，促使自身专业化成长与发展，还必须加强角色知觉水平，努力做到与自然、社会的谐和，促进自我的完善与发展。

6.（1）师生之间认知关系的特点是：
① 要经历从感性到理性，从现象到本质的认知过程；
② 有较多的情感因素参与；
③ 受到教师和学生自身的人生观、价值观的影响；
④ 具有相互反馈的特点。
（2）师生之间情感关系的特点是：
① 教师对学生的情感具有社会性、普遍性和稳定性的特点。教师对学生的情感的高度发展是对学生的热爱。
② 学生对教师的情感在不同年龄阶段有不同的内容和表现形式，需要在实际交往中形成和发展，要以教师对学生表示出的积极情感为前提。学生对教师的情感的高度发展是对教师的信赖。

7.（1）树立正确的学生观，热爱学生，尊重学生，理解学生；
（2）树立为学生服务的观点，对学生全面负责；
（3）发扬民主，善于倾听学生的意见，发挥学生集体的教育功能；
（4）善于控制自己的情绪，坚持耐心教育，正确处理师生之间的矛盾；
（5）以身作则，为人师表，严于律己，平等待人。

七、论述题

1.（1）承认学生是学习的主体，并不否认学生是教育的客体，学生是学习的主体与教育的客体的辩证统一。
（2）"儿童中心论"否定学生在教育过程中的客体地位，把学生看作是完全能够决定整个教育过程和教育结果的主体，认为学生是教育过程的中心，而教师的任务只是刺激学生去学习，这与学生是学习的主体的观点有着本质的区别。因此，不能将学生的主体作用同"儿童中心论"混同。

（3）正确的学生观是：学生是完整的独立的人；学生是具有主观能动性的人；学生是发展中的人；学生既是教育的客体，又是学习和发展的主体。

2.（1）在教育过程中，学生首先是以受教育者的身份出现的，而且始终是教师的教育对象。在教师的教与学生的学这一矛盾中，教师处于矛盾的主导方面，教师是教育者、组织者、领导者。教师根据教育方针，有目的、有计划、有组织地对学生施加影响，促进学生身心发展。相对于教师而言，学生则处于被领导、被教育、被管理的客体地位，学生接受知识、发展智力、体力以及提高自己的思想觉悟，养成良好的品德，都离不开教师的指导。因此，学生是教育的客体。

（2）学生并不是消极被动地接受教育，而是积极主动地接受教育，具有主观能动性。学习和发展都是通过学生自己来完成的，教师不能也不可能包办代替。学生知识的获得、智力与能力的发展以及良好品德的形成，都要经历一个主动的选择、评价、同化和反应的过程才能实现。教师的作用再大，也仅仅是外因，外因是条件，内因才是发展的真正动力。况且，学生是发展中的人，通过教育可以使他们形成自我意识、自我发展和自我教育的能力而主动地促进自身的发展，成为教育的主体。因此，学生又是学习和发展的主体。

3.（1）教师的心理健康水平会直接决定学生的心理健康水平；影响学生的学习态度和生活态度；影响学生的人生观、价值观的形成；影响学生的人际关系；影响学生的学业成绩。

（2）教师可以从以下几方面进行心理健康的自我维护：

① 建立理性的社会认知与自我认知，了解自我、悦纳自我；

② 学习人际交往的基本技巧，善于与人沟通与交往；

③ 了解自己的情绪，学会合理地宣泄与控制自己的情绪；

④ 用科学、人性的态度对待学生的各类问题；

⑤ 学会心理减压；

⑥ 直面挫折，培养良好的挫折耐力；

⑦ 及时诊断与改善亚健康状态。

八、实例分析（要点）

1.（1）该教师的语言表达不够流畅，缺乏逻辑，不具有感染力和鲜明的教育性，不具有启发性，语调平淡，不能够激发学生的学习兴趣。

（2）该教师对史情交待不够严谨，缺乏科学性。

2.（1）关于第一个事例：

① 该例表现了斯霞老师在突发事件中正确、迅速、敏捷地作出判断，恰到好处地妥善处理和解决问题的能力，体现了教育机智在教育中的运用。

② 该例表明斯霞老师具备良好的语言表达能力。斯霞老师的语言富有强烈的感染力和鲜明的教育性。

③ 斯霞老师善于把握学生的心理特点，将教育与自我教育有机地统一在教育过程中，取得了良好的效果。

（2）关于第二个事例：

① 该例说明了教师在掌握精深的专业知识的同时，还必须获取广博的文化知识，既要有专长，又要有广泛涉猎，才能高质量地完成教学工作。

② 学生求知欲旺盛，好奇心强，常常提出一些教师料想不到的问题，有时甚至超过了教师的知识领域。如果教师没有广博的文化知识，是不能满足学生的学习要求的。该例中"我"在课堂上的"难堪"就表明了这一点。当然，教师不可能什么都懂，但要尽可能地汲取知识的养分，广收博取，才能够满足教学和学生自身发展的需要。

第五章

一、名词解释

1. 德育亦即思想品德教育，是指教育者按一定的社会或阶级的要求，有目的、有计划、有组织地对受教育者施加系统的影响，从而把社会道德规范和要求转化为个体的思想意识和道德品质的教育活动。

2. 班风是整个班级的风气，是班级的独特风貌，是班集体教育力量的集中体现。

3. 班级是由一定数量的年龄和学习程度一致的学生组成，在一位负有教导责任的教师（通常称为班主任）直接管理下的教育性学习和生活集体。

4. 道德认识是人们对一定社会的道德准则及其意义的认识，发展到高级阶段就成为道德信念。

5. 道德意志是指人们在道德行动中自觉克服困难，以实现预定的道德目标的心理过程。

6. 道德情感是人们运用一定的道德标准去评价自己或他人的言行时所产生的内心体验，是个人道德需要是否得到满足的反映。

7. 道德行为是人们在一定的认识、情感和意志支配下所采取的行为。

8. 班主任是受学校委派全面负责一个班学生工作的教师。

9. 班集体是为了实现教育目的而组织起来的有纪律、有凝聚力的一个班的学生群体，是一个班学生群体发展的高级阶段。

10. 集体舆论是指在集体中占优势的、为多数成员赞同的言论、意见和态度，它以议论、褒贬等形式肯定或否定集体的动向或集体成员的言行。

11. 苏联教育家马卡连柯认为教师要影响个别学生，首先要去影响他所在的集体，然后通过集体和教师一起去影响这个学生，使教育集体和教育个人同时地、并行地进行。马卡连柯称这种教育方式为"平行教育影响"。

12~19题：略。

二、填空题

1. 政治、思想、道德、法制
2. 认识、情感、意志、行为、知情意行
3. 道德规范、思想品德、道德要求、道德水平
4. 奋斗目标、组织机构、班风、凝聚力
5. 组建、初步形成、自主活动
6. 个体、社会
7. 组织和培养班集体
8. 了解和研究学生
9. 教育、发展
10. 操行评语、操行等级
11. 班务会、民主生活会、主题班会
12. 年龄特征、个性差异、思想实际
13. 组织和培养班集体
14. 个体、群体、群体、集体
15. 学校、家庭

16~23题：略。

三、选择题

1. ① 2. ③ 3. ① 4. ③ 5. ① 6. ④ 7. ② 8. ③ 9. ② 10. ②
11. ② 12. ④ 13. ③ 14. ① 15. ① 16. ① 17. ① 18. ④ 19. ③ 20. ③

四、判断题

1. −　2. −　3. −　4. +　5. +　6. −　7. −　8. +　9. −　10. −　11. +
12. +　13. +　14. +　15. +

五、列举题

1. 培养学生坚定正确的政治方向；培养学生科学的世界观、人生观；培养学生的社会主义道德品质；培养学生的道德评价能力和自我教育能力。

2. 德育过程是培养学生知、情、意、行的过程；是促进学生思想品德发展的内部矛盾转化的过程；是以活动和交往为基本途径的过程；是长期反复的过程。

3. 从学生实际出发的原则；知行统一的原则；正面教育与纪律约束相结合的原则；依靠积极因素，克服消极因素的原则；集体教育与个别教育相结合的原则；尊重信任与严格要求相结合的原则；教育的一致性和连贯性原则。

4. 政治课及其他各科教学；班级德育工作；课外活动和校外活动；劳动与社会实践；共青团、少先队、学生会工作；校园环境建设等。

5. 说服教育法；榜样示范法；情感陶冶法；自我教育法；实践锻炼法；品德评价法。

6. 正面教育，积极疏导；树立榜样，以身作则；表扬为主，严禁体罚；强调纪律，约束行为。

7. 内容有针对性；情感要充沛；态度要民主；讲究教育时机。

8. 坚定的教育信念；饱满的工作热情；良好的组织能力；熟练的沟通技能。

9. 了解和研究学生；组织和培养班集体；做好个别教育工作；组织班会，开展家长工作；进行操行评定和"三好"生的评选；做好班级德育工作的计划和总结。

10. 对学生进行思想品德教育；帮助学生完成学习任务，提高学习质量；组织指导学生参加各种活动，促进学生的全面发展；进行班级日常管理，培养班集体。

11. 有共同的奋斗目标；组织机构健全；有正确的舆论和良好的班风；有良好的心理相容和较强的凝聚力。

12. 分析原因，对症下药；热爱关心，不厌不弃；要求合理，循序渐进；正视反复，持之以恒。

13. 家庭访问；家长会；家长委员会。

14. 简明分析形势要求和本班学生德智体发展的基本情况，提出本班的学期教育任务，并列出每周工作要点。

15. ① 奖励，是对学生思想品德给予肯定评价的一种鼓励方法，有赞许、表扬和奖赏三种形式。② 惩罚，包括批评、谴责和处分三种。③ 操行评定，包括写评语和等级评定两种。

六、辨析题（要点）

1. 这个观点是错误的。

任何形式的体罚都会对学生身心造成极大的伤害，不利于学生健康成长，任何情况下都是绝对禁止的。

2. 这个观点是错误的。

这仅仅是成立班级而已。新组成的班级还不是班集体，它只是由学生个体初步交往形成的学生群体。学生群体是班集体形成的基础，班集体是群体发展的高级阶段。班级必须经过培养才能形成班集体。

3. 这个观点是错误的。

在实践中，知、情、意、行各因素有相对独立性，发展也并不平衡，加之学生具有各种个性差异，所以德育过程并不总是开始于知，常常是根据不同的情况，选择不同的开端，可以始于知、情、意、行任一环节。

4. 这个观点是错误的。

班级德育工作中的个别教育不仅是指对后进学生的转化教育，还包括对优生的培养、对中等学生的促进教育等。

5. 这个观点是错误的。

德育过程即思想品德教育过程，与思想品德形成过程是两个不同的概念。二者的关系是教育与发展的关系。

6. 这个观点是错误的。

班主任作为班级的教育者和管理者，要全面贯彻国家的教育方针，使学生德智体等全面发展，因此，要承担的责任远比管理好班级的学习纪律更宽泛。其主要任务是对学生进行思想品德教育，组织和培养班集体。

7. 这个观点是错误的。

一个人良好的思想品德是不会自发产生的。青少年处于思想品德形成的关键时期，学校的德育和教师的引导是他们健康成长的重要条件。所谓"树大自然直"的观点是错误的，是不负责任的。

8. 这个观点是错误的。

教师的天职是教书育人，对学生进行思想品德教育是每一个教师的职责，而且，教学是学校德育工作的基本途径，任何学科的教学都是对学生进行德育的阵地。

9. 这个观点是错误的。

批评和表扬是品德评价的两个方面，要根据学生的表现灵活运用。批评能让学生认识到自己的错误和不足，也是教育中必需的。只要在批评中注意方式方法，就完全可以避免伤害学生的自尊。

10. 这个观点是错误的。

青少年是非判断力差，逆反心理强，因此要着重进行正面引导，才容易被其接受。但青少年毕竟心智尚未成熟，自我控制能力差，需要辅以纪律约束，才能保证形成良好的行为习惯。

七、简答题

1. 德育的社会意义：坚持社会主义方向的需要；建设"两个文明"的重要保证。

德育的个体意义：实现全面发展教育目的的重要保证；青少年思想品德形成和发展的主导条件。

2. 思想品德教育的内容是由一定社会的政治经济决定的；思想品德教育内容总是从不同的方面去反映社会经济要求。同时，思想品德教育内容的确定还要受到多种因素的制约：一是思想品德教育的目标和任务制约着思想品德教育内容的性质；二是学生的年龄特征制约着思想品德教育内容的深度与广度；三是当前形势和学生思想状况决定了思想品德教育的针对性。

3. 在内容和目标上有区别；在工作方法上有区别；工作时的交流方式有区别。

4. 德育过程是培养学生知、情、意、行的过程；是促进学生思想品德发展的内部矛盾转化的过程；是以活动和交往为基本途径的过程；是长期反复的过程。

5. 坚定的教育信念；饱满的工作热情；良好的组织能力；熟练的沟通技能。

6. 如何选择德育的开端，主要考虑以下几方面：一是选择最需要、最迫切、最能奏效的因素作为教育的开端；二是要考虑学生的年龄特点和个性差异；三是要考虑教育者的特长和教育条件。

7. 德育过程即思想品德教育过程，与思想品德形成过程是两个不同的概念。二者的关系是教育与发展的关系。

德育过程是把一定社会的思想准则和道德规范转化为受教育者个体的思想品德的过程，这是一种教育活动的过程。而思想品德的形成，则是指人的发展，即个体在思想品德方面的发展，也就是构成个体思想品德的知、情、意、行等方面，由简单到复杂，由低级到高级，由量变到质变的矛盾运动过程。

二者又是相互联系的。德育过程要根据品德形成的规律来进行，而德育过程对品德形成过程具有调节和控制的作用，它们是统一在德育实践活动中来实现的。

8. 从学生实际出发的原则；知行统一的原则；正面教育与纪律约束相结合的原则；依靠积极因素，

克服消极因素的原则；集体教育与个别教育相结合的原则；尊重信任与严格要求相结合的原则；教育的一致性和连贯性原则。

9. 了解和研究学生；组织和培养班集体；做好个别教育工作；组织班会；家长工作；操行评定与评选"三好学生"；班主任工作的计划与总结。

10. 培养学生坚定正确的政治方向；培养学生科学的世界观、人生观；培养学生的社会主义道德品质；培养学生的道德评价能力和自我教育能力。

11. 社会主义思想体系、政治观点和社会主义道德品质是不能自发产生的，需要全面系统的教育才能获得；凡属思想性质的问题，只能用民主的方法解决，不能强制；说服教育不仅有助于提高学生的道德认识和道德评价能力，而且还能影响学生道德情感和道德品质的进一步完善。

12. 运用榜样示范法应注意以下几个基本要求：选择学习的榜样；树立榜样的威信；激发学习榜样的动机，见之行动。

13. 贯彻教育的一致性和连贯性原则，要求做到：统一校内教育力量，对学生形成一致的要求；争取社会和家庭的配合；加强德育工作的计划性、系统性和连贯性。

14. 班主任了解和研究学生的方法很多，最基本的有以下几种：观察了解、资料分析、调查访问、个别谈话。

15. 组建阶段。这时，班级从组织上建立起来了。班级的核心和动力是班级的组织管理者——班主任。班主任需要对学生提出明确的集体目的，以及应当遵守的制度与要求，并引导学生积极开展活动，促进集体的发展。此阶段班级对班主任的依赖性较大，不能离开他的组织管理独立开展工作。此阶段如果班主任不注意严格要求，班级就可能变得松弛、涣散。

核心初步形成阶段。此阶段师生之间、同学之间通过交往实现相互了解，开始产生人际关系；同时，学生积极分子不断涌现并团结在班主任周围，班级的核心初步形成，组织与功能开始健全，能够在班主任的指导下开展班级活动。班主任逐渐由班级活动的直接领导、指挥者，过渡到提出建议、协助执行的顾问和参谋。

集体自主活动阶段。此阶段班集体已经形成，班级的组织机构、规章制度健全；积极分子队伍壮大，学生普遍关心、热爱班集体，主动积极承担集体工作，参加集体活动，维护集体荣誉；已经形成的良好班风和正确舆论成为重要的教育力量；班集体成为教育的主体，能根据学校及班主任的要求和班上的情况，自觉向集体成员提出任务和要求，独立开展活动，在班主任的指导下基本实现自治管理。

16. 确立班级奋斗目标；选拔培养班干部；健全班级规章制度；培养正确的舆论和良好的班风。

八、论述题（要点）

1.（1）班主任工作的意义：班主任是班级的管理者和教育者；班主任是学生健康成长的导师；班主任是各种教育力量的协调者；班主任工作是艰巨的，也是有极大乐趣的。

（2）班主任工作的职责：对学生进行思想品德教育；帮助学生完成学习任务，提高学习质量；组织指导学生参加各种活动，促进学生的全面发展；进行班级日常管理，培养班集体。

（3）班主任的素质：坚定的教育信念；饱满的工作热情；良好的组织能力；熟练的沟通技能。

2.（1）一方面，组织和培养班集体的过程是集体教育的过程，集体一旦形成就能对个体产生巨大的影响；另一方面，集体是由个体组成的，个别学生的思想品德状况同样会对集体产生影响。因此，集体教育与个别教育是紧密联系的，做好个别教育工作同样十分重要。

（2）个别教育工作主要有优秀学生的培养教育、中等学生的促进教育、后进学生的转化教育和学生小团体的引导等四个方面。每一方面都有不同的具体要求。

3.（1）班级从刚组建的群体发展为团结有力的坚强集体，要经历如下三个阶段：组建阶段、核心初步形成阶段、集体自主活动阶段。

（2）组织和培养班集体：确立班级奋斗目标；选拔培养班干部；健全班级规章制度；培养正确的舆论和良好的班风。

4. 任何一种品德都包含有道德认识、道德情感、道德意志和道德行为四个基本成分，简称知、情、意、行。这四个基本成分在品德形成中有各自的地位和作用，既相对独立又相互渗透。

知，即道德认识，是人们对一定社会的道德准则及其意义的认识，发展到高级阶段就成为道德信念。它是行动的先导，也是道德品质形成的基础。

情，即道德情感，是人们运用一定的道德标准去评价自己或他人的言行时所产生的内心体验，是个人道德需要是否得到满足的反映。道德情感是构成道德动机的重要成分，是人道德行为的内部动力。

意，即道德意志，是指人们在道德行动中自觉克服困难，以实现预定的道德目标的心理过程。意志是调节行为的精神力量。

行，即道德行为，是人们在一定的认识、情感和意志支配下所采取的行为。道德行为经过反复实践，养成习惯，才能成为稳定的道德品质。行为习惯是一个人思想觉悟高低、道德品质完善程度的根本衡量标志。

知、情、意、行四个因素在学生思想品德形成过程中是互相联系、互相影响、互相转化、缺一不可的。其中知是基础，行是关键，情意是重要的调节力量。德育实践中许多优秀教师总结出了"晓之以理，动之以情，导之以行，持之以恒"的经验，完全符合德育过程的规律。

按照人的认识规律，德育过程通常是始于知，经过情、意过程，最后止于行。但在实践中，由于这几个因素之间有相对独立性，发展也并不平衡，加之学生具有各种个性差异，所以德育过程并不总是按此顺序进行，常常是根据不同的情况，选择不同的开端，可以始于知、情、意、行任一环节。这就是德育过程的多开端性，是德育过程的一个重要特点。

5.（1）这是德育过程最突出、最明显的特点。学生思想品德的形成不是一朝一夕能完成的，而是要经过长期的教育、反复的培养才能奏效，这是一个不以人的意志为转移的客观规律。

（2）从个体发展来看，学生可塑性大。青少年的人生观、世界观尚未定型，在其发展过程中随时可能因受各种因素的影响而发生变化，因而需要长期培养；他们按照教育者的要求所形成的新观念、新行为均不具有稳定性，需要经过多次反复实践和强化才能巩固；构成品德的各因素在学生品德发展过程中不断地实现平衡与不平衡的转化，也影响思想品德形成过程的完成。所以，学生可塑性大，稳定性差，使德育过程成为一个必须长期坚持的过程。

（3）从社会环境影响来看，各种社会影响会与学校的德育相抵抗。学生所处的环境十分复杂，除学校外，还有教育者难以掌握的家庭、社会的影响。这些影响中不乏负面的、消极的不良影响，与学校正面的教育相冲突，甚至抵消学校德育的影响，导致学生品德在形成过程中不断产生变化和反复。所以，德育工作必须反复抓，抓反复。

实践证明，学生在品德形成过程中，尤其是在克服不良品质的转变过程中，都会有大量的反复。德育工作者对此必须有充分的认识和足够的思想准备，自觉地在教育过程中保持耐心，看到学生的反复不气馁，而是根据其反复的原因，发扬坚持不懈、百折不挠的精神，将育人工程进行到底。

6.（1）德育的社会意义：坚持社会主义方向的需要；建设"两个文明"的重要保证。

（2）德育的个体意义：实现全面发展教育目的的重要保证；青少年思想品德形成和发展的主导条件。

7. 家长工作是协调校外教育影响的重要方面。通过家长工作对家庭教育进行指导，争取家庭对学校教育的配合，家校共同做好育人工作。家长工作可有如下形式：

（1）家庭访问。这是学校与家长联系的重要形式。通过家访，班主任能直接了解学生在家中的表现，并能有效与家长沟通。

（2）书面联系。主要有学生手册、家校联系册、通讯卡等形式。家长与班主任通过这种简便有效的方式，随时交换意见；还可监管学生的课余生活，防止对学生的时间管理出现"真空"地带。

（3）家长会。召开家长会有助于协调统一学校教育和家庭教育对学生的教育要求。家长会可以由学校统一组织，但通常是由班主任根据需要自行组织。一般每学期一至二次。

（4）家长委员会。成立家长委员会是推动家长工作的一种形式。家长委员会一般由热心青少年教育、关心班级建设，有一定教育水平和组织能力的家长积极分子组成。他们可以成为家长与班主任之间的沟通桥梁，还可以为班级工作提出建议和提供条件。

8.（1）中等学生是指各方面表现处于一般水平的中间状态的学生。这类学生在班级中是大多数，他们大都品德良好，学习成绩一般，各方面表现不突出。中等学生在各方面的发展都有较大潜力，目前发展欠佳很多是个性上的弱点造成的。

（2）中等学生最渴望的就是教师的关注和肯定。班主任要根据学生的特长，为其提供表现和锻炼的舞台，用鼓励和积极的期待为学生鼓起自信的风帆。一旦战胜了自卑，这些学生就会有令人惊喜的进步。

中等学生并不总是稳定地表现为普通状态，他们也处于不断发展的过程之中。如果教育得当，他们能成为班级正确舆论的主流、班级工作的主要力量，而他们个人的发展也会呈现不断进步的趋势。如果受到不良影响，他们也极有可消沉下去，甚至沦为后进学生。

9.（1）班级德育工作从了解学生开始。了解和研究学生是做好班级德育工作的前提，是提高德育工作效率的条件。

（2）班主任了解和研究学生的方法很多，最基本的有以下几种：

观察了解，是在自然状态下了解学生最常用的方法。

资料分析，是初步了解学生和班级基本情况最便捷的方法。

调查访问，是间接了解学生的方法。

个别谈话，是深入了解学生思想、做学生思想工作的重要方法。

10.（1）依靠积极因素，克服消极因素的原则，是指在德育过程中，要发扬和依靠学生身上的积极因素，即优点、长处、先进因素，克服学生身上的消极因素，即缺点、短处、落后因素。

依靠积极因素，克服消极因素的原则，是根据学生思想品德的形成要通过内部矛盾这一规律提出来的。每一个学生身上都存在积极因素和消极因素，这两种因素在一定条件下互相转化。学生好的思想品德的形成，是消极因素转化为积极因素的结果。教师的德育任务就是要促进这种转化。这条原则在对品行不良学生的改造教育中具有特别重要的意义。

（2）贯彻依靠积极因素，克服消极因素的原则，要求做到：对学生要有全面的、发展的观点；注意发挥学生自我教育的积极作用。

11~20题：略。

九、实例分析题（要点）

1. 这种做法不对。

（1）这样剥夺了学生的劳动权力，助长了学生的依赖心理。

（2）加强中小学生的劳动教育，既是教育目的的要求，也是完成中小学教育任务的要求；由家长代劳，等于放弃了劳动教育的机会，削弱了学校的品德教育效果。

2. 这句话的含义是：领导人物本身行为正当，即使不发号施令，人们也能做出自觉行动；若是他本身行为不当，纵是三令五申，百姓也不会听从。它体现了德育中要求以身作则的榜样示范法。

3. 班主任的做法不妥，违反了思想品德教育的原则。

以学习成绩差为由不让学生参加运动会，挫伤了学生的自尊心，违反了尊重信任与严格要求相结合的原则。李刚学习成绩差，但体育方面有特长，并且有为班集体争荣誉的愿望，这些都是学生身上的"闪光点"。教师无视这些，未能因势利导，予以教育，所以还违背了依靠积极因素，克服消极因素的原则。

4. 陈老师的做法体现了依靠积极因素，克服消极因素的原则。

5. （1）了解迟到和翻墙原因，把握学生的真正想法。

（2）肯定学生愿意学习、爱护集体荣誉的一面，看到其消极行为中的积极因素，激发学生的上进心。

（3）指出学生处理迟到的方式是不对的，讲清楚道理，提高学生思想认识；对学生提出行为要求，帮助学生克服迟到现象。

6. 应该从锻炼其道德意志入手。

李小林的错误行为并非不知错而犯，而是道德意志薄弱所致。他犯错误时的矛盾是能力性矛盾，事后也有悔意，但一有机会还会再犯。所以，应该提高其抵御诱惑的意志力。

7. 该教师的经验反映了集体教育与个别教育相结合的原则。

集体教育与个别教育相结合的原则，是指在德育过程中教师重视和依靠集体，通过集体教育个人；又重视发挥个人在集体中的作用，通过个人教育集体，处理好集体与个人的相互影响关系。

8. 该教师采用的是情感陶冶法。

情感陶冶法是教育者通过创设良好的情境，潜移默化地培养学生品德的方法。这种方法的特点表现为非强制性、愉悦性、隐蔽性和无意识性。这种方法既不向学生传授系统的道德知识，也不对他们提出明确的要求，而是寓教育于情境之中，通过按教育要求预先设置的情境来感化与熏陶学生；既没有强制性的措施，也难有立竿见影的功能，然而对学生有潜移默化之效果，能给学生品德发展以深远的影响。这位教师以古诗作为影响手段，塑造学生良好习惯和性格。

9. 陈老师在教育过程中主要运用和贯彻了依靠积极因素，克服消极因素的原则。

后进学生尤其需要教师的肯定，以树立自尊心和自信心，所以班主任要善于发现学生身上的"闪光点"，并帮助学生认识到这一点，使学生既看到自己的不足，又有上进的信心和决心。

10. （1）这位教师有良好的教育机智，并善于处理好师生关系，使批评易于被学生接受。

（2）这位教师深谙育人之道，善于充分利用教学这一德育途径，挖掘其中的德育因素，并循循善诱。

（3）这位教师还善于将集体教育与个别教育结合起来，使教育面从一个人扩展到全班。

11~14题：略。

第 六 章

一、名词解释

1. 教学是指学生在教师有目的、有计划的指导下，以掌握一定的课程和教材所包含的基础知识、基本技能为基本内容，以促进学生全面发展为目标的一种双边教育活动。

2. 教学过程是教师根据教学目的、教学任务和学生身心发展的规律，有计划地引导学生积极主动地掌握科学文化基础知识和基本技能，发展智力和体力，形成一定思想品德和心理品质的过程。

3. 教学规律是指教学过程中客观存在的，具有必然性、稳定性、普遍性的本质联系。

4. 教学目标是指为教学活动的预期结果所要达到的标准、要求而作的规定或设想。具体说是通过教学活动所欲促成学生的预期的身心变化。

5. 教育方针是指国家为了发展教育事业，在一定阶段，根据社会和个人两方面的发展需求与可能制定的具体战略意义的总政策或总的指导思想。

6. 教学原则是根据教育教学目的，并以教学规律为基础而制定的指导教学工作的基本要求，是在教学活动中必须遵循的基本行为规范。

7. 科学性和思想性相统一的原则指教学要以马克思主义为指导，在学生学习掌握科学知识的过程中，要结合社会主义品德、辩证唯物主义思想和心理健康等教育。

8. 理论联系实际的原则指教学要坚持理论联系实际的结合和统一，用理论指导实际，用实际验证理论，使学生在二者的结合中理解和掌握知识，并由此培养用理论知识解决实际问题的能力。

9. 直观性和抽象性相统一的原则指教师通过直观手段，引导学生形成所学事物、过程的清晰表象，丰富他们的感性知识，并引导他们对学习内容进行分析、归纳、综合、抽象、概括等，发展学生的理论思维。

10. 统一要求和因材施教相结合的原则指教学既要面向全体学生进行，对他们提出统一要求，在德、智、体、美等方面全面发展；又要承认学生的个别差异，并据个别差异而有的放矢地有差别地教学，使每个学生都能扬长避短，获得个性的充分发展。

11. 启发性原则指在教学中教师要认识到学生是学习的主体，并注意调动学生的学习主动性，引导学生积极主动地学习，自觉掌握科学知识和提高分析问题和解决问题的能力。

12. 循序渐进原则指教学要按照学科的逻辑系统和学生的身心发展顺序进行，使学生系统地掌握基本知识、基本技能，从而逐步地增长知识、提高能力。这个原则也有人称作"系统性原则"。

13. 巩固性原则指教学要引导学生在理解的基础上，牢固地掌握学过的知识和技能，保持在记忆中，并能根据需要迅速再现出来，以利知识和技能的运用。

二、填空题

1. 教学　基本途径
2. 教　学　共同活动
3. 个体发展　一般水平
4. 科学文化基础知识　基本技能　智力　体力　非智力因素　教会学生学习　科学世界观的基础　道德品质
5. 积极主动　教学任务
6. 教师　学生　教学内容　教学手段
7. 认识过程　身心全面发展
8. 情感　意志　兴趣　动机　性格
9. 间接经验　直接经验　掌握知识　发展智力　传授知识　思想教育　教师的主导作用　学生的主体作用
10. 间接经验　直接经验
11. 基础　必要条件
12. 基础　有助于　教育性
13. 主导　主体
14. 有效地学习和发展　主体作用
15. 心理准备　感知教材　理解教材　巩固知识　运用知识　检查学习效果
16. 社会发展　学生身心发展
17. 教育目的　全面发展　基本途径
18. 认识能力　智力因素　认识方法
19. 识记　领会　运用　分析　综合　评价
20. 接受　反映　价值评价　价值组织　品格形成
21. 知觉　定势　指导下的反映　机制　复杂的外显反映　适应　创作
22. 导向功能　激励功能　标准功能
23. 具体化　系统化　层次化
24. 教学目的　教学规律　教学实践　哲学及相关科学理论
25. 实物直观　模像直观　语言直观

三、选择题

1. ③ 2. ④ 3. ② 4. ④ 5. ① 6. ③ 7. ② 8. ③ 9. ③ 10. ② 11. ①
12. ③ 13. ③ 14. ① 15. ③ 16. ② 17. ④ 18. ① 19. ③ 20. ② 21. ③
22. ④ 23. ② 24. ② 25. ④ 26. ①

四、判断题

1. − 2. + 3. − 4. − 5. + 6. − 7. + 8. − 9. − 10. − 11. +
12. − 13. + 14. − 15. − 16. + 17. − 18. + 19. − 20. − 21. −
22. − 23. − 24. − 25. − 26. − 27. − 28. − 29. + 30. − 31. −
32. − 33. − 34. − 35. + 36. − 37. + 38. −

五、辨析题（要点）

1.（1）这种看法是错误的。

（2）引导学生学习科学文化基础知识和基本技能，只是教学的任务之一；教学与智育是既有联系又有区别的，一方面，教学是智育的主要途径，但也是德育、美育、体育、劳动技术教育的途径；另一方面，智育还必须通过其他途径才能全面实现。所以，两者不能等同。

2.（1）这种看法是正确的。

（2）发展智力是学生掌握知识的必要条件，对学生的学习非常重要；但如果学生缺乏健康的情感和克服困难的坚强意志，缺乏对挫折的承受能力，性格怪僻偏执，缺乏良好的学习动机和学习兴趣等非智力因素，将会给学生的学习及身心发展带来严重的危害。所以，培养学生良好的非智力因素也是不可忽视的。

3.（1）这种看法是错误的。

（2）教学过程的实质不仅是学生掌握知识的认识过程，也是一个促进学生身心全面发展的过程。

4.（1）这种看法是错误的。

（2）学生以学习间接经验为主，这是由学生认识活动的特殊性决定的，为了帮助学生理解抽象的书本知识，必须丰富学生的感性认识；学生感性认识的来源是多方面的，主要有：学生在生活中积累的，学生在以往学习中获得的，通过直观教学或教学实践获得的，通过教师生动形象的语言描述和学生的再造想像获得的；社会实践并不是学生获得感性认识的唯一途径，而且大面积地组织学生参加社会实践耗时，受各种条件制约，组织也较困难。所以，教师不必经常组织学生参加社会实践，否则，不但无法提高学习效率，反而会影响教学任务的顺利完成。

5.（1）这种看法是错误的。

（2）掌握知识是发展智力的基础，学生学习的知识既是人类长期积累的认识成果，又是人类认识能力的结晶，它本身蕴涵着丰富的智力因素和认识方法，知识的掌握有利于智力的发展；智力并不表现为知识本身，而是表现在获得知识的心理品质上；学生是通过积极地思维，主动地掌握知识，自如地甚至创造性地运用知识来解决理论和实际问题的过程使智力得以发展的。所以，知识的掌握并不意味着智力的发展，二者不一定成正相关。

6.（1）这种看法是正确的。

（2）教师在教学中起主导作用，这是促进学生有效学习和发展的必要条件；学生是具有主观能动性的人，他们不仅是教学的对象，而且是学习的主体；学生的学习是任何人都不能替代的，必须充分发挥学生的主体作用，才能使教师的主导作用取得良好的实际效果。所以，充分发挥学生的主体作用不但不会削弱教师的主导作用，反而更有利于教师主导作用的发挥。

7.（1）这种看法是错误的。

（2）各级各类学校开设有专门的课程并安排专门的活动来进行思想教育，但学生思想品德的形成是一个长期的、复杂的、逐步提高的过程，并不是靠几节课或活动就能完成的；必须将思想教育渗透在学生的各种活动尤其是各科教学中，因为教学内容本身就具有丰富的思想教育因素；教学过程的组织、教学方法的运用、教师的态度、思想作风、言行举止等都对学生的思想有着深刻的影响。所以，不进行思想教育的教学是不存在的，学生思想的提高有助于知识的掌握。

8．（1）这个观点是正确的。

（2）这句话表明了教学的"理论联系实际"的原则。因为学习知识目的就是要运用于实践，而实践又总是需要理论的指导，所以教学要将二者结合起来，即是将"知（理论知识）"与"行（实际实践）"结合起来。

9．（1）此观点是错误的。

（2）统一要求是指教学要面向全体学生进行，对他们提出统一要求，在德、智、体、美等方面全面发展；因材施教是指教学要承认学生的个别差异，并据个别差异而有的放矢地有差别地教学，使每个学生都能扬长避短，获得个性的充分发展。

（3）二者并不矛盾，而是相互辩证统一的。因为教学中要考虑德、智、体、美几方面的要求，不能使学生有任何一方面的偏废。学生学习各门课程时都应达到教学标准规定的基本要求，不可"因一丢十"，而要从总体的角度全面考虑教学标准。而且从中小学实际情况看，因材施教绝大多数也只能是统一教学基础上的因材施教。同时，在统一要求时老师还需注意学生的个别差异性。

10．（1）这个观点是正确的。

（2）这是启发式教学原则的体现。因为作为一名教师，要认识到学生是学习的主体，并注意调动学生的学习主动性，引导学生积极主动地学习，自觉掌握科学知识和提高分析问题和解决问题的能力。

（3）"奉送真理"对学生来说是一种被动的接受；而"教人发现真理"却是一种启发式的教学。只有学生积极主动、自觉地参与了教学，教学才可能取得效果。也有利于学生以后的学习和发展。

11．（1）这个观点是正确的。

（2）此观点遵循了教学"循序渐进"的原则。教学要按照学科的逻辑系统和学生的身心发展顺序进行，使学生系统地掌握基本知识、基本技能，从而逐步地增长知识、提高能力。"不陵节而施"即是指不拔苗助长，而是循序渐进地教学。

六、简答题

1．（1）教学是专门组织起来传授系统知识，促进学生的个体发展能在短时期内达到人类发展一般水平的最有效形式；

（2）教学是实现教育目的、实施全面发展教育、培养合格人才的基本途径。

2．（1）学校工作必须以教学为主，是社会发展的需要；

（2）学校工作以教学为主，是学生身心发展的需要；

（3）学校工作必须以教学为主，是学校区别于社会其他各部门的一个本质特点；

（4）学校工作必须以教学为主，是我国教育实践证明了的一条客观规律。

3．（1）构成教学过程的基本因素是：教师、学生、教学内容和教学手段。四个基本因素之间存在着必然的、内在的联系。

（2）各种因素之间的关系是：教师在教学过程中起主导作用，教学计划的制定、教学实施计划的制定、教学内容的加工和处理、教学方法的选择、教学进程的调控等都是由教师去组织和实施的；学生既是教学的对象又是学习的主体，学生学习的主动性和积极性对教师的教与学生的学习效果都有着至关重要的影响；教学内容是教师对学生施加影响的主要信息，规定各级各类学校教师教什么和学生学什么，是教学的主要依据；教学手段是教师为实现教学任务而采取的方法或措施，是提高教学效率的保证。四个因素相互联系、相互作用，构成了一个完整的教学系统。

4.（1）学生的认识过程与人类一般的认识过程的共同点是：都必须遵循认识的一般规律，即：实践、认识、再实践、再认识，循环往复以至无穷。

（2）学生的认识过程与人类一般的认识过程的不同点是：第一，从认识的目的来看，主要是为了获得人类积累的知识经验，提高认识能力，缩小个体认识水平与社会历史认识水平的差距；第二，从认识对象来看，学生主要是通过学习书本知识来获得发展，具有间接性；第三，从认识条件来看，学生的认识是在学校这一特殊环境中，在教师的引导下，按照预定目的进行的，具有方向性和可控性；第四，从认识序列来看，学生不应照搬人类一般认识规律，它既可从生动的直观开始，也可从抽象的理论开始，还可从有领导的实践活动开始，具有多开端性；第五，从认识过程来看，学生可以突破时空局限，走一条认识客观世界的捷径，具有简捷性。因此，教学过程是一个特殊的认识过程。

5. 教学过程的实质是：

（1）教学过程是一个特殊的认识过程；

（2）教学过程是一个促进学生身心全面发展的过程。

6.（1）间接经验是他人的认识成果，学生以学习间接经验为主，可以提高学生认识客观世界的效率；

（2）在教学过程中，以书本知识的形式表现出来的间接经验，是经过人们精心地选择、设计，并使之系统化、简约化和心理化了的系统知识。学生可以在教师的引导下循序渐进地学习，避免重复人类认识史上所经历的曲折和错误，用最短的时间和最高的效率来掌握人类创造的基本知识；

（3）学生以学习间接经验为主，有利于学生在已有间接经验的基础上创造出新的认识成果，为人类认识世界做出贡献。

7.（1）四者既有联系又有区别。

（2）四者是相互统一的，由前到后依次是抽象到具体，宏观到微观。教育方针是最宏观的表述，而教学目标是微观而具体的表述。但四者总的方向是一致的。

（3）这四者是一脉相承的，后者总是以前者为依据，是前者更具体、更细化的表述。

8.（1）这四者既有联系，又有区别。

（2）教学规律是教学及其发展变化过程中的本质联系和必然趋势，它是制定教学原则的基础和必须遵循的依据；教学原理是人们对教学规律的认识结果的一种逻辑语言表述，并不是教学规律本身。教学原理的任务和特点，在于说明教学规律；而教学规则是人们提出的供教师和学生在教学活动中共同遵循的教学制度或规章，它是教学原则的组成部分和具体细节，每个教学原则都包含一系列的具体的教学规则。

9.（1）此话体现了教学的科学性和思想性相统一的原则。

（2）"教书"是强调教学要传授科学知识，而"育人"是强调教学要培养学生良好的思想品德，强调教学对学生人格、心理、道德等方面的影响。

（3）教学中科学性和思想性是高度一致的，科学性是思想性的基础和前提，思想性是科学性的灵魂，是提高科学性的保证。

10. 要贯彻科学性和思想性相统一的原则，教学中应注意：

（1）在教学内容的选择和组织上，要注意科学性和思想性相结合；

（2）在教学过程中，应注意发掘教学材料的思想性；

（3）教师要加强自身修养。作为为人师表的教师，其自身的言行举止就是一种教育。

11. 要贯彻理论联系实际的原则，教学中应注意：

（1）依据学科内容、任务和学生的特点，恰当地联系实际；

（2）以掌握理论知识为主，加强基本理论和基础知识的教学；

（3）要重视基本技能的训练和培养；

（4）适当补充必要的乡土教材。

12. 要贯彻直观性和抽象性相统一的原则，教学中应注意：
（1）正确选择直观的教学手段；
（2）直观要与讲解结合；
（3）重视语言直观；
（4）从运用直观形象过渡到摆脱具体形象。
13. 要贯彻统一要求和因材施教相结合的原则，教学中应注意：
（1）教学要有统一的、全面的要求；
（2）要深入了解学生的个别特点；
（3）针对学生的特点，采取有区别的教学；
（4）要特别注意"尖子生"和"后进生"。
14. 要贯彻启发性原则，教学中应注意：
（1）调动学生学习的积极性和参与意识；
（2）创造最佳学习状态；
（3）启发学生积极思维；
（4）营造民主的教学氛围。
15. 要贯彻循序渐进的原则，教学中应注意：
（1）严格按照教学内容的系统性进行教学；
（2）要按照学生的身心发展特别是认知顺序教学；
（3）抓住主要矛盾，解决好重难点教学；
（4）培养学生系统学习的良好习惯。
16. 要贯彻巩固性的原则，教学中应注意：
（1）教师在讲授知识时要清晰而深刻，让学生在理解的基础上巩固知识；
（2）重视各种复习；
（3）要帮助学生掌握记忆的规律和方法；
（4）在扩充改组和运用知识中积极巩固。

七、论述题

1. 教书育人是教师的根本任务。
（1）掌握知识是提高思想的基础。通过传授知识不仅可以增长学生的知识，发展学生的认识能力，还可以加深学生对道德规范的认识，提高道德判断的能力，培养健康向上的道德情感，养成良好的道德行为习惯，为此，教师必须教好书。
（2）学生思想的提高有助于知识的掌握。学生良好的思想品德能为学生掌握知识提供正确的导向，帮助学生明确学习目的，端正学习态度，树立远大的理想，养成坚忍不拔、勇于克服困难的优良品质，会给学生的学习带来巨大的动力。为此，教师必须育人。
（3）传授知识与思想教育是密不可分、辩证统一在教学过程中的。除教学内容本身就具有丰富的思想教育因素外，教学过程的组织，教学方法的运用，教师的教学态度、思想作风、言谈举止等对学生的思想都有着深刻的影响。教学永远具有教育性。单纯地传授知识的教学是没有的，既教书又育人，才能促进学生健康地发展。

2. 教会学生学习是指在教学中，不仅要教给学生知识、技能，而且要教给学生独立获取知识和独立发展自己智力的方法和能力。教会学生学习的重要性表现在：
（1）现代社会知识的增长速度和知识的更新加快，人们在学校期间掌握的知识是有限的，随着时间的推移，很快便会不适应社会的需求。如果学校只灌输知识，不教会学生学习，学生不懂得如何学习，对学习感到厌烦或束手无策，把学习当作负担，走上社会以后，就会既不懂得发展自己的方法，也没有发展自己的愿望。

（2）把掌握知识的方法和技能教给学生，有利于把学生从被动的学习地位中解放出来，提高学习兴趣，调动学习的主动性，发展智力及各方面能力，使学生会学、乐学，提高教学效果。

教会学生学习可以从以下三方面着手：

（1）教师应有意识地对学生进行学习方法、学习能力的培养；

（2）提高学生学会学习的自觉性，帮助学生掌握学习的一整套方法；

（3）教师通过自己严谨的教学过程，充分发挥教学的示范作用，让学生从教师的教学中学到掌握知识的方法，培养学生的自学能力。

3.（1）发挥教师的主导作用是促进学生有效地学习和发展的必要条件；

（2）只有充分发挥学生的主体作用，教师的主导作用才能取得良好的实际效果；

（3）教师的主导作用和学生的主体作用辩证地统一于教学活动中，只有二者积极配合才能取得最佳的教学效果。

4.（1）布卢姆教学目标分类体系在许多国家包括中国广泛使用。布卢姆等人受行为主义和认知心理学的影响，将教学目标分为认知、情感和动作技能三个领域。每一领域内，又细分为若干层次，这些层次具有阶梯关系。每一层次又规定了一般（具体）目标。

（2）布卢姆等人把认知领域的教学目标，从低级到高级分为识记、领会、运用、分析、综合、评价六个层次。

（3）依据价值内化的程度，情感领域教学目标由低级到高级分为接受、反映、价值评价、价值观的组织、品格形成等五级。

（4）布卢姆本人并没有编写出动作技能领域的目标分类，这个领域出现了好几种分类法，目前尚无公认的最好的分类，比较著名的是辛普森（E. J. Simpson）的分类。他把动作技能领域的教学目标分为七类或者说七个层次，由低到高分别为：知觉、定势、指导下的反映、机制、复杂的外显反映、适应、创作。

5. 无论选择中小学的哪一门课程的内容，都要从确立此教学目标的三个来源综合权衡，即：学习者的需要和兴趣、现实生活的需要、学科的发展；都要遵循教学目标设计的三个基本原则，即：具体化、系统化、层次化；都要按照教学目标设计的步骤和具体要求来操作，即：确定目的、建立目标、起点确定、目标表述。

6.（1）"跳一跳摘桃子"揭示的道理是：难度适中的教学目标，对学生可以产生良好的激励作用。

（2）教学目标的难度适中，是指教学目标适度超出学生的现有发展水平，而达到学生的可能发展水平，这样最容易激励学生的学习活动，使学生具有较持久的学习动力。反之，如果目标太高，学生就会感觉"跳了也摘不了桃子"，于是望而却步，"知难而退"；目标太低，则学生感觉缺乏挑战性，"不用跳也能摘到桃子"，从而很难激励学生积极的学习活动。

（3）联系具体事例进行阐述。

八、实例分析

1.（1）吴老师的教学是尽职尽责的，他花了大量的时间和精力，充分地体现了教师的主导作用。

（2）从学生的反应来看，是被动的，吴老师满堂灌的方式，使学生无法发挥自己的主体作用。

（3）学生的学习效果不理想的根本原因就在于吴老师忽视了学生的主体作用。吴老师不重视学生的主观能动性，没有认识到学生是学习的主体，学生的学习是任何人都不能代替的，教师的主导作用发挥得再好，离开了学生的主体作用，教学都不可能取得良好的实际效果。

2.（1）具体化。其中"说出"、"记住"、"区分"、"口述"等表述明确、具体，避免了含混不清和不切实际,而且比较方便检测。

(2)系统化。按布卢姆的教育目标分类理论,上述目标表述的一、二项可归为认知学习领域中的知识,第三项可归为认知领域的领会,第四、五项可归为情感领域的接受、反应。

(3)层次化。由"说出"、"记住"到"区分"、"口述思路",是一个由低层次要求到较高层次要求的过程。

3.(1)运用了直观性与抽象性相统一的原则。斯霞老师通过自己身体语言这一直观手段的表演,引导学生形成所学事物"饱满"一词的清晰表象,丰富了他们的感性知识,并引导他们对学习内容"饱满"一词进行归纳、综合、抽象、概括等,发展了学生的理论思维。

(2)运用了启发性原则。斯霞老师认识到学生是学习的主体,并注意调动学生的学习主动性,通过提问,引导学生积极主动地学习,自觉掌握了"饱满"一词。

4.(1)该老师违背了启发性原则。

(2)首先,老师把圆面积公式写在黑板上叫学生反复念,这是一种很机械的灌输式教学,是与启发式教学背道而驰的。

(3)其次,当有学生提问公式的意思和来历的时候,老师应该抓住机会,启发学生深入理解、掌握公式的意义及来历。因为此时学生已经有了积极的思维状态和参与意识,这对于教师来说,已经有了运用启发式教学的良好环境。老师阻断学生的思维,叫学生"不要寻根问底了,把它背下来熟记就行了",是明显地违反了启发式教学。

第 七 章

一、名词解释

1. 课程包含广义与狭义两个概念,狭义的课程是指一门学科或一类活动。广义的课程是指所有学科(教学科目)的总和,或学生在教师指导下各种活动的总和。

2. 学科课程是根据学校的教育任务和一定年龄阶段学生的发展水平,从各门学科中,选择学生必须掌握的基础知识,组成各种不同的学科、学习顺序、学习周期和学习时数,分学科进行安排。

3. 活动课程是指以儿童的主体性活动的经验为中心组织的课程,也叫做生活课程、经验课程、儿童中心课程。

4. 显性课程是学校教育中有计划、有目的、有组织地实施的正式课程。通常指学校有计划地列入课程表内的所有课程,是以教学计划中所明确规定的各门学科为内容的课程。

5. 隐性课程是指学生在学习环境(包括物质的、文化的和社会关系结构的)中潜移默化地受到的非预期或非计划的影响。

6. 分科课程是指从不同门类的学科中选取知识,按照知识的逻辑体系,以分科教学的形式向学生传授知识的课程。

7. 综合课程是指有意识地运用两种或两种以上学科的知识观和方法论去考察和探究一个中心或问题。

8. 学校课程方案是指依据一定的培养目标选择课程内容,确定学科门类及活动,确定教学时数,编排学年及学期顺序,形成合理的课程体系。

9. 学科课程标准是指单科课程的总体设计,具体规定各科教学目标、教材纲要、教学要点、教学时数和编定教材的基本要求等。

10. 教材是指教师为了达到教育学生的目的,在教育教学中利用的一切素材和手段,它包括标准的教科书、形形色色的图书教材等书面印刷材料,也包括视听教材、电子教材及其他多媒体教材等。

11. 课程实施是指将被采用的课程计划付诸实践的过程,即推行计划的过程。

12. 课程评价是指用一定的方法、途径对课程的计划、活动以及结果等有关问题的价值或特点作出判断的过程。

二、填空题

1. 1996　2001　素质教育　课程理念　课程功能　课程框架　课程实施　课程评价
2. 教师　学生　教材　环境　生态系统　完整文化
3. 学习的结果　寻求结果的过程　尝试　探索　合作
4. 1918　博比特　《课程》　泰勒原理　成为独立学科的标志
5. 礼　乐　射　御　书　数　四书五经
6. 辩证法　文法　修辞　算术　几何　天文　音乐
7. 夸美纽斯　分科教学　泛智教材
8. 经验的兴趣　思辨的兴趣　审美的兴趣　同情的兴趣　社会的兴趣　宗教的兴趣　历史　科学
9. 1934　《成绩测验的编制》　1949　课程与教学的基本原理　泰勒原理
10. 结构主义课程论　学科结构
11. 施瓦布　实践取向
12. 学科知识　逻辑顺序　年龄特征　学习顺序　学习周期　学习时数
13. 卢梭　自然发展　锻炼　劳动　观察事物
14. 掌握、传递和发展　直接经验和真实体验
15. 教材　课程内容　课程目标　测验和评价
16. 教材　教学活动　班级氛围　人际关系　校园文化　社会环境　家庭中的文化价值
17. 主学习　副学习　附学习
18. 学校课程方案　学科课程标准　教材
19. 课程标准总纲　各科课程标准
20. 前言　课程目标　内容标准　实施建议　附录
21. 知识与技能　过程与方法　情感态度与价值观
22. 课程计划　课程采用　课程实施　课程评价
23. 观念层次的课程　社会层次的课程　学校层次的课程　教学层次的课程　体验层次的课程
24. 个人主义文化　派别主义文化　人为合作文化　自然合作文化
25. 量化评价方法　质性评价方法
26. 形成性评价　总结性评价　目标本位评价　目标游离评价　内部人员评价　外部人员评价
27. 革新方案的特征　校区层面的因素　采用单位的特征　环境特征

三、选择题

1. ①　2. ①　3. ②　4. ②　5. ④　6. ③　7. ④　8. ①　9. ②　10. ②　11. ③
12. ④　13. ②　14. ③　15. ④　16. ①　17. ①　18. ②　19. ③　20. ③

四、判断题

1. −　2. ＋　3. −　4. −　5. ＋　6. ＋　7. −　8. ＋　9. −　10. −　11. ＋
12. −　13. −　14. ＋　15. −　16. ＋　17. −　18. ＋　19. ＋　20. −　21. ＋
22. −　23. ＋　24. −　25. ＋　26. ＋　27. ＋

五、辨析题

1.（1）此观点是错误的。
（2）广义的课程是指所有学科（教学科目）的总和，或学生在教师指导下各种活动的总和，课程既包括学程也包括教程。

2.（1）此观点是错误的。

（2）现代课程论把课程视为教师、学生、教材、环境四因素间交互作用的动态的情景，赋予了课程生命力，课程由此变成一种动态的、生长性的"生态系统"和完整文化。

3.（1）此观点是错误的。

（2）关注教学过程中课程的教育价值，强调"过程课程"，是强调教学进程中教师和学生的主体性得到充分发挥，使教学的进程取得富有创造性和非预期的教育价值，并不是不要目标、计划，而是把目标、计划整合到教学情景中，使之促进而不是抑制人的创造性的发挥。

4.（1）此观点是错误的。

（2）隐性课程是指学生在学习环境（包括物质的、文化的和社会关系结构的）中潜移默化地受到的非预期或非计划的影响。

（3）学生无时无刻不在受着来自环境的各种影响，隐性课程可以为学生创设宽松、自由、真实、富有创造性的教育教学环境，促进学生对显性课程的学习动机与兴趣的产生，提高学习效率。

5.（1）此观点是正确的。

（2）课程由聚焦学习的结果转向寻求结果的过程，即重视学生在学习过程中的尝试、探索、合作等，它对于激发学生的学习动机、教会学生学习、培养创新精神和实践能力、发展学生的个性都有不可替代的作用。

6.（1）此观点是错误的。

（2）教学不只是忠实地实施课程的过程，而是创生课程与开发课程的过程。

（3）教学对课程建设具有能动作用。

7.（1）此观点是错误的。

（2）学科课程具有逻辑性、系统性、简约性的优点，可以使学生在有限的时间内高效率地获取系统知识。这是其他课程类型不可取代的优势。

（3）学科课程仍然是占主导地位的课程类型，它自身存在的不足可以由其他课程类型来克服。

8.（1）此观点是正确的。

（2）活动课程重视学生的需要与兴趣，尊重学生的主体性，重视学生通过亲身体验获得直接经验，有利于培养学生解决实际问题的能力和人格的完善。

（3）活动课程在一定程度上弥补了学科课程带来的弊端，可以满足培养具有主动精神、创造意识与创造能力的人才的社会需求。

9.（1）此观点是错误的。

（2）综合课程是指有意识地运用两种或两种以上学科的知识观和方法论去考察和探究一个中心或问题。综合课程不可能综合所有课程类型的优点。

（3）综合课程也存在着明显的局限，知识的琐碎化、教师的知识结构、学校的结构、课程的开发与实施的技能和课程评价等问题一直是困扰和阻碍着综合课程的难点。

10.（1）这种观点是不正确的。

（2）所谓教材，是教师为了达到教育学生的目的，在教育教学中利用的一切素材和手段，它包括标准的教科书、形形色色的图书教材等书面印刷材料，也包括视听教材、电子教材及其他多媒体教材等。教科书是教材的一个重要的组成部分，但并不是全部内容。

11.（1）这种观点是正确的。

（2）课程是教育的一个组成部分，随着素质教育的推进，原有的课程体系已日益显露出其弊端，已经成为素质教育推进的绊脚石。在国际教育改革大浪潮的影响下，1999年6月，我国召开了新中国成立以来的第三次全国教育工作会议，国务院批转了教育部《面向21世纪教育振兴行动计划》，提出了改革现行基础教育课程体系，新一轮基础教育课程改革开始启动。所以，这一轮的新课程改革是我国推进素质教育过程中的一个有力的措施。

12.（1）这种说法是不正确的。

（2）课程标准与教学大纲并不只是名称不同，二者存在很大的差异。首先，二者考虑的重点不同。教学大纲是规定各教学科目的教学工作的一个纲领性文件，其考虑的重点是教学工作的开展，规定也十分具体细致，以便对教师的教学工作起到具有直接操作性的指导作用。而国家课程标准是规定国家对国民在某一方面（或领域）应该具有的基本素质所提出的要求。

13.（1）这种说法是不正确的。

（2）课程评价是指以一定的方法、途径对课程的计划、活动以及结果等有关问题的价值或特点作出判断的过程。

依据评价与预定目标的关系，可以把课程评价分为目标本位评价和目标游离评价。目标本位评价是以课程目标为基础进行评价。这种评价主要是为了探明课程目标在课程实施中的实现程度。但目标本位评价过分强调目标，往往忽略课程实施过程的生成性意义，压抑教学的自主性，是一种狭隘的评价观。目标游离评价正是针对目标本位评价的缺陷而提出的一种评价类型，它要求脱离预定目标，重视课程与教学的所有结果，包括非预期结果，尽可能全面客观地展示这些结果。采用目标游离评价则评价重点由"计划想干什么"转变为"计划实际干了什么"，使评价结果更具有客观性，拓展了课程评价的视野。

所以，课程评价不仅仅考察目标实现程度，还应包括更宽泛的内容。

六、简答题

1.（1）课程是对教学的目标、内容、活动方式和方法的规划和设计，是教学的依据，也是教学活动中的一个基本要素。课程确定的是教学过程中"教什么"的问题。

（2）教学是利用各种手段实施课程的过程，是将课程变成学生的经验体系的过程，是确定"怎样教"的问题。

（3）教学对课程建设具有能动作用，二者相互转化，有机整合。

2. 学科课程的优点主要表现在：

（1）逻辑性。按照学科固有的逻辑组织起来的课程，有利于系统地传承人类文化遗产。

（2）系统性。通过学习按逻辑组织起来的教材，有助于学生获得系统的文化知识。

（3）简约性。教师可以充分发挥主导作用，能保证学生在有限的时间内高效率地获取知识。

学科课程也具有自身的局限和缺陷，主要表现在：

（1）过分强调学科固有的逻辑体系，容易忽视学生的需要、兴趣、经验和生活。

（2）过分强调理论知识的学习，容易忽视知识的实际运用和学生能力的培养。

（3）过分强调知识的系统性，容易导致教学组织形式和教学方法的单一。

（4）过分强调知识体系的稳定性，容易导致课程内容改革与更新的困难。

3. 活动课程具有以下优点：

（1）重视学生的需要与兴趣，尊重学生的主体性，有利于学生学习的主动性、积极性的发挥。

（2）强调教材的心理组织，有利于学生在与文化、与科学知识的交互作用的过程中，获得人格的不断发展。

（3）强调实践活动，重视学生通过亲身体验获得直接经验，有利于培养学生解决实际问题的能力。

（4）重视课程的综合性，主张以社会生活问题来整合各种知识，有利于学生获得对世界的完整认识。

活动课程的局限主要表现为：

（1）过分地夸大了儿童个人经验的重要性，忽视系统的学科知识的学习，容易导致"功利主义"，降低学生的系统知识水平。

（2）忽视儿童思维力和其他智力品质的发展。

（3）活动课程的组织较困难。

4. 活动课程的主要观点有：

（1）课程设置应当以儿童的活动为中心，而不是以学科为中心。

（2）应当以儿童的直接经验作为教材内容。

（3）教材编排应注意儿童的心理结构。

5.（1）分科课程与综合课程是两种不同的课程，分科课程是一种单一学科的课程组织模式，它强调不同学科的相对独立性和学科知识的逻辑体系。综合课程是一种多学科的课程组织模式，它强调学科之间的关联性和内在联系。

（2）分科课程与综合课程存在内在的联系，分科课程与综合课程的区分是相对的，二者相互依赖、相互作用。

（3）综合课程是促进学生全面发展的一种手段，综合不是目的，强调综合并不意味着对学科课程全盘否定。

（4）学科课程仍然是学校教育的主流课程形式，应该把分科课程与综合课程有机地结合起来，取长补短，有效地促进学生的全面发展。

6.（1）革新方案的特征：这项变革是必须的，方案的建议是清晰的，变革的规模和复杂性适中，并且方案具有实用性。

（2）校区层面的因素：校区的革新史、采用过程、管理部门的支持、教师的发展与参与、时间与信息系统（评价）、社区及委员会的特征。

（3）采用单位的特征：校长的角色；组织氛围；人员因素。

（4）环境特征：政府机构和外部协助。

7.（1）依据评价的作用和性质的不同，可以把课程评价分为形成性评价与总结性评价。

（2）依据评价与预定目标的关系，可以把课程评价分为目标本位评价和目标游离评价。

（3）依据评价人员的身份不同，可以把课程评价分为内部人员评价和外部人员评价。

8. 课程标准的含义主要包括以下几个方面：

（1）课程标准主要是对学生在经过某一学段之后的学习结果的行为描述，而不是对教学内容的具体规定。

（2）它是国家制定的某一学段的共同的、统一的基本要求，而不是最高要求。

（3）学生学习结果行为的描述应该尽可能是可理解的、可达到的、可评估的，而不是模糊不清的、可望不可及的。

（4）隐含着教师不是教科书的执行者，而是课程的开发者。

（5）课程标准的范围应该涉及作为一个完整的个体发展的三个领域，即认知、情感与动作技能。

七、实例分析

1.（1）这段隐喻生动形象地描述了课程与教学之间的复杂的关系。

（2）课程与教学是存在区别的。课程是课堂教学、课外学习以及自学活动的内容纲要和目标体系，是教学和学生各种学习活动的总体规划及其过程。教学是以课堂内容为中介的师生双方的教和学的统一的活动。就如同"乐谱"与"演奏"并不是同一种现象。

（3）课程与教学存在着有机的联系。一方面，教学作为课程开发的过程。在课堂教学中，教师与学生主体性充分发挥的过程即是共同创生课程的过程。另一方面，课程作为教学事件。课程不仅仅是静态的书面文件，课程是教育情景中不断生成的经验。在课堂教学情景中，教师与学生不断创造、解释，内容不断变革，意义不断生成。课程正是这一系列课堂教学事件及由此实现的内容的变革与意义的生成。就像球赛中，球员与教练的所有的活动最终形成了球赛的整个过程。

2.（1）此材料中强调学生的思维能力的培养，如"初步学会分析影响气候的主要因素"；强调学生所获知识与生活实际的联系，强调科学态度及习惯的养成，如"认识气候与人类生产、生活的相互关系"等。此材料充分体现了课程标准中素质教育观念的渗透和落实。

（2）从此材料可以看出新课程标准力图突破学科中心，改变过于强调繁复的知识的积累，而开始关注学生基本学力的形成与提高，以及知识的及时更新，如"加强化学与社会技术生活相联系的内容"等。

（3）从此材料我们发现，在新课程中关注学生学习方式的改善，力图改变过去在课程实施中，学生学习过于被动的状况，积极引导学生开展自主性、探究性和合作性学习。

（4）从此材料可以看出，新课程标准力图进一步提高课程的适应性，对学生经过一学段的学习结果提出基本的要求，满足了课程实施情景的差异性，为课程实施提供了更广阔的空间。

3. 这两段材料体现了课程评价新的发展趋势。

（1）材料1中通过投实心球的测量，观察学生的操作过程，及对在过程中的各种不同的表现进行综合评价。首先体现了课程评价从目标取向向过程取向和主体取向的转变，强调把学生在教学运行中的全部过程的全部情况都纳入评价的范围，强调评价者与具体评价情境的交互作用，主张凡是具有教育价值的结果，不论是否符合预定目标，都应当受到评价的支持与肯定。

其次，还体现出课程评价在评定问题方面，从虚假性转向真实性和情境性。新的评价模式注重设计具有真实性、情境性的问题，如材料中具体的测量投掷实心球的距离，以培养学生解决实际问题的能力与创造力。

（2）材料2中的这一段评语针对一定学段学生的特点，评价结果采用了定性描述的方式，并用了鼓励性的语言描述学生数学学习的情况，体现出课程评价在评价方法方面，正由以量化评价为主逐渐转变到重视质性评价的作用。

4.（要点）本材料主要体现了在新课程中合理开发与利用课程资源的可能性与必要性。

（1）新课程"三级课程管理"的模式，为不同地区课程实施提供了更灵活的机制。

（2）各地区同时也应该根据本地区特点，因地制宜，合理开发和利用当地课程资源，并努力使课程实施与当地经济社会发展相结合。

八、论述题

1.（1）从强调学科内容到强调学习者的经验和体验。

（2）从强调目标、计划到强调过程本身的价值。

（3）从强调教材这一单因素到强调教师、学生、教材、环境四因素的整合。

（4）从只强调显性课程到强调显性课程与隐性课程并重。

（5）从只强调学校课程到强调学校课程与校外课程的整合。

随着信息社会的到来，学校教育越来越呈现出一种开放形态，越来越倾向学校、家庭、社区的融合。课程变革也不能固守学校课程的疆域，而应包括广阔的富有教育意义的校外社会环境的影响。学校教育培养出来的学生也不再是那种只会死读书的书呆子，他们必须了解社会，掌握为社会服务的本领，具有较强的社会适应能力。这就需要将学校课程与校外课程进行有效地整合。

从总体上审视课程内涵的发展趋势，至少在四个方面昭示了对课程理解的变化：①重心转移：由"应该给予学生什么"和"教师教了什么"转向更关注"学生实际获得了什么"。②焦点调整：由聚焦学习的结果转向寻求结果的过程，即尝试、探索、合作等，它对于激发学生的学习动机、教会学生学习、培养学生的创新精神和实践能力、发展学生的个性有不可替代的作用。③视野拓展：由传授人类共同的经验到学生在课程中得到的个性化的经验与体验以及潜移默化地获得的一切经验。④构成扩充：由课程（即教材）扩充到教师、学生、教材、环境的共同作用。

2. 随着世界教育和课程理论的发展，课程评价也逐渐出现新的发展趋势：

（1）在价值取向方面，从目标取向转变为过程取向和主体取向。随着人们在课程领域对"解放兴趣"的追求，课程评价逐步从目标取向的评价过渡为过程取向的评价，最终向主体取向的评价模式发展。

（2）在评价功能方面，从侧重甄别到侧重发展。当前逐步开始倡导的发展性评价是把评价视为是课程的有机组成部分，是作为促进学生发展的有效手段。

（3）在评价方法方面，从量化评价到质性评价。20世纪60年代后期，人们开始对一直占据支配地位的量化评价方法展开了反思和批判。70年代相继出现了多种质性评价模式，并于80年代逐渐影响教育实践。质性评价是为了更逼真地反映教育状况，在实践中应该把质性评价和量化评价结合起来，实现整合互补。

（4）在评定问题方面，从虚假性转向真实性和情境性。传统的评价往往具有虚假性，新的评价模式却注重设计具有真实性、情境性的问题，以培养学生解决实际问题的能力与创造力。

3. 新课程的基本理念主要体现在以下几个方面：

（1）促进课程的适应性和课程管理的民主化。为保障和促进课程对不同地区、学校、学生的要求，新课程实行国家、地方和学校三级课程管理。这标志着我国基础教育在课程权力方面进行了重大的调整，促进了课程的适应性。

（2）倡导学生的全面、和谐的发展。新课程追求教学目标的三维统一，即将"知识与技能""过程与方法""情感态度与价值观"三者统一起来。通过人的自然性、社会性和自主性的和谐发展，以培养人格完整的人。

（3）重构课程结构，注重课程内容的生成性。为了克服原有课程结构过于强调学科本位、科目过多和缺乏整合的现象，这次课程改革在课程结构上做了重要调整，整体设置了九年一贯的课程门类和课时比例，并在各个年级适当设置综合课程。在课程内容上，关注学生经验的生长性。

（4）寻求学生主体对知识的建构。新课程倡导"自主、探究与合作的学习方式"。倡导学生主动地参与教学过程，真正确立其在学习中的主体性地位，成为学习的主人。

（5）拓展课程资源。新课程强调要积极开发并合理利用校内外各种课程资源，所有这些课程资源为课程的实施拓宽了空间和视野，使课程的理念能更好地真正得以实现。

4. 新课程对教师提出了新的要求，主要表现在以下几个方面：

（1）增强课程意识，由课程规范的复制者而成为新课程的创造者。自觉研究新课程的理念和课程理论的宏观发展趋势，优化自身的课程理论素养；教师要对新课程进行积极的理解与重组。

（2）确立正确的学生观，积极转变角色。在新课程的背景下，教师不再是知识的传声筒，而应该是学生发展的促进者，积极引导学生转变学习方式，真正成为学习的主体。

（3）积极提高自身教育理论水平、教育科研能力、信息技术应用能力和外语水平。

第八章

一、名词解释

1. 教学策略是指以一定的教育思想为指导，在特定的教学情境中，为实现教学目标而制定并在实施过程中不断调适、优化，以使教学效果趋于最佳的系统决策。

2. 教学准备策略是指教师在课堂教学前所要处理的问题解决行为，也就是教师在制定教学方案（如教案）时所要做的工作。它包括教学目标的确定与叙写、教学材料的处理与准备（包括课程资源的开发与利用）、主要教学行为的选择、教学组织形式的编制以及教学方案的形成。

3. 课程计划是在规定的时间里组织和安排要教授的内容而制定的计划。

4. 课时计划也称为教案，这是对每一堂课具体深入的教学准备，是对师生课堂上预期的教学活动的设计和描述。

5. 教学组织形式是教师和学生为实现教学目标，按照一定的制度和程序而实现的教学活动的社会结构形式。

6. 班级授课制是把年龄和学习程度大体相同的学生编成若干个人数一定的固定的教学班级，教师根据规定的课程、教学进度、教学时间，对学生进行集体教学的一种组织形式。班级授课制也叫课堂教学。

7. 单一课，是指一节课内主要完成一种教学任务的课。

8. 综合课，又称混合课或复杂课，是指在一节课内完成两种以上教学任务的课。

9. 课堂教学策略是指教师为实现课堂教学目标或教学意图而采用的一系列具体的问题解决行为方式。

10. 先行组织者是指在教学内容学习之前呈现的引导性材料。它是奥苏伯尔在20世纪60年代初提出的一种改进教材的组织与呈现方式的策略。

11. 讲授策略是指教师以语言为载体，向学生传输知识信息、表达思想感情、指导学生学习和调控课堂活动的一种教学行为策略。

12. 对话策略是指教师与学生通过互动交流和沟通，促进知识和技能掌握、各种能力培养和提高的教学行为策略。

13. 问答策略也叫提问策略，是教师根据学生已有的知识经验提出问题，引导学生独立思考并回答问题，从而获得知识、发展能力的教学行为。

14. 讨论策略是学生在教师指导下，为解决某中心问题而进行探讨、研究，明确是非，互相学习，共同提高的一种教学行为。

15. 指导策略是教师对学生的阅读、练习和活动等进行指导的一系列教学行为策略。

16. 练习指导策略是教师指导学生运用所学理论去解决实际问题，达到学会知识和技能的目标，保证教学顺利进行的行为策略。

17. 阅读指导策略是教师指导学生独立阅读教学材料，帮助学生理解阅读内容和学会阅读方法，培养阅读能力的行为策略。

18. 活动指导策略是教师组织、引导和促进学生独立从事操作或实践活动，以培养学生创新精神和实践能力的行为策略。

19. 主动参与教学策略是学生在教师的激励、引导下，主动积极地置身于教学活动中以掌握知识、发展能力的教学策略。

20. 探究教学策略是学生在教师的引导下，通过对事物现象的探索研究，获得该事物现象的本质及现象间规律性联系的知识，发展智力能力，特别是抽象逻辑思维能力的教学策略。

21. 合作教学策略是以学习小组为教学活动的基本单位，通过小组内成员的分工协作去达成小组共同目标，并以小组活动的整体效果为教学评价的主要指标的教学策略。

22. 课堂管理是指教师为了保证课堂教学的秩序和效益，协调课堂中人与事、时间与空间等各种因素及其关系的过程。

23. 课堂心理气氛又称课堂气氛，是师生在课堂上所表现出来的情绪、情感状态（包括师生的心境、精神体验和情绪波动，以及师生之间的人际关系）。

二、填空题

1. 如何教　如何学
2. 教学准备策略　教学实施策略　教学评价策略
3. 指向性　操作性　综合性　调控性　灵活性　层次性
4. 指导思想　教学目标　实施程序　操作技术　教学目标
5. 有组织　有计划　有目的
6. 教学素材的处理　教学方案的设计　教学组织形式的选择

7. 学科课程标准　教科书　教学参考资料
8. 说明部分　本文部分　参考书目
9. 通　透　化
10. 陈述性知识　程序性知识　策略性知识
11. 知识的逻辑顺序　学生的心理顺序
12. 导入　呈现　运用　总结
13. 内容处理　活动设计　方法设计　时间设计
14. 条目式教案　表格式教案　详案　简案
15. 个别教学　小组教学　班级授课制　直接的教学组织形式　间接的教学组织形式
16. 教学任务
17. 单一课　综合课
18. 基本途径　主战场　课堂教学策略
19. 陈述性知识的教学策略　程序性知识的教学策略　策略性知识的教学策略　讲授策略　对话策略　指导策略
20. 主动参与策略　探究策略　合作策略
21. 奥苏伯尔　20世纪60年代初　组织与呈现方式的引导性材料
22. 联结策略　组织策略　展开策略
23. 了解　转化　策略熟练应用
24. 语言　知识信息　思想感情　学习　调控
25. 板书　板书　设计　适时
26. 双边　交流与互动　问答策略　讨论策略
27. 发问　候答　叫答　理答
28. 清晰　尽量多且均等
29. 经验　体验　独特看法　激励　对话　合作与协商　自主积极性
30. 练习指导　阅读指导　活动指导
31. 知识传授　学生发展　教师"教"　学生"学"　结果　过程　统一规格　差异性
32. 座位安排　教室布置
33. 支持型　防御型
34. 教师个性　师生沟通
35. 倾听　心理换位

三、选择题

1. ①　2. ③　3. ③　4. ③　5. ②　6. ①　7. ③　8. ②　9. ④　10. ③　11. ③
12. ④　13. ②　14. ②　15. ④　16. ③　17. ②　18. ①　19. ②　20. ①　21. ③
22. ②　23. ③　24. ①　25. ③

四、判断题

1. −　2. 　3. ＋　4. −　5. −　6. −　7. ＋　8. −　9. ＋　10. −　11. −
12. −　13. ＋　14. ＋　15. −　16. ＋　17. ＋　18. −　19. −　20. −　21. ＋
22. −　23. ＋　24. ＋　25. −　26. −　27. ＋　28. ＋　29. −　30. ＋　31. ＋

五、辨析题

1.（1）这种观点是错误的。
（2）教学设计是教学活动开展之前的准备工作，是对整个教学活动的计划和安排。而教学策略是教师为了实现教学目标，根据教学情境的特点，对教学实施过程进行的系统决策活动，是在教学准备阶段进行设计、谋划，形成一定的方案。从可操作的层面上说，教学策略属于教学设计的一个重要组成部分。但教学策略与教学设计各有自身的内涵，进行教学设计时要考虑教学策略的制定、选择与运用。教学策略选择与运用时，又必须通盘考虑教学的整个设计。教学设计一旦完成就比较定型，包括的范围比较广，而教学策略的运用范围较窄，且具有较强的灵活性。

2.（1）这种观点是错误的。

（2）教学策略的含义比教学方法要宽广，层次也比教学方法更高。教学策略不仅包括对教学方法的选择，还包括对教学媒体和教学形式的选择等。教学方法为教学策略服务，教学策略又通过各种教学方法的运用而得到实现，但教学策略不是教学方法的简单堆积或串联，而是比教学方法更高级、更一般，是对教学方法具有统摄、控制和调节作用的教学决策活动。教学方法是更为详细具体的方式、手段和途径，它是教学策略的具体化，要受制于教学策略。

3.（1）这种观点是错误的。

（2）教学策略是对教学模式的进一步具体化，教学模式则包含教学策略。教学模式是用于构成课程和课业，选择教材，提示教师在课堂或其他场合指导教学的一种计划或范型，只规定了某种教学内容的一般教学程序，具有简约化、概括化、理论性和相对稳定性的特点。教学模式规定着教学策略，属于较高层次。教学策略比教学模式更详细、更具体具有操作性、实用性。

4.（1）这种观点是错误的。

（2）教学准备策略是指教师在课堂教学前所要处理的问题解决行为，也就是教师在制定教学方案（如教案）时所要做的工作。它包括教学目标的确定与叙写、教学材料的处理与准备（包括课程资源的开发与利用）、主要教学行为的选择、教学组织形式的编制以及教学方案的形成。由此可见，教学准备策略不仅仅指撰写教案。

5.（1）这种看法是正确的。

（2）教学方案设计就是对整个教学系统的规划，是教师教学准备工作的组成部分，是在分析学习者的特点、教学目标、学习内容、学习条件以及教学系统组成部分特点的基础上统筹全局，提出教学具体方案，包括一节课进行过程中的教学结构、教学方式、教学方法、知识来源、板书设计等。通过对教学方案的设计，教师可以对教学活动的基本过程有整体把握。

6.（1）这种看法是错误的。

（2）班级授课制是一种普遍的教学组织形式，它有自身的优点，如可以提高教师工作效率、有利于开展集体教育、有利于发挥教师主导作用。但同时，班级授课制也有其缺点，如不利于因材施教、易与社会实践相脱离、易阻碍学生主体作用的发挥。事实上，没有一种教学组织形式是最好的，都各有利弊。教师应该考虑各种因素，灵活运用。

7.（1）这种观点是错误的。

（2）程序性知识教学中，加强练习能促进学生对知识的掌握。但并非一切练习都是有益的。有效练习的策略是：选择合适的练习方法；精选练习内容；充分利用反馈的强化作用；指导学生保持良好的心理状态。

8.（1）这种观点是错误的。

（2）策略性知识的学习离不开具体的学科内容，为了提高学科内容的学习效率，也为了更好地帮助学生在学习学科内容过程中掌握策略性知识，不应该单独进行训练，最好的办法是将单独开设的策略课与学科知识的教学过程中的直接传授策略相结合。

9.（1）这种观点是正确的。

（2）讲授策略之所以成为教师最常用的教学行为，是因为它在教学过程中传递的信息量大、效率高；

有利于教师充分发挥主导作用；有利于学生在短时间内获得系统的知识技能，并从中受到教育。

10.（1）这种看法是错误的。

（2）问答行为是教师根据学生已有的知识经验提出问题，引导学生独立思考并回答问题，从而获得知识、发展能力的教学行为。为了使全班学生集中注意力，主动积极地参与到教学过程中来，认真思考和回答问题，教师面向全班学生提出问题后，应提供3～5秒钟时间供学生思考问题、组织答案。

11.（1）这种看法是错误的。

（2）讨论策略能充分体现学生的主体作用，培养学生独立思考和解决问题的能力，这是值得肯定的优点。但由于讨论策略的运用必须以学生具有一定的基础知识及一定的独立思考能力为前提，因此，在低年级学生的教学和新知识教学中一般不适宜采用。

12.（1）这种观点是错误的。

（2）学生是探究的主体，学生探究的对象主要是人类已知领域中的知识，而学生是发展中的人。因此，学生的探究活动主要是一种验证性的探究活动，它有别于科学家的探究活动，必须在教师的引导下进行。教师引导学生开展探究活动的主要价值在于促进学生发展而不在于对人类的独创性的贡献。

13.（1）这种看法是错误的。

（2）当学生出现课堂问题行为时，教师能及时制止、矫正，这是课堂管理的重要组成部分。但真正有效的课堂管理并不仅仅在于对课堂问题行为的制止，更重要的是教师应学会预防课堂问题行为的产生。所以，有效的课堂管理还应包括对问题行为的预防性策略。

六、简答题

1. 制定和选择教学策略的依据是：

（1）教学的具体目标与任务。

（2）教学内容的特点。

（3）学生的实际情况。

（4）教师本身的素养。

（5）教学时间和效率的要求。

2. 教学目标设计的步骤包括：

（1）钻研课程标准，分析课程内容。

（2）了解学生现有状态和水平，以及对教学内容的熟悉程度。

（3）确定教学目标分类。

（4）列出具体教学目标。

3. 教学内容设计应注意以下几点：

（1）要选择适宜贴切的内容。

（2）组织内容时要把知识的逻辑顺序和学生的心理顺序相结合。

4. 陈述性知识是个人关于事物及其关系的知识。根据陈述性知识学习的规律，教学中应采取以下策略：

（1）激发学习动机。

（2）提出明确的学习目标。

（3）提供"先行组织者"。

（4）激活原有相关知识。

（5）对知识信息进行深加工，促进理解。

（6）设法维持和集中学生注意。

（7）指导学生选用有效的学习策略。

（8）加强和组织有效的练习。
（9）适时给予反馈。
（10）认真总结和复习。
（11）加强学习迁移指导。
（12）测量学习效果。
5. 程序性知识的教学策略为：
（1）分析学习任务，找出必要的条件。
（2）提供示范，加深理解。
（3）进行有效的练习。
（4）创设知识运用的情境，促进迁移。
6. 策略性知识的教学策略：
（1）专门教学与渗透教学相结合。
（2）选择合适的教学内容。
（3）引导学生生成适合自己的新策略。
（4）加强监控训练，保证新策略的运用。
（5）鼓励学生在不同的情景中运用策略。
（6）正确测量和评价学习效果。
7.（1）不要让少数学生把持讨论。
（2）学生发表的意见不可离题太远。
（3）避免讨论循环重复。
（4）调和讨论中的争执。
（5）允许并鼓励学生发表创造性的见解。
8.（1）让学生明确练习目的，提高练习的自觉性。
（2）指导学生做好对知识、方法、技能理解和运用上的准备。
（3）加强变式练习。
（4）及时检查练习。
（5）建立练习常规。
9.（1）帮助学生明确阅读的目的、任务和范围。
（2）教给学生阅读方法，培养学生良好的学习习惯。
（3）加强阅读辅导。
10.（1）指导学生设计活动方案。
（2）引导学生做好资料搜集和知识准备。
（3）根据具体情况给予适时、适度的点拨，并鼓励学生敢于质疑，锻炼学生的能力。
（4）提供活动的基本条件。
（5）指导学生做好活动的总结与成果交流，把活动推向深入。
11.（1）积极引导，全员参与。
（2）加强指导，主动参与。
（3）分类指导，差异参与。
12.（1）恰当选择适宜课题。
（2）合理编制小组。
（3）精心安排教学进程。

（4）实施师生合作评价。

13. 建立课堂规则的依据包括：

（1）相关法令与规章。

（2）学校及班级传统。

（3）学生及其家长的期望。

（4）课堂风气。

14. 学生自我管理的策略包括：

（1）行为自控任务的确定。

（2）注意选择策略。

（3）修改任务。

（4）计划。

（5）自我监控。

（6）执行结果。

七、论述题

1. 教学策略对整个教学起控制、支配作用。为更好地发挥教学策略的作用，提高教学效率，教师在运用教学策略时应注意：

（1）树立正确的教学指导思想。

（2）树立完整的观点。

（3）坚持以学生的主动自主学习为主。

（4）寻求教学策略的多样化配合和变通运用。

2. 事实性知识也就是陈述性知识，即个人关于事物及其关系的知识，它是以命题及其命题网络来表征。

事实性知识的教学应注意以下策略：

（1）激发学习动机。

（2）提出明确的学习目标。

（3）提供"先行组织者"。

（4）激活原有相关知识。

（5）对知识信息进行深加工，促进理解。

（6）设法维持和集中学生注意。

（7）指导学生选用有效的学习策略。

（8）加强和组织有效的练习。

（9）适时给予反馈。

（10）认真总结和复习。

（11）加强学习迁移指导。

（12）测量学习效果。

（联系某门学科教学进行分析。）

3. 学生的探究活动有别于科学家的探究活动，表现在：

（1）学生的探究活动必须在教师的引导下进行。

（2）学生的探究活动主要是一种验证性的探究活动。

（3）学生探究活动的目的不仅是获得人类已有的知识技能，更主要的是培养科学认识事物的兴趣，获得独立探究知识和解决问题的方法、能力以及对问题进行抽象逻辑思维的能力。

探究教学有助于培养学生的动手能力、思维能力和创新能力。选择和运用探究教学应注意：

（1）慎重选择探究课题。

（2）创设探究情境。

（3）教师既要加强指导，又要放手让学生独立探索和思考。

（4）组织表达、进行交流。

4. 班级授课制的优缺点包括了：

优点：（1）可以提高教师工作效率。

（2）有利于发挥教师的主导作用。

（3）有利于开展集体教育。

缺点：（1）不利于因材施教。

（2）容易与社会实践相脱离。

（3）不利于学生主体作用的发挥。

总之，教师在选择教学组织形式时要考虑教学目标、采用的教学行为、学生的能力水平以及教师的教学风格等因素，合理灵活运用各种教学组织形式。

5. 课堂心理气氛又称课堂气氛，是指师生在课堂上所表现出来的情绪、情感状态（包括师生的心境、精神体验和情绪波动，以及师生之间的人际关系）。它对教学活动的开展及教师对课堂的管理有着重要的影响作用。课堂心理气氛与教师个性和师生沟通有着密切联系。

因此，营造好的课堂气氛得先从塑造教师良好个性品质开始，包括教师的热情、开朗、诚恳、公正、宽容、幽默、机智、富有爱心、以身作则等。其次，教师还应该学会与学生沟通。包括准确表达和学会移情，站在学生的角度去思考问题，感受学生情绪。移情需具备倾听和心理换位两项技能。

八、实例分析

1.（1）实例中李老师的教学行为是不妥的，违背了问答策略的操作要求，不利于调动学生学习的积极性，阻止和扼杀了学生的创造性的发挥。

（2）问答策略是教师根据学生已有的知识经验提出问题，引导学生独立思考并回答问题，从而获得知识、发展能力的教学行为。问答策略的运用不仅仅是老师提问学生，为了激发学生的思维和创造性，调动学生学习的积极性，发挥和体现学生的主体作用，教师应鼓励学生提出质疑，使学生认识活动能够积极主动地发展，能动地获得知识技能。

（3）面对王冲同学的大胆提问，李老师应给予充分肯定和表扬，不能也不应该加以指责。处理办法有多种：发动全班同学参与讨论；作为思考题，请学生课后通过查找资料进行研究与探讨。

2.（1）实例中张老师的观点是错误的。

（2）对话策略通过教师与学生的互动交流和沟通，虽能充分体现学生的主体地位，培养学生的分析问题和解决问题的能力，活跃课堂气氛。但耗时量大，不利于系统知识的学习；组织不当，易形成表面热闹收效小的局面。

讲授策略尽管存在着信息传递具有单向性，学生在教学过程中的主体地位难落实，课堂交流沟通单调等局限，但教师能充分发挥主导作用；信息传递的效率高，耗费课时少；学生可以在短时间内获得系统的知识技能。

根据教学过程的特点和教学目标，讲授策略是教师教学最基本的教学行为。

（3）没有一种教学策略是万能的。教学中，为提高教学效率，教师要根据不同的教学目标和内容、不同的教学情境、不同的教学环节，选择和运用不同的教学策略。

3.（1）"教无定法"并不是指可以随意选择教学方法，而是指教学方法具有多样性、灵活性和创新性。

（2）灵活多样和创新不是随意的主观行动，而是受各种因素制约的。教学方法的选择也受多种因素制约。①依据教学目标、教学任务、教学进度和教学时间；②依据教学内容特点；③依据师生双方的实际情况；④根据现有教学条件。

第 九 章

一、名词解释

1. 科学是人类对自然、社会和思维等现象的规律性的认识。它以系统的有组织的知识形态反映出来。
2. 科学研究是运用严密的科学方法，从事有目的、有计划、有系统地认识客观世界、探索客观规律的活动过程。
3. 假设是运用思维、想像对所研究的事物的本质或规律的推测或尝试性解释。
4. 变量是研究者操纵、控制或观察的条件或特征。
5. 自变量是指用来预测的变量。
6. 因变量是指被观测的变量。
7. 操作性定义是用可以感知、度量的事物或行为事件、现象和方法对变量作出具体规定与说明。
8. 教育科学研究就是运用科学方法，探索教育领域客观规律的认识过程。
9. 教育研究的伦理性是指教育研究一定要遵循人道主义精神，不能伤害研究对象身心的健康发展。
10. 选题的需要性原则是指选题要面向教育实践的需要，面向教育自身发展的需要。也就是注重社会效益，要有理论价值和意义。
11. 选题的科学性原则，是指以辩证唯物主义原理为指导，以科学实践反复证实的客观规律为基础，否则就是陷入非科学或伪科学的歧途，使研究一无所获。
12. 选题的创造性原则是指选题要有创造性和突破性，要着眼于给人类增加新知识、新见解，并解决不断出现的新问题。
13. 选题的可能性原则是指研究者完成课题的主客观条件。
14. 观察法就是研究者在自然状态下，通过感官或借助于一定的科学仪器，在一定时间、一定空间内进行的有目的、有计划的考察并描述教育现象的一种科学研究方法。
15. 调查法是在科学方法论和教育理论的指导下，通过运用问卷、访谈、测量等科学方式，有目的、有计划、系统地收集有关教育问题或教育现状的资料，从而获得关于教育现象等科学事实，并形成关于教育现象的科学认识的一种研究方法。
16. 个案研究是针对单一个体在某种情境下的特殊事件，广泛系统地收集有关资料，从而进行系统的分析、解释、推理的过程。
17. 实验研究是研究者运用科学实验的原理和方法，以一定的教育理论及假设为指导，有目的地操纵某些教育因素或教育条件，通过观测与所控制的条件相伴随的教育要素或教育现象变化的结果，来解释教育活动规律的一种研究方法。
18. 行动研究是在自然的教育情景中，行动者本人或与他人合作，以改进教育行动为目的，以教育行动为研究对象，运用各种教育研究方法进行的综合性研究活动。
19. 时间取样观察是以一定的时间间隔为取样标准来观察记录预先确定的行为是否出现以及出现次数的一种观察方法。
20. 事件取样观察是以特定的行为或事件的发生为取样标准，从而进行观察的一种方法。

二、填空题

1. 客观性　系统性　创造性
2. 研究对象　研究过程　研究结果
3. 指导科研方向　指导资料收集

4. 概念性定义　操作性定义
5. 内容具体化　以经验的方法下定义　看重变量的外延或过程
6. 研究对象的复杂性　研究范围的广泛性　研究方法的综合性　研究的伦理性
7. 基础研究　应用研究　开发研究　评价研究　行动研究
8. 方法论　一般方法　具体研究方法
9. 马克思主义哲学的认识论
10. 非定向积累　定向积累
11. 从教育实际中发现问题　从过去研究中发现问题　从与专业人员接触中发现问题
12. 方法
13. 研究题目　前言　研究对象和方法　研究步骤与时间分配
14. 逻辑分析　统计分析
15. 严肃　严格　严密
16. 直接观察　间接观察　参与观察　非参与观察　结构观察　准结构观察　非结构观察　时间取样观察　事件取样观察

三、选择题

1. ③　2. ②　3. ①　4. ④　5. ④　6. ①　7. ③

四、判断题

1. －　2. －　3. ＋　4. －　5. ＋　6. ＋　7. －　8. －　9. ＋　10. ＋　11. ＋
12. ＋　13. －　14. ＋

五、辨析题

1.（1）这种看法是错误的。
（2）科学研究同日常生活中的认识的区别就在于前者有更高的理论自觉性、研究的目的性和研究设计的周密性、科学性，因而有可能缩短认识过程，并减少错误知识。

2.（1）这种看法是错误的。
（2）因为操作性定义是用可感知、度量的事物或行为事件、现象和方法对变量作出具体规定与说明。例如：用出勤率、迟到与早退次数与时数，以及上课听讲和作业完成情况，参加班级活动或学校活动等具体的可感知的现象代表学生的学习态度。这里操作性定义起到了抽象通过具体的桥梁作用。

3.（1）这种看法是正确的。
（2）教育科学是研究人类知识和价值观念传递过程中的现象或问题的科学。教学科学研究是对完整教育活动的整体探索过程。可见教育科学的发展，依赖于教育科学研究的不断探索与创新。教育科研可不断地深化人们对教育内在规律认识的程度，可不断充实和完善教育科学理论体系。教育科学知识的丰富和理论体系的完备又为教育科研提供了基础。

4.（1）这是正确的。
（2）教育研究的对象是人，研究的目的是为了使教育更符合规律，从而促进人的发展。因此，研究要遵循人道主义精神，不能违背伦理性原则，不能妨碍或有害于研究对象的身心健康发展。

六、简答题

1. 研究对象的复杂性；研究范围的广泛性；研究方法的综合性；研究的伦理性。
2. 是深化中小学教育改革的需要；是提高中小学教育质量的需要；是推动中小学教育理论建设的需要；是提高中小学教师素质的需要。
3.（1）选择课题应具备的条件是：广博丰富的知识、存疑的治学精神、及时掌握科研动态。
（2）选题应遵循的原则是：需要性原则、科学性原则、创造性原则、可能性原则。

七、论述题

1.（1）教育科学研究类型的五个层次是：基础研究、应用研究、开发研究、评价研究和行动研究。

（2）其关系是：从行动研究到基础研究是向非正规化递增，其应用的即时价值呈递减倾向，而在理论上的长远价值则呈递增状态。换言之，就认识未知发展理论看，基础研究意义较大；如从针对实际解决具体问题的角度而言，则行动研究更直接、更迅捷。当然五种类型划分是相对的，有层次性，又有连续性或衔接性。分五层是根据理论的概括程度及解决实际问题的针对性、即时性来划分的。

2.（1）教育科研最迫切的任务是要解决当前教育实际工作中亟待解决的问题。所以必须从当前教育工作中的迫切需要出发，注意当前存在的实际问题，特别是关键性问题。1979年我国召开了第一次教育科学研究规划会议，拟订教育科研的课题325项，大部分课题是从我国当时教育实践中提出来的实际问题。1983年召开了第二次教育科研规划会议，也强调研究实际问题。

（2）当前，我国教育事业正处在深化改革的发展新时期，出现了很多新情况，需要我们从实际出发，加以研究。例如：教育如何适应我国社会主义市场经济的发展？教育如何体现"三个代表"的精神？如何解决素质教育与应试教育之间的矛盾？如何解决办学经费问题？怎样构建和谐学校？怎么发展学生动手能力和实际工作能力？怎么抓好青少年的思想品德教育？怎样抓好学生心理健康教育？等等。这些都是当前亟待解决的实际问题。

3.（1）确定观察目的和任务，制定观察计划。观察目的和任务应该根据研究的目的和任务来确定，从而明确观察项目的中心和范围。

观察计划要周密，一般而言应包括以下内容：①观察的目的、任务和内容范围；②观察的对象和类型；③观察的过程，即整个观察研究应包括的具体程序或阶段，并制定出每个阶段可能搜集到的资料；④观察的内容和时间的安排；⑤观察手段，包括采用什么样的观察方法、运用什么仪器设备等；⑥记录观察结果的手段，为了观察时能迅速、准确、有条不紊地将所需材料记录下来，可制定记录表或选择其他有效记录结果的手段，如录音、录像等。

（2）实施观察计划，随时记录观察结果。研究人员通过适当的渠道进入观察现场，熟悉观察环境，接触观察对象，然后根据观察目的、任务和计划进行观察和记录。

（3）处理观察材料。对观察、记录的材料进行适当处理，使其系统化、条理化，以供分析之用。

（4）撰写观察报告。将研究的全过程及成果较全面地写出来，包括课题论证，研究的对象、方法、资料处理、研究结果的分析、讨论和结论等。

4.（1）确定调查对象。调查对象就是被调查的单位或个人。调查资料主要来源于调查对象。所以调查对象的选择是否恰当，将直接影响到调查结果。调查对象应视调查课题和调查目的加以选取。不同的调查课题和目的，要用不同的方法去选取调查对象。有的调查课题，如某特级教师先进教学经验的调查，调查对象是固定的，不需要选择。有的调查课题有很多的调查对象，无法逐一进行调查，这就需要用抽样的方法去选取调查对象。

（2）拟订调查计划。在调查计划中至少应确定调查方法、调查项目和调查进程。调查的方法依所要收集的资料的种类而定，可以用单一的方法，也可以同时采用几种方法。调查项目要围绕调查目的考虑，先从大方面着手，再由此逐层分解成具体、可操作的小项目。

（3）进行试探性调查。通过试探性调查得到一些一般性的了解，从而考察调查项目和调查程序的合宜性，对调查项目和程序做出相应的调整和修改。

（4）选择和编制调查工具。制定调查表格、观察记录表、问卷、访谈提纲和编制测验题目。在编制中要遵循一定的技术要求，以保证调查工具的科学性、实用性。

（5）实施调查。用编制好的调查工具，根据各种调查方法的具体要求开展调查。

（6）整理调查材料。对收集的调查材料进行统计、整理、分析，得出结论性意见。

（7）撰写研究报告。把研究的过程和成果写成文章，可以是一般学术论文、调查研究报告、实验研究报告和经验总结报告等。

八、实例分析

1.（1）这种看法是不正确的。

（2）教育是一种复杂的社会现象。教育科学是研究人类知识和价值观念传递过程中的规律性的科学。是以教育对象和教育规律为共同研究对象的各门教育学科的总称，是基于多个教育学科构成的学科总体，其中普通教育学是它的基本学科。但它不能代替教育科学研究的学习。教育科学研究是运用科学方法，探索教育领域的客观规律的认识过程。它有自己独立的概念、体系、规律。教育发展，依赖于教育科研的不断探索与创新；教育科学知识的丰富和理论体系的完备又为教育科研提供了基础。二者是相互联系和促进的，在教育科研实践的基础上形成互动关系。

2.（1）这个论断是正确的。

（2）首先，科学研究本身就是一种创造性活动。科研的任务就是探索未知领域，是发现新规律创新成果，从而加深和扩大我们对某个问题或学科的认识和范围。其次，科学研究需要创造出新的，更加科学的方法，"科学就是发现新方法"。新方法的发现往往能研究新领域，获得新的研究成果。再次，科学研究又是极其艰巨的创造性劳动，需要付出艰苦的努力，要有勇气和毅力克服困难，努力攻坚，才能在方法上有所突破，才能获得具有社会价值的最新成果，使我们在教育实践的"王国""自觉"和"自由"。

第十章

一、名词解释

1. 学校管理是管理者通过组织、制度等协调、激励教职工，充分发挥和利用校内外资源与有利条件，高效率地实现学校管理目标的活动过程。

2. 学校管理目标是指通过学校管理活动把学校办成什么样子的意向模式，也是对最佳教育质量和办学水平的超前期望。

3. 目标管理是指学校管理者围绕确立的管理目标和实现管理目标而开展的系列管理活动。概括地说，就是根据目标进行管理。

4. 学校管理过程是根据科学的管理原则，为实现学校管理目标，按照一定的逻辑序列，对学校管理诸要素进行全过程的动态管理的客观程序。

5. 学校管理原则是学校管理理论的重要组成部分，是学校管理工作必须遵循的基本准则。

6. 学校管理的方向性原则是指学校管理工作必须坚持教育为社会主义现代化建设服务的方向，坚定不移地贯彻党和国家的方针政策，从方向上保证社会主义人才的培养。

7. 学校管理的民主性原则是指要在学校管理中实行民主管理，使教职工充分行使民主权利并直接参与学校的管理活动。

8. 学校管理的整体性原则是指学校管理者必须从实现整体目标出发，正确处理学校内部各方面、学校和其他单位之间的关系，对校内外的各种力量进行优化组合，以取得最好的管理效果。

9. 学校管理的有效性原则是指在学校管理活动中，要合理而有效地利用人力、物力、财力和时间，以最小的消耗，更快地做更多更好的事情，从而取得学校工作最经济、最有效的成果。

10. 学校管理的方法是学校管理者为了实现学校管理目标，开展学校管理活动所采取的各种手段、措施和途径。

11. 学校管理的行政方法是指依靠学校行政机构和管理者的权力，运用学校行政的手段，按照学校行政系统，进行学校管理活动的方法。

12. 学校管理的思想教育方法是用精神力量提高教职工的认识，影响教职工的情感和行为的一种学校管理方法。这种方法是保证学校的办学方向，提高教职工的认识，激发他们的积极性，从而推动学校工作的重要手段。

13. 学校管理的法律方法是按照国家有关的法律、法规、条例、章程以及学校根据上级指示精神拟订的规章制度管理学校的方法。

14. 学校管理的经济方法是运用经济的手段来管理学校的方法，主要是通过工资、津贴、奖金、罚款等物质刺激的方式，提高教职工的主动性、积极性和责任感。

15. 学校管理的参与咨询法是学校管理者为了集思广益，有目的地组织专家学者及广大教职工为学校工作出谋划策，提供决策依据和方案的方法。

二、填空题

1. 组织　目标　资源　效率
2. 严密的组织措施　高效率　高质量
3. 教育性　主体性　复杂性
4. 导向作用　凝聚作用　激励作用
5. 目标方针　目标项目　目标标准
6. 科学性　系统性　民主性
7. 计划　实施　检查　总结
8. 计划
9. 方向性原则　民主性原则　教育性原则　规范性原则　有效性原则
10. 办学　方针政策
11. 物力　时间　最小
12. 行政方法　思想教育方法　咨询参与法
13. 灌输法　表扬与批评法
14. 学校行政机构和管理者　手段　学校行政系统
15. 行政方法
16. 人本观念　创新观念

三、选择题

1. ③　2. ④　3. ②　4. ③　5. ④　6. ②　7. ①②④　8. ①②③④
9. ①②③　10. ②　11. ①②

四、判断题

1. ＋　2. ＋　3. －　4. －　5. －　6. ＋　7. ＋　8. －　9. ＋　10. ＋
11. ＋　12. ＋　13. －　14. ＋　15. ＋

五、辨析题

1.（1）这种观点是正确的。

（2）严格有效的管理是提高工作绩效的主要手段，它能使有限的资源得到不断地开发和组合，各部门关系得以协调，并促进各部门整体功能的发挥。

2.（1）这种观点是正确的。

（2）在学校管理过程中，质量和数量都要通过人才表现出来，在这里的"多"表现为数量要求，"好"表现为质量要求。

3.（1）这种观点是错误的。

（2）虽说数量在一定程度上能反映出教育和学校管理的质量，但不能无限度地盲目追求某种数量指标，比如片面追求升学率，如果任这种倾向滋长，就必然会造成学校管理的失调或失控。

4.（1）这种观点是错误的。

（2）管理中的有效和无效是相对的，因而管理的有效和无效均以一定的条件而相互转化。

5.（1）这种观点是错误的。

（2）学校管理过程的中心环节是实施。

6.（1）这种观点是错误的。

（2）对学生的管理是否有效，不是以教师传授了多少知识来衡量，而是以学生的接受程度作为标准。

7.（1）这种观点是错误的。

（2）学校管理的方法之间是相互联系、相互渗透、相互促进的，形成了一个完整的科学方法体系。任何一种方法都不能脱离整个方法体系而单独使用，必须依据学校管理的目标、内容、对象进行选择、运用。只有彼此之间相互配合，取长补短，才能相得益彰，收到理想的效果。

8.（1）这种观点是正确的。

（2）思想教育必须废止那些强迫命令和教条化的说教方式，采用教职工喜闻乐见的形式，运用讨论、协商、启发的民主方法。要坚持以理服人，尊重他人，以身作则，切忌盛气凌人。只有这样，才能得到下级的支持与合作，从而实施有效管理。

9.（1）这种观点是错误的。

（2）行使学校管理的主体应是行政组织和行政负责人，行使这种管理权力的只能是行政组织和行政负责人，党团组织和教工会都不能行使。

六、简答题

1. 学校管理是正常教育活动开展的必要条件；能提高和激励士气；是提高工作绩效的最主要手段。

2. 学校管理与一般社会管理的本质是一致的，即学校管理也有明确的目标和严明的组织措施，科学的学校管理应是高效率、高质量的管理。

3. 与一般管理相比，学校管理的主要特点是：管理内容的教育性；管理对象的主体性；管理过程的复杂性。

4. 主体与客体；质量与数量；有效与无效。

5. 目标在学校管理过程中具有重要作用，主要是：导向作用、凝聚作用、激励作用、控制作用、评价作用。

6. 学校管理目标的构成要素主要有：目标方针、目标项目、目标标准和保证措施。

7. 这是目标导向作用公式，该公式说明在工作效率不变的前提下，管理的效率与方向具有正相关的关系。即设定工作效率是恒定的、较好的，那么决策正确，目标明确，则管理的效能就高。

8. 学校管理目标制定的基本要求是：必须要具有科学性、系统性、民主性、可行性。

9. 要想使管理计划成为学校的行动纲领必须具备以下条件：目标明确、针对性强、切实可行、便于检查、富有弹性。

10. 目标考评主要包括评价、总结、奖罚等三方面的内容。

11. 学校管理原则是学校管理理论的重要组成部分，是学校管理工作必须遵循的基本准则。

制定学校管理原则的依据是：① 社会主义制度，党和国家的路线、方针、政策，以及我国社会主义教育的性质、目的、任务等。② 教育的规律和学校管理的实践。

12. 在学校管理过程中，坚持民主性原则的基本要求是：① 提高管理工作透明度，确保教职工的知情权。学校应该建立健全学校教职工参与学校管理的制度，使员工参与管理制度化、经常化，真正提高管理工作的实际效果。② 加强集体领导，坚持民主集中制。在学校领导集体内，要有良好的民主氛围，充分发扬民主，尊重每一个教职工的意见，这对搞好学校工作十分重要。

13. 学校管理原则主要有：方向性原则、教育性原则、民主性原则、整体性原则、规范性原则、有效性原则、激励性原则等。

14. 学校管理的方法是学校管理者为了实现学校管理目标，开展学校管理活动所采取的各种手段、措施和途径。学校管理的主要方法有：行政方法、思想教育法、法律方法、经济方法、咨询参与法等。

15. 在学校管理中，运用经济方法时要注意以下问题：① 要体现按劳分配的原则。运用经济法，是通过各种不同的经济手段，如工资、奖金、津贴、罚款等杠杆，组织和调节各方面的经济利益关系，提高合理的按劳分配，体现我国的社会主义物质利益原则，从而调动学校教职工的主动性、积极性和创造性。② 要注意讲求效益。对在学校管理中所实施的经济手段，都要以它对学校实际工作所产生的影响和结果为标准，坚决反对浪费，树立经济效果的最优化观念。③ 要坚持奖惩相结合。在学校管理过程中，运用经济方法，必须实行奖惩相结合的原则，做到"论功行赏，赏罚分明"。

七、论述题

1. 制定学校管理目标必须明确三个问题。

① 确立依据。除受制定人的主观因素的制约外，还要受到多方面的宏观、中观、微观环境条件的影响和制约。② 构成要素。一个规范的、科学的管理目标，一般包含了目标方针、目标项目、目标标准和保证措施四个方面的要素。③ 制定要求。制定学校管理目标，必须具有科学性、系统性、民主性和可行性。

2. （要点）在学校管理中加强目标管理，最关键是抓好以下环节：① 目标设置，做好论证决策和分解目标工作；② 目标实施，做好定责授权和咨询指导工作；③ 目标调控，做好检查、控制、调节工作；④ 目标考评，做好评价、总结、奖罚工作。

3. 组织工作时注意：要因事设人；要根据成员的个人所长分配工作；要致力于不同层次、不同方面工作的配合和协调。

指导工作时注意：要讲求实效；要态度温和；要公正、公平；要积极采用科学的方法。

协调工作时注意：要制定明确的控制标准；要加强多层次、多方面的信息反馈；要紧紧围绕目标开展控制；要制定相应的规章制度。

激励工作时注意：实事求是；客观、公正、合理；物质激励与精神激励相结合；以正面激励为主。

4. （要点）学校管理过程是由计划、实施、检查和总结四个基本环节组成。它们之间的关系是：有机结合，有序运行；相互渗透，相互促进；循环运转，螺旋上升。

5. ① 要健全思想政治工作组织，特别是班主任、辅导员的选拔、培养；② 要抓好思想政治工作的常规管理、制度建设与执行，而且要反复宣传、学习、考核、记录；③ 思想教育要具有民主性。思想教育必须废止那些强迫命令和教条化的说教方式，采用教职工喜闻乐见的形式，运用讨论、协商、启发的民主方法，把广大教职工吸引到思想教育中来，使他们成为思想教育的主人。④ 要理论联系实际，解决实际问题。只有理论与实际相结合，才能使思想教育的效果在较长的时间内产生积极的影响。⑤ 思想教育的方法要讲究差异性、灵活性。要求学校管理者针对师生的思想实际，因时、因地、因人，灵活变换，因势利导。⑥ 要把表扬和批评相结合，并以表扬为主。表扬和批评相结合是教育的有效方法，在学校思想教育中，应该坚持以表扬为主，同时辅之以批评的方法和手段。

6. 运用学校管理的咨询参与法时应注意以下问题：① 要更新管理观念，用现代管理方法作为指导。现代学校管理者应该具备的现代的管理观念：一是人本观念；二是创新观念；三是系统观念。② 学校管理者在运用咨询参与法时，要建立学校的"智囊团"，通过有效途径，发挥智囊人物在学校管理中的参谋作用，培养教职工自觉参与学校管理的主体意识，管理者要善于进行调查研究和科学决策，发挥其在咨询参与方法中的作用。③ 在运用咨询参与方法时，要和其他方法配合使用。

八、实例分析

1. （1）刘校长的管理原则和方法集中体现和反映在对青年教师"关心到位，激励得当，指导有方"

上，即为使青年教师尽快成长，刘校长给予他们真诚、细致、全面的关心；设法从工作上施压，给他们以推动和激励；同时，有培养他们的具体措施，给他们以特别的指导。总之，极好地贯彻和运用了激励性原则和思想教育方法。

（2）为加快青年教师，特别是青年骨干教师的培养，可设想下述的对策与措施：政策引导、制度规范、支持激励、适当加压、信息指导、感情催化等。

2. ① 根据现代管理的人本原理，人是管理的主体，是管理中最宝贵的资源，是管理成败的关键。只有充分调动人的积极性，才能最大限度地提高管理效能。学校要依靠教职工，充分调动他们的积极性，这才是提高教育质量、办好学校的关键所在。因此，应该科学而有效地用人。② 知人善用，用人所长。知人善用是用人的艺术，作为校长要能科学地用人，就必须对教职工的思想状况、业务能力、爱好、个性特长、健康状况等熟悉了解。案例中学校领导对小张老师了解不够，对其特点没有进行科学分析，没有真正做到用人所长。现代学校管理中用人的一个重要原则就在于体现能级原则，即按照人的能力大小、特点、特长，合理安排相应的岗位，做到量才使用、用人所长、能级相称、人尽其才，以此才能最大限度地发挥人的积极性、主动性、创造性，从而实施有效管理。

第十一章

一、名词解释

1. 教育评价是指对教育对象，根据一定的目标，采用一切可行的评价技术和方法，对教育现象及其效果进行测定，分析目标实现程度，从而做出价值判断的过程。

2. 教育测量是根据教育目标的要求，按照一定的规则对教育活动的效果进行数量化测定的过程。

3. 诊断性评价是在教育活动开始之前所实施的预测性、测定性评价，其目的在于了解评价对象的基本情况，分析存在的问题，为解决问题搜集必要的资料，找到解决问题的办法，以指导工作。

4. 形成性评价是在教育、教学活动实施的过程中，对计划、方案的执行情况进行评价，目的是了解动态过程的效果，以调节活动进程，保证教育目标顺利实现。

5. 终结性评价是在教育、教学活动项目告一段落或完成以后进行的评价，目的是了解活动目标的达成情况，及其最终效果或效益。

6. 定性评价是采用定性描述、解释的方法做出价值判断的方法。定性评价虽然不通过定量计算进行，但也必须有评价的标准和依据。

7. 定量评价是采用定量计算的方法进行的评价，也就是通过搜集数据资料，用一定的数学模型或数学方法，采取统计处理手段进行的评价。

8. 教育评价方案是根据一定目的和教育活动、评价活动的一般规律，对评价的指导思想、内容、范围、方法、手段、程序等加以规范所作的安排和设计。

9. 教育评价指标体系是从评价目标中分解处理的若干指标以及各项指标的权重和评价标准所组成的集合体。

10. 职责指标是从评价对象所应承担的责任和完成任务的情况进行评价而提出的评价指标。

11. 素质指标是从承担各种职责或完成各项任务所具备的条件的角度提出的指标。

12. 指标权重是表示每项评价指标在指标体系中所占的重要性程度，并赋予相应的值，这个数值就叫做对应指标的权重。确定权重的过程叫加权。

13. 专家意见平均法是由一定数量的长期从事教育管理工作的干部、有经验的教师以及有关领域的理论工作者共同讨论商定指标权重的方法。这些专家在一起讨论，各抒己见，根据个人对各评价指标重要程度的见解，确定不同的权重，然后求出各位专家对相应指标权数的算术平均值，作为指标权重的最后结果。

14. 德尔斐法是以分发问题表的形式向有关专家咨询，这些专家在没有面对面的相互影响或相互对抗的情况下就某个问题接受咨询，以减少权威人士在决策中产生的特殊作用；然后对问题表回收汇总整理，进行统计归纳，得出初步结论；最后再反馈给专家，让专家就总体的应答情况作出修改，从而确定各指标的权数。

15. 层次分析法主要通过对评价指标分层次进行两两对偶比较，排列出各项指标的重要程度的优先顺序，然后计算判断矩阵的最大特征值所对应的特征向量，从而决定各指标的权数值。

16. 观察法是评价者通过自身的感官或借助于一定的科学仪器，有目的、有计划地对教育评价对象的自然活动状态进行系统、深入地观察，以获得评价对象准确客观资料的方法。

17. 测验法是通过编制一定的试题或设置某种情景，向测验对象获取资料的方法。在教育评价中，常用它获取量化的资料。

18. 绝对评价法是在被评价对象的整体之外，确定一个客观标准，将被评价对象与这个客观标准进行比较，以判断其达到标准程度的一种评价方法。

19. 相对评价法是根据所有评价对象的整体状态确定评价标准，以被评价对象中的某一个或若干个为基准，通过把各个被评价对象与基准进行对照比较，判定出每个被评价对象在这一集体中所处位置的一种评价方法。

20. 个体内差异评价法是以被评价对象自身某一时期的发展水平为标准，判断其发展状况的评价方法。

二、填空题
1. 宏观　中观　微观
2. 相对　绝对
3. 自我　他人
4. 定性
5. 导向　调节　诊断　激励
6. 准备阶段　实施阶段　结果分析处理阶段
7. 设计评价方案
8. 明确评价目的　确定评价者与评价对象　设计教育评价的指标体系　选择评价方法　拟订评价的实施程序
9. 效果指标　效率指标
10. 指标系统　权重系统　评价标准系统
11. 标度　标号
12. 效能指标　职责指标　素质指标
13. 确定指标　分配权重　编制标准
14. 专家意见平均法　德尔斐法　层次分析法
15. 观察法　调查法　测验法　文献法
16. 统计分析法　模糊综合评判法
17. 相对评价法　绝对评价法　个体差异评价法
18. 做好宣传动员工作　进行预评价　正式开展评价　搜集评价信息　评价信息的整理　处理评价信息资料　教育评价的总结
19. 评价信息的全面性　评价信息的准确性　评价信息的真实性　评价信息的足量性
20. 归类　审核　建档
21. 数量化测量形式　描述性测量形式　综合性测量形式
22. 可靠性检验　有效性检验

23. 重复评价法、分半法、W 系数法
24. 评价内容和方法的有效性、评价预期有效性
25. 反馈、利用

三、选择题
1. ② 2. ② 3. ③ 4. ① 5. ① 6. ① 7. ② 8. ④ 9. ③ 10. ③ 11. ①
12. ① 13. ③ 14. ① 15. ④ 16. ② 17. ③ 18. ① 19. ③ 20. ③

四、判断题
1. + 2. + 3. + 4. － 5. + 6. － 7. － 8. + 9. + 10. +

五、计算题
1. 解 专家意见平均法确定权数就是以所有专家对某个指标的算术平均数为该指标权重，计算公式为

$$\bar{X}_i = \frac{1}{n}\sum_{i=1}^{n} X_i$$

将各个数据带入公式得

$$\bar{X}_1 = (0.30 \times 4)/4 = 0.30$$
$$\bar{X}_2 = (0.20 + 0.15 + 0.25 + 0.15)/4 = 0.19$$
$$\bar{X}_3 = (0.35 + 0.35 + 0.30 + 0.40)/4 = 0.35$$
$$\bar{X}_4 = (0.15 + 0.20 + 0.15 + 0.15)/4 = 0.16$$

即四个指标的权数分别为：0.30，0.19，0.35，0.16。

2. 解 假定按照重要程度等级"很重要、重要、一般、不重要、很不重要"分别赋值 5，4，3，2，1，则可以计算出各个指标的加权平均数为

C1：$(9\times 5+1\times 4)/10 = 4.9$，　C2：$(5\times 5+5\times 4)/10 = 4.5$

C3：$(2\times 5+4\times 4+4\times 3)/10 = 3.8$

再对各个指标的加权平均数做归一化处理，可得出各个指标的权数

C1：$4.9/(4.0+4.5+3.8) = 0.37$，　C2：$4.5/(4.9+4.5+3.8) = 0.34$

C3：$3.8/(4.9+4.5+3.8) = 0.29$

即可得 3 个指标的权数分别为：0.37，0.34，0.29。

六、简答题
1. 教育评价与教育测量的区别：教育测量与教育评价是两个不同的概念。教育测量是根据教育目标的要求，按照一定的规则对教育活动的效果加以数量化测定的过程。联系：教育测量是教育评价的工具，但并非必备的工具；教育测量是教育评价的基础，但并非所有的教育评价都必须建立在教育测量的基础之上。

教育评价与教育督导的区别：教育评价是指教育对象根据一定的目标，采用一切可行的评价技术和方法，对教育现象及其效果进行测定，分析目标实现程度，从而做出价值判断的过程。它为教育决策提供科学依据，为完善和改进教育过程、提高教育质量服务。教育督导是上级对下级工作的监督、检查和评价，用以指导和督促其全面贯彻教育方针和政策，改进教育工作，提高教育质量。联系：教育评价是教育督导的一种科学的方法和手段，教育督导也对教育评价产生积极作用，督导工作及其相应的机构是教育评价最有效的组织形式和可靠保证。

2. 客观性原则是教育评价内容上应遵循的原则。教育评价如果缺乏客观公正，就会失去评价的真正意义，还会提供虚假信息，导致教育决策上的偏差。因此，教育评价客观性是教育评价方法研究所追求的目标，它具体表现为评价标准行为化、评价方法定量化、评价手段自动化、评价过程统一化，可使

教育评价在广泛范围内取得通用性效果。

3. 综合性原则是针对评价方法的采用所提出的原则。

贯彻综合性原则的具体要求：一是要定量评价与定性评价相结合；二是要静态评价与动态评价相结合；三是要精确评价与模糊评价相结合。

4. 教育评价标准是指对应于相应的评价指标或项目，被评对象达到什么程度或水平才是合乎要求的，或是优秀的、良好的等。编制标准包括四个方面的内容：① 分解教育评价指标体系中最低层次指标所包含的主要内容；② 确定评价标准的等级数量和标号；③ 界定评价标准的等级要求；④ 确定标度。

5. 确定评价指标权数的方法主要有：① 专家意见平均法，由一定数量的长期从事教育管理工作的干部、有经验的教师以及有关领域的理论工作者共同讨论商定指标权重的方法。② 德尔斐法，以分发问题表的形式向有关专家咨询，这些专家在没有面对面的相互影响或相互对抗的情况下就某个问题接受咨询，以减少权威人士在决策中产生的特殊作用；然后对问题表回收汇总整理，进行统计归纳，得出初步结论；再反馈给专家，让专家就总体的应答情况做出修改，从而确定各指标的权数。③ 层次分析法，通过对评价指标分层次进行两两对偶比较，排列出各项指标的重要程度的优先顺序，然后计算并判断矩阵的最大特征值所对应的特征向量，从而决定各指标的权数值。

6. 评价实施的程序有：做好宣传动员工作，进行预评价，正式开展评价，搜集评价信息，评价信息的整理，处理评价信息资料，教育评价的总结。

7. 教育评价的质量检验，主要包括评价的可靠性检验和有效性检验。① 教育评价的可靠性检验，检验教育评价结果可靠性，常用的方法主要有重复评价法、分半法、W 系数法。② 教育评价的有效性检验。有效性，是指测量和评价结果反映的是否是欲测量或评价的被评对象的本质属性以及这种属性被测量到的程度。

8. 评价报告一般用于向上级主管部门反馈评价结果，也可以用于向评价对象"回复"评价意见。编写评价报告一般应包括以下内容：① 评价报告的题目。编写评价报告的单位、负责人姓名、职务；编写报告的时间，执笔人姓名等。② 报告正文。这是评价报告的主体部分，应说明评价时间、评价的人员组织、评价的实施过程、评价结果、评价结论、建议和意见。③ 附件。是对正文的补充、说明和证实作用的材料，如学校工作计划、教师教学成绩、获奖证明等。

七、论述题

1. 教育评价指标体系是由不同级别的评估指标按照评价对象本身的逻辑结构形成的有机整体。教育评价指标体系大致由指标系统、权重系统和评价标准系统三个系统构成，而评价指标体系的设计也从这三个方面的设计来进行。① 确定指标，指标系统的建立，是在对一定评价目标层层分解的基础上实现的，是将评价的属性逐步具体化的过程。可以通过两个步骤来确定：一是将评价目标分解，获得初拟指标。二是归类、筛选，精简指标。② 分配权重，指标确定之后，要对每个指标在综合评价中的地位和贡献以及重要程度做出估计，然后对指标加权，即分配权重。在教育评价中主要有评价指标加权和评价总分加权，所谓评价指标加权是将权数指派到各个一级指标上去，再逐步依次指派到下属的指标，直至最末一级指标。③ 教育评价的标准是对应于相应的评价指标或项目，被评对象达到什么程度或水平才是合乎要求的，或是优秀的、良好的等。评价标准系统由标度和标号构成，是衡量评价对象达到末级指标程度的尺度和准则。编制教育评价标准，包括四个方面的内容：一是分解教育评价指标体系中最低层次指标所包含的主要内容；二是确定评价标准的等级数量和标号。三是界定评价标准的等级要求；四是确定标度。

2. 现代教育评价的目的和功能都是多元的，在教育评价发展的不同时期，其选择是不同的。早期的教育评价多将测验、评价视为对学生进行鉴别、分等和检查、筛选的工具，利用它达到选拔出适合教育的儿童的目的。而当代教育评价则视其为改进工作、推动教育发展、提高教育质量的手段，使用它的目的是要创造一个适合儿童的教育。著名教育评价理论家斯塔弗尔比姆就曾说："现代教育评价的目的不在于证明，而在于改进。"我们可以从以下方面来理解：① 首先应该从这种转变的大环境下理解当代评价观。素质教育提出要注重人的知、情、意、行的全面发展，注重学生的学习方式、个性、情感、意志的培养。它与传统的教育理论相比，存在明显的转变：从重视教师向重视学生转变，从重视知识传授向重视能力培养转变，从重视教法向重视学法转变，从重视认知向重视发展转变，从重视结果向重视过程转变，从重视继承向重视创新转变。② 过去传统教育中长期形成的重结果而轻过程的教学观念给教育带来了诸多的弊端，制约了学生个性的发展。贯彻新的评价观，教师必须树立新的教育理念，才能从根本上促进学生的发展，教育评价也才能真正发挥它的应有功能。③ 对于一线教师理解评价观的转变还必须包括对自身教学观的重新认识。只有全新的教学思想、教育目标、教学结构和方法才能导致对传统评价观的变革，从重视学习结果的"终结性评价"向重视学习过程的"形成性评价"和"终结性评价"并重转变；弱化评价的选拔与甄别功能，弱化评价对学生造成的压力；强调对学生学习方法的诊断与分析功能；强调激励学生的学习热情和内在学习动力。

八、实例分析

1. 这些教师的反映具有一定的合理性，从教师工作的特点来看，教师工作有很强的个体性，是富于创造和复杂的。因此，对教师的教学常规做统一平均的规定，在一定程度上会制约教师教学的个性化。

但我们同时也应该看到教学也是一个科学的过程，学校在教学管理上强调教师教学操作的规范性也是现代教育科学化的标志之一，是否可以对富有个体性和个性化的教学常规做标准化评价，关键看评价的标准是否可以达到科学化和可测化。比如，备课的评价标准就不能仅仅在格式方面做规定，应该更深入地考虑到教师对教学目标的设计是否合理，教材钻研是否透彻，是否可以把握教材的重、难点等方面。

2. 这个实例反映出我们传统评价的功能更多地在于选拔和甄别学生方面，评价的内容也具有片面性，主要是对知识的评价、对学业成绩的评价。这种评价方式更多地属于一种终结性的评价，它的作用不在于促使学生的全面发展和发掘学生的潜能而在于管理的方便和效率的提高。在现代社会，一个人的成就决不仅仅是依靠他掌握的知识和在学校学习成绩的高低来决定。更多地依赖于个体全面发展的素质和完美的个性品质的展现。因此，评价的内容应该扩展到学生的方方面面。对于评价方式来说应该考虑多元化的方式，不仅进行定量的评价还可以进行定性的评价；不仅进行他人的评价，还应该进行自我的评价；不仅进行终结性的评价，还应从发展角度来进行评价，而且应当将这些评价方式结合起来。

3. 这种评价有利于发挥教育评价的导向功能。

因为该内容对学生质量的评价坚持了全面的质量观，其评价指标体现了对学生德、智、体、美、劳全面发展和学生个性特长发挥的关注。这样，通过分析评价指标，学校对学生的工作，学生对自己的发展目标都有了一个明确的方向，从而体现了教育评价的导向功能。

4. 这位教师的评价标准大体上达到了编制评价标准的要求。欠缺之处在于"结构严谨"、"记叙完整"两项评价标准相关性较大，独立性较差。

由于"结构严谨"、"记叙完整"两项评价标准不独立，因此，在进行指标权重时，就会获得两项评价值，增大其权重，从而影响评价结果的准确性。

第十二章

一、名词解释

1. CAI 是计算机辅助教学的英文简称，是教师将计算机作为教学媒体，使用计算机帮助教师进行教学或用计算机进行教学，为学生提供个别化的学习环境，学生通过与计算机的交互作用进行学习的一种教学形式。

学材料（如课件、教材和教案）。

  授课系统：支持实时同步授课或非实时异步授课。

  学习系统：支持个性化学习、自主式学习、协作式学习。

  辅导答疑系统：包括基于 Web 的无人自动答疑和由教师通过网络所进行的实时或非实时辅导答疑。

  作业系统：包括基于 Web 的作业布置、学生在线完成和提交作业，教师在线批改、点评作业和作业资源库管理等。

  讨论学习系统：学生之间互相讨论、交流的一个重要手段，是实现协作学习模式的重要途径。它应当包含发起主题讨论、参与主题讨论和讨论内容管理等内容。

  网上实验系统：配合试验课教学，在网上为学生提供近似真实的实验操作环境，供学生在线完成各类实验。一般可通过虚拟现实技术或模拟实验来实现。

  测试与评价系统：学生在线考试、教师在线阅卷、学习效果评估、学生自测、题库管理。

  教学分析系统：自测效果分析、作业情况分析、答疑情况分析、考试情况分析和讲座情况分析。

  教务管理系统：教学计划、学生注册、认证管理和学生成绩管理等。

  有的网络教学平台就是网络课程平台，是专为开发网络课程而设计的软件，主要包括各种课程构件，如课程引言、课程内容页、课程表页、信息交流构件（用作实时与非实时交流）、试卷生成、成绩评价和学生管理构件等。还有的网络教学平台就是网络课件平台，兼有课件、课件开发和网络教学功能，又称为平台型网络课件。

  7. 网页以 HTML 语言为基础，是目前最流行的网络媒体形式，也是各类网络应用的基础。采用网页形式的课件越来越多。网页型课件通常以网站的形式发布，包括若干网页和多媒体素材。这类课件既能充分利用多媒体技术，又能利用网络优势，最大的优势是可以在浏览器中直接运行，实现真正的网络教学。网页型课件具体有以下优点：

  设计制作简单，开发条件要求低。使用普通的文本编辑软件就能制作网页。许多可视化的网页制作工具，如 FrontPage、Dreamweaver，功能很强大，掌握起来很容易。

  方便地集成和整合各种媒体形式。网页的魅力在于它的包容性和开放性，许多媒体，如文本、图像、音乐、动画和视频信息都可作为网页对象纳入网页这个"容器"。

  具有强大的交互能力和扩展能力。一方面，利用链接，可方便地进行内容切换和跳转；另一方面，利用网络应用程序，可实现网络辅导答疑、论坛和聊天室等网络交互应用。通过链接，还可充分利用 Internet 资源扩展课件内容或提供网上参考资料。

  便于及时更新、维护和资源重复利用。网页型课件以源代码方式发布，维护要比其他类型的课件简单得多。

  适于各种环境下运行，只要安装有浏览器，既可在网络环境下运行，又能在单机环境下运行。它还特别适合远程教学。

  支持多种内嵌脚本语言以及控件方便实现专业课件制作所要求的一些特殊效果和功能。

  网页型课件采用超媒体结构（由多媒体和超文本结合），是一种较为理想的知识结构和管理方式，既方便了教师操作，又可以让教师根据实际教学情况自由选择和重新组织教学内容。

  网页型课件也有局限性：在网络教学中使用，对网络硬件（服务器、网络带宽）有一定的要求。

  网页型课件多为教学型课件，与传统 CAI 课件相比，不仅仅是课件形式上的转变，更重要的是教学方式的改变。随着网页制作技术的普及，网页型课件逐渐被广大教师认可，所占比重越来越大。

  8. 网络教学的模式主要有以下几种：同步讲授模式、异步讲授模式、自主学习模式、协作学习模式。

  9. 网络教学中异步讲授模式主要有以下特点：

（1）异步讲授模式是网上提供教学课件，学生可在网络教室集中学习，或在计算机上单独点播教学课件学习，并可通过计算机网络与教师和其他学生进行交流讨论。这种模式需要网络课件或网络课程以及相应的网络教学平台来实现。

（2）这种模式经济实用，既能突破空间限制，又能突破时间限制，真正让学生通过网络随时随地地学习，自主控制学习进程，选择学习时间和学习内容，能更好地满足学生通过网络自学的要求。这种模式投资较小，学生只要具备上网的条件就能参加学习，适合面向个人的远程教学，适合以教师讲解为主、学生自学的网络教学。

（3）这种模式缺乏实时交互性，要取得理想的网络教学效果，必须了解学生的情况，制作针对性强的课件或教材，必要时应提供网上答疑或交流服务。

10. 课件的分类方式有多种，常见的有以下几种分类方式：

（1）按课件使用的计算机环境，可分为单机型和网络型。

（2）按课件内容和用途，可以分为课堂演示型、操练与练习型、指导型、超媒体型、模拟型、教学游戏型等。

（3）根据课件制作和发布的技术，可将课件分为：PowerPoint 演示课件、网页型课件、Flash 课件、平台型网络课件、流媒体课件等。

八、论述题

计算机辅助教学系统宣告了人类开始进入计算机教育应用时代。计算机辅助教学的应用理论基础已经历了从行为主义—认知主义—建构主义的变迁，对教师的角色产生了强烈的冲击和影响，对未来教师提出了新的要求。

（1）改变传统的教学思想和态度。计算机辅助教学要想得到普及，真正深入下去，首先必须转变教师的教学观念，彻底摒弃以教师为中心，强调知识传授，把学生当作知识灌输对象的传统教学模式，使其真正建立起基于现代化教学理论的现代教学观，让教师真正把计算机当作自己教学、工作甚至生活的工具，把计算机技术融入到各个学科中去——就像使用黑板、粉笔、纸一样自然、流畅。

（2）引导学生做新世纪创新人才。"当一个孩子跨进学校的大门成为你的学生时，他无限信任你，你的每句话对他来说都是神圣的真理。在他看来，你就是智慧、理智和道德的典范……"（苏霍姆林斯基）教师要把学生看成是教育活动的主体，是需要被点燃的火把，要让学生更多、更实际地去参与教学活动，支持学生探索式学习。在探索式学习环境中，教师设置环境，帮助学生提出问题并进行探索，刺激学生解答问题，以便学生能够建构知识。

（3）做教育信息的开发与应用者。信息时代的来临，使学校不再是封闭的教育场所，教师也不仅仅是知识的传播者，还要为学生创设有利的信息环境，拓宽学生获取信息的渠道，提高学生获取信息的能力。教育信息的开发与应用在现代社会已成为教师的重要职责。为此，教师不但要了解学生的情况，还必须熟练掌握与应用计算机技术，会使用各种教学软件，自己要会制作各种课件并把它应用到课堂教学中去，为学生提供声、像、文字一体的教学环境。教师还应能够在教育信息网络上获取各种所需信息，将信息及时地提供给学生。这样才能充分地发挥计算机辅助教学的优势，最大限度地提高教学效率。

九、实例分析

分析重点：表面上，看张老师的教学效率高了一倍，但对学生而言，一节课接收两节课的内容，并且都是文本信息，会很吃力，效果不一定好。赵老师充分利用了课件的优势，为学生提供大量形象、直观的信息，虽然教学内容没有增加，但能让学生较容易地理解和掌握，可以预想教学效果较好。最佳的选择是综合两位教师的做法，利用课件优势，为学生提供合适的信息以帮助理解掌握教学的重点和难点。注意不是面面俱到，节约出来的时间可以补充更多的教学内容。这样效果好，效率高，才能真正发挥计算机辅助教学的长处提高教学质量。

参考文献

[1] 南国农,李玉林. 电化教育学[M]. 2版. 北京:高等教育出版社,1998.

[2] 张剑平. 现代教育技术——理论与应用[M]. 2版. 北京:高等教育出版社,2006.

[3] 祝智庭. 现代教育技术——走向信息化教育[M]. 北京:教育科学出版社,2002.

[4] 李克东. 新编现代教育技术[M]. 上海:华东师范大学出版社,2002.

[5] 查有梁. 控制论、信息论、系统论与教育科学[M]. 成都:四川省社会科学院出版社,1986.

[6] 董红斌,郑艳清. 现代教育技术教程[M]. 北京:中国水利水电出版社,2006.

[7] 程智,梁瑞仪. 教师专业发展与现代教育技术[M]. 广州:暨南大学出版社,2007.

[8] 李龙. 教育技术发展的新阶段[J]. 电化教育研究,2004(5/6).

[9] 柳夕浪. 课堂教学临床指导[M]. 修订版. 北京:人民教育出版社,2003.

[10] 方红,谯小兵,李立. 现代教育技术[M]. 北京:中国财政经济出版社,2011.

[11] 李克东. 教育技术学研究方法[M]. 北京:北京师范大学出版社,2003.

[12] 余林. 课堂教学评价[M]. 北京:人民教育出版社,2007.

[13] 冯奕竸. 现代教育技术[M]. 南京:南京师范大学出版社,2007.

[14] 祝智庭,钟志贤. 现代教育技术——促进多元智能发展[M]. 上海:华东师范大学出版社,2003.

[15] 王兴灿. 虚拟技术在学科教育领域中的应用[J]. 电脑知识与技术,2009(11).

[16] 张妮,徐文尚,王文文. 人工智能技术发展及应用研究综述[J]. 煤矿机械,2009(2).

[17] 柳海民. 教育学原理[M]. 长春:东北师范大学出版社,2011.

[18] 丁锦宏. 教育学基础[M]. 北京:高等教育出版社,2009.

[19] 蒲蕊. 教育学原理[M]. 武汉:武汉大学出版社,2010.

[20] 魏青. 教育学[M]. 成都:西南交通大学出版社,2006.

[21] 全国十二所重点师范大学联合编写组. 教育学基础[M]. 北京:教育科学出版社,2008.

[22] 梁玉,齐长立. 现代教育理论[M]. 北京:中国传媒大学出版社,2011.

与传统课堂教学相比存在很大的差异。网络教学具有以下特性:

（1）教学资源共享。网络教学提供了一种方便、快捷、经济的教学资源共享方式，无论是校内学生，还是社会各阶层的学习者，都可以共享网上优秀教师和课程课件，而且不受时间和空间的限制，自由地交互地进行学习。网上教学资源主要有两大类：一类是课程课件、电子书刊、虚拟图书馆等资源；另一类是具有丰富教学经验和较高学术造诣的教师。

（2）学习资源丰富多样。网络可以存储大量的信息，建立学习资源库，提供教学所需的课程、课件、图片、录音、教案、习题、模拟实验和参考文献等。学生可以通过网络在极短的时间内获得丰富的教学信息和教学内容。广义的网络学习资源与网络教育资源同义，包括网络人力资源、网络信息资源和网络环境资源；而狭义的网络学习资源指网络信息资源，只包括电子书刊、网络课件和网络课程等。

（3）丰富的表现形式。网络媒体具有多样性，能提供多种文本、动画、声音和影视等教学手段和方法，以适应不同学生的学习要求。基于流媒体（实拍教学场景、丰富的教学辅助材料）的网络教学能够虚拟"真实"的课堂教学环境。基于网络的虚拟试验教学还可以让学生"实际"进行实验，接受全面的实验技能训练，培养实际的动手能力。

（4）不受时间和空间的限制。网络教学可以在有限的时间、有限的空间内传播大量信息，使学习更加方便，取消了时空的限制，学生可以随时随地进行学习。通常可将网络教学活动分为异步教学和同步教学。同步教学具有空间上的自由度，打破了传统教学中的教室范围局限，将教学范围扩大到校园、地区甚至国际；异步教学在空间和时间上均具有很大的自由度，不仅突破了空间的限制，而且突破了时间的约束，可以在任何时间、任何地点开展异步网络教学。

（5）多向互动和交互。计算机应用于教学具有人机的交互性，能够实现信息的反馈交流。网络应用于教学，不仅能实现学生与机器之间的交互，还能实现学生与学生之间、学生与教师之间的多向交流，与其他教育技术手段相比，在信息反馈和学习交流方面具有明显的优势。学生和教师可以快速进行双向交流，教师通过计算机网络向学生教授课程内容，学生通过网络接收教师的授课，学生之间通过网络进行讨论、答疑，学生共享课件自学，并利用题库进一步巩固和提高。教师通过网络批改作业及试卷，了解学生情况。交互手段包括电子邮件、讨论区、BBS、电子白板、应用程序共享以及语音、视频交流等。

（6）学习个性化。网络教学为学生提供了个性化学习的条件，学生可以根据自己的实际情况，按照自己的学习进度安排学习计划。传统的教学总是围绕着教师、课堂和教科书进行，教师在同时面对许多学生和教学时间有限的情况下，很难对每个学生进行有针对性的学习指导，致使个性化学习难以实现。而网络教学的教学内容、教材、教学手段以及考试等可以因人而异，自主选择性强，从而实现个性化学习。

（7）支持自主学习。自主学习是网络教学的一大特色。网络教学突出了学生学习的自主性，将学生从被动听讲的接受者变为主动参与的学习主体，学生能够更主动地进行学习和参加讨论。这种网络教学通常为学生提供有利于进行自主学习的资源，尤其是一些专业性强的学科，可以配备相关知识的学习资源库。

（8）创建平等的学习环境。利用网络进行教学，突出了学生的主体性，从根本上改变了传统教学中教师的中心地位，可以使教学环境更加平等，教师与学生之间更加平等，学生之间在获取知识的条件下也更加平等。

（9）教学管理自动化。网络教学能够实现自动化的教学管理，选课报名、活动报名等都可以直接在网上进行。学生还可以根据自己的爱好和实际能力同时选修多个专业的课程，系统可动态跟踪网上学生的学习情况等。

在 MCAI 系统中，可根据学生的需要和特点为其选择学习内容与表现形式，为其提供不同的操作控制方式，使因材施教原则的实现具备了更好的环境。

6. 一个完整的网络教学平台包含以下子系统：

备课系统：在线编写教学内容、教学目的、重点、难点和参考资料等，在线提交本地编写制作的教

2. 信息技术对学校教学的影响有：

（1）教学信息的处理、传播、管理等将有以下新特点：教学信息处理数字化、存储光盘化、显示多媒体化、传输网络化、信息组织非线性化。同时，将逐步实现学习资源系列化、教学过程智能化和教学管理现代化。

（2）教材的形态、概念的变化。传统教学只有文字教材。伴随教育技术的发展，出现了与文字教材相配套的音像教材（也叫电教教材，包括投影教材、幻灯片教材、录音教材、电视教材等）。计算机兴起之后又出现了计算机教学课件（或叫电子教材）。正式出版的音像教材和计算机教学课件三者构成了立体化教材。

（3）教学环境的变化。传统的教学环境，基本上是粉笔加黑板，有的再增加一些挂图、教学模型。现代教育技术进入课堂之后，教学环境焕然一新。新的教学环境有如下类型：以多媒体计算机为核心的多媒体组合教学环境；多媒体计算机个别化、交互式学习环境；网上通信、卫星远程通信等开放性教学环境等。在新的教学环境中，教学手段更加多样化、现代化。

（4）教学方式方法的变化。过去，由于对教师的主导作用在理解上有误区，渐渐演变成以教师为中心，教师成为主讲者，而学生成了接受灌输的被动群体。现代教育技术进入教学领域后，教师从主讲者转变成为学生学习活动的设计者、指导者。教学媒体要由作为教师的讲解工具转变为学生的认知工具。学生要从接受灌输的被动地位，转变为有机会参与教学、参与操作、发现知识、理解知识、掌握知识的主动地位。教师要把以教为主转变为以学为主。学生要把以被动学习为主转变为以主动学习为主，把要我学转变成我要学。

（5）有助于尝试新的教育模式。在网络技术和通信技术的帮助下，教师和学习者可以尝试一些新的教育教学模式。如在远程教师指导下的自主学习；与其他学习者合作，就某个专题进行协作学习，等等。

3. 多媒体计算机辅助教学（MCAI）的主要优点有：

（1）多重感官刺激。多重感官同时感知的学习效果优于单一感官感知的学习效果。运用多媒体技术为学习者提供视觉与听觉的多重感官刺激，有助于获得良好的学习效果。例如，人们用视觉与听觉同时感知的信息要比单独用视觉或听觉更全面、深刻，保持时间更长。

（2）信息量大。在 MCAI 中，多媒体计算机系统的声音与图像压缩等技术为在极短时间内传输、存储、提取或呈现大量的语音、图形、图像乃至活动画面信息提供了保证。

（3）操作方便，易学易用。MCAI 的教学系统控制以鼠标、触摸屏、声音为主，辅以键盘输入，操作提示直观，即使不熟悉计算机的人也可以轻松自如地使用操作。

（4）交互性强。MCAI 系统提供了丰富的图形界面和多种形式的反馈信息，用户比在一般的 CAI 系统中拥有更多的自主操作权和选择权，交互方式灵活、多样、简捷，人机交互性强。

（5）利于调动学生的学习积极性。学生在友好的交互学习环境中，不像传统的被动受都时那样容易疲劳，注意力更集中。在与计算机的"提问-反馈"或"操作-反应"等交互活动过程中，学生处于一种积极主动的精神状态，因此学习积极性较高，学习效果明显提高。

（6）便于实现因材施教。

4. 多媒体计算机系统是由多媒体硬件系统和多媒体软件系统两大部分组成的。硬件系统由计算机主机、CD-ROM、声音输入和输出设备、视频输入和输出设备、多媒体通信传输设备等组合而成。多媒体软件按其功能可以分为支持多媒体的操作系统（OS）或操作环境、多媒体数据准备软件、多媒体编辑软件、多媒体应用软件。

多媒体的特点有：① 处理信息种类更加丰富；② 增强了计算机的友好性；③ 涉及技术领域广，技术层次高；④ 多媒体技术标准化；⑤ 多媒体技术的集成化、工具化。

5. 网络教学离不开计算机网络，主要依靠 Internet，学校、企业范围也可利用内部网络。网络教学

五、列举题

1. 计算机辅助教学可以起到辅助教师的作用、教学工具的作用和学习工具的作用。特点有：交互性强；有个别化教学能力；学时短、效率高；科学性强。

2. 教材、幻灯片、投影、录音、电视、录像、多媒体计算机及系统、网络。

3. 演示课件创作工具：PowerPoint；交互式课件创作工具：美国 Micromedia 公司开发的专业化多媒体创作软件 Authorware；网络课件创作工具：FrontPage 和 Dreamweaver。

4. 同步讲授模式；异步讲授模式；自主学习模式；协作学习模式。

六、辨析题

这种认识是错误的。学校教育不会被远程网络教育所取代，教师也不会被现代教育技术所取代。原因如下：

（1）相关理论的保证。

行为主义、认知主义和建构主义是直接影响日常教学的学习理论，尽管它们认为教师在学习过程中的作用不同，但都强调了教师的作用的存在。媒体理论的研究表明：没有一种媒体在任何方面都优于其他媒体，也不存在能解决一切教育难题的媒体，教师媒体不可取代。信息管理理论认为，教育从根本上说就是不同代人之间信息的传递，而教育信息的传递需要专业的人员（教师）来完成。

（2）日常教学中教师不可取代的作用。

① 情感的交流。教与学是一种非常复杂的智力和情感交融的过程，而情感交融只有在人与人之间进行。尽管人与计算机之间的交互式很多，交流机会很广，但这些交流都必须以计算机网络为媒介，缺乏非语言的情感交流，不仅缺乏真实感，而且不利于学生身心的全面发展。

② 示范作用。有关专家明确指出：师范院校学生的教学技能，不只是通过学习几门教育类课程获得，更多的是从他（她）们的任课教师日常教学中学到的。因此，"学高为师，身正为范"，是师范院校的座右铭。

③ 知识的再创造。在知识传授过程中，教师不仅是传授已有的知识，也进行着对知识的再生产，因此，教师工作是一项复杂的创造性劳动。各种远程教育学院尽管知识海量，但它们都是由教师创造的，它们本身不具有任何的繁殖能力，更不会产生任何新知识。

④ 知识海洋的导航员。基于网络课件的网络教学，清一色都超级链接，学生可以依自己的想象任意选择浏览学习。然而网上信息污染和信息噪音极易使学生陷入"信息迷航"和"信息超载"的陷阱，因此，教师要适时地给予提醒和导航。

⑤ 答疑解惑。答疑解惑是学习过程中不可缺少的环节，但由于学生究竟会遇到并提出什么样的问题是根本无法预测的，绝大部分同学的问题都需要请专业指导教师来解决。因此，目前我国所有的网络教育学院都提供"网上答疑"功能，有的还进行定期的面对面的答疑。"听君一席话，胜读十年书"正是教师答疑解惑的真实写照。

尽管教师的作用不可取代，但教师的角色却悄然改变。面对新的机遇和挑战，当代教师必须与时俱进，提高自身素养，努力学习信息技术，将信息技术整合到学科教学中来。

七、简答题

1. 典型 CAI 的教学过程如下：计算机辅助教学以各种教学信息的交换、传递和处理为基础，通过计算机与学生之间的一系列"会话"而构成教学过程，完成一定教学目的。首先由学习者向 CAI 系统提出所需学习内容的申请，由 CAI 受理后，检索出相应的教学内容，通过显示器展示给学习者；学习者思维理解后再由 CAI 系统提出问题展现给学习者，当学习者接受刺激后做出应答，同时反馈给 CAI 系统；CAI 经检测评定后确认应答的正确、错误，再反馈展示给学习者以强化理解。这样就完成一个典型的交互过程。

2. CBE 是英文 "Computer Based Education" 的缩写，原意是"基于计算机的教育"或"计算机化教育"。当时出于对这一新的教育技术的谨慎态度，国内将其译为"计算机辅助教育"，简称为 CBE，是指以计算机为媒介所进行的各种教育活动。

3. 多媒体原意为多种媒体，通常有两种含义：一是指多种媒体设备的简单组合，例如，在一个教室内放置录音机、电视机等多种媒体就可以称之为多媒体教室；二是指能综合处理多种媒体信息，如文本、图形、图像、声音、动画和视频等。

4. 多媒体课件是根据教学大纲的要求，经过教学目标确定、教学内容和任务分析、教学活动结构及界面设计等环节而加以制作的课程软件。

5. 微格教学是利用现代教育媒体对师范生和在职教师的教学技能技巧进行系统训练的一种教学方法和训练环境。利用微格教学环境，可以使日常复杂的课堂教学得以精简，并能使练习者获得大量的反馈意见。它采用录音、摄像、录像系统来示范和记录教学行为，进行评价并及时反馈给受训者，使受训者的教学技能得到提高。

二、填空题

1. 研究试验阶段、普及应用阶段、综合发展阶段
2. CAI
3. 电子化学习
4. 沉浸性、交互性、想象性
5. 启发性、透明性、灵活性
6. 继续、复习、补习、提示、测验
7. 文本、图片、声音、动画、视频
8. 综合性、交互性
9. 资源共享、教学管理、师生之间、学生之间
10. 远程、交互、时空限制、教师资源、学习资源
11. 操练与练习、个别指导、教学模拟、教学游戏、智能授导、问题求解、发现学习、计算机辅助测验、计算机支持讲授、虚拟教室
12. 应用分析、教学设计、课件策划、软件制作、评价修改
13. 对师范生和在职教师的教学技能技巧进行系统训练、单向隔音玻璃、主控制室
14. 实时视频、辅导答疑、电子举手、监控管理、双向对讲、信息查询
15. 备课系统、授课系统、学习系统、辅导答疑系统、作业系统、讲座学习系统、网上实验系统、测试与评价系统、教学分析系统、教务管理系统
16. 文本、图片、声音、视频、动画
17. 知识传递性、技能训练性、教学互动性、个别化辅导性、学习导航性
18. PowerPoint 演示课件、网页型课件、Flash 课件、平台型网络课件、流媒体课件
19. 网络环境资源、网络信息资源、网络人力资源
20. 形式多样、内容丰富、获取便捷、信息共享、时效性高、交互性强。
21. 目录检索、搜索引擎、多元搜索

三、选择题

1. ③ 2. ③ 3. ① 4. ③ 5. ② 6. ① 7. ② 8. ④ 9. ④ 10. ① 11. ④ 12. ④

四、判断题

1. − 2. + 3. + 4. + 5. − 6. + 7. + 8. + 9. − 10. +
11. − 12. + 13. − 14. − 15. − 16. − 17. + 18. − 19. − 20. −